白话资治通鉴

第八册

卷第一百七十五至卷第一百九十八
（陈纪九至唐纪十四）

[宋] 司马光 著
萧祥剑 主编

团结出版社

目录

资治通鉴卷第一百七十五　陈纪九 ……………………………1
资治通鉴卷第一百七十六　陈纪十 ……………………………32
资治通鉴卷第一百七十七　隋纪一 ……………………………58
资治通鉴卷第一百七十八　隋纪二 ……………………………82
资治通鉴卷第一百七十九　隋纪三 ……………………………107
资治通鉴卷第一百八十　隋纪四 ……………………………131
资治通鉴卷第一百八十一　隋纪五 ……………………………156
资治通鉴卷第一百八十二　隋纪六 ……………………………179
资治通鉴卷第一百八十三　隋纪七 ……………………………204
资治通鉴卷第一百八十四　隋纪八 ……………………………228
资治通鉴卷第一百八十五　唐纪一 ……………………………251
资治通鉴卷第一百八十六　唐纪二 ……………………………274
资治通鉴卷第一百八十七　唐纪三 ……………………………295
资治通鉴卷第一百八十八　唐纪四 ……………………………317
资治通鉴卷第一百八十九　唐纪五 ……………………………339

资治通鉴卷第一百九十　唐纪六 ······ 361
资治通鉴卷第一百九十一　唐纪七 ······ 385
资治通鉴卷第一百九十二　唐纪八 ······ 410
资治通鉴卷第一百九十三　唐纪九 ······ 434
资治通鉴卷第一百九十四　唐纪十 ······ 458
资治通鉴卷第一百九十五　唐纪十一 ······ 482
资治通鉴卷第一百九十六　唐纪十二 ······ 509
资治通鉴卷第一百九十七　唐纪十三 ······ 533
资治通鉴卷第一百九十八　唐纪十四 ······ 557

资治通鉴卷第一百七十五　陈纪九

起辛丑（公元 581 年），止癸卯（公元 583 年），共三年。

【题解】本卷记录了公元 581 年至 583 年间南北朝的史事。当时正值陈宣帝太建十三至十四年，陈后主至德元年；北朝周隋交替，历经北周静帝大定元年，隋文帝开皇元年至三年。隋朝刚刚建立，隋文帝杨坚对内励精图治，任用贤臣，广开言路，重新颁布刑律；对外抗击突厥，隋文帝杨坚利用长孙晟提出的“远交而近攻，离强而合弱”的策略，使突厥内部矛盾加深，无力再对隋朝构成致命威胁，隋朝出现勃勃生机。南朝陈宣帝陈顼辞世，陈叔陵发动政变，未遂，陈后主陈叔宝即位。由于陈朝显露腐朽之势，隋文帝杨坚便生灭陈之心。隋文帝杨坚派贺若弼、韩擒虎分别出镇广陵及庐江，为南北统一做准备。

高宗宣皇帝下之下

太建十三年（辛丑，公元 581 年）

春季，正月，壬午日（初一），陈宣帝陈顼任命尚书仆射、晋安王陈伯恭担任尚书左仆射，吏部尚书袁宪担任尚书右仆射。袁宪是袁枢的弟弟。

同在壬午这一天，周主宇文阐改年号为大定。

二月，甲寅日（初四），隋王杨坚开始接受相国、统领百官和九锡等任命与赏赐。隋国也开始建立尚书台，设立百官。丙辰日（初六），周主宇文阐下诏，加封隋王妃独孤氏为王后，隋王世子杨勇为王太子。

北周开府仪同大将军庾季才，在正月就劝隋王杨坚应在二月甲子，顺应天意，接受天命。太傅李穆、开府仪同大将军卢贲，也劝杨坚即皇帝位。周主宇文阐被形势所逼，于是下诏让位，迁居到别的宫殿。甲子日（十四日），周主宇文阐派遣兼太傅、杞国公宇文椿捧着封册，大宗伯赵煚捧着皇帝玉玺组绶，禅让帝位给隋王杨坚。隋主杨坚戴远游冠，接受封册、玉玺；后又改戴高顶纱帽，换上黄袍，莅临临光殿，又改穿戴衮服冠冕，按照元旦朝会旧仪，接受文武百官朝贺。随即下诏大赦境内，改年号为开皇。命有司捧持祝册到南郊坛，焚柴告天以受命；又派遣少冢宰元孝矩接替皇太子杨勇镇守洛阳。元孝矩，本名矩，孝矩是他的字，后来隐去本名而习用字号。他是元天赐的孙子（元孝矩乃元天赐之曾孙，当据《隋书》本传及《魏书·元天赐传》改），他的女儿是皇太子妃。

少内史崔仲方劝谏隋主杨坚废除宇文周所建的六官制度，改为依照汉、魏旧制，隋主杨坚听从了他的建议。于是设立三师、三公，以及尚书、门下、内史、秘书、内侍等五省，御史、都水等二台，太常、光禄、卫尉、宗正、太仆、大理、鸿胪、司农、太府、国子、将作等十一寺，左右卫、左右武卫、左右武侯、左右领、左右监门、左右领军等十二府，分主各司，统率众职。又设立上柱国、柱国、上大将军、大将军、上开府仪同三司、开府仪同三司、上仪同三司、仪同三司、大都督、帅都督、都督十一种勋官，用来酬报建立功勋的人；另又设立特进、左右光禄大夫、金紫光禄大夫、银青光禄大夫、朝议大夫、朝散大夫等七种散官（无职事之官），授给文武官员中有仁德声望的人。改称侍中为纳言。任用相国府司马高颎为尚书左仆射，兼任纳言一职；任用相国府司录、京兆人虞庆则为内史监，兼吏部尚书，任用相国府内郎李德林为内史令。

乙丑日（十五日），隋主杨坚追尊父亲杨忠为武元皇帝，庙号太祖；母亲吕氏为元明皇后。丙寅日（十六日），隋朝整修太庙及大社。册封王后独孤氏为皇后，王太子杨勇为皇太子。丁卯日（十七日），任命赵煚担任尚书右仆射。己巳日（十九日），隋主杨坚封周静帝为介国公，北周宗室诸王也都降爵为公。

当初，刘昉、郑译假托北周天元皇帝诏书，召引杨坚入宫辅政，北周天元皇后杨氏虽未曾参加密谋，但因嗣主年幼，担心权柄落在他姓人手上，对自己不利，当她听说召请自己的父亲入宫辅政时，倒也欣喜异常。后来，她发现自己父亲另有图谋，就愤愤不平，甚至表现在言谈神色之间。等到杨坚篡位，她越加痛恨惋惜。隋主杨坚内心深感愧疚，之后，改封她为乐平公主。过了一段时间，又逼迫她改嫁，公主誓死不从，这才作罢。

隋主杨坚和北周载（师）下大夫、北平人荣建绪有故旧之谊（胡三省曰："'载'下逸'师'字。"）。隋主杨坚准备接受禅让，荣建绪恰好外调为息州刺史，正准备去上任。隋主杨坚对他说："暂且停留一下，可与我共享富贵。"荣建绪自认为乃北周之大夫，于是板起脸来对他说："明公此意，不是我所愿听到的。"等到杨坚即位后，荣建绪还朝觐见国君，隋主杨坚问他说："你后悔没有？"荣建绪叩头回答说："臣的地位虽然和徐广不同，但是心情类似杨彪。"隋主杨坚听了，愤怒地说："朕虽不清楚你所说的典故，可是我听得出你这话说得不敬。"

北周上柱国窦毅的女儿，听闻杨坚篡周的消息，气得坐在堂下，两手拍胸，大声叹息说："遗憾我不生为男子，不能去挽救舅家的危难！"窦毅和襄阳公主赶紧掩住她的嘴巴说："你可不要胡乱讲话，当心惹来灭门之祸！"窦毅嘴上虽是这样说，可是心里却觉得这个女儿很不一般。等她长大后，把她嫁给唐国公李渊（按此窦氏女，即唐太宗之母）。李渊，是李昞的儿子。

隋内史监虞庆则劝隋主杨坚杀尽宇文氏宗室，以绝后患。高颎和杨惠心里明知不妥，可是却违心依从而不敢说不可。只有李德林一再诤谏，认为不可滥杀，隋主杨坚变脸对他说："你是书呆子，不足以参与这件事。"于是北周太祖的孙子谯国公宇文乾恽、冀国公宇文绚，北周闵帝的儿子纪国公宇文湜，北周明帝的儿子酆国公宇文贞、宋国公宇文实，北周高祖的儿子汉国公宇文赞、秦国公宇文贽、曹国公宇文允、道国公宇文充、蔡国公宇文兑、荆国公宇文元，北周宣帝的儿子莱国公宇文衍、郢国公宇文术，全被斩尽杀绝。李德林因谏止不可滥杀宇文宗室的缘故，此后品位竟不能往上升迁。

乙亥日(二十五日)，陈宣帝陈顼亲下藉田，举行亲耕藉田典礼。

乙亥这一天，隋主杨坚册立皇弟邵国公杨慧为滕王，[同]安郡公杨爽为卫王；皇子雁门郡公杨广为晋王，杨俊为秦王，杨秀为越王，杨谅为汉王。

隋主杨坚下诏答复太傅李穆说："公年高德劭，又是我父亲的朋友，惠蒙来书指教，阐述义理，不敢违背(谓李穆劝之受禅)，就在本月十三日承受天命。"没过多久，李穆从并州来朝，隋主杨坚任用李穆为太师，特许他觐见天子时，相者在旁唱名，太师可不用自称己名；子孙即使还在襁褓中，一律授以仪同的官职。一门执象笏，当高官的，多达一百多人，李穆家的富贵昌盛，当时没有一家能与他相比。又任用上柱国窦炽为太傅，幽州总管于翼为太尉。李穆上表请求告老还乡，隋主杨坚降诏挽留他说："吕尚以八十高龄辅佐文王、武王成就帝业，张苍以白首老翁，担任汉朝宰相，像您这样才高而又有名的人，不必受常理限制。"话虽这么说，但也考虑到李穆年纪大，敕令他不用参加朝会，遇有军中大事，国君自会派遣侍臣前往他府第，向他咨询讨教。

美阳县公苏威，是苏绰的儿子，从小就有很好的声望。北周时大冢宰、晋国公宇文护欣赏他，硬将女儿嫁给他。苏威目睹宇文护独揽大权，为避免牵连受害，便谢绝人事，入居山寺之中，借诵读诗书来消遣岁月。北周高祖宇文邕听说他贤能，就授予他车骑大将军、仪同三司的官职，后来，又以稍伯下大夫的官职征召他，但是他都推辞有病，不肯出任公职。等到北周宣帝即位，他才应聘为开府仪同大将军。隋主杨坚担任丞相时，高颎多次在杨坚面前举荐他，杨坚召见他，和他交谈，大为赞赏，过了一个多月，苏威听说杨坚准备接受北周静帝的禅让，便逃回乡里。高颎请杨坚派人追他回来，杨坚说："他不想参加我禅代的事，暂且不用去管他。”杨坚受禅即位后，征召他担任太子少保，追封他的父亲苏绰为邳国公，并让他承袭父亲的爵位。

丁丑日（二十七日），隋主杨坚任命晋王杨广担任并州总管。三月，戊子日（初八），隋主杨坚任命上开府仪同三司贺若弼担任吴州总管，镇守广陵（今江苏江都），任命和州刺史、河南人韩擒虎担任庐州总管，镇守庐江（今安徽合肥）。隋主杨坚有吞并江南的野心，询问高颎谁可担任将帅，高颎举荐贺若弼和韩擒虎，因而特别安置他二人到南部边境重镇，命他们暗中进行南伐的准备工作。

戊戌日（十八日），隋主杨坚让太子少保苏威兼任纳言（侍中之职）和度支尚书。起初，苏绰在西魏朝，鉴于国库税收不够支出，于是制定了较重的征税法。事后他叹息说：“当前所制定的征税法，就好像张开弓弩，拉得紧紧的，并非太平治世正常的法则，未来的财政主管，不知有谁能松一松弓弦？”苏威听了他父亲的话，便以减轻赋税为己任。此时，苏威兼掌度支，于是上奏请求减轻徭役赋税，朝着简化便民的目标努力。他的建议被隋主杨坚采纳。从此，逐渐受到隋主的亲信重用，与高颎同掌朝政。隋主曾憎恶一个人，准备把他杀掉；苏威入宫诤谏，隋主不接受，准备自己出去动手杀掉那个人，苏威挡在隋主面前不走；隋主避开他，绕过去，苏威又挡在隋主面前。隋主杨坚大怒，拂衣而入，过了很久，召苏威入宫，向他道歉说：“你能如此，我可以无忧了。”于是赏赐他两匹马和十几万钱。过了不久，又让他兼掌大理卿、京兆尹、御史大夫之职，原来官职全部保留。

治书侍御史、安定人梁毗，认为苏威掌理五个职务（纳言、度支尚书、大理卿、京兆尹、御史大夫），贪恋繁多剧重的职位，完全没有荐举贤才接替自己的意思，因而上表弹劾他，隋主杨坚为他辩护说：“苏威早晚勤奋不懈，举荐贤才方面，虽有疏忽，可是他志向远大，你为什么急着逼他辞去兼任的职务呢？”因而对朝廷众臣说：“苏威要是不遇到我，他便无法实行改革的措施；我要是得不到苏威的辅佐，又怎样施行治国之道呢？杨素辩才无双，当今独一无二，但斟酌古今沿革制度、辅助我宣导政治教化，便不是苏威的对手。苏威如果生逢乱世，也像南山四皓遁隐山中的话，岂能轻易让他屈身出仕呢？”苏威曾对隋主杨坚说：“臣先人常常告诫我说：‘只要读《孝经》一卷，便足以立身治国，何用多读旁的书呢？’”隋主杨坚认为说得很对。

高颎极力避开权势，上表请求让位，指名让位给苏威，隋主杨坚想成全他让贤的美名，准许他辞去仆射的职位。没过几天，隋主杨坚说：“苏威在宇文周时代，隐居不出来做官，高颎能举荐贤才。我听人说荐举贤才的人，应当得到上等的赏赐，怎可让举荐贤才的人辞去官位呢？”于是下诏恢复高颎的官职。高颎、苏威二人同心协力，大小政令刑案，隋主杨坚全都先找他们商议，然后才施行。因此隋主杨坚即位后，不到几年的工夫，天下便告治平。

太子左庶子卢贲，因为高颎、苏威共执朝政，心里感到十分不舒服。那时，柱国刘昉也被疏远猜忌，卢贲于是暗示刘昉以及上柱国元谐、李询和华州刺史张宾等，共同谋划罢黜高颎、苏威二人，改由他们五人共同执政。因为晋王杨广较得隋主杨坚宠信，卢贲暗中跑去对皇太子说：“我想常来拜谒殿下，只是担心被皇上谴责，希望殿下能理解我的忠心。”不巧，他的计谋泄露，隋主杨坚对这个案子追根究底，刘昉等将责任都推给卢贲。审案的公卿，奏请隋主杨坚把刘昉、卢贲二人处死。隋主杨坚考虑他二人是过去的佐命功臣，不忍心杀死他们，只将二人除籍为民。

庚子日（二十日），隋主杨坚下诏说：“仕宦前朝所得的品秩爵位，都可照旧，不必改降。”

丁未日（二十七日），梁主萧岿派遣他的弟弟太宰萧岩前往长安庆贺隋主登基。

夏季，四月，辛巳日（初二），隋主杨坚下诏大赦天下。戊戌日（十九日），隋主颁诏放还在太常寺演奏散乐的乐籍人为平民，杂乐百戏则仍旧禁演。

陈宣帝陈顼派遣散骑常侍韦鼎、兼通直散骑常侍王瑳到北周访问。辛丑日(二十二日),陈朝使节抵达长安,隋主杨坚已经接受禅位,杨坚命人将他们带往介国(时周静帝宇文阐已降封为介国公)。

隋主杨坚征召汾州刺史韦冲担任散骑常侍。当时征调稽胡修建长城,汾州胡人一千多人在途中逃跑。隋主杨坚召来韦冲,向他讨教对策,韦冲说:“夷狄容易表现出反复无常个性的原因,实在是因州牧县宰不称职所致。臣愿以理去安抚,不用劳烦兵卒,就能平定他们。”隋主杨坚相信他的话,就让韦冲去安抚召集叛逃的稽胡,一个多月后,先前逃走的胡人全部归队,一同赶赴修筑长城的工地。韦冲,是韦复的儿子。

五月,戊午日(初十),隋主杨坚册立邗国公杨雄为广平郡王,永康郡公杨弘为河间郡王。杨雄,是隋高祖杨坚同族兄弟的儿子。

隋主杨坚派人暗杀了北周静帝宇文阐(时年九岁),然后为他料理丧事,埋葬在恭陵,将他的族人宇文洛过继为他的后嗣。

六月,癸未日(初五),隋主杨坚下诏规定:以后在南北郊以及太庙等举行祭祀时,必须依照《礼经》,穿戴冠冕礼服;而朝会的制服、旗帜和祭祀用的牲畜,都以红色为贵;军服采用黄色,日常所穿衣服,通用杂色。秋季,七月,乙卯日(初八),隋主杨坚开始穿着黄袍,文武百官全都向他祝贺。从此百官日常所穿衣服,也和百姓相同,都穿着黄袍;隋主临朝所穿着的服色,也与大家一样,只是多一条十三环带。

八月,壬午日(初五),隋主杨坚下诏废除东京六府官。

吐谷浑侵犯凉州(治今甘肃武威县),隋主杨坚派遣行军元帅、乐安郡公元谐等率领步骑数万,前往讨伐。不久,元谐在丰利山(在今青海东北境)大败吐谷浑,随后,又在青海击败他的太子可博汗,俘虏、斩杀的人数,要以上万的数字来计算。吐谷浑酋长大感震动惶恐,他们的亲王公侯三十多人,各自率领所部前来归降。吐谷浑可汗夸吕,带领亲信部队远逃遁隐起来。隋主杨坚任命吐谷浑高宁王移兹裒担任河南王,让他统领归降过来的部众。同时又任命元谐担任宁州(治今甘肃宁县)刺史，留下行军总管贺娄子幹把守凉州。

九月，庚午日(二十四日)，陈将周罗睺攻打隋故墅，将它攻克。萧摩诃也举兵讨伐江北。

隋朝奉车都尉于宣敏奉使抚慰巴、蜀，回来之后，上疏给隋主杨坚说："蜀地富饶肥沃，物产丰富，人才众多，自从周室衰微，这里却成了叛乱征战的地方(指王谦以益州起兵)。为巩固国家，此地应当建立藩篱屏障，封立王室子孙。"隋主杨坚认为这个建议很好。辛未日(二十五日)，隋主杨坚任命越王杨秀担任益州总管，改封越王为蜀王。于宣敏，是于谨的孙子。

壬申日(二十六日)，隋主杨坚任命上柱国长孙览、元景山，一同担任行军元帅，发兵侵犯陈国；并命尚书左仆射高颎指挥调度前线诸军。

起初，北周、北齐所铸造的官钱共分四等，再加上民间私自铸造的细钱，名称种类繁多，币值轻重都不一致。隋主杨坚为此感到忧虑，为了统一钱币，便另外铸造一种新式五铢钱，背、面、肉、好都有周郭(胡三省曰："钱之文为'面'，其漫为'背'，钱体为'肉'，钱孔为'好'，外圆周之以规，内方周之以矩，曰'周郭'")。每一千个五铢钱，重量为四斤二两。新的五铢钱发行后，便开始全面禁止流通使用旧币及私钱。四处关卡，都放有五铢钱的标准样品，进出关卡所使用的钱币，凡是和标准样品不同的，一律没收，全部加以销毁，冶炼为铜。自此以后，钱币才渐归统一，民间买卖贸易，感到方便很多。

隋朝郑译以上柱国的身份，退休归第，隋主杨坚赏赐给他的东西十分丰厚。郑译因为被隋主冷落疏远，暗中请道士设坛上章，祈求福助，却被他的侍婢告发，说他在搞巫蛊邪术。郑译又跟他的母亲分居，被御史弹劾他不孝，因而受到削除官籍的处罚。隋主杨坚为此特下诏书责备他说："郑译如果留在天地间，在人世上，是不遵守为臣之道的劣臣；如果杀死在朝廷，入了地狱，便是不孝父母的恶鬼。不论是生是死，都会烦累阳世的朝堂和阴间的地府，两地无可处置，只好赐他《孝经》一部，令他在家熟读。”并且发遣他和他的母亲同住在一起。

起初，宇文周的刑律，与北齐相比，烦琐而又欠精要。隋主杨坚命左仆射高颎、上柱国郑译、杨素，以及率更令裴政等人，重新加以修订。裴政熟悉通晓典章故事，明白为政的要领，于是往上博采魏、晋旧律，往下参照齐、梁法典，对于刑法轻重，力求调和太过与不及，而取其适中。那时，一同参与纂修《隋律》的，共有十多人，其间凡是遇到疑难问题，或滞碍难通的地方，都听由裴政来解析、裁决。这次修改旧律的要点，主要是删去前代枭首、裂，以及鞭打等酷刑，除非是谋反叛乱以上的重罪，否则就不判连坐和灭族之罪。制定完成的新律，它的刑罚要点如下：一、死刑：取人性命的刑罚，分绞刑、斩刑两种（删去前代枭首、车裂及鞭打等三种刑罚）。二、流刑：流放犯人到远方，分为距离京畿两千里到三千里等三种。三、徒刑：拘押罪犯服劳役，分为服一年、一年半、两年、两年半、三年等五种。四、杖刑：用大荆杖决打，分为打六十、七十、八十、九十、一百下等五种。五、笞刑：用小板子打，分为打十、二十、三十、四十、五十等五种。另又制定了对行政官员的八议、申请减罪、官品减罪、纳钱赎罪、官职抵罪等条款，用来优待士大夫。此外，又废除前代审讯囚犯时使用的酷刑，规定刑讯拷打，不能超过二百下；枷（项械）、杖（荆杖）的大小，都有规定样式。百姓有冤屈，县府不给申理的，可以依次上诉到郡府和州府；如果郡与州府仍旧不予申理的话，允许到京师申诉冤屈。

冬季，十月，戊子日（十二日），隋朝开始颁行新律。隋主杨坚颁诏说：“绞刑导致罪犯毙命，斩刑则身首异处，铲除恶人的刑罚，这两项已经是严厉到极点了。枭首、车裂的刑罚，以义理检验，毫无可取，对于惩罚罪囚，其实并没什么补益，只是表露出苛刻残忍的狠心。用鞭抽打的刑罚，残害损伤皮肤，侵损肌肉，痛入骨髓，暴虐的程度，跟脔割并无差异。虽说是自古定下的刑例，却有违仁者制定刑罚的居心。因而，枭首、车裂和鞭打的刑罚，全部下令废除。尊崇优礼有功之臣，不施以徒刑罪罚；还要扩大贵臣的荫庇，旁及其余宗亲。流徙役作，原定期限六年的，减为五年；受刑服役，原判期限五年的，变为三年。其余的，一律采用以轻代重，变死刑为有期徒刑的原则，其中项目条款繁多，全部详细记载在法典上。纷杂的格律，严酷的科禁，应当一并删除。”华夏的刑罚制度，自从这一次变革后，便奠定了很好的基础，后世的法制，也都遵照沿袭隋朝。

隋主杨坚曾经气愤一位郎官，在大殿之上，用小板子打他。谏议大夫刘行本上前劝阻说：“这个人平日操行清廉，过失又小，希望陛下稍微宽恕他。”隋主杨坚没有理睬，继续打那位郎官，刘行本于是挡在隋主杨坚面前说：“陛下不认为我不肖，让我担任谏议大夫，把我安置在您的身边，您既然抬举我担任谏官，我说的话如果有道理，陛下怎可不采纳我的意见；倘若我说的话没道理，陛下应当把我送往大理寺查办，怎么可以轻视我，而不理睬我说的话呢？”说罢，便把笏板放置地上，准备告辞离开。隋主杨坚见他如此，赶紧收敛容色，立即向他道歉，并饶恕那位被打的郎官。刘行本，是刘璠哥哥的儿子。

独孤皇后，家世虽富贵显达，却能谦恭对人，十分喜欢读书。议论政事，很多和隋主的意见相合，隋主杨坚很宠爱她，也很敬畏她，宫里的人，尊称他们为“二圣”。隋主杨坚每次临朝，独孤皇后都和他并辇前行，一直送到大殿门前。她还派宦官去伺察隋主杨坚的言行，只要朝政有什么缺失，她就立刻匡正诤谏。等到隋主退朝，她又陪着隋主一起回到燕居的寝宫。有司启奏说：“《周礼》规定，百官妻子的封号，全部由皇后任命，请依照古制施行。”独孤皇后回复他说：“果真如此的话，恐怕从此要开妇人干政的恶例，我们不可开此祸端。”大都督崔长仁，是皇后的表兄，触犯国法，依照法律应当斩首。隋主因为他是皇后表亲的缘故，想赦免他的死罪。独孤皇后却说：“国有国法，怎可顾念私情而歪曲法律呢？”胡长仁最终依法被处斩。独孤皇后生性俭朴，隋主配制止泻药，需要用到胡粉（女人装饰用之铅粉）一两。因为皇后俭朴，不用这些东西，所以找遍宫内，竟然找不到铅粉。又有一次隋主杨坚想赏赐柱国刘嵩的妻子织成的衣领，可是宫内也没有这个东西。

隋主杨坚鉴于宇文周的亡国，不肯将权柄职位交给外戚，因而独孤皇后的兄弟，只不过担任将军或刺史之类的中级官吏而已。隋主杨坚自己的外家吕氏，济南人，门第一向寒微低贱，自北齐亡国以来，隋主杨坚勤加寻访，但是都不知晓吕氏一族的下落。等到即帝位之后，才找到一位舅舅的小孩吕永吉，隋主杨坚追赠外祖父吕双周为太尉，赠封齐郡公，让吕永吉承继爵位。吕永吉的伯叔辈，有位叫吕道贵的，生性尤其顽劣不堪，言语鄙陋粗俗，隋主赏赐给他许多钱财，却不准许他接触应对朝士大夫。后来，授予他上仪同三司，外放为济南太守。不久，济南郡罢废，他也就解职，终老在自己家里。

壬辰日（十六日），隋主杨坚前往岐州。

岐州刺史、安定人梁彦光，在岐州很有爱护百姓的德政，隋主杨坚下诏褒奖表扬他，并赏赐给他束帛、御伞，借以勉励天下的官吏。几年后，调升梁彦光担任相州刺史。岐州民俗，质朴厚重，梁彦光用清静之道安抚他们，考绩连年天下第一。等到担任相州刺史，他治理州郡的方法，一如在岐州的时候。邺城自北齐亡国之后，衣冠士族都被迫迁入关中，只留下一些工、商、乐户，迁入州城之中，因而相州人情狡诈不正，喜欢造谣诉讼，竟戏称梁彦光为“著帽饧”（胡三省曰：“饧软而甘，说梁彦光为人软美如团饧，特著帽耳。”）。隋主杨坚听说他不能治理教化州郡百姓，便下令解除他的官职。又过了一年多，朝廷起用他出任赵州刺史，梁彦光却主动请求再担任相州刺史，隋主杨坚答应了他。相州豪强狡诈之徒，听说梁彦光再来担任刺史，没有不讥笑他的。哪知梁彦光到任后，举发判断奸邪之徒所犯的隐秘而又罕为人知的罪案，精明有若神助，于是豪强狡诈之徒，莫不潜藏逃窜，相州因此全境大治。之后，梁彦光在每乡都设立学校，延请名儒布道讲学，每到一定季节，梁彦光还亲自前往学校，主持考试，褒奖勤奋，处罚怠惰。举荐秀才进京，在郊外为他们饯行，并资助他们盘缠。于是相州风俗大为改观，府吏州民都感动悦服，从此也就不再动辄造谣兴讼了。

当时还有一位担任过相州刺史的陈留人樊叔略，也有很不平凡的治绩，隋主杨坚特颁玺书褒奖他，并把他的良法善政，传示四方，命各地州牧取法学习。后来，隋主杨坚征召他还朝，调升他担任司农卿。

新丰县令房恭懿，治绩居三辅之首，隋主杨坚赐给他米粟、布帛，借以奖赏。雍州所辖各县令(临近京师)，每月初一都要进京朝拜国君，隋主杨坚每次见到房恭懿到来，一定招呼他到御榻前面，向他请教治理百姓的方略。后来，房恭懿擢升为德州司马，又有极好的表现，隋主杨坚对各州派遣到京师的朝集史(《隋书·礼仪志》四曰:“每元会，诸州悉遣使赴京师朝集，谓之朝集史。”)说:“房恭懿忠君爱国，惠养我百姓，这是神灵和祖宗的福泽，朕如果搁置而不奖赏他，神灵和祖先一定会责罚我。你们应当师法他，将他当作楷模。”于是又擢升房恭懿为海州刺史。从此，州牧县宰都能称职，百姓也都享受到富足安定。

十一月，丁卯日(二十二日)，隋主杨坚派遣兼散骑常侍郑撝到江南访问。

十二月，庚子日(二十五日)，隋主杨坚从岐州返回长安，下诏恢复郑译的官爵。

陈朝广州刺史马靖，深得岭南人士的欢心，所统辖军队，训练有素，铠甲精良，多次建立战功。朝廷因此对他渐有防备之心。陈宣帝因为吏部侍郎萧引熟悉岭南人物情形，于是命他出使广州，要他观察马靖的举措言行，并暗示他遣送子弟入京为质。萧引奉密旨南下，表面假称督促征收蛮夷赎罪的财物。萧引到了广州，马靖很快就知晓皇上的旨意，立刻遣送自己的儿子入都为质。

这一年，隋主杨坚颁诏天下境内百姓，听任个人意愿，允许出家为僧为尼，并按人口摊派出钱营造佛经佛像。这样一来，民风习俗，随风转移，民间佛书之多，一时超过《六经》数十倍到百倍。

突厥佗钵可汗病重，临死前对他的儿子庵逻说：“我哥哥不立他的儿子，传位给我。我现在病重将死，你们兄弟应当避让大逻便，让他继位！”等到佗钵可汗去世，国人遵照他的遗言，准备拥立大逻便为可汗，可是都嫌他的母亲出身低贱，众人心里不服气；而庵逻的母亲尊贵，一向被突厥酋长们尊重。摄图最后赶到，对国内的人说：“倘若要拥立庵逻的话，我当带领我的兄弟听命于他；如若所立的是大逻便的话，我一定据守边境与他抗衡，备好利刃长矛同他周旋。”摄图身份地位高，加之雄健勇武，国人没有敢违背他的，就这样，最终拥立庵逻，继位为君。大逻便当不了国君，内心不服庵逻，经常派人去辱骂庵逻，庵逻没有能力制服他，于是将王位让给摄图。国中的部落酋长们相互商议说：“四可汗（指逸可汗、木杆可汗、褥但可汗、佗钵可汗）的儿子，要数摄图最贤能。”于是迎接摄图，一同拥立他为国君，是为沙钵略可汗，他居住在都斤山（今蒙古乌里雅苏台东），庵逻迁居到独洛水（今蒙古库伦之土拉河），称为第二可汗（谓其位次于沙钵略可汗）。大逻便派人对沙钵略说：“我和你都是可汗的儿子，各自继承父业，而今你极尊贵，我却什么也没有，这可算是公平吗？”沙钵略无法反驳他，因而封大逻便为阿波可汗，让他回去统率自己的部众。沙钵略的叔父玷厥，管理西方，号达头可汗。四可汗各自统领自己的部落，分别坐镇四方。沙钵略勇敢而得众心，北方夷狄弱小民族，都因害怕而归附他。

隋主杨坚登基后，对待突厥恩礼微薄，突厥可汗大为恼怒。加上沙钵略的妻子千金公主伤痛宇文宗室的覆亡，日夜在沙钵略面前请求出兵为北周复仇，沙钵略因此对他的臣子说：“我，是宇文周的亲戚，而今隋主自立为君，我如果不去制服他，又有何脸面见可贺敦（可汗妻称‘可贺敦’）呢？”于是和前齐营州刺史高宝宁联兵侵犯隋境，隋主杨坚为此深感担忧，敕令沿突厥边境，修筑城堡、亭障，增高长城，并派上柱国、武威人阴寿把守幽州，京兆尹虞庆则坐镇并州，屯兵数万，加强戒备抵御突厥的入侵。

起初，奉车都尉长孙晟送千金公主出塞前往突厥，突厥可汗喜爱他擅长射箭，留他在突厥整一年，命诸子弟和贵人们与他亲近，结为朋友，借以学习他的箭法。沙钵略可汗的弟弟处罗侯，号突利设，深得突厥部众的欢心，也深为沙钵略所猜忌，他秘密嘱托手下亲信，暗中和长孙晟结盟。长孙晟与他往来驰猎，因而得以考察当地山川地形，对突厥各部众的强弱了如指掌。

等到突厥入塞，侵犯隋境，长孙晟上书给隋主杨坚说："当今我大隋与华夏各国，虽然保持和平没有战事，但是北狄依然梗阻不来归顺，倘若发动部队去攻打他们，目前还不是时机；如果将他弃置于王法之外，不去理睬，他又不时前来骚扰边境，为今之计，应及早筹划，设法逐步消灭他们。据臣所知，玷厥的部队强过摄图，而地位却在摄图之下，表面上虽然臣服摄图，但是暗中争斗，已经有了很明显的嫌隙，倘若加以煽动挑拨，两雄势必自相残杀。还有一位处罗侯，他是摄图的弟弟，心思奸巧，可是部落很弱，他善用心机，用委曲谦下的态度谋取众心，国人拥戴他，因此遭到摄图猜忌，他的内心感到十分不安，在形迹上，力求弥合嫌隙；在骨子里，实怀猜疑恐惧。"此外还有一位阿波可汗，迟疑观望，介于他们之间，他害怕摄图，暂时听从摄图的指挥。不过谁强他就臣服于谁，因而到目前为止，他都还没有定下心来，决定归属何人。当今之策，应该采取远交近攻、离间强者、拉拢弱小的策略。派遣使者去结交玷厥，另遣使者去游说阿波，并和他联合，这样的话，摄图便要撤回南下的兵马，防守他疆域的西面；我方另又遣人去笼络处罗侯，结交库莫奚族和霫族（匈奴之别种），如此一来，摄图又要抽调兵力，在他疆域的东面设防。这样，让他东西两面都与人发生嫌隙猜忌，让他的心腹部落和他离异阻滞，十多年后，我方伺机进讨，必可一举讨平突厥。"隋主杨坚看完表奏，大为高兴，召见长孙晟，和他谈论战守事宜。长孙晟以口陈述形势，用手指画山川，描绘突厥的虚实所在了如指掌，隋主杨坚深为赞赏，于是完全依照他的计策去对付突厥。隋主派遣太仆卿元晖西出伊吾道（汉伊吾卢地，今新疆哈密），前往玷厥达头可汗处，赐给他绣有狼头的大旗。达头派遣使者到长安答谢，隋廷厚加款待，朝见的位次，故意安排在沙钵略来使之上。又任命长孙晟为车骑将军，北出黄龙道，备好金帛，颁赐库莫奚、霫、契丹等族，通过他们的向导，得以到达处罗侯的住所，与他重申前约，招引他归附隋朝。长孙晟所献反间之计，一一实现，突厥酋长果真彼此猜疑，内部发生分裂。

陈朝始兴王陈叔陵，是太子陈叔宝的大弟，跟太子同父异母，他的母亲是彭贵人。陈叔陵担任江州刺史，性情严苛狡猾阴险。新安王陈伯固，因为善于诙谐嘲谑，深得陈宣帝陈顼及太子的宠信，陈叔陵便嫉妒他，暗中派人收集他的过失，准备抓到他的把柄，就依法治他的罪。等到陈叔陵入朝担任扬州刺史，州府事务多与中书、尚书二省有关联，办事官员顺承他意旨，陈叔陵就建议皇上给予升迁重用；稍有违背触犯，陈叔陵就设法用重罪责罚；严重冒犯他的，他就处以身首异处的死刑。陈伯固害怕他，于是对他谄媚逢迎。陈叔陵喜欢发掘古人冢墓，陈伯固爱好射山鸡，两人常一同出游郊野，彼此大为友善亲狎，因而共商夺嫡的密谋。当时，陈伯固担任侍中，在宫里每听到禁中机密，出宫一定转告陈叔陵。

太建十四年（壬寅，公元 582 年）

春季，正月，己酉日（初五），陈宣帝陈顼病危，太子陈叔宝和始兴王陈叔陵、长沙王陈叔坚一同进宫侍奉。陈叔陵暗中有异图，对典掌医药的官吏说："切药刀不够锋利，应当去磨一磨，才好使用！"甲寅日（初十），陈宣帝陈顼崩殂，宫中仓促举哀，大家正忙着办理丧事，陈叔陵命手下人到外面拿把剑来。身边的人不明白他的意思，就从外面取来朝会所佩戴的木剑，进呈给他，陈叔陵大发雷霆。陈叔坚在旁，听到他说的话，怀疑他会篡位，便暗中伺察他的行动。乙卯日（十一日），陈宣帝遗体入殓，太子陈叔宝俯伏地上，高声痛哭。陈叔陵竟抽出切药刀，上前袭击太子，一刀正中后颈，只听太子猛叫一声，晕倒在地上，他的母亲柳皇后慌忙赶来抢救，陈叔陵又连砍她数下。太子乳娘吴氏，从后赶来，拉住陈叔陵手肘，太子乘这机会，才得以从地上踉跄爬起；这时，陈叔陵还扯住太子衣裾，太子情急自奋，竟得挣脱。陈叔坚抢步上前，从后扼住陈叔陵喉管，夺下他手中的锉刀，牵到柱间，撕下宽袖一幅，把他捆绑起来。这个时候，乳娘吴氏已经扶着太子入内避贼而去，陈叔坚呼问太子在何处，要他决定是杀掉陈叔陵，还是留下活口。陈叔陵原本就力气大，在陈叔坚回头呼问的一瞬间，已经挣脱捆绑，脱身冲出云龙门，驾车驰回东府城（在江宁县东，城在青溪桥东南，临淮水，距离台城三里，又名东城），匆忙召唤左右，阻断青溪桥（在江宁县东北，溪泄玄武湖水，南入秦淮）通道，释放东城囚犯，充当士兵，散发金帛，赏赐勇士；又派人驰往新林（在江宁县西南），征调所属军队前来；一方面亲自披上戎衣，头戴白布帽，登上府城西门，募集民兵；一方面召请诸王将帅，可是却没有应命而来的，只有新安王陈伯固，单骑赴召，帮他指挥部队。陈叔陵的士兵约有一千人，想攻占东府城，据城自守。

当时，朝廷众军都沿江抵御隋师去了。台城之内，官军寥寥无几。陈叔坚见陈叔陵逃跑，忙向柳皇后禀告，建议派太子舍人、河内人司马申，以太子的命令，驰往征召右卫将军萧摩诃入宫晋见。萧摩诃奉太子敕令，率领数百名骑兵，赶往东府城，屯兵在府城西门。陈叔陵见猛将萧摩诃赶来讨伐，内心甚感惊恐，便派记室参军韦谅，拿着自己的鼓吹送给萧摩诃，并且许诺说："如果肯帮忙，等取得天子之位，一定任用萧公为台阁宰辅。"萧摩诃欺骗他说："须始兴王派心腹将官持节前来订约，我才敢听从命令。"陈叔陵于是派遣他所亲信的戴温、谭骐前去与萧摩河订盟，萧摩诃将他二人捉住，送往台城，朝廷立即将二人斩首，枭示东府城。

陈叔陵自知大事不成，仓皇入内，驱逼他的妻子张氏，以及宠妾等七人，投入井内，然后亲自率领步骑数百人，从小航偷渡，打算前往新林浦（在江宁县西南三十里，源出牛头山，西流七里入江），乘船渡江，逃往隋境。可是跑到白杨路，就被台城官兵拦住。陈伯固见追兵赶到，立刻躲入小巷，陈叔陵亲自骑马拔刀追赶过去，陈伯固又从小巷被赶出来。这时，陈叔陵的部下都已丢下盔甲，溃逃而去。

萧摩诃的马容（胡三省曰：“军行，择便于鞍马，躯干壮伟者，乘马居前，以壮军容，谓之‘马容’。”）陈智深迎上冲刺陈叔陵，陈叔陵当场毙命，另一个马容陈仲华赶上去斩下他的脑袋；陈伯固也被乱兵所杀。这场叛乱，从寅时（上午三时至五时）发生，到巳时（上午九时至十一时）结束。宫中颁下敕令，陈叔陵所有的儿子，全部赐死；陈伯固的儿子，废为庶民。余党韦谅、前衡阳内史彭暠、咨议参军兼记室郑信、典签俞公喜，全都处死。彭暠，是陈叔陵的舅舅；郑信、韦谅，是陈叔陵的亲信，经常为陈叔陵出谋划策。韦谅，是韦粲的儿子。

丁巳日（十三日），太子陈叔宝即皇帝位，下诏大赦境内。

辛酉日（十七日），隋主杨坚下诏，在并州设立河北道行台，任命晋王杨广担任尚书令；另在益州设立西南道行台，任命蜀王杨秀担任尚书令。隋主杨坚鉴于宇文周宗室孤弱，因此招致灭亡，所以分派二子，各自镇守一方，作为屏藩。但因二子年幼，便大规模选拔忠贞纯良又有才干名望的人，来担任他们的幕僚。最后，选出灵州刺史王韶担任并州尚书省右仆射，鸿胪卿、赵郡人李雄担任兵部尚书，左武卫将军、朔方人李彻总管晋王府军事；兵部尚书元岩担任益州总管府长史。王韶、李雄、元岩等人，都以耿直、有骨气而闻名；李彻则是前朝旧将，因此选用他们。

起初，李雄家世代以精通经学而显达。到了李雄这一代，李雄独习射箭骑马，他的哥哥李子旦责怪他说：“弃文尚武，并不是士大夫的常业。”李雄反驳他说：“自古圣贤，文武不兼备而能成就事业的，少之又少。我虽不聪明，但也熟读不少古书，只是不愿背诵一些琐碎的训诂罢了。弟既能文，且又能武，哥哥又何必责备我呢？”等到李雄即将前往并州上任，隋主杨坚对他说：“我儿年少，经历事情不多，因你兼具文武才略，一并将军事委托于你，我可免去后顾之忧了。”

晋、蜀二王想做一些奢侈违法的事，王韶、元岩每次多不肯承受他们的教令，有时，自加锁铐来自罚；有时，推开宫门，切直诤谏。二王很敬畏他们，每有大事都先与他们商议后才实行，再也不敢做出有违法令的事。隋主杨坚听闻这个消息，特别下令嘉奖王韶、元岩二人。

隋主杨坚又任命秦王杨俊担任河南道行台尚书令、洛州刺史，统领关东兵马。

癸亥日（十九日），陈后主陈叔宝任命长沙王陈叔坚担任骠骑将军、开府仪同三司、扬州刺史；萧摩诃担任车骑将军、南徐州刺史，进封绥远［建］郡公。始兴王陈叔陵家金帛累积上亿万，全部奖赏给萧摩诃。陈后主陈叔宝另外擢升太子舍人司马申为中书通事舍人。

乙丑日（二十一日），陈后主陈叔宝尊奉宣帝皇后柳氏为皇太后。此时，陈后主后颈的创伤未愈，在承香殿养病，不能处理朝政。皇太后柳氏住在柏梁殿，百官众务，都呈奏皇太后裁决。等到陈后主颈项创伤痊愈，才将朝政交还给他。

丁卯日（二十三日），陈后主陈叔宝册立皇弟陈叔重为始兴王，过继给烈王作为后嗣。

隋朝行军元帅元景山从汉口出兵，派遣上开府仪同三司邓孝儒带领劲卒四千人，攻打陈朝甑山镇（今湖北汉川）。陈朝派遣将军陆纶带领舟师前往援助，却被邓孝儒击败；陈朝涢口（湖北汉阳西北）、甑山、沌阳（湖北汉阳西）诸位镇守将，都弃城逃走。戊辰日（二十四日），陈朝派遣使者前往隋朝，愿意归还胡墅，请求与隋朝恢复和好。

己巳日（二十五日），陈后主陈叔宝立妃子沈氏为皇后。辛未日（二十七日），册封皇弟陈叔俨为寻阳王，陈叔慎为岳阳王，陈叔达为义阳王，陈叔能为巴山王，陈叔虞为武昌王。

隋朝高颎上表，建议依照古礼不进攻有国丧的国家。二月，己丑日（十五日），隋主杨坚下诏，命令高颎等讨伐陈朝诸军撤围还朝。

三月，己巳日（二十五日），陈后主陈叔宝任命尚书左仆射、晋安王陈伯恭担任湘州刺史，永阳王陈伯智担任尚书仆射。

夏季，四月，庚寅日（十七日），隋朝大将军韩僧寿在鸡头山（甘肃平凉西崆峒山）击败突厥兵，上柱国李充也在河北山击败突厥兵。

丙申日（二十三日），陈后主陈叔宝册封儿子永康公陈胤为太子。陈胤，本是孙姬的儿子，孙姬难产暴毙，沈皇后收养了他，视同己出。

五月，己未日（十六日），前齐营州刺史高宝宁，招引突厥军队南下，进攻隋朝平州（治今河北卢龙县），突厥可汗征调五可汗（沙钵略可汗、第二可汗、达头可汗、阿波可汗、贪汗可汗）部队，能驰射的兵士，一共有四十万人，大举进犯长城。

壬戌日（十九日），隋朝任穆公于翼去世。

甲子日（二十一日），隋朝改传国玺名为“受命玺”。

六月，甲申日（十二日），隋朝派遣使者动身前往陈朝吊丧。

乙酉日（十三日），隋朝上柱国李光又在马邑（在今山西朔县东北四十里桑乾河北岸）击败突厥进犯的部队。突厥分兵进犯兰州（今甘肃皋兰县），凉州总管贺娄子幹在可洛峐山（在今甘肃武威县）大败突厥兵。

隋主杨坚嫌弃长安城旧有规模狭小，兼以宫内经常出现鬼怪妖异的事情，纳言苏威劝说隋主迁都，隋主因为刚刚受禅，认为迁都有困难；入夜，隋主杨坚和苏威及高颎再深入研究。第二天一大早，通直散骑常侍庾季才上表呈奏说：“臣仰观天象，俯察图籍，最近一定有迁都的事情发生。自从汉代修筑此城以来，已近八百年，水质变咸，不宜人们饮用，希望陛下上应天意，下顺人情，早作迁都的打算。”隋主听了，大感惊讶，对高颎、苏威二人说：“这事多么神奇啊！”太师李穆也上表建议迁都，隋主看完表章后说：“天道精微，已有征兆应验，太师众所仰望，也上表请求迁都，据此看来，迁都是没什么不可以的了。”丙申日(二十四日),隋主杨坚下诏,命高颎等在龙首山(在今西安市北)规划创建新都。因为太子左庶子宇文恺对工程建筑有巧妙的构思,就任命他担任营造新都的副监。宇文恺,是宇文忻的弟弟。

秋季,七月,辛未日(二十九日),陈后主陈叔宝下诏大赦天下。

九月,丙午日(初五),陈后主陈叔宝在太极殿设无遮大会,陈后主舍身,布施车驾御服给佛祖。陈后主陈叔宝又下诏大赦天下。

丙午日(初五),陈后主陈叔宝任命长沙王陈叔坚担任司空,仍旧兼骠骑将军、扬州刺史原官。

冬季,十月,癸酉日(初三),隋朝太子杨勇驻兵咸阳,防备突厥进犯。

十二月,丙子日(初七),隋朝命名新都为大兴城。

乙酉日(十六日),隋主杨坚派遣沁源县公虞庆则驻兵弘化(今甘肃庆阳),以防突厥侵犯。

隋朝行军总管达奚长儒领军两千,和突厥主力沙钵略可汗在周槃相遇,这时,沙钵略可汗拥有部队十余万人,因为众寡悬殊,达奚长儒的军兵大感恐惧。达奚长儒明知寡不敌众,仍然镇定自若,慷慨激昂,一边战一边走,中途遭遇突厥冲击,军队屡散屡聚,四面奋勇抗敌。转战三日,昼夜总共交锋十四次,五兵(谓矛、戟、弓、剑、戈)全都打光,士卒徒手与敌人拼斗,手节处的骨头,因为皮肉碰损而外露,杀伤敌人的数目,要用上万的单位来计算。突厥的锐气因之而消减,于是解围而去。达奚长儒身受五处创伤,其中被刺穿两个孔,侥幸生还。其余战士,被杀死和带伤的,占总数的十分之八九。隋主杨坚下诏,擢升达奚长儒为上柱国,并将他的余勋,授给他的一个儿子。

此时,柱国冯昱驻兵在乙弗泊(今青海西宁市),兰州总管叱列长叉镇守临洮(今甘肃临潭西南),上柱国李崇屯镇守幽州,都被突厥击败,突厥于是纵兵进犯,分别从木硖(今甘肃环县)、石门(今甘肃固原)两路南下侵犯武威(甘肃今县)、天水(今县)、安定(甘肃泾川北)、金城(甘肃皋兰)、上郡(今陕西富县治)、弘化(甘肃庆阳)、延安(今陕西肤施)等郡，凡是突厥所过之处，六畜全被抢掠一空。

沙钵略可汗还想乘胜南下，达头可汗不同意，引兵自行离开。长孙晟又派人散播谣言，游说沙钵略可汗的儿子染干，让他欺骗沙钵略说："铁勒等人背叛，要偷袭突厥可汗牙帐(总部)。"沙钵略闻讯，心生忧惧，这才收兵，出塞而去。

隋主杨坚登基后，对梁主萧岿恩遇有加。这一年(开皇二年)，纳聘梁主萧岿的女儿为晋王杨广的妃子。随后，又想将兰陵公主许配给梁主的儿子萧玚。因此撤销了江陵总管，梁主萧岿这才得以独自处理梁国朝政。

长城公上

至德元年(癸卯，公元583年)

春季，正月，庚子日(初一)，隋主杨坚准备迁入新都，颁诏大赦境内。

壬寅日(初三)，陈后主陈叔宝颁诏大赦天下，改年号为至德。

起初，陈后主陈叔宝颈项遭受刀创，不能临朝视事，朝廷政务，不分大小，全部交给长沙王陈叔坚代为处断。陈叔坚权势熏天，倾动朝野，状颇骄横，行事诸多违法，陈后主陈叔宝因此猜忌、疏远他。都官尚书、山阴人孔范、中书舍人施文庆等，也都厌恶陈叔坚，而深得陈后主的宠信，他二人日夜探听陈叔坚的过失，然后在陈后主面前不停地搬弄是非。陈后主陈叔宝于是颁诏，命司空陈叔坚以骠骑将军本号，用三司的仪仗，外放为江州刺史，另任命祠部尚书江总担任吏部尚书。

癸卯日(初四)，陈后主陈叔宝册封皇子陈深为始安郡王。

二月，己巳朔日(初一)，出现日食。

癸酉日(初五)，陈后主陈叔宝派遣兼散骑常侍贺彻等抵达隋朝访问。

突厥进犯隋朝的北部边境。

癸巳日(二十五日),陈朝将孝宣皇帝陈顼的灵柩安葬到显宁陵,庙号高宗。

右卫将军兼中书通事舍人司马申,既已掌管中书机密,很会作威作福,喜欢写匿名信中伤人。能候视君主颜色而知如何行动。凡有违背他的人,便用貌似不相干的言辞来谮毁他;如果是亲附他的,便借机提拔。因此,朝廷内外的官员,都从风倾向于他。

陈后主陈叔宝曾想任用侍中、吏部尚书毛喜担任尚书仆射,司马申厌恶毛喜强硬刚直,于是在陈后主面前讲他的坏话说:“毛喜,是我的妻兄,高宗在世时,他曾向高宗说陛下有酗酒的恶行,并建议驱逐陛下东宫的一批侍臣,陛下难道忘了吗?”陈后主经他这么一挑拨,便不再任用毛喜为尚书仆射。

陈后主病创新愈,在后殿摆设酒宴,为自己庆祝,召请吏部尚书江总以下的大臣,陈列音乐,填作新诗,相互唱和。陈后主醉酒后,命人召请侍中毛喜入宴。此时,高宗灵柩才刚安葬,丧服都未除去,本不该这样酣饮,毛喜见此情景,很不高兴,想诤谏,却见后主已经酒醉。毛喜徐徐升阶,假装心痛,摔倒在台阶下,由左右扶起,掖出禁省。陈后主酒醉醒来,对江总说:“我好后悔召请毛喜,他本来没有病,之所以这样,只不过是想劝阻我欢饮,抗议我的作为不对罢了。托疾相欺,实属讨厌。”说着,便跟司马申设计说:“此人倚仗才气,我想借鄱阳兄弟之手,听任他们去报仇(胡三省曰:“鄱阳兄弟,世祖诸子也。高宗篡位,杀刘师知、韩子高、到仲举父子,以及始兴王陈伯茂,皆毛喜之谋。后主怒喜,欲以喜乞鄱阳兄弟,听其报仇,于臣为不君,于父为不子。”)可以吗?”司马申回答说:“毛喜终究不为陛下所用,我同意陛下的旨意。”中书通事舍人、北地人傅縡争辩说:“不可如此,如果允许鄱阳兄弟向他复仇的话,将置先皇于何地?”陈后主说:“应当借一小郡给他,不让他见到我的所作所为。”于是外放毛喜为永嘉内史。

三月，丙辰日（十八日），隋主杨坚从旧都迁进新都。

隋初下令规定：男子年满二十一，开始服兵役（有事征发，无事归田；征战之外，尚须轮调值勤），由从前每年十二番次，服役三十天的，减为二十天；以前每丁每年应缴绢一匹（四丈）的，现在改为两丈。后周末年，酒坊、河东盐池、巴蜀盐井，严禁人民开采，都收归政府经营，独擅其利，到此时，隋主下诏解除禁令，开放与民共享其利。

隋朝秘书监牛弘因为典籍散佚，上表建议朝廷购求天下遗书，表上说："典籍屡经战乱，大多散佚。周氏聚集图书，总数才满万卷。讨平齐国，接收所得，扣除重复，也只增加五千卷而已。兴盛集聚的时期，当属圣明的本朝。臣认为治国的根本，莫不以收聚典籍为首要之务。如今怎么可以再让经籍流落私人家，而不归聚于朝廷官府呢？现在必须借助天子的威势，诱之以小利，那么奇书秘籍，必能送到，国家馆阁藏书，才能充积丰富。"隋主杨坚听从他的建议。丁巳日（十九日），颁诏向天下藏书之家购求前代遗籍，每献书一卷的，酬报绢一匹。

夏季，四月，庚午日（初三），吐谷浑侵犯隋国临洮（今甘肃临潭县西南），洮州刺史皮子信率军出战，战败阵亡。汶州总管梁远带领精锐士卒，把吐谷浑赶走。吐谷浑转向侵犯廓州（今甘肃贵德县），州兵奋勇抗击，将他们击退。

壬申日（初五），隋主杨坚任用尚书右仆射赵煚兼内史令。

突厥屡次侵犯隋境，隋主杨坚下诏说："从前北周、北齐对抗，中国分裂，突厥异族，同时与两国通使和好。北周忧虑东境，担心北齐与突厥友好增深，而与之共同侵犯周土；北齐担忧西邻，害怕北周跟突厥邦交深厚，加重对北齐的威胁。双方都认为突厥的意态动向，是国家安危的关键，原因是两国对峙，大敌当前，彼此都想减轻另一处边防的威胁。朕认为重重赋敛百姓，拿去赠予豺狼，突厥未曾感恩，反而借此作为入侵的资本。朕即位以来，一改过去的做法，以礼来节制他，不再滥施贿赂。如此，便可减轻徭役，降低赋税，国家财税反而年年都有盈余。因而赐给突厥的东西，不如改为奖给自己的勇将和猛士；这样一来，既可止息输送财物而在路上风尘仆仆的百姓，让他们安居务农，兼可扫清边陲，而在心理上增加成功的胜算。突厥凶顽愚笨，不了解我们的用心，将我们境内升平安定的日子，还视为战国并峙不安的时期；乘前世养成的骄纵，存心挑衅，结下今日的冤仇。近来，倾其巢穴部众，大举侵犯北境。大概上天愤恨的人，上天会驱遣他去挨利斧。诸将现在将要动身进讨，要清楚此次出兵兼具挞伐凶残和含容抚育两项目标：突厥有要投降归顺的，可以接纳他们；有顽强抵抗的，必须加以剿灭，好让他们不敢再存南侵的念头，永远畏服大隋的威严。如此这般，哪需要他派遣弟子来做人质？何必他前来渭桥朝拜呢？”

隋主决计北伐，于是命卫王杨爽等担任行军元帅，分八路出塞讨伐突厥。杨爽督率总管李充等四将出朔州道（自山西马邑出塞）。己卯日（十二日），杨爽等和沙钵略可汗在白道（在今绥远归绥县北）相遇。李充向杨爽献计说：“突厥习于屡战屡胜，心态骄纵，必小看我方而不设防，如果派出精兵前去偷袭，一定可以破敌。”诸将闻言，多有疑虑，只有长史李彻赞同他的计谋，于是和李充带领精骑五千，出敌不意，闪电突袭，结果大败突厥部众。沙钵略可汗丢弃所穿金甲，潜入草中逃跑，突厥军中缺少粮食，只好粉碎尸骨来充当粮食，加上天热，疫病流行，死亡惨重。

幽州总管阴寿带领步骑十万，出卢龙塞（今河北迁安西北），进攻前齐营州刺史高宝宁。高宝宁向突厥求救，沙钵略可汗正在白道对抗隋军，无暇分兵援救。庚辰日（十三日），高宝宁听到突厥兵败，便放弃和龙城（今热河朝阳），逃往大漠之北，和龙诸县，全被隋军平定。阴寿设下重赏，征购高宝宁的首级，另又派人离间他的手下亲信。高宝宁远遁契丹，在途中被手下杀害。

己丑日（二十二日），郢州城主张子讥派遣密使，请求投降隋国。

隋主杨坚以和陈朝友好为由，拒绝接受他的归降。

辛卯日（二十四日），隋主杨坚派遣兼散骑常侍薛舒、兼通直散骑常侍王劭动身前往建康访问。王劭，是王松年的儿子（按王松年仕北齐为通直散骑常侍、给事黄门侍郎，孝昭帝每赐坐与论政事，甚善之。《北齐书》卷三十五有传）。

癸巳日（二十六日），隋主杨坚在国都南面雩坛，举行祈雨大典。

甲子日（四月无此日），突厥派遣使者前往隋国。

隋主杨坚下令，改度支尚书为民部尚书，都官尚书为刑部尚书。命左仆射分为判吏、礼、兵三部尚书事，右仆射分为判民、刑、工三部尚书事。废黜光禄、卫尉、鸿胪三寺，以及都水台。

五月，癸卯日（初六），隋朝行军总管李晃在摩那度口（在今新疆迪化县北）击败突厥兵。

乙巳日（初八），后梁太子萧琮来到隋朝觐见隋主，庆贺隋迁新都。

辛酉日（二十四日），隋主杨坚在宫城的北方丘祭祀地祇。

隋朝秦州总管窦荣定带领九位总管，统率步骑三万，西出凉州，进攻突厥，和突厥阿波可汗在高越原（甘肃武威县西北塞外）相对抗，阿波可汗多次被打败。窦荣定，是窦炽哥哥的儿子。

前上大将军、京兆人史万岁，因一宗谋反案，牵连在内，被革职并流放到敦煌当戍卒。这时，他来到窦荣定营门，请求让他为国建功效力。窦荣定平素听闻史万岁勇名，一见如故，交谈甚欢，便留他在麾下。壬戌日（二十五日），双方准备交战，窦荣定派人对突厥阿波可汗说："士兵有何罪过？迫使久战沙场，致令丢掉生命？现在双方只要各推一位壮士，决一胜负，哪一方输了，哪方就收兵退走。"突厥阿波可汗同意，立刻派出一骑，出阵挑战。窦荣定就请史万岁趋出营门应战。史万岁欣然驰马迎战，没过多时，便斩下虏首，驰回报功。突厥阿波可汗大惊，不敢再战，因而遣使请立盟誓，然后收兵退走。

长孙晟此时在窦荣定军中担当偏将，他派遣一位辩士，追上阿波可汗，诘问他说："摄图（沙钵略可汗）南来，每次交战，都获大胜；而你阿波，才入隋境，就战败逃走，这是突厥的耻辱，你难道不觉羞愧吗？况且摄图和你阿波，原本势均力敌。如今摄图经常得胜，被突厥部众推崇；而你却连打败战，常为突厥带来耻辱。摄图一定会归罪于你，促成他吞并你的心愿，势必消灭在他北面的你的牙帐（胡三省曰"阿波建牙在摄图之北"），希望你掂量一下，究竟能否拼得过摄图？"阿波经他这么一问，心生畏惧，便派人随使者到隋营，长孙晟对来使说："目前达头可汗与隋军连和，摄图便无法战胜他。阿波可汗何不也归附大隋天子，结交达头可汗，相合图强，实在不失为一条万全的计策，总比阿波丧师戴罪，回归摄图总部，任凭摄图宰杀羞辱，要好得多吧！"使者回报，阿波可汗认为说得很对，便又派使者跟随长孙晟入朝。

沙钵略可汗一向猜忌阿波可汗的强悍骁勇。自从白道败退归来，又风闻阿波背叛自己，私下归降隋朝，于是率先北返，袭击阿波北牙（总部），大败阿波留守部众，杀死阿波的母亲。等到阿波北返，无处可归，只好向西投奔达头可汗，达头可汗听说摄图如此狠绝，十分生气，愿意帮助阿波，派遣他率军东进，阿波失散又重新投奔而来的旧部众近十万骑，于是和沙钵略交战，连战连捷，接连收复失地，兵势转趋强盛。贪汗可汗一向和阿波可汗交好，沙钵略可汗吞并他的部众，罢黜他的领导权，贪汗可汗流亡到达头可汗这边。沙钵略的堂弟地勤察，另外统领另一部落，和沙钵略有嫌隙，也背叛沙钵略，拥众归降阿波，与阿波连兵，同沙钵略交战不已，后来，阿波、沙钵略都派使者到长安，向隋主请求援救，隋主杨坚都没应允他们（盖让他们继续自相攻伐）。

六月，庚辰日（十四日），隋朝行军总管梁远在尔汗山（在今青海县青海之东面）击败吐谷浑部众。

突厥又侵犯幽州，隋朝幽州总管、广宗壮公李崇率领步骑三千迎战。转战十余日，部卒伤亡惨重，退守砂城（北京大兴北）。突厥围攻砂城，砂城颓圮荒废，无法凭此拒敌，加以朝夕力战，又没什么东西好吃，只得每夜派兵冲进突厥营地，抢掠六畜，来充当军粮。突厥兵害怕，便严加设防，每到夜晚，结阵以待。李崇军苦于饥饿，再次出兵抢粮，遭到伏击，死亡殆尽。到了天明，逃回城来的，只有百十来人，大多身负重伤，无法再参加战斗。突厥原想要他们活着投降，派遣使者对李崇说："如果前来归顺，封为特勒（突厥达官）。"李崇心知今日时势，难免一死，便召集士兵，告诉他们说："我李崇丧失师旅，罪当万死。今日准备牺牲性命，以报效国家，你们等我阵亡后，可以投降突厥，或伺机分散逃走，努力回乡。如果能见到皇上，替我奏陈我为国捐躯的心意。"说罢，便拔刀而出，闯入敌阵，砍杀二人，突厥兵乱箭齐下，最终将他活活射杀。秋季，七月，辛丑日（初五），隋主杨坚任命豫州刺史、代州人周摇继李崇之后担任幽州总管。因李崇为国捐躯，隋主杨坚特下恩诏，让他的儿子李敏袭爵广宗郡公。

李敏后来娶乐平公主（杨坚之女、北周宣帝后，开皇六年，改封乐平公主）的女儿娥英，隋主杨坚有诏，赐给李敏一品羽仪，礼仪依照迎娶皇帝之女。后来，李敏入侍隋主宴饮，乐平公主告诉他说："我将四海（指宇文周天下）交给圣上，如今只有一个女婿，当替你求取柱国的高官；圣上如果授你别的官，你可千万不要答谢！"李敏唯诺而入，拜见隋主，隋主先是授他仪同的官，后来又进授开府，李敏都不领受答谢。后来，隋主杨坚说："乐平公主对我有大功劳，我怎能对他的女婿舍不得赐予高官呢？如今就授予你柱国吧！"李敏这才满心欢喜、手舞足蹈地拜谢。

八月，丁卯朔日（初一），出现日食。

陈朝长沙王陈叔坚还未前往江州上任，陈后主陈叔宝忽然又下诏留他在京担任司空，陈后主这么做，表面上对他还不错，实际上是在削夺他的权势。

壬午日（十六日），隋主杨坚派遣尚书左仆射高颎出兵宁州道（今甘肃宁县），内史监虞庆则出兵原州道（甘肃固原），兵分两路，北伐突厥。

九月，癸丑日（十八日），隋主杨坚下诏大赦境内。

冬季，十月，甲戌日（初九），隋主颁诏废除河南道行台省（去年二月置），任命秦王杨俊担任秦州总管，陇右诸州，全部归属秦王管辖。

丁酉日（十月无此日），陈后主陈叔宝册封皇弟陈叔平为湘东王，陈叔敖为临贺王，陈叔宣为阳山王，陈叔穆为西阳王。

戊戌日（十月无此日），陈朝侍中、建昌侯徐陵去世。

癸丑日（十月无此日），陈后主陈叔宝册封皇弟陈叔俭为安南［南安］王，陈叔澄为南郡王，陈叔兴为沅陵王，陈叔韶为岳山王，陈叔纯为新兴王。

十一月，陈后主陈叔宝派遣散骑常侍周坟、通直散骑常侍袁彦前往隋国访问。陈后主陈叔宝风闻隋主相貌非凡，特嘱袁彦偷偷画下隋主像回来。后来，陈后主陈叔宝一见画像，大为惊骇地说："我不想见到这个人的画像。"命人立即将画像搁置他处。

隋朝已经颁布律令（前年十月，隋行新律），苏威多次要更改事项条目，内史令李德林说："修订律令时，苏公为什么不早发表意见？目前新律才刚颁布实行，应当专诚遵守，除非是对人民构成严重伤害的，否则不应该多次更改。"

河南道行台省兵部尚书杨尚希上表建议说："在下发现方今郡县，比起古时，增多一倍。有的地方，方圆不到百里，然而境内设有几个县；有的地方，户口不满千户，却设立两个郡在管辖。空领俸禄而不理事的官员很多，资财费用的开支也就日益增多；官吏士兵增加一倍，田租户税一年比一年短收。人民少，官吏多，好比十只羊儿，竟要九个人放牧。为今之计，应当保留有用的官吏，裁撤闲散的冗员；合并小郡小县，设置为较大的郡县，那么国家不必浪费发放冗员的俸禄，郡县也比较容易推选出优异的人才。"恰好苏威也建议废郡改制。隋主听从他们的意见。甲午日(十一月无此日，甲午为十二月初一)，隋主杨坚下令废除天下诸郡，合并为州。

十二月，乙卯日(二十二日)，隋朝派遣兼散骑常侍曹令则、通直散骑常侍魏澹到江南访问。魏澹，是魏收同族的人。

丙辰日(二十三日)，陈朝司空、长沙王陈叔坚被免职。陈叔坚已经失去恩宠，内心十分不安定，于是搞媚道邪术，在日月下醮祷，以求福助。有人上书密告他诅咒皇上，陈后主陈叔宝召来陈叔坚，将他囚禁在西省，准备把他处死，先命近侍宣读敕令，数说他的罪过。陈叔坚回答说："臣的本心，没有他意，只不过想求亲幸于君主罢了。既然已经违犯国法，罪该万死。只是臣死之后，一定会见着陈叔陵，希望陛下先颁下明诏，让臣带到九泉之下，去责备陈叔陵。"这一席话，由内侍传奏，陈后主感念他的前功，于是下令饶恕他，只免去他司空的官职而已。

隋主杨坚任命上柱国窦荣定担任右武卫大将军。窦荣定的妻子，是隋主杨坚的姐姐安成公主。隋主想任用窦荣定担任三公，窦荣定辞谢说："汉代卫、霍、梁、邓四姓外戚，如果知道自我贬抑降损的话，也就不致倾覆宗族。"隋主听他这么说，便不再强迫他出任三公之职。

隋主因感念李穆功劳浩大，特下诏说："制定法律，是用来约束小人，而并非用来防范君子。太师、申国公李穆，从今以后，虽有罪过，只要不犯叛国弑君大罪，即使犯百次死罪，也终究不加推治审问。"

礼部尚书牛弘，建议依照古制修建明堂。隋主认为当时各事都在草创之中，无暇顾及此事，没有听从他的建议。

隋主看完刑部奏报，发现断决之狱，为数多达上万，认为法律还太严密，以致百姓大多触犯法纲。于是又下诏，命苏威、牛弘等重新修订新律，从旧律内，删去死罪八十一条，流刑一百五十四条，徒刑、杖刑等一千多条，只制定存留五百条，合为十二卷。这次修订后，隋朝刑纲简明扼要，疏而不漏。隋主杨坚除颁布新律外，同时设立律博士弟子员，以此培养断决大狱的人才。

隋主杨坚因长安仓廪储粟还欠充实，为防范水、旱灾的发生，下诏令西起蒲、陕，东到卫、汴等濒水区域的十三个州，招募运米兵丁。又在卫州设立黎阳仓（今河南浚县），陕州设立常平仓（今河南陕县），华州设立广通仓（今陕西华县。按“卫州置黎阳仓”下，《隋书·食货志》尚有“洛州置河阳仓”一句，《通鉴》转抄漏书），由水路依次转运。漕运潼关以东地区及汾州、晋州的米粟，供给京师（长安）。

当时，刺史多任用武将，大多不能称职，治书侍御史柳彧上表纠举其缺失说：“以前汉光武帝刘秀和二十八将，披荆斩棘，平定天下，等到国家创建后，二十八将都不担任职事。臣伏见诏书，任命上柱国和千子担任杞州刺史。和千子以前任职赵州刺史，赵州百姓编造一首歌谣说：‘老禾不早杀（割），余种秽良田（余遗之种粒，将使良田污秽）。’和千子，弓马武艺，是他的专长；治理民众，不是他的本行。陛下如果要优礼尊崇年老的功臣，自可赐予他丰厚的金帛；倘若让他出任州郡刺史，那么国家的损失可就大了。”隋主杨坚认为他讲得很有道理，和千子竟因此被罢免刺史之职。

柳彧发现隋主杨坚忙于听受群臣的奏疏，而百官奏请裁决实行的事情，好多都是琐碎的杂事，因此上疏劝谏说：“臣听说古时贤君，圣明莫过于唐尧和虞舜。他们布政施化，不管琐碎细务，很识大体，因而人们称他们‘钦敬明达’；虞舜任用五位贤臣（禹、稷、契、皋陶、伯益）处理政务，尧帝经常向掌管四方的诸侯询问治国方略（《书经·尧典》孔安国传曰：“四岳，即羲和之四子，分掌四岳之诸侯。”），拱手垂袖，无为而天下大治。他们是访求贤才之时辛苦，任使贤臣之后安闲。臣近观陛下留心治术，无惧疲劳，这也是由于百官惧怕获罪，不能自行判决，凡事都取决于天子的裁断，因此奏请过多，甚至连营造建筑这等细小的琐事，调拨供给细小的物品，陛下一整天，酬对应答百官，忙到傍晚，忘了进食；到了半夜，还未就寝，百司动辄用文书簿籍，令圣上劳神忧心。伏请陛下察纳微臣诚挚的建议，稍微减少烦琐细碎的事务。倘若属于经国大事，不是大臣所能裁夺决断的，伏请陛下详加裁决，其余一切细碎杂务，大可交托给专司其务的臣子，如此，圣体可享无量之寿，臣下也可蒙受陛下养护的恩赐。”隋主杨坚看了他的奏疏后，大为赞赏，称赞他说：“柳彧是正直之士，是国家的宝贵财富。”

柳彧因为近来民间风俗，每到正月十五的晚上，百姓都点灯游戏，于是上奏疏请求隋主杨坚下令予以禁止。他所上的奏疏说：“在下见到京邑，以及外州城乡，每在正月十五的晚上，满街整巷，百姓聚集嬉戏，结朋唤友，鸣鼓震天，火炬照地，甚至不惜倾家荡产，竞相贪图这一时刻的玩乐。全家老小，倾家而出，街上贵贱相聚，男女混杂，僧俗不分，淫秽的事，因此而生；盗窃的事，也由此而作。社会因循沿袭这一弊风陋习，竟没有察觉这是不良风俗。这种风俗，对教化既无补益，对黎民百姓又有损害，请陛下颁诏宣告天下，说明这种风俗的危害，并请立即加以禁绝。”隋主杨坚批准他的请求，于是下诏禁止元宵夜点灯游戏。

资治通鉴卷第一百七十六　陈纪十

起甲辰(公元 584 年),止戊申(公元 588 年),共五年。

【**题解**】本卷记录了公元 584 年至 588 年共五年间的南北朝史事。当时正值陈后主至德二年至祯明二年;隋文帝开皇四至八年。在这五年间,南北朝形势发生了翻天覆地的变化。北朝隋文帝杨坚代周,建立新的朝代,对内轻刑减役,颁布新历新律,使百姓得到休养生息,国力大增。对外恩威并行,使突厥臣服,隋朝呈现欣欣向荣之象。南朝陈后主陈叔宝则继续昏庸奢靡,亲小人,远贤人,在国力日趋衰弱的情况下依然骄矜自大,没把隋主看在眼里,并接纳后梁归降,犯了大国之忌,陈后主陈叔宝的种种作为已让陈朝灭亡成为必然。随着隋朝国力蒸蒸日上,突厥不再对其构成威胁,陈朝又出现衰败之象,统一之势不可逆转,于是隋朝开始大举南伐。

长城公下

至德二年(甲辰,公元 584 年)

春季,正月,甲子日(初一),出现日食。

己巳日(初六),隋主杨坚前往太庙祭拜祖先。辛未日(初八),前往南郊坛祭祀天神。

壬申日(初九),梁主萧岿前往长安朝见隋主杨坚,头戴通天冠,身穿绛纱袍,在郊外馆驿面北接受隋主使者的慰问。等到奉诏进入大兴殿拜见,隋主杨坚头戴通天冠,身穿绛纱袍,梁主萧岿改戴远游冠,换穿朝服而入,一君一臣,同时对拜行礼。隋主杨坚赐给他一万匹细绢,以及与万匹绢等值的珍玩。

隋朝前华州刺史张宾、仪同三司刘晖等编撰完成《甲子元历》,呈奏隋主杨坚。壬辰日(二十九日),隋主杨坚下诏颁行新历。

癸巳日(癸巳是二月朔日),陈后主陈叔宝下诏大赦天下。

二月,乙巳日(十三日),隋主杨坚在灞上(今陕西长安东)为梁主回国饯行。

突厥苏尼部男女万余人投降隋朝。

庚戌日(十八日),隋主杨坚前往陇州。

突厥达头可汗上表请愿,表示愿意归顺隋朝。

夏季,四月,庚子日(初九),隋主杨坚任命吏部尚书虞庆则担任尚书右仆射。

隋朝上大将军贺娄子干调遣河西五州兵,攻打吐谷浑,杀死对方男女一万多口,历时二十天,奏凯而还。

隋主杨坚鉴于陇西多次遭到外寇劫掠侵犯,而当地旧俗又不建立具有防御能力的村坞,于是命贺娄子干强令居民构筑砦堡,并且种田积谷,用来防备意外变故。贺娄子干上书说:"陇右、河西,地广人稀,边境尚未安定,还无法全面从事耕作。我近来发现一些屯田的地方,收获少而费力多,白白劳费人力,最后还是难免遭到外寇劫掠践踏的厄运;目前处在偏远的屯田地区,请准许全部撤除。此外,陇西地区大多以畜牧为业,如果命他们屯结聚集在一处,反而会造成他们惊恐不安。只要使镇戍相连,烽烟相望,百姓虽然分散居住,却也可以保证无忧。"隋主杨坚采纳了他的建议。

丁巳日(二十六日),由于贺娄子干通晓熟悉边陲攻防事务,隋主杨坚下诏,擢升他为榆关(即今山海关)总管。

五月[戊子](二十七日),陈后主陈叔宝任命吏部尚书江总担任尚书仆射。

隋主杨坚因为渭水多流沙,河道深浅不一,运输漕粮的人,对它深感头痛,于是在六月,壬子日(二十二日),下诏命太子左庶子宇文恺率领水工开凿河渠,导引渭水,西起大兴城,东抵潼关,全长三百多里,取名叫广通渠。从此,漕粮运输,通畅便利,关内粮食的供给,都依靠这条运河来输送。

秋季，七月，丙寅日（初六），陈后主陈叔宝派遣兼散骑常侍谢泉等抵达隋都访问。

八月，壬寅日（十三日），隋朝邓恭公窦炽去世。

乙卯日（二十六日），陈朝将军夏侯苗请求归降隋朝，隋主杨坚因为陈、隋两国通使和好，没有接受他的请求。

九月，甲戌日（十五日），隋主杨坚因为关中闹饥荒，移驾前往洛阳，就粟关东，以减少关中粮食的消耗，缓解关中饥荒。

隋主杨坚不喜欢文章用词华丽，下诏普告天下，以后一切公私文书，都应写得符合实际，不可浮夸不实。诏书颁布后，泗州刺史司马幼之所上的奏章，文辞仍很华丽，隋主杨坚下令，将他交给有关机构治罪。治书侍御史、赵郡人李谔也因当时人们撰写文章，多追逐轻薄浮夸，于是上书纠正这种文体说："曹魏三祖（指魏武帝曹操、魏文帝曹丕、魏明帝曹睿），崇尚文辞优美华丽，忽视为人君主的大道。在上位的人喜好雕琢词句的小技，结果，上行下效，就成为社会的风尚。到了东晋、齐、梁时代，崇尚绮艳文辞的歪风，比起曹魏来，还要厉害：人们竞逐一个韵脚的奇险，争赛一个用字的精巧；文章连篇累牍，所谈的，不外乎是月华初露的景致；作品积案满箱，所描写的，只是风花雪月的情状。世俗的人，以这作为衡量高下的标准，朝廷也以此作为选拔士子的依据。以擅长雕虫小技求取功名的路子既然已经开通，人们爱好华丽崇尚轻浮文风的情绪更加高昂。于是乡野蒙童，达官子弟，小学还没上，六十甲子也还不会数，便先跳级学习如何作五言诗，对于那些伏羲、虞舜、大禹的经典，伊尹、傅说、周公、孔子的学说，全都不再关心，哪曾听进耳里？将傲慢怪诞当作清静玄虚，把吟咏情性当作勋业功绩，把讲求儒术说成是迂腐落伍，把擅长辞赋当成时髦君子。由于这种风尚，使得文翰一天比一天繁多，但是政治却一天比一天紊乱。推究根源，实在是因为人们丢弃了儒家圣贤所创立的轨度模范，而倾心尽力去拟撰无用的华丽文辞，将无用当成有用的缘故。如今朝廷虽有摒弃辞章浮夸、抑制文书华丽的诏令，但是听说一些外州远县，仍旧沿袭前代的不良习气；躬行仁孝之行的人，被权势之家排挤而不录用；而精于写作轻薄浮艳之辞的人，反被选拔充任官吏，举荐到朝廷来。问题的发生，大都是因为刺史、县令未能遵行陛下改革华靡文风的教令。敬请陛下督促主管机关，普遍加以查访，如果发现仍有不遵从教令的，务必备齐奏状，送交御史台审核治罪。”后来又上奏章说：“士大夫夸耀自己的才能，而谋求进身做官，不再存有羞愧廉耻之心，希望陛下对这类人，公开加以治罪黜退，以此惩处败坏风气轨范之人。”隋主杨坚把李谔前后所上奏章，下诏颁示四方州郡。

突厥沙钵略可汗多次被隋军打败，于是派人前往隋朝，请求和好结亲。千金公主为形势所逼，也主动请求改姓杨氏，愿意做隋主的女儿。隋主杨坚于是派遣开府仪同三司徐平和出使到突厥沙钵略可汗处，改封千金公主为大义公主，晋王杨广请求趁突厥内部闹分裂的良机，乘隙出兵征讨，隋主杨坚没有答应。

沙钵略可汗派遣使者，递交国书给隋主杨坚说：“从天生大突厥天下贤圣天子伊利居卢设莫何沙钵略可汗致书大隋皇帝：皇帝陛下，是我夫人的父亲，也就等同于是我的父亲。我既然是陛下的女婿，也就是您的半个儿子。两国风俗虽然有别，但是情义却如一家之人。从今以后，子子孙孙，甚至于千秋万世，和好亲善，永不断绝。上天明鉴，可为见证，从始至终，誓不违背！我国所有羊马，全部是皇帝陛下的牲畜；贵国所有的缯彩绢帛，也等于是我突厥的物品。”

隋主杨坚回复其书说：“大隋天子致书大突厥沙钵略可汗：收到国书，知道您大有和好亲善的意思。朕既然是沙钵略可汗的岳父，自然应当看待沙钵略可汗与儿子无别。此后当不时派遣大臣出塞去看望我的女儿（指大义公主），自然也要看望我儿子沙钵略。”没过多久，隋主杨坚就派遣尚书右仆射虞庆则出使突厥沙钵略可汗处，并命车骑将军长孙晟担任副使。

沙钵略可汗摆下军阵，陈列珍宝，高坐帐中，接见虞庆则，谎称有病在身，不能起立，并且狞笑着说："从我父亲那辈以来，从不向人叩头下拜。"虞庆则先正言责备他不敬，之后晓谕他拜受敕书的礼节。沙钵略可汗不肯屈服。千金公主私下对虞庆则说："沙钵略可汗豺狼成性，过分与他争执，恐将咬人。"长孙晟伺机对沙钵略说："突厥可汗与隋朝天子，都是大国的君主，可汗和天子地位相等，自可不必起身下拜，我们怎敢违背您的意愿，强迫您下拜？但是可贺敦（突厥皇后）既然是大隋天子的女儿，那么可汗便是大隋天子的女婿，做人女婿的，怎可无礼，不尊敬岳父呢？"沙钵略于是装笑，对他手下达官显贵说："听他这么说，我须拜岳父，只好听从了？"于是起身下拜，叩头顿首，跪着接受玺书，将玺书顶在头上，方才起身。等到隋使走后，沙钵略大感羞愧，和群下相聚痛哭。虞庆则又要沙钵略派遣使者向隋朝称臣，沙钵略问他左右的侍从说："'臣'字是什么意思？"左右侍从回答他说："隋国所说的'臣'，就像我国所说的'奴'。"沙钵略说："我能够成为大隋天子的奴仆，是虞仆射的功劳。"于是赠给虞庆则一千匹马，并将他的堂妹嫁给虞庆则为妻。

冬季，十一月，壬戌日（初四），隋主杨坚派遣兼散骑常侍薛道衡等起程到江南访问，薛道衡临出发前，隋主杨坚告诫他说："你应当明白朕的意旨，不要在言辞上与对方争高低。"

这一年，陈后主陈叔宝在光昭殿前修筑临春、结绮、望仙三阁，阁高各数十丈，每座阁中各有数十间房，其中窗、牖、壁带（壁中横木）、悬楣、栏、槛等，全部用沉香或檀香木料制成，又炫饰金玉，杂嵌珠翠，外挂珠帘，内设宝床、宝帐，一切玩赏服饰之物，全都瑰奇珍丽，为近世所未曾有过。每遇微风吹送，香气飘散数里。阁下堆石为假山，引水为池，池中、池边，杂植奇花异草，极尽点缀渲染之能事。

陈后主陈叔宝居住在临春阁，张贵妃居住在结绮阁，龚、孔二贵妃居住在望仙阁，三阁都有复道（架于空中之甬道）相通，可以相互往来。又有王、李二美人，张、薛二淑媛，袁昭仪、何婕妤、江修容等七人，都得到陈后主陈叔宝的宠幸，轮番递游三阁之上。陈后主陈叔宝任命通翰墨、能作诗歌的宫人袁大舍等担任女学士。仆射江总，虽然担任宰相，却不主持政务，整天和都官尚书孔范、散骑常侍王瑾等文士十多人，入阁陪伴陈后主，在后庭游乐宴饮，不再分上下尊卑的等级，宫内的人，称他们为"狎客"（狎习之宾客，亦即弄臣之意）。陈后主陈叔宝每次宴饮，便要一些妃、嫔，以及女学士们，与狎客共同赋新诗，彼此唱和。陈后主陈叔宝选取其中文辞最为艳丽的，谱上新曲，挑选宫女中姿色较好的，共一千多人，命她们一起唱新曲，分为若干部，依次递进传唱。其中乐曲名有《玉树后庭花》《临春乐》等，大抵都在称颂诸妃、嫔容色如何美丽。君臣酣饮歌唱，通宵达旦，习以为常。

张贵妃，名叫丽华，本是军人家的女儿，原来是龚贵嫔的侍婢，陈后主一见就深深地迷上她。张丽华因得进幸，生下一男，取名为陈深，就是后来的太子。张贵妃秀发长七尺，光泽照人。生性聪慧敏捷，脸孔好像朝霞，很有神采，举止娴静华丽，双眸每一次流转顾盼，光彩四射，映照左右。善于窥伺陈后主的心意，引进举荐许多宫女参与宴会，后宫佳丽，都感激她，争相说她的好话。她兼具妇人媚术，经常在宫中祀奉一些不正当的鬼神，召集许多女巫，击鼓跳舞。此时，陈后主沉迷酒色，不大处理朝政，所有百官启奏，全部由宦官蔡脱儿、李善度呈递。陈后主则靠在软垫上，将张贵妃抱置膝上，一同裁断百官的奏请。李善度、蔡脱儿二人不能全部清楚记下的，张贵妃都为他们逐条记下，无一遗漏。张贵妃还参与探访宫外的事情，宫外的一言一事，张贵妃一定首先知道，然后禀告陈后主，因此越发得到陈后主的欢心，她所受宠幸的程度，超绝后宫，高居第一。后宫的宦官近侍，假借她的权势，内外勾结，狼狈为奸，推举引进宗族亲戚，纵横放肆，违反法纪，卖官鬻爵，公然收受财物；升迁奖惩的命令，不发自中书，而是出于宫掖。王公大臣，如有不听从后宫旨意的，只要张贵妃一进谗言，没有不立即遭到疏斥的。于是孔贵嫔、张贵妃的权势、气焰之盛，上冲霄汉，震动四方，执政大臣，也都见风转舵，谄媚顺从。

部官尚书孔范，和孔贵嫔结为兄妹。陈后主不喜欢听闻旁人批评他的过失，陈后主每犯过错，孔范一定会曲意逢迎，帮他文过饰非，还称颂赞美一番，因而深得陈后主的优厚礼遇，言无不听，计无不从。群臣有劝谏的，就乱加罪名，加以申斥贬谪。中书舍人施文庆，涉猎经史典籍，以前曾在东宫侍奉太子。人很聪慧敏捷，记忆力超强，通晓熟悉吏事，心中筹划而用口宣授，应时而发，很有条理，因而大受陈后主宠信。施文庆又举荐他所亲信的人——吴兴人沈客卿、阳惠朗、徐哲、暨慧景等，推崇他们都有办事才干，陈后主陈叔宝便都提拔进用他们；任用沈客卿担任中书舍人。沈客卿有辩才，特别精通朝廷典故，让他兼掌金帛局。旧制规定军人、士人都不缴纳关塞的通行税和市场的营业税。此时，因为陈后主陈叔宝大修宫室，穷极耳目视听的享受，弄得府库空虚，所有新的建筑工程，常感财力不足。沈客卿便上奏章，建议不论士人或百姓，一概要求他们缴纳关市通行费和营业税，而且比旧税加重课征。陈后主批准了此项建议。于是任用阳惠朗担任太市令，暨慧景担任尚书金部、仓部都令史。他二人都从小吏起家，考核稽查管理的簿籍事项，丝毫不差；可是不识大体，监督苛察烦碎，搜刮聚敛，不知满足，弄得士大夫和百姓都叹息怨恨。沈客卿凭借中书舍人的身份，统领督导他二人，每年国库的收入，超越平常税收好几十倍。陈后主大喜过望，越发认为施文庆有知人之明，对他倍加宠信重用，大小事务，无不委托他去办理。施文庆等，辗转相互提拔举荐同党，头戴插有貂尾和蝉羽所饰之冠的（喻显官），多达五十人。

孔范自夸文韬武略，满朝文武，没有能比得过他的，曾从容禀告陈后主说："朝廷之外的诸将，起自行伍，只有匹夫之勇。如果说到深谋远虑，哪是他们所知道的？"陈后主拿这个话去询问施文庆，施文庆害怕孔范，不敢得罪他，只好在陈后主陈叔宝面前承认孔范说得对；司马申又从旁附和，陈后主也就信以为真。自此之后，看见将帅稍有过失，便罢黜削夺他的兵权，将部曲分配给文吏。连战功卓著的任忠，也削夺他部曲，分配给孔范和蔡征统率。于是文武官员，离心离德，终于导致陈朝的灭亡。

至德三年（乙巳，公元 585 年）

春季，正月，戊午朔日（初一），出现日食。

隋主杨坚命礼部尚书牛弘编纂修订五礼，到这时（开皇五年春），编纂完成，共一百卷。戊辰日（十一日），隋主杨坚下诏颁布实行新礼。

三月，戊午日（初二），隋主杨坚加授尚书左仆射高颎为左领军大将军。

陈朝丰州刺史章大宝，是章昭达的儿子。在丰州刺史任内，贪污放纵，朝廷改派太仆卿李晕去接替他。辛酉日（初五），李晕快到丰州（治今福建闽侯县东北），章大宝偷袭并杀死李晕，举兵造反。

隋朝 [大] 司徒、郢国公王谊（胡三省曰：“按王谊拜大司徒，隋主未受禅也；隋主已经受禅，改周之六官，司徒列于三公，不应复加‘大’字。”），和隋主杨坚有同学旧谊，他的儿子，娶了隋主的女儿兰陵公主。后来，隋主杨坚对他的恩宠逐渐淡薄，王谊心怀怨恨。有人密告他谋反，说他曾经自己说：“名姓与图纂谶文所载相应合，仪表相貌应该当王。”于是公卿上奏弹劾他罪大恶极，理应处死。壬寅日（初六），隋主杨坚颁诏，赐王谊在家自尽。

戊申日（二十二日），隋主杨坚从洛阳返回长安。

章大宝派遣部将杨通进攻建安（今福建建瓯），久攻不下。章大宝部众听说朝廷派出讨伐他们的部队就要开到，一时吓得四散奔逃，章大宝也跟着逃入山中，不久被追兵擒获，被灭三族。

隋朝度支尚书长孙平鉴于天下州郡常遭水旱灾害，百姓粮食不能自给，于是上奏章建议说：“请陛下下令给民间，规定每年秋收之后，每家拨出粟麦一石以下，按贫富分出等级，把粮食储存到自己所居的社内，委派社司负责检收管理，以备凶年赈灾抚恤之用。这个社仓，就称它为‘义仓’。”隋主杨坚看完奏章，欣然听从他的建议。五月，甲申日（二十九日），隋主杨坚下诏通告天下各郡、县都要设立义仓。当时，民间百姓大多谎报年老、年幼，借以逃避服役和缴税（隋承周制：男女三岁以下为黄，十岁以下为小，六十者为老），山东（指崤山以东）地区，沿袭北齐的弊政，百姓在报户口和缴租上，出现的奸诈虚伪之事更甚于别处。隋主杨坚于是命令州县，开展大规模的户口普查，户口调查不符合实际的，里正、党长流放远方而充当役戍；并命令大家族一同居住的堂兄弟，各自分家，另立户头，以防容藏隐匿户口。这一次的户口普查，户政财税簿籍，新增一百六十四万余口的资料。尚书左仆射高颎奏请确立征税账簿定样，颁行各州，详细建立征税资料。隋主杨坚批准了他的建议，自此奸诈之徒，就无从逃漏少报税捐了。

隋朝各州每年输往京师的物品，黄河以南地区经由潼关，黄河以北地区经由蒲坂，分别输往长安，昼夜不绝于途，长达数月之久。

梁主萧岿去世，梁主的臣子加给他一个美好的谥号，叫孝明皇帝，庙号为世宗。梁世宗为人孝悌仁爱，生性节俭，在位期间，梁国境内太平安定。他去世后，由太子萧琮继位。

起初，突厥阿波可汗已经和沙钵略可汗有了嫌隙，突厥因此而分裂为两部。后来，阿波可汗渐渐强盛，东起都斤（即杭爱山），西越金山（今蒙古阿尔泰山），所有龟兹（今新疆库车县）、铁勒（亦称敕勒，居青海之东）、伊吾（今新疆哈密）诸部，以及西域诸胡各个小国，都纷纷依附他，阿波可汗于是将所部称为西突厥（突厥自是分为东、西）。隋主杨坚派遣上大将军元契前往西突厥，去安抚阿波可汗。

秋季，七月，庚申日（初六），陈后主陈叔宝派遣[兼]散骑常侍王话等抵达隋朝访问。

突厥沙钵略可汗西面被达头可汗困扰，东面又担心契丹的逼迫，于是又遣使向隋朝告急，想率领部落度越漠南，寄居白道川（在今绥远归绥县北，想南傍长城下，倚隋朝为援）。隋主杨坚有诏，应允他的要求，并命晋王杨广从晋阳出兵前去援助，送给他衣食，赐给他鼓吹车服。沙钵略得此资助，于是向西攻打阿波可汗，把他打败。可是阿拔国（在漠外，居住在突厥西南）乘虚进攻抢掠沙钵略的家眷，隋军特为他出兵攻打阿拔国，将对方打败，将所虏获的都送给沙钵略。

沙钵略喜出望外，于是和隋朝缔约，把大漠作为两国分界，并上表给隋主说："在下认为：天上不可有两个太阳，地上不可同时有两个天子。大隋皇帝才是大地真正的皇帝，我沙钵略怎敢倚仗兵众险要，窃取帝王的名号呢？而今感慕南国淳朴的风俗，归心南方有道的国君，屈膝叩首，永为大隋藩属。"当下派遣他的儿子库合真前往长安，向隋朝进贡。

八月，丙戌日（初二），库合真抵达长安。隋主杨坚下诏说："沙钵略以前虽然通好，彼此还是平等的两个国家；现在沙钵略归属为臣，君臣翁婿，便成为一家。"于是命令有司，到郊坛及太庙去敬告天地和祖先。并颁诏宣示四方远近臣民，然后在内殿摆宴，款待库合真；又引领他拜见皇后，奖赏慰劳的东西，极为丰盛。以后隋主下给沙钵略的诏书，都不称呼他的名字，以此表示尊崇和优礼。沙钵略大感欢心，从此，年节四季，都向隋朝进贡不绝。

九月，陈朝将军湛文彻侵犯隋朝的和州（治今安徽和县），隋朝仪同三司费宝首率军拒战，将陈将擒拿过去。

丙子日（二十三日），隋主杨坚派遣［兼散骑常侍］李若等前往江南访问。

冬季，十月，壬辰日（初九），隋主杨坚任命上柱国杨素担任信州（治今四川奉节县东）总管。

起初，北地人傅縡，在东宫担任太子庶子，事奉太子陈叔宝。等到太子即帝位，他升迁为秘书监、右卫将军、兼中书通事舍人。他倚仗才华，意气用事，朝士对他多有怨恨。施文庆、沈客卿联合起来诋毁他，在陈后主面前说他接受高丽使者的金银，陈后主陈叔宝下令将他拘押到监狱。

傅縡在监狱里上书给陈后主陈叔宝说："治理百姓的人，要恭敬地事奉上帝，仁慈地爱民如子，克制贪欲，远离谄佞，天还没亮，就着衣而起办公；时虽已晚，还忘了进食，因此之故，才能将恩惠广被于天下，福泽流传给子孙。但是陛下最近以来，酗酒好色过度，不虔诚祭祀天地宗庙大(之)神，反而一心谄媚淫荡昏乱的鬼怪，小人在旁而不能除去，宦官弄权而不能阻止，痛恨忠直之士好像仇敌，轻视善良百姓如同草芥，后宫穿着绮丽的衣服，裙裾长拖地板；厩马所吃的菽粟，常有剩余，可是百姓生活艰难，流离失所，饿死的尸体，散布原野。官吏公然收受钱财，府库所藏财物，大为减损消耗，神怒人怨，众叛亲离，臣担忧江南帝王的气数，将从此丧尽。"

表章呈奏后，陈后主陈叔宝大为光火，过了一些时候，陈后主怒气稍解，派遣使者到监狱里对傅縡说："我想饶恕你，你能改一改你的作风吗?"傅縡答复说："臣的心，如同臣的面貌，臣的面貌如果能够改变的话，那么臣的心也就可以改变。"陈后主陈叔宝听了，更加生气，便下令宦官李善庆想尽办法，审问他的罪过，最后，赐他在狱中自尽。

陈后主陈叔宝每逢郊坛祭祀，常常推托有病不去，因此傅縡在上书中说他"不虔郊庙之神"。

这一年，后梁大将军戚昕率领水军偷袭公安(陈朝荆州治所，在今湖北公安县东北)，没有成功，怅然而归。

隋主杨坚召请梁主的叔父、太尉、吴王萧岑入朝，任命他担任大将军，封他怀义郡公，借机留住他，不遣送他回国，并且又设立江陵总管来监管后梁。

梁大将军许世武想献出城池投降陈朝，暗中派人去招引荆州刺史、宜黄县侯陈慧纪率军前来接应，可惜事情泄露，梁主萧琮把他给杀了。陈慧纪，是陈高祖堂兄弟的孙子。

隋主杨坚派遣司农少卿崔仲方征发三万壮丁，在朔方、灵武之间，修筑长城，东起黄河，西至绥师（治今陕西绥德县），绵亘七百里，用来阻遏胡寇南下。

至德四年（丙午，公元586年）

春季，正月，后梁改年号为广运。

甲子日（正月十三日），党项羌（党项羌者，三苗之后。东接临洮、西平，西拒叶护，南北数千里，处山谷间）遣使请求归顺隋朝。

庚午日（正月十九日），隋主杨坚颁授历法给突厥。

二月，隋主杨坚下诏，命令各州刺史上佐，每年岁末，轮番入京，朝拜天子，并呈上对州内僚佐所做的考绩报告。

丁亥日（初六），隋主杨坚再命司农少卿崔仲方征发壮丁十五万人，从朔州向东，沿着边塞险要地方，修筑数十座城池。

丙申日（十五日），陈后主陈叔宝册封皇弟陈叔谟为巴东王，陈叔显为临江王，陈叔坦为新会王，陈叔隆为新宁王。

庚子日（十九日），隋主杨坚下诏大赦境内。

三月，己未日（初八），洛阳男子高德上书，请求隋主杨坚当太上皇，把王位传给皇太子。隋主说："朕承奉上天大命，抚育天下百姓，从早到晚，勤劳不休，尚且担心治理不好天下。哪敢效仿近代帝王，传位于儿子，而自求安逸享乐呢？"

夏季，四月，己亥日（十九日），陈朝派遣［兼散骑常侍］周磻等抵达隋国访问。

五月，丁巳日（初七），陈后主陈叔宝册封皇子陈庄为会稽王。

秋季，八月，［辛卯］（十三日），隋主杨坚派遣散骑常侍裴豪等前往江南访问。

戊申日（三十日），隋朝申明公李穆去世。隋主杨坚下诏，赐以特殊的礼仪安葬。

闰月，丁卯日（十九日），隋朝太子杨勇出镇洛阳。

隋朝上柱国、郕国公梁士彦征讨尉迟迥，所向无敌。讨平尉迟迥后，接替尉迟迥担任相州刺史；隋主杨坚猜忌他，征召他回长安。上柱国、杞国公宇文忻，年少时，与隋主很友善。他善用兵，有威名，隋主也猜忌他，借机责备他，并免去他的官职。柱国、舒国公刘昉，也遭到隋主的冷落疏远。三人闲居无聊，又都心怀怨恨，屡相往来，图谋不轨。

宇文忻让梁士彦前往蒲州(治今山西永济，是黄河津渡要地，距离长安三百余里)起兵，自己留在长安作为内应。梁士彦的外甥裴通参与其事，却跑去向隋主告密。隋主暂且不挑破这桩事，反而任命梁士彦担任晋州刺史，借以观察他的意向。梁士彦喜出望外，对刘昉等人说："这真是天意!"又奏请任命仪同三司薛摩儿担任长史，隋主也应允他。不久，梁士彦等和公卿上朝拜谒国君，隋主杨坚命身边力士在朝列中拘捕梁士彦、宇文忻、刘昉等人，责问他们为什么造反，开始，梁士彦还不认罪，等拘提薛摩儿来到后，隋主命薛摩儿在殿堂之上当面与梁士彦对质，薛摩儿一五一十地详述这桩谋反案的始末缘由，梁士彦大惊失色，回头对薛摩儿说："是你杀了我!"丙子日(二十八日)，梁士彦、宇文忻、刘昉三人，都认罪被杀，他们的叔侄、兄弟虽然得免一死，但也都受到除去名籍、不得做官的惩罚。

九月，辛巳日(初四)，隋主杨坚身穿丧服，亲临射殿，诏命百官射取梁士彦等三家物品，以为借鉴。

冬季，十月，己酉日(初二)，隋主杨坚任命兵部尚书杨尚希担任礼部尚书。杨尚希见隋主每天一大早，就临朝听政，日过正午，还不休息，于是进谏隋主说："周文王因为忧勤国事而减损寿命，周武王以安逸享乐而延年益寿。希望陛下只掌握事情的纲领，责令宰相负责执行。琐碎繁杂的事务，陛下不应亲自处理。"隋主杨坚虽然认为他说得很对，却未能采纳他的建议。

癸丑日(初六)，隋主杨坚在襄州(治襄阳)设立山南道行台尚书省，任命秦王杨俊担任尚书令。杨俊的妃子崔氏生下一个男孩，隋主杨坚十分欢喜，颁物赏赐百官。

直秘书内省、博陵人李文博，家道一向贫寒，而今蒙隋主杨坚赐物，有人前往向他道贺。李文博不以为然地说："赏罚的设立，原本是为赏功罚过。现在秦王妃生男孩，群官有什么功劳，竟胡乱接受赏赐！"旁边听到这些话的人，感到羞愧。

癸亥日（十六日），陈后主陈叔宝任命尚书仆射江总担任尚书令，吏部尚书谢伷担任尚书仆射。

十一月，己卯日（初三），陈后主陈叔宝下诏大赦天下。

吐谷浑可汗夸吕，在位百年之久，喜怒无常，多次因为一时之愤，就罢黜杀掉所立的太子。其后被立为太子的，看见前面的惨祸，心生恐惧，计划捕执夸吕，投降大隋，派人向隋朝边疆官吏请求派军支援，秦州总管、河间王杨弘奏请派兵前往接应，隋主杨坚没有应允。

后来，吐谷浑太子的计划泄露，被夸吕杀死，夸吕再立他的小儿子嵬王诃为太子。叠州刺史杜粲奏请趁突厥内部发生嫌隙，出兵前往征讨，隋主又没有答应。

这一年，吐谷浑太子嵬王诃也担心被杀，计划带领部落一万五千户，投降隋朝，先派遣使者前往长安，上表请求派军接应他们。隋主杨坚对朝臣说："吐谷浑风俗浇薄，不讲伦理亲情，和中原习俗大有差别。他们为人父亲的，不疼爱自己的儿子；为人子的，又不孝敬自己的父亲。朕当用道德教化他们，怎么可以反而出兵去帮助成就他们的叛逆呢？"于是对吐谷浑的来使说："父亲有过失，为人子的，应该婉言加以劝谏，怎么可以暗谋叛逆，落下不孝的恶名呢？而今普天之下的人，都是朕的子民，各自遵守孝道，就会令朕满意。嵬王诃既想归降于朕，朕只有教导嵬王诃为人臣子的道理，无法远派大军，去帮助成就他叛父的坏事。"嵬王诃于是打消背叛他父王的计谋。

祯明元年（丁未，公元587年）

春季，正月，戊寅日（初三），陈后主陈叔宝下诏大赦天下，改年号为祯明。

癸巳日(十八日),隋主杨坚前往太庙祭拜祖先。

乙未日(二十日),隋主杨坚颁下诏书给各州,规定每州刺史每年向天子举荐秀才三人。

二月,丁巳日(十二日),黎明,隋主杨坚在东门外筑坛举行迎拜太阳的典礼。

陈后主陈叔宝派遣兼散骑常侍王亨等抵达隋朝访问。

(在这个月里),隋朝征调成年男子十万余人,修建长城,历时二十天,而后停止。夏季,四月,隋朝自扬州(治今江苏江都)开凿山阳渎(在今江苏淮安县),用来沟通江、淮漕运。

突厥沙钵略可汗派遣他的儿子入塞向隋朝进贡,并且请求在恒(治今山西大同县东)、代(治今山西代县)间游猎,隋主杨坚答应他,并派人赐给酒食。沙钵略可汗率领部落酋长跪拜领受赏赐。

没过多久,沙钵略可汗去世。隋主因为他的去世,停止朝会三天,以示哀悼,并派遣太常卿代表隋主杨坚前往吊唁。

起初,沙钵略可汗认为自己的儿子雍虞闾个性柔弱,临终遗命,决定传位给他的弟弟叶护(突厥达官)处罗侯。雍虞闾遵照父命,派人迎候处罗侯,准备拥立他为可汗,处罗侯却不肯接受,他说:“我突厥自木杆可汗以来,大多以弟弟继承兄长为可汗,以旁支而夺嫡系,违背祖先王位继承的制度,且又导致叔侄互不尊重。如今,你是先可汗的嫡子,理应继位,我这做叔叔的,并不在乎对你下拜。”雍虞闾又派人对他说:“叔父与我父,同根连体。我,乃是枝叶而已,怎可让我做国主,反使根本屈从枝叶,致令叔父之尊,听命于晚辈呢?何况有先父遗命,我岂敢不遵?希望叔父不要再有疑虑!”后来,两人就这样互相谦让,多达五六次,处罗侯终于入嗣兄位,是为莫何可汗。他即位后,任命兄子雍虞闾担任叶护。派遣使者向隋主杨坚呈上奏章,禀告即位经过概况。

隋主杨坚派遣车骑将军长孙晟持节册封莫何为突厥可汗,并赐给他鼓吹、幡旗。莫何可汗骁勇善战,兼又谋略过人,他利用隋朝所赐给的幡旗、鼓吹，耀武扬威，向西攻打阿波可汗。阿波部众认为他获得隋兵的支持，便都望风归顺于他。他竟因此生擒阿波可汗，于是上书隋主杨坚，请示怎样处置阿波可汗。

为了阿波的事情，隋主杨坚特召聚群臣开会商议。乐安郡公元谐建议派人前往突厥，就地把阿波斩首，以惩其恶；武阳郡公李充则认为应该将阿波押回朝廷，公开杀戮，枭首示众。隋主杨坚问长孙晟说："你的意见是什么？"长孙晟回答说："如果突厥背命放诞，自然应当将他明正典刑，借以整饬法纪。而今，只是他们兄弟之间自相残杀，并非阿波有什么罪恶，或有什么背叛我国的地方，如果趁他穷困，就把他押来处死，这样的做法，恐怕不是招徕远人的好办法。依臣之见，不如让他们两雄并存，较为妥当。"尚书左仆射高颎也说："骨肉自相残杀，有伤教化。臣以为应当听从长孙晟的建议，释放阿波，以示隋朝的宽厚待人。"隋主杨坚听从了这个意见，宽恕了阿波可汗。

甲戌日(甲戌日是五月朔日)，隋主杨坚派遣兼散骑常侍杨同等起程到江南访问。

五月，乙亥朔日(五月朔日是甲戌日，乙亥日是初二)，出现日食。

秋季，七月，己丑日(十六日)，隋朝卫昭王杨爽去世。

八月，隋主杨坚征召梁主萧琮入朝。梁主带领他的臣下二百多人，从江陵动身。庚申日(十八日)，到达长安。

隋主杨坚因为梁主远离江陵在外，特遣武乡郡公崔弘度率军南下，代为镇守江陵。大军行抵都[鄀]州，梁主的叔父太傅、安平郡王萧岩，还有梁主的弟弟荆州刺史、义兴郡王萧瓛等人，担心崔弘度会进攻他们，乙卯日(十三日)，他们派遣都官尚书沈君公到陈朝，向荆州刺史、宜黄县侯陈慧纪请求归降。九月，庚寅日(十八日)，陈慧纪率军到达江陵城下接应。辛卯日(十九日)，萧岩等人驱赶朝中文、武官员，和当地男、女部众十万，渡江归降江南。

隋主杨坚听闻这个消息，下诏废绝梁国；并派遣尚书左仆射高颎南下召集安置遗留江陵的居民。梁中宗萧詧、梁世宗萧岿的陵墓，各指定十户人家，进行看护。梁主萧琮留寓长安，隋主杨坚任命他担任上柱国，降封莒国公。

甲午日(二十二日)，陈后主陈叔宝下诏大赦天下。

冬季，十月，隋主杨坚前往同州。癸亥日(二十二日)，从同州转往蒲州。

十一月，丙子日(初五)，陈后主陈叔宝任命萧岩担任开府仪同三司、东扬州刺史，萧瓛担任吴州刺史。

丁亥日(十六日)，陈后主陈叔宝任用豫章王陈叔英兼司徒之官。

甲午日(二十三日)，隋主杨坚到达冯翊(今陕西大荔县治)，亲自前往故乡社庙祭祀。戊戌日(二十七日)，隋主杨坚从冯翊返回长安。这一次出巡，内史令李德林因病没有随行，隋主从同州下敕书召他前来，共同商讨伐陈计划。回京路上，隋主杨坚在马上扬鞭指向南方说："等朕讨平陈朝的那一天，会用七种珍宝合成之物，好好地装饰你，使崤山以东的士大夫，没有人能比得上你。"

起初，隋主杨坚自受北周禅位以来，一直和陈国保持很友好的关系，每当擒获对方间谍，都赐给衣服马匹，很客气地释放他们回去，可是陈高宗仍不禁止侵犯劫掠之事的发生。所以太建末年，隋军南征；适逢陈高宗去世，隋主杨坚立即下令班师，并派使者前去吊唁，递交给对方的国书，自称杨坚顿首。可是陈后主陈叔宝回复给杨坚的国书，语气颇多不逊，书末写道："想必隋主管辖的境内还算可以，我国的天下清静安泰。"隋主杨坚看了，心里十分不高兴，便将那封国书，传示朝臣，上柱国杨素认为主上遭辱，臣子不忍偷生，于是再拜，请求兴兵问罪。

隋主杨坚向高颍请教攻取陈朝的策略，高频告诉他说："长江以北土地苦寒，田里庄稼收成较晚；长江以南土地炎热，水田里庄稼收成较早。如果计算好他们收获的时间，我方可征集少量兵马，扬言偷袭陈朝，他们势必将驻兵守卫，这样就足以耽误他们收成的时间。等对方部队征集之后，我方就脱卸战甲。如此数次下来，对方必定认为我们虚声恫吓，不再紧张防御。然后，我方再征调部队，对方必定不会相信我们真会用兵打他，就在他们迟疑不定之间，我方迅速率军渡江，直指金陵；大军已经过江，登陆而战，有进无退，士气倍加振奋。再有，江南土地瘠薄，屋舍都以茅草竹片建成，所有积粮，都不是储藏于地窖中。倘若暗中派人潜入，借风放火，烧毁他们的粮仓，等对方重新修建，我方又派人前去，再将它烧掉，如此不出几年，对方兵马已经废弛，粮食财力又告枯竭，这样，还能不被我方消灭吗？”隋主杨坚采纳他的建议，陈国开始陷入困境。

这时，杨素、贺若弼以及光州刺史高劢、虢州刺史崔仲方等人，争向隋主进献平陈的计策。崔仲方上书说：“现在只需在武昌以下，蕲（湖北蕲春）、和（安徽和县）、滁（安徽滁县）、方（江苏六合）、吴（江苏江都）、海（江苏东海）等州，增加精兵，秘密进行渡江的计划；益（四川成都）、信（四川奉节）、襄（湖北襄阳）、荆（湖北江陵）、基（湖北钟祥）、郢（河南潢川）等州，迅速建造舟舰，多方张扬进攻的形势，做好水战准备。蜀、汉二江，是陈朝的上流，水路要冲，是兵家必争之地。对方虽在流头（滩名，在今湖北宜昌）、荆门（在今湖北宜都西北五十里大江南岸）、延洲（今湖北枝江）、公安（今公安东北油江口）、巴陵（今湖南岳阳）、隐矶（岳阳东北五里）、夏首（湖北汉阳）、蕲口（湖北蕲春西三十里）、湓城（江西九江西）停驻舰队，但终会在汉口（即今汉口）、峡口（西陵峡口），以水战决一雌雄。倘若对方认为上流有警，派精兵西上援救的话，我们下游诸将，就伺机渡江进攻他的下游；倘若对方是拥聚士兵，固守下游的话，那么我们长江上游诸军，就击鼓顺流东下。他们虽有九江、五湖之险可资凭借，却没有恩德，难以固守；徒有精锐骁勇的三吴（指吴兴、吴郡和丹阳）、百越（古江、浙、闽、粤之地，为越族所居，故曰百越）的部众，可是没有恩泽，必不能存立。”隋主杨坚知道崔仲方有平陈方略，便转调他担任基州（治今湖北钟祥南）刺史。

等到陈朝接受萧岩等投降，隋主杨坚越发愤怒，对高颎说：“我为民父母，难道可以因为如一衣带宽的江流阻隔，就不去拯救江南的百姓吗?”于是下令大肆营造战舰。有人建议隋主杨坚秘密进行，以免被敌人侦知，隋主杨坚不以为然地说：“我将奉行天命，公开进行征讨，哪须守密呢?”并命人投柿（音肺，削下木片也，俗曰“刨花”）江中，说：“如果彼国君主知道害怕而能悔改，那我尚又何求呢?”

杨素在永安（即白帝城，在今四川奉节县东）营造甲级大舰，取名叫“五牙”，上起五层楼，高达百余尺，左右前后设置六门拍竿，全都高五十尺，一舰能容八百名士兵；又营造乙级战舰，取名叫“黄龙”，能容纳士兵百名。此外，依照等级，还有“平乘”“舴艋”等大小舰船。

晋州刺史皇甫续［绩］将前往晋州上任，他向隋主杨坚叩拜辞行时，对隋主杨坚陈述三个可以灭陈的理由。隋主杨坚问他是哪三个，他回答说：“以大国吞并小国，这是理由之一；以有道讨伐无道，这是理由之二；陈朝接纳叛臣萧岩，让我方有出师的借口，这是理由之三。陛下如果命将出兵，臣愿尽微薄之力!”隋主杨坚听了十分高兴，欢颜慰劳他，然后派他上任。

当时，江南妖异怪事很多，临平湖长久以来被水草堵塞，后来忽然无故自己散开。陈后主陈叔宝听到这个消息，心里十分纳闷，于是卖身佛寺，自愿为奴，以求镇住妖异。又下令在建康营造大皇寺，在寺中建造七级佛塔，尚未完工，塔中竟冒出火来，把佛塔整个烧掉。

吴兴人章华，勤奋好学，擅长写文章，朝中官吏因为他没有功劳，又缺乏资历，便相互排挤诋毁他，只让他担任太市令。此职非章华所好，所以他郁郁不得志，又因目睹国君无道，于是上书劝谏，内容大概这样说：“以前高祖南平百越，北诛逆虏侯景；世祖东平吴郡、会稽，西破王琳；高宗收复淮南，拓地千里，三祖的功绩劳苦已到极点。但是陛下即位，至今已有五年，从不追思先帝创业的艰难，也不去想天命的可畏；受嬖妾宠臣蛊惑，一天到晚沉湎酒色；祭祀祖宗太庙，却托词不出宫；册拜妃嫔，就亲临殿堂；老臣旧将，弃于草莽之间；谄佞奸臣，位列于朝堂之上。而今疆土日益缩小，隋朝大兵压境，到这地步，陛下如果还不革除积弊、更新法度的话，臣担忧建康将化为丘墟，麋鹿又将游于姑苏了！”谏书呈上后，陈后主陈叔宝大怒，当天就命人把章华捉来斩首。

祯明二年（戊申，公元588年）

春季，正月，辛巳日（十一日），陈后主陈叔宝册封皇子陈恮为东阳王，陈恬为钱塘王。

陈后主陈叔宝一方面派遣散骑常侍袁雅等到隋访问，另一方面又派遣散骑常侍、九江人周罗睺领军进驻峡口，侵犯隋朝的峡州（治今湖北宜昌西北）。

三月，甲戌日（初五），隋主杨坚派遣兼散骑常侍程尚贤等到江南访问。

戊寅日（初九），隋主杨坚决定大举伐陈，下诏说：“陈叔宝占据手掌般大的地方，却奢求像溪壑一样深的欲望，为达目的，不惜劫夺乡里，搜刮一空；驱遣逼迫京都内外的人，劳役不停。锦衣玉食，穷奢极欲；饮酒作乐，通宵达旦。斩杀直言的大臣，诛灭无罪的人家。欺骗上苍，多造恶行；祭祀鬼魅，妄求赐福。与后宫粉黛出游，手执干戈的侍卫仆从，前呼后拥，清道戒严；自古以来，昏乱的国君，少有人能与他相比。正人君子，潜逃归隐，小人得意，把持朝纲。天灾地孽，交替发生；物怪人妖，层出迭见。衣冠士族，钳口结舌；道路行人，侧目而视。加之背德违约，犯我边疆；白昼潜伏，夜出偷袭，形同狗盗鼠窃。昊天所覆育的地方，无一人不是朕的子民，每次听到或审阅江南百姓受苦受难的奏疏，就兴起恻隐之心。现在出动师旅，以正国法，随应事机，诛灭暴君，永远扫平吴、越，在此一举。”诏书既下，又致送国书给陈朝，数说陈后主陈叔宝二十条罪恶，并命人抄写诏书三十万张，向江南地区广为传播散发。

陈朝皇太子陈胤，天资聪慧，喜好文学，却颇有过失。太子詹事袁宪直言诤谏他，他不听。此时，沈皇后得不到陈后主陈叔宝的宠爱，免不了遣令左右近侍，常去东宫，谕慰太子，太子也多次派人到沈皇后的住处，向母后问安。陈后主陈叔宝怀疑他们心怀怨恨，十分厌恶他们。张、孔二贵妃又日夜不停地在陈后主陈叔宝面前诋毁沈皇后和太子，孔范等人又在外面推波助澜，添油加醋。陈后主陈叔宝想立张贵妃的儿子始安王陈深为太子，曾经神色从容地说过这事，吏部尚书蔡徵顺承意旨，大加称赞，太子詹事袁宪板起面孔责备他说："皇太子是国家的储君，为亿兆之人所寄望，你是什么人，竟敢随便议论废立大事?"陈后主陈叔宝最后还是听从了蔡徵的意见。夏季，五月，庚子日（五月无此日），陈后主陈叔宝废黜皇太子陈胤为吴兴郡王，另外立扬州刺史、始安王陈深为太子。蔡徵，是蔡景历的儿子。太子陈深也很聪慧，有志节，举止端庄，即使是他的左右近侍，都未曾见他有过喜怒不定的神色。陈后主陈叔宝听说太子詹事袁宪曾劝说陈胤改过，就任用他担任尚书仆射。

陈后主陈叔宝对待沈皇后一向很冷淡，张贵妃在后宫专政当权，沈皇后坦然处之，不曾有过忌妒和不满。躬行节俭，所穿的衣服，没有华美的装饰。每天只是阅览经史和诵读佛经作为消遣，多次上书劝谏陈后主陈叔宝。陈后主本想废掉她，另立张贵妃为皇后，因恰逢亡国，而没有实现。

冬季，十月，己亥日（初三），陈后主陈叔宝册封皇子陈蕃为吴郡王。

己未日（二十三日），隋主杨坚下诏在寿春（今安徽寿县）设立淮南行台尚书省，任命晋王杨广担任行台尚书令。

陈后主陈叔宝派出兼散骑常侍王琬、兼通直散骑常侍许善心抵隋访问，隋主杨坚将他们扣押在客馆。王琬等多次请求归国，隋主杨坚不放他们走。

甲子日（二十八日），隋主杨坚因为大举伐陈，先到太庙祭拜祖先，然后任命晋王杨广、秦王杨俊、清河郡公杨素等人，都担任行军元帅。杨俊从襄阳出兵，杨素从永安(四川奉节县东)出兵，荆州刺史刘仁恩从江陵出兵，蕲州刺史王世积从蕲春(湖北蕲春)出兵，庐州总管韩擒虎从庐江(安徽和县)出兵，吴州总管贺若弼从广陵(江苏江都)出兵，青州总管、弘农人燕荣从东海(江苏东海县)出兵，合计总管九十名，兵士五十一万八千人，统受晋王杨广的指挥节度。东起海滨，西抵巴、蜀，旌旗舟楫，两头绵亘数千里。朝廷又任命尚书左仆射高颎担任晋王元帅府长史，[并州行台]尚书右仆射王韶担任元帅府司马(考《隋书·王韶传》，王韶是时为并州行台尚书省之右仆射，而不是朝廷尚书省之右仆射，《通鉴》漏书“并州行台”等字，当据补)，军中大小事务，都交由二人裁决处理，后来，二人安排各路军队进攻退守，支配调度军需供应，丝毫没有耽搁延误。

十一月，丁卯日(初二)，隋主杨坚亲自为出征战士饯行。乙亥日(初十)，隋主杨坚来到定城(今陕西华阴东)，陈列师旅，举行誓师大会。

丙子日(十一日)，陈后主陈叔宝册封皇弟陈叔荣为新昌王，陈叔匡为太原王。

隋主杨坚前往河东，十二月，庚子日(初五)，由河东返回长安。

突厥莫何可汗向西攻打邻国，不幸中流箭身亡。突厥国内的人，拥立雍虞闾为主，号称颉伽施多那都蓝可汗。

隋军兵临长江北岸，元帅府长史高颎对淮南道行台尚书吏部郎中薛道衡说：“今番大举出兵，江东一定能攻取下来吗?”薛道衡回答他说：“一定能获得胜利。我曾听晋朝著名术士郭璞说过这样的话：‘江东和中原，各自分建王业，达三百年时，必会与中原统一。’至今，三百年的周期将满，这是我方定能成功的第一个理由。皇上恭俭勤劳，陈叔宝荒淫骄纵而又奢侈，这是我方能获得胜利的第二个理由。国家的安危，系于委任的将相是否贤能，陈朝任用江总担任宰相，那人只会赋诗饮酒，提拔小人施文庆，将政务委托给他去办，他们都不是安邦定国的人才；又任用萧摩诃、任蛮奴为大将，那又都是有勇无谋的匹夫，这是我方必能取得胜利的第三个理由。我们的国君有道，地大物博；他们的国君无道，地域狭小，估量他们的将士，最多不过十万而已，西起巫峡、东到大海，四处分散戍守的话，那么就形同虚设而力量薄弱，要是聚集驻守在一处的话，又顾此而失彼，这怎能跟我们的大军抗衡呢？这是我方必能获胜的第四个理由。有以上四个必胜的理由，席卷江东，已成定局，阁下不要怀疑。”高颎等他说完，高兴地说：“听你分析成败的道理，令人心智豁然开朗，我原本只是钦佩你的才学，不料筹划经略，竟然也如此不同凡响！”

秦王杨俊统领诸军进驻汉口，指挥节度上流各路军的进攻。陈后主陈叔宝下诏，命散骑常侍周罗睺都督巴峡沿江诸军事，抵御隋师的进攻。

杨素率领水军下三峡，行抵流头滩（在今湖北宜昌西一百里），陈将戚昕率领青龙战舰百余艘，扼守住狼尾滩（在宜昌西北九十里），该处地势险阻陡峭，隋师担心过不去，杨素却说：“胜负关键，在此一举。如果白昼顺江而下，对方容易看见我方虚实，加以滩流湍急，我们难以控制，这样行船，对我们不利。不如改在夜晚去突袭他们。”于是杨素亲自率领黄龙舟数千艘，人人衔枚而下。另外派遣开府仪同三司王长袭带领步卒，从南岸进攻戚昕另外的营栅；又命大将刘仁恩带领骑兵，从江陵沿大江北岸，赶往白沙（在今宜昌东），在天亮时赶到，两面夹攻陈军，戚昕战败逃走，隋师将其部众一网成擒，当面加以慰劳，然后释放他们回去。隋师所过之处，秋毫不犯。

杨素水军东下，战舰布满江上，旌旗甲胄，与日同辉。杨素端坐在平乘大舰上，相貌雄伟，好像金甲天神，陈军远远望见，都感到惊恐，说：“清河公杨素就是江神啊！”

沿江各处镇戍，听说隋师大举进犯，都相继上书告警。施文庆、沈客卿二人，却将这些告急报警的文书，搁置匿藏起来，都不向陈后主陈叔宝禀告。

起初，陈后主陈叔宝因萧岩、萧瓛都是后梁宗室，而且又拥众来归，对他们不免心存猜忌，为了分散隔离他们的部队，派萧岩担任东扬州刺史，萧瓛担任吴州刺史，并派遣领军将军任忠出守吴兴，就近监视二州。又派南平王陈嶷把守江州，永嘉王陈彦镇守南徐州（皆沿江重镇），严加布防。没过多久，又召回陈嶷、陈彦二王，参加明年元会（正月元旦之会），并命沿江镇防戍守的船舰，全都随二王开回京师，借以向归降过来的梁人炫耀他的威势，使之不敢萌生异念。因为这个缘故，使得中下游长江上，连一艘战舰也没有，而上流各州部队，却被杨素大军所截断，等到京师危急，他们便都无法东下救援。

湘州刺史、晋熙王陈叔文，在湘州任职已久，深得当地人的爱戴，陈后主陈叔宝因他拥据上流，暗地里很猜忌他；私自猜度，平日很少以恩礼对待群臣，担心他们不会为自己效力，一时找不到可以接替陈叔文的合适人选，不得已，就提拔施文庆担任都督、湘州刺史，调给精兵两千名，让他西上湘州就职，同时召请陈叔文还朝。施文庆很高兴有这样的好差事，可是又担心外放之后，掌权的人抓住他的把柄，于是先举荐自己的同党沈客卿接替他的职务。

此时，他还未起程上任，和沈客卿共同执掌机密。护军将军樊毅对尚书仆射袁宪说：“京口、采石，都是江防要地，各需精兵五千，还要出动金翅（船名）二百艘装载士兵，沿长江上下巡行，作为防备。”袁宪和骠骑将军萧摩诃都同意他的看法，于是与文武群臣共同商议，请求陈后主陈叔宝依照樊毅的计策去实施。施文庆担心这样做，就会没有军队随他任职，便停止赴任，而沈客卿认为施文庆前去上任对自己有利，他一走，自己便可以专掌机密，于是他二人便对朝臣们说：“如果有什么议论，无须见君面陈，只要写好表启，立即代为通报。”袁宪等信以为真，他二人便带着众人的表启入宫禀奏，可是施文庆却对陈后主陈叔宝说：“敌寇入侵，已是常事，边城远将，足以抵挡，如果依照他们的说法，多派人船出巡长江，此举反而会引起百姓惊扰。”

等到隋师进至长江北岸，间谍频频潜入，袁宪等又多次奏请国君裁断，一而再，再而三地恳求。施文庆对陈后主陈叔宝说："元旦之会将近，南郊祭天那天，太子要率领军队参加，现在如果出兵，元会、郊祀盛典，将会受到影响。"陈后主陈叔宝说："现在暂且出兵无妨，如果北边安然无事，顺便就用水军护从郊祀，有什么不可以呢？"施文庆回答说："倘若这样的话，消息传到邻国耳里，他们会说我国弱小。"后来，施文庆又用财物买通江总，江总便入宫为他说话，陈后主陈叔宝不好违背江总的意思，又迫于百官大臣的请求，于是下令交付文武百官详加讨论。江总又利用职权压制袁宪等人，所以商讨了很久，也没有什么结果。

陈后主陈叔宝从容地对侍臣说："天子之气，一向聚集在这金陵，齐兵三度进犯，周师两次入侵，无一不被击退，现今隋师再来，也不过来送死罢了！"都官尚书孔范也大言不惭地说："长江天堑，自古隔绝南北，现在隋师临江，难道能飞渡过来吗？这都是边关将领想立功劳，谎报军情紧急。臣每每忧虑自己官职卑微，敌军倘若真渡江前来，臣迎上前去扑杀敌人，就可建立功业升作太尉公了！"有人谎报隋军马匹大多死掉，孔范又很狂妄地说："这些马本来将被我们拥有，为何不渡江来，就先死掉呢？"陈后主陈叔宝欣然而笑，信以为真。因此没有严加防备，之后再有警报，也都置之不理。退朝之后，便又开筵奏乐，和宫女、佞臣纵饮、赋诗不止。

这一年，吐谷浑裨王拓跋木弥上表请求率领千余家归降隋朝，隋主杨坚批示说："普天之下，都是朕的子民，朕抚育黎民百姓，都以仁爱慈孝为怀。吐谷浑王夸吕，昏聩狂妄，他的妻儿对他心怀惊恐，都想前来归顺本朝，借以解救自身的危亡。可是背叛丈夫和父亲，朕可不收容这种不贞、不孝的人。但是他们的本意，只是为了逃避死亡，现在朕如果拒绝不接纳，又显得不仁慈。以后如果再有音讯传来，只应宣导安抚，听凭他们自己拔营前来归附，不用出兵接应。如果他的妹夫和外甥想来，也听凭他们自己的意愿，不用劝说招引他们前来。"

归附隋朝的吐谷浑河南王移兹裒去世，隋主杨坚诏令他的弟弟树归承继他的王位，并统领他的部落。

资治通鉴卷第一百七十七　隋纪一

起己酉(公元589年)，止辛亥(公元591年)，共三年。

【题解】本卷记录了公元589年至591年共三年间隋统一全国后的史事。当时正值隋文帝开皇九至十一年，着重记述了开皇九年隋灭陈的经过。接着又讲述了隋灭陈一年后南方发生的大规模暴动及平定过程，同时也讲述了隋朝雅礼的制作问题。

高祖文皇帝上之上

开皇九年(己酉，公元589年)

春季，正月，乙丑朔日(初一)，陈后主陈叔宝在朝堂会见群臣，浓雾四处弥漫，吸入人的口鼻，全是辛酸的气味，陈后主陈叔宝昏沉入睡，直到下午才苏醒过来。

这一天，隋朝大将贺若弼自广陵率军渡过长江。此前，贺若弼卖掉军中的老马，大量采购了陈朝的船藏匿起来，又购买了五六十艘破旧的船放在水流交汇的地方。陈朝人看了，误认为北方中国已经没有好的船只。每次交接时，贺若弼又请沿岸防守军兵必须在广陵集合，因而排列了很多旗帜，军营的营帐遍布原野，陈朝人认为隋朝的军队大举进犯，紧急调动军队进行防备，后来知晓是防守的人在交接，随即将军队解散；后来经常如此，陈朝人便不再防备。贺若弼又派兵沿着江岸经常打猎，人马的声音十分嘈杂。因此贺若弼此次渡江，陈朝人完全没有警觉。韩擒虎率领五百人自横江夜渡采石，陈朝守卫的兵士全部喝醉，于是攻下采石。此时晋王杨广带领大军驻守在六合镇的桃叶山。

丙寅日(初二)，陈朝戍卫采石的将领徐子建派人携带表启，快马前往都城，报告有敌人进犯。丁卯日(初三)，陈后主陈叔宝召令公卿入宫商议军事。戊辰日（初四），陈后主陈叔宝下诏令说："敌人凌虐骄狂，进犯京畿的郊区，好像有毒的蜂虿，应当尽快扫除干净。朕要亲自带领六军，荡平八方，京城内外都必须加强戒备。"于是陈后主陈叔宝任命骠骑将军萧摩诃、护军将军樊毅、中领军鲁广达担任都督，任命司空司马消难、湘州刺史施文庆担任大监军，并派遣南豫州刺史樊猛带领水军从白下出发，散骑常侍皋文奏率军镇守南豫州。同时订下丰厚的奖赏标准，连僧、尼、道士，都得接受诏命服兵役。

庚午日（初六），贺若弼攻克京口，擒获南徐外史黄恪。贺若弼军纪严明，秋毫无犯，如有军兵到民间去买酒喝，贺若弼便马上斩了他。

被俘的陈军六千多人，贺若弼全都予以释放，并送粮食慰问他们，之后遣放回去，又发给他们敕令文书，命令他们分路去宣扬晓谕，因而所到之处都归向隋朝。

樊猛在建康，让他的儿子樊巡代理南豫州政事。辛未日（初七），韩擒虎率军攻打姑孰，仅用半天就攻克了，俘虏樊巡和他的家人。皋文奏战败逃走。江南父老平日就听说韩擒虎的威武名声，前往军营大门谒见的人，日夜不绝。

鲁广达的儿子鲁世真在新蔡，带着他的弟弟鲁世雄与所属部队归降韩擒虎，并派遣使者带着书信向鲁广达招降。鲁广达当时驻守建康，自认有罪，前往廷尉请求治罪。陈后主陈叔宝慰劳他，还赠送他黄金，让他回营。樊猛与左卫将军蒋元逊率领八十艘青龙船在白下巡逻，来抵抗六合的军队；陈后主陈叔宝因为樊猛的妻子儿女都在隋军，怕他有反叛的心志，想命镇东大将军任忠接替他，于是命萧摩诃委婉劝说樊猛，樊猛很不高兴，陈后主陈叔宝不愿轻易去伤他的心，也就放弃了这种打算。

这时贺若弼从北路，韩擒虎从南路，一同进兵，沿江各个戍所的将领都闻风逃走。贺若弼分派军兵阻断曲阿的要冲，发动进攻。陈后主陈叔宝命令司徒豫章王叔英驻守朝堂，萧摩诃驻守乐游苑，樊毅驻守耆阁寺，鲁广达驻守白土冈，忠武将军孔范驻守宝田寺。己卯日（十五日），任忠从吴兴赶来，仍旧戍守朱雀门。

辛未日（初七），贺若弼率军据守钟山，驻扎在白土冈的东边。晋王杨广让总管杜彦与韩擒虎合兵一处，共得两万名骑兵和步兵，驻扎在新林。蕲州总管王世积率领水军从九江出发，在蕲口击败陈朝将军纪瑱，陈朝人非常惊骇，投降的人接连不断。晋王杨广上奏战况，隋文帝杨坚大悦，赐宴群臣庆贺。

当时建康的军队尚有十多万人，但陈后主陈叔宝平时就十分胆怯懦弱，不懂领兵打仗，只会日夜哭泣，台省内所要处置的事情，全部委托给施文庆。施文庆知道众将都嫉恨自己，怕他们立下大功，对自己不利，于是上奏章说："他们这些将领内心不满足，平时就不听从君命，在这个危急时刻，怎么能够专信他们呢？"因此凡是众将的奏启请求，大都不能通过。

贺若弼进攻京口时，萧摩诃请求率军迎战，陈后主陈叔宝没有答应。等到贺若弼进抵钟山，萧摩诃又说："贺若弼领兵深入，营垒战壕还没有修筑坚固，出兵袭击他们，一定能够成功。"陈后主陈叔宝又不答应。

陈后主陈叔宝召见萧摩诃、任忠在内殿商量军事，任忠说："兵法上说：'客军以速战速决为贵，主军以坚守稳重为贵。'现在国家的军队和粮食都十分充足，应当固守台城，沿着淮河设置栅栏，即使北方军队前来进攻，我们也不要与他们交战；我们可以分派军兵阻断江路，让他们的信息联络不能通畅。陛下请拨给臣一万精兵，三百艘战船，直下长江，攻打六合，隋国大军定会以为他们渡江的将士已被俘虏，气势自然就会遭到挫折。淮南地方的百姓与臣以前都很熟悉，现在听说臣前去，一定会如影随形，听命于臣。而臣又宣称要前往徐州，阻断他们的归路，那么各路军队不待攻打就会自然撤走。等到春天江水涨高时，长江上游周罗睺等各军一定会沿着江流前来救援，这是良策。"陈后主陈叔宝不肯听从他的意见。第二天，陈后主陈叔宝忽然说："战争的胜负长久没有结果，让人心里烦闷，可以命萧郎（萧摩诃）出兵进攻。"任忠磕头苦苦请求不要出战。而孔范却又上奏说："请决一死战，我将为国家在燕然山刻石记功。"陈后主陈叔宝采纳了他的意见，告诉萧摩诃说："您可以为我一决胜负。"萧摩诃说："我一向作战，都是为国为己，今天的事情，同样也为我的妻子儿女。"陈后主陈叔宝拿出许多金子丝帛给各军充当奖赏。甲申日（二十日），派遣鲁广达在白土冈布阵，守在各军的南方，任忠在其次，樊毅、孔范又在其次，萧摩诃的军队屯驻在最北方。各军南北相接有二十里长，前后的进退调度，互相都不知晓。

贺若弼率领轻骑兵登上山头，看见陈朝大军，立即飞驰下山，与所率七个总管杨牙、员明等人，统率八千士兵列阵等待。因为陈后主陈叔宝私通萧摩诃的妻子，所以萧摩诃原本就没有作战的意念，只有鲁广达率领他的部属奋力作战，与贺若弼的军队相抗。隋朝军队败退的人很多，贺若弼的部属死了二百七十三人，贺若弼放火生烟来隐藏自己，让濒于困窘的自己有再度振起的机会。陈朝军兵拿着隋兵人头，都跑去献给陈后主陈叔宝请求奖赏，贺若弼知晓他们十分骄矜懈怠，便又率领军队攻击孔范，孔范的守兵与隋军刚一交战就败退逃走，陈朝其他的军兵看了，骑兵步兵全部溃散，无法控制，一共死了五千人。员明擒获萧摩诃，送交贺若弼，贺若弼命令拉出去斩头，萧摩诃脸色如常，贺若弼就释放了他，并且以礼相待。

任忠快骑冲入台省，晋见陈后主陈叔宝说明战败情形，说："陛下应当放弃抵抗，臣已经无能为力了！"陈后主陈叔宝给他两袋金子，命他募兵出战，任忠说："陛下只应准备舟船，赶往上游军队处，臣一定冒死护卫乘舆。"陈后主陈叔宝相信他的话，便诏令任忠出去安排，并命令宫人整理行李等候，奇怪的是任忠去了很久都不见回来。此时韩擒虎从新林进军，任忠已经带领数名骑兵在石子冈迎降了。领军蔡徵在朱雀航防守，听说韩擒虎将要抵达，大家都因惊惧而溃逃。任忠引领韩擒虎的军队直接进入朱雀门，陈朝军兵想要作战，任忠遣散他们说："老夫尚且归降，其他的军队还想干什么呢？"大家一听，全部散走。于是城里的文武百官全都逃走，只有尚书仆射袁宪留在大殿，尚书令江总等几人留在台省。陈后主陈叔宝对袁宪说："我待你从来就不比别人好，现在只能追悔惭愧罢了。这不只表明朕没有德业，也表示江东士族的道义全都扫地了。"

陈后主陈叔宝在惶急之中，想要藏匿起来，袁宪很严肃地说："北方的军队侵入皇宫，必定不会有所凌犯。大局已经如此，陛下离开这里要到哪里去呢？臣希望陛下穿好衣冠，端坐正殿，像梁武帝见侯景那时一样。"陈后主陈叔宝不听，走下床榻，快骑而走，说："刀锋底下，不能与它相对，我自然有办法！"于是领着十几个宫人离开后宫的景阳殿，准备自己投入井中，袁宪苦苦进谏，陈后主陈叔宝都不听从；后舍人夏侯公韵用身体遮蔽井口，陈后主陈叔宝和他相争，争执了很久，才跳进去。后来隋朝军队窥视井口，呼叫，没有回应，想要向井中丢石头，才听到回应，便放绳子将人拉上来，奇怪的是非常沉重，等到拉上来，才看到是陈后主陈叔宝和张贵妃、孔贵嫔一起被吊上来。沈后生活和平时一样。太子陈深年十五岁，闭门而坐，舍人孔伯鱼侍候在侧，军士敲开门进去，太子陈深坐着没起来，慰问他们说："军旅途中，很辛苦吧？"隋兵都向他表示了敬意。当时在建康的陈朝宗室王侯有一百多人，陈后主陈叔宝担心他们叛乱，都召令入殿，命令他们集居在朝堂，让豫章王陈叔英总管，又暗中加以防备，等到台城失陷，陈朝诸王争相出去投降。

贺若弼乘胜进抵乐游苑，鲁广达还在督领残余军队苦战不止，杀死、俘获隋军数百人，当时天色已晚，才解下铠甲，面对台省再拜恸哭，告诉众人说："我一身不能拯救国家，背负的罪过是多么深重啊！"士兵们都流泪叹息，于是全被俘虏。其他的门卫都逃跑了，贺若弼夜晚烧毁北掖门进入台城，听说韩擒虎已经捉到陈叔宝，便叫来看看，陈叔宝非常畏惧惶恐，流汗发抖，不由得对贺若弼拜了又拜。贺若弼对他说："小国的国君等同大国的卿大夫，拜是合礼的。入朝之后，少不了做归命侯，不必担忧。”后来贺若弼因为自己的功劳在韩擒虎之下感到羞耻，便与韩擒虎相骂，拔剑走出室门。贺若弼想命蔡徵替陈叔宝写投降的表启，命令他乘坐骡车跟随自己，结果事情没能成功。于是贺若弼将陈叔宝安置在德教殿，并派军兵加以守卫。

高颎先进入建康。高颎的儿子高德弘担任晋王杨广的记室，晋王杨广派高德弘快马前往高颎的住处，命令留下陈叔宝的宠妃张丽华，高颎说："从前姜太公蒙面杀了妲己，现在怎么能够留下张丽华呢？"于是在青溪将她杀了。高德弘回去禀告，晋王杨广变了脸色说："以前的人说：'没有一个恩德是不回报的'，我必定要回报高公！"从此开始怨恨高颎。

丙戌日（二十二日），晋王杨广率兵进入建康，认为施文庆接受陈后主委托却不忠心，想尽方法谄媚逢迎，蒙蔽君主的耳目；沈客卿加重赋税，横征暴敛，来取悦君王，与太市令阳慧朗、刑法监徐析、尚书都令史暨慧都是百姓的祸害，在石阙下砍了他们的头，向三吴百姓谢罪。晋王杨广派高颎与元帅府记室裴矩收拾图籍，封闭府库，钱财都一文不取，天下人都称赞晋王杨广很贤明。裴矩是裴让之的侄儿。

晋王杨广由于贺若弼提前作战，违反军令，拿下贺若弼准备交给刑吏治罪。隋文帝杨坚快马送来诏令，诏命晋王杨广说："平定江表，是依靠贺若弼与韩擒虎的力量。"赏赐给两人许多财物，又赐给贺若弼与韩擒虎诏书，称赞他们的功劳。

开府仪同三司王颁，是王僧辩的儿子。一个晚上，王颁挖开陈高祖的陵墓，烧毁尸骨，取了骨灰放进水里喝下。接着将自己捆绑起来，向晋王杨广认罪。晋王杨广将他的事情上奏隋文帝，隋文帝杨坚诏命宽宥他。又诏命总共安排五户人家，为陈高祖、世祖、高宗的陵墓守墓。

隋文帝杨坚派遣使者将陈朝灭亡的消息告诉陈朝使臣许善心，许善心穿着丧服在西边台阶下放声痛哭，在铺有干草的地上面向东方坐了三日；隋文帝杨坚敕书安慰。第二天，隋文帝杨坚诏命他到客馆，拜为通直散骑常侍，赏赐他一套衣服。许善心哭得十分悲哀，进入房中将丧服脱下，换上赐服，北面站立，哭泣着再拜，接受诏命，到了第二天才上朝，伏在殿下痛哭，伤心得站不起来。隋文帝杨坚回头看着身边的人说："我平定陈朝，只得到了这个人。他既然能够怀念他过去的国君，一定会是我朝忠诚的臣子。"敕令以通直散骑常侍的官职任职门下省。

陈朝水军都督周罗睺与郢州刺史荀法尚驻守江夏，秦王杨俊督率三十个总管，水陆军马十多万人，驻守汉口，不能前进，双方相持了一个多月。陈朝荆州刺史陈慧纪派遣南康内史吕忠肃驻守岐亭，占据巫峡，在长江北岸穿凿山岩，连接三条铁锁，横截在上流以阻遏隋朝船只，吕忠肃慷慨地拿出他私人的财物补充军用。杨素、刘仁恩奋勇率军攻击，经过四十多次战斗，吕忠肃据险奋战，隋朝军兵死了五千多人，陈朝人将他们的鼻子都割下来，用来要求记功奖赏。后来隋朝军队多次获胜，俘虏许多陈朝士兵，又多次放走瓦解敌军。最后吕忠肃放弃栅栏逃走，杨素就慢慢地拆除锁链；吕忠肃又扼守荆门的延洲，杨素派遣一千名巴蜀人，乘坐四艘五牙船，用拍竿击碎了十余艘吕忠肃的战船，吕忠肃战败逃走。陈慧纪驻守公安，将他储蓄的粮食全部烧毁，率军向东而下，于是巴陵以东的地方不再有守城的军兵。陈慧纪带领三万名将士，一千多艘楼船，顺江而下，想要前往建康救援，却被秦王杨俊截住，不能前进。此时，陈朝晋熙王陈叔文任职湘州的官职期满回来，抵达巴州，陈慧纪推举陈叔文担任盟主。可是陈叔文已经带领巴州刺史毕宝等人，送信给秦王杨俊请求归降，秦王杨俊派使者前去迎接慰劳。适逢建康平定，晋王杨广便命陈叔宝亲自写信招降长江上游众将，派樊毅前去拜访周罗睺，陈慧纪的儿子陈正业去看望陈慧纪，晓谕旨意。当时各城都解除戒备，周罗睺与众将一同哭了三天，将军队解散，之后向秦王杨俊投降，接着陈慧纪也归降了，长江上游全部平定。杨素来到汉口，与秦王杨俊会合。王世积在蕲口，听闻陈朝已经灭亡，晓谕江南各郡，于是江州司马黄偲弃城逃跑，豫章各郡太守全都向王世积投降。

癸巳日(二十九日)，隋文帝杨坚诏令派使者巡视抚慰陈朝州郡。二月，乙未日(初一)，废除淮南行台省。

苏威上奏请求五百家设置乡正，让乡正治理百姓，审理讼案。李德林认为："从前废除乡官判事，就是因为住在里闾的都是亲戚或者相识的人，分析判断无法公平，而今下令乡正专门治理五百户百姓，恐怕为害更加厉害。况且偏荒的小县，还有不到五百家的，怎么可以让两个县共同治理一个乡呢？"隋文帝杨坚没有采纳他的意见。丙申日(初二)，制令："五百家为乡，设立乡正一人；百家为里，设立里长一人。"

陈朝吴州刺史萧瓛因为深得民心，在陈朝灭亡后，吴地人就推举萧瓛为领袖。右卫大将军武川人宇文述带领行军总管元契、张默言等前去讨伐。此时落丛公燕荣带着水军从东海攻到，陈朝永新侯陈君范自晋陵投奔萧瓛，合兵一处抵抗宇文述。宇文述军队将要到达时，萧瓛在晋陵城的东边设立栅栏，分派军队抵抗宇文述，又派遣他的将领王褒驻守吴州，从义兴进入太湖，想从背后偷袭宇文述。宇文述进兵击破他的栅栏，掉转兵力进攻萧瓛，将他打得大败；又派军从另外一条路偷袭吴州，王褒穿着道士服装弃城逃跑。萧瓛率领残余兵众保卫包山，燕荣又将他击败。萧瓛带领身边的几个人藏匿在老百姓家里，最终被人抓住。宇文述进军到奉公埭，陈朝东扬州刺史萧岩献出会稽城投降，与萧瓛一同被送到长安处死。

杨素攻克荆门时，派遣部将庞晖率军攻城略地，向南抵达湘州，城里的将士全无固守的心意。刺史岳阳王陈叔慎，年十八岁，摆设酒宴，会齐文武官吏部属。等到酒喝得有些酣醉时，陈叔慎便叹气说："君臣的道义，到此就完结了吗？"长史谢基伏地哭泣。湘州助防遂兴侯陈正理在座，立即站起来说："人主受辱，臣子效死。诸位难道不是陈朝的臣子吗？现在国家有难，实在是效命的时候；即使不能成功，也能表现人臣的气节。以前秦亡的时候，东陵侯召平还可以在青门外种瓜；现在陈朝灭亡，我们只能效死，不能苟活！今天的时机，不能迟疑不决，最后响应的人立即杀头！”大家都应允了。于是宰杀牲畜歃血，共结盟誓，并派人给庞晖奉上投降书诈降。庞晖相信了他们的话，约好日期要进城，陈叔慎便埋伏甲兵等候他，等庞晖来到时，立刻将他抓起来示众，连同他的部属全都杀了。陈叔慎坐在射堂，招募士众，几天之内，得到五千人。衡阳太守樊通、武州刺史邬居业都请求起兵协助他。隋朝所任命的湘州刺史薛胄率领军队正巧到达，与行军总管刘仁恩一起加以攻击。陈叔慎派他的将军陈正理与樊通一起抵抗，打了败仗。薛胄乘胜攻入城内，擒住陈叔慎，刘仁恩在横桥击败并生擒邬居业，全部送交秦王杨俊，杨俊在汉口将他们杀了。

岭南还没有归附，几个城郡共同推举高凉郡太夫人冼氏为领袖，号称圣母，为保全境内而防守抵抗。隋文帝杨坚诏令派遣柱国韦洸等人安抚岭外，而陈朝豫章太守徐璒占据南康抵抗，让韦洸等人无法进兵。晋王杨广命陈叔宝送信给冼氏夫人，告诉她国家已经灭亡，让她归降隋朝。冼氏夫人集合自己领导的数千人，整日痛哭，派了她的孙子冯魂带领部属迎接韦洸。

韦洸击杀徐璒，入城，到达广州，告谕岭南各州全部平定；又上表奏请冯魂为仪同三司，并册封冼氏为宋康郡夫人。韦洸是韦复的儿子。

衡州司马任瑰劝谏都督王勇占据岭南，寻找陈氏子孙，拥立为皇帝。王勇没有采纳他的意见，带领所统领的军队投降，任瑰弃官逃走。任瑰是任忠的侄子。

于是，陈国全部平定，隋朝一共得到三十个州，一百个郡，四百个县。隋文帝杨坚诏令建康的城邑宫室，全部拆毁推平，开垦为耕地，另外在石头城设立蒋州。

晋王杨广班师，留下王韶驻守石头城，委托他处理后事。三月，己巳日（初六），陈叔宝和他的王公百官从建康出发，前往长安，大大小小的人走在路上，长达五百里，连续不断。隋文帝杨坚命令暂时划出长安士民的住宅安置他们，内外都修治齐整，派遣使者慰劳迎接，陈朝人到达后就像回到故乡一样。夏季，四月，辛亥日（闰三月十八日），隋文帝杨坚莅临骊山，亲自慰问凯旋的军队。乙巳日（闰三月十二日），各军奏着凯歌进城，将俘虏呈献到太庙，陈叔宝与其他王侯将相，都乘坐舆车、穿着御服、带着天文图籍等，依次排列，但仍旧被精良的骑兵围住，跟随晋王杨广、秦王杨俊进入，列队在殿庭上。隋文帝杨坚加封晋王杨广为太尉，赏赐辂车、乘马、衮服冠冕、黑圭、白璧。丙午日（十三日），隋文帝杨坚坐在广阳门城楼上观看，教人将陈叔宝带到他面前，还有太子、诸王二十八人，司空司马消难以下到尚书郎，一共两百多人。隋文帝杨坚派纳言宣读诏令慰劳他们，接着派内史令宣读诏令，责备他们君臣不能相互辅助，以至于让国家灭亡。陈叔宝与他的群臣都感到惧怕惭愧，伏在地上，屏住呼吸，不能回答。后来，全都被宽赦了。

起初，武元帝杨忠迎接司马消难投降北周，与司马消难结拜为兄弟，感情深厚，隋文帝杨坚常用事奉叔父的礼节事奉他。等到陈朝被平定，司马消难抵达，隋文帝杨坚特别赦免他的死罪，将他分配给乐户，二十天后又免罪，仍旧按照过去的恩情对待他，不久，司马消难死在家里。

庚戌日（闰三月十七日），隋文帝杨坚临幸广阳门，宴请立功将士，从门外两侧陈设堆积的布帛，直到南边的外城，赏赐各有差别，一共用了三百多万匹布帛。原陈朝境内，免除十年的劳役和租赋，其余各州则免除一年租税。

乐安公元谐进谏说："陛下的威德遍及各地，臣从前请求让突厥可汗担任候正，陈叔宝担任令史，现在可以采用微臣的话了。"隋文帝杨坚说："朕平定陈朝，原本的目的是要翦除叛逆，不是为了好大喜功。您所上奏的事，实在不符合朕的心意。突厥人不认识山川地图，怎么能够用来警戒防守呢？陈叔宝常常醉酒，怎么能够担任令史呢？”元谐无话可说，退了下去。

辛酉日（闰三月二十七日），隋文帝杨坚进封杨素的爵位为越公，任命他的儿子杨玄感担任仪同三司，杨玄奖担任清河郡公；赏赐绢帛一万匹、粮食一万石。隋文帝杨坚命贺若弼登上御座，赏赐绢帛八千匹，加封为上柱国，进封爵位为宋公。另外又分别加赐金银珍宝，并将陈叔宝的妹妹赐给他为妾。

贺若弼、韩擒虎两人在隋文帝面前相互争功。贺若弼说：“臣在蒋山拼命战斗，击败他们精锐的军队，擒获他们骁勇的将领，声震四海，十分威武，终于平定陈朝；韩擒虎很少打仗，哪里能与臣相比呢？”韩擒虎说：“原本奉了晋王的旨意，要臣与贺若弼联合力量一起去攻克伪都，贺若弼竟敢先行进兵，遇到贼兵就交战，导致将士死伤很多。臣率领五百名轻骑兵进攻，敌人毫无抵抗，直接攻取金陵，降伏任蛮奴，捉住陈叔宝，占领他们的府库，颠覆他们的巢穴。贺若弼到了晚上才来到北掖门，臣打开关门接纳他，他谢罪都嫌来不及，怎么能与臣相比呢？”隋文帝杨坚说：“两位将领都有上等的功勋。”于是隋文帝杨坚诏令韩擒虎进位为上柱国，赏赐丝帛八千匹。而掌管司法的官吏却弹劾韩擒虎放纵士兵，奸淫陈宫的妇女，因此获罪，不加封爵邑。

加封高颎为上柱国，进爵位为齐公，赏赐丝帛九千匹。隋文帝杨坚慰劳他说：“您讨平陈朝后，有人诬陷您造反，朕已将那个人杀了。君臣同心，不是谗言所能离间的。”隋文帝杨坚很从容地命令高颎与贺若弼评论平定陈朝的战事。高颎说：“贺若弼先是贡献十个计策，后来又在蒋山苦战，击败贼兵。臣只是个文官，怎么敢与大将谈论功劳呢？”隋文帝杨坚大笑，嘉勉他的谦逊风范。

隋文帝杨坚讨伐陈朝时，派高颎向上仪同三司李德林咨询策略，然后授予晋王杨广。这时，隋文帝杨坚奖赏他的功劳，颁授李德林柱国，册封郡公，赏赐丝帛三千匹。就在宣布敕令完毕后，有人告诉高颎说："今天将功劳归给李德林，其他将领必定会气愤怨恨，而且后世的人看来，您好像没有功劳一样。"高颎入朝进言，这件事才作罢。

隋文帝杨坚任命秦王杨俊担任扬州总管四十四州诸军事，镇守广陵。晋王杨广回到并州。

晋王杨广处死陈朝五个佞臣（指施文庆、沈客卿、阳慧朗、徐析、暨慧景）的时候，还不知晓都官尚书孔范、散骑常侍王瑳与王仪、御史中丞沈瓘的罪过，因而这些人能免于一死。等到了长安，事情被揭露出来，乙未日（闰三月初二），隋文帝杨坚宣布他们的过恶，将他们流放边区，以向吴、越百姓谢罪。王瑳为人刻薄、贪婪悭吝，常猜疑陷害有才能的人；王仪极尽邪恶佞媚，奉献两个女儿以求能亲近君王；沈瓘为人阴险，残忍苛刻，讲话十分偏邪谄媚，因而判处同样的罪刑。

隋文帝杨坚赏赐陈叔宝非常丰厚，好几次接见他，班位与三品官相同；每次让他参加宴会，怕他伤心，因而不演奏吴地的音乐。后来监守他的人上奏说："陈叔宝说：'已经没有品秩爵位，却每次要参与朝廷的集会，希望能够得到一个官号。'"隋文帝杨坚说："陈叔宝一点心肝也没有！"监守的人又说："陈叔宝经常喝醉，很少有清醒的时候。"隋文帝杨坚说："他的酒量怎么样呢？"回答说："与他的子弟一天喝一石酒。"隋文帝杨坚大为惊讶，叫人节制他的酒量。不久又说："让他随心所欲吧！不然，他怎么过日子呢？"隋文帝杨坚因为陈氏子弟很多，担心他们在京城做坏事，于是分别将他们安置到边州，给他们田产作为生计，年节与四时都赏赐衣服来安定他们的生活。

隋文帝杨坚诏令任命陈朝尚书令江总担任上开府仪同三司，仆射袁宪、骠骑萧摩诃、领军任忠都担任开府仪同三司，吏部尚书吴兴人姚察担任秘书丞。隋文帝杨坚嘉许袁宪操守雅正，下诏令赞赏他是江表最有称誉的人，授为昌州刺史。又听说陈朝散骑常侍袁元友多次向陈叔宝直谏，将他提升为主爵侍郎。并且告诉群臣说："平定陈朝初期，我后悔没有处死任蛮奴。他接受别人的荣禄，同时担当重要的职务，不能横尸疆场，以死殉国，却说没有办法卖力，这与剖腹纳肝为卫懿公殉死的弘演相差多么远!”

隋文帝杨坚接见周罗睺，安慰劝勉他，答应给他富贵。周罗睺哭着回复说：“臣承受陈氏丰厚的待遇，原来的朝廷已经灭亡，没有节操可述。能够免掉死罪，是陛下的恩宠，臣怎么还敢奢求富贵呢?”贺若弼告诉周罗睺说：“听闻你在郢、汉掌握兵权，就知晓扬州可以取得。隋朝军队可以顺利渡江，果真如预料的一样。”周罗睺说：“假如能够与您作战，胜败还不知晓呢!”不久，周罗睺被拜封为上仪同三司。起初，陈朝将军羊翔前来投降，在讨伐陈朝的战役里，派他担任向导，平陈后，羊翔位居上开府仪同三司，班秩位于周罗睺之上。韩擒虎在朝堂上取笑他说：“不知晓应机变化，现在站在羊翔的下位，能不羞愧吗?”周罗睺说：“以前在江南，久闻您的美誉，认为您是天下的节士，今天听您所说的话，实在不是我所预想到的。”韩擒虎露出羞愧的脸色。

隋文帝杨坚责备陈朝君臣时，陈叔文却欣然而有得意的脸色。后来又上表自己陈述：“以前在巴州，已经先于别人投降，乞请陛下能念及这件事，而有与别人不同的封赏。”隋文帝杨坚虽然嫌他不忠，但是想要怀柔江表，于是授予陈叔文开府仪同三司，拜授宜州刺史。

起初，陈朝散骑常侍韦鼎来到周朝聘问，遇见隋文帝杨坚，觉得他不平凡，就告诉隋文帝杨坚说：“您应该会大贵，您大贵的时候，则天下统一，岁星周天，老夫将会委身投靠您。”等到至德初年，韦鼎担任太府卿，将田宅全部卖了，大匠卿毛彪问他什么缘故，韦鼎说：“江东的王气，到此完结了!我与你将会葬在长安。”等到陈朝平定，隋文帝杨坚召命韦鼎担任上仪同三司。韦鼎是韦叡的孙子。

壬戌日(闰三月二十九日)，隋文帝杨坚下诏说：“现在海内已经统一，一切都能顺性生长，太平的法令，正可实行。所有臣民，要浸润在道德之中，家家都要修养自身，人人都要克制私欲。武力能够树立威严，但是不能不停止；刑罚能够帮助教化，但是不可以专靠法律。

九重之外的禁卫，镇守四方的边区，军旅武器，都要予以禁止。天下安定，各方无事，习武的子女，都要去学习经书。民间的武器，全部销毁。公告天下百姓，都要遵奉这个意思。”

贺若弼撰写他所谋划的策略，呈给隋文帝杨坚，称为《御授平陈七策》。隋文帝杨坚不加省视，说：“你想要称颂我的名声，可我却不追求声名；你应当记载在所修的家传里。”贺若弼的地位名望都很尊崇，他的兄弟全部加封郡公，担任刺史、将领，家里的珍宝古玩，多得无法计算，婢妾身穿丝罗的有几百名，当时的人都认为他十分荣耀。后来，突厥人前来朝贡，隋文帝杨坚告诉他说：“你听闻江南有陈国天子吗？”回答说：“听闻过。”隋文帝杨坚命令身边的人带领突厥人到韩擒虎面前说：“他是捉到陈国天子的人。”韩擒虎用十分严肃的脸色看他，突厥人特别惶恐，不敢抬头仰视。

左卫将军庞晃等人在隋文帝杨坚面前说高颎的坏话，隋文帝十分生气，罢免了他们的官职，亲近并礼遇高颎更加密切。并且告诉高颎说：“独孤公好比一面镜子，每次被擦拭光洁，就更加明亮。”起初，高颎的父亲高宾担任独孤信的部属，赐姓为独孤氏，因此隋文帝杨坚常称呼他为独孤公，而不称呼他的名字。

乐安公元谐，性情非常豪放，讲侠义，有气韵，年少时与隋文帝杨坚同学，彼此特别友爱，等到隋文帝杨坚即位，多次升任显要职位。元谐喜欢诋毁排斥别人，不能得到君王身边人的欢心。与上柱国王谊十分友善，王谊被杀，隋文帝杨坚对他逐渐疏远猜忌。后来有人控告元谐与他的堂弟上开府仪同三司元滂、临泽侯田鸾、上仪同三司祁绪等人密谋造反，于是被交付司法官员审理，上奏：“元谐阴谋命令祁绪统领党项的兵士阻断巴、蜀。同时，元谐曾与元滂一起晋谒皇帝，元谐私底下告诉元滂说：‘我是主人，在朝堂上的是贼。’因而叫元滂观望气象。元滂说：‘君王的云气像狗在蹲着、鹿在走着，不如我们有着福德的云气。’”隋文帝杨坚大怒，元谐、元滂、田鸾、祁绪全部被处死。

闰月，己卯日(四月十七日)，任命吏部尚书苏威担任右仆射。六月，乙丑日(初四)，任命荆州总管杨素担任纳言。

朝廷上下都说应当封禅泰山。秋季，七月，丙午日(十五日)，隋文帝杨坚下诏令说："怎么能够因为我朝派遣了一个将军灭掉了一个小国，引起远近的人都注意，就说天下已经太平了呢？凭借我微薄的德业，而封禅名山，用虚假的言辞干求上帝，这是朕没有听说过的。从今而后，关于封禅的事情，应当禁止再谈。"

左卫大将军广平王杨雄，最为显贵荣宠，与高颎、虞庆则、苏威称为四显贵。杨雄为人宽宏，能礼贤下士，朝野上下都倾服他。隋文帝杨坚嫌厌他深得人心，暗中猜忌他，不想让他掌管兵马。八月，壬戌日(初三)，任命杨雄担任司空，实际上是剥夺他的职权。杨雄既然没有职务，自此闭门不与宾客来往。

隋文帝杨坚刚刚登上尊位时，柱国沛公郑译请求修订雅乐，诏令太常卿牛弘、国子祭酒辛彦之、博士何妥等人商议此事，过了一年还不能决定。郑译说："古代音乐有十二律，转相为宫，各用七个声，世人没有能够通晓的。"郑译因为龟兹人苏祇婆善弹琵琶，才知晓它的方法，推演为十二均、八十四调，来校订太乐所演奏的音乐，发现大多乖违不正。郑译又在七音以外，另立一个声，称为应声，写成文字在朝堂宣示。并与邳公世子苏夔商议累黍定律。

当时的人认为音律长期无人通晓，不是郑译、苏夔一时所能决定的。隋文帝杨坚平日既不喜欢学问，而牛弘也不精通音律，何妥又自愧自已是有名的儒者反而不如郑译等人，经常想要阻挠破坏他修订雅乐的事，于是提出建议，反对十二律转相为宫和七调，相互争着提出不同意见，各自有同党的人。有人提出让各派各自制造乐谱，等完工时，挑选好的来使用。何妥担心乐谱完成，好坏容易区别出来，于是请求隋文帝杨坚设乐试验，并先告诉隋文帝说："黄钟好比人君的德业。"等到演奏黄钟的乐调，隋文帝杨坚说："流畅不绝，雅致和顺，与我的心意十分契合。"因而何妥奏请只用黄钟一宫，不用其他的律。

隋文帝杨坚十分高兴，采纳了他的意见。

当时又有乐工万宝常，通达钟律。郑译等人制作黄钟调完成时，加以演奏，隋文帝杨坚便召万宝常来问，万宝常说：“这是亡国的音乐。”隋文帝杨坚十分不高兴。万宝常请求以水尺为律，来调正乐器，隋文帝杨坚采纳他的意见。万宝常制造各种乐器，声音大多比郑译的调低二律，他对乐器的增损改进，无法详述。这些乐器的声音雅淡，不被当时的人所喜欢，太常中通晓声律的多加以排斥诋毁。苏夔十分猜忌万宝常，苏夔的父亲苏威正当专权，因此凡是谈乐律的都是附和他而批评万宝常，万宝常的乐谱最后被苏威所压制，始终不能通行。

等到讨平陈朝，缴获宋、齐旧时的乐器，以及江左的乐工，隋文帝杨坚便命令在廷上演奏，叹息说：“这真是中华的正声啊！”于是调整五音为五夏、二舞、登歌、房内等十四调，宴会祭祀的时候都加以采用。便诏令在太常寺设立清商署负责掌管。

当时天下已经统一，历代的乐器用品，都集中在乐府。牛弘上奏：“中国古老的音乐都保存在江左，以前攻克荆州，得到梁朝的音乐，现在讨平蒋州，又得到陈朝的音乐，史籍书传相承，都认为合于古乐。请求加以编辑整理，来充实雅乐。至于后魏的音乐以及后周所使用的，夹杂有边塞的声律，都不能使用，请求一律停用。”冬季，十二月，诏令牛弘和许善心、姚察以及通直郎虞世基参酌制作雅乐。虞世基是虞荔的儿子。

己巳日（初九），隋文帝杨坚任命黄州总管周法尚担任永州总管，以平定安抚岭南，拨给他黄州兵三千五百人，陈朝桂州刺史钱季卿等人全都向周法尚投降。定州刺史吕子廓据守山洞，不接受诏令，周法尚便前往讨伐，将他杀了。

隋文帝杨坚任命驾部侍郎狄道人辛公义担任岷州刺史。岷州习俗，害怕瘟疫，只要有一个人染上瘟疫，全家人都躲开，因此生病的人大都死亡。辛公义特意命人将病人用车舆安放在自己办公的地方，因为正值暑热的月份，病人多达数百人，将办公地方的走廊都挤满了。辛公义设置卧榻，日夜守护在那里，拿自己的俸禄购买医药，亲自探问病情。病人痊愈以后，便召集他们的亲属，告诉他们说："一个人的死生是有命数的，怎么会相互感染疾病呢？假如会相互感染，我早就死了。"病人的亲属全都羞愧地道谢回去。后来有生病的人，争着要前去刺史那里，他们的亲戚都坚持让他们留下休养，人们这才开始互相慈爱，风俗因而改变。后来辛公义升迁为牟州刺史，到任时，先到牢狱露天坐下，亲自审问他们的罪行。十几天内，把囚犯全部判决遣放完毕，这才回到州衙厅堂，接受新的讼案。案件都立刻决断，倘若有还没审完，必须要囚禁的，辛公义就在办公的地方留宿，整天不回居所。有人劝告他说："公事有一定的规程，刺史何必如此自苦呢？"辛公义说："刺史没有德业，不能让人民没有争讼，怎么能够将人囚禁在牢狱，而自己在家中安心地睡觉呢？"囚犯听后，都由衷地诚服。后来有争讼的，乡里的父老立刻晓谕他们说："这是小事，怎么忍心烦劳刺史呢！"争讼的人都相互退让作罢。

开皇十年(庚戌，公元590年)

春季，正月，乙未日(初七)，隋文帝杨坚加封皇孙杨昭为河南王，杨楷为华阳王。杨昭是杨广的儿子。

二月，隋文帝杨坚莅临晋阳，命令高颎留下防守。夏季，四月，辛酉日(初四)，隋文帝杨坚从晋阳回来。

成安文子李德林，倚仗他的声望才能，喜欢在议论中争胜，同官大多嫉恨他。因此，他虽有辅佐王命的首功，却十年都没有升迁。李德林多次与苏威有不同的议论，高颎经常帮助苏威，上奏李德林暴戾贪狠，隋文帝杨坚多听从苏威的言论。隋文帝杨坚赏赐李德林店舍或庄园，让他自己选择，李德林请求得到叛逆的人高阿那肱在卫国县的市店，隋文帝同意了。等到隋文帝杨坚莅临晋阳，店舍的人控诉说高氏强夺百姓的田地，在里面建造店舍出租营利。苏威趁机上奏李德林欺君，妄奏民田是高阿那肱的市店，来让田地归于自己；司农卿李圆通等人又帮着苏威说话，说：“这些店舍的获利如同享有千户的租税，请求计算时日，将所收取的租金追回。”隋文帝杨坚因此更加讨厌他。虞庆则等人奉派前往关东巡视，返回的时候都奏称：“乡正专理讼案，偏袒亲友，爱憎不公，公然索要贿赂，不利于民。”隋文帝杨坚遂命令废除。李德林说：“这件事情，臣本来就认为不好，只是设置才不久，又马上废止，政令无法划一，早上才发布的命令，晚上就更改，这实在不是帝王设置法令的正道。臣期望陛下从现在开始，凡是群臣对于律令有要求更改的，就全部用军法来处置他，不然的话，纷乱是不会停止的。”隋文帝杨坚十分生气，大骂他说：“你是要我做王莽吗？”起初，李德林说他的父亲是太尉谘议，想以此取得赠官，给事黄门侍郎猗氏陈茂等人暗地上奏：“李德林的父亲最后是担任校书，欺骗您说是谘议。”隋文帝杨坚非常衔恨，便责备他说：“你是内史，掌管朕的机密，近来不让你参加计议，是因为你的气度不够恢弘，你有自知之明吗？同时你又犯欺君之罪，索人店舍，并妄加父亲的官职，朕实在特别气愤，而不能发泄，现在要遣斥你出任州府。”因此李德林出调为湖州刺史。李德林拜谢说：“臣不敢再期望做内史令，只请求做没有实权而能参与朝省的散官。”隋文帝杨坚不答应，李德林迁调怀州刺史后死去。

李圆通原本是皇上微贱时候的家奴，有才干器识；等到隋文帝杨坚成为隋公，任命李圆通与陈茂担任参佐，从此十分信任他。梁朝被废，隋文帝杨坚任命梁朝太府卿柳庄担任给事黄门侍郎。柳庄有气度才识，学问广博，长于辞令，通晓典故，熟悉政事，隋文帝杨坚与高颎都十分看重他。他与陈茂同事，不能谦抑，陈茂在隋文帝面前说他坏话，隋文帝杨坚便对他稍微疏远，命他出京担任饶州刺史。

隋文帝杨坚性好猜忌，不喜好学术，因为任用有才智的人而获得尊位，所以以刑法自持，察治属下，经常命令身边的人窥伺朝廷内外，只要有人犯了过错，就判处重罪。又担心令史贪赃枉法，私下派人拿金钱丝帛赠给他们，如若收受财物的立即斩杀。经常在殿庭上捶打人，一天之内，有时发生好几次；曾经因为恼怒行杖的人挥动荆楚不用力，就下令将他杀了。尚书左仆射高颎、治书侍御史柳彧等人进谏，认为“朝堂不是杀人的场所，殿庭不是刑罚的地方”。隋文帝杨坚不予采纳。高颎等人因而全部到朝堂请罪，隋文帝杨坚回头看着领左右都督田元说：“我刑杖太重了吗?”田元回答：“太重了。”隋文帝杨坚问他情状，田元举起手说：“陛下的木杖粗如手指，捶打人三十下，等同一般木杖的几百下，因而很多人被打死。”隋文帝杨坚很不高兴，下令殿堂内去除刑杖，判决惩罚，分别交给掌管的人去处置。后来楚州行参军李君才上奏说：“陛下宠幸高颎太过分了。”隋文帝杨坚看了十分生气，命令对他施以刑杖，可是殿堂内没有荆杖，于是用马鞭将他打死了。从此殿堂内又设置荆杖。没过多久，因为非常生气，隋文帝又在殿庭杀人；兵部侍郎冯基坚持进谏，隋文帝杨坚不听从，最终在殿庭将人杀死了。隋文帝不久又后悔，安抚冯基，而气恨群臣中竟没有一个肯劝谏的人。

五月，乙未日（初九），隋文帝杨坚下诏说：“魏朝末年动乱时，军人暂时设立坊府，南征北讨，没有固定的居所，家里没有完好的墙垣，地上少有高大的桑树，朕非常同情。凡是军人，可以让他们全都隶属州县，开辟田地、田籍账簿全部与人民相同。军府的统领，应当依照旧有的规制。撤销山东、河南及北方沿边界之地新设立的军府。”

六月，辛酉日（初五），制令百姓年满五十岁可免除征役，并收取劳役的代金。

秋季，七月，癸卯日（十八日），隋文帝杨坚任命纳言杨素担任内史令。

冬季，十一月，辛丑日（十七日），隋文帝杨坚在南郊祭天。

江南从东晋以来，刑法弛缓疏阔，世家大姓欺凌寒微的平民；隋文帝杨坚平定陈朝以后，刺史、郡守、县令全部更换。苏威又作了《五教》，命百姓不管长幼都要背诵，士民都怨恨嗟叹。民间又谣言隋朝要将他们迁徙入关，远近的人都骇怕惊恐。因而婺州的汪文进、越州的高智慧、苏州的沈玄懀都举兵造反，自称天子，设立百官。乐安的蔡道人、蒋山的李凌、饶州的吴世华、温州的沈孝彻、泉州的王国庆、杭州的杨宝英、交州的李春等人都自封为大都督，攻克许多州县。陈朝的旧有领地，大部分都造反了，力量大的有几万人，力量小的有数千人，相互影响。捉住县令，有的拽出他们的肠子，有的将他们的肉切成块来吃，说："你还能让我们背诵《五教》吗？"隋文帝杨坚诏令让杨素担任行军总管去征讨他们。

杨素将要渡江，派遣始兴人麦铁杖顶着一束藁草，趁着夜晚，浮水渡过长江，去窥伺贼兵动静，回来以后又去侦查，最终被贼兵擒住，一共派三十人拿着武器防守他。麦铁杖伺机夺下贼匪的刀，乱斩防守他的人，将他们全杀光了，割下他们的鼻子带回来。杨素非常惊奇，奏报授予麦铁杖仪同三司的官职。

杨素带领水军从杨子津进兵，在京口攻打并击败贼兵元帅朱莫问。杨素又进兵攻打晋陵贼兵元帅顾世兴、无锡贼兵元帅叶略，都平定了。沈玄懀战败逃跑，杨素追赶并捉住他。高智慧驻守浙江东岸，作为军营，周围绵延一百多里，舰船布满江面，杨素发动进攻。子总管（裨将）南阳人来护儿禀告杨素说："吴地人轻快敏捷，长于舟船，抱着必死决心的贼兵，很难与他们争锋，您应当严布阵势来等候他们，不要与他们交战。请给我数千名奇兵暗中横渡长江，偷袭并攻破他们的军营，让他们想退却没有归路，前进又无法作战，这是韩信击败赵国的计策！"杨素采纳了他的意见。来护儿用几百艘轻船直接登上江岸，偷袭敌人，攻破他们的军营，接着又纵火焚烧，烟焰弥漫天空。贼兵回头望见大火，感到害怕，杨素便纵兵奋力攻打，贼兵溃败。高智慧逃到海里，杨素追赶到海湾，召行军记事封德彝商量军事，封德彝掉入水中，被人救起，幸免一死，换好衣服来见杨素，自己始终没有将事情讲出来。杨素后来知晓，问他是什么缘故，他说："这是私人的事，所以不说。"杨素惊讶嗟叹。封德彝名伦，以字号通行于世，是封隆之的孙子。汪文进任命蔡道人担任司空，驻守乐安，杨素进兵征讨，全部平定。

杨素派遣总管史万岁带领两千人，从婺州别路翻过山岭，越过大海，攻打溪洞，所攻陷的溪洞不计其数。前后共七百多次战斗，辗转征战一千多里，失去音讯一百多天，远近的人都以为史万岁战死了。史万岁将信放在竹筒里，竹筒浮在水面，被汲水的人得到，禀告杨素。杨素将这件事上奏隋文帝，隋文帝杨坚十分赞叹，赏给史万岁家里十万钱。

杨素又在温州击败沈孝彻，向天台进军，直抵临海，追捕残余逃跑的人，前后达一百多次战斗，高智慧逃跑到闽、越自保。隋文帝杨坚因为杨素长久在外劳苦，下令快马传他入朝。杨素由于残余的贼兵还没有消灭，担心成为后患，又请求进兵，于是乘坐传车抵达会稽。王国庆认为海路艰难险阻，不是北方人所能熟习的，就不加戒备；杨素渡海突然抵达，王国庆仓皇弃州逃走。残余的党徒溃散逃跑到海岛，有的守在溪洞，杨素分派众将，分水陆两路去追捕。又暗地派人游说王国庆，让他斩杀并送上高智慧的人头替自己赎罪；王国庆于是抓住高智慧送来，在泉州将他处死，残余党徒全部投降。江南因此大定。

杨素班师回朝，隋文帝杨坚派遣左领军将军独孤陀前往浚仪迎接慰劳。等到抵达京师，天天有人来慰问。隋文帝杨坚授杨素的儿子杨玄奖为仪同三司，赏赐十分优厚。独孤陀是独孤信的儿子。

杨素用兵打仗很有谋略，统御士兵十分严整，每次要面对敌人时，往往寻找一些人的过失，而予斩杀，多的一百多人，少的也有十多人，血流满布在他眼前，他却依旧谈笑自如。等到与敌人对阵的时候，先命令一二百人奔赴敌阵，陷阵身亡就算了，倘若有不能攻陷敌阵而退回来的，不管多少人，全部斩杀。又下令二三百人再前进，用的是与以前一样的方法。将士都很害怕，抱着必死的心志，因而作战没有不获胜的，而他也被称为名将。

杨素当时宠贵亲幸，所说的话没有不被采纳的，跟随杨素行军打仗的，很小的功劳也一定加以记录。至于别的将军，虽然有大的功劳，却经常被文官所压低，因此杨素虽然十分残忍，兵士却仍然愿意追随他。

隋文帝杨坚任命并州总管晋王杨广担任扬州总管，镇守江都，又任命秦王杨俊担任并州总管。

番禺夷人王仲宣造反，岭南首领大多响应他，王仲宣率军围攻广州。韦洸被流箭射中而死，隋文帝杨坚诏令让他的副官慕容三藏检校广州道行军事。又诏令给事郎裴矩巡行抚慰岭南，裴矩抵达南康，得到几千名兵力。王仲宣派副将周师举围攻东衡州，裴矩与大将军鹿愿击杀了周师举，进军抵达南海。

高凉冼夫人派遣她的孙子冯暄率军援救广州，冯暄与贼将陈佛智平日十分友善，停留而不进兵，夫人知道了，十分生气，派使者捉住冯暄，关在州府的大牢里。另外派遣孙子冯盎出兵征讨陈佛智，将他杀了。又进兵到南海与鹿愿会合，与慕容三藏合力进攻王仲宣，王仲宣的部队溃败，广州获得保全。冼氏亲自穿着铠甲，骑着战马，张挂丝锦的伞盖，带领张弓待射的骑兵，跟随裴矩巡抚二十多州。苍梧首领陈坦等人全都前来晋见，裴矩承奉君王制命，任命刺史、县令，让他们回去统领各自的部族，岭南于是安定了。

裴矩回去复命，隋文帝杨坚告诉高颎、杨素说："韦洸率领两万兵不能早日渡过五岭，朕经常担心他的兵力太少。裴矩率领三千名衰疲的士卒直接抵达南海，有这样的臣子，朕又有什么可担心的呢？"隋文帝杨坚任命裴矩担任民部侍郎。又拜命冯盎担任高州刺史，追赠冯宝为广州总管、谯国公。册封冼氏为谯国夫人，开设谯国夫人幕府，设立长史以下的官属，官吏都颁给印信，听任自主调动部落六州的兵马，倘若有紧急情况，可以便宜行事。由于夫人效诚的缘故，特别宽赦冯暄逗留军队的罪责，拜为罗州刺史。皇后赏赐夫人首饰与宴客的衣服一件，夫人都装在金制的箱子里，连同梁、陈时赏赐的东西，藏在一个仓库，每年岁末大会，摆放在大庭中，给子孙们看，说：

“我事奉三代君主，只用一颗忠顺的心，现在所赏赐的东西都保留着，这是忠顺的回报。你们都要记着，要向天子竭尽诚心！”

番州总管赵讷为人暴虐贪婪，各俚、獠多因此逃亡背叛。夫人派遣长史张融呈上封事，论述安抚事宜，并陈述赵讷的罪责，称其不能怀柔招抚远方的人。隋文帝杨坚派人推问赵讷，追出他所贪污的钱财，最终将他置之于法。隋文帝杨坚委托冼夫人去安慰招抚叛亡的人。

冼夫人亲自载着诏书，自称使者，经历十几个州府，宣明隋文帝杨坚的旨意，晓谕所有的俚、獠，所到之处都归降了。隋文帝杨坚嘉勉她，赏赐冼夫人临振县，作为她沐浴的封邑（指休息的地方），加封冯仆为崖州总管、平原公。

开皇十一年（辛亥，公元 591 年）

春季，正月，皇太子妃元氏去世。

二月，戊午日（初六），吐谷浑派遣使者入贡。吐谷浑可汗夸吕听闻陈朝灭亡，十分害怕，躲藏起来自保，不敢再来侵犯。夸吕去世，他的儿子世伏继位，派遣他的侄子无素奉奏表称藩属国，并且上贡地方的特产，请求将女儿送入皇上的后宫。隋文帝杨坚告诉无素说：“倘若准了所来请求的事，他国听了，也必定会争相仿效，朕用什么理由来拒绝呢！朕意在安养夷夏百姓，使其各能顺应本性，怎么能够搜集女子充实后宫呢？”最终没有答应。

平乡令刘旷有不同寻常的政绩，用义理晓谕人民，使打官司的人都自陈有罪而退，牢狱里长满荒草，厅堂上可以张网捕雀。刘旷升迁为临颍令。高颎推荐刘旷，上奏说他的清廉名声和良好政绩天下第一。隋文帝杨坚召见刘旷，嘉勉慰劳一番，告诉侍臣说：“倘若不给特殊奖励，怎么劝勉天下呢？”丙子日（二十四日），隋文帝杨坚特下诏令，提拔刘旷担任莒州刺史。

辛巳晦日（二十九日），发生日食。

起初，隋文帝杨坚微贱的时候，与滕穆王杨瓒不和。隋文帝杨坚做了周朝丞相，任命杨瓒担任大宗伯，杨瓒怕杨坚会成为家祸，暗中想要谋害隋文帝，隋文帝杨坚隐而不宣。杨瓒的妃子是周高祖的妹妹顺阳公主，与独孤后平时不友好，暗中用符咒诅骂对方将遭凶险。隋文帝杨坚命令将她休掉，杨瓒不同意。秋季，八月，杨瓒跟随隋文帝杨坚临幸栗园，突然死了，当时的人疑心他是被毒害的。乙亥日（二十六日），隋文帝杨坚从栗园回来。

沛达公郑译去世。

资治通鉴卷第一百七十八　隋纪二

起壬子（公元 592 年），止己未（公元 599 年），共八年。

【题解】本卷记录了公元 591 年至 599 年间的史事。当时正值隋文帝开皇十二至十九年，属于隋文帝统治的中期。在此期间，隋朝国力迅速发展，国家财政充盈，府库皆满。隋文帝杨坚对内制礼作乐，完善新的历法及明堂制度，安定民生，国内一片太平景象。对外，大破突厥，安定四夷。但由于隋文帝杨坚日益增长的猜忌心理，已使开皇盛世之后显露危机，这在政治、经济上都有表现。

高祖文皇帝上之下

开皇十二年（壬子，公元 592 年）

春季，二月，己巳日（二月无此日），隋文帝杨坚任命蜀王杨秀为内史令，兼任右领军大将军。

国子博士何妥与尚书右仆射邳公苏威争议事理，很长时间都互不相让。苏威的儿子苏夔担任太子通事舍人，年少却聪慧敏捷，享有盛名，士大夫大多依附他。有次在讨论音乐时，苏夔与何妥又各持己见。隋文帝杨坚诏令百官写下自己所同意的意见，百官由于苏威的缘故，赞同苏夔的十有八九。何妥十分气愤地说：“我担任讲席四十多年，反被后生小子所侮辱吗？”于是上奏：“苏威与礼部尚书卢恺、吏部侍郎薛道衡、尚书右丞王弘、考功侍郎李同和等人，一起结为同党。尚书省中称呼王弘为世子，称呼李同和为叔叔，意思是指这两人像苏威的子弟一样。”又说苏威用不正当的手段让他的堂弟苏彻、苏肃欺罔冒替担任官吏等几件事。隋文帝杨坚命令蜀王杨秀、上柱国虞庆则等一同查办，发现所上奏的事情多有证据。隋文帝杨坚非常生气。秋季，七月，乙巳日（初一），苏威坐罪被免除官爵，以开府仪同三司的身份回家养老；卢恺被罢除爵名，有名望的人因受苏威连坐而获罪的有一百多人。

起初，从周室以来，选拔人才往往清浊不分，等到卢恺兼管吏部，与薛道衡甄选鉴别士人而后任用，因为牵涉朋党的毁谤，以至获罪。没过多久，隋文帝杨坚说："苏威是有操行的人，只是被人误解罢了。"于是下令苏威可以参与朝政。苏威喜欢订立各种规章制度，每年都要责备地方不重视推行儒家仁、义、礼、智、信五常教化，有的地方官员回答说："管区内没有五品之家。"他做事和别人不相应合的情形，大多如此。苏威又编制余粮簿，想让民间有无互相补足，民部侍郎郎茂认为这种做法烦琐迂阔，不切急需，都上奏隋文帝杨坚予以罢止。郎茂是郎基的儿子，曾担任卫国县令，有一位叫张元预的百姓，兄弟不和睦，县丞、县尉请求加以严厉的刑罚，郎茂说："张元预兄弟本来已相互憎恨，又因而得罪，就更增加他们之间的怨恨了，这不是教化百姓的本意。"于是慢慢用道理开导他们。最终张元预等人各有悔意，叩头请罪，于是相互亲睦，邻里乡间都称赞他们友悌。

己巳日（二十五日），隋文帝杨坚祭享太庙。

壬申晦日（二十八日，晦日在二十九癸酉日），发生日食。

隋文帝杨坚因为天下掌管法律的人多有乖错，同样的罪却有不同的判决，八月，甲戌日（初一），遂下诏令说："各州的死囚，不能立即处决，全都要移送大理寺复审，审议结束，再移送尚书省奏请裁决。"

冬季，十月，壬午日（初十），隋文帝杨坚祭享太庙。十一月，辛亥日（初九），隋文帝杨坚到南郊祭祀。

己未日（十七日），隋新义公韩擒虎去世。

十二月，乙酉日（十四日），隋文帝杨坚任命内史令杨素担任尚书右仆射，与高颎专掌朝廷政事。杨素性格疏犷，口才辩捷，评论他人高下损益，全凭自己的心意，在朝臣之中，他颇为推崇高颎，尊重牛弘，倾心结交薛道衡，却看不起苏威，而其余的朝贵，则多被他欺凌侮辱。他的才艺风度比高颎优秀，但在坦诚待人、尽心国事、处理事务公平妥当等方面，虽有宰相的风度和气识，却远远比不上高颎。

领军大将军贺若弼，自以为功名超出朝中大臣许多，经常以宰相自居。后来杨素担任仆射，贺若弼仍旧是将军，心里非常怨恨，言语与神色有所显露，因而坐罪免官，从此更加怨恨。过了一段时间，隋文帝杨坚将贺若弼关进牢狱，告诉他说："我任命高颎、杨素二人担任宰相，你常常在广庭中说：'这二人只会吃饭罢了。'这是什么意思？"贺若弼说："高颎是微臣的老朋友，杨素是微臣舅父的儿子。臣都知晓他们的为人，臣确实说过这句话。"公卿上奏贺若弼怨谤朝廷，论罪应该处死。隋文帝杨坚说："臣子守法，不能逾越，你可以自己寻找活命的理由。"贺若弼说："臣倚仗至尊的威灵，率领八千名士兵渡过长江，擒获陈叔宝，臣凭着这样的功劳希望能够活命。"隋文帝杨坚说："这件功劳已经另外予以重赏，怎么能够再提呢？"贺若弼说："臣已经蒙受格外的重赏，但现在还希望凭此能够活命。"隋文帝杨坚考虑了几天，怜惜他的军功，只下令除去他的爵位。一年多后，虽然恢复了他的爵位，但隋文帝杨坚仍旧猜忌他，不再授予他任何事务，然而每次宴客奖赏，对他都十分优厚。

主管官员上奏说："仓储府库都满了，没有地方容纳物品，已经堆积到走廊厅庑去了。"隋文帝杨坚说："朕已减轻租税，又大量地赏赐军功，怎么还会如此呢？"回答说："国家收入常比支出多，大略计算每年赏赐的花费，最多达数百万匹丝帛，库藏并没有因此减少。"于是另外开辟左藏院收纳多余的财物。隋文帝杨坚又下诏说："宁可储存在百姓家里，也不要储藏在国家府库内。河北、河东今年的田赋减少三分之一，兵役减一半，丁调全都免除。"当时天下的户口一年比一年增加，京城附近和三河地区，土地少，人口多，衣食不足，隋文帝杨坚于是派遣使者到四方去，重新分配天下的田地，土地狭窄的乡里，每名壮丁只分给二十亩地，老人小孩的土地就更少了。

开皇十三年（癸丑，公元 593 年）

春季，正月壬子日，隋文帝杨坚祭祀感生帝。

壬戌日（二十一日），隋文帝杨坚临幸岐州。

二月，丙午日（二月无此日），隋文帝杨坚诏令在岐州北边营建仁寿宫，派杨素监督。杨素奏请前任莱州刺史宇文恺担任检校将作大匠，记室封德彝担任土木监。于是平山填谷，用来营造宫殿，建成的高台层榭，蜿蜒相连。因为劳役严苛急切，丁夫死亡很多，也有疲乏困顿而仆倒在地的，就全部推填到坑坎里，上面覆盖土石，填为平地，一共死了几万人。

丁亥日（十七日），隋文帝杨坚到达岐州。

己卯日（初九），隋文帝杨坚册立皇孙杨暕为豫章王。杨暕是杨广的儿子。

丁酉日（二十七日），隋文帝杨坚下令："私人家里不能收藏纬候、图谶。"

秋季，七月，戊辰晦日（三十日），发生日食。

这一年，隋文帝杨坚命令礼部尚书牛弘等人商量建立明堂制度。宇文恺献上明堂的木制模型，隋文帝杨坚命令有关官吏在长安南城规划安业里的地方，准备要营建；但是众儒有很多不同的意见，很长时间不能决定，于是作罢。

隋文帝杨坚灭亡陈朝时，将陈叔宝的屏风赏赐给突厥大义公主。大义公主因为宗国周朝已经灭亡，心里常常怀有怨恨，便题诗在屏风上，记述陈朝的灭亡，来寄托自己的情怀；隋文帝杨坚听了很是厌恶，赏赐的物品从此逐渐减少。彭公刘昶当初和周朝公主结婚，有一个流亡的人杨钦逃到突厥，欺骗突厥人说刘昶想要和他的妻子叛乱，进攻隋朝，突厥人遂派遣杨钦暗中告诉大义公主，调动军队侵扰边境地区。都蓝可汗听信他的话，不再向隋朝进献贡物，并经常引起边患。隋文帝杨坚派遣车骑将军长孙晟出使突厥，暗中加以侦察。大义公主接见长孙晟的时候，言辞不逊，又派遣与她私通的胡人安遂迦与杨钦商议，煽动蛊惑都蓝可汗。

长孙晟抵达京师，将全部情形奏给隋文帝知道。隋文帝杨坚派遣长孙晟去索要杨钦；都蓝可汗不给他，说："检查外来的宾客中，没有这个人。"长孙晟因此贿赂突厥显要，获知杨钦所在之地，趁着夜色，乘其不备将他捕获，带给都蓝可汗看，借机告发了大义公主私通的事情，突厥人认为十分羞耻。都蓝可汗抓住安遂迦等人，一起交给长孙晟。隋文帝杨坚非常高兴，增授长孙晟开府仪同三司，仍旧派他到突厥，废掉大义公主。内史侍郎裴矩请求游说都蓝可汗，让他杀掉大义公主。当时处罗侯的儿子染干，号称突利可汗，居住在北方，派使者前来求婚，隋文帝杨坚便派裴矩告诉他说："要杀死大义公主，才准许通婚。"突利便向都蓝可汗说大义公主的坏话，都蓝可汗因此发怒，杀了大义公主，然后上奏表，请求与隋朝通婚，朝臣商议，准备应允他。长孙晟说："臣看雍虞闾（都蓝）是反复无常的小人，只是因为与玷厥（达头）有嫌隙，才投靠我们国家，即使与他通了婚，到最后他也会叛离。现在假如让他与公主结婚，凭借陛下的威灵，玷厥、染干一定会听任他征集士卒。力量强大而又反叛，以后恐怕难以对付。况且染干这个人，是处罗侯的儿子，一向有着忠诚的心意，到现在已经两代，上次又前来请求通婚，不如答应染干，让他向南迁徙，染干兵员少，力量弱，容易安抚驯服，让染干对抗雍虞闾，作为捍卫北部边疆的一道屏障。"隋文帝杨坚说："很好。"于是派遣长孙晟去晓谕抚慰染干，同意他与公主结婚。

牛弘让协律郎范阳人祖孝孙等人参与制定雅乐的工作，并向陈朝的阳山太守毛爽学习京房的律法，律管葭灰飞动，来测候节气，顺着时月全都应验。同时，每律设立五音，十二律共有六十音，重复六次，一共三百六十音，分当一年的日数用来配七音，而转相成为宫之法，由此著名。牛弘等人因而奏请复用转相为宫的方法，隋文帝杨坚还记得何妥说过的话，所以在牛弘的奏疏下面注明自己的意见，不采纳转相为宫的方法，只用黄钟一个宫。于是牛弘等人再次上奏，迎合隋文帝杨坚的意思，将前代用金石所铸造的乐器全都毁掉，用来平息大家的议论。牛弘等人又制作武舞，象征隋朝的功德；还规定郊庙宴飨用一个调（指黄宫），迎气用五个调：春季用角、夏季用徵、中央用宫、秋季用商、冬季用羽。旧日的乐工渐渐死去，其他的声律，因而都不再通行。

开皇十四年（甲寅，公元594年）

春季，三月，乐调制作完成。夏季，四月，乙丑日（初一），隋文帝杨坚诏令通用新的乐调，说："民间的音乐，流荡淫邪，时日已久，放弃旧的体制，竞相制作繁杂的声音，应当加以约束禁止，力图保存本源。"万宝常听了太常所演奏的音乐，流下眼泪痛哭说："乐声凄厉淫乱，并且哀伤，天下不久就要灭亡了！"当时四海都处于兴盛太平的时期，听到他的话的人都以为不会这样；大业末年，他的话最终应验。万宝常生活贫苦又没有儿子，时间久了，竟然饿死。临终，万宝常把他所有的书都烧毁了，说："这些书有什么用处呢？"

起初，台、省、府、寺和各州都将官署的公钱放贷，收取利息，用来供给署内需要。工部尚书苏孝慈认为"官署出钱举贷，以获利息，烦扰百姓，败坏风气，应当全部予以禁止，并提供土地让人种植，将收获所得，作为官署所需"。隋文帝杨坚听从他的意见。六月，丁卯日（初四），隋文帝杨坚诏令"公卿以下都依照等级分给田地，不可自营生计，与百姓争利"。

秋季，七月，乙未日（初三），隋文帝杨坚任命邳公苏威为纳言。

起初，张宾历法通行的时候，广平的刘孝孙、冀州秀才刘焯，都说他的历法有缺点。张宾那时正得到隋文帝杨坚宠幸，刘晖附和他，一同说刘孝孙的坏话，以罢斥他。后来张宾去世，刘孝孙担任掖县县丞，放弃官职，来到京城，上奏这件事，隋文帝杨坚诏令将刘孝孙留任奉直太史曹，好几年都没有调整职务，刘孝孙于是抱着他的书，命弟子用车载着灵榇，来到宫阙之下，伏地恸哭，执法的人将他抓起来，禀奏隋文帝。隋文帝杨坚觉得十分讶异，去询问国子祭酒何妥，何妥说刘孝孙的历书很好。于是派人比较刘孝孙历法和张宾历法的优劣。直太史渤海人张胄玄与刘孝孙一起指出张宾历法的缺陷，不同的议论，纷纷而起，很长时间都不能决定。隋文帝杨坚让朝臣参与，一同核对日食的事情，杨素等人上奏："太史依照张宾历法一共上奏二十五次日食，大都没有应验，依照张胄玄所制定的历法，发生日食时间前后都猜中。刘孝孙所制定的历法，应验的也超过一半。"因此隋文帝杨坚引见刘孝孙、张胄玄等人，亲自加以奖励慰勉。刘孝孙请求先斩杀刘晖，才可以制定新历法，隋文帝杨坚不高兴，又罢斥了他。刘孝孙不久就去世了。

关中发生大旱，百姓闹饥荒，隋文帝杨坚派遣身边的人去察看百姓的饭食，发现豆屑中掺杂糠皮，便呈献给隋文帝看。隋文帝杨坚流着眼泪拿给群臣看，深深自责，为此差不多一年不食用酒肉。八月，辛未日（初九），隋文帝杨坚率领百姓到洛阳谋生，敕令侦察放哨的士兵不能随便驱赶百姓。饥饿的男女杂行在君主仪仗卫队之间，遇到扶着年老、带着幼小的百姓，就勒马避开，慰劳他们一番才离去；到了艰险的地方，看到有挑担子的，便命令身边的人扶助他们。

冬季，闰十月，甲寅日（二十三日），隋文帝杨坚诏令因为齐朝、梁朝、陈朝的宗祀已经废除很久，特令高仁英、萧琮、陈叔宝在四季修治祭祀，所需的器物，由主管官吏供给。陈叔宝跟随隋文帝登上邙山，侍奉饮酒，吟诗说："日月可以光大苍天的德行，山河可以壮丽皇上的居所；太平时无以为报，愿呈上东封泰山的奏章。"并且上表奏请封禅泰山。隋文帝杨坚下了优渥的诏令答谢他。后来有一天，陈叔宝又侍奉酒宴，等他离开，隋文帝杨坚看着他说："他的失败难道不是因为酒的缘故吗？何不将作诗所耗费的工夫，用来思考安定时局的事情！当贺若弼渡过京口的时候，他们的人曾经呈上密奏，报告军事紧急的事情，陈叔宝正在喝酒，竟然不加察看。高颎到达的那一天，看见密奏在床下，还没有打开封口。这实在是件很可笑的事情，大约是上天要灭亡他吧！从前苻坚征讨别的国家，征服之后，都使那些君王尊荣显贵，苻氏这种做法，不过是想博取名声罢了，全不知晓那是违背天意的，下令给国破家亡的君主官职，是违反天意呀！"

齐州刺史卢贲，因为闹饥荒却不准卖谷给百姓而犯法，被罢免官职。隋文帝杨坚后来又想授给他一个州，而卢贲应答诏命却不合隋文帝的旨意，又有抱怨的话，隋文帝杨坚大怒，因此不予任用。皇太子替他讲话说："这些人都有辅佐君命的功勋，虽然性情做法，轻躁险戾，但确实是不能加以舍弃的。"隋文帝杨坚说："我压制、委屈他，是保全他的性命。没有刘昉、郑译、卢贲、柳裘、皇甫绩等人，我不能得到这样尊崇的地位。但是这些都是反复无常的人，周宣帝的时候，凭借狡狯，而得到宠幸。等到周宣帝临死的时候，颜之仪等人请求让赵王辅佐朝政，他们这些人行使诡计，顾托于我。我要当政时，他们又想捣乱，所以刘昉密谋叛逆，郑译做出用巫蛊害人的事情。像卢贲这些人，都心怀不满。任用他们，他们不晓得满足，闲置他们，他们就充满怨恨；自己本来就很难令人信任，并不是我要闲置他。众人看到这样的情形，认为我苛待有功的臣子，事实却不是这样。"卢贲于是被废，死在家里。

晋王杨广带领百官上表，坚持请求封禅泰山。隋文帝命令牛弘制定礼节，完成以后，隋文帝杨坚看了，说："这件事非常重大，朕有什么德行可以承受呢？只是应当到东方巡视，顺便前往泰山祭祀罢了。"十二月，乙未日（初六），隋文帝杨坚的车驾莅临东方巡视。

隋文帝杨坚喜欢鬼神吉凶的小数术，上仪同三司萧吉呈上奏章说："甲寅（二十五日）、乙卯（二十六日），是天地相合的时期。今年是甲寅年，十一月辛酉日是初一，恰好冬至，明年是乙卯年，甲子（五月初七）那一天是夏至。冬至是阳气的开始，是前往南郊祭天的日子，即是天子的本命；夏至是阴气的开始，是祭祀地的时刻，即是皇后的本命。陛下的德行与苍天覆育万物相同，皇后的仁心与大地载养众生相同，因此天地阴阳二气都在这个时辰会合。"隋文帝杨坚听了十分高兴，赏赐他丝帛五百匹。萧吉是萧懿的孙子。员外散骑侍郎王劭说隋文帝的容貌有戴着干盾的形状，并指给群臣看。隋文帝杨坚十分高兴，拜他为著作郎。王劭前后几次呈上奏表，说隋文帝有接受天命的符信瑞征很多，又采撷民间的歌谣，引用图书谶纬，搜集佛经的说辞，改换文字，随意加以增饰诬造，撰成《皇隋灵感志》三十卷上奏，隋文帝杨坚下令宣告于天下。王劭召集各州派遣到京报告州政及岁计的使者，命他们洗手焚香阅读，声调抑扬顿挫，仿佛歌唱一样，诵读了十几天，完全诵完才作罢。隋文帝杨坚更为高兴，前后赏赐多次，十分优渥。

开皇十五年（乙卯，公元 595 年）

春季，正月，壬戌日（初三），隋文帝杨坚的车驾停留在齐州。庚午日（十一日），隋文帝杨坚在泰山设立祭坛，焚烧柴火，祭祀上天，因为年岁干旱，隋文帝杨坚谢罪请过，礼仪如同南方的郊祭。隋文帝杨坚又亲自祭祀青帝坛，大赦天下。

二月，丙辰日（二十七日），隋文帝杨坚下令收缴天下的兵器，倘若有人敢私自制造的，就坐法判罪，关中、边境地区不在这个限制之内。

三月，己未日（初一），隋文帝杨坚从东方巡狩回来。

仁寿宫修建完成，丁亥日（二十九日），隋文帝杨坚临幸仁寿宫。当时天气炎热，充役的丁夫许多死在道路上，接连不断，杨素下令将尸体全部焚烧灭迹，隋文帝杨坚听到了，很不高兴。隋文帝杨坚来到仁寿宫，看到宫殿非常壮观华丽，便十分生气地说："杨素竭尽人民的劳力建造离宫，使我与天下人结怨。"杨素听了，十分惶恐，担心遭到谴责，去告诉封德彝，封德彝说："您不要担心，等皇后到了，一定会有恩赐的诏令。"第二天，隋文帝杨坚果然召令杨素入宫面圣，独孤后嘉勉他说："您知晓我们夫妇年老，没有什么可以娱乐的，因而大力装饰这所宫殿，哪里不是忠孝的表现呢？"于是赏赐杨素一百万钱，锦绢三千匹。杨素自负尊贵，凭借才干，经常凌辱朝臣，只是赞赏并器重封德彝，常常请他来谈论宰相的职责，整日忘了疲倦，于是抚着坐床说："封郎必定会继承我这个座位。"杨素多次向隋文帝推荐封德彝，隋文帝杨坚遂提拔他为内史舍人。

夏季，四月，己丑朔日（初一），隋文帝杨坚下诏大赦天下。

六月，戊子日（初一），隋文帝杨坚诏令开凿底柱山。

庚寅日（初三），相州刺史豆卢通，进贡绫文布，隋文帝杨坚命令在朝堂焚毁。

秋季，七月，纳言苏威因跟随隋文帝去祭祀泰山不诚敬而获罪，被免官，不久又恢复职位。隋文帝杨坚告诉群臣说："世人说苏威装作清廉，家中堆满金玉，这是胡乱说的话。只是他性情凶残暴戾，不顺应人情，太过于追求声名，顺应自己的就喜欢，对抗自己的，就很愤怒，这是他的大毛病啊！"

戊寅日（二十二日），隋文帝杨坚从仁寿宫回来。

冬季，十月，戊子日（初三），隋文帝杨坚任命吏部尚书韦世康担任荆州总管。韦世康是韦洸的弟弟，沉静平和，谦逊宽容，在吏部十多年，时人都赞赏他清廉公平。经常有知足知止的心思，曾经告诉他的子弟说："俸禄哪里需要太多？防止过满，就应当退让；做官年岁不要等到年老，有病就应当辞官。"因此上表恳请退职。隋文帝杨坚不答应，命他镇守荆州。当时天下只有四个总管，并、扬、益、荆，由晋王、秦王、蜀王和韦世康担任，当时的人认为他非常尊荣。

十一月，辛酉日（初七），隋文帝杨坚临幸骊山洗温泉。

十二月，戊子日（初四），隋文帝杨坚下令："偷盗边境军粮一升以上的，一律斩首，并且籍录并没收他的财产。"

己丑日（初五），隋文帝杨坚诏令文武官吏满四年才改调。

汴州刺史令狐熙前来朝见，他的政绩经过考核，是天下最优秀的，隋文帝杨坚遂赏赐他丝帛三百匹，并颁令通告天下。令狐熙是令狐整的儿子。

开皇十六年（丙辰，公元 596 年）

春季，正月，丁亥日（正月无此日），隋文帝杨坚任命皇孙杨裕为平原王、杨筠为安成王、杨嶷为安平王、杨恪为襄城王、杨该为高阳王、杨韶为建安王、杨煚为颍川王，他们都是杨勇的儿子。

夏季，六月，甲午日（十三日），隋文帝杨坚初次下令从事工商的人不能做官。

秋季，八月，丙戌日（初六），隋文帝杨坚诏令："判决死罪的人，三次上奏，然后方能行刑。"

冬季，十月，己丑日（初十），隋文帝杨坚临幸长春宫；十一月，壬子日（初三），隋文帝杨坚回到长安。

党项人侵犯会州，隋文帝杨坚诏令发动陇西军队去讨伐、降服他们。

隋文帝杨坚将光化公主嫁给吐谷浑可汗世伏为妻；世伏可汗上奏表请求称呼公主为天后，隋文帝杨坚不答应。

开皇十七年（丁巳，公元 597 年）

春季，二月，癸未日（初六），太平公史万岁攻打南宁的羌人，并予讨平。起初，梁睿击败王谦的时候，西南地区夷、獠没有不归顺的，只有南宁州酋帅爨震倚仗地方远而不顺从。梁睿于是上奏疏，认为："南宁州是汉代牂柯郡，人口众多，物产丰富。梁朝南宁州刺史徐文盛被湘东王征调前往荆州，征讨侯景，那时陈朝还梗阻违命，没有空暇经营远方，当地人爨瓒因而窃据一方，朝廷遥授他史的官职，后来由他的儿子爨震承继，直到今天。但是爨震对为臣的礼数多有缺失，不缴纳贡赋，请求利用平定蜀地的军队，去平定南宁。"后来南宁的夷人爨玩前来归顺，拜为昆州刺史，不久爨玩又背叛。于是隋文帝杨坚任命左领军将军史万岁担任行军总管，带领军队讨伐他们，从蜻蛉川进入，抵达南中。夷人前后屯兵驻守险要之地，史万岁都将他们击败了；经过诸葛亮的纪功碑，渡过西洱河，进入渠滥川，行军一千多里，击败夷人十多部，俘获男女两万多人。所有的夷人都十分害怕，派使者请求归顺，献上一寸多宽的大明珠，并且刻石称颂隋朝的功德。史万岁请求带爨玩入朝，隋文帝杨坚下诏同意了。爨玩暗中有叛乱的心意，不想人前出丑，便用金银珍宝贿赂史万岁，史万岁因而舍下爨玩返回。

庚寅日（十三日），隋文帝杨坚临幸仁寿宫。

桂州俚人元帅李光仕叛乱，隋文帝杨坚派遣上柱国王世积与前任桂州总管周法尚去讨伐，周法尚调集岭南军队，王世积调集岭北军队，在尹州会合。王世积所率领的军队遇到瘴疠，无法前进，停留在衡州，周法尚独自去征讨。李光仕战败，带领强劲的军队逃往白石洞自保。周法尚俘获很多俚人家属，下令只要乱党有来投降的，就将妻子儿女还给他们，因此过了十天，共有几千人投降；李光仕的军队终于溃败逃走，周法尚便派军追赶斩杀他们。

隋文帝杨坚又派遣员外散骑侍郎何稠招募军队讨伐李光仕。何稠宣谕降服李光仕的党徒莫崇等人，承受制令，署命首领担任州县官吏。何稠是何妥的侄子。

隋文帝杨坚因为岭南的夷、越经常造反，因此任命汴州刺史令狐熙担任桂州总管十七州诸军事，允许他为了方便可以自行处理各种事宜，刺史以下的官职可以秉承制命，补授官职。令狐熙来到所统领的地方，大力扩大恩德威信，那些溪洞的元帅相互商量说："从前的总管都是用军队的威严，现在的总管却拿亲手书写的教令来晓谕我们，我们难道还要违抗吗？"因此相互带头来归顺。起初，岭南各州县横生梗阻，刺史、县令都不能前去就任官职，总是寄托总管府来处置政事，令狐熙全部遣散回去，替他们修筑城邑，设立学校，华夷全都大受感化。俚人的元帅宁猛力，在陈朝时就已经据守南海，隋朝因而安抚他，拜他为安州刺史。宁猛力凭借险要，骄傲不逊，未尝来参拜朝谒，令狐熙晓以恩信道义，宁猛力深受感动，来到总管府请求谒见，表示不敢做坏事。令狐熙上奏请求改安州为钦州。

隋文帝杨坚认为各地的部属官员不敬服他们的上司，事情很难办成，三月，丙辰日（三月无此日），隋文帝杨坚下诏令："所有相关官吏，在判定属官罪过时，如有法律太轻而情节严重的，允许在法律之外斟酌情况，加以判定。"于是上上下下全都驱使他们的部属，常常施用拷打，将残酷暴虐当作能干，把谨守法律当作懦弱。

隋文帝杨坚因为盗贼很多，下令盗取一钱以上的人都要处死弃市，有三个人一起盗取一个瓜，事情被发现，全都予以处死。因此行旅的人全都很晚才起床，很早就上床睡觉，全天下的人都畏惧不安。有几个人挟持执政的官员，告诉他说："我们哪里是求索财物呢？只是为冤死的人而来罢了。你替我奏报陛下：自古以来，经国立法，没有偷一钱就处斩的，你若不替我将话传给君王，我再来的时候，你们就不要想活命了。"隋文帝杨坚听了，便废止了这条法律。

隋文帝杨坚曾经乘怒气正盛的时候，想在六月杖杀人，大理少卿河东人赵绰竭力辩争说："盛夏季节，天地间万物正蓬勃生长，不可以在这个时节杀人。"隋文帝杨坚回答说："六月虽然是生长万物的季节，但此时一定会有雷霆；我效法天道来行事，有什么不可以的呢！"于是将要杀的人杀了。

大理掌固来旷上奏说大理官署的人判刑太宽，隋文帝杨坚认为来旷为人忠直，让他在每天朝参时，站在五品官员的行列，以示优遇。来旷又控告少卿赵绰随便免除囚犯的刑罚，隋文帝杨坚便派亲信的臣子去验看，结果没有滥免徒囚的事情，隋文帝杨坚十分生气，就下令要将来旷处死。赵绰力争，认为来旷不应当处死，隋文帝振衣起身入阁，表示不愿意再听他说话。赵绰便假托说："臣不再理会来旷的事情，是另有别的要事，还没有来得及奏报。"隋文帝杨坚于是下令带他入阁，赵绰再拜请罪说："臣有三个死罪：臣任职大理少卿，不能驾驭控制掌固，使来旷触犯国家法律，这是第一件。囚犯不应当死，臣不能够以死相争，使陛下不杀囚犯，这是第二件。臣本来没有别的事情，而乱说有事请求入见，这是第三件。"隋文帝杨坚听了，脸色缓和下来。碰巧独孤后坐在旁边，命令赏赐给赵绰两金杯的酒，连同金杯一起赏赐他。来旷因此被免除死罪，流放到广州。

萧摩诃的儿子萧世略在江南叛乱，萧摩诃应该牵连坐罪，隋文帝杨坚说："萧世略年龄还不满二十岁，能有什么作为呢？只是由于他是名将的儿子，被人逼迫罢了！"因此下诏赦免萧摩诃。赵绰力争，认为不可以这样做，隋文帝杨坚不肯改变心意，想让赵绰离去，以赦免萧摩诃，于是命令赵绰退朝回家吃饭。赵绰说："臣呈奏的狱案还没有结果，不敢退朝。"隋文帝杨坚说："大理，你就为朕特别宽恕萧摩诃吧！"因此命令身边的人释放萧摩诃。

刑部侍郎辛亶曾经身穿红色亵衣，习俗认为有利于官务；隋文帝杨坚认为这是厌胜巫蛊一类的事情，准备处死他。赵绰说："在法理上他不应当死，臣不敢接受诏命。"隋文帝杨坚很生气，说："卿怜惜辛亶，不怜惜自身吗？"下令带走赵绰，要将他斩了。赵绰说："陛下可以杀臣，但不可以杀辛宣。"到了朝堂，脱下外衣，将要杀他，隋文帝杨坚派人告诉他说："最终抉择如何？"赵绰回答说："执法专一，不敢吝惜死亡。"隋文帝杨坚振衣起身入内，过了许久，才释放他。第二天隋文帝杨坚向赵绰道歉，慰勉他，赏赐丝帛三百匹。

当时隋文帝杨坚禁止通行劣质钱币，有两个人在集市上，用劣质钱币交换好的钱币，负责巡察的武候抓住他们上奏，隋文帝杨坚命令全部斩杀。赵绰上前劝谏说："这两个人所犯的罪，应该处以刑杖，处死他们是不合法的。"隋文帝杨坚说："这不关你的事。"赵绰说："陛下不因为臣愚笨，将臣安置在掌管司法的机关，如今陛下想要随便胡乱杀人，怎么能说不关臣的事情呢？"隋文帝杨坚说："摇撼大树，摇不动的就应该退下。"赵绰回答说："臣希望感动君王的心，岂止摇动大树！"隋文帝杨坚又说："喝羹汤的人，汤太热就先放一放，天子的威仪，竟想打击它吗？"赵绰下拜，又向前移动，隋文帝杨坚诃骂他，赵绰也不肯退后，隋文帝杨坚于是入内。治书侍御史柳彧又再次上奏，殷切进谏，隋文帝杨坚才作罢。

隋文帝杨坚因为赵绰有忠诚正直的心，常常带他进入殿中，有时遇到皇上与皇后同坐一榻，就呼叫赵绰侍坐，谈论政治的得失，前后赏赐多的用万来计算。赵绰与大理卿薛胄同时都以公平仁恕著称，但薛胄断案依据情理，而赵绰谨守法令，都能够胜任职责。薛胄是薛端的儿子。

隋文帝杨坚晚年用法更加严峻，御史在正月元旦没有弹劾着衣佩剑不齐整的武官，隋文帝杨坚说："你是御史，却随意放纵不管这件事。"于是下令将他杀了；谏议大夫毛思祖诤谏，又被处死。将作寺丞由于征收麦秸较晚，武库令由于办公处所生长杂草，身边的人出使外地，有的接受州牧、县宰马鞭、鹦鹉等馈赠，隋文帝杨坚察觉了，都亲自督监斩杀他们。

隋文帝杨坚喜怒无常，不再依据法律，而是信任杨素。杨素又放任性情，不求公平。杨素与鸿胪少卿陈延有嫌隙，曾经路过蕃人的客馆，发现庭中有马屎，同时看到有许多仆人在地毡上赌博，便去告诉隋文帝。隋文帝杨坚大为生气，统典客令的鸿胪卿与参加赌博的人都用杖捶杀，并且捶打陈延，打得都快要死了。

隋文帝杨坚派亲卫大都督长安人屈突通前去陇西检校复核所有的畜牧成果，查得隐匿的马匹两万多匹，隋文帝杨坚大为生气，准备斩杀太仆卿慕容悉达与其他的监官一千五百人。屈突通进谏说："人命十分重要，陛下为什么要因为牲畜牧养的缘故杀害一千多人！臣胆敢以死请命。"隋文帝杨坚怒目看他。屈突通又叩头说："臣一个人该死，请陛下宽恕一千多人的性命。"隋文帝杨坚受了感动而觉悟，说："朕不明察，以至于到了这般地步，幸亏有卿忠言进谏。"于是悉达等人全都被减免死罪，又擢升屈突通为左武候将军。

上柱国彭公刘昶与隋文帝杨坚有旧情，隋文帝十分亲信他；他的儿子刘居士，恣意行侠，不遵守法令，多次犯罪，隋文帝杨坚因为刘昶的缘故，每次都宽恕了他。于是刘居士变得骄纵放肆，常常绑缚身体雄健的公卿子弟，将他们带到家里，把车轮挂在他们的脖子上，用棒捶击打，等到快要死了却能不屈服的，就称其为壮士，放开他而后与他结交。同党的一共有三百人，经常殴打路人，并加以侵掠欺侮，连公卿妃主也不敢跟他计较。后来有人控告刘居士有阴谋不轨的行为，隋文帝杨坚十分生气，便将他处死了。公卿子弟因为刘居士的罪行连坐而被除名的有许多人。

杨素、牛弘等人再次推荐张胄玄的历法。隋文帝杨坚命令杨素与学术数的人商量确定六十一件事，都是些长久难以弄懂的旧法，下令刘晖等人与张胄玄等人加以辨析。刘晖闭着嘴巴，丝毫不能回答；张胄玄通晓的有五十四件事，隋文帝杨坚于是授予张胄玄员外散骑侍郎兼太史令，赏赐丝帛千匹，并命他参酌制定新的历法。于是张胄玄的历法便最终完成。夏季，四月，戊寅日（初二），隋文帝杨坚诏令颁布新的历术。以前制定历法的刘晖等四人都被罢除官职。

秋季，七月，桂州人李世贤叛乱，隋文帝杨坚立即召集大臣商议去讨伐他。众将中有几个人请求前往，隋文帝杨坚没有答应，回头看着右武候大将军虞庆则说："你官居宰相，爵属上公，国家有反贼，竟没有讨伐的意思，是什么缘故呢？"虞庆则叩拜谢罪，特别恐惧，于是任命虞庆则担任桂州道行军总管，讨平寇乱。

秦王杨俊，年幼时仁慈宽厚，喜好佛教，曾经请求去当和尚，没有得到同意。等到担任并州总管，渐渐喜好奢靡豪侈，违越规制，极力装饰宫室。杨俊喜欢娶妻纳妾，他的妃子崔氏，是崔弘度的妹妹，性情善妒，有次在瓜里放进毒药，杨俊因此得了病，被调回京师。隋文帝杨坚因为杨俊骄奢放纵，丁亥日（十三日），罢免杨俊的官职，杨俊以王爷的身份闲居在家。崔妃因为毒害秦王，被废，赐死在家里。左武卫将军刘昇进谏说："秦王没有别的过错，只是浪费官府的钱财，修造房舍而已，臣认为可以宽恕他。"隋文帝杨坚说："法律是不可违反的。"杨素进谏说："秦王的过错，不应当到这地步，希望皇上详察。"隋文帝杨坚说："我是五个儿子的父亲，难道不是亿万人民的父亲吗？假如像你说的意思，为什么不另外制定天子儿子的法律呢？以周公的为人，尚且诛杀管、蔡，我的确远不如周公，怎么能破坏律法呢？"最后仍旧没有答应。

戊戌日（二十四日），突厥的突利可汗前来迎娶公主，隋文帝杨坚让他住在太常寺，让他学习六礼（指纳采、问名、纳吉、纳征、请期、亲迎），将宗室的女子安义公主嫁他为妻。隋文帝杨坚想离间都蓝，所以待他的礼数非常优厚，派遣太常卿牛弘、纳言苏威、民部尚书斛律孝卿相继担任使臣。

突利可汗原本住在北方，既然与安义公主结婚，长孙晟便游说他，让他带领部属向南迁徙，居住在度斤的旧镇，赏赐他十分优厚。都蓝生气地说："我是大可汗，反而比不上染干！"因此停止了朝贡，并多次来边境抢劫。突利可汗窥知都蓝可汗的意图，就派人奏报上闻，因此边境每次都预先作了防备。

九月，甲申日（十一日），隋文帝杨坚从仁寿宫回来。

何稠从岭南返回京城，宁猛力请求跟从何稠入朝，何稠看他病重，就送他返回钦州，与他相约说："八九月间，可以到京师相见。"何稠回到京城，上奏情形，隋文帝杨坚很不高兴。冬季，十月，宁猛力生病去世。隋文帝杨坚告诉何稠说："你前些时候不带宁猛力来，现在他竟然去世了。"何稠说："宁猛力与臣约定，倘若他死了，要派他儿子入朝侍奉。越人性情很刚直，他的儿子一定会前来。"宁猛力临死时，果然告诉他的儿子宁长真说："我与大使约定，不能失掉信用，你埋葬完我，应当立即上路。"宁长真继承父亲职位担任刺史，依照宁猛力的话入朝。隋文帝杨坚非常高兴地说："何稠对蛮夷特别讲信用，竟到了这地步！"

鲁公虞庆则征讨李世贤的时候，让他的内弟赵什住担任随府长史。赵什住私通虞庆则的小妾，担心事情泄露，于是宣称虞庆本意不想出征，隋文帝杨坚听了，赏赐的财物很少。虞庆则回去出兵，抵达潭州临桂岭，眺望观察山川的形势，说："这里确实险要坚固，加上足够的粮食，倘若得到合适的防守之人，那么别人就无法攻克了。"虞庆则派赵什住快骑前往京师奏报这件事，探看隋文帝的意思，没想到赵什住却趁机报告虞庆则阴谋造反，结果将虞庆则交给负责的官吏察验。十二月，壬子日（初十），虞庆则坐罪被处死，朝廷拜赵什住为柱国。

高丽王高汤听闻陈朝灭亡，十分害怕，于是训练部队，积存粮草，订了防守抵抗的计策。这一年，隋文帝杨坚颁下诏敕给高汤，责备他“虽然称藩归降，忠诚的心意却还没有尽到”。而且说：“你们那一地区，虽然地方狭窄，人口很少，现在假如黜免你的王位，也不能将位置虚悬在那里，不予理睬，最后还须另外选派官员，到那里去安抚你们的吏民。你倘若洗除杂念，改变行为，遵守典章，就是朕的好臣子，何必劳烦朕另外派遣有才智俊彦的人前去呢？你认为广阔的辽河，比起长江来怎么样呢？高丽的百姓，比起陈朝来又怎么样呢？朕倘若不存着包容化育的心怀，而指责你从前的过失，只需命令一名将军前去征讨，又何必花费这许多的力气呢？这样深切的指示晓谕，只为给你自新的机会罢了。”高汤得了玺书，特别惶恐，准备上表陈情谢罪。恰巧此时病死，由他的儿子高元继位，于是隋文帝杨坚派使者拜高元为上开府仪同三司，承袭爵位担任辽东公。高元奉上奏章道谢恩典，顺便请求封他为王，隋文帝杨坚同意了。

吐谷浑国内大乱，国人杀死世伏，拥立他的弟弟伏允为君主，接着派使者前来陈述废立的事情，并为专擅废立而向隋朝谢罪，而且请求依照旧例以公主嫁他为妻，隋文帝杨坚同意了。从此吐谷浑入朝纳贡，年年不断。

开皇十八年(戊午，公元 598 年)

春季，二月，甲辰日(初三)，隋文帝杨坚临幸仁寿宫。

高丽王高元带领靺鞨的士众一万多人侵略辽西，营州总管韦冲将他们击退。隋文帝听了十分生气，乙巳日(初四)，隋文帝杨坚任命汉王杨谅、王世积同时担任行军元帅，率领水陆军三十万人征讨高丽，任命尚书左仆射高颎担任汉王长史，周罗睺担任水军总管。

延帅史独孤陀，有位婢女名叫徐阿尼，事奉猫鬼，能让猫鬼杀人，说每次杀了人，死人家里的财物就暗中转移到养猫鬼人的家里。恰巧独孤后与杨素妻子郑氏都染上疾病，医生都说：“是猫鬼引起的疾病。”隋文帝杨坚因为独孤陀是皇后异母的弟弟，他的妻子是杨素异母的妹妹，因此认为这件事是独孤陀做的，便命令高颎等人一同审理，查出全部实情。隋文帝杨坚很生气，命令用牛车载着独孤陀夫妇，准备将他们赐死。独孤后三天不吃食物，替他们请求活命，说："独孤陀倘若败坏政事，伤害百姓，妾不敢替他说话，现在由于妾身的缘故犯罪，胆敢请求给他们生路。"独孤陀的弟弟司勋侍郎独孤整来到宫阙下请求隋文帝杨坚哀怜他们。于是免除独孤陀的死罪，夺去爵名，成为普通百姓，并让他的妻子杨氏去做尼姑。此前，有人告状说他的母亲被猫鬼杀死，隋文帝杨坚认为是妖妄无稽，很生气地遣放他回去。到了此时，才下令杀死那利用猫鬼杀人的人家。夏季，四月，辛亥日（十一日），隋文帝杨坚下诏说："畜养猫鬼、蛊毒、厌媚、野道的人家，都流放到边陲地区。"

六月，丙寅日（二十七日），隋文帝杨坚下诏令废黜高丽王高元的官爵。汉王杨谅的部队从临渝关出发，正赶上发生水灾，粮运不能接续，军中缺乏食物，又遇到疾病流行。周罗睺从东莱渡海前往平壤城，也遇到大风。船只多被吹走沉没。秋季，九月，己丑日（二十一日），军队返回，死了十分之八九。高丽王高元也很害怕惶恐，派使者前来谢罪，上表章自称"辽东贱恶如粪土的臣子高元"，隋文帝杨坚因此停止进兵，对待他和从前一样。

百济王馀昌派使者奉上表章，请求担任军队的前导，隋文帝杨坚下令晓谕他，由于"高丽认罪，朕已宽恕他们，不再加以征讨"。因此厚待百济使者，并遣放回去。高丽后来知晓这件事，派出军队去侵略掠夺百济边境。

辛卯日（二十三日），隋文帝杨坚从仁寿宫回来。

冬季，十一月，癸未日（十六日），隋文帝杨坚在南郊祭祀。

十二月，隋文帝杨坚从京师到仁寿宫，设置十二所行宫。

南宁夷爨玩又叛乱。蜀王杨秀上奏"史万岁收受贿赂，纵放贼兵，所以产生边疆的祸患"。隋文帝杨坚责备史万岁，史万岁抵赖，不肯承认，隋文帝杨坚很生气，下令要杀死他。高颎与左卫大将军元旻等人坚持请求说："史万岁雄才大略超过一般人，将士乐意为他效命，就算是古代的名将，也不能超过他。”隋文帝杨坚的怒意稍为宽解，因此废掉他的爵名，成为普通百姓。

开皇十九年(己未，公元599年)

春季，正月，癸酉日(初七)，隋文帝杨坚大赦天下。

二月，甲寅日(十九日)，隋文帝杨坚临幸仁寿宫。

突厥的突利可汗通过长孙晟上奏说都蓝可汗制造攻城工具，想要进攻大同城。隋文帝杨坚下令让汉王杨谅担任元帅，尚书左仆射高颎从朔州道出兵，右仆射杨素从灵州道出兵，上柱国燕荣从幽州道出兵，去攻打都蓝可汗，一律接受汉王的调度节制，但是汉王自始至终没有亲临军阵。

都蓝可汗听闻这个消息，与达头可汗缔结同盟，联合兵力袭击突利可汗，在长城下展开大战，突利可汗大败。都蓝可汗将他的兄弟、子侄全都杀了，于是渡过黄河进入蔚州。突利可汗的部队被迫离散逃亡，在夜里，他与长孙晟带领五名骑兵向南逃走，等到天明，跑了一百多里，找回数百名骑兵。突利可汗与他的属下商议说：“现在打了败仗，而投奔朝廷，只是一名投降的人罢了，大隋天子怎么会礼遇我呢？玷厥虽然来进攻我，但是我与他们本来没有冤仇，假如前往投靠他，必定会设法安顿我们。”长孙晟知晓了这一情况，便暗中派遣使者进入伏远镇，命他们赶快举烽火。突利可汗看到四个烽火都举发，就询问长孙晟，长孙晟蒙骗他说：“城墙很高，地势旷远，一定是从很远的地方就看到贼兵来了。我们大隋的法令是这样的：假如贼兵少，只举起两个烽火；如果来得很多，就举起三个烽火；大军逼近，则举起四个烽火。这是他们看见贼兵很多且又靠近了呀！”突利可汗非常害怕，告诉他的部属说：“追兵已经逼近了，只能进入城里。”在进入城镇以后，长孙晟留下突利可汗的高级官吏领导他的部属，自己带领突利可汗快车入朝。夏季，四月，丁酉日(初二)，突利可汗到了长安。隋文帝杨坚特别高兴，任命长孙晟担任左勋卫骠骑将军，持拿符节监护突厥。

隋文帝杨坚命令突利可汗与都蓝可汗的使者因头特勒相互辩难诘问，突利可汗的言辞爽直，隋文帝杨坚因此很厚待他。都蓝可汗的弟弟郁速六抛弃他的妻子儿女，与突利可汗归顺朝廷，隋文帝杨坚嘉勉他，派突利可汗送他许多珍珠宝贝，来抚慰他的心意。

高颍派上柱国赵仲卿率领三千军士作为前锋，到了族蠡山，与突厥人相遇，交战七天，大败突厥。又追击逃敌直到乞伏泊，再次击败突厥兵，共俘获一千多人及数以万计的牲畜。突厥人又大举进犯，赵仲卿摆开方阵，四面抵抗作战，一共交战了五天。适逢高颎大军到达，一同攻击敌人，突厥人战败逃跑，追击到白道，翻过秦山七百多里才返回。杨素的军队则与达头相遇。此前诸将和突厥人作战，害怕他们的骑兵急驰来犯，都将兵车和步将掺杂在一起，布设成像鹿角一样的方形阵势，让骑兵留在里面。杨素说："这是自保的办法，不能够取得胜利。"于是完全废除陈旧的阵法，下令各军摆出骑兵的阵势。达头听了，十分高兴地说："这是上天赏赐给我的时机呀！"于是下马仰天叩拜，带领骑兵十多万直奔向前。上仪同三司周罗睺说："贼军的阵势还没有齐整，请下令进攻。"于是周罗睺率领精良的骑兵迎战，杨素率领大军跟随其后，突厥人大败，达头可汗身受重伤逃跑，被杀伤的人难以计数，达头的部属都哭号着逃走。

六月，丁酉日（初三），隋文帝杨坚任命豫章王杨暕担任内史令。

宜阳公王世积担任凉州总管，他的亲信安定人皇甫孝谐犯罪，官吏缉捕他，皇甫孝谐便逃到王世积那里，王世积没有接纳他。皇甫孝谐因而被配隶军伍，防守桂州，因此上书禀告王世积叛变，说："王世积曾经让道士给他看相，算他显贵不显贵，道士答复说：'您应该会是一国的君主，又将要到凉州。'他的亲信告诉他说：'河西是天下兵力精良的地方，能够图谋大事。'王世积说：'凉州土地辽阔，人口稀少，不是能够用武的地方'。"于是王世积坐罪被杀，任命皇甫孝谐为上大将军。

独孤后生性善妒，后宫没人敢亲近天子，接受御幸。尉迟迥的孙女，有美丽的容貌，先前被籍没而配入宫中，后来隋文帝杨坚在仁寿宫见了，十分喜欢，因而得到宠幸。独孤皇后却伺机在隋文帝听朝的时候，暗中将她杀了。隋文帝杨坚因此大发脾气，一个人骑马从宫苑中跑出去，不沿着道路，随意乱走，走到山谷中二十多里的地方。高颎、杨素等人追上隋文帝，拦住马头苦苦诤谏。隋文帝杨坚叹息说："我贵为天子，不得自由！"高颎说："陛下怎么能够因为一个妇人而轻弃天下！"隋文帝杨坚的心意稍稍宽解，停马良久，半夜才返回宫里。独孤皇后在内阁等候隋文帝，等到隋文帝回来了，独孤皇后流泪跪拜谢罪，高颎、杨素等人从中调解劝说，于是摆设酒宴，极尽欢娱。此前，独孤皇后因为高颎是父亲家中的常客，对他非常亲善礼遇，这时，听闻高颎说自己是一名妇人，于是衔恨在心。

当时太子杨勇失去隋文帝的宠爱，隋文帝暗中有将杨勇废黜而另立的心意，于是独孤皇后很和气地告诉高颎说："有神明告诉晋王的王妃，说晋王一定会拥有天下，你怎么看？"高颎跪拜说："长幼有秩序，怎么能够废除呢？"独孤后知道不能改变高颎的心意，便想要暗中除掉他。

恰巧隋文帝杨坚下令选拔东宫的卫士进到宫禁与省台，高颎上奏说："假如全部取用强壮的，担心东宫的宿卫就太弱了。"隋文帝杨坚变了脸色说："我经常要进出，宿卫一定是要骁勇强悍的。太子在东宫砥砺德行，身边的人何必要壮士呢？这是最有弊端的制度。依照我的意思，经常在交接番代的时候，分一部分士兵去宿卫东宫，使上台与东宫的卫士，没有什么分别，难道不是很好的事情吗？我很清楚前代有关此事的利弊，您不必坚持仍旧沿袭旧制。"高颎的儿子高表仁，娶了太子的女儿，因此隋文帝杨坚用这些话来警戒他。

高颎的夫人死了，独孤后告诉隋文帝杨坚说："高仆射年纪老了，又死了夫人，陛下怎么能不替他再娶一个？"隋文帝杨坚将皇后的话告诉高颎。高颎流着泪道谢说："臣如今已经老了，退朝之后，只有斋戒而居，诵读佛经而已，虽然承蒙陛下垂怜，只是纳妾这件事，却不是微臣所愿意的。”隋文帝杨坚因此作罢。后来高颎的爱妾生了男孩儿，隋文帝杨坚听了，极为欣喜，皇后却十分不高兴。隋文帝杨坚问她原因，皇后说：“陛下还能信任高颎吗？之前，陛下想为高颎再娶，高颎说他心里顾念爱妾，当面欺骗陛下。现在他的欺诈已经显露出来了，怎么可以信任他呢？”隋文帝杨坚因此疏远高颎。

隋文帝杨坚攻打高丽的战役，高颎坚决进谏，不被采纳，等到军队无功而返，独孤皇后便告诉隋文帝杨坚说：“高颎当初不愿出征，陛下强迫派遣他去，妾本来就知道他是不会有成果的。”同时，隋文帝杨坚认为汉王杨谅年纪小，将军事全部委任高颎处理，高颎因为责任十分深重，时常怀着至公的心意办事，没有自避嫌疑的心思，因此杨谅所说的话多不被采纳。这使杨谅非常衔恨，等到回来之后，哭着告诉皇后说：“儿很侥幸没有被高颎杀死。”隋文帝杨坚听了，心里更加不快。

等到进攻突厥时，高颎从白道出发，计划进军深入大漠，于是派使者向朝廷请求增援兵力，近幸的臣子却因而说高颎想要谋反。隋文帝杨坚没有回答，而高颎却已击败突厥回来了。等到王世积被杀，在拷问审查的时候，牵涉有宫禁中的事情，说是在高颎那里听说的，令隋文帝杨坚大为惊讶，负责的官吏又上奏“高颎与左右卫大将军元旻、元胄，都与王世积有联络，接受了他赠送的名马”。元旻、元胄都获罪免官。上柱国贺若弼、吴州总管宇文弼、刑部尚书薛胄、民部尚书斛律孝卿、兵部尚书柳述等人申明高颎没有罪过，隋文帝杨坚更加生气，将他们全部下狱，从此朝中大臣没有人再敢讲话。秋季，八月，癸卯日（初十），高颎坐罪被免除上柱国、左仆射的官职，以齐公的身份回家养老。

没过多久，隋文帝杨坚临幸秦王杨俊的宅第，召令高颎陪侍酒宴。高颎不免嗟叹，非常悲伤，独孤后也面对着他哭泣。隋文帝杨坚告诉高颎说：“朕没有对不起你，是你自己对不起自己。”于是隋文帝杨坚告诉侍臣说：“我对高颎，超过对自己的儿子，有时虽然没有见到他，却仿佛常在眼前一样。自从他被解除官职，便淡忘模糊，如同本来就没有高颎一般。人臣不可以使自身要挟到君王，说自己是天下第一。”

不久，高颎的国令上奏高颎隐秘的事情，说他的儿子高表仁告诉高颎说：“司马仲达起先称病不上朝，于是拥有了天下。您今天遇到这件事，怎么知晓不是福分呢？”隋文帝杨坚因此大怒，将高颎囚禁在内史令省进行审问。法司又上奏和尚真觉曾经告诉高颎说：“明年，国家将有大的丧事。”尼姑令晖又说：“开皇十七年、十八年，陛下有大的厄运，十九年是过不了的。”隋文帝杨坚听了更生气，回头告诉群臣说：“帝王哪里是可以用蛮力求得的呢？孔子凭借大圣的才华，尚且不能够得到天下。高颎与他儿子说的话，将自己比为晋帝，这是什么心理呢？”掌法的官吏请求将他杀了。隋文帝杨坚说：“去年处死虞庆则，今年处死王世积，假如再杀高颎，天下会怎样说我呢？”因此削除高颎的爵名，成为普通百姓。

高颎担任尚书仆射时，他的母亲告诫他说：“你的富贵已经达到极点，只剩下一件砍头的事情罢了，你要谨慎啊！”高颎因此经常担心发生灾祸变故。到了这个时候，心中反而高兴，没有怨恨的神色。此前，国子祭酒元善告诉隋文帝杨坚说：“杨素为人疏忽粗略，苏威个性懦弱胆怯，元胄、元旻好比鸭子一样，随波上下，缺少主见。可以托付国家的，只有高颎罢了。”隋文帝杨坚起初同意他的话。等到高颎获罪，隋文帝杨坚深深地责备他，元善忧心畏惧而死。

九月，隋文帝杨坚任命太常卿牛弘担任吏部尚书。牛弘选任人才，先求德行，然后再看文才，务求谨慎持重，虽然使得进用人才的速度迟缓下来，但是经他选用的人，多半可以胜任职务。吏部侍郎高孝基鉴别人才，明晤机警，清平谨慎，超过一般人，只是豪爽清俊有余，而行迹却稍嫌轻薄，当时执政的人多因此而猜疑他；只有牛弘深深了解他的真情，推心置腹，委以重任。隋朝所选用的真正人才，以这时最多，当时的舆论都很佩服牛弘器度识见的高远。

冬季，十月，甲午日（初二），隋文帝杨坚任命突厥突利可汗为意利珍豆启民可汗，汉语的意思是“心智康健”。突厥归顺到启民的男女有一万多人，隋文帝杨坚命令长孙晟率领五万人到朔州，修建大利城，用来安置他们。当时安义公主已经过世，又派长孙晟持节送宗室的女子义成公主嫁给突利可汗为妻。

长孙晟上奏：“染干的部落，归降的人越来越多，虽然在长城以内，仍旧被雍虞闾抄袭掳掠，无法安居。请求迁徙到五原，凭借黄河做险固的屏障，在夏、胜两州之间，东西以黄河河曲为界，南北相距四百里，挖成横的沟堑，命令他们居处在这个范围之内，使他们能够随便畜养牲畜。”隋文帝杨坚听从了他的意见。

隋文帝杨坚又命令上柱国赵仲卿屯驻军队两万人替启民防备达头可汗，代州总管韩洪等人率领一万步、骑兵镇守恒安。达头可汗十万骑兵来侵，韩洪的军队战败。赵仲卿从乐宁镇出兵迎击，杀死一千多人。

隋文帝杨坚派遣越公杨素从灵州出兵，行军总管韩僧寿从庆州出兵，太平公史万岁从燕州出兵，大将军武威人姚辩从河州出兵，攻打都蓝可汗。部队还没有离开关塞，十二月，乙未日（初四），都蓝可汗被部下所杀，达头可汗自立为步迦可汗，使得国内大乱。长孙晟告诉隋文帝说：“现在官军抵达边境，立了好几次战功，敌人内部本身已经分崩离析，而他们的君主也被杀死，假如利用这个机会去招抚他们，一定可以让他们全部投降。请求派遣染干的属下，分路去招降抚慰。”隋文帝杨坚听从了他的意见。投降的人果然很多。

资治通鉴卷第一百七十九　隋纪三

起庚申(公元600年),止癸亥(公元603年),共四年。

【题解】本卷记录了公元600年至603年共四年间的史事。当时正值隋文帝开皇二十年至仁寿三年。这一时期是隋文帝杨坚执政从开明到昏庸的一个转折期,最大的事件就是废太子一事。太子杨勇没有什么大恶之事,本不至于废黜,并且他能友爱兄弟,性格宽厚,直率坦诚,没有伪饰虚娇的行为,没有嫉恨报复之心,他的过错远远小于后立的太子杨广。本卷对隋文帝杨坚废掉太子杨勇而改立太子杨广这一人为大冤案做了详细记载,主要围绕隋朝太子的更替而进行。

高祖文皇帝中

开皇二十年(庚申,公元600年)

春季,二月,熙州人李英林造反。三月,辛卯日(初二),隋文帝杨坚任命扬州总管司马河内人张衡担任行军总管,带领步、骑兵五万人,平定了叛乱。

贺若弼又因犯罪被判下狱,隋文帝杨坚责备他说:"你有三个方面太猛烈了:妒忌的心太猛烈、自以为是与抨击别人的心太猛烈、目中无君的心太猛烈。"不久,将他放了。有一天,隋文帝杨坚告诉侍臣说:"贺若弼在征讨陈国时,告诉高颎说:'陈叔宝是可以将他讨平的,但能够不遭到鸟尽弓藏的下场吗?'高颎说:'必定不会如此。'等到讨平陈国,急着索求内史的职位,又索求仆射的职位。我告诉高颎说:'功臣只应当授予上柱国等勋官,不可以干预朝政。'贺若弼后来告诉高颎说:'皇太子对我,十分亲密,即使特别私密的事,也无话不谈。您将来怎么知道不会依靠我的力量呢?为什么有话却不说呢?'他一心想谋取广陵，又想谋取荆州，这些都是犯上作乱的地方，他的心思是始终没有改变的。”

夏季，四月，壬戌日(初四)，突厥达头可汗进犯边塞，隋文帝杨坚下诏命令晋王杨广、杨素从灵武道出兵，汉王杨谅、史万岁从马邑道出兵，攻击突厥。

长孙晟带领投降的人做了秦州的行军总管，接受晋王的调度节制。长孙晟因为突厥人习惯喝泉水，容易下毒，所以拿了许多毒药放入水的上流，突厥人与牲畜喝了水以后，死亡很多，因此大惊说：“上天降下毒水，难道是想要灭亡我们突厥人吗?”于是在夜里逃跑了。长孙晟加以追击，杀死一千多人。

史万岁离开关塞，抵达大斤山，与敌人相遇。达头可汗派使者问：“大隋的将领是谁?”侦候的骑兵回报：“是史万岁。”突厥又问：“莫非是那位戍守敦煌的将军?”侦候的骑兵说：“是啊!”达头可汗害怕地率军离去。史万岁快骑追击一百多里，出兵攻打，大败他们，杀死了几千人；又向北追击，进入大漠几百里，等到敌人逃到很远的地方才返回。隋文帝杨坚下令派遣长孙晟再回到大利城，安抚新归降的人。

达头可汗又派遣他的侄子俟利伐从大漠的东边进攻启民，隋文帝杨坚便又出兵协助启民防守重要的路径，于是俟利伐退军进入大漠。启民上奏章陈述谢意说：“大隋的圣明皇帝，体恤顾念百姓，如同天无不覆照、地无不载承一样。染干好比枯萎的树更换了新叶，枯干的骨头再长了新肉，千世万代，常替大隋掌管畜牧羊马的事情。”隋文帝杨坚又派赵仲卿为启民修筑金河、定襄二城。

秦孝王杨俊久病无法起床，派遣使者奉上奏表，陈情谢罪。隋文帝杨坚告诉他的使者说：“我努力开创这个基业，制作典章，垂示模范，希望大臣遵循；你是我的儿子，却想要毁坏它，不晓得要怎样责备你才好。”杨俊害怕羞愧，病情变得更重，最终朝廷又拜杨俊为上柱国；六月，丁丑日(二十日)，杨俊过世。隋文帝杨坚伤心地哭了几声。杨俊所玩乐的奢侈华丽的东西，全都命令焚毁。王府幕僚的官员请求立碑，隋文帝杨坚说："想要求得声名，有一卷史书就足够了，何必要有石碑呢？假如子孙不能保有家业，只是为别人做镇石而已。"杨俊的儿子杨浩，是崔妃所生；庶子名叫杨湛。群臣迎合隋文帝杨坚的旨意，奏言："汉朝栗姬的儿子刘荣、郭后的儿子刘强，都跟着母亲被废除，现在秦王的两个儿子，母亲各自有罪，不应当承继嗣位。"隋文帝杨坚听从他们的意见，派遣秦王府的官吏担任丧主。

起初，隋文帝杨坚派太子杨勇参与决定军务、朝政大事，经常有增减修正的意见，隋文帝杨坚全都采纳了。杨勇性格宽厚，直率坦诚，没有伪饰虚矫的行为。隋文帝杨坚生性节俭，杨勇曾经将蜀人制作的精美铠甲又加文饰，隋文帝杨坚看了很不高兴，告诫他说："自古以来的帝王，没有喜好奢侈而能久长的。你是储君，应该以俭约为先务，才能承嗣宗庙。我以前的衣服，各留下一件，常常拿出来看，用来自我警惕。担心你以今天皇太子的心，忘记以前的事，因此赏赐给你我旧时的佩刀一把，以及腌菜、豆酱一罐，这是你以前做上士时常吃的东西。假如你记得以前的事，应当知道我的心意。"

后来遇到冬至节，百官都前往杨勇那里，杨勇设乐接受道贺。隋文帝杨坚知道了，问朝臣说："最近听闻在冬至那一天，朝廷内外大臣相互带头去朝谒东宫，这是什么礼数呢？"太常少卿辛亶回复说："在东宫，是道贺，不能说是朝见。"隋文帝杨坚说："道贺的意思，应当是三五人或数十人，随意各自前往，怎么由有关的官员征令，同时齐聚呢？况且太子穿法服，摆设音乐，来款待大家，这可以吗？"因此隋文帝杨坚下诏令说："礼仪有等级的差别，君臣是不能够杂乱的。皇太子虽然居于上位，在关系上，仍兼有臣子的身份，朝廷内外的大臣，在冬至前去朝贺，献出各地所产，作为贡品，分别送往东宫，这种事情不合乎典制，应当全部停止断绝。"从此隋文帝杨坚对太子的恩宠便开始衰减，逐渐产生了猜忌的心理。

杨勇内宫里有许多受宠爱的女子，昭训云氏尤其得到宠幸。他的妃子元氏得不到恩宠，染患心病，两天就死了，独孤后认为有别的原因，便严厉责备杨勇。从此云昭训专管内政，生了长宁王杨俨、平原王杨裕、安成王杨筠；高良娣生了安平王杨嶷、襄城王杨恪；王良媛生了高阳王杨该、建安王杨韶；成姬生了颍川王杨煚；另有宫女生了杨孝实、杨孝范。独孤皇后更加不高兴，常常派人窥伺察看，查找杨勇的过失。

晋王杨广更加小心地伪装自己以求掩饰，只与萧妃生活一处，后宫有了小孩都不抚养，独孤皇后因此好几次称赞杨广贤德。凡是当政的大臣，杨广都全心全意地与他们交往。隋文帝杨坚与独孤皇后每次派遣身边的人到杨广的地方，不分贵贱，杨广一定与萧妃在门口迎候招待，为他们准备精美的食物，并赠送丰厚的礼物。来往的婢仆，没有一个不夸赞他的仁德与孝心。隋文帝杨坚和独孤皇后曾经临幸他的宅第，杨广将美丽的女子全都屏退，藏匿在别的房中，只留下又老又丑的，穿着朴素无华的丝织品，在左右侍候；屏帐改为白色的丝绢；故意割断乐器的弦索，不让人擦去尘埃。隋文帝杨坚见了，认为他不好声乐女色，回到宫里，告诉侍臣，心里非常喜欢，侍臣全都称赞道贺，因此隋文帝杨坚特别宠爱他，和对待其他的儿子不一样。

隋文帝杨坚暗中命令会看相的人前来给所有的儿子都看了相，回答说："晋王眉上两个头骨高起，十分尊贵。"隋文帝杨坚又问上仪同三司韦鼎说："在我的几个儿子中，谁能承继帝位呢？"韦鼎回答说："至尊与皇后最喜欢的人，可以给他承继帝位，这不是微臣敢预先测知的。"隋文帝杨坚笑着说："卿不肯明说吗？"

晋王杨广的姿容仪态十分优美，赋性聪慧，深沉稳重，喜欢求学，擅长作文，能恭敬地对待朝臣士人，执礼极为谦下。因而声名很盛，为诸王第一。

杨广担任扬州总管，上了朝，将要返回镇所，便进入内宫向独孤皇后辞行，伏在地上流泪，独孤皇后也伤心地流泪了。

杨广说："臣的禀赋才识，愚昧卑下，常谨守平时兄弟的情意，不知什么事情使太子不喜欢我，经常存有很大的怒气，想要诬陷加害我。我常担心谗言谮诬，如同曾子的母亲连续听说曾子杀人，便动摇了信念，投杼逾墙而走一般，使我在杯酒中不知不觉间遭遇毒害，因而忧劳挂念，生怕陷入危亡的境地。"独孤皇后生气地说："睍地伐（杨勇小字）渐渐使人无法忍受，我为他娶元氏的女子，他竟然不以夫妇的礼数对待她，单单宠爱阿云，以致生了许多的小孩。从前新娶的妇人遭到毒害而死，我也没有深入追查，为什么又在你的身上动这种念头呢！我在的时候，尚且这样，我死了以后，要将你当鱼肉吃掉吗？每次想到太子竟然没有嫡生的长子，皇上去世以后，要你们兄弟在阿云的儿子面前，行再拜礼问候，这是多么令人痛苦的事情啊！"杨广再拜，伤心哭泣而不能自持，独孤皇后也十分悲伤。从此独孤皇后便决心要废掉杨勇，册立杨广了。

杨广与安州总管宇文述平时非常友好，想使宇文述接近自己，便奏请让他担任寿州刺史。杨广尤其亲近信任总管司马张衡，张衡为杨广谋划夺取宗子地位的计策。杨广向宇文述询问计策，宇文述说："皇太子失掉宠爱已经很久了，他的美德，天下无人知道。而大王以仁心孝行出名，能力才华，冠盖世人，多次带领军队，立下不少大功。皇上与皇后，都十分喜欢你，四海的声望，确实已经归向大王。但是废立太子，是国家大事，我处在别人父子骨肉之间，确实不容易计谋。可以改变皇上心意的，只有杨素，而杨素所能商量的人，只有他的弟弟杨约一个人。我非常了解杨约，请让我前往京师，与杨约见面，一起商量。"杨广特别高兴，送他许多金宝，作为入关的花费。

杨约当时任大理少卿，杨素凡是要有所作为，都先与杨约商量，然后才做。宇文述邀请杨约，陈列了许多器玩，与他一起畅饮，和他一同赌博，每次都假装不能赢他，将所带的金宝全都输给杨约。杨约所得已经很多，非常感谢宇文述，宇文述趁机说："这是晋王的恩赐，命令我与您一起欢乐的呀！"杨约大吃一惊说："为什么要这样做呢?”于是宇文述转达杨广的意思，告诉他说：“坚守正道，固然是人臣常要做的事情；违背常规，而不失义理，也是通达权变者的好谋略。自古以来的贤人君子，没有不是跟随时机消长，来逃避祸患的。您的兄弟，功名超过世人，位居要职，执掌政事已经很多年，朝廷大臣被你府上所屈辱的，能计算得清楚吗?同时，皇太子由于所要求的每每做不成，便经常痛恨执政的人；您虽然自己结纳陛下，可是想要伤害您的人本来就很多，陛下一旦驾崩，抛下群臣，您又用什么来庇护呢?现在皇太子失去独孤皇后的宠爱，陛下也一直有废掉他的心思，这是您所知晓的。现在能否请求册立晋王，就在你哥哥的言语上了。倘若真的能够利用这个时机建立大功，晋王必定会永远记在心里，那么就能够免除累卵一般的危险，而成就泰山的安定了。”杨约认为说得正确，因此去告诉杨素。杨素听了，十分高兴，拍着手掌说：“我的智慧谋略，还没想到要废立太子的事情，幸亏你来提醒我。”杨约知晓他的计谋达成，又告诉杨素说：“现在独孤皇后说的话，陛下没有不听的，应当利用机会早一点结纳托附，就能永保荣华福禄，将禄位传给子孙。哥哥倘若犹豫，一旦发生变化，让太子执掌大权，恐怕不久就要遭祸了。”杨素采纳了他的意见。

过了几天，杨素入侍酒宴，不经意地夸赞说：“晋王孝敬友悌，节俭恭敬，有些像陛下。”借此揣摩独孤皇后的心意。独孤皇后哭着说：“您说的话很对，我的儿子十分孝敬友爱，每次听到陛下和我派遣内使到达，必定到边境迎接；内使说要告别返回，没有不哭泣的。还有他新娶的媳妇，也十分可爱，我派婢女前往，新妇常与她们同寝共食。哪里像睍地伐与阿云相对坐着，整天酣饮宴乐，亲信小人，猜忌自己的父子兄弟。我更加怜爱阿麽(杨广小字)的原因，是常常担心睍地伐会暗杀他啊!”杨素既然明白皇后的心意，便说了许多太子不成才的事情。独孤皇后于是馈赠杨素金子，让他辅助陛下，废立太子。

杨勇知晓一些他们的计谋，忧虑恐惧，没有什么计策可以想得出来，便让新丰人王辅贤造设许多咒诅，用来镇伏。又将后面的园子建成庶人村，房子盖得十分简陋，杨勇经常在这里面休息睡觉，穿粗布衣服，坐草编的褥席，希望以此抵挡流言。隋文帝杨坚知道杨勇自感不安，在仁寿宫，派杨素观察杨勇的行为。杨素来到东宫，只坐下休息，而不进入内室，杨勇衣冠整齐地等候，杨素故意很长时间不进去，来激怒杨勇，杨勇怀恨在心，便表现在脸色语言上面。杨素于是回奏说："杨勇有怨恨的心思，担心会有其他变故，希望要深加提防观察。"隋文帝杨坚听到杨素的诬罔毁谤，非常疑心。而独孤皇后又派人监视东宫，连极小的事情也都上奏给隋文帝杨坚知道，而且加以诬罔增饰，来构成太子的罪状。

隋文帝杨坚于是疏远并猜忌杨勇，并且在玄武门到至德门中间，酌量安排侦候的人，来窥伺太子的动静，有事时，便立即奏报上闻。又下令在东宫担任宿卫的人，凡是侍官以上的，姓名簿籍全都改为隶属各个徇府，有雄健勇壮的，全部调走。并且外放左卫率苏孝慈为淅州刺史，于是杨勇更加不高兴。太史令袁充告诉隋文帝杨坚说："臣观看天象，应该废掉皇太子。"隋文帝杨坚说："天上的气象已经出现很久，群臣不敢说明罢了。"袁充是袁君正的儿子。

晋王杨广又下令督王府军事姑臧人段达，私下贿赂太子宠幸的臣子姬威，让他窥伺太子动静，暗中禀告杨素。因此朝廷内外喧闹谤毁，有关太子的过错，天天都能够听到。段达于是逼迫姬威说："太子的过错，陛下都知道了。已经接到秘密的诏令，决定要废掉太子，你能揭发太子的罪过，就能够大富大贵。"姬威应允，就上奏书告发太子。

秋季，九月，壬子日(二十六日)，隋文帝杨坚从仁寿宫返回。第二天，隋文帝杨坚御临大兴殿，告诉侍臣说："我刚刚回到京师，应当敞开胸怀欢乐才对，却不知晓什么原因反而悒悒愁苦?"吏部尚书牛弘回复说："臣等没有尽到职责，所以使陛下忧心劳苦。"隋文帝杨坚已经多次听到对太子的诬罔谤毁，推想朝臣都已经知道了，因此在众人中发问，希望听到太子的过错。牛弘的答复没有迎合旨意，隋文帝杨坚因此变了脸色，告诉东宫的官员说：“仁寿宫距离这里没有多远，而让我每次返回京师，都要严密准备军队护卫，仿佛进入敌国一样。我由于得了下痢，没有解衣服睡觉。昨天晚上想去厕所，原本在后房，担心有紧急的事发生，因此又转移到前殿，难道不是你们这些人想要搞垮我的国家吗？”所以抓住太子左庶子唐令则等几位官员交给司法官吏查问。隋文帝杨坚命令杨素陈述东宫的种种事情，说给亲近的大臣听。

杨素于是对众位大臣公开说：“臣奉敕令前往长安，命令皇太子追查刘居士的余党。太子接到敕令，就脸色大变，奋眉厉目，全身骨骼颤动，告诉臣说：‘刘居士的党羽全都受到制裁，让我到哪里穷加追查？你担任右仆射，所担负的责任不轻，由你自己去查究好了，这与我又有什么干系？’又说：‘以前大事不能成功的时候，我先遭到责罚，现在做了皇太子，竟然要我比不上其他的弟弟，任何一件事，都不能自己做主。’因此长吁短叹，回头看着云诏训说：‘我深感行动受到限制。’”隋文帝杨坚说：“我很早就看出这个儿子不能继承帝位，皇后经常劝我废掉他。由于他是我还是平民时所生的孩子，排行又最长，总希望他能逐渐改过，因此隐忍到今天。杨勇曾经指着皇后的侍婢告诉别人说：‘这些全都是我的属物。’这句话说得多么怪诞呀！他的妃子（指元妃）刚死时，我深深怀疑是遭受毒害的，曾经责罚他，他就抱怨说：‘将来要杀死元孝矩（元妃的父亲）。’这是想要害死我，却迁怒旁人罢了。长宁（杨勇的长子杨俨，封长宁王）刚刚出生的时候，朕与皇后一起抱养他，杨勇心存隔阂，几次派人前来索回。况且云定兴的女儿（即勇妃云昭训），是在外头与人私自结合生下的儿子，想想这个来历，怎么能够断定是他的亲血统？以前晋代太子娶了屠夫家的女子，他的儿子就喜欢杀猪。现在如果所传非人，便会乱了宗庙主祧。我虽然德行比不上尧、舜，终不会将兆民百姓交付给不肖的儿子。我常常担心他来加害于我，就像防卫大敌一样，现在想要废掉他，来安定天下。”

左卫大将军五原公元曼进谏说：“废掉太子是件大事，圣旨一下，后悔就晚了。奸邪的话太多，希望皇上详察。”

隋文帝杨坚不回答他的话，命令姬威将太子的罪过都陈述出来。姬威回奏说：“太子与臣说话，从来只意存骄纵淫奢，并且说：‘假如有人谏诤，应该被斩杀，不必等杀到一百多人，自然永远停息。’东宫营造台楼殿阁，一年四季都没有停止过。以前苏孝慈被解除左卫率，太子愤怒地吹须扬臂，说：‘大丈夫终会有得意的一天，我是不会忘掉这件事的，必定要杀死谗毁的人，以快心意。’还有宫内所需求的，尚书很多遵照法规不给，太子就生气地说：‘仆射以下，我要杀掉一两个，使人家知晓怠慢我的灾祸。’并且每每说：‘陛下嫌恶我有太多侧出的庶子，看看高纬与陈叔宝，哪一位是庶子呢？’又曾命令巫媪卜问吉凶，告诉臣说：‘陛下的死期是在开皇十八年，这个期限很快就要到了。’”隋文帝杨坚流泪说：“谁不是父母所生，竟到如此地步！朕最近阅读《齐书》，看到高欢放纵他的儿子，便特别气愤，我怎能效法他呢？”因此幽禁杨勇与他的几个儿子，并分派人收拿他的党羽。杨素舞文弄法，巧加诋毁，罗织罪名，来构成他的狱案。

过了几天，司法官吏曲意迎合杨素的心意，上奏元曼常常曲意事奉杨勇，意存巴结攀附，在仁寿宫时，杨勇派亲信裴弘带信给元曼，上面写着“不要给别人看到”。隋文帝杨坚说：“朕在仁寿宫，发生一点微小的事，东宫必定知道，速度比驿马还快，很长时间以来朕就觉得奇怪，难道不是这些人的原因吗？”于是派武装卫士缉拿元曼交给左卫仗。右卫大将军元胄当时恰好下朝，没有离开，因此上奏说：“臣刚才没有下朝的原因，是为了防备元曼。”隋文帝将元曼与裴弘送进牢狱。

起初，杨勇看到枯老的槐树，问说：“这能做些什么用呢？”有人答复说：“古槐木最适合取火。”当时卫士全都佩带取火的木头，杨勇命令工人制造几千根木头，想要分赐给身边的人。此时在仓库里都一一寻获了。又在贮藏药物的地方储存艾草数斛，也搜寻到了，隋文帝杨坚大为奇怪，询问姬威，姬威说："太子这样做，是另有图谋，陛下在仁寿宫，太子经常饲养一千匹马，说：'直接前往守住城门，陛下自然会饿死。'"杨素用姬威的话来责问杨勇，杨勇心中不服，说："我听闻你家中有数万匹马，我杨勇贵为太子，有一千匹马，算是谋反吗?"杨素又取出东宫里看起来是经过雕琢修饰的服饰珍玩，全都陈列在朝廷，呈献给文武百官看，当作太子的罪状。隋文帝杨坚和独孤皇后多次派使者责问杨勇，杨勇都不认罪。

冬季，十月，乙丑日（初九），隋文帝杨坚派使者召见杨勇，杨勇看见使者惊惧地说："难道是要杀我了吗?"隋文帝杨坚穿上军服，列好军阵，驾临武德殿，集合文武百官站在东边，所有的亲族站在西边，带领杨勇与他的所有儿子站在殿庭中，命令内史侍郎薛道衡宣读诏令，废掉杨勇及他有王爵和公主封号的儿女为百姓。杨勇再拜说："臣应当陈尸在国都的闹市，成为后来人的戒惕，有幸蒙陛下怜悯，得以保全性命!"说完，泪流满襟，行朝拜礼离去，身边的人没有不默然哀怜的。长宁王杨俨呈上奏章，乞求担任宿卫，辞意非常哀伤恳切，隋文帝杨坚看了十分同情。杨素上前说："希望圣上的心如手被毒蛇咬伤，壮士断腕一样，不应当再有挽留的心意。"

己巳日（十三日），隋文帝杨坚诏令："元旻、唐令则与太子家令邹文腾、左卫率司马夏侯福、典膳监元淹、前吏部侍郎萧子宝、前主玺下士何竦，全部处以死刑，妻妾子孙全都籍没入官为奴。车骑将军榆林人阎毗、东郡公崔君绰、游骑尉沈福宝、瀛州术士章仇太翼，特旨免除死罪，各自杖罚一百下，本人与妻子儿女、家财、田地、住宅，全都籍没入官府。副将作大匠高龙叉、率更令晋文建、通直散骑侍郎元衡，都判决自尽。"于是集合文武众官到广阳门外，宣读诏令行刑。然后移送杨勇前往内史省，给他五品的官粮。赏赐杨素丝帛三千匹，元胄、杨约各一千匹，奖励他们审判杨勇的功劳。

文林郎杨孝政上奏书进谏说："皇太子被小人所谗害，应当加以训斥教诲，不应当被废除。"隋文帝杨坚十分生气，捶挞他的胸部。

起初，云昭训的父亲云定兴，出入东宫，没有礼数，专门进奉一些奇怪的器物衣服，来求得太子的悦爱。左庶子裴政多次劝谏，杨勇都不听从。裴政告诉云定兴说："您的所作所为，是不合乎礼法的，况且元妃突然死了，路途上议论纷纷，这对太子来说，并不是好的名声。您应当自己引退，不然的话，将会遭遇祸患。"云定兴去告诉杨勇，杨勇更加疏远裴政，因而裴政被调去出任襄州总管。唐令则一直受到杨勇亲近宠爱，经常命令他教宫人弹琴唱歌，右庶子刘行本责怪他说："庶子应当用正当的道理来辅佐太子，怎么去做取悦内宫的事情呢?"唐令则很羞愧，却不能改过。当时沛国的刘臻、平原人明克让、魏郡的陆爽，都由于擅长文学而被杨勇所亲近。刘行本气他们不能辅佐护持，经常告诉他们说："你们只晓得读死书罢了!"夏侯福曾在内阁与杨勇游戏，夏侯福大笑，声音传往外面。刘行本听到了，等夏侯福出来，责怪他说："殿下为人宽厚大度，才给你好脸色。你是什么样的小角色，竟敢怠慢轻亵!"因此交给司法人员审理。过了几天，杨勇替夏侯福说情，才被释放出来。杨勇曾经得到一匹好马，想让刘行本骑着来赏玩。刘行本神色端正地说："陛下将臣安置在这里，是要臣辅佐教导殿下，并不是给殿下当戏弄的佞臣。"杨勇感到羞愧而作罢。等到杨勇被废时，裴政与刘行本这两人已经死了，隋文帝叹息说："如果裴政、刘行本还在的话，杨勇是不会落到这步田地的。"

杨勇曾经宴请宫中臣子，唐令则自己演奏琵琶，唱《娬媚娘》。洗马李纲站起来劝谏杨勇说："唐令则身为宫卿，职责应当调护太子，竟然在众人集会的场合自比倡优，唱出淫邪的歌声，秽乱太子视听。这件事假如给陛下听到，唐令则的罪过是很重的，这难道不会成为殿下的累赘吗?臣请求赶快治他的罪。"杨勇说："我自己想要作乐，你不要多事。"李纲于是快步退出。等到杨勇被废时，隋文帝杨坚召集东宫官员，深切地责备他们，大家都畏惧惶恐，不敢作答。只有李纲说："废掉太子是件大事，现在文武大臣都知晓这件事情是不可以的，却没有人肯讲话，微臣怎么敢因为怕死，而不向陛下陈言呢？太子的材质，本来是属于中等的，可以让他为善，可以让他为恶。以前陛下如果选择正直的人去教导他，就能够承继守护国家巨大的基业。现在竟然让唐令则担任左庶子，邹文腾担任家令，这两个人只知晓以歌声音乐、打猎的事来取悦太子，怎么能不沦落到这地步呢？这是陛下的过错，不是太子的罪过。”于是伏在地上流泪痛哭。隋文帝杨坚难过了很久，说：“李纲责怪我，不能说没有道理，只是只知其一，不知其二。我选拔你做宫臣，而杨勇却不亲近你，就算另有正直的人，又有什么用呢？”李纲回答说：“臣不被亲信的原因，实在是因为有奸邪之人在太子身边的缘故。陛下只要处死唐令则、邹文腾，另外选拔贤良的人才来辅佐太子，怎么知晓臣会仍旧被疏远弃置呢？自古以来，废立太子，没有倾覆危险的很少，希望陛下深思熟虑，莫要日后留下悔恨才好。”隋文帝杨坚不高兴，退朝，身边的人都因此战栗惊惧。恰巧尚书右丞出缺，负责的官吏请求皇上派任人选，隋文帝杨坚指着李纲说：“这就是好的右丞。”于是就任用了李纲。

太平公史万岁从大斤山返回，杨素嫉妒他的功劳，告诉隋文帝杨坚说：“突厥本来已经投降，这回根本不是入侵，只是来塞上放牧罢了。”于是将封赏的事情搁置不理。史万岁多次上表陈述功状，隋文帝杨坚完全不晓得。隋文帝要废掉太子，正在穷究东宫的党羽。隋文帝杨坚问史万岁在哪里，史万岁实际在朝中，杨素却说：“史万岁拜见东宫去了。”以此来激怒隋文帝。隋文帝杨坚信以为真，便下令召回史万岁。当时他所带领的将士在朝堂声称冤情的有几百人，史万岁告诉他们说：“我今天为你们尽量向陛下说明，事情就会有结果。”见了隋文帝，说：“将士有功勋，却被朝廷压制！”语气十分愤激严厉。隋文帝杨坚大为生气，下令身边的人击杀他。后来追悔不及，因此下诏陈述史万岁的罪状，天下百姓都为他的冤情惋惜。

十一月，戊子日（初三），隋文帝杨坚册立晋王杨广为皇太子。各地都发生地震，太子杨广请求降减舆服徽章，而宫官拜见太子时也不必自称为臣。十二月，戊午日（初三），隋文帝杨坚下诏采纳他的意见。任命宇文述担任左卫率。起初，太子密谋夺取宗子地位时，洪州总管郭衍曾经参与此事，因此征调郭衍担任左监门率。

隋文帝杨坚把前太子杨勇囚禁在东宫，交付太子杨广看管。杨勇自认为被废不是他的罪，多次请求拜见隋文帝申诉冤情，但是杨广阻遏他，使事情不能上闻。于是杨勇就爬到树上大叫，声音传到隋文帝杨坚的住所，希望能得到接见的机会。杨素却趁机说杨勇的情志已经昏乱，已被癫疯的鬼魔附身，不能再立为太子。隋文帝杨坚同意他的看法，始终不与杨勇见面。

起初，隋文帝杨坚攻陷陈朝时，天下百姓都以为将要太平，监察御史房彦谦私下告诉亲近的人说："陛下为人嫉妒刻薄，苛刻残暴，太子懦弱卑微，诸王擅自专权，天下虽然太平，我却担心会有危乱。"他的儿子房玄龄也暗中对房彦谦说："皇上本来没有什么功德，专靠欺诈的手段得到天下，几个儿子都骄纵奢侈，没有仁德，必定会彼此相互残杀，现在虽然政治清平，但它的灭亡是可以很快见到的。"房彦谦是房法寿的玄孙。

房玄龄与杜杲哥哥的孙子杜如晦，都参加吏部选拔，吏部侍郎高孝基以能知人闻名，看到房玄龄，叹气说："我看过的人很多了，没有见到过像你这样的年轻人，将来必定会成为伟大的人才，只恨不能看到你的大成就罢了。"看到杜如晦，告诉他说："你有随机应变的才华，必定会担负起国家栋梁的大任。"于是将子孙都托付给他。

隋文帝杨坚晚年深信佛道鬼神，辛巳日（二十六日），隋文帝杨坚第一次颁布诏令："有毁坏佛像与天尊、山镇、大海、四渎神像的人，依照不守正道论罪；和尚毁损佛像，道士损毁天尊像的，依照恶逆论罪。"

这一年，朝廷征调同州刺史蔡王杨智积入朝。杨智积是隋文帝杨坚的侄子，性格修饬谨慎，除非有公事，不准许人私自来谒见自己，对待自己非常简朴，隋文帝杨坚很怜惜他。杨智积有五个儿子，只让他们读《论语》，不教他们与宾客交往。有人询问原因，杨智积便说：“你是不能理解我的。”他的意思大概是担心几个儿子因为有才能而招惹灾祸吧！

齐州行参军章武人王伽，送流放囚犯李参等七十多人前往京师，走到荥阳，同情他们的辛苦，将所有人叫来告诉他们说：“你们犯了国法，身体被黑色绳索绑缚，本来是罪有应得，却还要劳动押送的狱卒，内心难道不感到羞愧吗？”李参等人纷纷向他谢罪。王伽于是将他们的枷锁全部卸下，停用押送的狱卒，与他们约定说：“在某一天应该到达京师，假如不能如期抵达，我将替你们受死。”于是舍下他们而离开。被流放的人感动喜悦，按照约定日期到达，没有一个逃跑的。隋文帝杨坚听了很惊讶，召见王伽，与他说话，称赞很久。于是将流放的人全都召入，命令带着妻子儿女一同入朝，在殿庭上赐宴，并宽恕了他们的罪。因此下诏书说：“凡是有生命的人都含有灵气，秉承善性，都知晓善恶，也认识是非。假如待以至诚，明加规劝，那么习俗必定能变化，也一定能达到至善的境界。以前因为海内丧乱离析，道德教化荒废断绝，官员没有慈爱的心，百姓怀着奸邪欺诈的意念。朕想遵照圣人的方法，用道德教化百姓，而王伽深深懂得朕的心意，诚心教导宣谕，让李参等人感悟，主动前往有司自首：很明显，天下的百姓，并不是难以教化。倘若所有的官吏都与王伽一样，而百姓也都是李参这样的人，那么刑罚废止不用的日子，哪里还会很远呢？”于是隋文帝杨坚擢拔王伽担任雍城县令。

太史令袁充上奏章声称：“大隋兴起以后，白昼渐渐增加，开皇元年，冬至日的日影长一丈二尺七寸二分，从此逐渐缩短，到了十七年，比以前减短三寸七分。太阳离得近，日影就减短而白昼加长，太阳离得远，日影就增长而白昼减短。太阳行走内侧轨道就离得近，太阳行走外侧轨道就离得远。谨按《元命包》说：‘日月离开内侧轨道，测量天文的玉器璇玑就正常不偏。’《京房别对》说：‘太平的时候，太阳在上面的轨道行走；升平的时候，太阳在其次的轨道行走；霸权的时代，太阳在下面的轨道行走。’私下考虑大隋开拓机运，感动苍天，日影减短，白昼增长，这是自上古以来所少有的。”

隋文帝杨坚莅临朝廷，告诉百官说：“日影增长的吉庆，是来自上天的福音。如今太子刚刚册立，应当要改年号，可以取用白昼增长的意思当作年号。”此后百工的工作时间加长，工作分量加重，这都是白昼增长的缘故。官府的工匠都感到烦苦。

仁寿元年(辛酉，公元601年)

春季，正月，乙酉朔日(初一)，隋文帝杨坚大赦天下，改年号为仁寿。

隋文帝杨坚任命尚书右仆射杨素担任左仆射，纳言苏威担任右仆射。

丁酉日(十三日)，隋文帝杨坚改命河南王杨昭为晋王。

突厥步迦可汗进犯边塞，在恒安击败代州总管韩弘。

隋文帝杨坚任命晋王杨昭为内史令。

二月，乙卯朔日(初一)，发生日食。

夏季，五月，己丑日(初七)，突厥男女九万人前来投降。

六月，乙卯日(初三)，隋文帝杨坚派遣十六名使者巡视察看各地风俗。

乙丑日(十三日)，隋文帝杨坚诏令鉴于天下学校生徒众多而学业却不精，只选拔保留国子学生七十人，太学、四门与州县学都废除。殿内将军河间人刘炫，呈上奏章，恳切进谏，隋文帝杨坚不听。秋季，七月，隋文帝杨坚改国子学为太学。

起初，隋文帝杨坚接受周朝禅让，担心民心不归服，因此多次声称有符瑞来炫耀这件事，那些伪造而呈献上来的祥瑞，多得不计其数。冬季，十一月，己丑日(初九)，隋文帝杨坚在南郊举行祭祀，跟封禅的礼仪一样，将祭文刻在版上，详细记述前后各种符瑞来报谢上天。

山中獠人叛乱，隋文帝杨坚任命卫尉少卿洛阳人卫文昇担任资州刺史，前往镇抚他们。卫文昇名玄，却用字通行于世。卫文昇刚到官府，正赶上獠人来进攻大牢镇，卫文昇一个人骑马来到他们营地，告诉他们说："我是刺史，奉天子诏令，来安抚你们，不要慌乱畏惧。"成群的獠人没有人敢随意乱动。于是卫文昇分析利害给他们听，贼兵元帅又感动又喜悦，撤兵离开，前后归降的有十多万人。隋文帝杨坚十分高兴，赏赐卫文昇绢帛二千匹。壬辰日（十二日），隋文帝杨坚任命卫文昇担任遂州总管。

潮、成等五州獠人叛乱，高州酋长冯盎快骑抵达京师，请求征讨獠人。隋文帝杨坚敕令杨素与冯盎讨论贼兵形势，杨素叹息着说："没想到蛮夷中还有这样的人。"隋文帝杨坚立刻派遣冯盎调动江南、岭南的军队去攻打他们。乱事讨平后，隋文帝杨坚任命冯盎担任汉阳太守。

隋文帝杨坚诏令让杨素担任云州道行军元帅，长孙晟担任受降使者，带领启民可汗向北攻打步迦可汗。

仁寿二年（壬戌，公元602年）

春季，三月，己亥日（二十一日），隋文帝杨坚临幸仁寿宫。

突厥思力俟斤等人向南渡过黄河，掳掠启民部落男女百姓六千人、杂畜二十多万头后离去。杨素带领各军前去追击，辗转作战六十多里，击败他们，突厥向北逃跑。杨素又进军追击，夜里追上了突厥兵。杨素担心他们越险逃逸，下令骑兵守在后面，亲自率领两名骑兵与两名投降的突厥人，与敌人并路行走，敌人没有发觉。等到他们停军安营还没有完成的时候，杨素命后面的骑兵赶快进攻，大败突厥，将所有的人畜都归还启民可汗。自此突厥人逃到很远的地方，大漠以南不再有侵犯偷袭的乱事。因为这次战功，隋文帝杨坚进封杨素的儿子杨玄感为柱国，赏赐杨玄纵的爵位为淮南公。

兵部尚书柳述是柳庆的孙子，与兰陵公主结婚，于是倚仗尊宠，颐指气使，自杨素而下，一般人都不敢得罪他。隋文帝杨坚询问符玺直长万年人韦云起："外面有什么不合理的事情，都可以讲出来。"

当时柳述侍候在身旁，韦云起上奏说："柳述骄纵豪奢，不曾经历事故，军事机要的重担，不是他能承当的，只是因为他是陛下的女婿，所以担当重要职务。臣担心大家非议，认为陛下'任命官员不选择贤良的人，专门偏私所宠幸的人'。这是不合理的事情里面比较大的。"隋文帝杨坚非常同意他的话，回头告诉柳述说："韦云起的话，是治疗你缺点的良药，可以将他当成师友看待。"秋季，七月，丙戌日(初十)，隋文帝杨坚诏令朝廷内外官吏各自推举所熟悉的贤才。柳述举荐韦云起，隋文帝杨坚任命韦云起为通事舍人。

益州总管蜀王杨秀，容貌雄伟瑰奇，有气魄胆量，爱好武艺。隋文帝杨坚每次告诉独孤后说："杨秀必定会有凶恶的下场，我还健在时，应该没有忧虑，等到他兄弟执政的时候，必定会造反的。"大将军刘哙征讨西爨时，隋文帝杨坚命令上开府仪同三司杨武通率领军队跟着前进。杨秀让嬖幸的小人万智光担任杨武通的行军司马。隋文帝杨坚因为杨秀所任用的不是合适人选，便谴责他，并趁机告诉群臣说："败坏我的法律的，是我的子孙。就好比凶猛的老虎，别的动物不能伤他，反被猛虎皮毛间所生的小虫伤害。"隋文帝杨坚于是分散了杨秀所统率的军队。

自从长史元岩去世后，杨秀渐渐奢侈越礼，自己制造浑天仪，抓捕很多山上的獠人充任宦官，车马被服，与天子相类似。

等到太子杨勇因为谗言被废，晋王杨广成为太子，杨秀心里很不平。太子杨广担心杨秀最后会成为后患，暗中下令杨素寻找他的罪行，而后用谗言陷害他。隋文帝杨坚于是征召杨秀，杨秀迟疑不定，想要推说生病，而不前往。总管司马源师劝谏，杨秀变了脸色说："这只是我家中的事，卿何必来干涉呢?"源师流着泪回复说："源师忝为王府僚佐，敢不竭尽忠心吗?陛下有敕令催促大王，现在已经逾越时日，却还拖延不去。百姓不了解大王的心思，倘若产生不好的议论，让朝廷内外疑惑震骇，发布严厉的诏令，再派出一位使者，大王到时怎样表明自己呢?希望大王详细考虑。"朝廷担心杨秀发生变故，戊子日（十二日），隋文帝杨坚任命原州总管独孤楷担任益州总管，快骑传驿去接替杨秀。独孤楷抵达，杨秀还不愿前行，独孤楷规劝他良久，杨秀才上路。独孤楷察觉杨秀露出后悔的神色，因此部勒军队，加以防范。杨秀走了四十多里，预备回去偷袭独孤楷，窥知已经有了戒备，才作罢。

八月，甲子日（十九日），皇后独孤氏去世。太子当着隋文帝和宫人的面假装哀伤悲痛，呼吸断绝，仿佛不能承受这件丧事一样，但一返回自己的房里，饮食谈笑就与平时一样。又每天早晨命人拿进四十两米，而私下再让人取来肥肉、肉干、酿鱼等，装在竹筒里，用蜡封口，用包头巾裹着送进去。

著作郎王劭上奏说："佛说：'人在要升上天和进入极乐世界时，天上的佛会大放光明，用香花女乐来迎接。'臣私下看大行皇后的善果福缘，祯祥瑞应，一一记载在各种秘录里，都说是妙善菩萨。臣谨查八月二十二日，仁寿宫内再次降下金银花。二十三日，大宝殿后面夜晚有神异的光彩。二十四日卯时，永安宫北有天然的各种音乐，音乐声响彻整个天空。到了夜晚五更，剩下轻微的声音，如同人在睡寐，不久独孤皇后就过世，与佛家经文所说的事情，全部符合应验。"隋文帝杨坚看了又悲又喜。

九月，丙戌日（十一日），隋文帝杨坚从仁寿宫回来。

冬季，十月癸丑日（初九），隋文帝杨坚任命工部尚书杨达担任纳言。杨达是杨雄的弟弟。

闰月，甲申日（初十），隋文帝杨坚诏令杨素、苏威与吏部尚书牛弘等人修订五礼。

隋文帝杨坚命令上仪同三司萧吉为皇后选择下葬地点，萧吉找到一块吉利的地方，说："依据占时能享二千年，二百世。"隋文帝说："吉凶是因为人为，不在于地理。高纬埋葬父亲，哪里会不选择葬地呢？不久国家就灭亡了。正好比我家里的墓田，假如说不吉利，朕便不能成为天子；假如说不是凶恶，我的弟弟不应当作战身死。"但是最终还是听从萧吉的意见。萧吉退出，告诉他的族人萧平仲说："皇太子派宇文左率答谢我说：'您前次说我会成为太子，真的灵验了，我终不会忘记。现在占卜选择皇后的山陵，一定要能使我早一点即位。我即位以后，会拿富贵来酬报你。'我答复他说：'四年以后，太子将要君临天下。'倘若太子得到政权，大隋就要灭亡了呀！我上次欺骗说：'据占卜，能享二千年'，其实是'三十'两字；'据占卜，能享二百世'，是能够传二世的意思，你要记住！"

壬寅日（二十八日），隋文帝杨坚将文献皇后埋葬在太陵。下诏说："杨素处置埋葬的事情，努力去寻找吉利的地理，考察杨素的这分心意，实是极为孝顺诚恳，哪里是讨平敌寇的功业所可比拟的呢？因此可以另外封他一个儿子为义康公，享邑一万户。"并且赏赐杨素田地三十顷，绢丝一万匹，米一万石，以及许多的金珠绫锦。

蜀王杨秀抵达长安，隋文帝杨坚见了他，不与他说话，第二天，派使者痛切地谴责他。杨秀认错谢罪，太子诸王也流着泪在庭上谢罪。隋文帝杨坚说："不久以前秦王浪费钱财，我以做父亲的规矩训诫他。现在杨秀残害百姓，应该要以国君的规矩来惩罚他。"于是将杨秀交给执法官吏。开府仪同三司庆整进谏说："杨勇已经被废，秦王已经过世，陛下现有的儿子已经不多，何必要如此呢？蜀王性情十分耿直端正，现在受到严厉的谴责，恐怕不能安然无事。"隋文帝杨坚十分生气，想要割断他的舌头，因此告诉群臣说："应该将杨秀斩死在市集，来向老百姓谢罪。"于是命令杨素等人审理处治。

太子暗中制作木偶人，绑着手，钉住心，戴上枷锁器械，书写隋文帝杨坚和汉王杨谅的姓名，并且说："请求西岳的慈父圣母，缉拿杨坚、杨谅的神魂，就像这个样子，不要使他们的神魂游荡散逸。"并暗中将木偶人埋在华山下面，杨素将它发掘出来；又说："杨秀胡乱称述图谶，声称京城有妖孽怪异，自己制造蜀地祥瑞的征兆"；并且作檄文，说什么"约定日期兴师问罪"，安插在杨秀的文集里，将这些全部奏报上闻。隋文帝说："天下哪有这样的事情呢？"十二月，癸巳日（二十日），隋文帝杨坚废杨秀为普通百姓，幽禁在内侍省，不让他与妻子儿女见面，只允许两个獠女供他使唤，连坐犯罪的有一百多人。杨秀呈上奏章谢罪说："深愿圣主仁慈垂下爱心，矜悯哀怜，在残余的生命还没有结束之时，能够与瓜子相见；并请求赐予一个墓穴，让骸骨有安放的地方。"瓜子是他喜爱的儿子。隋文帝杨坚于是下诏书谴责他的十个罪状，并且说："我不知晓杨坚、杨谅，是你的什么亲人。"后来还是让他与儿子同住一起。

起初，杨素曾经因为一点点罪责，被敕令押送御史台，命令治书侍御史柳彧审问。杨素倚仗尊贵，坐在柳彧的床上。柳彧从外面进来，站在台阶下端持笏板，整肃仪容，对杨素说："接奉敕令审问您的罪刑。"杨素赶快下床，柳彧坐在文案后面，让杨素站在庭上回答事状。杨素因而衔恨在心。蜀王杨秀曾经向柳彧索要李文博所撰写的《治道集》，柳彧给了杨秀；杨秀赠送柳彧十名奴婢。等到杨秀获罪，杨素奏准柳彧以朝内的臣子与诸侯交往，柳彧被除去名籍成为普通百姓，流放戍守怀远镇。

隋文帝杨坚派司农卿赵仲卿去往益州详查杨秀的犯罪事实，凡是与杨秀的宾客来往的人家，赵仲卿一定苛刻地曲解法律条文，罗织罪名，以致州县长吏有一半以上遭到连坐。隋文帝杨坚认为他很能干，赏赐他十分丰厚。

很久之后，贝州长史裴肃派使者呈上奏书说："高颎凭借他那天生杰出的好才能，成为辅佐王命的元勋，却遭受大众的嫉恶，以至于被废弃，希望陛下记住他的大功劳，忘掉他的小过错。还有杨勇、杨秀这两个被废弃为民的人，获罪已经很长时间了，怎会没有改过之心呢？希望陛下恢弘君父的仁心，顾念父子的情义，分别封赏小小的国土，考察他们的作为：假如能够改过迁善，便逐渐改封大国；假如还是无法改过，再贬斥削爵也不晚。现在永远阻断他们自新的路，忏悔羞愧的心无法看见，这不是悲哀吗？"奏书呈上以后，隋文帝杨坚告诉杨素说："裴肃担忧我的家事，这也是十分诚恳的。"因此征调裴肃进入朝廷。太子杨广听了，告诉左庶子张衡说：“让杨勇自新，想要干什么呢？”张衡说：“我观察裴肃的意思，想要使他像吴国的太伯、汉代的东海王那样吧！”裴肃到达的时候，隋文帝杨坚当面告诉他，杨勇不能再被立为太子，就打发他回去了。裴肃是裴侠的儿子。

杨素的弟弟杨约与叔父杨文思、杨文纪、同族的伯父杨忌都担当尚书、列卿，几个儿子没有作战的功勋，地位也达到柱国、刺史。他们广置家产，从京师到各大都会，邸舍、庄店、碾磨、良好的田宅，多得不计其数。家奴有一千多人，后院穿罗绮的姬妾也有一千多人。住宅十分华丽奢侈，规模制度足以与宫廷相比。亲戚、旧官属，都安排在显要的地位。当朝廷废除了一个太子和一个王以后，杨素家族的权势声威越来越盛。朝廷的臣子有违反他的，甚至遭到诛杀的命运；有攀附他及沾亲带故的人，就算没有才干，也一定加以任用提拔。朝廷官员随风一边倒，没有不畏惧、亲附他的。敢与杨素对抗而不屈服的，只有柳彧与尚书右丞李纲、大理卿梁毗罢了。

起初，梁毗担任西宁州刺史，一共做了十一年，蛮夷的酋长都将金子多的人当作英豪俊杰，相互攻击夺取，毫无安宁的年月，梁毗深感担忧。后来由于所有的酋长互相争着拿金子送给梁毗，梁毗便将金子放在座位旁边，面对他们恸哭，并告诉他们说：“这东西饿了不能拿来吃，冷了不能拿来穿，你们因此而相互攻杀，死了无数的人，今天又拿这种东西来到我这里，是想害死我吗？”梁毗全都不予接纳。于是蛮夷人全都感动觉悟，不再相互攻击。隋文帝杨坚听了很嘉许，征调他担任大理卿，梁毗到任后处理法令，非常公平允当。

梁毗看到杨素专横夺权，担心他成为国家的祸患，于是上了封事说：“臣听闻人臣不可以凭借权势来欺压别人，从而损伤你的家，残害你的国（《尚书·洪范》）。臣私下看到左仆射越国公杨素，所受的宠幸恩遇，越来越重，权柄势力一天隆盛一天，在朝为官的人，全都要竖起耳朵，擦亮眼睛，来注意他的一言一行。违反他的，如同夏天降寒霜，逢迎他的，如同冬天下甘雨；一个人的荣贵或者枯败，全听他的一张嘴，一个人的兴盛或者衰废，全凭他的指挥；他所私爱的都不是忠心正直的人，他所选用的都是自己的亲戚，为子弟安排位置，由州到县，遍及各地。天下太平无事，或许会止息叛乱的企图；四海如果不安宁，必定会成为祸害的根源。谈到奸佞的臣子擅弄天命，是渐渐而来的，王莽依靠的是多年累积的成果，桓玄凭借的是两代建立的基业，最后才殄灭汉朝的宗祀，颠覆晋朝的福祚。陛下假如让杨素担任阿衡（官名，宰辅的意思），臣担心他的心未必能像伊尹。臣恳切希望陛下明察古今，考量处置，使得大隋宏大的基业永远稳固，让全国的百姓蒙受无边的福泽。”封事上奏以后，隋文帝杨坚大为生气，收押梁毗，下在牢里，亲自审问。梁毗极尽所知说：“杨素擅专宠爱，玩弄权术，领兵所到的地方，杀戮都非常惨烈，全不顾人道。还有太子、蜀王犯罪被废掉的时候，百官无不震惊悚惧，只有杨素洋洋得意，喜悦的心情显露在脸上，将国家所发生的变故，当成是自身幸运的事情。”隋文帝无法使他屈服，于是将他放了。

后来隋文帝杨坚也渐渐对杨素疏远猜忌，于是下诏令说：“仆射是国家的宰辅，不必亲自处置细微的事务，只要三五天到一次尚书省，讨论大的事情就可以了。”从外表看是对他尊崇优遇，实际是削夺他的权力。杨素因此到了仁寿末年，不再总管尚书省的事情。隋文帝又将杨约派出去担任伊州刺史。

杨素被疏远之后，吏部尚书柳述更加专权，暂时代理兵部尚书，参与掌管朝廷机密；杨素因而忌恨他。

太子杨广询问贺若弼说：“杨素、韩擒虎、史万岁，都被人称作良将，他们的优劣究竟怎样呢？”贺若弼说：“杨素是勇猛的战将，不是富有韬略的将军；韩擒虎是打仗的将军，不是统管众将的将军；史万岁是骑兵的将领，不是统领大军的将军。”太子杨广说：“那么谁才是统领大军的将才？”贺若弼说：“只有依靠殿下自己选择了。”贺若弼的意思是希望太子期许自己。

交州俚人元帅李佛子叛乱，占据越王旧城，派他的侄子李大权屯驻龙编城，他的别帅李普鼎屯驻乌延城。杨素举荐瓜州刺史长安人刘方，说他有将帅的才略。隋文帝杨坚于是诏令刘方任交州道行军总管，统率二十七营兵众进击俚人。刘方军令十分严格，有犯罪的必定斩杀；但是对士兵却非常仁爱，有患了疾病的人，必定亲自去慰问照料，士兵也因而感怀他。到了都隆岭，遭遇贼兵，击败了他们。等到进军逼近李佛子的营区，先用利害祸福关系来晓谕他。李佛子害怕，请求归降，被押解到长安。

仁寿三年(癸亥，公元603年)

秋季，八月，壬申日(初三)，隋文帝杨坚赐幽州总管燕荣自杀。燕荣性情严厉残暴，常鞭打身边的人，一打就是一千多下。他曾经看到路边丛生的荆棘，认为可以用来做刑杖，便下令割下来，常常在人身上做试验。假如有人自己陈述没有犯罪，燕荣就说："以后有罪，就用这次的抵免。"后来有个犯罪的，将要施用刑杖，那人说："前些时候被杖刑，刺史应允有罪的时候可以宽宥。"燕荣就说："没有罪的时候尚且要这样，何况是有罪呢?"仍然照旧施用杖刑。

观州长史元弘嗣调任幽州长史，担心被燕荣所凌辱，坚持推辞。隋文帝杨坚敕令燕荣说："元弘嗣假如犯了要杖打十下以上的罪过，都要上奏。"燕荣生气地说："这个小子怎么敢戏弄我!"于是派元弘嗣监管收纳仓库的粟谷，假如有粟谷不饱满，被风吹起秕糠的，都要惩罚他。每次鞭打虽然不满十下，但是一天之中，有时到了三四次。这样过了一年，怨恨嫌隙，日渐形成。燕荣于是缉拿元弘嗣交付牢狱，断绝他的粮食，元弘嗣抽出棉絮，夹杂着水吞食。他的妻子前往宫里陈述冤情，隋文帝杨坚便派使臣前去查验，结果上奏燕荣残忍苛虐，贪赃枉法，情形严重。隋文帝征调他回来，赐他自尽。元弘嗣接替燕荣主持政事，结果他残酷的情形更加厉害。

九月，壬戌日(二十三日)，隋文帝杨坚设置常平官，掌管义仓。

这一年，龙门人王通来到阙下呈献《太平十二策》，隋文帝杨坚没有采纳，王通便心灰意冷地回去了。王通于是在黄河、汾水一带教授学生，有很多弟子从远处而来，朝廷多次征召都不任官。杨素十分尊重他，劝他出仕，王通说："我王通有先人破败的屋子可以遮风避雨，瘠薄的田地足以提供厚稠的粥饭，阅览群书，谈论义理，足以使自己快乐。希望明公端正身心，用来治理天下，四季和顺，年成丰穰，那么我王通所接受的赏赐就已经很多了，做官是不愿意的。"有人对杨素说王通的坏话，说："他确实是怠慢了您，您何必尊崇他呢？"杨素去询问王通，王通说："如果您可以被怠慢，那么我的怠慢是对的；如果您是不可以怠慢的，那么我的怠慢就错了；是对或者是错，都在我自己，与您有什么相干呢？"杨素对他像从前一样。

王通的弟子贾琼询问止息毁谤的方法，王通说："不要争辩。"贾琼询问止息怨恨的方法，王通说："不要与人相争。"王通曾经说："没有下过大赦令的国家，他们的刑罚必定公平；横征暴敛的国家，他们的财物一定削减。"又说："听闻别人毁谤就生气的人，是招来谗言的媒介；看到别人赞誉就高兴的人，是招来谄佞的媒介。断绝媒介，谗佞就远离了。"大业末年，王通死在家里，他的学生为他取了谥号叫文中子。

突厥步迦可汗所统领的部落发生大乱，铁勒仆骨等十多个部落都背叛步迦向启民归降。步迦可汗的部属溃散后，向西逃跑到吐谷浑。长孙晟在启民设置碛口，启民因此拥有了步迦的部属。

资治通鉴卷第一百八十　隋纪四

起甲子(公元604年)，止丁卯(公元607年)，共四年。

【题解】本卷记录了公元604年至607年间的史事。当时正值隋文帝仁寿四年至隋炀帝大业三年。这是隋朝的多事时期，同时也是隋朝盛衰的一个转折期。在这期间，隋文帝杨坚病重，欲改立废黜的太子杨勇为继承人，却无奈整个皇宫被太子杨广所控制，遂抱憾而终，太子杨广继位，即隋炀帝。隋炀帝杨广平定汉王杨谅的反叛后，大肆杀戮流放达二十万人，使国家遭受了深重的劫难。隋炀帝杨广又大兴土木，极尽奢华，建东宫、修运河、筑长城、游江都；同时又在北疆炫耀国力，为通西域无节制的加以赏赐，耗费了大量资财，只因当时天下无事才得以勉强支撑。

高祖文皇帝下

仁寿四年(甲子，604)

春季，正月，丙午日(初九)，隋文帝杨坚大赦天下。

隋文帝杨坚准备到仁寿宫避暑，术士章仇太翼极力进谏，隋文帝杨坚不听。章仇太翼说："这次出行，担心御驾不能回来！"隋文帝杨坚大为生气，将他关进长安的牢里，打算回来之后将他斩杀。甲子日(二十七日)，隋文帝杨坚临幸仁寿宫。乙丑日(二十八日)，隋文帝杨坚下令凡是赏赐和财政支出，事情不论大小，全都交付皇太子掌理。夏季，四月，乙卯日(四月无此日)，隋文帝杨坚感觉不适。六月，庚申日(六月无此日)，隋文帝杨坚大赦天下。秋季，七月，甲辰日(初十)，隋文帝杨坚病情变得十分沉重，卧着与百官辞别，并且握手叹息，命太子赦免章仇太翼。丁未日(十三日)，隋文帝杨坚在大宝殿驾崩。

隋文帝杨坚性情严谨持重，所令即行，所禁即止。每天一早开始听政，直到过午才停止，常常忘了疲倦。虽然吝惜钱财，但对于奖赏有功的人，却十分慷慨。军兵战死，必定给予优渥的抚恤，同时派使者去慰劳死者的家属。隋文帝杨坚爱护百姓，勉励农桑，减轻徭役，减收税赋。可是奉养自己，却力求朴素节俭，乘坐的车与所用的东西，破败了，就随意凑合，补修之后继续使用；除了宴会，平时所吃不会超过一个肉菜。后妃全都穿洗过的衣服。天下百姓受到教化，在开皇、仁寿年间，男人大多穿绢布衣服，不穿华美的丝织品，装饰的物品，不过是铜铁骨角，不用金玉。因此衣料食物生产得很多，塞满了整个仓库。接受禅让的第一年，百姓的户口不到四百万，到了末年，户口超过八百九十万，单冀州就有一百万户人家。只是猜忌心很重，喜欢细察苛求，并相信谗佞的言辞，有功勋的旧臣，没有谁能从始至终得到保全的；甚至是自己的子弟，也如同仇敌一样，这是隋文帝的短处。

起初，文献皇后死后，宣华夫人陈氏、容华夫人蔡氏都得到宠幸。陈氏是陈高宗的女儿；蔡氏是丹杨郡人。隋文帝杨坚在仁寿宫生重病，尚书左仆射杨素、兵部尚书柳述、黄门侍郎元岩，全都进入内阁服侍，并宣召皇太子杨广住在大宝殿。太子杨广忧虑隋文帝有不测的事，必须预先防备，亲自写信密封送出去询问杨素，杨素逐条记录情状向太子报告。宫人误送到隋文帝那里，隋文帝杨坚看了大为恚恨。陈夫人天亮时出去上厕所，被太子杨广逼迫，陈夫人加以抗拒，才能逃免，回到隋文帝居住的地方。隋文帝杨坚奇怪她的脸色为什么不一样，询问原因。陈夫人流泪说：“太子无礼。”隋文帝杨坚十分气愤，打着床说：“这个畜生怎么能够托付国家大事？独孤氏误了我。”于是召唤柳述、元岩说：“召入我的儿子。”柳述等人准备召唤太子，隋文帝杨坚说：“是勇儿。”柳述、元岩出去撰写诏书。杨素听了，去禀告太子，太子便矫诏缉拿柳述、元岩，关在大理狱；急令东宫军士赶赴台省宿卫，门禁的出入，全部由宇文述、郭衍调度节制；并命令右庶子张衡进入寝殿服侍皇上，将后宫宫女全都遣出，关在别的房里。不久，隋文帝崩逝。因此朝廷内外产生了许多不同议论。陈夫人与后宫的女子听到变故，相互对看，害怕得发抖，变了脸色。下午申时（三时至五时）以后，太子杨广派使者送来一个小金盒，盒子上下两扇的缝隙贴着纸条，上有杨广亲自题字签名，赠给夫人。陈夫人看了，十分惶恐畏惧，认为是毒药，不敢打开。使者催促，陈夫人才打开，没想到盒子中有几个同心结，宫女都非常喜悦，互相说："可以免除死罪了。"陈氏十分生气地退坐下来，不肯答谢。几个宫女一起逼迫她，才拜了使者。当天晚上，太子就去淫辱了陈夫人。

乙卯日（二十一日），朝廷发布丧闻，太子杨广即皇帝位。恰巧伊州刺史杨约前来朝见，太子杨广便派遣杨约进入长安，更换留守的人，矫命声称高祖有诏令，赐死废太子杨勇，将他绞杀了；然后陈列军队，集合众官，宣布高祖崩逝的消息。隋炀帝杨广听了，说："杨素的弟弟，果然能够担当大任。"隋炀帝杨广于是追封杨勇为房陵王，但不为他立后嗣。八月，丁卯日（初三），隋文帝杨坚的棺椁从仁寿宫送到；丙子日（十二日），在大兴前殿出殡。柳述、元岩全都被除去爵名，柳述被迁徙龙川，元岩被迁徙南海。隋炀帝杨广命令兰陵公主与柳述离异，断绝关系，想要将她改嫁。公主以死来自誓，不再朝拜天子，并上奏请求与柳述一起迁徙，隋炀帝杨广大为生气。结果公主悲愤忧愁而死，临死时，上奏请求安葬在柳氏的坟地，隋炀帝杨广更加生气，竟然不去哭丧，所送葬礼十分微薄。

太史令袁充上奏说："陛下登基，与尧接受天命的年龄相同。"袁充讽请百官拜表奉贺。礼部侍郎许善心建议，认为"现在恰好有全国哀伤的事，不应当称贺"。左卫大将军宇文述平日很讨厌许善心，讽请御史弹劾他；将他贬官为给事郎，降了二品的官职。

汉王杨谅深受高祖宠幸，担任并州总管，从吕梁山以东，直到沧海，南边到达黄河，五十二州全都隶属于他，特别容许他可以自己依据情形处理事情，不必拘守法令条文。杨谅因为自己所管辖的是天下精兵所在的地方，看到太子杨勇因为谗言被废，平日居家常常闷闷不乐；等到蜀王杨秀获罪，尤其无法自安，于是暗中存了叛离的心思。他向高祖说，因为“突厥正强盛，应当整顿军事防备”，所以大兴工役，修治器械，招募逃亡的人，而且安置在身边的私人武装就将近几万名。突厥曾侵犯边境，高祖派杨谅去守御，被突厥击败，他所统领的将帅，因为连坐而被除名解官的有八十多人，都被发配去戍守岭南。杨谅因为都是自己的老部属，上奏请求留用他们，隋文帝杨坚生气地说：“你是藩镇之王，只应敬谨地听从朝廷诏令，怎么能够私论故旧关系，荒废国家的法律呢？唉！你这小子，一旦我去世以后，倘若想要轻举妄动，太子杨广将缉拿你，就像抓捕笼子里的鸡一样容易，何必费尽心机呢？”

王頍是王僧辩的儿子，性情疏阔，喜欢奇特的谋略，担任杨谅的谘议参军；萧摩诃是陈朝旧将。二人都不得志，心里经常闷闷不乐，想要叛乱，都被杨谅收为心腹，对待他们极亲近友善，两人都附和杨谅的阴谋。

恰巧荧惑星守在东井，仪曹邺人傅奕通晓星历，杨谅询问他说：“这是什么祥兆？”傅奕回答说：“天上东井八星，是黄道所经，荧惑星经过，是正常的现象，假如到地上再上东井，就令人惊奇了。”杨谅听了十分不高兴。

等到隋文帝杨坚崩殂，隋炀帝杨广派车骑将军屈突通用高祖的玺书征调杨谅。起初，高祖与杨谅暗中约定：“倘若用玺书征召你，敕字旁边另外加有一点，而又与玉麟符相合的，就应接受征召。”等到杨谅打开信一看没有符验，杨谅便知晓有了变故。于是责问屈突通，屈突通不肯屈服，据实答复，于是遣放他回长安。杨谅因此调动军队造反。

总管司马安定人皇甫诞恳切劝谏，杨谅不予采纳。皇甫诞流泪说：“我私下料想大王的兵力与军需，无法与京师抗衡；加上君臣的位子已定，逆顺的情形不同，军队虽然精锐，却很难取得胜利。万一陷身成为叛逆，被刑律制裁，纵然想成为平民百姓，也不可能了！”杨谅十分生气，将他囚禁起来。

岚州刺史乔钟葵将要前去杨谅那里，他的司马京兆人陶模阻拦说：“汉王所图谋的不符合正道，您深受国家厚重的恩惠，应该竭尽诚心，为国家效命，怎么可以让自身成为罪恶的阶梯呢？”乔钟葵变了脸色说：“司马是造反了吗？”用利刃威胁他，陶模言辞气势，丝毫不屈，乔钟葵被他的道义感动，将他释放。军吏说：“倘若不斩杀陶模，无法压服众人的心意。”因此将他囚禁起来。跟随杨谅造反的，一共有十九州。

王頍告诉杨谅说：“大王所统领的将吏，家属都在蒲津关西面，倘若任用这些人，就应当长驱直入，直接进驻京都，这就是所谓迅雷不及掩耳之势；倘若只是想割据旧时齐国的土地，则应当任用关东的人。”杨谅不能抉择，于是兼用两个策略，声称杨素造反，要去诛杀他。

总管府兵曹闻喜人裴文安告诉杨谅说：“井陉以西地区，全都在大王掌握范围内，山东的军兵战马，也是我们所有，应当全部发动，可分派残弱兵力驻守在险要地方，同时命令他们趁机扩展土地，并带领那些精锐部队，直接进入蒲津。文安请求担任前锋，大王率领大军，跟在后面，如同迅雷一般，屯兵在霸上。咸阳以东地区，可以从容指挥，讨平它们。京师受了震撼骚扰，兵力无暇聚集，上下相互疑虑，众情支离震骇，这样，我们陈设兵力而发号施令，谁敢不从命呢？十日以内，事情就可以成功了。”杨谅大为高兴，于是派遣所署任的大将军余公理从太谷出兵，前往河阳，大将军綦良从滏口出兵，前往黎阳，大将军刘建从井陉出兵，攻略燕、赵地区，柱国乔钟葵从雁门出兵，署任裴文安担任柱国，与柱国纥单贵、王聃等人，领军直指京师。

隋炀帝杨广任命右武卫将军洛阳人丘和担任蒲州刺史，镇守蒲津。杨谅选拔精良勇锐的几百名骑兵，戴着女人所用的头巾，欺骗说是杨谅的宫人返回长安，管城门的人没有察觉，于是杨谅率军直接进入蒲州，也得到城里一些豪杰的响应。丘和发现有变故，翻过城墙，逃往长安。蒲州长史渤海人高义明、司马北平人荣毗，都被造反的人所俘获。裴文安等人距蒲津还有一百多里路时，杨谅忽然变更计划，命令纥单贵阻绝河桥，防守蒲州，而召令裴文安回来。裴文安抵达时，告诉杨谅说："军机大事诡谲迅速，原本想趁他们不注意时出兵。大王既然没有进军前行，我又返回来，让他们订好对策，大势就去了呀！"杨谅没有答复。任命王聃担任蒲州刺史，裴文安担任晋州刺史，薛粹担任绛州刺史，梁菩萨担任潞州刺史，韦道正担任韩州刺史，张伯英担任泽州刺史。代州总管天水人李景调动军队抵抗杨谅，杨谅派他的将军刘嵩袭击李景，李景将刘嵩击败杀死。杨谅又派乔钟葵带领三万强劲勇敢的士兵去进攻李景，李景的士兵不过几千人，加上城墙不坚固，乔钟葵一进攻，城墙就相继崩塌毁坏，李景一面作战，一面修筑，士兵都拼死抵抗，乔钟葵多次被击退。司马冯孝慈、司法吕玉都勇敢强悍，精于作战，仪同三司侯莫陈乂有许多谋略计策，擅长防守战术。李景知晓这三人可以重用，便推心置腹，任用他们，自己一点也不加干涉，只在衙内主持大计，并常常去巡视抚慰而已。

杨素率领五千名轻骑兵在蒲州攻击王聃、纥单贵，夜里，抵达河边，获得商人的船只，共几百艘，他们在船中放置很多草，以免踏在上面会有响声，又命士兵口含木片，以使大家不能出声，然后渡河；等到天快亮时，发起攻击。纥单贵战败逃跑，王聃恐惧，便打开城门投降。不久，朝廷传下圣旨征调杨素回去。起初，杨素将要出征时，曾经计算好日期击破贼兵，结果都与他所预料的一样，因此隋炀帝杨广便任命杨素担任并州道行军总管、河北道安抚大使，带领几万将士去讨伐杨谅。

杨谅刚起兵时，王妃的哥哥豆卢毓担任王府主簿，苦苦进谏，却不被采纳，于是私下告诉他的弟弟豆卢懿说："我一个人骑马返回朝廷，自然可以免掉祸患，但这只是为自己打算，不是为国家考虑，不如暂且伪装依附他，以便慢慢窥伺合适的机会。”豆卢毓是豆卢勣的儿子。豆卢毓的哥哥显州刺史豆卢贤告诉隋炀帝杨广说：“我的弟弟豆卢毓平时就坚守志节，必定不会跟着作乱，只是被凶人的威势所胁迫，自己不能顺遂如意罢了，臣请跟从军队，与豆卢毓里应外合，这样，杨谅是不值得忧虑的。”隋炀帝杨广答应了。豆卢贤暗中派遣家人送达敕书到豆卢毓的居所，与他计划商议。

杨谅离开并州城，准备前往介州，命令豆卢毓与总管属朱涛留守。豆卢毓告诉朱涛说：“汉王叛乱，很快就将失败，我们怎能坐以待毙，对不起朝廷呢？我们应该出兵抵抗。”朱涛惊讶地说：“汉王以大事相托，怎么能说这种话？”因此拂袖而去，豆卢毓追去将他杀了。豆卢毓又将皇甫诞从狱中放出来，与他协商计议，又与开府仪同三司宿勤武等人，关闭城门抵抗杨谅。部署还没有周全，就有人禀告杨谅，杨谅立即加以袭击。豆卢毓看到杨谅到达，骗他的部属说：“这是贼兵。”杨谅进攻城南门，稽胡驻守南城，不认识杨谅，拿箭射他，箭像下雨一般落下；杨谅改攻西城门，防守的军兵认识杨谅，就打开城门让他进来，豆卢毓、皇甫诞都战死。

綦良进攻慈州刺史上官政，没有攻克，便带兵进攻代理相州事务的薛胄，又没有攻克，于是从滏口进攻黎州，阻断白马津。余公理从太行直奔河内，隋炀帝杨广派右卫将军史祥担任行军总管，屯军在河阴。史祥告诉军兵说：“余公理轻率又无计谋，倚仗人多而骄傲，很容易就可以击败他。”余公理镇守河阳，史祥在南岸准备船只，余公理便聚集兵力抵抗他。史祥选拔精锐军兵在下流暗中渡河，余公理听了，领军抵抗他，在须水交战。余公理还没有排成战阵，史祥就乘机进攻，大败余公理。史祥率军向东前往黎阳，綦良的军队没有作战就溃逃了。史祥是史宁的儿子。

隋炀帝杨广要调动幽州军队，怀疑幽州总管窦抗有叛乱的心意，询问杨素谁能取代窦抗，杨素举荐前任江州刺史渤海人李子雄，隋炀帝杨广便任命李子雄为上大将军，拜为广州刺史。又任命左领军将军长孙晟担任相州刺史，调动山东军队，与李子雄一同谋划经营。长孙晟由于自己的儿子在杨谅所管辖的地方，所以向隋炀帝辞谢，隋炀帝杨广说："你考虑国家是如此深远，必定不会因为儿子而损害大义，朕今天交托给您，您不要辞谢。"李子雄驰马来到幽州，停驻在传舍，招募军兵，得到一千多人。窦抗来拜见李子雄，李子雄埋伏士兵将他抓起来。窦抗是窦荣定的儿子。

李子雄于是调动幽州军队，统共步兵与骑兵三万人，从井陉向西进攻杨谅。此时，刘建在井陉围攻戍守的将军京兆人张祥，李子雄在抱犊山下击败刘建，刘建遁逃而去。李景被围困一个多月，隋炀帝杨广诏令朔州刺史代人杨义臣去救助他。杨义臣带领两万名骑兵与步兵，夜里从西陉出兵，乔钟葵倾全力抵抗。杨义臣自己因为军兵少，将军营里所有牛、驴集中起来，统共几千头，又下令几百名士兵每人持拿一个鼓，暗中驱使牛、驴，躲藏在山谷中。下午三时左右，杨义臣又与乔钟葵交战，两军刚刚交战，立即命人驱赶牛、驴快速前进，一起击鸣战鼓，尘土弥漫空中，乔钟葵的军队不知实情，认为是敌人埋伏的军兵发动了，因此溃散奔逃；杨义臣进军攻击，击败他们。晋、绛、吕三州都由杨谅的部队驻城防守，杨素各用两千人牵制，然后离开。杨谅派遣他的将军赵子开带领十余万军士，在路途上设置栅栏，断绝通路，屯兵驻守高壁，布列军阵，长达五十里。杨素命令众将将军队开往那里，自己则率领突击军队暗中进入霍山，沿着崖谷进军。杨素在谷口安营，自己坐在营外，让军司马到军营里选拔三百人留下来驻守军营，战士担忧北方军队强大，不愿交战，多愿守营，因此耽误了时间。杨素追问原因，军司马据实回复，杨素立刻召集所留下的三百人从军营出来，全都处死；再命令选拔留下的人，此时大家都不愿意留下了。杨素于是率领军队快速前进，到达杨谅军队的北边，直接指向他们的营区，擂鼓放火；杨谅军队不知所措，相互蹂躏践踏，伤亡几万人。杨谅所任命的介州刺史梁修罗驻守介休，听闻杨素到达，弃城逃跑。

杨谅听闻赵子开战败，十分害怕，自己率领将近十万名将士，在蒿泽对抗杨素。碰巧下了大雨，杨谅想要率军回去，王頍进谏说："杨素孤军远征，军兵战马都已疲惫，大王亲自率领精锐的军队去攻击，看情势必定能够成功。现在看到敌人而退走，向人表示胆怯，打击军兵的斗志，增强了杨素军队的气势，希望大王不要撤退。"杨谅不采纳他的意见，退兵驻守清源。

王頍对他的儿子说："局势实在不好，军队必定会失败，你要跟随我。"杨素进兵攻打杨谅，将他打得大败，俘虏了萧摩诃。杨谅退兵保守晋阳，杨素进军围攻，最终杨谅势穷力绌，请求投降，而其余的党羽也全部扫平。于是隋炀帝杨广派遣杨约送来亲手写的诏令慰问杨素。而王頍预备逃奔突厥，逃到山中，道路断了，知道必定不能免难，告诉他的儿子说："我的谋略不比杨素少，但是由于言论不被采纳，才弄到如此地步，不能坐着被人俘虏，招致胆怯无能的骂名，我死了之后，你要小心，不要拜访亲戚故旧。"于是自杀身死，儿子把他安葬在石窟里。他的儿子好几天没有东西吃，于是去造访他的老朋友，竟然被俘虏了，同时找到王頍的尸首，将他在晋阳枭首示众。

群臣上奏汉王杨谅应当处死，隋炀帝杨广不答应，只除掉他的爵名，成为普通百姓，并断绝他宗属的簿册，最终被幽禁而死。杨谅所管辖的官吏人民，因为牵连而被处死、迁移的，有二十多万家。起初，高祖杨坚与独孤后彼此十分恩爱尊重，发誓不会有不同母亲所生的儿子，曾经对群臣说："前代的君王，沉溺于宠爱的姬妾，嫡子庶子相互分立争夺，于是有废掉太子的事，险些灭亡国家；朕没有别的妃嫔，五个儿子只有一位母亲，可以说是真兄弟了，哪里会有这个担忧呢？"隋文帝杨坚又鉴于周代各王力量微小，所以让各个儿子分别驻守大的藩镇，独当一面，权力与皇室相当。却没想到到了他晚年，父子兄弟相互猜忌，五个儿子都没有享尽天年就死去。

◆臣司马光说：以前辛伯进谏周桓公说："内宫妃嫔的宠幸与皇后相当，朝廷所宠爱的佞臣并参国政，嬖幸的庶孽与嫡子并列，大都城与

国都相等，是祸乱的根源。”人君假如真的能够谨慎这四件事，祸乱怎么会发生呢？隋高祖只知晓嫡子庶子会发生争夺，孤弱的人容易受侵害，却不知晓势力地位相同、接近，就算是同一母亲的至亲兄弟，也不可能不产生互相倾轧争夺的祸事。按照辛伯的话看来，隋高祖只是晓得其中的一项，却忽视了其他的三项啊！◆

冬季，十月，己卯日（十六日），隋炀帝杨广在太陵埋葬文皇帝，庙号称作高祖，与文献皇后同叫文地，却不同墓穴。

隋炀帝杨广下诏除去妇人、奴婢、部属的课役，男子二十二岁才成为丁壮。

章仇太翼告诉隋炀帝杨广说：“陛下的命相属木，雍州是破木的要冲，不宜长久居住。又谶言说：‘修复洛阳，回复晋朝的天下。’”隋炀帝杨广认为很对。十一月，乙未日（初三），隋炀帝杨广临幸洛阳，留下晋王杨昭驻守长安。杨素由于著有功劳，隋炀帝杨广任命他的儿子杨万石、杨仁行、侄子杨玄挺担任仪同三司，赏赐丝帛五万匹、绮罗一千匹、杨谅的妓妾二十人。

丙申日（初四），隋炀帝杨广调动丁男几十万人挖掘壕沟，从龙门向东连接长平、汲郡，抵达临清关，渡过黄河直到浚仪、襄城，直达上洛，来设置关防。

壬子日（二十日），陈叔宝去世，隋炀帝杨广赠封他为大将军、长城县公，谥号为炀。

癸丑日（二十一日），隋炀帝杨广下令在伊洛建立东京，同时说：“宫室的建制，原本是为方便而产生的，现在所营建构造的，务必要省约节俭。”

蜀王杨秀获罪时，右卫大将军元胄因为与他交往，连坐获罪被除去官爵，很长时间不能更调。此时慈州刺史上官政因事获罪，被流放岭南，将军丘和由于蒲州没有守住，被除掉官爵，元胄与丘和有旧交，一次酒喝得有些酣醉，对丘和说：“上官政是一位壮士，现在流放岭南，会不趁机举大事吗？”因而自己拍打着腹部说：“假如是此公，是不会无所作为的。”丘和上奏这件事，元胄竟然坐罪而死。于是朝廷征调上官政担任骁卫将军，任命丘和担任代州刺史。

炀皇帝上之上

大业元年（乙丑，公元605年）

春季，正月，壬辰朔日（初一），隋炀帝杨广大赦天下，改年号为大业。

隋炀帝杨广册立妃子萧氏为皇后。

隋炀帝杨广废除各州的总管府。

丙辰日（二十五日），隋炀帝杨广册立晋王杨昭为皇太子。

高祖末年，朝臣中有人说林邑有许多奇特的宝物。那时天下没有什么大事，刘方刚刚平定交州，于是朝廷授刘方为驩州道行军总管，治理林邑。刘方派钦州刺史宁长真等人率领一万多名步、骑兵离开越裳，并由刘方亲自带领大将军张愻等人率领船队从比景出发，就在这个月，军队抵达林邑国的出海口。

二月，戊辰日（初七），隋炀帝杨广敕令有关官吏大量陈列金银珠宝、器物、锦彩、车马，率领杨素与征讨汉王杨谅有功的众将站在前面，派遣奇章公牛弘宣读诏令，称扬功勋，赏赐各有等级。杨素等人再拜行礼，然后离去。己卯日（十八日），隋炀帝杨广任命杨素担任尚书令。

隋炀帝杨广诏令天下都脱掉国家的丧服，只有皇上穿浅色黄衫、系黑色腰带。

三月，丁未日（十七日），隋炀帝杨广诏令杨素与纳言杨达、将作大匠宇文恺营建东京，每月的丁役有二百万人，另外迁移洛州城里的居民与各州富商、大贾数万户用以充实东京。废掉二崤道，开通葼册道。

戊申日（十八日），隋炀帝杨广下诏说：“采听百姓言论，虑及百姓，才能明白刑政的得失；现在计划巡历淮、海，视察各地的风俗。”

隋炀帝杨广敕令宇文恺与内史舍人封德彝等人修造显仁宫，南面连到皂涧，北面跨越洛水之滨。开采大江南面、五岭北面的奇特木材、珍异石头，运到洛阳；又寻找海内嘉美的树、珍奇的草与珍贵奇异的禽兽，来充实园囿花圃。辛亥日（二十一日），隋炀帝杨广任命尚书右丞皇甫议调动河南、淮北各郡百姓，前后一百多万，开挖通济渠。从西面的城苑，引导谷、洛的河水直到黄河；又从板渚引导黄河的水，通过荥泽进入汴水；又从大梁的东面引导汴水进入泗水，抵达淮河；又调动淮南十多万百姓开通邗沟，从山阳通到杨子进入长江。渠水有四十步宽，渠的旁边都修筑御道，种植柳树；从长安到江都，设立四十多个别宫。庚申日（三十日），隋炀帝杨广派遣黄门侍郎王弘等人前去江南制造龙舟与杂用的船只几万艘。东京的官员督导劳役严厉急切，丁役死的有十分之四五，管理事务的官员，用车子装载死去的丁役，东面到城皋，北面到河阳，满路都是。又在东京修建天经宫，四季祭祀高祖。

林邑王梵志，派军防守险要地方，刘方将他击败赶走。部队渡过阇黎江，林邑的军兵乘坐大象，从四面来到。刘方交战失利，于是挖了许多小坑，拿草覆盖在上面，命士兵去挑战，等到一作战，便假装战败，林邑人追赶他们，大象大多陷入坑内跌倒，彼此惊慌害怕，部队因此混乱。刘方用箭射大象，让大象退走，践踏林邑的阵地，然后派精锐军队去进攻，林邑因此大败，被俘虏与杀头的有一万人。刘方率军追赶，多次作战都获得胜利，路经马援所铸铜柱的南方，八天就到达他们的国都。夏季，四月，梵志放弃城池，逃入海中。刘方进入城池，得到十八个庙主，全是铸金做成的。刘方刻石记述功绩返回。军兵因为脚肿，死了十分之四五，刘方也患了疾病，死在路上。

起初，尚书右丞李纲几次由于意见不同，忤逆了杨素与苏威，杨素举荐李纲给隋高祖，担任刘方的行军司马。刘方迎合杨素的心意，凌辱他，几乎至死。军队凯旋，很长时间不予迁调，苏威又派遣李纲到南海担任接应林邑的使者，又很长时间不召他回来。李纲自己返回奏事，苏威就上奏弹劾李纲私自离开任所，将他交给司法官员审问；适逢大赦，被解除了官职，李纲于是摒绝人事，住在鄠县。

五月，朝廷修筑西苑，周围有二百里；内部挖成湖海，周围有十多里；筑成蓬莱、方丈、瀛洲几座山，高出水面一百多尺，楼台殿阁，如同星罗棋布地建造在山上，三座山的前前后后做得好像神山一样。北面有龙鳞渠，环绕着注入海内。沿着河渠建造十六处宫院，大门都面临着河渠，每院命一个四品夫人负责管理，殿堂楼观，极为华丽奢靡。宫里的树在秋冬凋落了，就剪彩带当作华叶，点缀在树枝上，颜色变了，就换成新的，经常像阳春一样。池沼里也剪彩带做成菱角、荷叶，隋炀帝杨广乘车前来游玩，就除去冰凌，将剪制的荷芰菱芡布裹在里面。十六院争相以食物的精美互较高下，以求得隋炀帝杨广的恩宠。隋炀帝杨广喜欢在有月亮的晚上与几千名宫女骑马游西苑，制作《清夜游曲》，在马上演奏。

隋炀帝杨广对待诸王，十分薄情寡恩，颇多猜忌，滕王杨纶、卫王杨集心里感到畏惧忧虑，就唤来术士询问吉凶，并设坛祈福。有人告发他们心存怨恨，诅咒别人遭遇凶事，主管司法的官吏因而奏请处决他们；秋季，七月，丙午日（十八日），隋炀帝杨广下令免去他们的官爵，成为普通百姓，迁移到边远郡城。杨纶是杨瓒的儿子；杨集是杨爽的儿子。

八月，壬寅日（十五日），隋文帝杨广临幸江都，从显仁宫出发，王弘派龙舟迎接。乙巳日（十八日），隋炀帝杨广坐小的红色船，从漕渠离开洛水进入黄河河口，坐上龙舟。龙舟共有四层，高四十五尺，长二百丈。上层有正殿、内殿、东西朝堂，中间两层有一百二十个房间，都拿金玉装饰，下层是内侍所居住的地方。皇后乘坐翔螭舟，规模稍为小一些，而装饰则没有区别。另外有浮影（快速的船）九艘，三层，都堪称水中宫殿。又有漾彩、朱鸟、苍螭、白虎、玄武、飞羽、青凫、陵波、五楼、道场、玄坛、楼船、板艙、黄篾（以上都是船名）等几千艘，供后宫、诸王、公主、百官、僧、尼、道士、蕃客等乘坐，也用来装载朝廷内外百官所使用的东西。单单用来挽船的人就有八万多，其中拉漾彩以上船只的纤夫有九千多人，称作殿脚（挽水殿的脚夫），都用彩布锦缎为袍。又有平乘、青龙、艨艟、艚艟、八棹、艇舸（都是船名）等几千艘，都由十二名兵士乘坐，同时装载帐幕兵器，全由士兵自己挽引，不配给脚夫。前后舳舻相接，长达二百余里，灯火照耀河面及两岸陆地，骑兵在两岸护卫行走，军旗遍布原野。所路过的州县，五百里以内的地方都下令贡献食物，多的甚至需要州县用一百辆车来载运，极尽水陆珍奇物品，等到后宫吃得饱足，将要出发时，未吃完的食物大多丢弃掩埋。

契丹侵犯营州，隋文帝杨广诏令通事谒者韦云起监领突厥的军队前去征讨，启民可汗调动骑兵两万人，接受他的节制。韦云起将军队分为二十个军营，四路一齐前进，每营距离一里，不能相互混杂，听到鼓声就前进，听到角声则停止。假如不是因公派遣出去，不能骑马疾行，并再三叮嘱，击鼓就前进。有个纥干（突厥的小官）违背约定，就将他杀了，并拿着他的首级四处示众。因此突厥的将帅进入拜见，全都跪着前行，两腿发抖，不敢抬起头看。契丹原本是事奉突厥的，没有猜疑的心理。韦云起已经进入契丹的境内，叫突厥欺骗说是要前往柳城，与高丽做生意，假如有人敢泄露实情就要处死。契丹果真没有防备，在距离契丹军营五十里时，突厥快骑进兵袭击，俘虏了他们的全部男女共四万人，把男人都杀死，将女子与畜产的一半赏赐给突厥，其余的全部带回。隋炀帝杨广大为高兴，聚集百官说："韦云起借突厥人平定了契丹，兼具文武才能，朕今天要亲自提拔他。"于是擢拔韦云起担任治书侍御史。

起初，西突厥阿波可汗被叶护可汗所俘获，西突厥国人拥立鞅素特勒的儿子，他就是泥利可汗。泥利可汗死了，他的儿子达漫继承汗位，号称处罗可汗。他的母亲向氏，原本是中国人，改嫁给泥利可汗的弟弟婆实特勒。开皇末年，婆实特勒与向氏入朝，遇到达头叛乱，于是留居长安，住在鸿胪寺。处罗多居住在乌孙的旧地，安抚统御，违背正道，国人有很多起来叛乱，又被铁勒所困。铁勒是匈奴人的后裔，族类最多，有仆骨、同罗、契苾、薛延陀等部落，他们的酋长都号为俟斤。

族姓虽然不同，但都通称为铁勒，大抵与突厥人的习俗相同，以抢掠作为生计，没有大君长，分别属于东、西两突厥。这一年，处罗率军攻打铁勒各部，加重他们的租税，又猜忌薛延陀，担心他发生变故，集合他们的几百名酋长，将他们全都杀了。因此铁勒都一一背叛，一起拥立俟利发俟斤契苾歌楞为莫何可汗，又拥立薛延陀俟斤字也咥为小可汗，与处罗交战，多次将他打败。莫何强毅勇敢，超过一般人，深得众人拥戴，让邻国感到畏惧，于是伊吾、高昌、焉耆全都先后归顺他。

大业二年(丙寅，公元606年)

春季，正月，辛酉日(初六)，东京修造完成，进升将作大匠宇文恺为开府仪同三司。

丁卯日(十二日)，隋炀帝杨广派遣十名使者一同巡视州县。

二月，丙戌日(初一)，隋炀帝杨广诏令吏部尚书牛弘等人商量制定舆服、仪卫制度。并且任命开府仪同三司何稠担任太府少卿，让他负责制造，送往江都。何稠智虑精深细巧，博览典籍图书，参照古今式样，多方增减：衣衮冠冕画上日、月、星、辰，皮弁用漆纱制成；又制作朝会所用三万六千人的黄麾仪仗，以及君主的车驾坐舆、皇后的仪仗、百官的朝服，无不力求隆盛华美，以满足隋炀帝的心意；并且督责州县呈送羽毛，于是百姓设法捕捉禽兽，罗网遍及水陆各地，有能作为羽毛饰品用途的禽兽，都捕捉殆尽。乌程有一棵高树，高度超过一百尺，旁边没有攀爬的树枝，树上有鹤的巢穴，人们想要取得鹤的羽毛，无法上去，于是砍伐树根；老鹤害怕伤了小鹤，自己拔掉氅毛丢到地上，当时有人称作吉瑞的征兆，说："天子修造羽饰的仪仗，连鸟兽都自动献出羽毛。"参加劳役的有十万多人，花掉的金银钱帛多得用亿来计算。隋炀帝杨广每次出游临幸，仪仗塞满街道，连接二十多里。三月，庚午日(十六日)，隋炀帝杨广从江都出发；夏季，四月，庚戌日(二十六日)，从伊阙摆开天子的车驾，备有一千辆车乘，一万名骑兵，进入东京。辛亥日(二十七日)，隋炀帝杨广御驾端门，举行大赦，免除天下百姓当年的租税。规定五品以上文官乘坐车子，上朝穿弁服，戴玉佩；武官的马勒加上白色的海螺作为装饰，戴包头巾，穿着骑马专用的衣裤。文物的隆盛，近代没有能比得上的。

六月，壬子日(二十九日)，隋炀帝杨广任命杨素担任司徒；加封豫章王杨暕为齐王。

秋季，七月，庚申日(初八)，制定百官不能凭借考核功过来升迁，一定要德行、功业、才能都十分显著，才可以进升。

隋炀帝杨广十分吝惜名分地位，群臣应该提升职等的，大多命令兼摄代理；虽有缺额，却保留而不予以补足。当时牛弘是吏部尚书，无法单独行使他的职权，隋炀帝另外敕令纳言苏威、左翊卫大将军宇文述、左骁卫大将军张瑾、内史侍郎虞世基、御史大夫裴蕴、黄门侍郎裴矩联合管理选拔人才，当时的人把他们称作"选曹七贵"。虽然七个人一同在座，但是用和不用的权柄，由虞世基一人掌握，他接受钱财的贿赂，贿赂多的人，所得的官职就超过同辈，不贿赂的人，只记录他的资格罢了，而不予以升迁。裴蕴是裴邃的堂曾孙。

元德太子杨昭从长安前来朝见，几个月后，将要回去了，请求稍微停留一些时日，隋炀帝杨广却不答应。他叩拜请求了数次，因为身体本来就十分肥胖，以致过于劳累而引发疾病，在甲戌日(二十二日)去世。隋炀帝杨广悲哭，只有几声就停了，不久就命令女伎演奏音乐，与平日没有什么不同。

楚景武公杨素，虽然立有大的功勋，但也特别受到隋炀帝杨广的疑忌，隋炀帝杨广表面对他十分礼遇，而内心却非常苛薄。太史说大隋的境内会有大的丧事，因而迁徙杨素为楚公，意思是说楚与隋同分天下，想要拿他来抵挡。杨素生了重病，隋炀帝杨广每次都下令名医去诊治，赏赐上等的药材，却暗中询问医生，常常担心他不会死。

杨素也知晓自己名位已到了极点，不肯吃药，也不细心调养，告诉他的弟弟杨约说："我哪里需要再活下去呢？"乙亥日（二十三日），杨素病逝，追赠太尉公、弘农等十郡太守，葬送的礼赐十分隆盛。

八月，辛卯日（初九），隋炀帝杨广封皇孙杨倓为燕王、杨侗为越王、杨侑为代王，他们都是杨昭的儿子。

九月，乙丑日（十四日），隋炀帝杨广立秦孝王的儿子杨浩为秦王。

隋炀帝杨广因为隋高祖末年法令太苛刻严峻，于是在冬季十月，诏令修改法令。

朝廷在巩县东南原野上设立洛口仓，修筑仓城，周围二十多里，开挖三千个地窖，每个地窖能够容纳八千石以上粮食，并设立监督官员及镇守兵士一千人。十二月，朝廷在洛阳城北七里设立回洛仓，仓城周围十里，开挖了三百个地窖。

起初，齐温公高纬在位时，有鱼龙、山车等戏，称作散乐，周宣帝时，郑译奏请征用。隋高祖接受禅位，下令牛弘制定音乐，不是正声清商与九部、四舞的色样，全都遗弃。

隋炀帝杨广由于启民可汗将要入朝，想向他夸耀隋朝的安乐富庶。太常少卿裴蕴便迎合旨意，奏请搜罗天下周、齐、梁、陈的乐家子弟都编为乐户；而六品以下的官员以至于庶人，有精通音乐的都隶属太常。隋炀帝杨广采纳了他的意见。因此四方的散乐，大量聚集东京，在芳华苑积翠池旁让人观赏。有舍利兽先来跳跃，将衢道激满了水，鼋鼍、龟鳖、会泅水的人、虫鱼，遍及地上。又有鲸鱼喷雾蔽天，一下子变成黄龙，长七八丈。又有两个人头顶竹竿，上面有人跳舞，迅速地腾跳而过，左右交换地方。又有神鳌背负山丘，魔术师口中吐火，真是变化万千，无奇不有。耍把戏的人全都穿着锦绣的绘彩，跳舞的人鸣动环佩，拿花色的羽毛做装饰；并督责京兆、河南的百姓制作衣服，使两京的丝绸因此而用光。隋炀帝杨广写了许多冶艳的篇章，命令乐正白明达编制新的乐曲唱出，声音极为哀怨。皇上非常高兴，告诉白明达说：“齐氏偏处一隅，乐工曹妙达尚且封王；我现在天下大同，正要让你显贵，你应当谨慎地涵养自己！”

大业三年（丁卯，公元 607 年）

春季，正月，朔日（初一）早晨，大量陈列文物。当时突厥启民可汗入朝，看了十分羡慕，请求沿用冠带，隋炀帝杨广不答应。第二天，又带领他的部属上了奏表，坚持请求，隋炀帝杨广大为喜悦，告诉牛弘等人说：“现在衣冠大为齐备，以致单于要解掉辫子，这是你们的功劳。”于是分别赐给他们丰厚的丝帛。

三月，辛亥日（初二），隋炀帝杨广回到长安。

癸丑日（初四），隋炀帝杨广派羽骑尉朱宽前往海中访求异地的习俗，朱宽到达流求国后返回。

起初，云定兴、阎毗由于极力讨好太子杨勇而连坐获罪，与妻子儿女都没入官府成为奴婢。隋炀帝杨广即位后，大事营造，听说他们有精密的心思，便召见他们，让他们负责这些事，并任命阎毗担任朝请郎。当时宇文述掌权，云定兴用明珠穿络的帐子贿赂宇文述，并用珍奇的衣服、新造的音乐向宇文述讨好；宇文述十分高兴，将他当成哥哥看待。隋炀帝杨广准备对四夷作战，要大量修造兵器，宇文述便举荐云定兴，说可以让他来监造，隋炀帝杨广同意了这件事。宇文述告诉云定兴说：“大哥所制造的武器兵仗，都符合陛下的心意，可是不能得到官职的原因，是长宁兄弟还没有死啊！”云定兴说：“这几个没用的东西，为什么不劝陛下将他们杀了呢？”宇文述因此上奏说：“房陵（太子杨勇被废，追封房陵王）的几个儿子，都已经成年，现在想要起兵征讨四夷，假如让他们跟随御驾，很难加以监视；假如留在一个地方，又怕不妥。进退两难，请早作处置。”隋炀帝杨广同意他的看法，于是毒杀了长宁王杨俨，分别流放他的七个弟弟到岭外，再派密使在路上将他们全都杀死。襄城王杨恪的妃子柳氏自尽殉夫。

夏季，四月，庚辰日（初二），隋炀帝杨广下令打算安抚河北，巡视赵、魏。

牛弘等修订新律完成，一共十八篇，称为《大业律》；甲申日（初六），朝廷正式颁布施行。百姓厌恶严厉苛刻的旧律已经很久了，十分喜欢仁宽的政治。后来徭役变得频繁，百姓忙于奔命，无法担负，而有关官员临时又加胁迫，以求完成任务，便不再使用法令。旅骑尉刘炫参加修订律令的工作，牛弘曾经和缓地询问刘炫说："《周礼》记载的士人多而府史少，而今令史一百倍于从前，事情减少却不能成功，这是什么缘故呢？"刘炫说："古人任用官吏，责求成绩，年末考核他们的优劣，案件不重复检验，公文不烦琐，府史的职责，只是管理重要的事情而已。现在的文案，经常考虑重复研判，假如审理不周密，虽然地隔万里，也会前去追查，时过百年，也会旧案重提。因此谚语说：'老吏抱着案牍而累死。'事情繁杂，政治衰弊，主要是这个缘故。"牛弘说："魏、齐时，令史常常悠闲自在，而今却没有空暇闲居的时间，这是什么缘故呢？"刘炫说："以前州只设置长史、司马，郡设置守、丞，县设置令，仅此而已。其余的僚属，则由长官自行征召，接受诏令，前往任所，每州不过几十人而已。现在却不这样，大小官员，都由吏部尚书加以选任，极小的事情，都要考核功过。裁减官吏不如减少事务，官吏的事情不减少，而希望轻松悠闲，怎么可能呢？"牛弘觉得他的话很有道理，却不能采纳。

壬辰日（十四日），朝廷改州为郡；改革度量衡，全部依照古制。改上柱国以下的官为大夫；设立殿内、尚书、门下、内史、秘书五省；增加谒者、司隶台、御史三台；分太府寺，设立少府、长秋、国子、将作、都水五监；又增改左、右翊卫等为十六府；废除伯、子、男的爵位，保留王、公、侯三级。

丙寅日（四月无此日），隋炀帝杨广到北方巡行；己亥日（二十一日），隋炀帝杨广暂停在赤岸泽。五月，丁巳日（初九），突厥启民可汗派遣他的儿子拓特勒来朝见。戊午日（初十），隋炀帝杨广调动河北十多郡的丁男开凿太行山，抵达并州，用来开通御行的大道。丙寅日（十八日），启民可汗派他的侄子毗黎伽特勒前来朝见。辛未日

(二十三日),启民可汗派遣使者请求亲自入塞奉接御驾,隋炀帝杨广没有答应。

起初,隋高祖接受禅位,只设立四个亲庙,在同一殿堂里,只是房间不同而已。隋炀帝即位,命令有关官员议订七庙仪制。礼部侍郎摄理太常少卿许善心等人,上奏请求为太祖、高祖各立一个殿,依照周代文、武两个祖庙,与始祖成为三座祖庙,其余的分开房室来祭祀,按照更迭毁废的方法,后代每添一主,就将最先的一祖撤去,永远保持七庙之数。于是,有关官吏请求依照先前的建议,在东京设立宗庙。隋炀帝杨广告诉秘书监柳䛒说:"现在始祖与两个祖庙已经具备了,后代的子孙将朕放在什么地方呢?"六月,丁亥日(初十),隋炀帝杨广诏令为高祖另外建立一庙,仍旧践行月祭的礼节。后来因为正从事巡幸,最终没有建立。

隋炀帝杨广经过雁门,雁门太守丘和贡献的食物非常精美;抵达马邑,马邑太守杨廓唯独没有东西呈现,隋炀帝杨广很不高兴。于是任命丘和担任博陵太守,仍旧派遣杨廓到博陵,看丘和所献的东西作为法式。从此隋炀帝杨广所到的地方,竞相贡献食物,互比丰盛侈靡。

戊子日(十一日),隋炀帝杨广御驾暂停榆林郡。隋炀帝杨广想要出边塞炫耀武力,取道突厥境内,直达涿郡,因为担心启民畏惧惊慌,便先派武卫将军长孙晟宣读旨意。启民接受诏令,召集所统率的奚、霫、室韦等国的几十位酋长聚集在一起。长孙晟看到牙帐里长了很多草,想要下令启民亲自割除,显示给各个部落看,来彰显天子的威势,于是指着帐前的草说:"这一棵草很香。"启民急忙去闻一闻,说:"这草一点也不香。"长孙晟说:"天子行幸所到的处所,诸侯亲自洒扫,清净天子车驾所经过的道路,来显示十分诚敬的心意;现在牙帐里面的青草荒芜,这不是保留香草来供御用吗?否则为什么不拔除呢?"启民可汗于是觉悟说:"这是奴的过错!奴的骨肉都是天子赏赐,有机会报效筋骨体力,哪里敢推脱呢?只由于边区的人不知晓礼数罢了，幸赖将军教诲；将军赐予恩惠，是奴的幸运。”于是启民可汗拔出佩刀，亲自割除庭中的杂草。其他贵族与各部酋长竞相效法。于是从榆林北境起，直到他的牙帐，东面到达蓟城，长三千里，宽一百步，调动全民参加劳役，开通成为御驾的车道。隋炀帝杨广得知长孙晟的计策，更加赞赏他。

丁酉日（二十日），启民可汗与义成公主来行宫朝见。己亥日（二十二日），吐谷浑、高昌都派遣使者入贡。

甲辰日（二十七日），隋炀帝杨广御临榆林城北门城楼，观赏黄河里的捕鱼情景，宴请百官。定襄太守周法尚来到行宫朝见，太府卿元寿告诉隋炀帝杨广说："汉武帝出关时，旌旗绵延千里。现在御营之外，请分为二十四军，每天分别派一军出发，相距三十里，旌旗前后相互可以望见，铙鼓的声音相互可以听见，前后遥相连接，千里相连，这也是出师的盛举。"周法尚说："不可以！军队绵延千里，有时被山川所阻隔，忽然有预料不到的事情发生，那么将四分五裂，无法收拾；再有中间的地方遭到攻击，前后都不知晓，道途漫长险阻，是很难相互救济的，虽然前有旧例，却是自取灭亡的途径啊！"隋炀帝杨广不高兴地说："卿的意思怎么样呢？"周法尚说："结成四方军阵，四面向外抵拒，六宫与百官的家属都在里面；假如有变乱发生，所面对的一方，就下令抵抗，内部调动奇兵，出外奋力进攻，用车辆作为壁垒，再安排如钩的曲阵，这与据守城池，道理有什么不同呢？假如作战获胜，抽调骑兵追击，万一不能得胜，屯据营垒自守，臣以为这是万全的策略。"隋炀帝说："好极了！"于是任命周法尚担任左武卫将军。

启民可汗又呈上奏表，认为："先帝可汗哀怜臣，赐给臣安义公主，各种物品，都没有缺乏。臣的兄弟猜忌臣，联合起来想要杀死臣。那个时候，臣想逃跑却没有地方可逃，抬头仰望只有苍天，低头俯看只有大地，一点办法都没有，因而把自身托付给先帝。先帝怜悯臣将被害死，收养了臣，使臣活命，任命臣担任大可汗，回来抚慰突厥百姓。陛下如今统御天下，还请像先帝养活臣与突厥百姓一样，使我们各种物品都无缺乏。臣承受仰戴圣主的恩惠，是言语所不能完全表达的。臣现在不是以前的突厥可汗，而是陛下的臣民，希望带领部落改换服制，完全与华夏一样。”隋炀帝杨广认为不可以这样做。秋季，七月，辛亥日（初四），隋炀帝杨广赐给启民可汗玺书，告诉他：“大漠北面还没有平静，还需出兵作战，只要存心顺服恭敬，何必要改换服制呢？”

隋炀帝杨广想向突厥夸耀，下令宇文恺做大的营帐，营帐里面可以容纳几千个人；甲寅日（初七），隋炀帝杨广在榆林郡城东，御坐大帐里面，准备仪卫，宴请启民可汗与他的部落，表演各类歌舞节目。各个胡族惊骇喜悦，竞相贡献牛羊驼马达数千万头。隋炀帝杨广赏赐启民可汗丝帛两千万匹，他的部属也有不同的赏赐。又赏赐启民可汗路车乘马，鼓吹旌旗，在参拜君王时，不必自呼姓名，爵位在诸位侯王以上。

隋炀帝杨广又诏令调动丁男一百多万人去修筑长城，西面抵榆林，东面到紫河。尚书左仆射苏威劝谏，隋炀帝杨广不听，共修筑二十天而完成。隋炀帝杨广征调百戏玩乐时，太常卿高颎进谏，隋炀帝杨广不听。高颎退下，告诉太常丞李懿说：“周天元（即周宣帝）由于喜爱玩乐而亡国，这个失败的教训为时没有多远，怎么能够再如此呢？”高颎又因隋炀帝杨广对待启民可汗太过优厚，告诉太府卿何稠说：“这个奴虏很知道中国国势的虚实、山川形势的险易，担心会成为后患。”又告诉观王杨雄说：“近来朝廷非常没有纲纪。”礼部尚书宇文弼私下告诉高颎说：“拿今天与周天元的奢侈比较，不是更严重吗？”又说：“长城的劳役，实在不是紧要的事务。”光禄大夫贺若弼也私下议论宴请可汗太过奢侈。这些议论全部被人上奏。隋炀帝杨广认为是在谤毁朝政。丙子日（二十九日），高颎、宇文弼、贺若弼都坐罪被诛杀，高颎的几个儿子流放边远地区，贺若弼的妻子儿女没入官府成为奴婢。事情牵连了苏威，也坐罪被免除官职。高颎有文武两方面的才能，通晓世务，自从承受重任以后，竭尽诚心，坚守节操，选拔一些贞干贤良的人，将治理天下当作自己的责任；苏威、杨素、贺若弼、韩擒虎都是高颎所举荐的，其他立功立事的人，更是多得数也数不清。高颎在朝掌权将近二十年，朝廷上下推重佩服，大家全都没有异议，海内财富丰裕，人口增多，是高颎的功劳。等到高颎死时，天下人没有不悲伤的。起初，萧琮由于皇后的缘故，很受敬重亲近，任职内史令，改封为梁公，宗族近亲，都依才能提拔进用，很多萧姓的兄弟，布列于朝堂。萧琮性格清澹雅致，不以职位俗事为念，身虽在羁旅之中，看到北方的豪族贵人，毫不屈卑折降。与贺若弼友善，贺若弼被诛杀后，又有童谣说："姓萧的又要兴起了。"隋炀帝杨广因此疑忌，将他废除在家里，不久就去世了。

八月，壬午日（初六），隋炀帝杨广御驾从榆林出发，经过云中，逆流而上金河。此时天下太平，各种货物都十分丰裕，军兵有五十多万，马十万匹，旗帜车辆，千里不绝。隋炀帝杨广命令宇文恺等人建造观赏风景的行殿，上面能容纳侍卫几百人，它既能拆开又可以复合，下面施用轮轴，能够很快地加以移动。又建造活动的城堡，周长二千步，用木板做支干，拿布包裹起来，以丹青藻绘，里面城楼与望远楼全部具备。胡人惊为神工，每次在十里以外的地方望见御用营帐，便弯膝磕头，没有人敢骑在马上。启民可汗恭奉庐帐来等待车驾；乙酉日（初九），隋炀帝杨广临幸他的庐帐，启民可汗恭奉酒杯向隋炀帝杨广祝贺长寿，跪伏在地上，非常恭敬；王侯以下官员，在帐前袒衣割肉，没有人敢抬头看。

隋炀帝杨广大为喜悦，吟诗说："呼韩邪用头叩地而至，匈奴屠耆接连而到；汉朝天子算什么呢？只能上单于台，北望匈奴罢了！"皇后也临幸义成公主营帐。隋炀帝杨广赏赐启民可汗与公主各一个金瓮，以及一些被褥衣服锦彩，特勒（官名）以下，也接受不同的赏赐。隋炀帝杨广返回，启民可汗跟随入塞，己丑日（十三日），隋炀帝杨广让启民可汗回国。

癸巳日(十七日),隋炀帝杨广入楼烦关;壬寅日(二十六日),隋炀帝杨广抵达太原,诏令驻在晋阳宫。隋炀帝杨广告诉御史大夫张衡说:"朕想要造访您的宅第,您可做主人来款待朕。"张衡因而预先快骑到河内,准备牛酒。隋炀帝杨广直上太行,开道九十里,直抵张衡居住的地方。九月,己未日(十三日),隋炀帝杨广抵达济源,临幸张衡的宅第。隋炀帝杨广喜欢那里的山泉,留下来欢宴三天,赏赐十分优厚。张衡又呈献食物,隋炀帝杨广下令颁赐公卿,下及卫士,没有不沾圣恩的。己巳日(二十三日),隋炀帝杨广抵达东都。

壬申日(二十六日),隋炀帝杨广任命齐王杨暕担任河南尹;癸酉日(二十七日),隋炀帝杨广任命民部尚书杨文思担任纳言。

冬季,十月,隋炀帝杨广敕令河南各郡选送一户擅长伎艺的人家,加上东都的三千多家,在洛水南方设立十二个坊邑来安置他们。

西域的许多胡人到张掖做生意,隋炀帝杨广派吏部侍郎裴矩负责管理。裴矩知晓隋炀帝杨广喜欢远略,各国做生意的胡人到来,裴矩便请求他们带路访问各国的山川风俗,君王与庶人的仪表服饰,撰成《西域图记》三卷,一共记述四十四国,入朝上奏。同时另外编制地图,穷尽各地的山川险要,从西倾山以西,纵横绵延,将近二万里,从敦煌出发,抵达西海,一共三条道路,北路从伊吾,中路从高昌,南路从鄯善,一同在敦煌聚合。裴矩还说:"凭借国家的威德,将士的雄壮骁勇,渡过濛汜,翻越昆仑,易如反掌。只是突厥、吐谷浑分别控制羌人、胡人的国家,被他们从中阻遏,所以朝贡不能通畅。现在他们都通过商人暗中送达诚意,翘首以盼,希望成为大隋的臣民。假如使他们归服,加以安抚,促使他们安定和睦,我中华只需派遣使者,不必兴师动众,那些蕃属就会归服大隋,之后,吐谷浑、突厥就可以消灭。一统戎狄、华夏,就在此时吧!"隋炀帝杨广大悦,赏赐丝帛五百匹,每天引裴矩到自己的御座,亲自询问西域的事情。裴矩极尽其言,说"胡人中间有许多不同的珍宝,吐谷浑很容易就能吞并"。隋炀帝杨广因此非常羡慕秦皇、汉武的功业,将能通西域作为快事；将经略四方夷狄的事情，全部委托给裴矩。隋炀帝杨广任命裴矩担任黄门侍郎，又派他前往张掖，招引各个胡族，用利益来满足他们，劝诱他们入朝。从此西域的胡人相继往来，所途经的郡县，疲于迎来送往，损耗的钱财以亿计算，最终使得中国疲困凋敝，以至于灭亡，这都是裴矩一手造成的。

铁勒人侵犯边境，隋炀帝杨广派遣将军冯孝慈从敦煌出兵进攻，没有取胜。铁勒不久派使者谢罪，请求归降；隋炀帝派裴矩前去安抚慰问。

资治通鉴卷第一百八十一　隋纪五

起戊辰(公元 608 年),止壬申(公元 612 年),共五年。

【题解】本卷记录了公元 608 年至 612 年间的史事。当时正值隋炀帝大业四至八年。这五年中,隋炀帝杨广对内大兴土木,极尽奢华,扩建东都、洛阳宫、江都宫、汾阳宫,耗费了大量的人力、财力,超出了百姓所能承受的范围。对外大举征伐,除大业六年没有战事外,其他年间均生战事。其间招抚西突厥;出兵讨伐伊吾;南通赤土;御驾亲征吐谷浑;又举国动员出兵高丽,高丽未灭,却使隋朝百姓不堪忍受暴政而产生暴乱,同时隋朝的统治上层也离心离德,使国家陷入分崩离析的境地。隋炀帝杨广的暴政使隋朝由极度强盛走向没落。

炀皇帝上之下

大业四年(戊辰,公元 608 年)

春季,正月,乙巳日(初一),隋炀帝杨广诏令调动河北各军一百多万人开凿永济渠,引沁水向南抵达黄河,向北通到涿郡。丁男不足供给,开始用妇人充役。

壬申日(二十八日),隋炀帝杨广任命太府卿元寿担任内史令。

裴矩听闻西突厥处罗可汗思念他的母亲,便请求派遣使者招抚他。二月,己卯日(初五),隋炀帝杨广派遣司朝谒者崔君肃携带诏书去晓谕抚慰。处罗可汗看到崔君肃十分高傲,接受诏命时坐着不肯起来拜谢,崔君肃便说:“突厥原本是一个国家,却分为两个,每年作战,经过几十年仍然不能将对方消灭,很明显可以看出彼此是势均力敌的。但是启民可汗带着他的部落一百万人,屈身谦卑,入朝成为天子的臣子,原因是什么呢?正由于他十分痛恨可汗,无法独自制服，想要向大国借用军兵，一同消灭可汗罢了。群臣都想要应允启民可汗的请求，而皇帝也已经同意，看着很快将会出兵了。但是可汗的母亲向夫人担心西突厥的灭亡，日夜守在宫阙，哭泣哀求，爬着跪着谢罪，请求派遣使者召唤可汗，命令可汗入朝归附。天子哀怜她，所以又派使者到这里。现在可汗竟然这样傲慢，那是向夫人蒙骗圣主，必定会将她陈尸于京都的市街，将她的首级传送到启民可汗的宫廷。调动大隋的兵力，帮助东突厥的军队，让两国的军队相互辅助呼应，来攻打可汗，不久就会将可汗灭亡！为什么吝惜两个跪拜的礼仪，断送慈母的性命，爱惜称臣的一句话，让国家成为废墟呢？”处罗可汗非常惊讶地站起来，流着眼泪再拜，跪着接受诏命，于是派遣使者跟从崔君肃入朝进贡汗血马。

三月，壬戌日（十九日），倭王多利思比孤进贡，送信给隋炀帝杨广说：“日出地方的天子送信给日落地方的天子，问候近来安好。”隋炀帝杨广看了，很不高兴，告诉鸿胪卿说：“蛮夷的书信凡是无礼的，无需再拿给朕看。”

乙丑日（二十二日），隋炀帝杨广御驾临幸五原，顺便出塞巡察长城，行宫设立六合板城，以枪车来装载。每次暂停驻扎，就将车辕向外作为外围，里面包裹铁菱；其次施用弩床，全都插以钢锥，朝向外面；上面施装能够旋转的箭弩，以绳子连接机器，人来便拉动绳子，箭弩的机器就会旋转，向触动的方向发射。它的外面又以矢矰围绕，加装铃柱、槌磬，以便知晓警讯。

隋炀帝杨广募集可以通达绝远地区的人才，屯田主事常骏等人上奏请求出使赤土，隋炀帝杨广大为高兴。丙寅日（二十三日），隋炀帝杨广命令常骏带着丝帛五千匹，用以赏赐赤土国的君主。赤土，是南海中偏远的国家。

隋炀帝杨广没有一天不修建宫室，两京与江都，花苑、园亭和宫殿虽然很多，但时日一久，厌倦反感，每次游历巡幸，左右顾盼，没有令他满意的所在，不知该去往何处才好。于是遍求天下山川地图，亲身观看，寻求风景秀丽可以修建宫苑的地方。夏季，四月，隋炀帝杨广诏令在汾州北面汾水的源头，营建汾阳宫。

起初，元德太子杨昭死了，河南尹齐王杨暕依次应当嗣立，元德太子的官兵两万多人，全都隶属杨暕，隋炀帝杨广为他精选僚官，任命光禄少卿柳謇之担任齐王长史，并且告诫他说："齐王的道德勋业都非常完美，富贵自然会聚集在家门，假如有不好的行为，罪过也会及身。"柳謇之是柳庆之的侄子。杨暕受到的宠爱恩遇，一天比一天多，百官去叩拜的，充塞在路途中间，杨暕因而变得骄纵恣肆，亲近小人，所为多是不合法令的事情。曾派遣身边的乔令则、库狄仲锜、陈智伟出去寻找美女。乔令则等人因此特别放肆骄纵，访到人家家里有美丽的女子，常常假托杨暕的命令叫出来，以车载到杨暕的府第，奸淫之后放回去。有一回库狄仲锜、陈智伟前往陇西，毒打很多胡人，责求他们献上名马，最终得到几匹，进贡给杨暕；杨暕下令还给主人，库狄仲锜等人欺骗说是齐王赏赐的，取回自己家中，杨暕完全不知晓这件事。乐平公主曾经上奏隋炀帝，说柳家的女子很美，隋炀帝杨广没有答话。后来，公主又将柳氏女子进献给杨暕，杨暕接纳了。不久，隋炀帝问公主："柳氏女子在哪里？"公主回答说："在齐王那里。"隋炀帝很不高兴。杨暕跟随隋炀帝临幸汾阳宫，举行规模宏大的田猎，隋炀帝杨广诏令杨暕率领一千名骑兵去围猎，杨暕俘获很多麋鹿进献给隋炀帝，而隋炀帝却没有什么收获，便向跟随的官吏发脾气，都说被杨暕身边的人所遏止，以致野兽不能呈献。隋炀帝于是十分生气，要搜寻杨暕的罪过。当时的制度是这样的：县令没有缘故，不能擅离境内。有一位伊阙令皇甫诩，得到杨暕的宠爱，杨暕违反禁令，把他带到汾阳宫。

御史韦德裕迎合旨意，弹劾杨暕，隋炀帝杨广命令一千多名武士去大肆搜查杨暕的宅第，尽力查究他的事情。杨暕的妃子韦氏早已经死了，杨暕与妃子的姐姐元氏私通，生下一个女孩。杨暕召令相士，命令他一个一个地去相看后宫的女子，相士指着妃子韦氏的姐姐说:“这个生小孩的会成为皇后。”杨暕由于元德太子有三个儿子，担心自己不能继立，暗中采用邪术，用诅咒去压伏他们，到这时，全部被告发。隋炀帝杨广大为生气，处死了乔令则等几人，并将杨暕妃子的姐姐赐死，又把杨暕的府官都贬斥到边远的地方。柳謇之由于不能纠正杨暕的过失，也坐罪，被除去名籍。当时赵王杨杲年纪还小，隋炀帝杨广告诉侍臣说:“朕只有杨暕一个儿子，不然的话，就应当将他在市朝行刑弃尸，来彰明国法。”杨暕从此恩宠一日比一日衰微，虽然担任京兆尹，但是不再参预朝政。隋炀帝杨广常派一名虎贲郎将监视他府中的情形，杨暕有一点点小过错，虎贲就上奏。隋炀帝杨广也常担心杨暕会发动变乱，因此安排给他的亲近臣子，都是年老体弱的，只是备充员额而已。太史令庾质，是庾季才的儿子，他的儿子是齐王的僚属，隋炀帝杨广告诉庾质说:“你不能一心奉事我，竟使你的儿子侍奉齐王，为什么要厚彼薄此?”庾质回答说:“臣事奉陛下，儿子奉事齐王，实在是一个心意，不敢有其他的想法。”隋炀帝余怒未消，将他派出去担任合水令。

乙卯日(十三日)，隋炀帝杨广下诏令说，由于突厥启民可汗遵从朝廷教化，想要变更戎夷习俗，可以在万寿戍修建城池，修造屋子，他们所需的帷帐床褥等物品，依照需要酌量给予，力求优厚。

秋季，七月，辛巳日(初十)，隋炀帝杨广调动丁男二十多万人修筑长城，从榆谷向东筑起。

裴矩说动铁勒，让他进攻吐谷浑，将吐谷浑打得大败。吐谷浑可汗伏允向东逃跑，到西平境内，派遣使者请求归降，并求派援兵;隋炀帝杨广派安德王杨雄从浇河出兵，许公宇文述从西平出兵迎接。宇文述抵达临羌城，吐谷浑担心宇文述兵力强盛，不敢归降，带领部众向西逃跑;宇文述率领军队追击，拔取曼头、赤水二城，杀死三千多人，俘虏王公以下二百人，俘获男女四千人回来。伏允向南逃到雪山，将他旧有的土地都空出来，东西四千里，南北二千里，全被隋朝占领，设立州、县、镇、戍，将天下犯轻罪的人都迁徙那里。

八月，辛酉日（二十一日），隋炀帝亲自祭北岳恒山，大赦天下。河北道郡守全都到齐，而且裴矩所招致的西域十多国也全都来助祭。

九月，辛未日（初一），隋炀帝杨广征召天下善于调习鹰隼的师傅，全部集中在东京，来了一万多人。

冬季，十月，乙卯日（十六日），隋炀帝杨广颁布新的度量衡标准。

常骏等人来到赤土境内，赤土王利富多塞派遣使者率领三十艘大船迎接，进献金制的锁链来系缆常骏的坐船，渡海一百多天，进入国境一个多月，才抵达他们的都城。他们君主住的地方、用的器物，都极为华丽珍贵，对待使者的礼数也十分优厚，并派遣他的儿子那邪迦跟从常骏入朝纳贡。

隋炀帝杨广任命右翊卫将军河东人薛世雄担任玉门道行军大将，与突厥的启民可汗联合兵力，攻打伊吾，军队离开玉门时，启民可汗还没有到来。因此薛世雄便孤军渡过大漠，伊吾起先认为隋朝的军队不能抵达，没有防范；听闻薛世雄已穿过大漠，大为恐惧，请求归降。薛世雄于是在汉代旧伊吾城的东面筑城，留下银青光禄大夫王威统率士兵一千多人戍守，然后返回。

大业五年（己巳，公元609年）

春季，正月，丙子日（初八），隋炀帝杨广改东京为东都。

突厥启民可汗前来朝贡，礼遇与赏赐更加优厚。

癸未日（十五日），隋炀帝杨广诏令天下实行均田制。

戊子日（二十日），隋炀帝杨广从东都返回西京长安。

己丑日（二十一日），隋炀帝杨广制令民间凡是铁叉、搭钩、钻刃一类的东西都禁止使用。

二月，戊申日（十一日），隋炀帝杨广车驾返回西京。

三月，己巳日（初二），隋炀帝杨广向西巡视河西；乙亥日（初八），隋炀帝杨广临幸扶风旧宅。夏季，四月，癸亥日（二十七日），隋炀帝杨广离开临津关，渡过黄河，抵达西平，陈列军阵，讲习武功，准备攻打吐谷浑。五月，乙亥日(初九)，隋炀帝杨广在拔延山举行规模盛大的田猎，所设的长围绵延二十里。庚辰日(十四日)，隋炀帝杨广进入长宁谷，翻过星岭；丙戌日(二十日)，隋炀帝杨广抵达浩亹川。由于桥没有搭好，斩杀都水使者黄亘与九名监督劳役的人。几天以后，桥完工了，才继续前进。

吐谷浑可汗伏允带领部属保卫覆袁川，隋炀帝杨广分别命令内史元寿向南驻守金山，兵部尚书段文振向北驻守雪山，太仆卿杨义臣向东驻守琵琶峡，将军张寿向西驻守泥岭，四面加以围攻。伏允带领几十名骑兵逃遁出去，派遣手下一个名王假称自己是伏允，保卫车我真山。

壬辰日(二十六日)，隋炀帝杨广诏令右屯卫大将军张定和前往抓捕。张定和藐视他们兵力少，不披戴战甲，奋不顾身地登山，吐谷浑埋伏军队将他射杀了；张定和的次将柳武建立即进攻吐谷浑，击败了他们。甲午日(二十八日)，吐谷浑仙头王惨败，带领男女十多万人前来投降。六月，丁酉日(初二)，隋炀帝杨广派遣左光禄大夫梁默等人追击讨伐伏允，战败，被伏允所杀。卫尉卿彭城人刘权从伊吾道出兵，攻打吐谷浑，抵达青海，俘虏一千多人，乘胜追赶，到了伏俟城。

辛丑日(初六)，隋炀帝杨广告诉给事郎蔡徵说："自古以来，天子就有巡狩之日；可是江东各帝大多涂抹胭脂，坐在深宫，不与百姓见面，这是什么道理呢？"蔡徵回答说："这就是他们不能享国长久的原因。"丙午日(十一日)，隋炀帝杨广到张掖。隋炀帝将要西巡时，命令裴矩告诉高昌王麴伯雅与伊吾的吐屯设等，以优厚的利益引诱，诏令他们入朝。壬子日(十七日)，隋炀帝杨广到燕支山，伯雅、吐屯设等和西域二十七个国家，都在道旁朝谒，隋炀帝杨广命他们都佩戴金玉，披戴丝锦或毛织品，焚香奏乐，歌舞欢腾。隋炀帝杨广又命令武威、张掖的仕女装扮华丽，供人观赏，凡是衣服车马有不鲜艳的，全部交给郡县加以督导改进。又安排很多车骑，周围绵延几十里，来显示中国的强大。吐屯设奉献西域几千里的土地，隋炀帝大为喜悦。癸丑日（十八日），隋炀帝杨广设立西海、河源、鄯善、且末等郡，贬谪天下的罪人当作戍卒防守这个地方。又命令刘权驻守河源郡积石镇，大量开垦屯田，抵御吐谷浑，以确保西域道路的畅通。

这时，天下共有一百九十郡，一千二百五十五县，八百九十多万户。东西有九千三百里，南北有一万四千八百一十五里。隋氏的强盛，这时达到了极点。

隋炀帝杨广认为裴矩有安绥怀柔的计谋，将他的爵位进为银青光禄大夫。从西京各县到西北各郡，都要转输物资到塞外，每年耗费要用亿万来计算；途经的路途危险遥远，又遇到敌寇的抢掠，人畜死亡不能到达指定地点的，郡县全都重新加以征收，让他们全都家破人亡。因而百姓丧失生计，西部郡县首先贫困。

起初，吐谷浑伏允可汗派遣他的儿子顺来朝贡，隋炀帝杨广留下顺，不放他回去。伏允战败逃跑，没有办法自给，带领几千名骑兵在党项做客。隋炀帝杨广立顺为可汗，送到玉门，命其统率残余部属，让吐谷浑的大宝王尼洛周担任辅佐。顺到了西平，他的部下杀了尼洛周，顺无法进入吐谷浑而返回。

丙辰日（二十一日），隋炀帝杨广临驾观风殿，准备大量文物，率领高昌王麹伯雅与伊吾的吐屯设到殿上饮宴，其他蛮夷使者在庭阶作陪的有二十多国。演奏九部乐，表演鱼龙戏，来欢庆娱乐，赏赐各有差别。戊午日（二十三日），隋炀帝杨广大赦天下。

吐谷浑拥有青海这个地方，俗传放置雌马在那里，能够得到龙种。秋季，七月，吐谷浑在青海养马，在川谷纵放两千匹雌马，希望求得龙种，后来因为没有成效而停止。

隋炀帝杨广车驾向东返回，经过大斗拔谷，山路狭窄，人马单行而出。因为风雪很大，天色晦暗，文武百官湿寒饥饿，夜深了还不能到达前面的营垒，士兵冻死的有一多半，马驴则多达十分之八九。后宫的妃子、公主，有的狼狈走失，和战士杂宿在山中。九月，癸未日(十九日),隋炀帝杨广车驾进入西京。冬季,十一月,丙子日(十三日),隋炀帝杨广又临幸东都。

民部侍郎裴蕴认为民间的方板与籍簿,脱漏户口与记注老少不实的情况很多,因此奏请查阅形貌来验老少,假如有一人不真实,执事的官员就被解除职务。又请求应允百姓纠劾一名丁壮的,命被纠劾的人家代为缴纳租税或代服劳役。这一年,各州郡计账进丁二十四万三千人,新登记的人口六十四万一千五百人。隋炀帝杨广临朝省览奏状,告诉百官说:“前代没有贤德的人才,以致如此虚假;现在户口都非常确实,这全部是裴蕴的功劳。”由此裴蕴逐渐得到亲近信任,没有多久,裴蕴就升任御史大夫,与裴矩、虞世基参与管理朝廷机密大事。裴蕴善于随时窥察人主深微的心意,隋炀帝杨广想要加罪的人,裴蕴就歪曲法律,故意判处罪刑;隋炀帝杨广想要宽恕的人,裴蕴就依照从轻的法典,加以开释。此后大小讼案,都交给裴蕴,刑部、大理都不敢与他相争,必定先行禀告,并承受他或轻或重的旨意,之后才判决。裴蕴机智善辩,口若悬河,犯人罪名的轻重,全都随他解释,各有理由,因为分析敏锐清楚,所以当时的人全都无法提出诘问。

突厥启民可汗去世,隋炀帝杨广为他罢朝三天,册封他的儿子咄吉,即位为始毕可汗。他上表请求娶庶母义成公主,隋炀帝杨广下令依照旧俗办理。

起初,内史侍郎薛道衡因为有才学而享有盛名,长期担任机要工作,隋高祖末年,薛道衡出任襄州总管。隋炀帝杨广即位,把他从番州刺史任上征召回来,想要任命他为秘书监。

薛道衡到达后,呈上《高祖文皇帝颂》,隋炀帝杨广看了,很不高兴,回头告诉苏威说:“薛道衡极力赞美前朝,这是效法《诗·小雅·鱼藻》的意思来寄托讽刺啊。”于是拜他为司隶大夫,计划治他的罪。司隶刺史房彦谦劝告薛道衡闭门谢客,要措辞卑下,声气低微,薛道衡未能采纳他的建议。恰好要商议新的法令,很长时间不能决定，薛道衡就告诉朝中的人说：“如果高颎不死的话，旧法令一定能够长久实行，无需变革。”有人将这事上奏，隋炀帝杨广生气地说：“你思念高颎吗？”于是将他交付执法官员审问。裴蕴上奏：“薛道衡自负才华，倚仗旧恩，有不将国君看在眼中的心意，把过失推给天子，随意制造祸端。论他的罪过，好像隐昧不彰；推断他的心意，确实很悖逆无道。”隋炀帝杨广说：“对！我年少时与他一起作战，他藐视我年纪小，与高颎、贺若弼等人，在外面专擅威权；等到我即位之时，内心不安，幸好天下太平无事，才没有机会叛乱。您论述他的叛逆，正能精妙地体察出他原来的心思。”薛道衡自以为所犯的不是大过错，便督请司法机关早一点决断，预想在上奏的时候，隋炀帝杨广一定会赦免他，于是命令家中的人准备酒食，用来招待来探候的宾客。等到上奏时，隋炀帝杨广下令他自尽，薛道衡万万没料到会这样，所以未能自尽。主管司法的人再次上奏，最终将他绞杀，把他的妻子儿女流放到且末。天下人都认为他冤枉。

隋炀帝杨广大规模检查军用物资，特别夸赞器物战甲的精美，宇文述因而进言：“这全是云定兴的功劳。”隋炀帝杨广就提拔云定兴为太府丞。

大业六年（庚午，公元610年）

春季，正月，癸亥朔日（初一），天亮前三刻时，有几十名盗匪，戴着白色的帽子，穿着细软的白衣，持花燃香，自称是弥勒佛，自建国门进入，监守城门的人全都向他们磕头。不久这些人便趁机夺取了卫士的兵器，准备叛乱；齐王杨暕正好遇见，将他们杀死。于是在都城内大搜索，牵连坐罪的共有一千多家。

隋炀帝杨广将所有蕃族酋长全都集合在洛阳。丁丑日（十五日），隋炀帝杨广在端门街大规模演出百戏，戏场方圆有五千步，演奏乐器的有一万八千人，声音传到几十里之外，从黄昏直到天亮，灯火的光芒映照天地；整整一个月才完结，所耗费的钱财有万万之多。从此，每年都如此。

各个蕃族请求进入丰都市集做生意，隋炀帝杨广同意了。先下令店主修饰店面，房檐、屋宇整齐划一，设置很多帷帐，珍贵的货物四处堆积，商人们衣饰盛美华丽，卖菜的人也坐在用龙须草织成的席子上。胡族的客人只要路过酒食店，全部命令店主邀请他们进店内就座，吃饱喝足就离开，不用他们付钱，并且欺骗他们说："中国物产丰富，吃饭喝酒向来是不花钱的。"胡族的客人全都赞叹惊奇。他们中间比较狡猾的人察觉了，看到用缯帛缠在树上，便说："中国也有贫穷的人，衣服不能遮蔽身体，何不将这些东西送给他们，缠在树上干什么呢？"城里的人羞愧地不能回答。

隋炀帝杨广称赞裴矩能干，告诉群臣说："裴矩十分了解朕的心意，凡是他所奏报陈述的，全是朕所预先确定的计划，在还没有公布的时候，裴矩就已经上奏了；假如不是非常尽心地忠于国家，怎么能够这样呢？"这时裴矩与右翊卫大将军宇文述、内史侍郎虞世基、御史大夫裴蕴、光禄大夫郭衍全都由于阿谀谄媚，得到宠爱。宇文述善于伺候人，举止容貌，一一迎合人意，侍卫的士兵全都向他学习。郭衍曾劝说隋炀帝杨广五天才视朝一次，说："不要仿效高祖，徒然让自己劳苦。"隋炀帝杨广更加认为他很忠心，说："只有郭衍的心意与朕一样。"

隋炀帝杨广临朝时，态度非常严肃，讲话下诏令，义理文辞都有可取；但是内心喜好声乐女色，他在两都以及到各地巡游时，经常让僧、尼、道士、女官跟从自己，称作四个道场。梁公萧钜，是萧琮弟弟的儿子；千牛左右宇文皛，是宇文庆的孙子，都得到隋炀帝宠爱。隋炀帝每日在宫苑中、亭树间，摆设丰盛的酒宴，敕令燕王杨倓与萧钜、宇文皛及隋高祖的妃嫔，坐在一个桌席，僧、尼、道士、女官坐一个桌席，隋炀帝杨广与所有宠爱的妃嫔坐一个桌席，差不多相互连接，罢朝之后就这样聚在一起。宴饮的时候相互劝进酒食，酒喝多了，男女混杂，不管什么事都做得出来，习以为常。杨氏女子中有长得美丽的，往往受到御幸。宇文皛进出宫廷禁掖，不受门禁的限制，甚至与妃嫔、公主都有丑秽的事情，隋炀帝也不加治罪。

隋炀帝杨广又派遣朱宽前去招降安抚流求，流求不归降。隋炀帝杨广派遣虎贲郎将庐江人陈稜、朝请大夫同安人张镇周，调动东阳兵一万多人，从义安渡海攻打他们。走了一个多月，抵达流求，让张镇周担任先锋。流求王渴剌兜派军迎战；张镇周多次击败他们，于是抵达他们的都城。渴剌兜亲自率军出战，又被击败，只好退入栅栏；陈稜等人乘胜攻击，杀掉渴剌兜，俘获他们的百姓一万多人返回。二月，己巳日（十三日），陈稜等人呈献流求的俘虏，隋炀帝杨广赏赐百官，加封陈稜为右光禄大夫，张镇周为金紫光禄大夫。

乙卯日（二十三日），隋炀帝杨广下诏令："近代分封诸侯过于浮滥，名器与实绩，相互乖违，自今以后只有有功勋的人才能得到赐封，仍旧能够让子孙承袭爵位。"因此原来赏赐的五等爵位，不是有功的人全都免除了。

庚申日（二十八日），隋炀帝杨广将所征调的周、齐、梁、陈的歌舞杂奏，全部配属太常，并一一设立博士弟子以相互传授，乐工多达三万多人。

三月，癸亥日（初二），隋炀帝杨广临幸江都宫。

起初，隋炀帝杨广想要大力营建汾阳宫，下令御史大夫张衡准备样图上奏。张衡利用这个机会劝谏说："最近几年徭役繁多，老百姓疲惫衰敝，希望能够留意，稍稍加以抑制减损。"隋炀帝杨广心里非常不高兴，事后眼睛看着张衡，告诉侍臣说："张衡自己以为是因为他的计划，而让我拥有了天下。"于是隋炀帝翻出齐王杨暕带领皇甫诩跟随御驾以及上次临幸涿郡祭祀北岳恒山的时候，地方父老朝拜的人，衣冠多不齐整的事情，谴责张衡作为司法官吏（张衡当时为御史大夫）而不能匡正纠举，便将他外放为榆林太守。过了很久，张衡督导劳役修建楼烦城，因为隋炀帝巡行临幸，得以进谒隋炀帝。隋炀帝怪张衡的身体没有瘦下来，认为他没有反省过咎，告诉张衡说："您十分肥胖而有光泽，还是应当回到郡里。"于是又派遣他回到榆林。没过多久，敕令张衡在江都宫监督劳役。礼部尚书杨玄感奉命出使到江都，张衡告诉杨玄感说："薛道衡真的是受冤而死的。"杨玄感将这句话上奏；而江都郡丞王世充又上奏张衡经常减少供顿的器具。隋炀帝因此十分生气，将他锁往江都闹市，准备将他斩杀。过了许久才得到释放，削除爵名成为普通百姓，放归田里。而任命王世充管理江都宫监。

王世充原本是西域的胡人，姓支氏，父亲名收，幼年时跟随他的母亲嫁到王氏，因而冒用这个姓。王世充性格诡诈，有辩才，涉猎很多经书史传，喜欢兵法，通晓律令。隋炀帝杨广几次临幸江都，王世充都能窥伺脸色，加以阿谀谄媚，并且雕饰楼台池沼，呈献奇珍异宝，因此得到隋炀帝的宠幸。

夏季，六月，甲寅日（二十四日），朝廷规定江都太守的爵秩位同京尹。

冬季，十二月，己未日（初三），文安宪侯牛弘去世。牛弘为人厚重宽宏，节俭恭敬，学问广博精深，隋朝的旧臣，始终都被信用，没有罪咎的，只有牛弘一个人。弟弟牛弼，喜欢喝酒，喝醉酒经常闹事，曾经由于喝醉酒，射杀牛弘驾车的牛。牛弘返回宅第，他的妻子迎面告诉他说："小叔射死了牛。"牛弘没有惊怪发问，只是回答说："拿来做成干肉吧！"坐定之后，他的妻子又说："小叔突然射杀牛，真是奇怪的事情。"牛弘说："已经知晓了。"脸色不变，接着读书，没有中断下来。

隋炀帝杨广敕令开凿江南运河，从京口直到馀杭，八百多里，宽十多丈，可以通行龙舟，并设立驿站、行宫，与简单停顿的地方，准备东巡会稽。

隋炀帝杨广因为百官跟随御驾，全都穿着衣袴相连的戎衣，在军旅间不方便，这一年，才诏令"跟随御驾到远地的文武官吏全都穿着戎衣，五品以上官员一律穿紫袍，六品以下官吏，兼用红绿色，办理文书的小官穿着青色，平民穿着白色，屠户商人穿着黑色，士兵穿着黄色”。

隋炀帝杨广临幸启民可汗营帐时，高丽使者正在启民可汗那里，启民可汗不敢隐瞒，与他一起拜见隋炀帝。黄门侍郎裴矩告诉隋炀帝说：“高丽原本是箕子所封的地方，汉、晋全都是郡县；现在却不臣服，另外成为不同的国家。先帝想要去征讨已经很久了，但是杨谅不贤德，军队出征总不成功。今天陛下怎么可以不攻取，让冠带齐整的地方，成为野蛮种族的部落呢？现在他们的使者亲自看到启民可汗全国归从教化，可以利用他忧惧的心理，胁迫让他们入朝。”隋炀帝杨广听从他的意见，敕令牛弘宣布诏令说：“朕由于启民可汗诚心尊奉国家，所以亲自抵达他的营帐。明年就要到达涿郡，你回去时告诉高丽王说：不要自己恐惧疑虑，存慰抚育的礼仪，应该像启民可汗一样。假如不朝贡，将带领启民可汗前往你们的国土巡视。”高丽王高元感到恐惧。因应尽的藩邦礼节多有欠缺，隋炀帝杨广准备征讨高丽。隋炀帝杨广下令课征天下有钱的人购买战马，一匹达到十万钱；拣选检阅兵仗武器，务求新颖精良，假如有粗制滥造的，立即将监造军械的使者斩杀。

大业七年（辛未，公元611年）

春季，正月，壬寅日（十六日），真定襄侯郭衍去世。

二月，己未日（初三），隋炀帝杨广登上钓台，临幸杨子津，大宴文武百官。乙亥日（十九日），隋炀帝杨广从江都巡幸涿郡，御驾龙舟，渡河进入永济渠，于是敕令尚书省的吏部、门下、内史、御史四司官员在船前选任补用，接受选任的有三千多人，有的徒步随船三千多里，不能得到选补，忍饥挨饿，困顿疲乏，因此导致死亡的有十分之一二。

壬午日（二十六日），隋炀帝杨广下令征讨高丽。敕令幽州总管元弘嗣到东莱海口造船三百艘，官吏监督劳役，工匠日夜立在水中，一点儿也不敢歇息，腰部以下都生了蛆，死亡的有十分之三四。夏季，四月，庚午日（十五日），隋炀帝杨广车驾到涿郡的临朔宫，跟随的文武官吏在九品以上的，都下令给宅第安歇。此前，诏令征调天下的军队，不管远近，全都在涿郡会合。又征发江淮以南的水手一万人，弓箭手三万人，岭南擅长使用小槊而排击敌人的战士三万人，于是四方赶赴涿郡的人，有如流水。五月，隋炀帝杨广敕令河南、淮南、江南修造戎车五万乘送到高阳，用来装载衣服、战甲、帷幕，并下令由兵士自己挽拉，调动黄河南、北的民夫来供应军中的需用。秋季，七月，调动江、淮以南的民夫以及船只，运送黎阳与洛口各谷仓的米前往涿郡，船舶首尾相接达到一千多里；装载军队、武器与攻战的器具，来回奔走在途中的，经常有几十万人，堵塞道途，日夜不断，路途上死去的人相互枕压，臭气恶秽，塞满道路，天下骚动。

山东、河南发生大水灾，淹没三十多州郡。冬季，十月，乙卯日（初三），黄河底柱崩塌，堵塞了黄河水道，向上倒流几十里。

起初，隋炀帝杨广向西巡行，派遣侍御史韦节诏令西突厥处罗可汗，命令他们与车驾在大斗拔谷相会，国人不愿听命，于是处罗拿别的理由辞谢了使者。隋炀帝杨广大为生气，但也无可奈何。适逢他的酋长射匮派遣使者前来求婚，裴矩因而上奏说："处罗不来朝拜，是倚仗他的强大罢了。臣请求用计谋使他的力量衰微，分裂他的国家，就容易控制了。射匮是都六的儿子，达头的孙子，世代是可汗，君临西面，现在听闻他失职，依附于处罗，因此派遣使者前来结交求助，希望厚待他的使者，拜他为大可汗，那么突厥势力分裂，射匮、处罗双方都要听命我隋朝。"隋炀帝说："您说得有理。"于是派遣裴矩早晚都到使馆，委婉暗示使者。隋炀帝杨广在仁风殿召见使者，讲了处罗可汗不顺从的情状，声称射匮向来很好，我隋朝将要拥立他为大可汗，命令调动军队诛杀处罗，然后方才成婚。隋炀帝杨广拿了一支桃竹制的白羽箭，赏赐射匮，趁机告诉他说："这件事要迅速，要快得如同箭一样。"使者返回，途经处罗的地方，处罗喜欢箭，准备要留下箭来，使者以话骗他，才保住箭。射匮听了使者的回报十分高兴，兴兵偷袭处罗；处罗大败，丢弃妻子儿女，率领几千名骑兵向东逃跑，沿路被打劫，最终寄居在高昌，东面据守时罗漫山。高昌王麴伯雅上表说明这些情况。隋炀帝杨广派遣裴矩与向氏(处罗可汗的母亲)的亲信、显要和亲近的人，驰马前往玉门关晋昌城，晓谕处罗，让他入朝。十二月，已未日(初八)，处罗来到朔宫朝见，隋炀帝杨广大为高兴，用特别的礼仪接待他。隋炀帝杨广与处罗宴乐，处罗叩头，为拜见来迟而谢罪。隋炀帝杨广用温和的言辞安抚他，准备了天下珍美的食物，安排盛大的女子歌乐，华丽的衣饰和各种乐器，让人眼花缭乱，但是处罗始终面带不悦的神色。

隋炀帝杨广自从去年就谋划讨伐高丽，诏令山东设府，下令饲养马匹来供应军用。又调动民夫运送粮米，存储在泸河、怀远二镇，车牛前去的都没有返回，军兵死亡超过一半，耕种失去适合的时机，田地多半荒废。加之发生灾荒，百姓没有饭吃，谷价飞涨，东北边境尤其严重，一斗米价值几百钱。运送的米，有的十分粗劣，便命令百姓买进，以资补偿。又调动鹿车夫六十余万人，两人一组，一同推三石米，道路遥远险阻，这三石米连充当车夫的干粮都不够，来到交粮的镇上，没有可以交纳的粮食，全都畏罪潜逃了。加上官吏残暴贪婪，借机剥削贪污，老百姓穷苦困顿，财力俱竭，在家做良善平民，却无法忍受挨饿受冻，死期近在眼前，劫掠还能延长性命，因此互相聚集，成为一群盗匪。

邹平的平民王薄聚集百姓，据守长白山，在齐郡、济北郡的郊野劫掠，自称知世郎，意思是说能知晓世事；又作《无向辽东浪死歌》，相互感发劝导，逃避徭役的人，大多前往归附他。

平原郡的东面有个叫豆子䴚的地方，绕河背海，地形险阻幽深，自高氏的齐国以来，群聚盗匪大多躲藏在这里。有一个名叫刘霸道的人，居住在这附近，几代全都做官，家产十分丰厚。刘霸道喜欢交游侠客，食客常有几百人之多，等到盗贼群聚而起，远近的人大多前去依附他，他拥有百姓十几万人，号称“阿舅贼”。

漳南人窦建德，年少时，任侠尚义，气力胆量全都超过一般人，乡里人全都归心依附。正赶上朝廷招募人讨伐高丽，窦建德因为勇敢被选为二百人的官长。同县的孙安祖也凭借善战勇敢被选为征士，孙安祖由于家产被洪水冲走，妻子儿女全都饿死而要求免役，县令生气地鞭笞他。孙安祖就刺杀县令，逃往窦建德那里，窦建德将他藏匿起来。官府搜捕，循他的踪迹而找到窦建德家，窦建德告诉孙安祖："文皇帝时，天下兴盛殷实，调动百万军队去讨伐高丽，尚且被他们击败。现在水患成灾，百姓穷困，加上往年向西征讨吐谷浑，行旅的人没有回来，创伤还没有恢复；主上不体恤百姓，还再调动军队亲自进攻高丽，天下定然大乱。大丈夫不死的话，应该要建立大功，怎么能只做逃犯呢？"于是聚集一些无赖少年，一共得到几百人，命孙安祖来带领，进入高鸡泊里当了一群盗贼，孙安祖自称为将军。当时鄃人张金称在河曲聚集百姓，蓨人高士达在清河境内聚集百姓，成为盗匪。郡县怀疑窦建德与贼匪勾结，抓捕他的全部家属，杀掉了他们。

窦建德带领手下二百人逃奔高士达，高士达自称东海公，让窦建德担任司兵。不久，孙安祖被张金称所杀，他的部众全都归附窦建德，士兵增加到一万余人。窦建德谦卑待人，与士兵同甘共苦，因此大家竞相归附，为他卖命牺牲。

从此，各地群聚的盗匪蜂拥而起，数不胜数。徒众多的达到一万多人，到处攻克城邑。甲子日（十三日），隋炀帝杨广敕令都尉、鹰扬郎将与郡县相互配合追捕盗匪，随时捕获，立刻斩杀，依然无法遏止。

大业八年（壬申，公元612年）

春季，正月，隋炀帝杨广把西突厥处罗可汗的部众分为三部分，让他的弟弟阙达度设率领羸弱的一万多人，居住在会宁，又让特勒（突厥官名）大奈另外率领其余部众居住在楼烦，命令处罗可汗率领五百名骑士跟随车驾去巡幸，赏赐名号叫曷婆那可汗，赐赏非常优厚。

起初，嵩高山道士潘诞，自称已经三百岁，为隋炀帝合炼金丹。隋炀帝为他建造嵩阳观，华丽的屋子有数百间，让童男童女各一百二十人充任差役，地位视同三品官；经常役使几千人，所花费的有万万之多。他说冶炼金丹要用石胆、石髓，所以调动石工开凿嵩高山的大石，其中深到一百尺的，有几十处。一共花费六年，金丹却无法炼成。隋炀帝诘问，潘诞回答说："没有石胆、石髓，假如得到童男童女的胆髓各三斛六斗，可以代替。"隋炀帝十分生气，将他上了枷锁送到涿郡处死。临死，告诉人说："这是怪陛下没有福分，当我死于兵刃，解脱躯体的时候，我就升天成仙去了！"

四方的军队全都聚集涿郡，隋炀帝杨广征召合水令庾质，询问他说："高丽的军兵抵不过我的一个郡，现在朕动用这么众多的军队去征讨，卿认为能够战胜吗？"庾质回答说："攻伐能够取胜，但臣私下有愚见，不希望陛下御驾亲征。"隋炀帝杨广变了脸色说："朕征调军队到这里，哪能没看到贼兵，自己却先行撤退呢？"庾质回答说："如果作战没有成功，臣担心会损及陛下的威严。假如车驾留在这里，命令勇猛的将军、强劲的军卒，依照指示倍速前行，趁敌方不注意时进攻，定能取胜。战胜的关键在于迅速，慢了就没有功效了。"隋炀帝不高兴，说："你既然畏惧前行，可以留在这里。"右尚方署监事耿询上奏表恳切谏阻讨伐高丽，隋炀帝杨广大怒，命令身边的人将他斩杀，何稠苦苦解救，才得以免除。

壬午日（初二），隋炀帝杨广诏令左翼十二军分别进兵镂方、长岑、溟海、盖马、建安、南苏、辽东、玄菟、扶馀、朝鲜、沃沮、乐浪，右翼十二军分别进兵粘蝉、含资、浑弥、临屯、候城、提奚、蹋顿、肃慎、碣石、东暆、带方、襄平，各路人马相继不绝，在平壤会集，军队共达一百一十三万三千八百人，号称二百万，那些担当运送的人数是军兵的两倍。隋炀帝在南边桑干水上举行宜祭仪式，祭祀社主，在临朔宫南面，举行类祭仪式，祭祀上帝，在蓟城北面祭祀马祖。隋炀帝杨广亲自颁令节度：每军大将、次将各一人；骑兵四十队，每队一百人，十队作为一团，步兵八十队，分成四团，每团各自有偏将一人；铠甲兜鍪、拂尘、旗帜，每团都有自己的颜色；接受归降的使者一人，承受诏令安抚投降的人，不接受大将的调度节制；其余的重装备、散兵等也分成四个团，命步兵在两边夹持前进；进军、停留、安营，全都有次序法度。癸未日（初三），第一军出兵；然后每日派遣一军，前后距离四十里，连接军营，逐次前进；共计四十天，才发兵结束，各军首尾彼此相接，鼓角相互听闻，旌旗绵延九百六十里。御营内一共有十二卫、三台、五省、九寺，各自隶属内、外、前、后、左、右六军，紧跟在后面出发，又绵延八十里。近代出动部队的盛大，从没有像这样的。

甲辰日（二十四日），内史令元寿去世。

二月，壬戌日（十二日），观德王杨雄去世。

北平襄侯段文振担任兵部尚书，上奏表，认为隋炀帝"对突厥的恩惠太过优厚，将他们安顿在塞内，供给食物兵器来帮助他们，可是戎狄的本性是没有亲情而贪婪的，将来必定会成为国家的祸患，应当及时加以晓谕，将他们遣回塞外，之后严设烽燧斥候，沿边塞防御镇守，务使严密，这才是万年长远的谋略。"兵曹郎斛斯政，是斛斯椿的孙子，因有器识才干聪明颖悟，得到隋炀帝杨广的宠信，让他专事掌握兵权。段文振知晓斛斯政为人苛薄阴险，不能委交他机密事务，多次向隋炀帝陈说，隋炀帝却不听从。等到征讨高丽，隋炀帝杨广任命段文振担任左候卫大将军，从南苏道出兵。段文振在路途中生了重病，上奏表说："臣私下看到辽东小丑，未能听服重典，致使朝廷大军长途跋涉，并且劳烦陛下御驾亲征。但是夷狄大多险诈，须深加预防，就算口中表达归降的诚意，也不要立即就接受。而今大水正在降下，不可滞留。希望严令各军，快速进发，水陆一同挺进，趁他们没有注意时加以袭击，那么平壤一座孤城，必可攻取。一旦颠覆了他们的根本，剩下的城市，自然就能攻陷；假如不能掌握时机讨平他们，万一赶上秋天的霖雨，遭遇重重艰难困阻，兵粮即将耗尽，强大的敌人在前面，靺鞨又出现在后面，势必陷入进退两难的处境，这不是上等的谋略。”三月，辛卯日(十二日)，段文振病逝，隋炀帝十分悼惜。

癸巳日(十四日)，隋炀帝开始亲自统御各军，进军到辽水。各军会合一处，靠临河水摆开庞大的阵势，高丽军队截断水流，对抗防守，使大隋的军队不能渡河。左屯卫大将军麦铁杖对人说：“大丈夫的性命，自有适合的归宿，怎么可以燃艾草灸鼻頞，拿瓜蒂喷鼻孔，疗治热病无效，而卧死在儿女的手中呢!”于是自己请求担任前锋，并且告诉他的三个儿子说：“我承受国家的恩惠，今天就是报效而死的时日！我能做有意义的牺牲，你们应当能够永享富贵。”隋炀帝杨广命令工部尚书宇文恺在辽水西岸建造三座浮桥，完成之后，将它们拿到东岸，因为桥身太短，距离对岸仍有一丈多。此时高丽军队大批涌到，隋军中骁勇的士兵竞相奔赴水中应战，高丽兵利用高处进攻，使大隋军队无法登岸，以致死伤很多人。麦铁杖跳上对岸，与虎贲郎将钱士雄、孟叉等人都战死。于是收兵，将浮桥又带到西岸。隋炀帝杨广诏令追赠麦铁杖为宿公，命他的儿子麦孟才承袭爵位，次子仲才、季才，全都拜为正议大夫。另外下令少府监何稠衔接浮桥，两天就完工了，各军依次继续进兵，在东岸交战，高丽军大败，死了一万余人。各军乘胜进军，围攻辽东城，辽东城也就是汉代的襄平城。车驾渡过辽河，率领曷萨那可汗与高昌王伯雅来到观战的地方，让他们心生畏惧，之后下诏令赦免天下的罪人。并且命令刑部尚书卫文昇、尚书右丞刘士龙抚慰辽东百姓，免除十年租赋徭役，设置郡县，以便统辖管理。

夏季，五月，壬午日(初四)，纳言杨达去世。

众将领东征时，隋炀帝杨广亲自告诫他们说：“今日出兵是为了抚慰百姓，征讨罪逆，不是为了建立功业。诸将有的不知晓朕的心意，想要趁他们不备时暗中袭击，孤军奋战，建立一己威名，来求取赏赐勋爵，这不是大军征行的法度。你们进军，应该分为三路，进攻时一定要三路相互联系，不能草率地孤军独自前进，导致损失败亡。

同时，凡是要进军或者停兵，都需奏闻，等待回音，不能擅自做主。”辽东军队几次出战，没有取得胜利，于是据城固守，隋炀帝杨广只好命令各军加紧进攻。又敕令众将，高丽假如投降，就应接纳安抚，不能纵派军队进攻。辽东城快要失陷时，城里的人就说要请求归降；众将奉到圣旨，不敢利用这个时机攻城，先命令快骑上奏，等到回复的诏书到达，城中的守御又补充完备，随即出城抵抗作战。像这样的情况重演了好几次，隋炀帝杨广始终不省悟。后来城池久攻不下，六月，己未日（十一日），隋炀帝杨广临幸辽东城南面，查看城池形势，因而召见众将责备他们说：“你们自认为官位高，又倚仗家世，想把我看成是怯懦昏庸的人吗？在京城时，你们全都不愿意我来，担心被我发现你们的缺点毛病。我今天来这里，正是要看你们的作为，处死你们这些人！你们今日怕死，不肯尽心尽力，以为我不能杀你们吗？”众将全都恐惧战栗，变了脸色。隋炀帝杨广于是留在城西几里的地方，坐镇六合城指挥。高丽各城全都坚守无法攻下。右翊卫大将军来护儿带领江、淮水军，船只首尾连成数百里，渡海先行前进，从浿水进入，距离平壤六十里，与高丽军相遇，于是进兵攻打，大败高丽军。来护儿想要趁胜赶往他们的城堡，副总管周法尚阻止他，请他等待各军到达一同前进。来护儿不听，选拔精锐战士四万人，直接抵达城下。高丽埋伏军兵在外城的空寺里，出兵与来护儿作战，佯装战败，来护儿追逐入城，纵放士兵俘虏抢掠，弄乱了齐整的队伍。埋伏的军兵趁机发动攻击，来护儿大败，仅能保全性命，士兵返回的不超过数千人。高丽兵追击到停泊船只的地方，周法尚严阵以待，高丽才退兵。来护儿率军回去屯守海滨，不敢再停下来接应各军。

左翊卫大将军宇文述出兵攻击扶馀，右翊卫大将军于仲文自乐浪道进兵，左骁卫大将军荆元恒自辽东道进兵，右翊卫将军薛世雄自沃沮道进兵，左屯卫将军辛世雄自玄菟道进兵，右御卫将军张瑾自襄平道进兵，右武候将军赵孝才自碣石道进兵，涿郡太守检校左武卫将军崔弘昇自遂城道进兵，检校右御卫虎贲郎将卫文昇自增地道进兵，全都会合在鸭绿水的西面。宇文述等人的军队，自泸河、怀远二镇前进，人马全都供给一百天的粮食，又供给排甲、枪矟，以及衣物、战具、寝息与作炊事的帐幕，每个人所背负的，全都在三石以上，因为重量不胜负荷，难以运到目的地。因此向军中下令："士兵有丢掉米粟的，就处死。"于是军兵都在营幕下挖掘坑穴埋藏，才走了一半的路，粮食已经快耗尽了。

高丽派大臣乙支文德来到营地佯装投降，目的想要查看虚实。于仲文事先接到密旨："假如遇到高元与乙支文德来的话，一定要捉拿下来。"于仲文正要捉拿他时，担任慰抚使的尚书右丞刘士龙坚决阻止。于是于仲文就听凭乙支文德回去，后来后悔，派人骗乙支文德说："另外还有话说，请再回来。"乙支文德不愿回头，渡过鸭绿江而去。于仲文与宇文述等人已经让乙支文德回去了，内心深感不安，而宇文述又因粮食已尽，想要回去。于仲文建议用精锐的军队追赶乙支文德，可以建立大功，宇文述却坚决制止，于仲文生气地说："将军率领十万名军兵，不能击败小贼兵，哪有颜面见陛下呢？而且仲文此次出来，原本就知晓不会有功绩，这是什么缘故呢？因为古代的良将能成就功勋，是由于军队里的事情，全凭他一个人来决定，可是现在却人人各有意见，这样怎么能克敌制胜呢？"当时隋炀帝杨广因为于仲文富有谋略，下令各军要向于仲文禀告咨询行军计划，所以会这么说。因此宇文述等人在不得已下服从了他的意见，与其他将军渡河去追乙支文德。乙支文德看到宇文述的军兵带有饥饿的脸色，故意让他们疲乏，所以每次一接战就败退。宇文述在一天之中，交战七次都获得胜利，这时既倚仗多次胜利，又迫于群体的议论，于是进兵向东渡过萨水，距离平壤城三十里，依山安营。乙支文德又派使者佯装投降，向宇文述请求说："假如将军队调回去，就侍奉高元前往天子出巡所居的地方去朝见。"宇文述看到士兵疲惫困弊，不能再作战，况且平壤城险要坚固，估计很难一下拔取，于是借着他的假降撤军。宇文述等人采用方阵退军，高丽从四面包抄进攻，宇文述等人一边作战一边退走。秋季，七月，壬寅日（二十四日），宇文述等人到达萨水，军队渡过一半时，高丽从后面攻打他的后军，右屯卫将军辛世雄战败身亡。于是各军溃逃，无法阻止，将士逃奔回来，一天一夜抵达鸭绿江，一共走了四百五十里的路。将军天水人王仁恭殿后，反击高丽，将他们打退。来护儿听闻宇文述等人战败，也率军回来。只有卫文昇一军保全。

起初，九路军渡过辽河，共有三十万五千人，等到返回辽东城，只有二千七百人，而器械财物有万万之数，也都损失殆尽。隋炀帝大为生气，拿枷锁锁住宇文述等人。癸卯日（二十五日），隋炀帝率军返回。

起初，百济王馀璋派遣使者请求讨伐高丽，隋炀帝杨广让他观察高丽的动静，馀璋却暗中与高丽勾结。隋军将要出动，馀璋派他的臣子国智牟前来请问出师的日期，隋炀帝杨广大为高兴，给予丰厚的赏赐，并派遣尚书起部郎席律到百济，告诉他们出兵的时间。等到大隋军队渡过辽河，百济也在边界上严整军队，说是要帮助大隋，实际持观望态度。

这一次出兵，隋军只在辽水西面攻取了高丽的武历逻，设立辽东郡与通定镇而已。八月，隋炀帝杨广敕令运送黎阳、洛阳、洛口、太原等地仓库的谷粮到望海顿，派遣民部尚书樊子盖在涿郡留守。

九月，庚寅日（十三日），隋炀帝杨广车驾到东都。

冬季，十月，甲寅日（初八），工部尚书宇文恺去世。

十一月，己卯日（初三），隋炀帝杨广将宗室的女子封为华容公主，嫁给高昌王。

宇文述平日得到隋炀帝的宠幸，而且他的儿子宇文士及娶了隋炀帝的女儿南阳公主，因此隋炀帝不忍将他杀掉。甲申日（初八），宇文述与于仲文等人都被废除爵名，变成普通百姓，处死刘士龙以向天下谢罪。萨水之役失利，高丽在白石山追击围攻薛世雄，薛世雄奋力苦战，将他们击败，因此唯独他可以免去除官的处罚。另外，隋炀帝杨广任命卫文昇担任金紫光禄大夫。又因为众将都将罪过推诿给于仲文，隋炀帝便开释众将，只拘禁于仲文一人。于仲文因为忧心恚恨，生了重病，被释放出来，死在家中。

这一年，发生大旱，瘟疫流行，山东地区特别严重。

张衡被免官放归乡田，隋炀帝常令亲近之人去窥探张衡的作为。隋炀帝杨广从辽东回来，张衡一名姬妾告发张衡有怨心，并毁谤朝廷政事，隋炀帝杨广于是诏令赐他在家自杀。张衡临死时，大声地说："我为人做的是什么样的事情，还能指望长久活命吗！"监刑的人堵住耳朵，不愿听见，立即下令将他杀死。

资治通鉴卷第一百八十二　隋纪六

起癸酉(公元 613 年),止乙亥(公元 615 年),共三年。

【题解】本卷记录了公元 613 年至 615 年,共三年的史事。当时正值隋炀帝大业九至十一年。在这三年中,黄河中下游地区的民众暴乱越来越严重,江南地区也参与其中,民众发动起义的原因基本以生存为主,所以对隋朝政权还未构成致命的威胁。在此期间,隋炀帝杨广不听劝谏,又两次出征高丽。杨玄感之乱及隋炀帝被突厥围困雁门,使隋朝统治阶级内部发生了分裂,突厥再次对隋朝形成强大的威胁。隋朝在此时已处于四面楚歌的局面中,而隋炀帝仍然没有醒悟。

炀皇帝中

大业九年(癸酉,公元 613 年)

春季,正月,丁丑日(初二),隋炀帝杨广下令征调天下的军队齐聚涿郡。并开始招募百姓担任骁果(兵种名),修整辽东的古城,用来贮存军粮。

灵武贼兵首领白瑜娑劫掠牧马,向北联合突厥,陇右地区大多遭到灾患,人们称之为"奴贼"。

戊戌日(二十三日),隋炀帝杨广大赦天下。

己亥日(二十四日),隋炀帝杨广命令刑部尚书卫文昇等人辅佐代王杨侑,留守西京。

二月,壬午日(无此日),隋炀帝杨广诏令:"宇文述由于兵粮接运不上,致使王师陷于困顿,这是军吏调度不善的过错,不是宇文述的罪过,应当恢复他的官爵。"不久又加封宇文述开府仪同三司。

隋炀帝杨广告诉侍臣说:"高丽那小贼酋,怠慢了我们大隋,现在就是像移山填海那样艰难的事情，尚且有希望取得成功，何况是这个贼虏呢!”于是又商议讨伐高丽。左光禄大夫郭荣进谏说：“戎狄无礼，是臣子的事情；千钧重的大弓，不为小老鼠而射出，为什么要劳动万乘去对付小小的贼寇呢?”隋炀帝杨广没有听从他的意见。

三月，丙子日(初二)，济阴的孟海公起来做盗贼，据守周桥，徒众增加到数万人，看到有人说话引经据典，就杀掉他们。

丁丑日(初三)，隋炀帝杨广调动丁男十万人在大兴筑城。戊寅日(初四)，隋炀帝杨广临幸辽东，命令民部尚书樊子盖等人，辅助越王杨侗留守东都。

此时各地盗匪蜂起：齐郡王薄、孟让，北海郭方预，清河张金称，平原郝孝德，河间格谦，渤海孙宣雅等各自聚集百姓攻城抢掠，徒众多的达到十多万，少的也有几万人，山东百姓多受其苦。天下太平无事的日子长了，大家都不通晓战事，郡县的官吏每次与贼兵交战，望见敌人就溃散逃跑。只有齐郡丞阌乡人张须陀，深得士民归心，果决勇敢，善于作战。率领郡兵在泰山下攻打王薄，王薄倚仗自己多次的胜利，不加防范；张须陀便突然予以袭击，将他们打得大败。王薄收拾残余部队，向北渡过黄河，张须陀追击到临邑，又击败了他们。王薄于是联合北面的孙宣雅、郝孝德等，一共十多万人，进攻章丘，张须陀带领步兵与骑兵共两万人攻击他们，打得贼兵大败。贼军的首领裴长才等人，带领百姓两万人，突然抵达城下，大肆劫掠，张须陀没有来得及集中军队，只率领五名骑兵与他们交战，贼军竞相赴前，围困一百多层，张须陀身上受了数处创伤，勇气更加奋厉。恰巧城中军队到达，贼兵稍稍退却，张须陀督导部属进攻，裴长才等人才战败逃走。庚子日(二十六日)，郭方预等联合军力，攻克北海，大肆劫掠，然后离开。张须陀告诉官员们说：“贼兵倚仗他们的强大，以为我们不能去救助，我们现在快速进军，一定能击败他们。”于是选拔精锐的军队加速前去进攻，大败贼军，并斩杀几万人，前后缴获贼兵的辎重装备难以计数。

历城的罗士信，年纪只有十四岁，跟随张须陀在潍水畔攻打贼军。贼军才开始排开阵势，罗士信快骑来到阵地前面，刺死了几个人，斩下了一个人的首级，掷向半空，用长矛接住，他挑着首级进攻敌人的阵地；贼军惊讶得目瞪口呆，没有人敢接近他。张须陀因此率军奋力进攻，使得贼兵大败溃逃。罗士信追赶战败的贼军，每杀一个人便割下鼻子放进怀里，返回以后，再拿出来查验杀死贼军的人数；张须陀非常叹赏，将他安置在自己身边。每次交战，张须陀冲锋在前，罗士信紧随其后。隋炀帝杨广派使者奖谕抚慰，并且绘出张须陀、罗士信在阵地交战的情状来观赏。

夏季，四月，庚午日(二十七日)，隋炀帝杨广车驾渡过辽河。壬申日(二十九日)，隋炀帝杨广派遣宇文述与上大将军杨义臣前往平壤。

左光禄大夫王仁恭自扶馀道出兵。王仁恭进军到新城，高丽军队几万人进行抵抗，王仁恭带领强劲的骑兵一千人，将他们击败，高丽人只得绕城防守。隋炀帝杨广命令众将进攻辽东，听凭他们依据实际情况去自由做事。于是隋军用高耸的飞楼、冲车，以及云梯、地道，绕城从四面一同进攻，日夜不断，而高丽以随机应变的方式对抗，经过二十几天也没有攻下来，双方死伤都很惨重。冲城的梯子竿子，长达十五丈，骁果吴兴人沈光爬到顶端，到城上与高丽兵交战，短兵相接，沈光杀了十几人，高丽士兵群起攻击沈光，将他打落下来；还没有落到地上，恰巧遇到竿子有下垂的绳子，沈光拉住它，又爬上去。隋炀帝杨广看了，认为沈光十分勇壮，就拜为朝散大夫，经常安置在自己身边。

礼部尚书杨玄感，非常勇敢，擅长骑马射箭，酷爱读书，喜好结交宾客，海内知名的人士多与他交往。杨玄感尤其与蒲山公李密交好，李密是李弼的曾孙，年少而有谋略才能，志气十分远大，看轻钱财，喜爱结交宾客，担任左亲侍的官职。隋炀帝杨广看了，告诉宇文述说：“刚才左仪卫仗下那个黑色的小孩，眼神异于常人，不要让他担当侍卫。”宇文述于是暗示李密，命他推说有病，自请解除职务，李密于是摈除世事，一心读书。李密曾经骑着黄牛读《汉书》，杨素遇见了，觉得十分奇怪，因而召唤他到家里，与他谈话，谈得特别高兴，告诉他的儿子杨玄感说：“李密有这样的气度见识，你们是比不上的！”因此杨玄感与他成为亲密的朋友。有时杨玄感故意欺侮他，李密说：“人所讲的话，应当诚实，怎么能够当面阿谀！假如在两军之中，决定成败的机运，发怒狂喊，使敌人害怕震惊，李密是比不上您的；假如要驱使天下的贤明才俊人士，各自发挥他的才能，您是比不上我的；怎么能够因为阶位稍微高一点，就轻视天下的士大夫呢？”杨玄感笑了笑，更加敬佩他。

杨素倚仗功劳而骄纵傲慢，在朝廷宴会上，有时失掉人臣的礼节，隋炀帝杨广心里衔恨却不说出来，杨素也觉察到了。等到杨素死了，隋炀帝杨广告诉亲近的臣子说：“如果杨素不死，最后必定会被夷灭家族。”杨玄感也非常清楚这情形，而且自己由于历代都十分尊贵显赫，在朝廷里的文武官员，多半是父亲的旧部，看到朝政一日比一日紊乱，而隋炀帝杨广又多妒忌猜疑，内心实在无法安宁，于是与几个弟弟暗中计划叛乱。隋炀帝这时正忙于征伐，杨玄感便自请说：“世代承受国家恩惠，愿意担任将领。”隋炀帝杨广很高兴地说：“将军的家门必定再会有将军，宰相的家门必定再会有宰相，一点也不错。”因此宠爱恩遇一日比一日隆盛，经常参与朝廷政事。

隋炀帝杨广征伐高丽，命令杨玄感在黎阳监管搬运工作。杨玄感于是与虎贲郎将王仲伯、汲郡赞治赵怀义等人谋划，故意拖延漕运，不按时出发，想让渡辽河的各路隋军缺少粮食物。隋炀帝杨广派使者催促，杨玄感声称水路有许多盗匪，不能前后接连出发。杨玄感的弟弟虎贲郎将杨玄纵，鹰扬郎将杨万石，都跟随隋炀帝杨广临幸辽东，杨玄感暗中派人召唤他们，二人全都逃回来。杨万石来到高阳，被监事许华捉到，在涿郡处决。

当时右骁卫大将军来护儿带着水师自东莱准备入海前往平壤，

杨玄感派遣家奴佯装使者从东方来，谎称来护儿造反。六月，乙巳日(初三)，杨玄感进入黎阳，关闭城门，大量搜求可充兵役的男子，用帆布做兜牟、铠甲，署任官吏，完全按照隋文帝开皇年间的旧制，行文给附近州郡，用讨伐来护儿的名义，命他们各自调动军队到黎阳仓会合。郡县官吏中有才干的，杨玄感就用运粮的名义，召唤他们集聚一起，并任命赵怀义担任卫州刺史，东光县尉元务本担任黎州刺史，河内郡主簿唐祎担任怀州刺史。

治书侍御史游元，因为监督粮运，此时正在黎阳，杨玄感告诉他说："独夫(指炀帝)纵肆残暴，陷身在荒僻的地域，这是上天将要灭亡他的时候。我现在亲自带领正义之军去诛杀那无道的国君，您意下如何呢?"游元端正脸色说："尊公(指杨素)承受国家的恩宠，近代是没有人能与他相比的，您的弟兄，青绶、紫绶，相互辉映，应该要竭尽节义诚心，对陛下报答大恩才是。哪里料到尊公的坟土还没有干，你却亲自密谋造反!我只有一死罢了，不敢听从你的号令。"杨玄感大怒，将他拘禁起来，多次用兵器威胁他，却不能让他屈服，这才将他杀死。游元是游明根的孙子。

杨玄感选拔年少力壮的运夫五千多人，丹阳、宣城一带擅长掌船的船夫三千多人，宰杀三牲，与徒众盟誓，并且告谕他们说："主上不讲仁义，不以天下百姓为念，天下动乱，死在辽东的有好几万人。现在与你们起兵救助天下百姓的困弊，怎么样?"大家都欢呼万岁。于是杨玄感率领军队妥加布置。没想到唐祎却从杨玄感管辖的地方逃回河内。

此前，杨玄感暗中派遣家僮前往长安，召唤李密与弟弟杨玄挺来到黎阳。等到举事时，李密恰巧到达，杨玄感大为高兴，将他看成主要谋划人，告诉李密说："你经常将救济百姓当作自己的责任，现在正是时候，计策要怎样拟订呢?"李密说："天子出征，远在辽水以外的地方，距离幽州，还有一千里。南面有大海，北面有强大的胡族，中间只有一条大道，情况是极为危险艰难的。您率领军队，趁他不注意时，长途奔入蓟县，占据临渝的要害，扼守他的咽喉。归路已经断绝，高丽听了，必定会跟从在后面，不到十天一个月，物资粮草都耗尽，他的部属不是投降，就是溃逃，可以不必作战就擒获了，这是上等的计谋。”杨玄感说：“再说其次的。”李密说：“关中四处闭塞，被称为天府之国，虽然有卫文昇，但不值得在意。现在带领军队，击鼓向西进军，路过城池而不攻打，直取长安，招收那里的英雄豪杰，安抚那里的士民，屯驻险要的所在而加以防守。天子就算回来，也失掉了根本，我们也能够慢慢图谋。”杨玄感说：“再说其次的。”

李密说：“挑选精锐之兵，日夜兼程，袭取东都，以号令四方豪杰。但是担心唐祎告密，已经预先坚固防守。假如率军去攻打，一百天没有取胜，天下的军队从四面而来，胜败的结果，就不是我能够预料的了。”杨玄感说：“不对！现在百官的家属全在东都，假如先拿下来，足以动摇他们的心意。而且途经城池而不攻拔，怎样显示威武呢？您说的下策，才是上策。”于是率军指向洛阳，派杨玄挺率领骁勇士兵一千名作为前锋，先攻取河内。唐楠驻守城池抵抗，杨玄挺无所收获。

唐祎又派人告诉东都的越王杨侗与樊子盖等人，布置军兵加以防备，修武县的百姓相互带头防守临清关，杨玄感无法过去，于是在汲郡的南面渡河，跟随他的人好像赶市集一样。另外派他的弟弟杨积善率领军队三千人，自偃师县南边，沿着洛水向西深入，杨玄挺自白司马坂，翻过邙山，向南深入，杨玄感则率领三千多人紧随其后，相距十几里，自称为大军。他的士兵全都拿着单刀、柳制的楯，没有战甲弓箭。此时东都派遣河南令达奚善意率领精兵五千对抗杨积善，将作监、河南赞治裴弘策率领八千人对抗杨玄挺。达奚善意渡过洛水，在南岸汉王寺扎营。第二天，杨积善的军队抵达，官兵还没有作战就自行溃散，器仗铠甲都被杨积善的军队缴获。裴弘策出军抵达白司马坂，一交战，便战败逃跑，士兵抛弃铠甲器仗的有一大半，杨玄挺也不追赶。裴弘策败走三四里，收拾溃逃的士兵，又集结军阵等待。杨玄挺慢慢抵达，坐下休息了很久，突然起兵进攻，裴弘策又战败，如此经过五次交战。丙辰日（十四日），杨玄挺直抵太阳门，裴弘策率领十多名骑兵，快骑进入宫城，其余没有一个人回去，全都归附了杨玄感。

杨玄感屯兵驻守上春门，每次与部属盟誓说："我身为上柱国，家中积有数万的金子，对于富贵，已经没有什么可以再追求的了。现在不顾被灭族的原因，只是要为天下的百姓解除困苦罢了。"大家都十分高兴。地方的父老竞相奉献牛酒，子弟青年来到军门请求效力的，每天有一千多人。

内史舍人韦福嗣，是韦洸的侄子，跟从军队出去对抗杨玄感，被杨玄感俘虏。杨玄感以优厚的礼遇对待他，让韦福嗣与他的同乡胡师耽一同掌理文书。杨玄感命韦福嗣写信给樊子盖，指责隋炀帝杨广的罪恶，说："现在想要废掉昏君，拥立明主，希望不要拘泥小节，自己留下忧戚。"樊子盖刚从外面的藩地入京担任京官，东都旧官中有很多人怠慢他，甚至有一部分军机大事，都不太请示他。裴弘策与樊子盖官居同列，裴弘策前几天出兵征讨贼兵，没有取得胜利，樊子盖又派他出兵交战，裴弘策不肯前行，樊子盖命令将他带出去斩首示众。国子祭酒河东人杨汪，对樊子盖稍稍有点不恭敬，樊子盖又准备处死他；杨汪磕头到流血，才得以免除。因此将吏全都畏惧震动，没有人敢抬头看他，有令则行，有禁则止。杨玄感倾尽精锐去进攻城池，樊子盖依随情势，来抵抗防守，杨玄感无法将它攻下。但是应征从军的达官子弟，听闻裴弘策已死，全都不敢进入城里。韩擒虎的儿子韩世号、观王杨雄的儿子杨恭道、虞世基的儿子虞柔、来护儿的儿子来渊、裴蕴的儿子裴爽、大理卿郑善果的儿子郑俨、周罗睺的儿子周仲等四十余人，全都向杨玄感投降。杨玄感都拿显贵亲近的重要职务委任他们。郑善果是郑译的侄子。

杨玄感征集军兵，得到五万多人，分出五千人防守慈硎道，五千人驻守伊阙道，并派遣韩世咢率领三千人围攻荥阳，顾觉率领五千人攻取虎牢。虎牢归降后，任命顾觉担任郑州刺史，镇守虎牢。

代王杨侑派遣刑部尚书卫文昇率军四万援救东都。卫文昇到了华阴，挖掘杨素的坟墓，焚毁他的骸骨，向士卒显示必死的决心，于是击鼓进军，离开崤谷、渑池，直接赶到东都的城北。杨玄感迎击交战；卫文昇一边作战，一边前进，驻守金谷。

辽东城很长时间不能攻下，隋炀帝杨广派人制造一百多万个布袋，装满泥土，想要筑成像鱼梁一般的大道，宽三十步，高与城相齐，让战士登上去进攻，又制作八轮的楼车，比城墙还高，夹在鱼梁道，想要俯射城里的敌人，并约好日期，准备进攻，城里的人感到忧虑危急。恰巧杨玄感造反的信送达，隋炀帝大为惊惧，引进纳言苏威来到营帐，告诉他说："这个小子十分聪明，能不成为忧患吗?"苏威说："能知晓是非，熟悉成败，才称作聪明，杨玄感为人十分粗心疏略，不值得忧虑。只是担心因此渐渐成为变乱的根源。"隋炀帝杨广又听说达官子弟全在杨玄感那里，更加忧虑。兵部侍郎斛斯政平日与杨玄感交好，杨玄感造反，斛斯政与他互通计谋，杨玄纵兄弟能够逃亡回去，是斛斯政暗中遣放的。隋炀帝杨广准备严处杨玄纵等同党，斛斯政内心深感不安，于是在戊辰日(二十六日)，逃到高丽。庚午日(二十八日)，夜里二更，隋炀帝杨广暗中召令众将，让他们率军回来，军用物资、器械、攻城用具，堆积如山，营垒、帐幕，都放着不搬动，全部丢弃而去。隋军人心惶恐不安，组织涣散，不能再维持齐整的队伍，各路分散。高丽很快就察觉了，但是不敢出击，只是在城里击鼓喧闹。到了第二天中午，才逐渐敢外出，四处远远地侦察，还是怀疑大隋军队使诈。过了两天，才出动几千名军兵追踪，却畏惧隋朝军队众多，不敢逼近，经常相离八九十里；快要抵达辽水，知道隋炀帝的营兵全部渡过，才敢逼近后面的军队。当时后面的军兵还有几万人，高丽兵跟在后面从两侧抄击进攻，杀死了走在最后面的几千名残弱隋兵。

起初，隋炀帝要再度征讨高丽，又问太史令庾质说："今后一段情况将怎样呢?”庾质回答说:“臣确实很执迷愚钝,仍旧坚持从前的看法,陛下假如御驾亲征,辛苦耗费必然很多。”隋炀帝杨广生气地说:“我亲自出征尚且不能成功,只派遣别人去,怎么会成功呢?”等到回来,告诉庾质说:“您前次不愿我前行,应该是为这件事吧!杨玄感能成功吗?”庾质说:“杨玄感地位声势虽然十分隆盛,平日却不得人望,只是利用百姓的劳苦,希望侥幸能够成功而已。如今天下依然一家,是不容易动摇的。”

隋炀帝杨广派遣虎贲郎将陈棱在黎阳攻击元务本,又派遣左翊卫大将军宇文述、右候卫将军屈突通,乘坐传车,调动军队去讨伐杨玄感。来护儿抵达东莱,听闻杨玄感围攻东都,召令众将商量调回军队去援救。众将全都认为没有敕令,不应擅自回去,坚持不肯听命,来护儿以十分严厉地说:“洛阳被围,是心腹之患;高丽抗命,好比疥癣一样的小毛病。国家的事情,我知晓了,怎能不行动?专自擅权的是我一人,与各位不相关,再有阻拦回师之事的,要用军法处置。”于是即日回师。来护儿命令他的儿子来弘、来整快马奏报上闻。隋炀帝杨广当时回到涿郡,已经敕令来护儿援救东都,看到来弘、来整,非常高兴,赐来护儿玺书说:“您将军队调回来的时间,正是朕敕令您的日子,君臣心意相同,相距虽远,却相合得好像符契一样。”

此前,右武候大将军李子雄因事坐罪,被革除爵位,让他在军中效力,他跟随来护儿到东莱,隋炀帝杨广对他还有怀疑,诏令锁拿李子雄,送到自己的行宫。李子雄杀死使者,逃到杨玄感那里。卫文昇率领步骑两万人渡过湟水,与杨玄感交战,杨玄感多次将他击败。杨玄感每次交战,自己都身先士卒,所到之处,都将敌人摧败攻陷。他又善于统御安抚部下,部下都愿意为他牺牲生命,因此每次作战大多能够胜利,而徒众也越来越多,增加到十万人。卫文昇兵少,不是杨玄感的对手,部下伤亡大半,将要全军覆没,于是再进军屯守邙山的南边,与杨玄感决战,一天之内双方交战十多个回合。恰巧杨玄挺被流箭射中而死,杨玄感的军队才稍微退却。

秋季，七月，癸未日（十一日），馀杭的百姓刘元进起兵响应杨玄感。刘元进手掌有一尺多长，手臂下垂，超过膝盖，自己因为相貌不同平常，暗中有叛乱的心意。恰巧隋炀帝杨广调动三吴的军队讨伐高丽，三吴的军队全都互相说："往年天下最盛的时候，我们的父兄去讨伐高丽尚且大半没有返回；现在已经疲惫凋敝，再有此次征行，我们这些人没有活命的希望了。"因此有许多人逃亡。郡县缉拿得很急切，听说刘元进兴兵，逃命的人全都群聚到他那里，一月之间，徒众达到几万人。

起初，杨玄感抵达东都，自以为天下的人全都响应他。得到韦福嗣，便将他当为腹心，不再单信李密。韦福嗣每次谋略计划，都持观望态度。李密测知他的心思，就告诉杨玄感说："韦福嗣原本不是同盟的人，的确存着观望的心理；明公刚刚举发大事，而奸邪的人在身边，听他搬弄是非，必会因他误事，请求将他斩杀。"杨玄感说："哪里到了这地步呢？"李密退出来，告诉亲信的人说："楚公喜好造反却不想求胜，我们而今尽成俘虏了。"

李子雄劝说杨玄感赶快称尊号，杨玄感去询问李密，李密说："以前陈胜自己想要称王，张耳进谏而被外调；魏武帝准备取得九锡，荀彧阻止而被杀。现在李密想要依据事理而直言，还担心会追随以上两人的情形，被流放杀死；讲好听的话，顺遂你的心意，又非李密的本意。怎么说呢？兴兵以来，虽然一再取得胜利，但是郡县，却还没有归附；东都的防御守备还很强，天下的援兵增援而来，您应当奋力交战，早一点讨平关中，而今竟然急着想要自称尊号，怎么能展示给人看自己的志气短小呢？"杨玄感一笑作罢。

屈突通率军屯守河阳，宇文述跟随其后，杨玄感向李子雄询问计策，李子雄说："屈突通通晓军事，假如能渡过黄河，那么胜败就难以决定，不如分派军队对抗。屈突通无法渡河，樊子盖、卫文昇就失掉援助了。"杨玄感赞同他的看法，将要对抗屈突通；樊子盖知晓他的计谋，几次攻打他的军营，杨玄感无法前往。屈突通渡过黄河，驻兵在破陵。杨玄感分为两军，西军抵抗卫文昇，东军抵抗屈突通。樊子盖又出军大战，杨玄感的军队多次战败，便与他的心腹谋划，李子雄说："东都援军大量涌到，我军屡次战败，不能久留，不如直接进入关中，打开永丰仓来赈助贫困，三辅地区就可很快平定，据有府库，面东而争天下，也是霸王的事业。"李密说："弘化郡的留守元弘嗣在陇右握有强大的兵力，可以宣称他造反，派遣使者迎接您，因而进入关中，可以这样蒙蔽百姓。"

恰巧华阴许多杨姓的人请求担任向导，壬辰日（二十一日），杨玄感解除东都的围困，率军向西赶往潼关，宣称："我已攻陷东都，来夺取关西了。"宇文述等各军跟从在后。到了弘农宫，父老全都阻路劝杨玄感说："宫城空虚，又堆积许多的粟粮，容易攻克下来。"杨玄感赞同他们的看法。弘农太守蔡王杨智积告诉官属说："杨玄感听闻大军将要到达，想要向西图谋关中，假如让他的计谋成功，就很难获胜了；应该用计牵制他，让他不能前进，不到十天，就能将他擒住。"等到杨玄感的军队来到城下，杨智积登上城池的墙垣责骂他，杨玄感十分生气，留下来进攻他。李密进谏说："您现在佯称众军向西直入，兵贵神速，又何况追兵将至，怎么能停留呢？假如前进不能驻守潼关，退后没有能够防守的地方，大军一溃败，怎样保全自己呢？"杨玄感不采纳他的意见，于是进行攻击，焚毁他们的城门，杨智积在城内放火，杨玄感的军队无法直入。一连三日都没有攻下，这才率军向西。到达閿乡，宇文述、卫文昇、来护儿、屈突通等军队在皇天原追上了杨玄感。杨玄感到达槃豆，排列阵势，绵延五十里，一边作战，一边退走，一天之内败了三次。八月，壬寅日（初一），杨玄感在董杜原布阵，各军进攻他，杨玄感大败，独自与十几名骑兵逃奔上洛。追赶的骑兵抵达，杨玄感大声呵斥，全都回头逃走。到了葭芦戍，独自与弟弟杨积善徒步走路，料想不免于难，便告诉杨积善说："我不能受到别人的侮辱杀戮，你可将我杀掉！"杨积善抽出刀，将他砍死，然后刺杀自己，没有死，被追兵捉住，与杨玄感的首级一同送到隋炀帝的行宫。隋炀帝下令在东都市上磔裂杨玄感的尸骸，三天以后，又切成肉块，将他焚烧了。杨玄感的弟弟杨玄奖担任义阳太守，准备奔赴杨玄感那里，被郡丞周旋玉格杀；杨仁行担任朝请大夫，在长安被处死。

杨玄感围攻东都时，梁郡的百姓韩相国举兵响应他，杨玄感任命韩相国担任河南道元帅，整整一月之间，拥有十多万徒众，四处攻掠郡县；到了襄城，听闻杨玄感战败，徒众稍有溃散，韩相国被郡吏抓获杀死，将他的首级送到东都。

隋炀帝杨广因为元弘嗣是斛斯政的亲人，留守在弘化郡，就派遣卫尉少卿李渊快骑前往捉拿他，就此代为留守，关右十三郡的军队全都接受他的调度节制。李渊统御军队，清简宽恕，一般人多愿归附他。隋炀帝杨广因为李渊的相貌、外表十分奇特怪异，又由于他的名字与图箓谶纬相应，就猜忌他。没过多久，将他征调到行在所，李渊因为生病，没有前去谒见，他的外甥女王氏在后宫，隋炀帝询问她说："你的舅舅怎么来得这样迟呢？"王氏用生病回答，隋炀帝说："会不会死啊？"李渊听了，十分害怕，因此饮酒放纵，广进贿赂，以求隐晦。

癸卯日（初二），吴郡的朱燮、晋陵的管崇聚集百姓抢掠江东。朱燮原本是还俗的道士，粗读经史，颇晓兵法，身体瘦小，担任昆山县的博士，与几十名学生起兵，百姓不堪劳役的，如同归市一样去投奔他。管崇身体高大，姿容俊美，志气高放，不受拘束，在常熟隐居，自称有王者之相，因此群盗都相互尊奉他为首领。当时隋炀帝杨广在涿郡，命令虎牙郎将赵六儿率领军队一万人驻守杨子，分为五营来防范南面的贼兵。管崇派遣他的将军陆顗横渡长江，夜晚，偷袭赵六儿，击败他的两个营垒，收缴他们的器械、军用物品，然后离去。管崇的徒众越来越多，达到十万人。

辛酉日（二十日），司农卿云阳人赵元淑，因为坐杨玄感同党的罪，被诛杀。隋炀帝杨广派遣大理卿郑善果、御史大夫裴蕴、刑部侍郎骨仪与留守樊子盖查究杨玄感的同党。骨仪原本是天竺的胡人。隋炀帝杨广告诉裴蕴说:“杨玄感振臂一呼,响应的就有十万人,越发知晓天下的人不要太多,多了就会相互聚合为盗匪。不将他们这班人全都诛灭,就无法惩戒后来的人。”樊子盖的性情已经十分残酷,裴蕴又接受这个意旨,因而用严刑峻法处理杨玄感的同党,杀了三万余人,全都依照簿籍没收他们的妻孥与财产,冤死的有一多半,被迁徙流放的有六千余人。杨玄感围困东都时,打开粮仓赈济百姓。凡接受粮米的,全都活埋在都城的南边。杨玄感所交往的文士,会稽的虞绰、琅邪的王胄,全都坐罪被迁徙到边区,虞绰、王胄伺机逃跑,被捕处死。

隋炀帝杨广善于做文章,不愿别人写得比他好。薛道衡去世,隋隋炀帝说:“还能作‘空梁落燕泥’的句子吗?”王胄被处死,隋炀帝诵读他的好句,说:“‘庭草无人随意绿’,还能作这样的诗句吗?”隋炀帝自恃有才学,经常傲视天下的读书人,曾告诉侍臣说:“天下的人全都以为朕凭借先帝的余业,而拥有天下,假如让朕与士大夫一起选拔,也应该是天子。”

隋炀帝杨广闲谈时对秘书郎虞世南说:“我的性情不喜欢别人劝谏,假如声望地位已经通达显贵,而还以劝谏求取声名,更加令人不能容忍。至于地位低贱的人,虽然稍微可以原谅宽容,但是最终也不能免除罪刑。你要知晓呀!”虞世南是虞世基的弟弟。

隋炀帝杨广派裴矩去抚慰聚集在陇右的人,裴矩因此抵达会宁,慰劳曷萨那可汗部落,并且派遣阙达度设去劫掠吐谷浑,来增加自己的财富,回来之后呈上奏状,隋炀帝大大地奖赏了他。

九月,己卯日(初八),东海的百姓彭孝才起来叛乱,成为盗匪,有徒众数万人。

甲午日(二十三日),隋炀帝杨广的车驾抵达上谷,由于供应的费用不够,解除了太守虞荷等人的官职。闰月,己巳日(二十八日),隋炀帝杨广临幸博陵。

冬季，十月，丁丑日(初七)，贼军首领吕明星围攻东郡，虎贲郎将费青奴击败了他。

刘元进带领他的徒众准备渡过长江，恰巧杨玄感失败，朱燮、管崇一同迎接刘元进，推举他为领袖，驻守吴郡，自称天子，任命朱燮、管崇担任尚书仆射，并设立百官，毗陵、东阳、会稽、建安等地方的豪杰，大多执拿郡守以下的县令、丞、尉等官吏来响应他们。隋炀帝杨广派遣左屯卫大将军代人吐万绪、光禄大夫下邽人鱼俱罗率领军队去讨伐他们。

十一月，己酉日(初九)，右候卫将军冯孝慈在清河讨伐张金称，冯孝慈战败身亡。

杨玄感向西进兵时，韦福嗣逃往东都归降自首，那时像他这样的人全都不加追问。樊子盖收拾杨玄感的文簿，找到韦福嗣所草拟给樊子盖的信，密封呈给隋炀帝；隋炀帝杨广命令将韦福嗣捉送到行在所。此时李密逃亡，被人俘虏，也送往东都。樊子盖以枷锁锁住韦福嗣、李密，与杨积善、王仲伯等十多人，送往高阳，李密与王仲伯等人私下密谋逃走，将所携带的金银全都拿出来给使者看，说："我们死去的时候，这些金子全都留给您，希望能够拿来替我们埋葬，其他剩余的全都用来报答您的恩惠。"使者贪图这些金子，应允了，防备渐渐松懈。接着李密请求使者通融，允许他们买酒食，整夜喧闹，使者不以为意，走到魏郡的石梁驿，请防守的人喝酒，将他们全都灌醉，穿通屋墙逃走。当时李密叫韦福嗣一起逃走，韦福嗣说："我没有犯罪，天子不过是当面斥责我罢了。"到了高阳，隋炀帝杨广拿草拟的信给韦福嗣看，将韦福嗣交给大理官处理。宇文述上奏："凶恶叛乱的人，是臣子所应共同嫉恨的，假如不处重刑，将无法警戒后来。"隋炀帝杨广说："就照您的意思去做。"十二月，甲申日(十五日)，宇文述在野外，将几个应当接受刑罚的人都绑在格架上，以车轮套在头颈上，让九品以上的文武官员全都持拿兵器砍射，胡乱射出的箭，多的像刺猬毛，那些人肢体糜烂破碎，留在车轮里面。杨积善、韦福嗣另外加刑，施以车裂之刑，然后全部予以焚烧丢弃。杨积善自己说亲手杀掉了杨玄感，希望能免掉死罪。隋炀帝杨广说："这简直是枭鸟一类啊！"因此改变他的姓为枭氏。

唐县人宋子贤，精通幻术，能够变成佛的形象，自称弥勒佛出世，远近的百姓都受到迷惑，相信他，于是宋子贤计划利用无遮大会，起兵袭击天子的坐车；后来因为事情泄露，宋子贤伏罪被杀，其同党一千多家也被诛灭。

扶风和尚向海明也自称是弥勒出世，说只要是对他归心的人，可以得到吉祥的梦，因而三辅地方的人都纷纷信奉他，向海明于是也兴兵造反，徒众多到数万人。丁亥日（十八日），向海明自己称帝，改年号为白乌。隋炀帝杨广令太仆卿杨义臣将他击败消灭。

隋炀帝杨广召令卫文昇、樊子盖来到行在所，慰问他们，赏赐特别丰厚，然后遣放他们回到任职的地方。

刘元进进攻丹阳，吐万绪渡过长江击败了他，刘元进冲出包围逃走，吐万绪进军屯守曲阿。刘元进修筑栅栏抵抗吐万绪，双方相持一百多天，吐万绪继续进攻，贼兵大败溃逃，死了一万多人。刘元进在夜里奋身逃走，据守他的堡垒。朱燮、管崇等人驻守毗陵，营地相连一百多里，吐万绪乘胜进军攻击，又击败了他们。贼军退守黄山，吐万绪围攻他们，刘元进、朱燮仅只身逃走，官军在战阵中一共杀死管崇及其将士五千多人，俘虏他们的子女三万余人，进而解除了会稽的包围。鱼俱罗与吐万绪一同出征，战无不胜，但是老百姓附从叛逆的好像散市返家一样，贼军战败了又再聚集，他们的声势越来越盛。刘元进退守建安，隋炀帝杨广命令吐万绪进兵讨伐，吐万绪因为士兵困敝疲惫，请求休兵，等到明年春天再战，隋炀帝很不高兴。鱼俱罗也认为贼兵不是一年几个月就可以讨平的，他的几个儿子都在东都洛阳，便暗中派遣家仆去接儿子，隋炀帝更加生气。负责司法的官吏秉承隋炀帝旨意，上奏吐万绪懦弱退怯，鱼俱罗常打败仗，于是鱼俱罗坐罪被杀，并征召吐万绪来到行在所，吐万绪悲愤忧惧，死在路上。

隋炀帝杨广另外派遣江都丞王世充调动淮南的军队几万人去讨伐刘元进。王世充渡过长江，几次作战都取得胜利。刘元进、朱燮战败，死在吴县，其他残余的徒众，有的投降，有的逃跑。王世充在通玄寺佛像前召集先投降的人，焚香盟誓，约定对归降的人不加杀害。逃跑的人起先想到海中做强盗，听了这个消息，一月之内，几乎全都归顺自首，王世充将他们全都活埋在黄亭涧，一共死了三万多人。因此残余的党羽又相聚成为盗匪，官军无法前去讨伐，一直到隋朝灭亡。隋炀帝杨广因为王世充有将帅之才，更加宠爱重用。

这一年，隋炀帝杨广诏令凡当盗匪的，全都依照簿籍没收他们的妻孥与财产。当时群盗所在的地方，全都人满为患，郡县官吏因而各自专擅威权，肆意生杀。

章丘的杜伏威与临济的辅公祏两人是生死之交，全都亡命沦为盗匪。杜伏威才十六岁，每次作战，都冲锋在前，退兵时，就殿在后面，因此他的党羽推举他为首领。下邳的苗海潮也聚集徒众成为盗匪，杜伏威派遣辅公祏对他说："今天我与你一同受到隋朝政治的迫害，各自举起大义的旗帜，力量分散，形势薄弱，经常担心被擒获，假如合为一体，就足够与隋朝敌对了。你能成为领袖，我将非常诚敬地附从，你自认为不能担任领袖，就应当来听我的命令；不然的话，一战以决定胜负。"苗海潮畏惧，立即带领徒众投降。杜伏威转而侵掠淮南，自称将军，江都留守派遣校尉宋颢去征讨，杜伏威与他交战，佯装不敌，引诱宋颢的军兵进入葭苇中，于是从上风的地方纵火，最终宋颢的军兵都被烧死。海陵贼军首领赵破陈，由于杜伏威兵力少，轻视他，召令与他合力；杜伏威派遣辅公祏严布军队在外面，自己与十个亲信送牛酒到赵破陈的座席上，将赵破陈杀死，吞并了他的徒众。

大业十年(甲戌，公元 614 年)

春季，二月，辛未日(初三)，隋炀帝杨广诏令百官商议讨伐高丽，一连好几日，没有人敢说话。戊子日(二十日)，隋炀帝杨广诏令再次调集天下的军队，分百路一同前进。

丁酉日(二十九日)，扶风贼军首领唐弼拥立李弘芝为天子，拥有徒众十万人，自称为唐王。

三月，壬子日(十四日)，隋炀帝杨广行幸涿郡，途中士兵不断逃亡。癸亥日(二十五日)，隋炀帝杨广到达临渝宫，为黄帝举行祃祭，斩杀叛军，拿他们的血涂鼓，但逃亡的人数还在继续增加。

夏季，四月，榆林太守成纪人董纯与彭城贼兵首领张大虎在昌虑交战，将张大虎打得大败，斩杀了一万余人。

甲午日(二十七日)，隋炀帝杨广车驾抵达北平。

五月，庚申日(二十三日)，延安贼军首领刘迦论自称皇王，建年号为大世，拥有徒众十万人，与稽胡相互呼应为寇。隋炀帝杨广下诏任命左骁卫大将军屈突通担任关内讨捕大使，调动军队攻打刘迦论，在上郡交战，斩杀了刘迦论以及将士一万余人，俘虏男女数万人后返回。

秋季，七月，癸丑日(初七)，隋炀帝杨广御驾停留在怀远镇。此时天下已经大乱，调集的军队大多拖延期限，不能到达，高丽国也已疲敝困顿。来护儿抵达毕奢城，高丽军迎战，来护儿将他们击败，准备前往平壤，高丽王高元感到恐惧，于甲子日(二十八日)，派使者乞求投降，并拘禁解送斛斯政。隋炀帝杨广大喜，派遣使者持符节召令来护儿回师。来护儿聚齐兵众说："大军三次出征，未能讨平贼兵，这次回去之后不能再来了，劳而无功，我个人觉得十分羞耻。现在高丽的确很困窘，用这么多人去攻打他们，没多久就可以攻下来，我想进军直接围攻平壤，擒拿高元，贡献胜利的战果之后回去，不是很好吗?"于是回了奏表，请求进兵，不肯接奉诏令回来。长史崔君肃坚持力争，来护儿不同意，说："贼军的情势看来已经完了，只需我们这一路军队就可平定。我在国都之外，事情应该可以专自决定，宁可擒拿高元回去被治罪，要我放弃这个成功的机会，我办不到啊。"崔君肃告诉军兵说:“假如听从元帅违抗诏令,定会被上奏给陛下晓得,这样大家都会被治罪。”众将恐惧,全都请求回去,来护儿这才奉接诏书回去。

八月,己巳日(初四),隋炀帝杨广从怀远镇调师回来。邯郸的贼军首领杨公卿带领他的党羽八千人,劫掠御驾后面的第八队,抢得飞黄上厩马四十二匹后离去。冬季,十月,丁卯日(初三),隋炀帝杨广抵达东都;己丑日(二十五日),隋炀帝杨广返回西京。隋炀帝杨广用高丽使者与斛斯政告祭太庙;又征召高丽王高元入朝,高元竟然不到。隋炀帝杨广于是敕令将帅加强装备,又谋划日后举兵的事情,最终没能成行。

起初,开皇末年,国家强盛殷富,朝野上下都想征伐高丽,只有刘炫独自认为不可,作《抚夷论》来批评,这时,他的话才得到验证。

十一月,丙申日(初二),隋炀帝杨广在金光门外杀了斛斯政,依照对付杨积善的方法,仍旧烹煮他的肉,命百官食用,谗佞的人有的甚至吃到饱,之后收拾他的残余骨头,焚烧抛弃。

乙巳日(十一日),隋炀帝杨广在南郊举行祭典,隋炀帝没有到斋戒处斋戒。天亮时,备好法驾,到达南郊立即举行仪式。当天,大风。隋炀帝单独献祭上帝,三公分别献祭五帝。行礼结束,御马快骑而回。

乙卯日(二十一日),离石的胡人刘苗王叛乱,自称天子,徒众多达数万人;将军潘长文去征讨他,没有成功。

汲郡贼军首领王德仁拥有徒众数万人,盘踞林虑山做了盗匪。

隋炀帝杨广要到东都,太史令庾质进谏说:“近年来征讨辽东,百姓实已困敝劳苦,陛下应当安抚关内,让百姓尽力种桑耕田,三五年内,四海稍为充实丰富,再外出巡视,臣认为这样做比较合适。”隋炀帝不太高兴。庾质于是借口有病不跟随皇帝出行,使得隋炀帝十分生气,便将庾质关进牢狱,庾质竟死在狱中。十二月,壬申日(初九),隋炀帝杨广前往东都,赦免天下;戊子日(二十五日),隋炀帝杨广进入东都。

东海的贼军首领彭孝才辗转去劫掠沂水，彭城留守董纯讨平并擒获了他。董纯作战虽然多次获胜，可是盗贼一日比一日多。有人谗言说董纯懦弱畏怯。隋炀帝很生气，便将董纯抓起来，送往东都，把他杀了。

孟让自长白山出发劫掠各郡，到了盱眙，拥有徒众十多万人，占据了都梁宫，依据淮水固守。江都丞王世充率军抵抗他，设立五处栅垒来堵住险要的地方，显出十分衰弱的样子。孟让笑着说："王世充是掌管刀笔的小官吏，怎么能够率领军队呢！我今天要活捉他绑缚起来，击鼓行军进入江都！"当时的百姓全都构筑战堡自求保全，野外没有可以抢掠的东西，贼兵渐渐饥饿，于是只留下很少的军兵包围五处栅垒，分散人力在南方抄袭掠夺；王世充窥伺贼军已经松懈，立即派军出去攻击，将他打得大败。孟让只率领几十名骑兵逃走，被杀死的有一万多人。

齐郡的贼军首领左孝友拥有徒众十万人，屯驻在蹲狗山，郡丞张须陀布好阵营逼近他们，左孝友走投无路出来投降。于是张须陀的声威在东夏大振，更由于有功，升迁担任齐郡通守，兼领河南道十二郡黜陟讨捕大使。涿郡的贼军首领卢明月，拥有徒众十余万人，驻扎在祝阿，张须陀率领一万人迎战。相持十几天，粮食吃尽，准备退兵，告诉将士说："贼匪看到我们退兵，必定会倾众来追赶，假如率领一千人去偷袭并且占据他们的军营，可以建立大功。这实在是十分危险的事，谁能前往呢？"大家没有回答，只有罗士信与历城的秦叔宝请求前往。于是张须陀放弃栅垒逃跑，派遣他们两人分别率领一千名士兵埋伏在葭苇里。卢明月果真倾众追赶，罗士信与秦叔宝就快骑到他们的栅寨，栅门关闭，他们两个人爬上门楼，各杀死几人，营中发生大乱；他们两人又杀死守关的人，以使外面的部队进入，于是放火焚毁他们的三十几处栅寨，烟雾焰火弥漫了整个天空。

卢明月逃奔回来，张须陀调集军队奋力攻击，大败他们。于是卢明月率领几百名骑兵逃走，而被俘虏杀死的人不计其数。秦叔宝，名叫琼，以字号行世。

大业十一年(乙亥，公元615年)

春季，正月，朝廷增加秘书省官吏一百二十人，并且以学士增补。隋炀帝杨广以喜好读书著述，自从担任扬州总管，就设置王府学士，人数多到一百人，经常命令他们从事编纂工作，等当了皇帝，前后将近二十年，编纂工作从未中断过。从经术、文学、军事、农业、地理、医术、占卜、佛家、道家，以至赌博、打猎，全都有新的著述，无不精审博洽，总共完成三十一部，一万七千余卷。起初，西京嘉则殿有书三十七万卷，隋炀帝杨广命令秘书监柳顾言等人，依照类别来排列，撤去重复、浮杂鄙俚的书籍，一共得到真正皇家所缮写的书籍三万七千余卷，纳入东都修文殿。又缮写了五十部副本，选分为三等，分别放在西京、东都宫、省、官府，那些正本的书全都装裱得十分华丽、洁净，配上宝贵的卷轴，锦缎的卷裱。在观文殿前面建造十四间书房，窗户、床褥、书橱的帷幔，全都极为珍贵华丽，每三间书房开通一个方形的门户，垂挂丝锦帷幔，上面有两个飞仙，门户外面的地上装置开动的机关。隋炀帝杨广临幸书室，有宫女拿着香炉，在前面行走，踏上机关，飞仙就会下来，等到收好帷幔卷上去，门扉与书橱全都自动开启。隋炀帝出去后，又垂幔闭户，好像平时一样。

因为户口很多逃亡，盗匪众多，二月，庚午日(初七)，隋炀帝杨广诏令百姓居住城里，就近分配土地。郡县的驿亭、村庄防卫的小土墙，全都修筑围城。

上谷贼军首领王须拔自称漫天王，国号为燕；贼军首领魏刀儿自称历山飞：徒众各有十余万，北边连接突厥，南边进犯燕、赵。

起初，隋高祖梦见洪水淹没都城，心里十分厌恶，因此迁都到大兴。申明公李穆去世后，他的孙子李筠承继爵位。他的叔父李浑痛恨他悭吝，教唆他哥哥的儿子李善衡，将他害死，而自己却出面证明是他的表弟李瞿昙所为，让他抵命而死。李浑告诉他妻子的哥哥左卫率宇文述说："假如能够继承封爵，就每年奉上所封属国租税的一半。"于是宇文述为他向太子说情，奏报隋高祖，让李浑成为李穆的继承人。两年之后，李浑不再拿封国的租税给宇文述，宇文述特别生气。隋炀帝杨广即位后，李浑多次升迁到右骁卫大将军，改封为郕公，隋炀帝杨广因为他的门族太强盛，对他很是猜忌。恰巧有术士安伽陀说"李氏会成为天子"，劝隋炀帝杀死国内全部姓李的人。李浑的侄子将作监李敏，小名洪儿，隋炀帝怀疑他的名字验了谶语，经常当面告诉他，希望他引咎自决。李敏十分害怕，几次与李浑、李善衡摒开旁人私下交谈；而宇文述又在隋炀帝面前说他们的坏话，还派虎贲郎将河东人裴仁基上表控告李浑造反。隋炀帝杨广收拿李浑等家族，派遣尚书左丞元文都、御史大夫裴蕴一同来审理，审问了几日，没有找到造反的证据，以实情奏报上闻。隋炀帝杨广便另外派遣宇文述深加审理，宇文述诱骗李敏的妻子宇文氏上奏章，诬告李浑阴谋借渡辽河的机会，与他家里担任将领的子弟，一起偷袭隋炀帝的军营，来拥立李敏为天子。宇文述将奏章拿进朝廷奏报上闻，隋炀帝杨广哭着说："我的宗社差一点遭遇倾覆，幸赖您得到保全。"三月，丁酉日(初五)，处死李浑、李敏、李善衡与宗族三十二人，三亲以内的家人，全都迁徙到边塞。几个月后，李敏的妻子也被毒死。

有两只孔雀自西边的宫苑，飞到宝城朝堂前面，亲卫校尉高德儒等十余人看到了，奏报认为是鸾鸟。当时孔雀已经飞走，没有办法得到查验，因此百官全都来称贺。隋炀帝杨广诏令因为高德儒的诚心暗通天意，让他最先看到美好的祥瑞，所以将他升任为朝散大夫，赏赐丝帛一百匹，其他的人全都赏赐一束丝帛；于是在那看见孔雀的地方，修建了仪鸾殿。

己酉日(十七日)，隋炀帝杨广行幸太原；夏季，四月，隋炀帝杨广行幸汾阳宫避暑。由于宫殿十分狭小，百官军兵只好散布在山谷中，搭盖草棚来当作军营居住。

隋炀帝杨广任命卫尉少卿李渊担任山西、河东抚慰大使，承受制命，罢黜、提升、选补郡县的文武官员，并调动河东的军队去追捕群盗。李渊前进到龙门，攻打贼兵的首领毋端儿，击败了他。

秋季，八月，乙丑日（初五），隋炀帝杨广巡行北边的关塞。

起初，裴矩因为突厥始毕可汗的部落渐渐强盛，便贡献计谋，来分散他的势力，想要将宗族的女子嫁给他的弟弟叱吉设，拜叱吉设为南面可汗；叱吉设不敢接受，始毕可汗听了，逐渐有了怨恨心理。突厥的臣子史蜀胡悉有很多计谋，被始毕可汗宠信，裴矩假称要相互做生意，诱骗史蜀胡悉到马邑郡中，将他杀了。派遣使者告诉始毕可汗说："史蜀胡悉背叛可汗，前来归降，我已经替你将他杀了。"始毕可汗知晓实情，因而不再朝见。

戊辰日（初八），始毕可汗带领骑兵几十万人，计划偷袭隋炀帝杨广的坐车，义成公主先派使者向隋炀帝报告变故。壬申日（十二日），隋炀帝杨广的坐车很快进入雁门，齐王杨暕率领殿后的军队防守崞县。癸酉日（十三日），突厥围攻雁门，君臣上下都很害怕惶恐，拆除民屋的木石当作抵御防守的工具，城里的军兵、百姓，只有十五万人，食物只能支持二十天，雁门的四十一座城，突厥攻陷了三十九个，只有雁门、崞县没有攻克。突厥急切地攻打雁门，箭射到隋炀帝的面前，隋炀帝大为恐惧，抱住幼子赵王杨杲哭泣，眼睛都哭红肿了。

左卫大将军宇文述劝说隋炀帝杨广选拔几千名精良骑兵，突破重围出去，纳言苏威说："防守城池，我们还有剩余的力量，用轻快的骑兵，却是突厥的长处，陛下是万乘的君主，怎么能够轻举妄动呢？"民部尚书樊子盖说："皇上处在危险的时候，却希图侥幸，一旦溃败，后悔如何来得及呢？莫如据守坚固的城池，来挫他们的锐气，坐着征调四方的部队，命他们前来援救。陛下亲自安抚士兵，晓谕他们不再讨伐辽东，并且增加功勋的赏格，必定人人自求奋勇，何必担心不成功呢？"内史侍郎萧瑀认为："突厥的习俗，可贺敦（突厥可汗妻子的称呼）参与军事谋略，况且义成公主凭借帝室女子的身份嫁给外国夷族，一定要倚仗大国的援助。假如派一个人去告诉她目前的情况，即使没有帮助，又有什么损失呢？同时，将士的心意，是担心陛下解除了突厥的祸患后，还要去讨伐高丽，假如发布明白的诏示，晓谕大家宽赦高丽，专心征讨突厥，那么人心安定，自然奋勇作战了。”萧瑀是皇后的弟弟。虞世基也劝隋炀帝加重赏格，下诏令停止辽东的征伐。隋炀帝采纳了他们的意见。

隋炀帝杨广亲自巡视将士，告诉他们说：“大家要努力击败贼兵，假如能够保住城池，凡是在军旅的人，不用为富贵担忧，必定不会让司法官吏玩弄刀笔，毁损你们的功劳。”于是下令说：“守城立功的人，原来无官职的，直接任命为六品官，赏赐丝帛一百匹；原来有官职的，就按六品官以上依次升级。”派出慰问将士的使者也在路上抚慰，相继不断，因而大家都欢呼雀跃，日夜抵抗作战，伤亡的人很多。

甲申日（二十四日），隋炀帝杨广诏令天下募集军队。此时，太守县令争相前来解救危难。李渊的儿子李世民，年纪才十六岁，应征为兵，隶属屯卫将军云定兴，李世民告诉云定兴多送些旗鼓来疑惑敌人的军队，说：“始毕可汗敢起兵围攻天子，必定以为我们在仓促之间，不能前去救援。我们应当在白天高举旌旗，绵亘数十里不断，在夜晚就用钲鼓相应和，敌人一定会以为援救的军队已经大量到达，闻风而逃。不然的话，突厥人多，我们人少，假如对方全军来战，我们必定不能支撑。”云定兴采纳了他的意见。

隋炀帝杨广派遣反间使者向义成公主求援，公主派遣使者告诉始毕可汗说：“北部边境有危急。”这时东都与各郡的援兵也抵达忻口。九月，甲辰日（十五日），始毕可汗解除包围退去。隋炀帝杨广派人出去侦察，山谷全都空了，没有胡马，于是派遣两千名骑兵在后面追击，到了马邑，俘虏突厥老弱两千多人回来。

丁未日（十八日），隋炀帝杨广车驾回到太原。苏威告诉隋炀帝说：“现在盗匪不能止息，军兵战马全都疲困衰敝，希望陛下赶快返回西京，深固根本，为天下着想。”隋炀帝杨广起初同意他的意见。

宇文述却说："随从官吏的妻子儿女大多在东都，应当顺道到洛阳，自潼关进入。"隋炀帝采纳了他的意见。

冬季，十月，壬戌日（初三），隋炀帝杨广来到东都，回头斜视街道，告诉侍臣说："还有许多人住在这里。"意思是认为以前讨平杨玄感，杀人还是很少的缘故。苏威追认的功勋赏格太过厚重，隋炀帝认为应当稍加抑损，樊子盖坚持请求，认为不应失去诚信，隋炀帝说："您想要延揽人心吗？"樊子盖恐惧，不敢回答。隋炀帝的个性，悭吝官爵的封赏，当初平定杨玄感，应当颁授功勋的人很多，于是另外调整军职的品级：建节尉是正六品，其次奋武、宣惠、绥德、怀仁、秉义、奉诚、立信等尉官，依次降低一阶。防守雁门的将士有一万七千人，获得功勋的才一千五百人，全都依照平定杨玄感的功勋，一次作战得到第一勋的人进一阶，原先没有军职品秩的，只能获得立信尉，三次作战得到第一功勋的，升任秉义尉，那些在军阵而没有功劳的，四次作战进一阶，也没有奖赏。恰巧又再商议讨伐高丽，因而将士无不怨恨愤怒。

起初，萧瑀凭借外戚的身份，而且有才干，曾经在东宫事奉太子杨广，经过数次升迁官至内史侍郎，委托他枢机的事务。萧瑀性格正直刚强，几次陈述事情的时候，忤逆旨意，隋炀帝便逐渐疏远他。等到雁门的包围被解除，隋炀帝告诉群臣说："突厥悖逆狂妄，能有什么作为？在从前突厥还没有散去的时候，萧瑀就急切地表现出惊恐的样子，这是不能够饶恕的。"于是让萧瑀出任河池郡守，而且当天就把他遣走。候卫将军杨子崇跟随隋炀帝在汾阳宫，知晓突厥一定会来侵犯，多次请求早一点返回京师，隋炀帝生气地说："杨子崇懦弱畏怯，惊动军心，不可以担当护卫的官职。"于是杨子崇出任离石郡守。杨子崇是高祖的同族弟弟。

杨玄感叛乱时，龙舟水殿全都被他焚烧，隋炀帝杨广诏令江东另外制造，一共数千艘，规模比旧的还要巨大。

壬申日（十三日），卢明月带领徒众十万人进犯陈、汝两州。

东海李子通，有勇力，原先依附长白山贼军首领左才相，群盗都很残忍，唯独李子通非常宽厚仁慈，因此大家大多依附他，没有半年，拥有徒众一万人。左才相嫉妒他，李子通便率军离去，渡过淮河，与杜伏威相合并。杜伏威选拔军中勇士，收养为义子，一共三十余人，以济阴的王雄诞、临济的阚稜为首。后来李子通想谋害杜伏威，便派兵偷袭他。杜伏威受重伤从马上跌下，王雄诞背着他逃到葭草中，收集溃散的军兵又再振作起来。隋朝将军来整攻打杜伏威，将他击败。杜伏威的将领西门君仪的妻子王氏，既勇敢又有很大力气，背着杜伏威逃走，王雄诞带领壮士十余人保卫，与隋朝军队奋力作战，因而得免于难。来整又攻打李子通，将他击败，李子通带领残余徒众逃往海陵，又收聚军队，得到两万人，自称将军。

城父的朱粲，原先是县佐史，后来从军，为了逃命，聚集徒众成为盗匪，称为“可达寒贼”，自称迦楼罗王，徒众多达十余万人，带兵去劫掠荆、沔，以及山南的郡县，所过之处，不再有一个活人。

十二月，庚寅日(十二月无此日)，隋炀帝杨广诏令民部尚书樊子盖调动关中的军队几万人攻打绛郡的贼军敬盘陀等人。樊子盖不分好坏，自汾水以北，村里防卫用的墙垣，全都烧毁，贼军有投降的全都活埋；百姓气愤怨恨，更相互聚集成为盗匪。于是隋炀帝杨广诏令以李渊代替。有归降的人，李渊将他们安置在左右，因此贼军有很多人归降，前后达数万人，残余的党羽散入其他郡县。

资治通鉴卷第一百八十三　隋纪七

起丙子(公元616年),止丁丑(公元617年),共一年多。

【题解】本卷记录了公元616年至617年五月间的史事。当时正值隋炀帝大业十二年、恭皇帝义宁元年上半年。隋炀帝大业十二年,全国起义大规模暴发,各地势力开始称王称帝,自谋发展;而隋炀帝又在奸佞权臣的包围下倒行逆施,连杀几位勇于直谏的大臣,致使朝廷上下一片混乱之象。大业十三年,李密围攻东都;李渊起兵太原,攻占长安,立隋炀帝之孙杨侑为帝,致使隋朝根基更加动摇。

炀皇帝下

大业十二年(丙子,公元616年)

春季,正月,朝集使没有到达京师的,有二十余郡,朝廷开始计议分别派遣十二路使者,调动军队征讨缉拿盗贼。

隋炀帝杨广诏令毗陵的通守路道德,聚集十郡的军队数万人,在郡城东南方修建宫苑,周围十二里内,建造十六处离宫,大都仿照东都西苑的规模,而且还更加奇特华丽。又想在会稽修筑宫殿,恰巧兵乱,没有如愿完工。

三月,上巳日(癸巳日,初七),隋炀帝杨广与群臣在西苑的水上饮酒,下令学士杜宝撰写《水饰图经》,采撷古代水上游乐的事情七十二件,叫朝散大夫黄衮用木仿制作而成,配上乐妓的坐船、酒船,而人物能自行动作,宛若生人,又有钟磬筝瑟等乐器,能够自成曲调音乐。

己丑日(初三),张金称攻克平恩,一个早晨杀死男女一万余人;又攻克武安、钜鹿、清河各县。张金称比其他的盗匪还凶暴残忍,所途经的地方,百姓没有一个剩留的。

夏季，四月，丁巳日(初一)，大业殿的西院失火，隋炀帝杨广以为盗匪来了，惊惧逃走，进入西苑，躲藏在草堆里，火熄了才返回。隋炀帝杨广从大业八年以后，每晚睡眠经常心悸惊恐，说是有盗匪，让几个妇人摇动按摩，方能睡着。

癸亥日(初七)，历山飞的部将甄翟儿，带领徒众十万人进犯太原，将军潘长文战败身死。

五月，丙戌朔日(初一)，发生日全食。

壬午日(五月无此日)，隋炀帝杨广在景华宫征求萤火虫，得到几斛，晚上出去游山，将捉来的萤火虫放走，光辉布满山谷。

隋炀帝杨广向侍臣询问盗贼的情形，左翊卫大将军宇文述说："逐渐少了。"隋炀帝说："比从前少多少？"宇文述回答说："不到十分之一。"纳言苏威移动身体，躲到柱后，隋炀帝将他叫到面前，询问他，苏威回答说："臣不主管这件事，不知悉有多少，但是忧患渐渐逼近。"隋炀帝说："怎么说呢？"苏威说："从前贼匪据守长白山，现在近在汜水。而且从前的租赋丁役，现在都到哪里去了呢？难道不是这些人全都变成盗匪了吗？最近发现奏报盗匪全都不依据实情，使得朝廷失于安排支配，不能及时讨平。还有以前在雁门，答应停止讨伐辽东，现在又征兵发动，贼军如何能止息呢！"隋炀帝不高兴而罢朝。不久接近五月五日，百官大多馈赠珍贵的玩物，只有苏威呈献《尚书》。有人说他的坏话说："《尚书》中有《五子之歌》，认为陛下逸豫盘游，将像夏朝太康一般丧失邦国，苏威的心思实在不恭逊。"隋炀帝更加生气。不久，隋炀帝询问苏威有关讨伐高丽的事情，苏威想要陛下知晓天下有很多盗匪，便回复说："这次征役，希望不要调动军队，只要宽赦群盗，自然能够得到几十万人，派遣他们前去东征。他们因为高兴被免除罪刑，争着努力建立功勋，高丽是能够消灭的。"隋炀帝听了很不高兴。苏威出去，御史大夫裴蕴上奏说："这是多么不恭谨啊！天下哪里有那么多盗贼！"隋炀帝说："老头子多诈，用贼势的众多威胁我！真想要抽他的嘴巴，不过暂且再忍忍吧！"裴蕴知晓隋炀帝的心意，派遣河南百姓张行本奏报："苏威以前在高阳主持遴选人才的工作，乱授别人官职；因为畏惧突厥，请求返回京师。"隋炀帝杨广下令查验审理，讼狱一成立，就下诏令条数苏威的罪状，罢除苏威爵位，成为平民。一个多月后，又有人奏报苏威与突厥暗中图谋不轨之事，事情交付裴蕴推审，裴蕴判处苏威死罪。苏威无法为自己辩白，只是叩头流血，悲痛谢罪罢了。隋炀帝可怜他，将他释放了，说："不忍立刻将他杀死。"连同他的子孙三代，全都罢除了官爵。

秋季，七月，壬戌日（初八），济景公樊子盖去世。

江都新制造的龙船完工，送到东都，宇文述劝说隋炀帝临幸江都，右候卫大将军酒泉人赵才进谏说："现在百姓疲敝，府库空虚，盗匪蜂拥而起，禁令无法通行，希望陛下返回京师，安定千千万万的百姓。"隋炀帝杨广大为生气，将赵才交给司法官吏，十天之后，怒气稍稍消解，才将他放出来。朝廷的臣子全都不愿出动，隋炀帝的心意却很坚决，但没有人敢谏阻。建节尉任宗上书极力劝谏，当天就在朝堂用木杖将他打死了。甲子日（初十），隋炀帝临幸江都，命令越王杨侗与光禄大夫段达、太府卿元文都、检校民部尚书韦津、右武卫将军皇甫天逸、右司郎卢楚等人，一同总管后方的事情。韦津是韦孝宽的儿子。隋炀帝作诗赠别宫人说："我梦见江都十分美好，征讨辽东也是偶然的事情。"奉信郎崔民象由于四处都有盗贼，在建国门上表进谏；隋炀帝大为生气，先取下他的下巴，然后将他斩杀。

戊辰日（十四日），冯翊人孙华，兴兵为盗。虞世基认为盗贼充斥，请求调动军队驻守洛口仓，隋炀帝说："卿是读书人，天下安定的时期，依然畏缩恐惧。"戊辰日（十四日），隋炀帝御驾抵达巩县。他敕令有关官吏移箕山、公路二府到洛口仓内，仍然命令修筑城墙，以防不测。到了汜水，奉信郎王爱仁再次上表请求返回西京，隋炀帝将他杀了，之后出发。到了梁郡，郡里的百姓拦阻车驾，呈上奏书说："陛下假如要临幸江都，天下就不是陛下所拥有的了！"隋炀帝又将他们全杀了。此时李子通据守海陵，左才相劫掠淮北，杜伏威驻守六合，徒众各自拥有几万人；隋炀帝派遣光禄大夫陈棱率领宿卫精兵八千人前去讨伐，连连获胜。

八月，乙巳日（二十一日），贼军首领赵万海拥有徒众数十万人，从恒山进犯高阳。

冬季，十月，己丑日（初六），许恭公宇文述去世。起初，宇文述的儿子宇文化及、宇文智及全是游手好闲的人。宇文化及在东宫事奉太子杨广，杨广对他十分狎昵宠幸，等到杨广即位，任命宇文化及担任太仆少卿。隋炀帝临幸榆林，宇文化及、宇文智及干犯禁令，与突厥做买卖，隋炀帝十分生气，准备要杀他们，等到他们被解开衣服、发辫后，又将他们释放，赏给宇文述做奴仆。宇文智及的弟弟宇文士及，因为娶了公主，经常看不起宇文智及，只有宇文化及与他狎昵亲密。宇文述死后，隋炀帝杨广又任命宇文化及担任右屯卫将军，宇文智及担任将作少监。

李密逃跑时，前去依附郝孝德，郝孝德没有以礼待他；李密又去找王薄，王薄也没有特别厚待他。李密疲乏困顿，甚至削取树皮当作食物，躲藏在淮阳的村舍，改换姓名，聚集生徒。郡县主管因为怀疑而缉拿他，李密逃走，前往他妹夫雍丘县令丘君明那里。丘君明不敢留他，转托李密前往一位游侠王秀才家里，王秀才便将女儿嫁给他。丘君明的堂侄丘怀义告发了这件事，隋炀帝杨广命令丘怀义自己拿着敕令交给梁郡通守杨汪，知照收捕。杨汪派军兵包围王秀才的住所，恰巧李密外出，因而能免于难，丘君明、王秀才全被处死。

韦城人翟让，担任东都司法的官职，坐罪应该被斩杀。主管牢狱的官吏黄君汉佩服他的英勇，半夜暗中对翟让说："翟法司，天时人事，哪里能够知道呢？怎么可以老死在牢狱呢？"翟让十分惊喜地说："翟让好像是圈牢里的猪，是生是死，只听黄曹主的命令。"黄君汉立即打坏器械，将他放出来。翟让再拜说："翟让蒙受再生的恩德，虽是十分幸运，只是黄曹主，您怎么办呢？"因而哭泣。黄君汉生气地说："本以为您是位大丈夫，能够拯救百姓的生命，因而没有顾惜自己的死罪，让您脱离牢狱，怎么反而仿效小儿女流泪道谢呢？您只需尽力设法逃命，不用担忧我！”翟让于是逃到瓦岗山当盗匪，同郡的单雄信，健壮骁勇，很会使用马矛，聚集了很多年少的人前去归从。离狐的徐世勣，家住卫南，仅十七岁，有勇有谋，劝翟让说：“东郡对您与世勣都是家乡，人们大多互相认识，不应去抢掠侵犯。荥阳、梁郡，是汴水所途经的地方，剽取行走的舟船，劫掠行商的旅人，这就足够我们的资用了。”翟让赞同他的看法，率领徒众进入二郡边界，劫夺公家与私人船只，资用丰足，归降的人越来越多，聚集徒众达到一万余人。

此时又有外黄的王当仁、济阳的王伯当、韦城的周文举、雍丘的李公逸等人，全都拥有徒众成为盗匪。李密从雍州逃命，往来于各个首领之间，告诉他们夺取天下的计谋，开始时没有人相信。后来，逐渐有人赞同他的看法，相互转告说：“这个人是公卿子弟，志气如此。现在人人都说杨氏将要灭亡，李氏将要兴起。我听闻为王的人不会死，这个人再三得到拯救，将来称王的难道不就是这个人吗？”因而渐渐尊敬李密。

李密观察几位首领，只有翟让最强大，于是依靠王伯当的关系，去拜见翟让，为翟让出谋划策，并前去游说其他的小盗匪，使他们全都归顺。翟让十分高兴，逐渐亲近李密，与他商议事情，李密告诉翟让说：“刘邦、项羽，全都由平民兴起，当上帝王。现在在上的君主昏庸，在下的百姓怨恨，精锐的军队全都用在辽东，与突厥的和亲也告断绝，而皇帝还巡游扬、越，放弃东都，这就等同于刘邦、项羽当年奋起的大好时机。凭足下的雄才大略，军兵战马精良勇锐，扫除二京，诛杀凶虐残暴的国君，大隋是很快就会灭亡的。”翟让辞谢说：“我们这些人是群盗贼，日夜在草野间，苟且度日，您所说的话，不是我能够做到的呀！”

恰巧有一个叫李玄英的人，自东都逃出来，走遍各个盗匪部队，访查李密的下落，说：“这个人将会代替大隋的天下。”别人问他什么缘故，李玄英说："近日民间的歌谣，有《桃李章》说：'桃李子，皇后绕扬州，宛转花园里。勿浪语，谁道许!(桃李子，皇后围绕扬州，宛转在花园内。不要随意乱说，谁能够说这个话呢)'这里所说的'桃李子'，是指姓李的逃亡人；皇与后，全都是指国君；'宛转花园里'，是说陛下在扬州，没有归来的时日，将会辗转在沟壑中；'莫浪语，谁道许'的意思，是指一个密字。"既然与李密相遇，就以身交托他。以前的宋城县尉齐郡人房玄藻，自恃自己有才能，怨恨不被朝廷重用，因为参与杨玄感的计谋，不得不改变姓名逃命，后来在梁、宋等地遇到李密，于是与他一同游历汉水、沔水，普遍深入各个盗匪地界，游说那些豪杰；返回的时候，归附的有数百人，李密依旧以游客的身份，留在翟让的军营。翟让看到李密被豪杰所归附，想要听从他的计谋，可是迟疑不决。

有一个名叫贾雄的人，擅长阴阳占卜测候，担任翟让的军师，所说的话没有不被采纳的。李密深切地结交贾雄，让他假借术数的说辞劝说翟让；贾雄应允了，放在心里没有流露出来。恰巧翟让召见贾雄，告诉他李密所说的话，询问他可不可行，贾雄回答说："太吉利了，简直无法用语言加以形容。"贾雄又说："您自立恐怕未必能够成功，假如拥立他这个人，事情没有不成功的。"翟让说："依照你所说的话，蒲山公应该自立，为什么来归顺我呢?"贾雄回答说："事情是相互因依的，他所以来归顺，是由于将军姓翟，翟是水泽，蒲草没有水泽便无法生长，所以需要将军。"翟让赞同他的看法，与李密的友情一日比一日深厚。

李密因而告诉翟让说："现在四海好像粥饭沸腾一般，无法耕种，您的部属虽然很多，却没有库存的军粮，只靠野外劫掠，经常苦于不够供应。假如旷日持久，加上大敌压境，必定会像冰块消融一样溃散。不如先攻取荥阳，按兵休整，就地取粮，等待军兵强壮战马肥健，再去与别人争利。"崔让采纳他的意见，于是攻陷金堤关，并进攻荥阳各县，大多攻取下来。

荥阳太守郇王杨庆，是杨弘的儿子，没有能力讨伐盗贼，隋炀帝杨广便调遣张须陀担任荥阳通守来讨伐。庚戌日(二十七日)，张须陀率军攻打翟让，翟让先前多次被张须陀击败，听闻他来，十分害怕，准备要躲避。

李密说："张须陀有勇无谋，军队又多次战胜，既凶狠又骄傲，可以一战就将他擒住。您只需列好阵势等待，李密保证替您击败他。"翟让不得已，领军准备作战，李密分派士兵一千多人埋伏在大海寺北面的树林里。张须陀平日很看轻翟让，采取方形阵势前进，翟让与他作战，没有获胜，张须陀乘胜追赶，追击了十多里；李密发动伏击，击败了张须陀的军队。李密与翟让，以及徐世勣、王伯当联合军兵包围，张须陀突破重围出去；见身边的人没能全部逃出，张须陀跳上马又进来援救，来回好几次，于是战败身亡。张须陀所统率的军队日夜号哭，好几日都没有停止，河南各郡县因而勇气尽失。鹰扬郎将河东人贾务本是张须陀的副将，也受了伤，带领残余兵众五千余人逃奔梁郡，不久贾务本也死了。隋炀帝杨广诏令光禄大夫裴仁基担任河南讨捕大使，接替张须陀带领他的徒众，迁到虎牢去驻守。

翟让于是命李密建立牙旗，另外统率军队，号称蒲山公营。李密处置事情很严整，凡是指挥部下，即使是在盛夏，士兵都像背负霜雪一般。李密自己十分俭朴，所得到的珍宝，全都颁赠给部下，因此大家都肯为他效命。他指挥的部属经常受到翟让军兵的欺侮，由于威令严整，不敢上报。翟让告诉李密说："现在资粮稍稍充足了，我想返回瓦岗，您假如不前往，随便要到哪里，我们就在这里分别了。"翟让携带辎重，向东行进，李密则向西行进，抵达康城，说服了几个城池归降，获得许多存储的资粮。翟让不久就后悔了，又率军来归顺李密。

鄱阳贼军首领操师乞自称元兴王，建年号为始兴，攻克豫章郡，任命他的乡人林士弘担任大将军，隋炀帝杨广诏令治书侍御史刘子翊率军讨伐他。操师乞被流矢射中身死，林士弘接替他统率徒众，与刘子翊在彭蠡湖交战，最终刘子翊战败身亡。林士弘兵力大增，多达十余万人。十二月，壬辰日(初十)，林士弘自称皇帝，国号楚，建年号为太平。乘胜攻取九江、临川、南康、宜春等郡，各地豪杰也竞相杀死隋朝的郡守县令，以郡县前来归附。这时北起九江，南到番禺，全被林士弘占领。

隋炀帝杨广诏令以右骁卫将军唐公李渊担任太原留守，任命虎贲郎将王威、虎牙郎将高君雅担任他的副将，率军讨伐甄翟儿，最终与甄翟儿在雀鼠谷相遇。李渊军兵仅数千人，贼军围攻李渊好几圈；李世民率精兵去救援，将李渊从万军中救出来，恰巧步兵抵达，合力进攻，将甄翟儿打得大败。

隋炀帝疏远、薄待自己的骨肉，蔡王杨智积经常自感不安，害怕遭遇祸害，等到生病，也不召唤医生，临死时，告诉亲近的人说："我今天才知道能够保住头颅而埋于地下了！"

张金称、郝孝德、孙宣雅、高士达、杨公卿等人侵犯劫掠河北，屠杀、攻克郡县；隋朝的将帅战败身死的，相继不断，只有虎贲中郎将蒲城人王辩、清河郡丞华阴人杨善会多次获有战功，杨善会先后与贼军交战七百多次，没有打过败仗。隋炀帝杨广派遣太仆卿杨义臣去讨伐张金称。张金称在平恩东北安营，杨义臣率军直抵临清的西面，驻守永济渠为军营，距离张金称营寨四十里，只是掘深战沟，筑高城垒，不与他交战。张金称每天率军到杨义臣军营的西面，杨义臣带领军队，穿戴战甲，约定与他交战，后来又不出战。等到黄昏，张金称返回军营，第二天天亮，张金称又来了；这样经过一个多月，杨义臣都不出战。张金称以为他胆怯，多次逼近他的营寨辱骂他。杨义臣于是告诉张金称说："你明天天亮来，我必定与你交战。"张金称看轻他，不再加以防备。杨义臣选拔精良骑兵两千人，夜晚自馆陶渡河，窥伺张金称离开营寨，入营攻打他的家属与辎重。张金称听闻这消息，率军回去，杨义臣从后面进攻，打得张金称大败，与身边的人逃到清河东面。一个多月后，杨善会将他讨平俘获。官吏树立木杆在市镇上，悬挂他的头，张开他的手脚，下令他的仇家割他的肉吃；在他还未死的时候，歌声一直不停。于是隋炀帝杨广诏令让杨善会担任清河通守。

涿郡通守郭绚，率领军兵一万多人讨伐高士达。高士达认为自己的谋略才干比不上窦建德，于是进升窦建德担任军司马，将所有的兵力全都交给他。窦建德请求高士达防守重要装备，自己选拔精兵七千人去对抗郭绚，诈说与高士达因有嫌隙而背叛离开，派人请求向郭绚归降，愿意担任前锋部队，进攻高士达，以求报效。郭绚相信了，率军跟随窦建德前往长河，不再加以戒备，窦建德伺机侵袭他，杀死并俘获几千人，斩下郭绚的首级，呈献给高士达，于是张金称残余的徒众全都归属窦建德。杨义臣乘胜抵达平原，想要进入高鸡泊讨伐他们。窦建德告诉高士达说："我看遍大隋的将军，没有一个像杨义臣那样擅长用兵的，现在他消灭了张金称前来，锋锐不可抵挡。请率军避开他，让他想战却不能战，白白浪费时间，等到将士困倦疲劳了，再伺机进攻他，这样才能将他击败，不然的话，担心您敌不过他。"高士达不采纳他的意见，留下窦建德驻守军营，自己率领精兵迎击杨义臣，稍稍赢得胜利，就放纵饮酒，大事饮宴。窦建德听闻这消息，说："东海公还没有击败敌人，就径自自大骄矜，不久就会有灾祸来到了。"五天之后，杨义臣大败高士达，在阵中将他杀了，并乘胜追击战败的敌人，抵达他们的军营，营中的守军全部溃逃。窦建德与一百多名骑兵逃去，到了饶阳，趁他们没有防备，便攻克饶阳，收拾军兵，得到三千余人。杨义臣已经杀死高士达，认为窦建德不值得担忧，率军回去。窦建德返回平原，收集高士达流散的军兵，埋葬已死的人，替高士达治理丧事，军力又大振起来，自称将军。当初，所有的盗匪擒到隋朝的官吏以及士族的子弟，全部杀死，只有窦建德好好对待他们；因而慢慢地隋朝的官吏有的开城投降他，声势一日比一日浩大，能够胜任作战的士兵达到十余万人。

内史侍郎虞世基因为隋炀帝杨广不高兴听闻盗匪的事，所以众将与郡县有来报告战败请求救援的，虞世基全都压制表状，或者损减表状所说盗贼的人数以及情形，而不依照实情奏闻，只说："像鼠狗一般的窃盗，郡县加以缉拿追逐，就要消亡殆尽了，希望陛下不要挂怀。"隋炀帝杨广真的以为是这样，有时刑杖那些使者，认为是胡乱说话，因而盗贼遍布海内，攻克郡县，隋炀帝杨广都不知道。杨义臣击败降服河北的贼军几十万人，条列情状奏报上闻，隋炀帝杨广叹气说："我原先没有听闻过，贼军却突然有了这么多，杨义臣所降服的贼军，怎么会这样多呢?"虞世基回答说："小盗匪虽然多，却不值得担忧，杨义臣战胜了，拥有的军兵不少，久在京城之外，这是最不妥当的。"隋炀帝说："您所说的话很对。"隋炀帝杨广立即追回杨义臣，遣散了他的军兵，贼匪因而又多起来。

治书侍御史韦云起纠劾上奏："虞世基与御史大夫裴蕴，主管枢机要务，维持朝堂内外的联系，四方各地报告叛乱的奏章，不加以奏报上闻。贼军数量实际很多，却削减说是很少，陛下既然听闻贼兵很少，调动的军队不多，人数一多一少，实在相差太远，每次前去都不能获胜，因此使得官府的军兵战败，盗匪一天比一天多。请交给负责司法的官吏判定他们的罪刑。"大理卿郑善果上奏："韦云起毁谤著名的大臣，说话不确实，毁谤朝政，妄自造作威势。"因此将韦云起贬为大理司直。

隋炀帝杨广到了江都，江、淮的郡官去谒见，只看所送礼饷的厚薄，送的礼厚就越阶升迁为郡丞、郡守，送的礼薄就多半得到停职、解职的处分。江都郡丞王世充呈献铜镜屏风，升迁为通守；历阳郡丞赵元楷呈献珍贵的食物，升迁为江都郡丞。因而严酷的郡县官员竞相尽力盘剥，来充当贡献的物品。百姓外受盗贼劫掠，内受郡县赋敛盘剥，已经没了活路；加上饥荒没有食物，百姓开始食用树皮、树叶，或捣碎稻草成为粉末，或煮泥土来吃，所有能够吃的东西全都吃完了，就相互以人体充食。可是官府的食物却还充足，官吏都因害怕法令，不敢赈济救助百姓。王世充暗中为隋炀帝挑选江、淮民间的美女，献给隋炀帝，因而更受宠幸。

河间贼军的首领格谦拥有徒众十余万人，驻守豆子𩐙，自称燕王，隋炀帝杨广命令王世充率军去征讨他，将他杀死。格谦的将领渤海人高开道，收拾残余部众，侵犯劫掠燕地，军力又再次强大起来。

起初，隋炀帝想要征讨高丽，资粮器械等应用物品，全都堆积在涿郡；涿郡物阜民丰，驻守军队有数万人。同时，临朔宫有许多珍宝，很多贼兵争相前来侵犯抢掠；留守的官吏虎贲郎将赵什住等人没有能力对抗，只有虎贲郎将云阳人罗艺独自出去交战，前后击败了很多贼兵，威名一日盛过一日，赵什住等人暗中猜忌他。罗艺因而准备叛乱，他先公开讲话来激怒徒众，说："我们这些人征讨贼兵，多次立下功劳，城里府库所存放的东西，堆积得像山一般高，可是权力却操纵在留守的官吏手里，不肯发放用来救济贫困，这将如何劝勉将士呢?"大家都十分愤怒。军队返城，郡丞出城迎接罗艺，罗艺于是将他抓起来，列队入城。赵什住等人恐惧，全都听他的命令，于是发放仓库的物品奖赏战士，打开仓廪救济贫困的人，境内的百姓全都归服他；罗艺杀死不追随自己的渤海太守唐祎等几人，声势振动燕地，使柳城、怀远都来依附他。罗艺罢免柳城太守杨林甫，改郡为营州，任命襄平太守邓暠担任总管，罗艺自称为幽州总管。

突厥数次侵犯北面边界。隋炀帝杨广诏令晋阳留守李渊带领太原道的军队与马邑太守王仁恭前去攻击。此时突厥正强，两军人数不到五千人，王仁恭非常担心。李渊挑选擅长骑马射箭的士兵二千名，让他们饮食起居都与突厥一样，假如与突厥相遇，就窥伺机会去进攻，前后获得多次胜利，突厥非常害怕。

恭皇帝上

义宁元年（丁丑，公元617年）

春季，正月，右御卫将军陈稜征讨杜伏威，杜伏威带领徒众抵抗。陈稜关闭军营，不和他交战，杜伏威送给他妇人的衣物，称他为

"陈姥"。

陈稜生气，出营迎战，杜伏威奋力进攻，将他打得大败，只让陈稜一个人脱逃。杜伏威乘胜攻陷高邮，率军占据历阳，自称总管，任命辅公祏担任长史，分派众将进攻各属县，所抵达的地方，都攻克下来，使得江、淮之间的小盗贼，争相依附。杜伏威曾经选拔敢死勇士五千人，称作"上募"(高级募士的意思)，宠遇特别优厚，遇到进攻交战时，就命令"上募"先去进攻，作战完毕，检阅视察，有伤在背上的士兵，就杀了，因为他们是转身后退而被击伤的缘故。所得到的物资财富，全都拿来赏赐军队。有战死的士兵，用妻、妾去陪葬。因此人人各自奋战，所向无敌。

丙辰日(初五)，窦建德在乐寿筑坛，自称长乐王，设立百官，改年号为丁丑。

辛巳日(三十日)，鲁郡的贼军徐圆朗攻克东平，分派兵力去侵占土地，自琅邪以西，北边到东平，全归他所有，拥有能战斗的士兵二万余人。

卢明月转向劫掠河南，到了淮北，号称拥有徒众四十万，自称无上王；隋炀帝杨广命令江都通守王世充去征讨。王世充与他在南阳交战，将他打得大败，斩杀了卢明月，于是残余的徒众都溃散了。

二月，壬午日(初一)，朔方的鹰扬郎将梁师都，杀了郡丞唐世宗，据守郡城，自称大丞相，北边联合突厥叛乱。

马邑太守王仁恭，大量收受财物贿赂，不肯将仓中的积粟拿出来赈济百姓。郡里的人刘武周，特别勇敢，喜好行侠仗义，担任鹰扬府校尉，王仁恭因为他是地方上的豪族，非常亲近厚待他，命令他带领亲信军队屯守阁下。刘武周与王仁恭的侍妾有私情，害怕事情外泄，于是阴谋叛乱，他先公开说："现在百姓闹饥荒，饿死的尸骨，满路都是，王府君关闭仓廪，不抚恤赈济，这哪里是为民父母的道理呢？"大家听了全都十分愤怒。接着刘武周推说有病躺在家中，豪杰之士来探问疾病，刘武周就杀牛饮酒，趁机大声说："壮士哪里能够坐着等待死于沟壑呢？现在仓廪的积粟已经腐烂，谁能与我一同去夺取呢？”那些豪杰都应允了。己丑日（初八），王仁恭坐在处理公事的厅堂里，刘武周上前去谒见，他的党羽张万岁等人追随进入，奔上台阶，杀死了王仁恭，拿他的首级出去徇示众人，郡里无人敢动。刘武周打开仓廪，赈济饥饿的百姓，并派人快骑传送军书给所属境内各城，要他们全都归顺，最终召集到士兵一万余人。刘武周自称太守，派遣使者归附突厥。

李密告诉翟让说：“现在东都空虚，军队平日没有训练；越王年纪小，留守的众位官吏，政令不能统一，士兵百姓都有叛离的心意。而段达、元文都，也都是无知之人，没有什么计谋，依我猜想，他们全都不是将军的敌手。假如将军能采用我的谋略，天下只要旌旗一指，即可平定。”于是派遣他的同党裴叔方前去窥看东都力量的虚实，留守的官吏发觉了，才开始做防御的准备，并且快骑奏表报告江都。李密告诉翟让说：“事情的趋势已经这样，不能不发动。兵法说：‘先出动，就由自己控制；后出动，就被人控制了。’现在百姓闹饥荒，洛口仓有很多囤积的粟米，距离都城有一百多里路，将军假如亲自带领大军轻装前行，加以偷袭，他们地方远，不能去救援，先前又没有防备，所以攻取它，简单得就像随手拾物一般。等到他们听闻消息，我们已经攻克洛口仓，发放粟米来赈济穷困的百姓了，远近各地哪有不归顺的呢？一百万的徒众，一个早晨就能聚集起来，凭借战胜的声威，储养锐气，以逸待劳，纵使他们可以前来，我方已经有了防备呀。然后用檄文召请四方人士，接引各方豪杰，向他们征询计谋，选用强悍骁勇的人，授以兵机，这样来消灭大隋的天下，传布将军的政令，岂不是十分盛大的事吗？”翟让说：“这是英雄的计谋，不是我所能承担的；只能依照你的命令，尽力去努力，请你先出兵，我来殿后。”庚寅日（初九），李密、翟让率领精兵七千，从阳城的北面出发，翻过方山，从罗口袭击兴洛仓，顺利攻克；打开仓廪，任由百姓取拿，体弱的老人，怀抱的小孩，在路上络绎不绝。

朝散大夫时德叡，以尉氏县归降李密，从前的宿城令祖君彦也自昌平前往归顺李密。祖君彦是祖珽的儿子，博学强记，文章写得华美精敏，闻名于海内，吏部侍郎薛道衡曾经将他推荐给隋高祖，隋高祖说："是用歌谣杀死斛律光的那个人的儿子吗？朕不需要这样的人。"隋炀帝杨广即位后，尤其嫉怨他的名声，却照常简选他担任东平书佐、检校宿城令。祖君彦自负自己的才华，经常郁郁不得志，想要叛乱，李密平日就听到他的声名，得到他十分高兴，待为座上宾，军中的文书檄文，全都委交给他。

越王杨侗派遣虎贲郎将刘长恭、光禄少卿房崱，带领步兵、骑兵二万五千人去征讨李密。当时东都的人都以为李密是饥饿所迫的盗贼，无纪律、不团结的乌合之众，十分容易打败，于是争着前来应征当兵，国子学三馆里的学士，以及贵族、豪家、帝室的亲戚全都前来从军，军械兵器修治完整，衣服华丽鲜明，旌旗钲鼓更是雄壮。刘长恭等人在前面，派遣河南讨捕大使裴仁基等，带兵自汜水进入，掩袭后方，约定于十一日在仓城的南面会合，李密、翟让知晓他们的计策。东都的军队先抵达，军兵还没有吃早饭，刘长恭等人就驱使他们渡过洛水，在石子河的西面布阵，南北共长十余里。李密、翟让挑选骁勇军兵，分为十队，命令四队在横岭下埋伏，来等待裴仁基，以六队布阵在石子河的东面。刘长恭等人看到李密的兵少，轻视他们。翟让首先接战，战况失利，李密带领部下奋勇向前。隋朝军队由于疲乏饥饿，因而大败，刘长恭等人脱掉官服，暗中逃跑，才得以幸免于难，逃回东都，士兵共死了十分之五六。越王杨侗赦免刘长恭等人的罪过，抚慰他们一番。李密、翟让全获他们的装备与器械战甲，因此声威大震。

翟让于是拥立李密为领袖，尊李密号为魏公；庚子日（十九日），设置坛场，即帝位，称元年，实行大赦。下行的公文，称行军元帅府；魏公府设立三司、六卫，元帅府设立长史以下的官属。任命翟让为上柱国、司徒、东郡公，也可以设置长史以下的官吏，但是比元帅府少一半；任命单雄信担任左武候大将军，徐世勣担任右武候大将军，各自率领所统率的部队；任命房彦藻为元帅左长史，东郡的邴元真为右长史，任命杨德方为左司马，郑德韬为右司马，祖君彦为记室，其余的封命拜任各有差等。赵、魏以南，江、淮以北，所有的盗匪没有不响应他们的，孟让、郝孝德、王德仁以及济阴的房献伯、上谷的王君廓、长平的李士才、淮阳的魏六儿、李德谦、谯郡的张迁、魏郡的李文相、谯郡的黑社、白社、济北的张青特、上洛的周比洮、胡驴贼等人，全都归降李密。李密全都拜命官爵，让他们各自统率原有部众，设立百营簿加以总管。在道路上投降的人，好像流水一样没有断绝，部众多达几十万人。于是命令他的护军田茂广修筑洛口城，四周方圆四十里以供居住。李密又派遣房彦藻率军向东扩展土地，攻取了安陆、汝南、淮安、济阳，于是河南的郡县大多被李密攻占。

雁门郡丞河东人陈孝意与虎贲郎将王智辩一同征讨刘武周，围攻他的桑乾镇。壬寅日（二十一日），刘武周与突厥联合兵力进攻王智辩，杀死了他；陈孝意逃回雁门。三月，丁卯日（十七日），刘武周攻陷楼烦郡，进兵攻克汾阳宫，俘虏隋朝的宫女，用来贿赂突厥始毕可汗；始毕可汗拿马来回报他，这时刘武周兵势更加强大，不久又攻破定襄。突厥立刘武周为定杨可汗，送给他狼头大旗。刘武周即皇帝位，册封妻子沮氏为皇后，改年号为天兴。任命卫士杨伏念担任尚书左仆射，同县的妹婿苑君璋担任内史令。不久，刘武周率军包围雁门，陈孝意全力防守抵抗，利用机会出城进攻刘武周，多次将他打败；后来因为外面没有救兵帮助，而且派遣使者暗中到江都，又全都没有回信。所以陈孝意发誓一定以死守城，他日夜面向储放诏敕的库房跪拜流泪，悲伤的情形感染了身边的人。围城一百多天，粮食吃完了，校尉张伦杀死陈孝意后投降。

梁师都讨平雕阴、弘化、延安等郡，于是即皇帝位，国号为梁，改年号为永隆。始毕可汗送给他狼头大旗，号称大度毗伽可汗。梁师都便引领突厥居处河南之地，攻陷盐川郡。

左翊卫蒲城人郭子和，坐罪被迁徙榆林。恰巧郡中饥荒严重，于是郭子和暗中聚集不怕死的勇士十八名，进攻郡门，执拿郡丞王才，责备他不体恤百姓，并且杀死了他，之后打开仓廪赈济百姓。自称永乐王，改年号为丑平。郭子和推尊他的父亲为太公，任命他的弟弟郭子政担任尚书令，郭子端、郭子升担任左右仆射。郭子和共有二千余名骑兵，南边连接梁师都，北边依附突厥，向两边分别派出儿子为人质以自求保全。始毕可汗封刘武周为定杨天子，梁师都为解事天子，郭子和为平杨天子；郭子和坚持辞谢，不敢接受，于是改为屋利设。

汾阴的薛举，在金城寓居，勇武超过一般人，家中财富有数万之多，平日结交地方豪杰，称雄于西边，担任金城府校尉。此时陇右盗贼纷起，金城令郝瑗招募军队得到数千人，让薛举率领去讨伐。夏季，四月，癸未日（初三），正给新募士兵授予甲杖，摆设酒肉宴饷士兵时，薛举与他的儿子薛仁果以及他的同党十三人，在座席上劫持郝瑗，调动军队，拘禁郡县官吏，打开粮仓赈济百姓。自称西秦霸王，改年号为秦兴。任命薛仁果为齐公，他的小儿子薛仁越为晋公，招募群盗，劫掠官府的牧马。贼军首领宗罗睺带领徒众归降他，薛举任命宗罗睺为义兴公。这时将军皇甫绾率军一万人屯守枹罕，薛举选派精锐二千人前去侵袭。岷山羌族酋长钟利俗领着徒众二万人来依附他，薛举的兵力因此大振。薛举另外任命薛仁果为齐王，兼领东道行军元帅，薛仁越为晋王，兼河州刺史，任命宗罗睺为兴王，以辅助薛仁果；分兵去夺取土地，攻取西平、浇河二郡。没过多久，薛举拥有陇西全部地方，徒众多达十三万人。

李密任命孟让担任总管、齐郡公，己丑日（初九）晚上，孟让带领步兵与骑兵二千人，进入东都外城，火烧并抢掠丰都市区，到天亮才离开。东京居民因此全都迁入宫城，府寺台省都住满了人。巩县县长柴孝和、监察御史郑颋献城投降李密，李密任命柴孝和担任护军，郑颋担任右长史。

裴仁基每次打败贼兵获得的军粮物资都全部拿来赏赐士兵，监军御史萧怀静不答应，引发士兵的怨恨；萧怀静又多次寻找裴仁基的短处上奏弹劾。仓城之战，裴仁基没有在预定时间抵达，听闻刘长恭等战败，害怕不敢进兵，屯驻在百花谷，坚固城垒自守，又担心因此获罪于朝廷。李密知晓他进退两难，派人游说他，以优厚的利益加以引诱。贾务本的儿子贾闰甫正在军营里，他劝裴仁基投降李密，裴仁基说："那萧御史怎么处置呢？"贾闰甫说："萧君好像栖止的鸡一样，假如他不知道随机应变，明公很容易就可以将他杀了。"裴仁基采纳了他的意见，派遣贾闰甫向李密请求归降。李密非常高兴，任命贾闰甫担任元帅府司兵参军，兼直记室事，让他回去复命，送信给裴仁基，抚慰接纳他。于是裴仁基回去驻守虎牢。萧怀静暗中上表奏报这件事，裴仁基知晓了，于是杀掉萧怀静，带领他的徒众打开虎牢城门归降李密。李密任命裴仁基担任上柱国，封河东公；裴仁基的儿子裴行俨，勇猛善战，李密也任命他为上柱国，封绛郡公。

李密得到秦叔宝与东阿人程咬金，都任用为骠骑。并且挑选军中特别骁勇的士兵八千人，分别隶属四个骠骑来卫护自己，号称内军，经常说："这八千人足以对抗一百万人。"程咬金后来改名字为知节。罗士信、赵仁基都带领徒众归降李密，李密任命他们为总管，让他们各自统率自己的部队。

癸巳日（十三日），李密派遣裴仁基、孟让带领二万多人偷袭回洛的东仓，将其攻克；于是焚毁天津桥，放纵军队大肆劫掠。东都出兵攻打，裴仁基等战败逃跑，李密自己带领徒众屯兵回洛仓。东都的军队还有二十余万人，登上城墙击木梆巡防，日夜都不解下战甲。李密进攻偃师、金墉，没有攻下；乙未日（十五日），李密返回洛口。

东都城里缺少粮食，而布帛却堆积如山，以至于将绢当作汲水的绳子，烧布煮饭。越王杨侗派人把回洛仓的米运入城内，派遣五千名军队驻守丰都市，五千名驻守上春门，五千名驻守北邙山，编为九个营，前后相接应，用来防备李密。丁酉日（十七日），房献伯攻克汝阴，淮阳太守赵陁献出郡城投降李密。

己亥日（十九日），李密带领徒众三万人又攻占回洛仓，大规模构筑营堑，以逼近东都；段达等调动军队七万人抵抗。辛丑日（二十一日），双方在仓北交战，隋朝军队战败退走。丁未日（二十七日），李密派遣他的幕府传送檄文给郡县，列举隋炀帝的十个罪状，说："将南山的竹子砍尽，书写他的罪状都写不完；决断东海的海水，洗他的罪过都洗不清。"这是祖君彦的文辞。

越王杨侗派遣太常丞元善达，穿过贼军军营偷偷跑到江都，奏报说："李密拥有徒众一百万人，包围过来逼近东都，占领了洛口仓，城内已经没有食物。假如陛下能迅速返回，那些乌合之众必定会离散；不然的话，东都一定会沦陷。"说完不停地痛哭流泪，隋炀帝也变了脸色。虞世基进言说："越王年纪小，是这些人蒙骗他罢了，假如像他们所说的那样，元善达怎么能够来到呢？"隋炀帝于是十分生气地说："元善达这小子，竟敢在朝堂上让我受辱！"因此命他经过贼军所在的地方，向东阳郡督运粮草，元善达终于被群盗杀害。自此以后，大家全都不敢开口，不敢再向隋炀帝提贼兵的事。

虞世基的容貌看起来审慎沉稳，所说的话都符合隋炀帝的心意，所以特别被隋炀帝亲信宠爱，朝廷的臣子没人能与他相比。他的亲戚朋党依靠他的关系，买卖官职，干涉讼狱，公开从事贿赂，他们家门庭若市。因而朝野的人都特别嫉恨他。内史舍人封德彝依附虞世基，由于虞世基不通晓官吏政务，封德彝便暗中指示处置的方法，尽力执行隋炀帝的诏命，谄媚地顺从隋炀帝的心意，群臣的奏折书疏违逆他旨意的，都摒弃不上奏。治理讼案，执法用刑，大多严用律法，深加诬害；评定功勋，进行奖赏，就尽量裁削，流于刻薄。所以虞世基的恩宠，一日比一日隆盛，而隋朝的政治更加颓废败坏，这全是封德彝的作为。

起初，唐公李渊娶了神武肃公窦毅的女儿，生下四个儿子：李建成、李世民、李玄霸、李元吉；一个女儿，嫁给太子的千牛备身（官名）临汾人柴绍。

李世民聪明、勇敢、果决，见识气度超过一般人，看到隋朝王室正乱，暗中有安定天下的志向，放低身段，礼遇贤士，散发钱财，结交宾客，全都得到他们的欢心。李世民娶了右骁卫将军长孙晟的女儿；右勋卫长孙顺德，是长孙晟同族弟弟，与右勋侍池阳人刘弘基，都因逃避辽东征役，逃亡到晋阳归附李渊，与李世民十分亲善。左亲卫窦琮，是窦炽的孙子，也逃亡在太原，因之前与李世民有隔阂，所以经常为此疑虑不安；李世民特意善待他，让窦琮出入自己的卧房，窦琮的心才安定下来。

晋阳宫监猗氏人裴寂，晋阳令武功人刘文静，相互交好，在一起同住，看到城上的烽火，裴寂叹气说："这里土地贫贱，又遇到战乱伤离，将怎样自求生存呢？"刘文静笑着说："时事是可以明白的，只要我们二人相互亲信，又何必忧心贫贱呢？"刘文静看到李世民，觉得他十分不凡，深意与他交往结纳，告诉裴寂说："这不是一个平凡的人，胸襟宽广有如汉高祖，威武英勇有如魏武帝，年纪虽小，却是名扬于世的杰出人才。"裴寂起初不赞同他的看法。

刘文静因与李密联姻而获罪，被关在太原的监狱里，李世民前往探视他。刘文静说："天下大乱，没有汉高祖、光武帝的才能，是无法平定的。"李世民说："怎么知道没有这样的人呢？只是别人不知晓罢了。我前来探视你，不是像小儿女那样出于感情，是想要与你商议大事的。计策要怎样拟定才好呢？"刘文静说："现在陛下向南巡行江、淮，李密围攻东都，群盗几乎全都以万计数。在这个时候，有真正的君王出来驱使驾御这些人，妥加利用时机，取得天下将会易如反掌。太原的百姓全因躲避盗匪而进入城中，我做了几年县令，知晓他们是豪杰，有一天若要征集起来，能够得到十万人，尊公所率领的军队也有几万人，一句话说出去，谁敢不听命呢？这时候趁着空虚进入关中，指挥天下，半年不到的时间，帝业就可以成就了。"李世民笑着说："你所讲的话，正符合我的心意。"于是李世民暗中部署宾客，让他们担任各种职责，李渊却全不知晓。因为李世民担心李渊不赞成，所以迟疑了很久，不敢讲出来。

李渊与裴寂是老朋友，常在一起宴饮闲谈，有时从早到晚不停歇。刘文静想要通过裴寂游说李渊，于是引荐裴寂与李世民交往。李世民拿出自己的几百万钱，教龙山令高斌廉与裴寂赌博，一次又一次地接连输给他，裴寂非常高兴，因此天天跟随李世民游乐，情感更加亲近。李世民将他的计谋告诉裴寂，裴寂答应帮忙。

恰巧突厥进犯马邑，李渊派高君雅率军与马邑太守王仁恭合力抵抗；王仁恭、高君雅作战失利，李渊担心连同获罪，非常忧虑。李世民就利用机会，摒开众人，告诉李渊说："现在的君王不守正道，百姓困窘，晋阳城外全都成为战场；大人假如谨守小小节操，在下来说，有贼寇盗匪，在上来说，有酷刑峻法，危亡的日子很快就要来临。莫如顺应民心，发动义兵，转灾祸为福祉，这是上天所赐予的良机啊！"李渊大惊地说："你怎么能讲这种话，我现在就抓捕你到陛下那里去告发。"于是拿出纸笔，准备写奏折。李世民缓缓地说："我观看天时与人事是这样子，所以敢讲这样的话；假如一定要抓捕我、控告我，不敢推辞死罪。"李渊说："我怎么忍心控告你，你要谨慎，不要乱讲话。"第二天，李世民又游说李渊说："现在盗匪一日比一日增多，遍布天下，大人承受诏命，征讨贼兵，贼兵能消灭干净吗？总之，最终仍然不免有罪。况且世人都流传李氏应当符应谶语，所以李金才没有什么罪过，却一朝被诛灭全族。大人如果能消灭所有贼兵，那么功勋高到无法奖赏的地步，就更加危险了。只有昨日所讲的话，能够免除灾祸，这是万全的计谋，希望大人不要猜疑。"李渊于是叹气说："我整个晚上想你所讲的话，十分有道理。今天家破人亡，因你；但一朝成就霸业，也是因你！"

起初，裴寂私下命晋阳的宫女侍候李渊，李渊与裴寂喝酒，喝到兴头上，裴寂不急不忙地说："二郎（指李世民）暗中供养战马军士，想要举发大事，因此要我用宫女侍候您，担心事情被发觉后一同被杀，所以定下这条急切的计策。大家的心意已经全都协洽，您的意思怎样呢？”李渊说：“我儿子要真的有这种图谋，事情已经如此，那又该当如何呢？只有跟从他罢了。”

隋炀帝因为李渊与王仁恭不能抗拒寇贼，派遣使者前去捉拿他们到江都。李渊非常害怕，李世民与裴寂等人又告诉李渊说：“现在陛下昏庸，国家动乱，尽心效忠是没有好处的。偏将裨将违犯军律，全都归罪到明公身上。事情已经十分急迫，应当早一点决定计策。而且晋阳的军兵战马强悍精良，晋阳宫监的蓄积也特别多，凭此力量发动大事，何必担忧不能成功呢？代王年纪幼小，关中的豪杰英雄纷纷兴起，不知要依附谁，您假如击鼓行军，向西行进，加以抚慰，据为己有，那就好像探取囊袋里的东西一般，容易极了。为什么要接受一名使者的拘禁，坐着等候被杀戮呢？”李渊赞同他们的看法，暗中统率军队，即将起事。恰巧隋炀帝接着派遣使者快骑前来赦免李渊与王仁恭，让他们恢复旧职，李渊的谋划也就暂缓下来。

李渊任职河东讨捕使时，请求大理司直夏侯端担任副使。夏侯端是夏侯详的孙子，善于占测天气与看人命相，告诉李渊说：“如今天上星座中，代表君主的天床、帝座等星，摇动不宁，岁星居处晋阳（《左传》：‘参为晋星。’所以以晋阳为参墟），必有天子在这里兴起，不是您，还会是谁呢？陛下为人猜忌残暴，尤其猜忌所有李姓的人，李金才已经被杀，您如若不想变通的话，一定会成为第二个被杀的人。”李渊心里赞同他的话。

等到留守晋阳，鹰扬府司马太原人许世绪规劝李渊说：“您的姓氏在图箓中，名字符应在歌谣里；拥有五郡的军队，处在四面交战的地方，发动大事，则帝业可以成就，安坐不动，则不久就将灭亡。希望您考虑考虑。”行军司铠文水人武士彟、前太子左勋卫唐宪、唐宪的弟弟唐俭，全都规劝李渊举兵。唐俭告诉李渊说：“明公北面招抚戎狄，南面延揽豪杰，以夺取天下，这是商汤、周武一般的作为。”李渊说：“商汤、周武，我不敢与他们比拟，在私，是为了求生存，在公，是为了救祸乱，你姑且自己多加保重，我要考虑考虑。”唐宪是唐邕的孙子。这时李建成、李元吉还在河东，因此李渊一直拖延，没有发动大事。

刘文静告诉裴寂说：“先发动的制伏别人，后发动的被别人制伏。何不早一点规劝唐公举发军队，怎么不断地推故拖延呢？而且您是宫监，却用宫女私侍他人，您一个人死就罢了，何必牵累唐公呢？”裴寂十分害怕，多次催促李渊起兵。李渊于是命刘文静假造敕书，调集太原、西河、雁门、马邑百姓，年纪在二十岁以上五十岁以下的，全都去当兵，约定在年末的时候，在涿郡聚合，要去进攻高丽，因而人心惶惶，想要叛乱的人越来越多。

等到刘武周攻占汾阳宫，李世民告诉李渊说：“大人职任留守，而盗匪占据隋炀帝出巡的行宫，不早一点定下大计，灾祸将立刻发生！”李渊于是聚集将领佐吏，告诉他们说：“刘武周攻占汾阳宫，我们这些人无法制止，罪当灭族，怎么办呢？”王威等人全都害怕，一再下拜请求定下大计。李渊说：“朝廷用兵，一举一动，全都要秉承朝廷的节制。现在贼军在几百里内，江都在三千里之外，加上路途险阻，又有其余的贼军据守；要据城自守，而秉承远方朝廷节制的军队，抵挡特别狡诈而来势颇为凶猛的盗匪，必定不能保全。进退两难，怎么样才可以呢？”王威等人又说：“您兼有国亲与贤臣的身份，同国家命运忧患与共，假如要等到奏报，怎么来得及应对事机呢？主要在于讨平贼军，专擅行事也是可以的。”李渊佯装不得已而听从的样子说：“那么应该先聚集军队。”于是命令李世民与刘文静、长孙顺德、刘弘基等人，各自招募军兵，远近的人全都赶来聚集，十日之内，就来了将近一万人，于是暗中派使者前往河东召唤李建成、李元吉，前往长安召集柴绍。

王威、高君雅看到军队大量聚集，怀疑李渊有叛乱的心志，告诉武士彟说：“长孙顺德、刘弘基全是避役亡命的侍官，所犯的罪全都应当处死，怎么能率领军队呢？”想把两人收押治罪。

晋阳乡长刘世龙暗里告诉李渊说："王威、高君雅想要利用晋祠祈雨的时机，做不利于您的事。"五月，癸亥日（十四日）晚，李渊派遣李世民在晋阳宫城外面埋伏军兵。甲子日（十五日）早晨，李渊与王威、高君雅坐在一起议事，命刘文静率领开阳府司马胙城人刘政会进入，站立在大庭前，说是有秘密的事情要禀告。李渊示意王威等人呈上状子来看，刘政会不给他们，说："所告发的是有关副留守的情况，只有唐公能看。"李渊佯装十分惊奇地说："哪有这种事情！"李渊看了状子，于是说："王威、高君雅暗里引突厥来进犯。"高君雅挽袖举臂大骂道："这是造反的人想要陷害我。"当时李世民已经安排军兵堵塞交通要道，刘文静因而与刘弘基、长孙顺德等人，一起执拿王威、高君雅，将他们关入大牢。丙寅日（十七日），突厥的几万徒众进犯晋阳，轻快的骑兵自外城的北门进入，自东门出去。李渊命令裴寂等人统率军队防范，而将所有的城门全都打开，突厥无法测知虚实，不敢进兵。大家认为王威、高君雅的确是招引突厥来侵，李渊于是处死王威、高君雅来示众。接着，李渊的部将王康达率领一千多人出去迎战，全都战死，城里十分害怕恐慌。李渊趁夜晚派遣军兵暗中出城，天亮就张扬旗帜，鸣击战鼓，自另一条路前来，仿佛是救援军队的样子；突厥一直非常疑惑，留在城外两天，大肆抢掠，然后离开。

隋炀帝杨广命令监门将军泾阳人庞玉、虎贲郎将霍世举率领关内军兵救援东都。柴孝和告诉李密说："秦地山川险要，是秦、汉所凭借完成大业的地方。现在不如派遣翟司徒驻守洛口，裴柱国驻守回洛，明公自己挑选精锐的军队，向西侵犯长安。在攻陷京邑以后，基业稳固，兵马强大，然后向东讨平河、洛，传送文书，而天下就大定了。而今隋朝丧失它的福分，豪杰竞相追逐，不早一点有所作为，必定有抢在我们前面的人，到时候后悔就来不及了！"李密说："这的确是上等的计策，我也想了许久了。但是昏庸的君王还在，跟随他的军队还多，我所统领的都是山东人，看到洛阳还没有攻下来，谁肯跟随我向西而入呢？众将全是群盗出身，留下来就各自竞比高低，这样的话，立国的大业就隳坏了。”柴孝和说：“既然大军无法向西前进，我请求通过小路去探看情形，寻找时机。”李密表示赞同。

柴孝和与数十名骑兵到了陕县，山贼归降他的有一万余人。此时李密军队的锋芒很锐，每次进入西苑，就与隋朝军队作战。恰巧李密被流箭射中，躺在军营里养伤。丁丑日（二十八日），越王杨侗派遣段达与庞玉等人，在夜晚出兵，在回洛仓的西北布阵。李密与裴仁基出兵迎战，段达等人将他们打得大败，杀伤了一大半人，李密于是放弃回洛，逃往洛口。此时庞玉、霍世举驻军在偃师，柴孝和的徒众听闻李密败退，就各自散去。柴孝和带着很少的骑兵回到李密军中，而杨德方、郑德韬全都战死。于是李密任命郑颋担任左司马，荥阳人郑乾象担任右司马。

李建成、李元吉把他的弟弟李智云丢在河东后离去，官吏缉拿李智云送到长安，将他杀了。李建成、李元吉在路上遇见柴绍，与他一起前行。

资治通鉴卷第一百八十四　隋纪八

起丁丑(公元 617 年)六月，不满一年。

【题解】本卷记录了公元 617 年六月至十二月间的史事。当时正值隋炀帝大业十三年的下半年，史又称恭皇帝义宁元年。这一时期，全国烽烟四起，战争特别激烈，是隋朝崩溃前的垂死挣扎时期。以李渊利用各地起义不断，隋朝疲于应付之机，起兵太原，进据长安，另立由自己控制的隋中央政权为主线，为隋唐禅代奠定了基础。

恭皇帝下

义宁元年(丁丑，公元 617 年)

六月，己卯日(六月无此日)，李建成等人抵达晋阳。

刘文静劝说李渊跟突厥结交，利用他们的军兵战马，来增加兵力的声威。李渊采纳他的意见，亲自写信，言辞卑下，礼物丰厚，赠给始毕可汗，说："想要大力调动除暴安民的义军，远去迎接君王，又与突厥和亲，好像开皇的时候一般。假如能够与我一同到南方，希望不要侵害百姓；倘若只是和亲，坐享珍贵的钱物，也由可汗来抉择。"始毕可汗得了这封信，告诉他的大臣说："大隋天子的为人，是我所知晓的，倘若迎他前来，必定会伤害唐公而攻打我，这是毫无疑问的。假如唐公当天子，我应该不逃避盛暑的炎热，用军队与战马帮助他。"始毕可汗立刻命令照这个意思回信。使者七天就返回了，将佐全都十分高兴，请求采纳突厥的话，李渊不同意。裴寂、刘文静都说："现在除暴安民的军队虽然全都聚集了，而战马却非常缺少，胡人的军兵不是我们所需要的，可是战马是不可以没有的；倘若又拖延回信，担心他们会后悔。"李渊说："各位应当再想其他的办法。"裴寂等人于是请求尊奉隋炀帝为太上皇，拥立代王即皇帝位，来安定隋朝的王室；

移送檄文给各个郡县；改换旗帜，杂用红白色，来向突厥暗示。李渊说："这可以说是掩耳盗铃。只是时事所逼，不得不如此。"于是李渊同意了，派遣使者将这个决定告诉突厥。

西河郡不服从李渊的命令，甲申日(初五)，李渊派遣李建成、李世民率领军队进攻西河；命令太原令太原人温大有与他们同行，说："我的儿子们年纪轻，请你参与军事谋划；事情的成败，应当以这次的行动作卜决。"此时战士刚刚聚集，没有经过训练，李建成、李世民与他们同甘共苦，遇到敌人时就身先士卒。道路附近的菜果，不买不吃，军兵有去偷取的，就前去请求主人准许补偿，也不怪罪偷取的人，军兵与百姓都是既感激又高兴。到了西河城下，百姓有想要入城的，全都听凭他们进入。郡丞高德儒关闭城门防守抵抗，于己丑日(初十)，城池终于被攻下来。执拿高德儒来到军门，李世民责怪他说："你指野鸟为鸾凤，用来欺骗人主，得到高官，我们发动义兵，就是为了想要诛杀谗佞的人！"于是将他杀了。其余的人，一个不杀，秋毫未犯，分别安抚，让他们恢复旧业，远近的人听了全都十分高兴。李建成等人率军返回晋阳，来回一共九天。李渊高兴地说："依照这样的情形用兵，就算横行天下也没问题。"于是决定了入关的计策。

李渊打开仓廪来赈济贫困的百姓，应征当兵的人一日比一日多。李渊下令分为三军，分属左右，通称为义士。裴寂等人拥立李渊，号为大将军，癸巳日(十四日)，李渊建立大将军府；任命裴寂担任长史，刘文静担任司马，唐俭与以前的长安尉温大雅担任记室，温大雅仍旧与他弟弟温大有一同掌管机密，武士彟担任铠曹，刘政会与武城人崔善为、太原人张道源担任户曹，晋阳长上邽人姜謩担任司功参军，太谷长殷开山担任府掾，长孙顺德、刘弘基、窦琮与鹰扬郎将高平人王长谐、天水人姜宝谊、阳屯担任左右统军；其余的文武官佐，按照才能授予任务。又任命世子李建成为陇西公，左领军大都督，左三统军归属于他；任命李世民为敦煌公，右领军大都督，右三统军归属于他；全都各自设立官属。并命柴绍担任右领军府长史；谘议谯人刘赡兼领西河通守。张道源名河，殷开山名峤，全都以字为世人所知。殷开山，是殷不害的孙子。

李密又带领部众前往东都，丙申日（十七日），双方在平乐园大战。李密左面是骑兵、右面是步兵，中间布列强劲的弩弓，鸣击一千面战鼓冲锋，东都的军队大败，李密再次攻占回洛仓。

突厥派他们的柱国康鞘利等人，送一千匹马到李渊那里做交易，应允调动军队送李渊入关，军队多少由李渊决定。丁酉日（十八日），李渊接见康鞘利等人，接受始毕可汗的信，礼制仪式十分恭敬，赠送康鞘利等人的礼物也非常优厚。挑选他们的好马，只买了一半；义士请求用私人的钱买下其余的马，李渊说："胡人有许多马，而且贪求利益，他们将会不断前来，担心你们无法购买了。我所以买得不多，一方面表示贫困，并且不给他们看出十分急需，我当为你们赊贷，不需你们出钱。"

乙巳日（二十六日），灵寿贼军首领郗士陵，带领几千名部众归降李渊，李渊任命他担任镇东将军、燕郡公，仍旧设立镇东府，补充僚属，来招抚山东的郡县。

己巳日（六月无此日），康鞘利返回北方。李渊下令刘文静出使突厥请求援兵，私下却告诉刘文静说："胡人的骑兵进入中原，是百姓的大蠹害。我所以想要得到他们援助，是害怕刘武周联合他们共同成为边患；同时，胡人的军兵惯于游牧，不浪费粮食，姑且想要借他们作为声威罢了。几百人之外，就无所用了。"

秋季，七月，隋炀帝杨广派遣江都通守王世充率领江、淮强劲的军队，将军王隆带领邛地的黄蛮，河北大使太常少卿韦霁、河南大使虎牙郎将王辩等人，各自带领所统率的军队，一起前往东都，相互知会联络，来讨伐李密。韦霁是韦世康的儿子。

壬子日（初四），李渊任命他的儿子李元吉担任太原太守，留守晋阳宫，后方的事情全都委交给他。癸丑日（初五），李渊带领战士三万人自晋阳出发，站在军门向大军鼓励训诫，同时移送檄文前往各郡县，告诉他们拥立代王的意思；西突厥阿史那大奈也带领他的部众跟随。甲寅日（初六），李渊派遣通议大夫张纶率领军队巡行稽胡。丙辰日（初八），李渊来到西河，慰劳吏属百姓，赈济贫困民众；百姓年纪在七十岁以上的，全都任命他们充任冗散的官职，其余的豪杰俊才，按照才能授予任务，亲口询问他们的能力功绩，亲手注明他们官爵的秩品，一天内任命一千余人；接受官职的人全都没有拿取符命，分别拿着李渊所写的官名而离开。李渊进入雀鼠谷。壬戌日（十四日），李渊在贾胡堡驻军，距离霍邑五十余里。代王杨侑派虎牙郎将宋老生带领精兵二万人驻守霍邑，左武候大将军屈突通驻守河东对抗李渊。恰巧连续下雨，李渊无法进兵，于是派府佐沈叔安等人，率领残弱的军队返回太原，另外运来一个月的军粮。乙丑日（十七日），张纶攻克离石，杀掉太守杨子崇。

刘文静抵达突厥，拜见始毕可汗，请求兵力援助，而且与他约定，说："假如进入长安，百姓、土地归属唐公，金玉丝帛归属突厥。"始毕可汗十分高兴，在丙寅日（十八日），始毕可汗派遣他的大臣级失特勒先到李渊军中，告诉他突厥的军兵已经上路。

李渊写信招抚李密。李密自己倚仗兵力强大，想要担任盟主，命祖君彦回信说："与兄长的派别虽然不同，根系却原本一样。自以为力量虚弱，却受到四海英雄共同推举为盟主。希望您在左右提挈辅助，勠力同心，在咸阳城执拿子婴（指代王），在牧野杀掉商辛（指炀帝），这不是十分美好的事吗？"而且要李渊率领数千名步兵与骑兵，亲自来到河内，当面缔结盟约。李渊得到回信，笑着说："李密自大狂妄，不是写信给他就能招降的。我正在关中有事，假如马上就与他断绝，那是另外树立一位敌人；不如用谦卑的言语尊奉夸奖，使他产生骄狂的心理，让他为我堵住成皋的道路，留住东都的军队，使我能一心一意去西征。等到关中讨平以后，驻守险要，培养声势，慢慢观察鹬蚌相争的局势，获取渔人的利益，为时也不晚。"于是命温大雅回信说："我虽然十分平庸愚劣，很幸运地承受祖先的遗业，出朝为八使，入朝掌管六军，国家危亡的时候不加以扶持，是通达的贤人所责怪的。因此大量聚集有道义的军队，与北方的狄人亲善和睦，一同匡正天下，心思全在尊奉隋朝。天生人民，必定要有主管的人，当今能够成为主管的人，不是你，还会是谁呢！老夫的年纪已经超过五十岁，志向不在这里。很高兴拥立老弟，攀龙鳞，附凤翼，希望老弟早一点应和图篆，以安定千万的百姓！同宗的盟主，能够由于同宗的关系而容纳我，又封在唐这个地方，我就十分荣幸了。在牧野将商辛杀死，是我不忍心讲的话；在咸阳将子婴抓起来，则我不敢听从你的命令。汾晋附近，还需要辑和安抚；盟津的约会，还没有空暇定下日期。”李密得了这封信十分高兴，拿给身边的人看，说：“得到唐公的拥戴，天下很快就能够平定了！”从此传送书信的使者，不断地相互往来。

雨下了很长时间不停，李渊的军队缺乏粮食；刘文静没有返回，有人传说突厥与刘武周利用间隙袭击晋阳；李渊召集将佐商议返回北方。裴寂等人都说：“宋老生、屈突通的军队联合，驻守险要，不容易立即攻下来。李密虽说是与我们联合，但是他的奸邪计谋很难预料。突厥人贪婪而不讲信用，看到有利的事情就去做。刘武周是奉事胡人的人。太原是一个方域的都会，况且义兵的家属全在那里，不如回去援助根本，另外再计议以后的行动。”李世民说：“如今禾菽遍布原野，何愁缺乏粮食？宋老生急躁轻率，打一仗就能擒住他。李密眷恋仓粟，没有空暇作长久的打算。刘武周与突厥，外表虽然相互依附，其实内心却在相互猜疑。刘武周虽然将远方的太原当作大利，但是哪里敢忘记附近马邑的祸患？我们原本是兴举大义，奋不顾身拯救生民的安危，就应该先进入咸阳，来号令天下。现在遇见小的敌人，就立刻调回军队，担心依附大义的徒众一下就会解体，这样只不过是回去防守太原一城做贼罢了，如何能够保全自身呢？”李建成也认为如此。李渊不听从他的意见，急速下令率军出发。李世民想要再次进入谏诤，恰巧天暗，李渊已经休息；李世民无法进入，在外面痛哭，声音传到营帐中。

李渊召他进去询问，李世民说："现在军队已经用大义举发，前进作战就会成功，后退回去就会离散；部众离散于前，敌人就会乘危于后，不久就要死了，怎能不伤心呢？"李渊于是醒悟，说："部队已经出发，怎么办呢？"李世民说："右军严整装备，还没有出发；左军虽然已经开拔，我计算也还没走多远，请让我前去追赶。"李渊笑着说："我的成败全都在于你，知道了，又能说什么呢？随便你怎样做吧！"于是李世民与李建成连夜追赶左军回来。丙子日（二十八日），太原运来的军粮也到了。

武威鹰扬府司马李轨，家里十分富有，喜好结交侠客；薛举在金城叛乱，李轨与同郡的曹珍、关谨、梁硕、李赟、安修仁等人商议，说："薛举必定会来侵害，郡官胆怯平庸，势必无法抵抗，我们这些人怎么可以绑着手与妻子儿女一同被人俘虏呢？不如相互合力抵抗，防守河内，来等待天下的变化。"大家全都赞同他的看法，想要拥立一个人为领袖，相互推让，都不肯担当。曹珍说："很久就听闻图谶，李氏应该称王；现在李轨在图谶预言的范围之内，这是天命呀！"于是相互朝拜李轨，拥戴他为领袖。丙辰日（初八），李轨下令安修仁集合所有的胡人，并由李轨自己聚集民间的豪杰，一同起兵，执拿虎贲郎将谢统师、郡丞韦士政。李轨自称河西大凉王，比照开皇旧例设立官属。关谨等人想要全部处死隋朝的官吏，瓜分他们的财产，李轨说："大家既然逼我做领袖，就应该听我的号令。如今我们兴动义兵，拯救百姓，却去杀死别人，拿取别人的财物，这不是又成了一群盗贼，怎么能够成功呢？"因而任命谢统师担任太仆卿、韦士政担任太府卿。此时西突厥的阙达度设据守会宁川，自称阙可汗，请求向李轨归降。

薛举自称秦帝，册封他的妻子鞠氏为皇后，儿子仁果为皇太子。薛举派遣薛仁果率军包围天水，将它攻克下来，薛举从金城迁到天水建都。薛仁果力气大，擅长骑马射箭，军中号称"万人敌"；但是性情贪婪而喜爱杀人。薛仁果曾经俘虏庾信的儿子庾立，恼怒他不投降，在火上撕裂他的肢体，慢慢割取他的肉给军兵吃。等到攻克天水，将所有的富人全都召集在一起，倒挂起来，拿醋灌进鼻子，命他们献出财宝。薛举每次告诫他说："你的谋略才能足以办成大事，但是暴虐残苛，没有恩义，最后必定会使我的国家覆灭。"

薛举派晋王薛仁越率军前往剑口，抵达河池郡；太守萧瑀发兵抵抗，将他打退。又派他的将军常仲兴渡过黄河攻打李轨，与李轨的将军李赟在昌松交战，常仲兴全军战败身亡。李轨想放俘虏回去，李赟说："拼死作战虏获战俘，又纵放回去资助敌人，要做什么呢？不如全都活埋了。"李轨说："上天假如福佑我，应当能够擒住他们的首领，这些人终究是归属我的；假如事情不能成功，留下来有什么益处呢？"于是纵放俘虏回去。

不多久，李轨进攻张掖、敦煌、西平、枹罕，全部攻克，于是李轨拥有了河西五郡的全部地方。

隋炀帝杨广诏令左御卫大将军涿郡留守薛世雄，率领燕地的精兵三万人去征讨李密，下令王世充等各将，全都接受薛世雄的调度节制，遇到盗匪，随意加以杀害翦灭。薛世雄行进抵达河间，屯兵在七里井，窦建德的部队徒众，全都十分畏惧惶恐，放弃各城向南逃跑，声称要返回豆子𩃎。薛世雄认为是害怕自己，不再加以防范，窦建德便计划返回偷袭。他所停驻的地方距离薛世雄的军营一百四十里，窦建德带领敢死的勇士二百八十人先行出发，命令其余徒众接着进兵。窦建德与他的士兵约定说："假如是晚上到目的地，就攻打他们的军营；假如是天明到目的地，就归降他们。"到距离军营一里的地方，天就快要亮了，窦建德十分惶恐困惑地商议着要投降；恰巧天有大雾，人在一尺以内不能相互辨认，窦建德十分高兴地说："上天助我呀！"于是突入薛世雄的军营攻击，薛世雄的军兵大乱，全都腾逾木栅逃走。薛世雄无法禁止，与亲信的几十名骑兵逃回涿郡，因为惭愧愤怒发病去世。窦建德于是围攻河间。

八月，己卯日（初一），大雨停了。庚辰日（初二），李渊下令军中曝晒铠甲、兵仗、行李。辛巳日（初三）天亮，李渊沿着东南山脚小路前往霍邑。李渊害怕宋老生不出兵，李建成、李世民说："宋老生勇敢而没有谋略，用轻骑兵挑拨他，依照道理是不会不出兵的；假如他坚决防守，就诬谤他有叛乱的心意，想要归降我们。他担心被身边的人奏报，怎么敢不出兵呢？"李渊说："你们预料得很好，宋老生不敢在贾胡堡迎战，我就知晓他不能有作为了！"于是李渊与几百名骑兵先到霍邑城东几里的地方等候步兵，命李建成、李世民率领几十名骑兵来到城下，举起鞭子指挥，仿佛将要围城的样子，而且痛骂宋老生。宋老生十分生气，率领三万军兵从东门、南门分路出发，李渊便命殷开山急令召集后继军队。后面的军队来到，李渊想让军队先吃饭再作战，李世民说："时机不可错失。"于是李渊与李建成在城东布阵，李世民在城南布阵。李渊与李建成的部队稍稍败退，李世民与军头临淄人段志玄则从南原率军快骑而下，冲向宋老生的军阵，出现在宋老生的背后，李世民亲手杀死数十人，两把刀都砍出了缺口，敌兵的血流沾满衣袖，李世民甩掉鲜血又投入战斗。李渊的军队重新振作起来，因此传言说："已经擒获宋老生了！"宋老生的军队于是大败。李渊的军兵先行赶往他的城门，将城门关了起来，宋老生下马跳入堑壕，刘弘基立即将他杀了，僵卧的尸体堆积在地上，一连好几里。天黑了下来，李渊立刻命令登城，当时没有攻城的用具，将士肉搏逼近城墙，奋力登上去，终于攻克城池。

李渊奖赏霍邑的战功，军官们疑心以奴仆身份应募当兵的，不能与以普通百姓身份当兵的一样论功，李渊说："在有矢石的战场，人是不分贵贱的，评定功勋的时候，哪有什么等级差别呢？应当全部按功劳授勋爵。"壬午日（初四），李渊接见霍邑的官吏百姓，赏赐慰劳如同西河一样，挑选他们的丁壮，让他们从军；关中的军兵想要返回的，也授予五品的散官，遣放回去。有人进谏说官职给得太浮滥了，李渊说："隋氏吝啬功勋赏赐，因而才失去人心，为什么要仿效他们呢？而且拿官职延揽民心，不是比用兵还好吗！”

丙戌日（初八），李渊进入临汾郡，安抚吏民的情形如霍邑一般。庚寅日（十二日），李渊夜宿鼓山。绛郡通守陈叔达防守抵抗；辛卯日（十三日），李渊进兵攻打，攻克下来。陈叔达是陈高宗的儿子，有学问才华，李渊礼遇并且任用他。

癸巳日（十五日），李渊来到龙门，刘文静、康鞘利率领突厥军队五百人、马两千匹来到。李渊非常高兴他们前来援助，告诉刘文静说：“我向西进兵到黄河，突厥才到，兵少马多，全是你奉持君命的功劳。”

汾阳的薛大鼎告诉李渊：“请不要进攻河东，自龙门直接渡过黄河，攻占永丰仓，传送檄文给远近地方，关中能够轻易地取得。”李渊准备采纳他的意见。众将却请求先进攻河东，于是任命薛大鼎担任大将军府察非掾。

河东县的户曹任瑰告诉李渊说：“关中的豪杰，全都翘足等候义兵。我在冯翊多年，知晓他们是豪杰，请让我前去晓谕，必定会使那些人望风披靡。义军自梁山渡河，直指韩城，逼近郃阳。萧造是文官，必定会望风请求听命。孙华这些人，全都会远来相迎，之后击鼓行军、进兵，直接屯驻永丰。虽然还无法得到长安，关中却已经平定了。”李渊非常高兴，任命任瑰担任银青光禄大夫。

此时关中的许多盗匪，以孙华最为强大；丙申日（十八日），李渊来到汾阴，去信招抚孙华。

己亥日（二十一日），李渊进军来到壶口，黄河河滨每天奉献舟船的百姓数以百计，李渊便设置了水军。壬寅日（二十四日），孙华自郃阳用轻便快速的骑兵渡河拜见李渊。李渊握手与他相坐，慰勉奖赏他，任命孙华担任左光禄大夫、武乡县公，兼领冯翊太守，他的徒众有功勋的，委托交付孙华依次授予官职，赏赐十分优厚。并让他先行渡河；接着派遣左右统军王长谐、刘弘基与左领军长史陈演寿、金紫光禄大夫史大奈，率领步骑六千名，自梁山渡河，屯驻在河西，来等待大军。任命任瑰担任招慰大使，任瑰游说韩城，最终使韩城归降。李渊告诉王长谐等人说："屈突通精锐的军队不少，相距五十余里，不敢来交战，足以知道他的徒众是不听他召唤的。但是屈突通害怕获罪，不敢不出战。倘若自己渡河攻打你们，那么我进兵攻击河东，他们必定守不住；倘若他们运用全部军力守城，那么你们阻隔河梁：前面扼守他的咽喉，后面攻打他的背部，他如果不逃走，必定会被擒住。"

跟从隋炀帝在江都的骁果，很多都逃走了，隋炀帝十分忧虑，询问裴矩，裴矩回答说："人如果没有配偶，便很难长久居住在这里，请听凭军士在这里娶妻。"隋炀帝采纳了他的意见。九月，隋炀帝将江都境内的寡妇、处女全都集合在宫下，听任将士选取；有先相互私通的，听凭他们自首，让他们成为配偶。

武阳郡丞元宝藏举郡归降李密，甲寅日（初六），李密任命元宝藏担任上柱国、武阳公。元宝藏让他的门客钜鹿人魏徵写信向李密道谢，并且请求改武阳为魏州；又请求带领所统率的军队，向西攻取魏郡，向南会合众将攻取黎阳仓。李密十分高兴，立刻任命元宝藏担任魏州总管，召令魏徵担任元帅府文学参军，掌管记室。魏徵年少，贫困孤苦，喜爱读书，有雄大的志向，散漫而不检束，没有正当谋生的职业。起先是做道士，元宝藏召他典掌书记。李密喜欢他的文辞，所以将他召来。

起初，贵乡县长弘农人魏德深，为政清平宁静，不严苛却有治绩。辽东那次战役，征税十分繁多，使者接连不断，责求郡县办理，百姓不堪忍受催逼，只有贵乡闾里不受骚扰，有钱与没钱的，相互合作，没有耗竭百姓的财力，所要求的都能供给。元宝藏接受诏令缉拿贼匪，常常征调器械，动不动就用军法处置。邻城的营造工作，官吏们都聚在厅事，以便监视与督促，但官吏相互督促责难，日夜喧嚣，还不能完成任务。魏德深听任百姓任意修缮营造，官府安闲清静，经常像没有事情一样，只告诫属吏无须比其他的县城造得多造得好，使老百姓劳苦。但是百姓各自竭尽心力，经常是所有县里提供得最多的，百姓尊爱他像父母一样。元宝藏深深嫉妒他的才干，派遣他率领一千名士兵到东都。所率领的军队听闻元宝藏归降李密，思念他们的亲戚，经常出都门，向东恸哭之后再回来；有人劝说他们归降李密，他们都哭着说：“我们与魏明府一起来，怎么忍心背弃他而离去呢?”

河南、山东发生水灾，满野全是饿死的尸体，隋炀帝下令打开黎阳仓赈济他们，因为官吏没有及时供给，饿死的百姓一天就有几万人。徐世勣告诉李密说：“天下动乱，原本是因为饥荒的缘故。现在再能攻下黎阳仓，大事就成功了。”李密派遣徐世勣带领部下五千人自原武渡黄河，会合元宝藏、郝孝德、李文相与洹水贼军首领张升、清河贼军首领赵君德，一同偷袭攻取黎阳仓，占据了它，并打开仓廪任凭百姓取食，十天之内，得到能作战的士兵二十余万人。武安、永安、义阳、弋阳、齐郡相继归降李密。窦建德、朱粲这些人也派遣使者表示附从李密，李密拜授朱粲为扬州总管、邓公。泰山道士徐洪客写信给李密，认为：“大量徒众长期聚集，担心米一吃尽，人就离散，军队老化，厌倦打仗，难以成功。”于是规劝李密“利用进军攻取的机会，凭借军兵战马的勇锐，沿着河流向东推进，直指江都，抓住隋帝，号令天下”。李密认为他的话说得非常气壮，去信招抚他，最终徐洪客没有出山，不知他到什么地方去了。

乙卯日（初七），张纶征讨龙泉、文成等郡，全部降服，俘虏了文成太守郑元璹。郑元璹是郑译的儿子。

屈突通派遣虎牙郎将桑显和率领骁果几千人，夜晚偷袭王长谐等人的营地，王长谐等人作战失利，孙华、史大奈率领游动的骑兵从后面进攻桑显和，将他打得大败。桑显和逃入城里，于是阻断河梁自保。丙辰日（初八），冯翊太守萧造归降李渊。萧造是萧修的儿子。

戊午日，（初十），李渊带领各军围攻河东，屈突通绕城防守。

众将领又拥戴李渊兼领太尉，增设官属，李渊采纳了他们的意见。此时河东还没有攻取下来，三辅豪杰前来投奔的，一天有一千人左右。李渊想要率军向西前往长安，却迟疑未定。裴寂说："屈突通握有重兵，据守坚城，我们舍弃了他离开，假如进军攻打长安，没有成功，退后就会被河东蹑逐，前后全是敌人，这是危险的路径。不如先攻克河东，而后西上。长安倚仗屈突通为外援，屈突通战败，长安必定可以攻克。"李世民说："不是这样。军队最重要的是迅速，我们凭借屡次胜利的威势，安抚归顺的徒众，向西击鼓进兵，长安的百姓望见风尘，害怕震惊，使他们智慧未及谋划，勇气未及决断，我们就攻克下来，好比振动枯槁的叶子一般容易。假如停留在坚城底下让自己疲敝，使他们完成谋划，修治防备来对付我们，让我们白白浪费时日，众心沮丧离散，那么大事就去了。况且关中蜂起的将领，没有归属，不能不早一点怀柔招抚。屈突通只是自保的奴虏罢了，不值得担忧。"李渊两面听从，留下众将围攻河东，自己率领军队向西进兵。

朝邑法曹武功人靳孝谟，献出蒲津、中潬二城投降李渊，华阴县令李孝常献出永丰仓投降，还前去接应河西各军。李孝常是李圆通的儿子。京兆各县也大多派遣使者请求归降。

王世充、韦霁、王辩与河内通守孟善谊、河阳郡尉独孤武都，各自统领所率领的军队，在东都会集，只有王隆没有按照预定期限抵达。己未日(十一日)，越王杨侗派遣虎贲郎将刘长恭等人，带领留守军队，庞玉等人带领偃师的军队，与王世充等合兵在一起共十多万徒众，在洛口进攻李密，与李密隔着洛水相对峙。这时隋炀帝杨广诏令各军全都接受王世充的调度节制。

隋炀帝杨广派遣江都代理郡丞冯慈明前往东都，被李密俘获，李密平日听闻他的声名，便延请他上坐，探问慰劳，礼遇的心意非常深厚，告诉他说："大隋的福祚已尽，您能与孤建立大功吗？"冯慈明说："您家历代奉事先朝，尊荣俸禄全都备有。不能完善守住家门的功勋，而与杨玄感兴兵，偶然逃脱罗网，才能有今日，如若只希图反咬君主，不知晓圣意所在。王莽、董卓、王敦、桓玄，并非不强盛，一旦被诛灭，罪祸累及祖先。我死也就算了，不敢听从你的命令！”李密十分生气，将他囚禁起来。冯慈明说服防卫他的席务本，让他逃走。冯慈明奉奏表到江都，又写信给东都，陈述贼兵的形势，到达雍丘，被李密的将领李公逸俘虏，李密佩服他的道义，又将他释放；冯慈明走到营门，翟让将他杀了。冯慈明是冯子琮的儿子。

李密攻打洛口时，箕山府郎将张季珣坚持固守，不肯归降，李密认为他兵力微弱，派遣人呼喊劝降。张季珣极力辱骂李密，李密非常生气，派军攻打他，却不能攻克。此时李密的徒众有数十万人在城下，张季殉四面受阻，所率领的不过数百人而已，可是心志非常坚固，誓必效死。时日一久，粮食吃尽，水也枯竭，士兵生病羸弱，张季珣一一安抚他们，没有一个背叛，从三月坚守直到九月，城池才沦陷。张季珣见了李密，不愿跪拜，说：“天子的部属，哪里能够跪拜贼兵！”李密还想让他投降，引诱规劝，始终不肯屈服，这才将他杀了。张季珣是张祥的儿子。

庚申日（十二日），李渊带领各军渡河；甲子日（十六日），李渊到了朝邑，住在长春宫，关中的士民依附他的，好像赶集一样。丙寅日（十八日），李渊派世子李建成、司马刘文静，带领王长谐等各军几万人，驻守在永丰仓，守住潼关来防范东方的军队，慰抚使窦轨等人听从他们的调度；敦煌公李世民带领刘弘基等各军数万人，进攻渭水的北边，慰抚使殷开山等人听从他的调度。窦轨是窦琮的哥哥。

冠氏县长于志宁、安养县尉颜师古与李世民的内兄长孙无忌，在长春宫拜见李渊。颜师古名籀，以字为世人所知。于志宁是于宣敏的侄子；颜师古是颜之推的孙子，全都以文学享有盛名，长孙无忌也有谋略才能。李渊对他们全都非常礼敬，并且任用他们，任命于志宁担任记室，颜师古担任朝散大夫，长孙无忌担任渭北行军典签。

屈突通听闻李渊向西进兵，署任鹰扬郎将汤阴人尧君素督领河东通守，命他防守蒲坂，自己率领军队几万人前往长安，结果被刘文静阻遏。将军刘纲戍守潼关，屯驻都尉南城，屈突通想去依附他，王长谐却先率军偷袭，斩杀了刘纲，据守城池来抗拒屈突通，屈突通退守北城。李渊派遣他的将领吕绍宗等人进攻河东，没能攻下。

柴绍从长安赶往太原的时候，告诉他的妻子李氏说：“你父亲起兵，现在我们不能一起走，你留在这里会遇到灾祸，怎么办呢？”李氏说：“你只要快一点逃走，我一个妇人，容易藏匿，我能自己想办法。”柴绍于是走了。李氏返回鄠县的别墅，散发家中的财物，聚集了一些徒众。李渊的堂弟李神通住在长安，逃入鄠县的山中，他与长安的大侠史万宝等人兴兵响应李渊。西域做生意的胡人何潘仁进入司竹园做强盗，有徒众数万人，他劫持前尚书右丞李纲担任长史，李氏命她的奴仆马三宝去劝说何潘仁，与她一同去归附李神通，联合兵力进攻鄠县，最终攻了下来。李神通的徒众超过了一万人，自称关中道行军总管，任命从前的东城县长令狐德棻担任记室。令狐德棻是令狐熙的儿子。李氏又命马三宝去劝说群盗李仲文、向善志、丘师利等人，他们全都带领徒众附从李氏。李仲文是李密的叔父；丘师利是丘和的儿子。西京留守多次派军征讨何潘仁等人，全被他们打败。李氏进攻盩厔、武功、始平，全部攻克，徒众多达七万人。左亲卫段纶，是段文振的儿子，娶了李渊的女儿，也在蓝田招募徒众，得到一万余人。等到李渊渡河之后，李神通、李氏、段纶，各自派遣使者迎接李渊。李渊任命李神通担任光禄大夫，他的儿子李道彦担任朝请大夫，段纶担任金紫光禄大夫；命柴绍率领数百名骑兵顺着南山去迎接李氏。何潘仁、李仲文、向善志与关中的群盗，全都请求向李渊归降，李渊一一去信安抚，授予官职，让他们各自停留在自己的地方，接受敦煌公李世民的调度节制。

刑部尚书兼领京兆内史卫文昇年纪已老，听闻李渊的军队朝向长安而来，因心里害怕而生病，不再参与军事，只有左翊卫将军阴世师、京兆郡丞骨仪，尊奉代王杨侑登城防守抵抗。己巳日（二十一日），李渊抵达蒲津；庚午日（二十二日），李渊从临晋渡过渭水，前往永丰慰劳军队，并且打开仓廪，赈济灾民。辛未日（二十三日），李渊返回长春宫；壬申日(二十四日)，李渊进军屯驻冯翊。李世民所到之处，吏民与群盗如流水一般归附他，李世民收容那些俊彦豪杰用来充备僚属，屯驻在泾阳，一共得到能够作战的军兵九万人。李氏则率领精兵一万多人在渭北与李世民会合，李氏和柴绍各自设置幕府，李氏的部众号称“娘子军”。

起初，平凉数万奴贼围攻扶风太守窦琎，几个月都没攻下，奴贼军中粮食耗尽。丘师利派他的弟弟丘行恭带领五百人，背负米麦，拿着牛酒，到奴贼的军营去，奴贼的首领拱手为礼，丘行恭亲手将他杀了，告诉他的徒众说：“你们这些人全是善良的人，为什么要奉事奴隶为君主，让天下的人称你们为奴贼呢?”大家全都跪拜在地说：“希望改为事奉您。”丘行恭立刻带领那些徒众与丘师利一起在渭水北面谒见李世民，李世民任命他们担任光禄大夫。窦琎是窦琮的侄子。隰城尉房玄龄在军门拜见李世民，李世民和他一见如故，立刻署任为记室参军，引为出谋划策的主要人物。房玄龄也自以为遇到了知己，竭忠尽智，所知晓的没有不尽力去做的。

李渊命令刘弘基、殷开山分兵向西进攻扶风，拥有徒众六万人，向南渡过渭水，驻扎在长安故城。城中的人出兵交战，刘弘基加以迎击，将城攻陷。李世民率领军队前往司竹，李仲文、何潘仁、向善志全都带领徒众附从他，屯驻在阿城，一共得到能作战的兵士十三万人，因为军令严整，丝毫没有侵犯到百姓。乙亥日(二十七日)，李世民从盩厔派遣使者告诉李渊，请求约定日期前往长安。李渊说：“屈突通往东走，无法再向西了，已不足挂虑了。”于是命令李建成挑选防守永丰仓的精兵，自新丰前往长乐宫，李世民带领新归附的各军向北驻扎在长安故城，并且到所约定地点听从教令。此时延安、上郡、雕阴全都请求向李渊归降。丙子日(二十八日)，李渊率领军队向西前进，所路经的行宫、园苑全都予以罢废，遣放宫女交还给他们的亲属。冬季，十月，辛巳日(初四)，李渊到达长安，安营在春明门的西北，各军全都聚集，一共有二十余万。李渊下令各自依附壁垒，不能进入村落侵害百姓。李渊多次派使者到城下告谕卫文昇等人表示要尊奉隋朝，却始终没有回音。辛卯日(十四日)，李渊下令各军围城。甲午日(十七日)，李渊迁馆至安兴坊。

巴陵校尉鄱阳人董景珍、雷世猛、旅帅郑文秀、许玄彻、万瓒、徐德基、郭华、沔阳人张绣等人，谋划占据郡城，背叛大隋，并且推举董景珍担任领袖。董景珍说："我平素寒微卑贱，不被大众推服。罗川县令萧铣，是梁室的后代，仁慈宽厚，有大度量，请求尊奉他来达成大家的愿望。"于是派遣使者向萧铣报告。萧铣非常高兴地接受了，他公开声明要去征讨贼兵，招募到几千人。萧铣是萧岩的孙子。

恰巧颍川贼军首领沈柳生进犯罗川，萧铣与他交战失利，告诉他的徒众说："现在天下全都叛乱，隋朝的政令无法推行，巴陵的豪杰兴兵，想要拥戴我为领袖。假如听从他们的请求来号令江南，能够中兴梁朝的福祚，以这个理由召令沈柳生，他也会归顺我。"大家十分高兴，愿意听从他命令，于是自称梁公，改换隋朝的服色旗帜，都像梁朝旧时一般。沈柳生随即带领徒众依附他，于是任命沈柳生担任车骑大将军。起兵五天，远近依附他的有数万人，于是带领徒众向巴陵进军。董景珍派遣徐德基带领郡中的豪杰数百人出去迎接，还没见到萧铣，这时沈柳生与他的同党计谋说："我最先拥戴梁公，功勋位居第一位。现在巴陵众将，都位高兵多，我如果入城，反而处在他们的下位。莫如杀死徐德基，扣押他们的首领为质，独自挟持梁公进军攻取郡城，那么就没有人处在我的上位了。"于是沈柳生杀了徐德基，之后进入告诉萧铣，萧铣大惊地说："现在想要消除动乱，使天下再归于太平，却突然自相残杀，我不能做你们的领袖了。"萧铣于是走出军门。沈柳生大为恐惧，伏在地上请求判罪，萧铣谴责以后，也就饶恕了他，于是列队入城。董景珍告诉萧铣说："徐德基是起义的功臣，可是沈柳生没有理由就随意将他杀死，这样的人却不予以诛杀，怎样当政呢？况且沈柳生当盗匪很久了，现在虽然依附大义，凶残悖逆的本性并没有改变，同在一城，势必发生变乱。失去现在的时机，后悔就来不及了！”萧铣又采纳他的意见。于是董景珍缉拿沈柳生，将他杀了，他的徒众全都溃散离去。丙申日（十九日），萧铣修筑神坛，焚烧柴火祭告上天，自称梁王，改年号为鸣凤。

壬寅日（二十五日），王世充夜渡洛水，在黑石安营。第二天，王世充分散兵力驻守军营，自己率领精兵在洛北布阵。李密听了，率军渡过洛水迎战，李密的军队大败，柴孝和也溺水身死。李密带领属下精良骑兵渡过洛水到南岸，其余徒众向东逃往月城，王世充追赶围攻他们。李密自洛水南岸快马直往黑石，营中惊惧，接连举发六次烽火，于是王世充放弃对月城的包围，慌忙回去自救；李密再与他交战，将他打得大败，一共杀了二千余人。

甲辰日（二十七日），李渊下令各军攻城，约定“不能侵犯七庙及代王、宗室，抗命的人，要夷灭三族！”孙华被流箭射死。十一月，丙辰日（初九），军头雷永吉率先登城，于是攻克长安。代王在东宫，身边的人全都逃散，只有侍读姚思廉在旁侍候。军兵准备登殿，姚思廉非常严厉地斥责说：“唐公举发义兵、匡复社稷，你们不得无礼！”大家全都非常惊讶，站在庭下。李渊在东宫迎接代王，移居到大兴殿后宫，听凭姚思廉扶持代王到顺阳阁下，泣拜后离开。姚思廉是姚察的儿子。李渊返回，住在长乐宫，与百姓约法十二条，全部废止了隋朝的苛刻禁令。

李渊起兵时，长安的留守官吏掘开他的祖坟，毁坏他的五庙。这时，卫文昇已死，戊午日（十一日），李渊缉拿阴世师、骨仪等人，责备他们贪婪残酷苛刻，而且抗拒义师，于是全部予以斩杀，死了十余人，其余的人都不追问。

马邑郡丞三原人李靖，平日与李渊有嫌隙，李渊入城，准备将他杀了。李靖大声呼喊说：“您兴举义兵，想要讨平暴乱，却由于私怨而杀死壮士吗？”李世民替他一再请求，才放了他。李世民于是接纳他，安置在幕府。李靖年少时非常有志气，有文才武略，他舅舅韩擒虎常常抚摸着他说：“可以探讨将帅谋略的，只有这个外甥罢了！”

王世充自洛北战败后，就坚守城垒不出战；越王杨侗派遣使者安抚他，王世充害怕惭愧，于是请求与李密交战。丙辰日(初九)，王世充与李密夹峙石子河布阵，李密布阵南北十余里。翟让先与王世充交战，失利而撤退；王世充追击他，王伯当、裴仁基从旁边截断他的后队，李密率领中军攻击，最终王世充大败，向西逃跑。

翟让的司马王儒信劝说翟让自己当大冢宰，总管所有事务，来夺取李密的权力，翟让不应允。翟让的哥哥柱国荥阳公翟弘，是粗鄙的愚人，告诉翟让说："天子你应当自己做，为什么要让给别人呢？你不做，我就来做！"翟让只是大笑，不将这件事放在心上，李密听了非常不高兴。总管崔世枢自鄢陵刚刚归附李密，翟让将他拘禁在私人的府第，索求他的财物，崔世枢百般设法也无法凑足，看着就要加刑。这时翟让召请元帅府记室邢义期赌博，邢义期害怕不敢答应，于是被杖打八十下。翟让告诉左长史房彦藻说："您从前攻破汝南，获得许多宝物，只给魏公，却没有给我！魏公是我迎立的，结果怎样还不知晓呢！"房彦藻非常害怕，便将情形告诉李密，于是与左司马郑颋一同劝李密说："翟让刚愎贪婪，没有仁德，有不将你当成君王的心理，应当早一点设法除掉。"李密说："现在还没有安定下来，就急着相互残杀，怎样向远方的人说明呢？"郑颋说："毒蛇咬到手，壮士就将手腕割掉，这是为了保全性命的缘故。假如由他先达到目的，那后悔就来不及了。"李密于是采纳了他们的意见，摆设酒席，召请翟让。戊午日(十一日)，翟让与哥哥翟弘，以及侄子司徒府长史翟摩侯一起到李密那里，李密与翟让、翟弘、裴仁基、郝孝德坐在一起，单雄信等人全都站着侍候，房彦藻、郑颋来回察看宴饮的情形。李密说："今天与显达的高官宴饮，不需很多人，身边只留下差遣的人就够了。"李密身边的人都退了出去，翟让身边的人还在。房彦藻告诉李密说："现在正在作乐，天气非常冷，司徒身边的人，请给他们酒食。"李密说："听凭司徒去安排。"翟让说："很好。"于是引领翟让身边的人都出去，只有李密部下壮士蔡建德拿着刀站立侍卫。食物还没有送进去，李密取出好的弓，让翟让试射，翟让正拉满弓，蔡建德自后面将他砍死，跌坐在床前，声音好像牛吼一般，连同翟弘、翟摩侯、王儒信全被杀死。徐世勣逃出去，守门的人砍伤了他的头颈，王伯当从很远的地方大声将他叫住。单雄信叩头请求饶命，李密将他放了。翟让的亲信惊慌扰乱，不知发生了什么事，李密便大声地说："和你们一起兴举义兵，原本是为了消除暴乱。而司徒却专权，行为残暴，欺凌普通的僚属，不再有上下的情分；今天所诛杀的只是翟让一家，和各位没有干系。"李密命人扶持徐世勣将他安置在幕下，亲自为他敷创伤。翟让的部下想要离去，李密命单雄信前往宣慰，李密自己不久也单人独骑进入他们的军营，逐一加以劝谕抚慰，命令徐世勣、单雄信、王伯当分别统率他们的徒众，于是内外又安定下来。翟让为人残暴，翟摩侯为人猜忌，王儒信贪婪放纵，所以他们死的那天，所有部属没有一个悲伤的；但是李密的将佐却开始有了疑惧的心理。起初，王世充知晓翟让与李密必定不会长久和睦，希望他们相互残杀，能够从中得到机会。等到听闻翟让死了，大为失望，叹气说："李密天赋资质明快果决，成为天子或是成为凡夫，原本就是不可测度的！"

壬戌日（十五日），李渊准备法驾迎接代王李侑在天兴殿即皇帝位，当时代王年仅十三岁，大赦天下，改年号为义宁，遥尊隋炀帝杨广为太上皇。甲子日（十七日），李渊自长乐宫进入长安。隋恭帝李侑任命李渊假黄钺、持符节、大都督内外诸军事、尚书令、大丞相，加封为唐王。李渊以武德殿为丞相府，改从前的教告为命令，每日在虔化门处理政务。乙丑日（十八日），榆林、灵武、平凉、安定各郡全都派遣使者请求听命。丙寅日（十九日），隋恭帝李侑诏令军机、国务，事情不分大小，所设文武百官，地位不分贵贱，以及法令赏罚，全都归属相府掌理；只有郊祀天地，四时的禘祭、祫祭奏报上闻。李渊设置丞相府官属，任命裴寂担任长史，刘文静担任司马。何潘仁派遣李纲入府求见，李渊将他留下来，任命他担任丞相府司录，专门掌管选拔人才的事务。又任命前考功郎中窦威担任司录参军，让他制定礼仪。窦威是窦炽的儿子。李渊倾尽府库用来奖赏有功勋的人。因为国家财用不够，右光禄大夫刘世龙献计，认为“现在义师数万人，全在京师，由于薪草昂贵而布帛便宜，请求砍伐六街以及苑中的树木制成柴薪，用来交换布帛，可以得到几十万匹”。李渊采纳了他的意见。己巳日（二十二日），李渊任命李建成为唐世子，李世民为京兆尹、秦公，李元吉为齐公。

河南各郡全都归降李密，只有荥阳太守郇王杨庆、梁郡太守杨汪还替隋朝防守。李密用书信招抚杨庆，陈述利害关系，并说：“您的家世，原先住在山东，本来姓郭，而不是杨族的人。虽然芝草被焚，蕙草也会叹息，但其事与此不一样。”起初，杨庆的祖父杨元孙早年就成孤儿，跟从母亲郭氏在舅舅家长大。等到武元帝跟随周文帝在关中起兵，杨元孙在邺城，害怕被高氏所杀，于是冒姓郭氏，因而李密这样说。杨庆得了信非常惶恐，就举郡归降李密，又复姓郭氏。

十二月，癸未日（初七），隋恭帝李侑追赠唐王李渊的祖父襄公谥号为景王；父亲仁公谥号为元王，母亲窦氏为穆妃。

薛举派遣他的儿子薛仁果进犯扶风，唐弼据守汧源抗拒他。薛举派使者招抚唐弼，唐弼于是杀掉李弘芝，请求向薛举归降，薛仁果趁他没有防范的时候，袭击并攻破他，全部吞并了唐弼的部众。唐弼率领数百名骑兵逃往扶风请求归降，扶风太守窦琎却将他杀了。于是薛举的声威更为盛大，部众号称三十万人，计划攻取长安；因为听闻丞相李渊已经平定长安，于是围攻扶风。李渊派遣李世民率军攻打他，又派遣姜謩、窦轨都从散关出兵，安抚陇右；左光禄大夫李孝恭招降安抚山南；府户曹张道源招降安抚山东。李孝恭是李渊叔父的儿子。

癸巳日（十七日），李世民在扶风攻打薛仁果，将他打得大败，追击到垅坻才返回。薛举大为恐惧，询问他的群臣说：“自古以来，天子有投降的事吗？”黄门侍郎钱塘人褚亮说：“赵佗归降汉朝，刘禅在晋朝为官，近代的萧琮，到此时还尊贵。变灾祸为福分，自古以来就有。”卫尉卿郝瑗快步上前说：“陛下问得不对，褚亮的话又非常悖逆事理！以前汉高祖多次经历逃奔战败，蜀国先祖多次亡失妻子儿女，最后终于成就大业；陛下为什么因为打了一次败仗，就急着做亡国的打算呢？”薛举也后悔地说：“姑且用这件事试验你们罢了。”于是优厚地赏赐郝瑗，让他出谋划策的重要人物。

乙未日（十九日），平凉留守张隆，丁酉日（二十一日），河池太守萧瑀与扶风的汉阳郡相继前来投降李渊。李渊任命窦琎担任工部尚书、燕国公，萧瑀担任礼部尚书、宋国公。

姜謩、窦轨进军到长道，被薛举击败，率军回来。李渊派遣通议大夫醴泉人刘世让抚慰唐弼残余的党羽，与薛举相遇，战败，被薛举所俘获。

李孝恭打败朱粲，众将请求将俘虏全部杀死，李孝恭说：“不可以！这样的话，自此以后，谁肯再来投降呢？”因此自金川越过巴、蜀，檄书所到之地，投降依附的有三十余州。

屈突通与刘文静相持一个多月，屈突通又派遣桑显和夜晚袭击刘文静的军营，刘文静与左光禄大夫段志玄尽力苦战，桑显和战败逃跑，刘文静俘获了他的全部徒众，于是屈突通的势力更加微弱。有人劝说屈突通投降，屈突通哭着说：“我前后事奉文帝、炀帝两位君王，恩遇非常优厚。吃别人的俸禄而躲避危难，我是不肯做的！”屈突通经常自己摸着脖子说：“将要为社稷挨上一刀。”他勉励慰劳将士，没有一次不落泪，大家也因此而感怀他。丞相李渊派遣他的家僮召令他，屈突通立即将家僮杀了。等到听闻长安没有守住，家属全部被李渊所俘虏，便留下桑显和把守潼关，自己率军向东出发，准备前往洛阳。屈突通才出兵，桑显和就献城归降刘文静。刘文静派遣窦琮等人率领轻骑兵与桑显和去追赶屈突通，在稠桑追上。屈突通结成阵势固守，窦琮派遣屈突通的儿子屈突寿前往劝谕，屈突通骂着说：“你这个贼子怎么来了，从前我与你是父子，如今我与你是仇敌！”屈突通命身边的人用箭射他的儿子。桑显和告诉屈突通的徒众说：

"现在京城已经陷落，你们全是关中人，离开了要前往哪里去呢?" 徒众全都放下兵器投降。

屈突通知晓不能免难，下马面向东南，再拜痛哭，说："臣竭尽全力还是落到这个地步，不敢对不起江山社稷，天地神明是全知晓的。" 军队执拿屈突通，送往长安；李渊任命他担任兵部尚书，赐爵位为蒋公，兼秦公元帅府长史。

李渊派遣屈突通到河东城下，招抚、晓谕尧君素，尧君素看到屈突通，悲叹不能自持，屈突通也流下眼泪，沾湿衣襟，于是告诉尧君素说："我们的军队已然战败，义旗所指的地方，没有不响应的，局势是如此，你应当早一点投降。" 尧君素说："您是国家的大臣，陛下将关中委交给您，代王将社稷托付给您，怎么背叛国家活着投降，还替人做说客呢? 您乘坐的马，就是代王赏赐的，您有什么脸乘坐呢?" 屈突通说："唉! 尧君素，我是力量用尽了才来此的。" 尧君素说："我现在力量还没有用尽，哪里用得着你多嘴!" 屈突通非常惭愧地退回去。

东都缺粮，一斗米值三千钱，被饿死的人，十有二三。

庚子日(二十四日)，王世充的军兵中有人逃跑投降李密，李密问他说："王世充在军中干什么?" 军兵说："最近看到他加紧招募军队，又飨劳将士，不知道是什么原因。" 李密告诉裴仁基说："我几乎落入王世充的计谋中，你知道吗? 我很长时间不出兵，王世充的粮草将要断绝，求战不能，所以招募军队，犒赏将士，是想要利用月色昏暗的时候袭击仓城罢了，应当赶快防范。" 于是他命令平原公郝孝德、琅邪公王伯当、齐郡公孟让率军分别屯守仓城的两侧等待敌军。当天晚上三更时分，王世充的军队果然来了，王伯当先遇到敌军，交战失利。王世充的军队于是攀登城墙，最终被总管鲁儒击退；王伯当集结军兵再次攻击，王世充大败，王伯当斩杀了他的骁将费青奴，军兵战死、溺死的有一千余人。王世充多次与李密交战，没有战胜过，越王杨侗派遣使者慰劳他，王世充告诉使者因为兵力少，经常作战，使得军兵疲敝；于是杨侗调派七万军队援助他。

刘文静等人率军向东征略土地，攻占弘农郡，于是平定新安以西地区。

甲辰日（二十八日），李渊派遣云阳县令詹俊、武功县正李仲衮巡略巴、蜀，这些地方全都降服。

乙巳日（二十九日），方与县的贼军首领张善安攻克庐江郡，趁势渡江，在豫章归降林士弘；林士弘猜疑他，让他在南塘上安营。张善安心生怨恨，袭击并打败了林士弘，焚毁豫章郡的外城然后离开，林士弘迁居到南康。萧铣派遣他的将军苏胡儿偷袭并攻克豫章，于是林士弘退守馀干县。

资治通鉴卷第一百八十五　唐纪一

起戊寅(公元618年)正月，止七月，共七个月。

【题解】本卷记事起公元618年正月，迄七月，共七个月史事。此时正值唐高祖武德元年。本卷详细记载了宇文化及背叛隋朝，弑杀隋炀帝的过程。这一事件，直接导致了隋朝的灭亡。三月十一日，隋炀帝被弑，五月十四日，李渊即皇帝位，建立唐朝。五月二十四日隋东都越王杨侗即皇帝位，改元皇泰，史称杨侗为皇泰主。宇文化及北上欲返东都，李密遭到夹击，皇泰主利用这一形势招安李密，册封李密为魏国公。李密率众阻击宇文化及，取得大胜，将入朝皇泰主。此时，东都发生内讧，王世充诛杀元文都，专擅大权，阻挡了李密入朝，形势一朝突变，隋朝彻底灭亡不可逆转。萧梁后裔萧铣乘势而起，割据了荆襄以及交州，在长江中游又兴起了一个政权，占有今两湖及两广地区。西北割据政权，河西李轨、陇右薛举、陕北梁师都，加固割据活动，薛举与唐室交战，取得一时胜利。

高祖神尧大圣光孝皇帝上之上

武德元年(戊寅，公元618年)

这一年五月受隋禅始改年号为武德。春季，正月，丁未朔日(初一)，隋恭帝诏令唐王可以佩剑着履上殿，朝会拜见天子不必呼名，表示优厚的礼遇。

唐王既已攻克长安，用公函通告各个郡县，因而东自商洛，南到巴、蜀，郡县长官和盗匪头目、氐羌的酋长，全都纷纷派子弟入朝谒见隋恭帝请求投降，主管官吏每天回复的信件，就有上百封。

王世充统领东都兵之后，在洛水以北攻打李密的军队，击败了李密之主力，于是将大军屯驻在巩县北面。辛酉日(十五日)，王世充下令诸军各自修建浮桥渡过洛水去进攻李密的大本营，先建好浮桥的先行进兵，因而前后不一致。虎贲郎将王辩攻陷李密军的外城，营中军兵惊惧纷乱，形势上将要溃散；王世充不明军情，就鸣号收兵，李密因此带领敢死队趁机袭击，王世充的军队大败，军兵争往桥上逃走，因此溺死的有一万余人。王辩战死，王世充仅能保全自己的生命，洛北诸军也都溃败。王世充不敢进入东都，向北退守河阳，当天夜晚，刮大风下大雨，天气寒冷，军兵渡河，衣服全都沾湿，在道路上被冻死的有上万人。王世充仅仅和数千人抵达河阳，然后将自己关进监狱请罪，越王杨侗派使者前去赦免他，召他返回东都，赏赐黄金、布帛、美女来慰抚他。于是王世充收拢散亡的士兵共一万余人，在含嘉城安营，不敢再出兵。

李密趁胜利的威势，进兵攻占金墉城，把金墉城的门墙、屋舍重新修整，驻军在城内。钟鼓乐声，可以传闻到东都；不久，李密拥有军兵三十万，在北邙设阵，南面直到上春门。乙丑日(十九日)，金紫光禄大夫段达、民部尚书韦津出兵抵抗；段达看到李密兵多，心中畏惧，先回城；李密进军追击，段达、韦津的军队溃散，韦津战死。于是偃师、柏谷和河阳都尉独孤武都，检校河内郡丞柳燮、职方郎柳续等人，各自率领部下归降李密。窦建德、朱粲、孟海公、徐圆朗等全都派遣使者上表拥戴李密登上皇位，李密的僚属裴仁基等也上表劝他登基，李密说：“东都还没有平定，不可以讨论登位的事情。”

戊辰日(二十二日)，唐王任命嫡子李建成为左元帅，秦公李世民为右元帅，带领各路军队十余万人援救东都。

东都缺少粮食，太府卿元文都等募集守城而不领公粮的人，给予升散官二品；因而商人手执象笏上朝为官的，人数很多，数都数不完。

二月，己卯日(初四)，唐王派太常卿郑元璹领兵出商洛，经营南阳，派左领军府司马安陆人马元规经管安陆和荆、襄等地方。

李密派房彦藻、郑颋等人向东出发前去黎阳，分路向各州县招降。任用梁郡太守杨汪担任上柱国、宋州总管，又交给他亲笔信说："以前在雍丘，您虽曾奉命缉捕我，但是齐桓公能不计较管仲射钩之仇，反而任用他做宰相，晋文公能不怨恨寺人披的追杀斩袂，我不敢与他们相比，但是愿意效法他们的做法。"杨汪看了书信之后，派遣使者前来表示意愿，李密也暗中命人笼络他。房彦藻写信招降窦建德，让他来拜见李密。窦建德复信，言语谦卑，又送来厚礼，用罗艺南侵，请求保卫北部边界为借口推托。房彦藻回来，抵达卫州，被贼头王德仁设计杀害了。王德仁有徒众几万人，占据林虑山，四处抄袭掠夺，成为附近数州的祸害。

三月，已酉日（初四），李渊任用齐公李元吉为镇北将军、太原道行军元帅、统率十五郡诸军事，听凭他随意指挥。

隋炀帝到达江都，更加荒淫，在宫内修建了一百多间房间，每个房间都有很好的设施，有美丽女子居住，每天由一个房间的美女充当主人。江都郡丞赵元楷负责供应酒菜，隋炀帝和萧后及爱妃们依次前往各个房间饮酒作乐，隋炀帝酒杯不离口，跟从的姬女有一千多人，也经常喝醉。可是隋炀帝眼见天下危乱，心里烦乱不安，退朝之后就绑着头巾，穿着短衣，手执拐杖，游遍宫里的台馆，一直到夜晚才停歇，急着观赏景色，唯恐没看够。

隋炀帝通晓占卜术，喜爱吴语；常常在夜晚摆设酒食，仰观天文，对萧后说："外面想打我主意的大有人在，可是我仍不失为长城公，你仍不失为沈后，还是让我们一同畅饮吧！"因此整杯整杯地喝个烂醉。又常常自已照着镜子，对萧后说："好一个头颅，当是谁砍掉它！"萧后吃惊地询问为何出言不吉，隋炀帝笑着说："贵贱苦乐，原本更迭交替，何必伤感！"

隋炀帝看到中原动乱，没有心情返回北方，想要在丹阳建都，好保守住江东，于是下令群臣商讨这个方案。内史侍郎虞世基等人全都表示赞成；右候卫大将军李才极力反对，请求皇帝返回长安，当场和虞世基争论得很凶，中途离去。门下录事衡水李桐客说："江东低湿，土地险而狭小，对内补充万乘车马，对外供应三军所需，人民负担不了，恐怕最终会导致散乱。”御史弹劾李桐客毁谤朝政，因而公卿都迎合隋炀帝的心意说：“江东的百姓仰望陛下已经很久，陛下能够过江而来，抚慰地方，这是大禹的事业。”于是隋炀帝下命营造丹阳宫，打算迁都到这个地方。

此时江都粮食已经用尽，跟从隋炀帝的骁果大多是关中人，他们久居异地思念故乡，眼见隋炀帝无心西归，于是大多打算叛变回乡。郎将窦贤带领部下向西逃走，隋炀帝派遣骑兵追杀他们，但是逃跑的人还是不停止。隋炀帝为此担忧。虎贲郎将扶风人司马德戡平日深得隋炀帝的宠信，隋炀帝派他带领骁果在东城屯营。司马德戡和好友虎贲郎将元礼，直阁裴虔通商议说：“如今骁果人人想要逃跑，我想要上奏，担心先受处罚，不禀报的话，事情发生之后，也不免被灭族，怎样是好？又听闻关内沦陷，李孝常占据华阴叛变，陛下囚禁他的二弟，想杀他们。我们的家眷都在西方，能不加以考虑吗？”二人全都感到畏惧，说：“事情既然如此，怎样打算才好？”司马德戡说：“骁果假如逃亡，不如跟着他们逃走。”二人都说：“好。”因此相互招引同道，内史舍人元敏、虎牙郎将赵行枢、鹰扬郎将孟秉、符玺郎、李覆、牛方裕、直长许弘仁、薛世良、城门郎唐奉义、医正张恺、勋侍杨士览等人，全都和他们同谋，早晚聚在一起，在大众面前商讨叛变的计划，毫不避讳。有个宫人禀告萧后说：“外面人人想要叛乱。”萧后说：“由你禀奏皇上。”宫人告诉隋炀帝，隋炀帝十分生气，认为这种话不该讲，将宫人斩了。后来宫人又向萧后禀告，她说：“天下事一旦到如此地步，无可救药，说了又有什么用，只是增加陛下的忧虑罢了！”自此以后没人再说了。

赵行枢和将作少监宇文智及平素很有交情，杨士览是宇文智及的外甥，赵、杨二人把计划告诉宇文智及，宇文智及十分高兴。司马德戡等人希望在三月望日（月中）结队逃向西方，宇文智及说：“陛下虽然无道，尚有威势，你们逃亡，正好像窦贤自取死路罢了。而今上天要灭亡隋朝，英雄同时举兵，集结叛乱的已有数万人，顺应这种大事，正是帝王的大业。”司马德戡等人赞同这个说法。赵行枢、薛世良公推宇文智及的哥哥右屯卫将军许公宇文化及担任领袖，已经订立盟约，才告诉宇文化及。宇文化及生性驽钝而胆怯，听闻他们的话，吓得色变汗流，后来也表示赞同。

司马德戡派遣许弘仁、张恺进入备身府，告诉认识的人说：“陛下听闻骁果想要反叛，于是酿造许多毒酒，想借酒宴，毒杀他们，独自和南方人留在此地。”骁果人人恐惧，将消息相互传告，反叛的谋划进行得更急。乙卯日(初十)这天，司马德戡召集全部骁果，告诉他们怎样行动，他们都说：“我们全听从将军的命令。”这一天，天气晦暗，刮着风下着雨，下午五时之后，司马德戡盗取御用的军马，暗中备好兵仗。这个晚上，元礼、裴虔通在阁下值夜，主管殿内事宜；唐奉义负责关闭城门，他和裴虔通相约，各个城门只关上而不下键。等到三更，司马德戡在东城聚集军兵数万人，举火把作为信号和城外相应。隋炀帝看到火光，又听闻外面喧哗，问亲信发生了什么事。裴虔通回复说：“草坊失火，外面那些人正在救火。”此时宫廷内外已经被阻隔，隋炀帝相信了他的话。宇文智及和孟秉在城外聚集一千多人，劫持候卫虎贲冯普乐布置军兵分别把守各街巷。燕王杨倓察觉叛变，当夜，穿过芳林门旁的水洞进入宫里，来到玄武门诡诈地上奏说：“我忽然患了中风病，不久于人世，让我当面请辞。”裴虔通等人不将他的话传给隋炀帝，将他给拘禁起来。丙辰日(十一日)，天还没有放明，司马德戡授给裴虔通军兵，来接替各门的卫士。裴虔通从诸门带领数百骑兵来到成象殿，守卫军兵传呼有贼，于是裴虔通回头来关闭诸门，只打开东门，逼迫守卫的军兵离开殿内，他们全都放弃兵器散走。右屯卫将军独孤盛对裴虔通说：“皇帝在这里，你们竟敢逞凶!”裴虔通说：“这是形势所逼，不干将军的事，请将军不要轻举妄动!”独孤盛大骂说：“老贼头，竟敢讲这样的话!”来不及披上战甲，独孤盛就和身边十多位卫兵对抗裴虔通的军兵，独孤盛终于被乱兵杀死。独孤盛是独孤楷的弟弟。千牛(拿执千牛刀，属领左右府)独孤开远带领殿内守兵几百人来到玄览门，叩门说："武器尚在，还能击败贼人。陛下如果能够亲自指挥作战，人心自会安定；不然，灾祸今天就要到来了。"竟然没有回应，军兵慢慢散开。叛贼捉到独孤开远，因为看他的义气而释放他。起初，隋炀帝选拔骁勇健壮的官奴几百人布置在玄武门，称呼他们为给使，准备在非常时期使用，给他们的待遇非常优厚，甚至将宫人赏赐给他们。司宫魏氏是隋炀帝的亲信，宇文化及等人结纳他，让他做内应。这一天，魏氏诈称隋炀帝有令任由全部给使外出，仓促之间没有给使留在玄武门。

司马德戡等人引兵从玄武门进入宫殿，隋炀帝听闻叛变，改换服装逃往西。裴虔通和元礼带领军队敲打左门，魏氏开门迎兵，于是裴虔通进入永巷，裴虔通问："陛下在哪里？"有位美人出来指示方向。校尉令狐行达拔出刀一直冲进去，隋炀帝探头窗外对令狐行达说："你要杀死我吗？"令狐行达回答说："我不敢，只是要奉请陛下返回西京罢了。"因而扶着隋炀帝下阁来。裴虔通原本是隋炀帝当晋王时的亲信，隋炀帝看见他说："你不是我的老朋友吗？有什么怨恨使你造反？"裴虔通回答说："我不敢造反，只是将士想归故乡，要皇上返回京师而已。"隋炀帝说："我正想回去，因为上江运米的船没有到，现在我同你一起回去好了！"裴虔通因而布置军队看守隋炀帝。

第二天一早，孟秉率领骑兵迎接宇文化及，宇文化及发抖讲不出话，有人来进谒的，他只是低头骑在马上谢罪罢了。宇文化及来到宫城门，司马德戡前来迎接，引进朝堂，称作丞相。裴虔通对隋炀帝说："百官全在朝堂，您必须亲自出去抚慰。"裴虔通准备好马匹，逼隋炀帝骑上马跟随在后；隋炀帝嫌马鞍破旧，于是更换一组新马鞍，才骑上马。裴虔通手牵马缰挟着钢刀，快马冲出宫门，贼徒欢喜呼叫声震大地。宇文化及大声说："何必带这家伙出来，赶快将他拉回去，用狠毒手段杀掉他。"隋炀帝问："虞世基在哪？"贼党马文举说："已经被砍头了！"于是引隋炀帝进入内殿，裴虔通、司马德戡等人拔刀侍立身旁。隋炀帝叹声说："我有什么罪，你们这样待我？"马文举说："你背弃宗庙，不停地出巡，对外勤于征战，对内过度地奢侈淫乱，使得年轻力壮的人牺牲战场，妇幼死了无人埋葬，百姓失业，盗匪蜂拥而起。朝廷专门任用巧言谄媚的小人，粉饰太平，拒纳忠言，怎么能够说无罪？"隋炀帝说："我的确亏欠了百姓；至于你们，我让你们享受富贵荣华，为什么竟然这样待我！今天的事情，是谁领头的？"司马德戡说："天下共恨，岂止一个人呢！"宇文化及又派封德彝清算隋炀帝的罪过，隋炀帝说："你是个读书人，为什么也干这种事？"封德彝感到惭愧退下去。隋炀帝的爱儿赵王杨杲，十二岁，站在隋炀帝的旁边，哭个不停，裴虔通砍杀他，鲜血溅到隋炀帝的衣服。叛贼要杀隋炀帝，隋炀帝说："天子的死自有方法，怎么能够动刀子？将毒酒拿来！"马文举等人不答应，让令狐行达将隋炀帝按下来坐着。隋炀帝自己解下绢巾给令狐行达，令狐行达拿绢巾绞杀隋炀帝。当初，隋炀帝自己知晓终会遇难，经常用罂瓶贮藏毒药带在身旁，对喜爱的姬女们说："叛贼一到，你们应当先喝毒药，然后我喝。"等到叛乱发生时，找人取毒药，亲信贴身的人都逃散了，最终拿不到。萧后和宫人撤除漆床板做成小棺，将隋炀帝和赵王杨杲一起葬在棺内，教人将棺停放在西院的流珠堂。

隋炀帝每次巡游，常命蜀王杨秀伴随，因此蜀王杨秀被囚禁在骁果的军营中。宇文化及杀了隋炀帝，想要拥立杨秀登位，大家以为不可以，于是将蜀王杨秀和他的七个儿子杀死。又杀死了齐王杨暕与他的两个儿子，以及燕王杨倓，隋氏的宗室、外戚无论大小一概处死。只有秦王杨浩平日与宇文智及有来往，宇文智及设计保全他。齐王杨暕平日不得隋炀帝的宠爱，父子相互猜忌，隋炀帝听闻叛乱，对着萧后说："难道不是阿孩（暕的小字）做的好事吗？"宇文化及派人到杨暕的家里要杀死他，杨暕以为是父王派来的使臣，对他说："且慢杀死我，我不辜负国家！"叛贼将他拉到街中砍杀，杨暕到死不知晓谁杀了他；父子至死不能互相了解。又处死内史侍郎虞世基、御史大夫裴蕴、左翊卫大将军来护儿、秘书监袁充、右翊卫将军宇文协、千牛宇文皛、梁公萧钜等人以及他们的儿子。萧钜是萧琮的侄儿。

将要发难的时候，江阳长张惠绍迅速告知裴蕴，两人打算用假圣旨派遣郭下兵收拾宇文化及等人，直抵宫门援救皇帝。计议已定，派遣人报告虞世基。虞世基怀疑告反的消息不确实，压下他们的建议不表示赞同。不久，叛乱发生，裴蕴感慨地说：“与虞世基谋划，竟然误了大事！”虞世基的宗人虞伋对虞世基的儿子符玺郎虞熙说：“事到如今，我计划帮你渡到南方避难，同他们守死有何用处？”虞熙说：“背弃父亲，背叛君王，到哪里去求生呢？不过您的关怀让我感激，我们自此永别了！”虞世基的弟弟虞世南抱着虞世基哭泣，请求代替哥哥受罪。宇文化及不允许。黄门侍郎裴矩早知将有变乱发生，因而对待佣人都十分优厚，又建议为骁果娶妻。等到叛乱发生，群贼全都说：“不是裴黄门的罪过。”不久宇文化及来到，裴矩在马前迎拜，因而能够免于死难。宇文化及认为苏威不参与朝政，也赦免他。苏威平日受重视，来到宇文化及这儿当参谋，宇文化及召集众人见他，对他非常礼遇。百官全到朝堂恭贺，只有给事郎许善心不到。许弘仁很快去通知他说：“陛下被杀了，宇文将军当权，满朝文武百官全都聚集在朝廷，天道人事自有更替，这和你何关，何必如此徘徊迟疑？”许善心生气，不愿同行。许弘仁只好骑上马，含泪而去。宇文化及派人到许善心家中将他抓到朝堂来，不久又将他释放。许善心不向宇文化及行帝王之礼而退出朝堂，宇文化及发怒说：“这个人怀恨太深！”又下令将他抓回来杀掉。许善心的母亲范氏，已经九十二岁，只抚着她儿子的棺椁没有哭泣，说：“能够为国难牺牲，真是我的儿子！”因而卧着绝食，十多天以后去世了。

唐王入关时，张季珣的弟弟张仲琰是上洛县的县令，带领官民守城抗拒，部下将他杀死而后归降。宇文化及叛乱，张仲琰的弟弟张琮此时任职千牛左右，宇文化及将他杀死，他们三位兄弟全都死于国难，当时的人感到愧对他们。

宇文化及自封大丞相，统率百官，以皇后的命令拥立秦王杨浩为皇帝，让他住在别宫，表面上使他发布命令，但仍旧派遣军队监守他。宇文化及任用他弟弟宇文智及担任左仆射，宇文士及担任内史令，裴矩担任右仆射。

乙卯日(初十)，李渊改封秦公李世民为赵公。

戊辰日(二十三日)，隋恭帝下诏以十郡增加唐国的领地，仍旧让唐王担任相国，统领百官，唐国设立丞相以下官阶，又加唐王九锡。唐王对部下说："这是谄媚阿谀之人的作为。我掌权却重赏自己，可以吗？假如一定要循着魏、晋的轨迹，他们全是善于表面文饰，欺蒙上天，诬罔下民；考察实情，比不上五霸，但是追求名望却想要超越三王，这是我经常批评、讥笑的事，而且也感到羞耻。"有人说："历代全这样做，怎么可以废弃？"唐王说："尧、舜、汤、武，各因时代的需要，采取适宜的做法，全是用他们最大的诚心顺应天理迎合人心来做事，从没有听说夏、商末期一定要仿效唐尧、虞舜的禅让。少帝假如有智慧，必定不肯做，假如没有智慧，我自己要掌权却假意谦让，这是我平生不愿做的。"李渊只改丞相为相国府，九锡的隆礼，则退还给主管官署。

宇文化及任用左武卫将军陈棱担任江都太守，统管留驻的事情。壬申日(二十七日)，宇文化及下令内外戒严，声明要返回长安。皇后六宫全都按照老规矩建御营，营前另外立帐，宇文化及在里面办公。防卫部队的人数，全都仿照皇帝的规模，他们夺取江都人的船只，取道彭城由水路西归。因为折冲郎将沈光骁勇，宇文化及派他带领贴身部队巡守禁内。行进到显福宫，虎贲郎将麦孟才、虎牙郎钱杰和沈光商议说："我们蒙受先帝极大的恩典，如今低头侍奉仇敌，接受他的驱使指挥，有何面目活在人间呢？我一定要杀死他，即使死了也不遗憾！"沈光噙着眼泪说："这正是我期望将军的。"孟才于是召集与他有恩惠有交情的人，带领几千人，约定在早晨将出发时袭击宇文化及。不幸消息外泄，宇文化及趁夜里和心腹逃出营外，留人通知司马德戡等人，命他们出兵征讨。沈光听闻营内喧闹，知晓事情被发觉，就立即袭击宇文化及的营地，结果扑空没有收获，遇到内史侍郎元敏，责骂一番后将他斩杀。司马德戡率军进入围捕，杀死沈光，沈光的部下几百人全部战斗到死，无人归降。麦孟才也战死了。孟才，是麦铁杖的儿子。

武康(一作永康)人沈法兴，世代都是馀杭郡的望族，宗族一共有几千家。沈法兴担任吴兴太守，他听闻宇文化及弑杀隋炀帝，以讨伐宇文化及为名大举出兵。沈法兴快到乌程县时，聚得精兵六万人，于是进攻馀杭、毗陵、丹阳等地，最终将这些地方全都攻克了。沈法兴占据江表十余郡，自称江南道大总管，仿照旧制设置百官。

陈国公窦抗，是唐王妃子的兄长，隋炀帝派他在灵武巡行长城；他风闻唐王已经平定关中，癸酉日(二十八日)，窦抗带领灵武、盐川等数郡的军队前来归降。

夏季，四月，稽胡(匈奴别种)进犯富平，将军王师仁领军击败他们。稽胡又有五万多人进犯宜春，相国府谘议参军窦轨率军征讨，双方在黄钦山交战。稽胡利用高的地势纵火，官兵稍为退却；窦轨斩杀了十四位部将，选拔中小校官代替部将，整兵再战。窦轨亲自带领数百骑兵在军队后面，下令说："听到鼓声却不前进的，我就在后面斩杀他！"不久鼓声大作，将士争先赴敌，稽胡发箭射杀也不能阻止他们前进，于是窦轨大败稽胡，俘虏男女二万人。

世子李建成等人抵达东都，安营在芳华苑；东都的守兵闭门不出战，李建成派人去招降，守军不理睬。李密出兵争骂，发生小战，各自引兵退回。城中有很多人想要做内应，赵公李世民说："我们刚刚平定关中，根本还没有稳固，远道行军而来，虽然攻取东都，也无法守住。"于是李建成不接受城中人的建议。戊寅日(初四)，李建成引军退还。李世民说："城中守军看到我方撤退，必定会来追击。"于是李世民在三王陵埋设三支伏兵等候追兵。段达果然带领一万多人追击，遇上伏兵被击败。李世民追击段达败军，到达东都城下，斩杀四千余人。于是设立了新安、宜阳二郡，派行军总管史万宝、盛彦师驻守宜阳，吕绍宗、任瑰领军驻守新安而后还师。

当初，五原郡通守栎阳人张长逊，由于中原大乱，率领全郡归附突厥，突厥因此设置割利特勒。郝瑗游说薛举，和梁师都以及突厥联兵攻打长安，薛举表示同意。此时启民可汗的儿子咄苾，号称莫贺咄设，在对着五原的北边，设立牙帐驻军，薛举派遣使者和莫贺咄设商议入侵长安，莫贺咄设表示赞同。另一方面，唐王派都水监宇文歆贿赂莫贺咄设，向他申明利害关系，阻止他出兵，又劝说莫贺咄设让张长逊入朝，将五原郡归还中国，莫贺咄设全都听从了。己卯日(初五)，武都、宕渠、五原等郡全都投降，唐王就任用张长逊担任五原太守。张长逊又伪造诏书送给莫贺咄设，表示知晓他的计谋。莫贺咄设于是拒绝薛举与梁师都，不接纳他们的使者。

戊戌日(二十四日)，世子李建成等人返回长安。

东都的号令不能通行到城门之外，百姓没有坚定的意志，朝议郎段世弘等人商议如何对付李建成等人的军队。恰逢李建成带领的军队已经返回，于是派人招来李密，约定在己亥日(二十五日)夜接纳他们。后来事情被察觉，越王命令王世充加以讨伐诛杀。李密风闻城中已经安定，于是还师。

宇文化及拥有十多万人，占有六宫，生活的奢靡如同隋炀帝。宇文化及经常在营帐中南面而坐，有人前来禀告事情，他沉默不语；等那个人离开牙门，宇文化及方才取出书状给唐奉义、牛方裕、薛世良、张恺等人商议决定。宇文化及将少主杨浩交给尚书省，命令卫士十余人看守他，派令史来传达少主的诏命，百官不再上朝参政。宇文化及抵达彭城，水路不通，一再夺取百姓的车和牛共有二千辆，用来装载宫人与珍宝；兵器戈甲，全都命令军兵扛负着行走，路途遥远，疲惫不堪，军兵开始发出怨言。司马德戡私底下对赵行枢说："您大大地误了我！现在刚刚除去祸患，一定要借重贤良的人。宇文化及做事昏聩，身边围着一堆小人，必定会将事情弄坏的，我们对他(宇文化及)

怎么办呢?”赵行枢说:“权力掌握在我们手中,废掉他有什么困难?”当初,宇文化及当政之后,赏赐温国公的爵位给司马德戡,加光禄大夫;派他专权统率骁果,但心存猜忌。过了几日,宇文化及布置诸将分别带领士兵,任用司马德戡担任礼部尚书,表面上予以升官,事实上夺回他的兵权。司马德戡因而愤恨,将得到的奖赏,全都拿来贿赂宇文智及。宇文智及替他讲话,才使他带领一万多人的后备军队。因此司马德戡、赵行枢和诸将李本、尹正卿、宇文导师等人商议,率领后备军队攻杀宇文化及,改立司马德戡为主。司马德戡派人告知孟海公,想要结交他作为外援;为了等候孟海公的消息,拖延时间没有兴兵。许弘仁、张恺知道这个消息,向宇文化及禀告,宇文化及派宇文士及佯作打猎,来到后备军营,司马德戡不知事情泄露,出营迎见宇文士及,因此被捕。宇文化及责备他说:“我们经历九死一生,一同出力安定海内,到今日才达成目标,刚刚希望能够共同享受富贵,你又为什么造反呢?”司马德戡说:“原本我们杀死昏君,就是受不了他暴虐淫乱的苦;如今拥立你上来,反而比昏君更加淫虐;我被人情逼迫,实在不得已。”宇文化及将他绞杀,又杀他的余党十余人。孟海公害怕宇文化及的强势,带领众人准备牛肉酒食迎接他。李密占领了巩洛对抗宇文化及,宇文化及不能西进,引兵向东郡进发,东郡通守王轨开城归降。

辛丑日(二十七日),李密的部将井陉人王君廓带领众人来归降。王君廓原本是群盗中的一个,拥有几千人,和贼头韦宝、邓豹会师屯兵在虞乡县,唐王和李密都派遣使者去招降安抚他。韦宝、邓豹二人想要跟从唐王,王君廓佯装赞同,暗中却趁他们不备,加以袭击,将他们击败,夺取他们的辎重,投奔李密;李密不尊重他,他又来投降唐王,唐王封他作上柱国,代理河内太守。

萧铣即皇帝位,设立百官,遵照梁朝旧制。追谥他的叔叔萧琮为孝靖皇帝,追谥祖父萧岩为河间忠烈王,父亲萧璿为文宪王,加封董景珍等七位功臣为王。萧铣派遣宋王杨道生进攻南郡,攻克之后，迁都到江陵，修整帝后陵墓庙堂园地。萧铣任用岑文本担任中书侍郎，让他典掌文书，委任机密。萧铣又派遣鲁王张绣经营岭南，隋将张镇周、王仁寿等人抗拒不从；不久听闻隋炀帝被弑，全向萧铣投降。钦州刺史宁长真献出郁林、始安等地归附萧铣。汉阳太守冯盎以苍梧、高凉、珠崖、番禺等地依附于林士弘。萧铣、林士弘全都派人招抚交趾太守丘和，丘和不听命。萧铣派遣宁长真带领岭南的军队从海路攻打丘和，丘和本想出城迎降，司法书佐高士廉对丘和说："宁长真的军队虽然多，但是他们远道而来，不能持久，城中的精兵足以对抗，如何只听到风声就甘心投降呢！"丘和依从他，任用高士廉担任军司马，带领水陆各军反攻，终于击败敌军，宁长真仅能脱身，部下全被俘获。不久有骁果自江都来，丘和一听闻隋炀帝被杀，也就率领全郡归附萧铣。高士廉，是高劢的儿子。

始安郡丞李袭志，是李迁哲的孙子。隋朝末年，他拿出自己的家财，募集三千人，来保卫郡城。萧铣、林士弘、曹武彻多次前来攻城，他们全都不能取胜。李袭志听说隋炀帝被弑，亲自带领吏民哭吊了三日。有人规劝李袭志说："你是中州的贵族，长久以来管辖始安郡，华人、夷人全能心悦诚服。而今隋朝无主，四海纷乱，凭你的威望，号令岭表，像尉佗一样的事业轻易就可以达成。"李袭志生气地说："我们世代忠烈，而今江都虽然倾覆，宗庙社稷仍旧保存着，像尉佗那样作乱僭越，哪里值得钦慕！"李袭志要斩杀游说的人，于是大家不敢再劝说。坚守了二年，外无援兵，终于城池被攻破，李袭志被萧铣俘获，萧铣任用他担任工部尚书，检校桂州总管。于是东从九江，西到三峡，南达交趾，北至汉川（汉水以南一带），都是萧铣管辖的地方，拥有精兵四十多万。

隋炀帝的凶讯传到长安，唐王哭得十分悲伤，说："我这做臣子的人，眼见君王失道却无法补救，岂不伤痛？"

五月，山南抚慰使马元规在冠军县进攻朱粲，最终将守军击败。

王德仁杀死了房彦藻，李密派遣徐世勣加以讨伐。王德仁的军队战败，甲寅日（初十），王德仁和武安通守袁子幹都来投降唐王，唐王任命王德仁做邺郡太守。

戊午日（十四日），隋恭帝禅位于唐，让出皇宫退居代邸。甲子日（二十日），唐王在太极殿登皇帝位，派遣刑部尚书萧造在南郊祭告天地，大赦天下，改换年号为武德。李渊废郡制，设立州制，改太守为刺史。推算五行的运行属于土德，颜色以黄为尊。

隋炀帝死讯传到东都，戊辰日（二十四日），留守东都的官员推举越王杨侗即皇帝位，举行大赦，改换年号为皇泰。当即在朝堂宣读圣旨，由于当时正值战争期间，公私都以这一天为守丧两年除去丧服的大祥日。追谥隋炀帝为明皇帝，庙号世祖；追尊元德太子为成皇帝，庙号世宗。尊母亲刘良娣为皇太后。任命段达担任纳言，封陈国公；任命王世充担任纳言，封郑国公；任命元文都担任内史令，封鲁国公；任命皇甫无逸担任兵部尚书，封杞国公；又任命卢楚担任内史令，郭文懿担任内史侍郎，赵长文担任黄门侍郎，一同掌理朝政。当时人称呼他们为"七贵"。皇泰主杨侗的眉目如画，为人温和仁爱，仪容风度矜持庄重。

辛未日（二十七日），突厥始毕可汗派遣骨咄禄特勒前来唐朝，朝廷在太极殿设宴款待，演奏九部乐助兴。当时中原人很多避乱跑到突厥那儿。突厥强盛，东边从契丹、室韦，西边到吐谷浑、高昌等国，全都对它臣服，军兵有一百多万人。唐高祖因为初起兵时突厥曾资助兵马，前前后后赠送粮饷很多，无法计算。突厥凭借过去的功劳，傲慢无礼，经常派遣使者到长安，态度骄横不讲理，唐高祖总是优待宽容他们。

壬申日（二十八日），唐高祖下令裴寂、刘文静等人修订法令。设置国子、太学、四门学生，共有三百多人。郡县学校也各自招收学生。

六月，甲戌朔日（初一），唐高祖任命赵公李世民担任尚书令，黄台公李瑗担任刑部侍郎，相国府长史裴寂担任右仆射、知政事，司马刘文静担任纳言，司录窦威担任内史令，李纲担任礼部尚书，参与管理选举的事务，任命属官殷开山担任吏部侍郎，任用赵慈景担任兵部侍郎，韦义节担任礼部侍郎，主簿陈叔达、博陵人崔民幹同为黄门侍郎，任命唐俭担任内史侍郎，录事参军裴晞为尚书左丞；任命隋民部尚书萧瑀为内史令，礼部尚书窦璡为户部尚书，蒋公屈突通为兵部尚书，长安令独孤怀恩为工部尚书。李瑗，是唐高祖的侄子；独孤怀恩，是唐高祖舅舅的儿子。

唐高祖对待裴寂非常优厚，群臣没有能与之相比的，赏赐给裴寂的服装玩物，数都数不清；命令尚食奉御每天将御膳赐给裴寂吃，上朝时请他与自己坐在一起，回到寝宫一定邀请裴寂到内室；裴寂说的话没有不听的，不称裴寂的名字而称呼其旧官名"裴监"。唐高祖任用萧瑀掌理庶政，无论事情大小，全由他决定。萧瑀也竭心尽力，纠举过错，人人恐惧，诋毁他的人很多，但他始终不肯自我申辩。唐高祖曾有诏命但内史没有及时宣布施行，唐高祖责备内史做事太慢，萧瑀回复说："隋炀帝大业时代，内史宣布诏命，有时前后相互违背，主管部门不知怎么办才好，只好将容易办的放在前面，难办的放在后面；我在隋朝内史侍郎任内，看得十分清楚。如今陛下王业刚刚开创，事情关系国家安危，远方的人有疑虑，恐怕就失去机会，因而我每接受一道诏命一定用心审核，和前面的诏命不相抵触，才敢宣布实行，您责备命令迟迟没有发布的过失，由此发生。"唐高祖说："你如此用心，我还有什么可忧虑的？"

当初，唐高祖派遣马元规安抚山南，南阳郡丞河东人吕子臧占据该郡不归顺；马元规多次派遣使者晓谕劝解，全被吕子臧杀了。等到隋炀帝被弑，吕子臧发丧完成礼数，然后前来求降；朝廷任用他担任邓州刺史，封南郡公。

唐高祖废除隋朝大业年间的律令，颁布新的法律条文。

唐高祖每次上朝视事，都自称名字，请贵臣与自己同坐榻上。刘文静劝谏说："以前王导说过：'如果太阳同万物一样的低，那一切生物又怎么仰赖他的照耀呢！'而今贵贱失去应有的分别，这不是国家长久之道。”唐高祖说：“以前汉光武帝和严子陵同寝，严子陵将脚放在光武帝的肚子上。而今诸位都是德高望重，平生好友，昔日的交情，我哪能忘怀。希望你不要嫌弃！”

戊寅日（初五），隋朝安阳令吕珉献出相州前来投降，朝廷任用他担任相州刺史。

己卯日（初六），唐高祖举行将四亲的神主供奉在祖庙里和先主合享祭祀的礼仪。追尊皇高祖瀛州府君为宣简公；皇曾祖司空为懿王；皇祖景王为景皇帝，庙号太祖，祖母为景烈皇后；皇考元王为元皇帝，庙号世祖，母亲独孤氏为元贞皇后；追谥皇妃窦氏为穆皇后。每年祭祀昊天上帝、皇地祇、神州地祇时，以景帝配享。祭感生帝、明堂（汉朝以后，受阴阳家影响，说帝王的兴盛，必感五精之气而后生）时，以元帝配享。庚辰日（初七），唐高祖立世子李建成为皇太子，封赵公李世民为秦王，齐公李元吉为齐王，封宗室黄瓜公李白驹做平原王，蜀公李孝基做永安王，柱国李道玄做淮阳王，长平公李叔良做长平王，郑公李神通做永康王，安吉公李神符做襄邑王，柱国李德良做新兴王，上柱国李博乂做陇西王，上柱国李奉慈做渤海王。李孝基、李叔良、李神符、李德良，是唐高祖的堂弟；李博乂、李奉慈，是唐高祖的侄儿；李道玄，是唐高祖堂哥的儿子。

癸未日（初十），薛举进犯泾州，朝廷任用秦王李世民为元帅，率领八总管兵对抗。

唐高祖派遣太仆卿宇文明达抚慰山东，任用永安王李孝基做陕州总管。此时天下仍未安定，凡是边境重要的州都设立总管府，用来统领数州的军队。

乙酉日（十二日），唐尊奉隋帝做酅国公。唐高祖下诏说：“近世以来，时运变革更新，前代的皇帝亲族，没有不被杀戮诛灭的。但朝代所以兴亡，岂止靠人力所为！隋朝蔡王杨智积等子孙全都交付人事主管，依照他们的才能加以录用。”

东都风闻宇文化及向西而来，上下恐惧。有位名叫盖琮的人，上疏请求游说李密和他合力对抗宇文化及。元文都对卢楚等人说："而今仇耻仍未洗雪，但是兵力不足，如若赦免李密的罪让他攻击宇文化及，两贼争斗，我们有机可乘。宇文化及失败，李密的兵力也将削弱；况且他们的将士想得到官府赏赐，容易离间，就是李密也可能拘捕过来送给官府治罪。"卢楚等人全都认为可行，就任用盖琮做通直散骑常侍，带着诏书交给李密。

丙申日（二十三日），隋朝信都郡丞东莱人麴棱前来投降，唐高祖任命他做冀州刺史。

万年县法曹武城人孙伏伽上表，认为："隋朝因为厌恶听到自己的过错而亡天下。陛下在晋阳起义，远近响应，不到一年就即帝位；只知道得到天下很容易，不知道隋朝失去天下也不难。我认为应当改变隋朝失败的做法，尽心了解民情。君王的言行，不可以不谨慎。我看陛下今日登基但明日就有人献鹞雏，鹞雏是小孩的玩儿物，哪里是圣主需要的呢？又，乐舞杂技，是亡国的淫声。最近太常寺向民间借了妇女裙襦五百多件，充当歌妓的服装，计划五月五日在玄武门演戏，这也不是子孙可以效法的事。像这些事，全都应当废除。好的或者坏的习惯，早晚渐染，容易改变人的性情。皇太子、诸王的僚佐亲信，应当注意他们的人品；那种门风不能和睦，平时没有德行，专门喜好奢靡，沉迷声色游猎的，全都不可使他们亲近。自古以来骨肉分离，甚至亡家败国，没有不是由于身边人的离间造成的。希望陛下要谨慎处理。"唐高祖看了奏表很高兴，下令褒奖，擢升孙伏伽做治书侍御史，赏赐帛三百匹，并且公告远近地方，让人人知晓。

辛丑日（二十八日），唐内史令延安靖公窦威去世。唐高祖任用将作大匠窦抗兼任纳言，黄门侍郎陈叔达也兼任纳言。

宇文化及将军备留在滑台，任命王轨担任刑部尚书，派他防守，自己领军向北赴黎阳。李密的部将徐世勣占据黎阳，他害怕宇文化及的军威，派军往西边保守仓城。宇文化及渡河，保有黎阳，分兵围攻徐世勣。李密带领步兵骑兵二万人，在清淇安营，和徐世勣用烽火通消息，修建深沟高垒，不和宇文化及交战。宇文化及每次进攻仓城，李密就领军牵制他的后方。李密和宇文化及隔水对话，责骂宇文化及说：“你本来不过是匈奴的奴隶破野头（本姓破野头，役属鲜卑俟豆归，跟从其主姓宇文氏），父兄子弟，全都蒙受隋朝的恩典，世代富贵，朝中无人能比。君王失德，你不能死谏反而弑君，还想窥测篡夺权位。不仿效诸葛瞻蜀亡而死的忠诚，却效法霍光之子霍禹叛逆，你的为人，天地不容，还准备干什么！如果你赶快归顺我，还可以保全你的后代。”宇文化及默不作声，低头良久，睁大眼睛大声说：“和你杀个胜负，何必讲什么道理！”李密对随从说：“宇文化及如此糊涂，却想要做帝王梦，我要拿棍子赶跑他！”宇文化及修治攻城的装备进逼仓城，徐世勣在城外挖掘深沟坚固防守，宇文化及被沟堑阻隔，不能接近城下。徐世勣在堑中挖掘地道，暗中出兵进攻，宇文化及大败，攻城的装备全被烧毁。

此时李密和东都相持日久，东边又抗拒宇文化及，时常担心东都从后方来进攻。看到盖琮前来，十分高兴，于是上表求降，请求消灭宇文化及来将功折罪，送上俘虏的宇文化及凶党雄武郎将于洪建，并派元帅府记室参军李俭、上开府徐师誉等人前往东都入朝谒见。皇泰主下令在左掖门外处死于洪建，像处死斛斯政一样。元文都等人认为李密诚心归降，于是在宣仁门东面装潢很豪华的宾馆来接待。皇泰主见了李俭等人，任命李俭担任司农卿，徐师誉担任尚书右丞，备有导游和侍从人员，用乐队将他们迎接到宾馆，赐给他们玉帛酒食的宦者不绝于途。皇泰主任命李密做太尉、尚书令、东南道大行台行军元帅、魏国公，命他先讨平宇文化及，然后再入朝辅佐政事。皇泰主任用徐世勣为右武候大将军。还下诏命嘉奖李密的忠诚，并且说：“军队的行动方略，全由魏公节制。”

元文都等人对于和李密的和解深感欣慰，认为天下可以安定了，在上东门置酒作乐，自段达以下都因乐声起身舞蹈。王世充气愤地对起居侍郎（记录人君动止之事）崔长文说：“朝廷的官爵，竟然拿去送给强盗，这是想要做什么呢?”元文都等人也怀疑王世充想以东都响应宇文化及，因而彼此之间有了嫌隙，但表面上彼此还是假装亲善。

秋季，七月，皇泰主派遣大理卿张权、鸿胪卿崔善福送诏书给李密说:“从前的事情，全部不论，至于今后，彼此要真诚相待，天下大事，有待阁下辅助，征伐大权，委托你指挥。”张权等人到达清淇后，李密面向北拜受诏书。于是李密没有了西面东都方向的顾虑，动员全部精锐向东攻击宇文化及。李密知道宇文化及军粮将耗尽，因而假装和他讲和。宇文化及很高兴，放心使用他的军粮，希望李密会馈赠他粮食。恰好李密部下有人犯罪，逃到宇文化及那儿，报告李密的计划，宇文化及十分生气，军粮又用尽了，于是渡过永济渠，和李密在童山下交战，从早上七点打到下午七点。李密被流矢射中，自马背上摔下来，一时休克，左右护卫都跑散了，追兵又将到，只有秦叔宝一人奋力保护他，李密因而幸免于难。秦叔宝再收拾残兵与宇文化及奋力作战，才将宇文化及打退。宇文化及进入汲郡索要军粮，又派遣使者拷打掠夺东郡的吏民来索求粮食。王轨等人受不住他的侵害，暗中派遣通事舍人许敬宗报告李密，请求归降。李密任用王轨为滑州总管，任用许敬宗为元帅府记室，和魏徵一同掌理文书。许敬宗，是许善心的儿子。房公苏威正在东郡，跟从众人投降李密，李密因为他是隋朝大臣，对他十分礼遇。苏威见了李密，全不说隋朝帝室的艰难危险，只是再三向李密行帝王之礼说:“没想到今天再见到圣明的你!”当时的人因此十分鄙视他。宇文化及听闻王轨叛变，大为惊惧，自汲郡领军想攻取北方诸郡，他的部将陈智略率领岭南骁果万余人，樊文超率领江淮的部队，张童儿率领江东骁果数千人，全都投降李密。樊文超，是樊子盖的儿子。宇文化及仍有军兵二万人，向北进兵魏县。李密知道他不会有什么作为，向西返回巩洛，留下徐世勣的军队防范他。

乙巳日(初二)，唐宣州刺史周超攻打朱粲，将他打败。

丁未日(初四)，梁师都侵犯灵州，唐骠骑将军蔺兴粲领兵击败了他。

突厥阙可汗派遣使者前来归附。当初，阙可汗归附李轨，隋朝西戎使者曹琼占据甘州引诱他，于是改为追随曹琼，一同对抗李轨。后来被李轨击败，流窜到达斗拔谷，和吐谷浑混杂在一起，至此才来归顺。不久被李轨消灭。

薛举进兵逼近高墌，散兵游勇抵达豳、岐等地，秦王李世民挖深护城河，筑高城墙不和他交战。正好遇到李世民得了疟疾病，将兵权委托给长史纳言刘文静、司马殷开山，并且告诫说："薛举孤军远来粮食缺乏，军兵疲惫，如果前来挑战，小心防守，不可应战。等我病痊愈，我将他击败给你们看。"殷开山退下，对刘文静说："大王认为你不能退敌，才这样说。况且贼军听到大王有病，一定轻视我们，我们应当显示武力威慑敌人。"于是在高墌的西南方摆开军阵，倚仗兵多，不加提防。薛举暗中派军袭击后方，壬子日（初九），双方在浅水原交战，唐八位总管都被打败，士兵死了十分之五六，大将军慕容罗睺、李安远、刘弘基全都战死。李世民率领军队退回长安。于是薛举攻克高墌，收拾唐兵尸体筑成高大的坟墓。刘文静等人都因罪被免官。

乙卯日（十二日），榆林贼帅郭子和派遣使者前来投降，唐高祖任命他担任灵州总管。

李密每次作战取胜，一定派遣使者向皇泰主报捷，隋朝人士全都感到欢喜，王世充独自对他的部属说："元文都这些人，不过是些刀笔小吏，我看他们的情势，必定会败在李密手下。而且我们军兵多次和李密的军队作战，杀死他们的父兄子弟很多，一旦成为李密的属下，我们不会有好日子过！"王世充想拿这些话激怒众人。元文都听到消息，大为恐慌，和卢楚等人商议趁世充入朝的时候，埋伏士兵杀掉他。段达生性庸碌懦弱，担心事情办不成，暗中派他的女婿张志将卢楚等人的密谋报告王世充。戊午日（十五日）夜晚三更时候，王世充率军袭击含嘉门。元文都听闻变乱的消息，入朝请求皇泰主在乾阳殿陈设军队自卫，下令诸将闭门据守。将军跋野纲领军出宫门，遇到王世充，下马投降。将军费曜、田阇在宫门外交战，形势不利。元文都亲自带领宿卫兵想要从城北的玄武门出去偷袭王世充的后方，长秋监段瑜假装找不到钥匙，拖延时间。天色将明，元文都再想率军出太阳门迎战，返回乾阳殿时，王世充已经攻入太阳门。皇甫无逸抛弃母亲及妻子儿女，砍开右掖门，向西逃奔长安。卢楚躲藏在太官署，被王世充的党羽捉到，送到兴教门去见王世充，王世充下令斩杀；于是攻打紫微宫门。皇泰主派人登上紫微观责问说："动用军队的意图何在?"王世充下马谢罪说："元文都、卢楚等有不良企图；请杀元文都，我甘愿受罚。"段达于是下令将军黄桃树将元文都抓捕送过来。元文都对着皇泰主说："臣今天早上死，晚上就将轮到陛下了!"

皇泰主恸哭着派人送元文都出兴教门，像卢楚一样被乱刀砍死，王世充一并杀掉卢楚、元文都的儿子。段达又以皇泰主的命令开门接纳王世充，王世充派人替换全部宿卫，然后进入乾阳殿拜见皇泰主。皇泰主对王世充说："擅自相互诛杀，也不上奏禀告，难道是臣子应有的做法吗?你放肆地动用武力，胆敢这样待我吗?"王世充伏身下拜流泪谢罪说："臣承蒙先皇的提拔，虽粉身碎骨也无法报答。元文都等人包藏祸心，想召请李密来危害社稷，他们恼恨我不能合作，倍加猜忌。臣被迫求生，来不及禀奏。如果心怀不善，违背陛下，天地日月，可以为证，让我全家灭门，没有遗种。"声泪俱下。皇泰主认为他有诚心，请他上殿，和他谈话谈了很久，一起入见皇太后。王世充披散头发发誓，声言不敢有二心。于是任用王世充做左仆射、总领内外诸军事。到了中午，捉到赵长文、郭文懿，处死他们。然后巡视全城，公告杀死元文都、卢楚的缘由。王世充从含嘉城移居尚书省，渐渐聚集党羽，肆意作威作福。任用他的哥哥王世恽为内史令，住在宫中，子弟都掌管军权，将政事分为十头，全都任用他的党羽担任主管，权势震动京城内外，大小朝臣，没有不依附他的，皇泰主闲着无事罢了。

李密将要入朝，抵达温县，听闻元文都等人的死讯，于是退回金墉。东都发生大饥荒，私铸的钱币品质恶劣，大半掺杂锡质，钱薄如细线，一斛米价值八九万钱。

起初，李密曾经跟随儒生徐文远学习。徐文远是皇泰主的国子祭酒，有一次徐文远外出砍柴，被李密的军兵抓住；李密让徐文远南面而坐，自己执弟子礼，北面拜他。徐文远说："老夫既然受了厚礼，怎敢不尽言？不知道将军的志向是不是要效法伊尹、霍光那样继绝世扶倾亡？那么老夫虽然余年不多，仍愿尽力相助；如若是像王莽、董卓，乘危求利，那么老夫是没有什么用的！"李密叩头说："昨天接到朝廷的诏命，位居于上公。希望能竭心尽力，挽救国难，这才是我的初衷。"徐文远说："将军是名臣的儿子，走错了路才落到今天的局面，倘若能够及时回头，仍然不失为忠义之臣！"等到王世充杀元文都等人时，李密再向徐文远请教对策。徐文远说："王世充也是我的门人，他生性残忍狭隘，既然已经乘机扩充势力，必然有野心，将军先前的计划不合适了。如今不击败王世充，不可入朝。"李密说："当初认为先生是个儒生，不通达时事，而今竟然坐在室内决定天下大事，真是高明！"徐文远，是徐孝嗣的玄孙。

庚申日（十七日），唐高祖诏命隋氏所有离宫游乐的地方全都废禁。

戊辰日（二十五日），唐高祖派遣黄台公李瑗安抚山南。

己巳日（二十六日），唐高祖任用隋右武卫将军皇甫无逸为刑部尚书。

隋朝河间郡丞王琮坚守郡城对抗群盗，窦建德攻打一年多，无法攻克。听闻隋炀帝的死讯，王琮领着官兵发丧，守城的人全都哭了。窦建德派遣使者吊问，王琮告诉使者求降的心意，窦建德退军准备酒食等待着。王琮说到隋朝亡国，伏首痛哭，窦建德也为隋亡流泪。诸位将领说："王琮对抗我们军队很久，杀伤我们许多人，现在军力用尽了才归降，请烹死他。"窦建德说："王琮是位忠臣，我正要奖赏他来勉励忠于君王的人，怎么能杀他！从前在高鸡泊做强盗，可以随意杀人；如今想要安抚百姓，平定天下，哪能加害忠良呢！”于是遍告军中说：“从前和王琮有冤怨敢乱动的人，夷灭他三族！”窦建德任用王琮为瀛州刺史。因此河北郡县听闻这个消息，全都争相依附窦建德。

起初，窦建德攻克景城，抓来户曹河东人张玄素，打算杀掉他，县里百姓千余人号哭，要求替他受死，说：“户曹十分清廉有礼，大王杀他，如何劝勉大家为善？”于是窦建德释放了他，任用张玄素做治书侍御史，他坚决推辞。等到江都失败，再任用张玄素做黄门侍郎，张玄素才接受。饶阳令宋正本，知识渊博很有才气，以平定河北的策略游说窦建德，窦建德请他担当主要顾问。窦建德在乐寿定都，将住所称为金城宫，设立百官。

资治通鉴卷第一百八十六　唐纪二

起戊寅（公元 618 年）八月，止十二月，共五个月。

【**题解**】本卷记事起公元 618 年八月，迄当年十二月，凡五个月史事，正值唐高祖武德元年。数月间，全国军阀混战发生大逆转，最强势力李密因与强敌宇文化及和王世充连续作战，左右开弓而又轻敌，偃师之战遭到灭顶之灾，被迫降唐，寻又反唐而被诛戮。李密部众一部分降王世充，智能之士皆降唐，于是唐室势力大增。其间李世民平定陇右，解了后顾之忧，坐观关东军阀混战而养精蓄锐，占有了全局的主动权。王世充虽然得胜而受重创。窦建德在河北得势，但偏于一隅，不足为唐室之忧。全国各地的割据者，只是苟安一时。李密失败后，中原形成了唐王室、王世充、窦建德三足鼎立之势，而以唐王室最强。为了生存，王世充与窦建德合力抗唐已是必然之势。

高祖神尧大圣光孝皇帝上之中

武德元年（戊寅，公元 618 年）

八月，薛举派他的儿子薛仁果进兵围攻宁州，刺史胡演击退他。郝瑗对薛举说："现在唐兵刚刚战败，关中骚动，应当乘胜直接进攻长安。"薛举表示赞同，恰巧遇到薛举生病，停止行动。辛巳日（初九），薛举病死。太子薛仁果继位，住在折墌城，追谥薛举为武帝。

唐高祖要和李轨一同图取秦、陇等地，派使者暗中前往凉州，去招降安抚李轨，送信给他，称呼他为堂弟。李轨非常欢喜，派遣他的弟弟李懋入贡。唐高祖任用李懋做大将军，命令鸿胪少卿张俟德册封李轨为凉州总管，加封凉王。

当初，朝廷任命安阳令吕珉为相州刺史，将原相州刺史王德仁改任为岩州刺史。王德仁因而怨愤，甲申日（十二日），王德仁引诱山东大使宇文明达进入林虑山而后杀死他，背叛朝廷，归降王世充。

己丑日(十七日)，唐高祖任命秦王李世民担任元帅，攻打薛仁果。

丁酉日(二十五日)，临洮等四郡前来投降大唐。

隋朝江都太守陈棱寻找到隋炀帝的棺柩，用宇文化及留下的辇车鼓吹，大体备齐了天子所用的仪仗侍卫，将隋炀帝改葬在江都宫西边的吴公台下，当时隋朝遇难的王公以下大臣，全都依次埋葬在隋炀帝坟茔的两侧。

宇文化及自江都出发的时候，任命杜伏威担任历阳太守；杜伏威不接受，仍然上表向隋朝皇泰主称臣，皇泰主任命伏威为东道大总管，封楚王。沈法兴也向皇泰主上表，自称大司马、录尚书事、天门公，承圣旨设立百官，皇泰主任命陈杲仁做司徒，孙士汉做司空，蒋元超做左仆射，殷芊做左丞，徐令言做右丞，刘子翼做选部侍郎，李百药做府椽。李百药，是李德林的儿子。

九月，隋朝襄国通守陈君宾前来投降，朝廷任命他做邢州刺史。陈君宾，是陈伯山的儿子。

唐虞州刺史韦义节攻打隋朝河东通守尧君素，久久不能攻克，军队好几次陷入不利局面。壬子日(初十)，唐高祖派工部尚书独孤怀恩接替韦义节。

当初，李密杀死了翟让，很骄纵傲慢，不体恤军民；存粮虽然很多，但没有府库钱帛，将士有功，无法奖赏；又厚待刚刚归附的人，大家很有怨言。徐世勣曾经在宴会上趁机讽刺他的这种错误。李密很不高兴，让徐世勣出兵镇守黎阳，虽然名义上是委以重任，实际上却是疏远他。

李密打开洛口仓发放米粮，没有防守和主管的人，又无须凭券，任由取米的人随意取拿；有人离开米仓后，拿不动了，随意丢弃在道路上，从仓城到外城门，路上的米厚积数寸，被来往的车马碾压着。群盗及其家属前来取米吃的约有百万人。大家没有瓮盎等盛米的盛器，编荆筐淘米，洛水两岸十里之间，一眼望去犹如白沙。李密心中高兴，对贾闰甫说："这样可以称得上是足食了！"贾闰甫回答说："国家以百姓为根本，百姓以吃饭为首要。如今百姓会背着婴孩，像流水般汹涌而来，是由于这里有足够的米粮。然而主管的人毫不珍惜，任米粮如此狼藉，我担心一旦米粮用完了，百姓也散了，不知您要和谁去成就伟大的事业呢？"李密感谢他的提醒，立即让贾闰甫兼领司仓参军事。

因为东都的军队多次失败，力量微弱，而且将相之间自相残杀，李密认为短期内就可以平定东都。王世充独揽大权之后，重赏将士，修治器械，也暗中谋划消灭李密。此时隋军缺少粮食，而李密军中缺少衣服，王世充请求用衣物换粮食，李密没有应允。长史邴元真等人为了个人的私利，劝李密答应王世充。起先，东都的人归降李密的，每天有好几百人；交换粮食之后，投降的人越来越少了，李密感到后悔，下令终止交易。

李密击败宇文化及后回来，精兵良马伤亡很多，军兵疲劳生病。王世充想要趁机攻打他，但担心民心不一，于是谎称左军卫士张永通三次梦到周公，命他转告王世充，应该统率军队互相协助攻击贼人。于是就为周公立庙，每次出兵作战，就先去祈祷。王世充命巫人宣称周公要命仆射赶快征讨李密，肯定能立大功，否则军兵会得瘟疫而死。王世充的军队大多是楚人，相信这种妖言，都请求出战。王世充挑选精兵二万多人，马二千多匹。壬子日(初十)，王世充出兵进攻李密，旗幡上全都写着"永通"二字，阵容十分强盛。癸丑日(十一日)，王世充到了偃师，在通济渠南面安营，在通济渠上修建了三座桥。李密留下王伯当防守金墉，亲自率领精兵向偃师出发，军队留驻邙山等候王世充。

李密召集诸将商议，裴仁基说："王世充派出全部的军队来进攻，洛下必然空虚，可以分兵把守重要的道路，让他的军队不能东进，我们挑选精兵三万，沿着河西出兵进逼东都。王世充返师营救，我们按兵不动；王世充再出兵，我军再次逼进。如此，那么我们有余力应付，他们却疲于奔命，必定可以击败他们。”李密说：“你说得非常好。而今东都的军队有三种不可抵挡的情势：第一是武器精良；第二是决心深入我方；第三是粮食用尽急于作战。我们只要坚守城池，储备军力等待时机。他们想交战不能够，想退兵没有退路，过不了十天，王世充的头就可以送来。”陈智略、樊文超、单雄信都说：“算算王世充的军兵很少，又好几次打了败仗，大都吓破了胆。《兵法》上说：‘超过一倍的军力就可以攻战’，何况现在不止一倍呢？况且江、淮刚刚归附的军兵，希望趁这次机会一展身手建立功勋，利用他们这股锋锐的势力，可以达成愿望。”于是诸将大声表示赞同，想要作战的十有七八，李密被众人的议论弄糊涂了，最终答应作战。裴仁基苦苦争辩不能得到大家赞同，用东西敲着地板叹息地说：“您以后必定会后悔。”魏徵对长史郑颋说：“魏公虽然多次取胜，但是勇将锐卒死伤很多，将士内心厌怠，有这两种情况就难以对敌。况且王世充缺乏粮食，志在死战，很难和他争锋，不如挖深壕沟、垫高城墙抵抗他，不用个把月，王世充粮食用尽，必然自己撤退；我们再追击他，没有不取胜的。”郑颋说：“你这不过是老生常谈。”魏徵说：“这是奇计，怎么能说是老生常谈？”说罢拂袖而去。

程知节带领内马军和李密一起在北邙山上安营，单雄信带领外马军在偃师城北安营。王世充派遣数百骑兵渡过通济渠进攻单雄信的军营，李密派裴行俨和程知节援助单雄信。裴行俨率先快马赴敌，被流矢射中，坠倒地上，程知节过去救他，杀了几个人，王世充军溃退，程知节于是抱起裴行俨骑上一匹马回头跑。王世充的骑兵追逐而来，用长矛刺穿程知节的身体，程知节反身折断长矛，并且斩杀追者，和裴行俨幸免于灾难。恰好太阳落山，双方各自收军回营。李密的勇将孙长乐等十余人都受了重伤。

李密刚刚击败宇文化及，有些轻视王世充，于是不加防范。王世充趁夜晚派遣二百余骑兵暗中进入北邙山，埋伏在溪谷中，下令军兵将马喂得饱饱的。甲寅日(十二日)早晨，准备出击之前，王世充对军队宣誓说:“今天这一仗，不仅仅是争胜负；而是生与死，在此一举。倘若打胜，荣华富贵自不用说；假如败了，必定没人能够幸免。大家争相赴死，不独为了国家，各位要努力作战!”天刚亮，王世充率兵逼近李密的军营。李密派军应战，阵容未及排好，王世充进兵攻击。王世充的军兵全是江、淮地方的轻捷勇敢之士，出入如飞。王世充先找到一个面貌与李密相似的人，将他捆缚藏匿起来，当交战激烈的时候，命人将他牵过阵前，大声呼喊:“李密抓到了!”军兵都呼万岁。预先埋伏的骑兵，从高处往下冲，快马逼近李密的军营，放火烧毁屋舍。李密的军队大败，他的将领张童仁、陈智略全都投降。李密和一万多人奔向洛口。

王世充趁夜晚包围偃师。郑颋防守偃师，他的部下翻过城墙去投降王世充。起初，王世充的家属住在江都，跟从宇文化及到滑台，又随着王轨来到李密的军中，李密将他们留在偃师，要用来招降王世充。等到偃师被攻陷，王世充重又见到哥哥王世伟、儿子王玄应、王虔恕、王琼等，又俘虏李密的部将裴仁基、郑颋、祖君彦等几十人。王世充于是整顿兵马开往洛口，俘获邴元真的妻子、郑虔象的母亲以及李密诸将的子弟，王世充安抚他们，让他们暗中招呼各自的父兄。

当初，邴元真做县吏，犯了贪污罪逃跑在外，在瓦岗跟随翟让。翟让因为他当过县吏，任用他掌管文书。等到李密开幕府，挑选当时的英才，翟让举荐邴元真做长史。李密不得已任用他做长史，但行军打仗的事，从未让他参与。李密西边抵拒王世充，留下邴元真防守洛口仓。邴元真生性贪婪鄙陋，宇文温对李密说:“你不杀邴元真，必然留下后患。”李密没有同意。邴元真知晓这件事，阴谋背叛李密。杨庆听闻消息，向李密禀告，李密因此就在怀疑。到此时，李密要进入洛口城，邴元真已经派人暗中招引王世充的军队。李密知道后没有声张，乘机和众人谋划，要等待王世充的军队渡到洛水中途，然后进攻。王世充的军队来了，李密的斥探发觉太迟，正打算出兵时，王世充的军队已经全部渡河了。单雄信等人又整兵各自据守，李密自忖不能支持，带领部下轻骑奔往虎牢，邴元真开城投降。

当初，单雄信勇猛敏捷，擅长骑术，精用长枪，诸军之中名列第一，军中称呼他为“飞将”。房彦藻因为单雄信容易背叛，规劝李密将他除去，李密爱惜他的才能，不忍心那样做。等到李密战事失利，单雄信就带领军队投降了王世充。

李密计划前往黎阳，有人说：“杀翟让的时候徐世勣差一点就死了，现在失利反而去投奔他，怎么保险呢？”当时王伯当放弃金墉退守河阳，李密自虎牢投奔他，召来诸将一同商议。李密想要以黄河为南面的险阻，北面保守太行山，东面连接黎阳，来图谋进取。诸将都说：“现在军队刚刚失利，大家心中畏惧，如果再停留，担心不久全都会反叛逃亡。况且人们不愿意的事情也难以成功。”李密说：“我依靠的是大家，大家既然不愿意，我已无计可施了。”李密想要自杀来谢众人。王伯当抱住李密哭昏过去，众人都悲伤落泪，李密又说：“很荣幸诸君没有抛弃我，我们应该一起回到关中；我李密虽然没有什么功劳，诸君必定可以保住富贵。”府掾柳燮说：“您和唐公同族，并且有一段旧交情，虽然没有陪同他起兵，但是阻挡东都兵，断了隋军的归路，使得唐公不须作战就占领长安，这也是您的功劳。”众人都说：“的确如此。”李密又对王伯当说：“将军的家室庞大，怎么可以和我同行呢？”王伯当说：“过去萧何带领所有子弟去追随汉王，我遗憾的是我的兄弟不能都跟随你，怎么能够因为您今日失利就离开您呢？就算我分尸原野，我也甘心！”身边的人没有不感激的，追随李密入关的共有二万人。因而李密的将帅、州县大多向隋朝投降。朱粲也派遣使者去投降隋朝，皇泰主任用朱粲为楚王。

甲寅日（十二日），秦州总管窦轨攻打薛仁果，没有获胜。骠骑将军刘感驻守泾州，薛仁果围攻他。城中粮食耗尽，刘感杀死自己的乘马分给将士，刘感一点肉都没吃，只煮马骨汁掺些木屑来吃。城池好几次差一点被攻破。恰好长平王李叔良率军来到泾州，薛仁果于是扬言粮食用尽，带领军队向南离去；乙卯日（十三日），薛仁果又派遣高墌人诈称献城投降。李叔良派遣刘感带领军队前往；己未日（十七日），刘感来到城下，敲打城门，城中人说："贼人已经离去，可以翻墙进城。"刘感下令焚烧城门，城上的人拿水灌灭火种。刘感发觉有诈，派遣步兵先回，亲自带领精兵殿后。一会儿，城上三次举烽火表示紧急，薛仁果军队从南原大举攻下来，与刘感军队在百里细川交战，唐军大败，刘感被薛仁果擒获了。薛仁果再次围攻泾州，命令刘感对城中守军说："来援救的军队已经战败，你们不如尽早投降。"刘感表面答应，来到城下，大声呼喊说："叛贼饥饿气馁，很快就要灭亡了，秦王带领几十万大军，从四面聚集过来，城中守军不必担忧，好好守城！"薛仁果发怒，将刘感抓到城旁埋入土中，土高至膝盖，骑着马来回飞驰向他射箭；刘感大声叫骂，一直到死，声色更加严厉。李叔良绕城坚守，仅能保全自己的部队，无力救援刘感。刘感，是刘丰生的孙子。

庚申日（十八日），唐陇州刺史陕人常达，在宜禄川攻打薛仁果，斩首千余级。

唐高祖派遣侄儿襄武公李琛与太常卿郑元璹，将女妓送给始毕可汗。壬戌日（二十日），突厥始毕可汗再次派遣骨咄禄特勒担任使者来唐。

癸亥日（二十一日），白马县的道士傅仁均编成《戊寅历》，上奏章进呈，唐高祖颁布实行。

薛仁果多次攻打常达，不能获胜，于是派遣他的部将仵士政带领几百人前去诈降，常达对仵士政十分优厚。乙丑日（二十三日），仵士政抓到机会带领他的部下劫持常达，带走城中二千人投降薛仁果。常达看到薛仁果，言辞表情毫不屈服，薛仁果称赞他的勇敢而开释他。奴仆出身的贼帅张贵对常达说："你认识我吗？"常达说："你是逃亡的奴贼罢了！"张贵发怒，要杀死他。有人从旁相救，常达才能幸免于难。

辛未日(二十九日),唐追谥隋太上皇为炀帝。

宇文化及到达魏县,张恺等人打算要除掉他。事情被察觉,宇文化及杀死他们。宇文化及的心腹已经不多,军势日渐削弱,兄弟们已经无计可施,只是聚在一起饮酒,女子在旁奏乐。宇文化及酒醉,责备宇文智及说:"我开始什么都不知道,由你设计,强来拥立我,如今一事无成,兵马日益减少,背负弑君的罪名,为天下人所不容。今日会遭到灭族,岂不是由你带来的吗?"说完搂着他的两个儿子哭泣。宇文智及生气地说:"当初事情成功的时候,你不责备我,等到快失败了,才来归罪于我,你为何不杀死我去投降窦建德!"多次互相争吵,说话不分长幼;酒醒了又喝,经常如此。部众逃跑很多,宇文化及自己知晓必然失败,感叹地说:"人自然是要死的,难道不能当一天皇帝吗?"于是毒杀了秦王杨浩,在魏县即皇帝位,国号许,改年号为天寿,设立百官。

冬季,十月,壬申朔日(初一),出现日食。

戊寅日(初七),唐高祖宴请突厥骨咄禄,请骨咄禄登上御座来表示恩宠。

李密将要到达京师,唐高祖派遣使者迎接慰劳,络绎于途。李密非常高兴,对他的部属说:"我拥有百万军兵,一朝解除军职归顺大唐,崤山以东数百个城池,知晓我在此地,派使者去招降,他们应该都会到来;比起窦融,功劳也不小,难道还能不给我安排一个要职吗?"己卯日(初八),李密到达长安,负责招待的稍有不周到,李密部队的军兵数日没能吃饭,大家颇有怨言。不久唐任用李密做光禄卿、上柱国,赐爵邢国公。李密没有完全达到期望,朝臣又大多轻视他,有些掌权的人向李密索取贿赂,因而李密心中颇感不平。唯有唐高祖亲自礼遇他,经常称呼李密为弟弟,将舅舅的女儿独孤氏嫁给李密做妻子。

庚辰日(初九),唐高祖诏命右翊卫大将军淮安王李神通担任山东道安抚大使,山东诸军全都接受他的指挥;任命黄门侍郎崔民幹担任副使。

邓州刺史吕子臧和抚慰使马元规攻打朱粲，打败了他。吕子臧对马元规说："朱粲刚刚打了败仗，上下恐惧，请合力攻打他，可以一下子消灭他。如若再拖延，他的徒众逐渐聚集一起，力量增强而粮食吃光，会和我们死战，那将成为大患。"马元规不听从。吕子臧请求独自带领部下进攻朱粲，马元规不应允。不久朱粲收聚残兵，兵势又大振，在冠军自称楚帝，改年号为昌达，攻打邓州。吕子臧拍着胸对马元规说："不听我的话，才到今天的地步，如今老夫因你而死定了！"朱粲围攻南阳，恰巧下大雨，城墙毁坏，亲近的人规劝吕子臧投降。吕子臧说："哪有天子一方的大臣投降贼寇的道理！"于是带领部下和敌人战斗到死。不久城池被攻陷，马元规也战死。

癸未日（十二日），王世充收罗李密的美人、珍宝以及将卒十余万人返回东都，布阵在皇门前阙楼之下。乙酉日（十四日），皇泰主大赦天下。丙戌日（十五日），皇泰主任用王世充做太尉、尚书令，统领内外诸军事，仍然让他建太尉府，备设各种官属，选拔优秀人才。王世充因为裴仁基父子骁勇，厚待他们。徐文远又回到东都，见王世充，必定先行礼。有人询问他说："你见李密的态度十分傲慢，见王公却非常尊敬，为什么？"徐文远说："魏公是位君子，能够容忍贤士；王公是个小人，连老朋友都杀，我哪敢不拜！"

李密的总管李育德献出武陟前来投降大唐，被任命为陟州刺史。李育德，是李谔的孙子。李密其余的将佐刘德威、贾闰甫、高季辅等人，或者以城邑，或者带领部下，相继来投降大唐。

当初，北海贼头綦公顺带领徒众三万人进攻郡城，攻下外城后，再进攻内城；城中的粮食已经用尽，綦公顺以为攻取内城只在旦夕，没作防范。明经（唐制取士之科）刘兰成募集城中骁健的一百多人偷袭他，城中派军支援。綦公顺大败，弃营逃跑，郡城得以保全。于是郡官及望族把城中的百姓分成六军，分别率领，刘兰成也统率一军。有一位姓宋的书佐（官名），离间诸军说："刘兰成得到士众的信任，对诸位不利，不如杀了他。”众人不忍心杀害刘兰成，只是拿掉他的兵权授给姓宋的书佐。刘兰成担心以后难逃灾祸，逃去依附綦公顺。綦公顺军中欢呼高叫，大家要推举刘兰成当领袖，刘兰成坚决推辞，綦公顺才任用他为长史，有关军事全都由他决定。过了五十多天，刘兰成挑选军中骁勇健壮的一百五十人，前往攻取北海。离城四十里，留下十个人，让他们多多刈草，分作百余堆。离城二十里，又留下二十人，各自拿着大旗。离城五六里，又留下三十人，埋伏在险要的地方。刘兰成亲自带领十个人，夜晚的时候，在距离城池一里左右处潜伏；其余八十人分别安置在方便的地方，约定听到鼓声就掠夺人畜迅速离开，同时焚烧草堆。次日早晨，城中远望没有烟尘，全都出城打樵牧畜。接近中午时，刘兰成派十人直抵城门，城上钲鼓乱响，此时伏兵从四面窜出，劫夺各种牲畜千余头以及樵牧的人离去。刘兰成计算掠取的人已经离开很远，才慢步回营。城中虽然派出军兵，但担心有伏兵，不敢急追；又望见前面有旌旗、烟火，于是不敢进兵而返回城池。不久城中知晓刘兰成前时士兵很少，后悔没有穷追。过了一个多月，刘兰成计划攻取郡城，改派二十人直抵城门。城中的人争相出城追杀敌人，行不到十里，綦公顺率领大军赶到，郡兵奔逃回城，綦公顺进军围城。刘兰成一出言招降，城中人争着出城归降。刘兰成抚慰老幼，礼遇郡官，看见宋书佐，仍然以礼待他，还给予行李盘缠护送他出境。城内外没有受到骚扰。

此时海陵贼头臧君相，听闻綦公顺据有北海，率领部下五万人前来争取。綦公顺的军兵太少，听到了非常害怕。刘兰成替綦公顺出了个计策说：“臧君相的军队距离此地还远，必定没有防备，请将军日夜兼程偷袭他的营地。”綦公顺采纳了他的计策，亲自带领骁勇部队五千人，带着干粮，日夜兼程要偷袭臧君相。快到营区，刘兰成和敢死的军兵二十人继续往前行，距离臧君相的营地五十里，看到臧君相手下出外抄掠的人肩挑背扛的走向营地。刘兰成也和部下背着蔬菜、米粮以及锅釜等烧器，假装扮作抄掠的人，找行列空疏的地方打听侦察，了解对方的军号以及主将的姓名。到了傍晚，和盗贼并肩进入营地，背着东西走遍了营地，了解敌人的虚实，侦知他们的持更信号。于是在空地烧火做饭。到了三鼓时分，忽然在主将帐前一起拔刀乱砍，杀了一百余人，贼众惊慌扰乱；綦公顺带的军兵也来了，急速进攻，臧君相只身逃脱，綦公顺斩杀和俘虏数千人，没收他们的资粮武器而后回师。因此綦公顺的徒众大增。等到李密攻占洛口，綦公顺率领徒众去归附。李密失利了，綦公顺也来投降唐朝。

隋朝末年各路豪强纷纷起兵，冠军司兵李袭誉游说西京留守阴世师派遣军队占据永丰仓，发放粮食赈济贫穷的人，拿出库藏之物犒赏战士，用公文通告郡县，同心征讨盗贼。阴世师没有采用他的建议，李袭誉于是请求去山南招募兵士，阴世师答应了。唐高祖取得长安后，从汉中召回李袭誉任命为太府少卿。乙未日(二十四日)，唐高祖将李袭誉编入天子宗族的名册。李袭誉，是李袭志的弟弟。

丙申日(二十五日)，朱粲侵犯淅州，唐派遣太常卿郑元璹率领步兵骑兵一万人攻打他。

这个月(十月)，唐纳言窦抗被贬官，降为左武候大将军。

十一月，乙巳日(初四)，凉王李轨即皇帝位，改年号安乐。

戊申日(初七)，王轨献出滑州前来降唐。

薛仁果做太子时，和诸位将军多有过节；等到做了皇帝，众人猜疑害怕。郝瑗为薛举去世而伤心痛哭，结果一病不起，因此国势日渐衰落。秦王李世民来到高墌，薛仁果派宗罗睺率军抗拒他。宗罗睺多次挑战，李世民坚守不出战。诸位将领都要出战，李世民说：“我们军队刚刚失利，士气沮丧，敌人恃胜骄傲，有轻视我们的心理，此时应当坚守不战，等候时机。一旦他们骄傲轻敌，我们奋发求战，就可以一战而取得胜利。”于是李世民下令军中说：“哪个人敢说出战，就杀死他！”彼此对峙六十多天，薛仁果粮食吃完了，他的部将梁胡郎等带领部下前来投降。李世民知晓薛仁果的将士有离异之心，于是命令行军总管梁实在浅水原安营引诱他们。宗罗睺看了非常高兴，派出所有精兵攻击他，梁实据守险要不出战。营中没有水源，人、马好几天没有水喝。宗罗睺攻营很猛烈。李世民看到贼人已经疲惫，对诸将说："可以出兵了！"天色将明，李世民派右武候大将军庞玉在浅水原列阵。宗罗睺合兵攻打他，庞玉迎战，几乎不能支持，李世民率领大军自原北而来，出乎敌人的意料，宗罗睺率军掉头接战。李世民带领骁勇的骑兵几十名先攻入敌阵，唐军内外奋力攻击，呼喊之声，响彻天地，宗罗睺的军队大败，被斩首数千人。李世民率领二千多骑兵追杀，窦轨拉住马苦苦进谏说："薛仁果尚据有坚城，虽然击败宗罗睺，不可轻易冒进，请暂且停兵不动，来观察一下虚实。"李世民说："我已经考虑很久，现在我军势如破竹，机不可失，希望舅舅不要再说！"于是进兵。薛仁果在城下布阵，李世民据泾水面对薛仁果的营地。薛仁果的骁将浑幹等数人临阵投降。薛仁果害怕，带兵入城坚守抗拒。傍晚时，李世民的大军陆续来到，于是围城。半夜时，守城的军兵争相下城求降。薛仁果无计可施，己酉日（初八），薛仁果出城投降。李世民获得精兵一万多人，百姓五万人。

诸将都来道贺，趁机询问说："大王一战就取得胜利，舍弃步兵，又没有攻城装备，轻骑直抵城下，大家都以为不能成功，竟然攻克城池，是什么原因呢？"李世民说："宗罗睺带领的都是陇西人，将领骁勇军兵凶悍能战，我只是出其不意地击败他，斩杀的俘虏不多。如果迟迟不追击，那么就全都逃入城中，薛仁果加以抚慰重用，就不容易对付；如果迅速追击，他们就会逃往陇西，折墌的防备就虚弱，薛仁果害怕了，没时间谋划，这是我取胜的原因。"众人全都表示心服。李世民获得的降卒，全数派给薛仁果的兄弟及宗罗睺、翟长孙等人带领，跟他们一同射猎，没有猜疑戒备。贼人害怕他的威势，又感受李世民的恩德，都愿意以死效劳。李世民听说褚亮的名望，亲自前往拜访，对他很尊重，非常礼遇他，请他当秦王府文学。

唐高祖派遣使者对李世民说："薛举父子杀死我们的士兵很多，一定要杀尽他的同党来告慰死去的冤魂。"李密进谏说："薛举残暴地杀害无罪的人，这正是他灭亡的原因，陛下又有什么可怨恨的？心服的百姓，不可以不安抚！”于是下令杀掉带头的人，其余的都予以赦免。

唐高祖派遣李密在豳州迎接秦王李世民，李密仗着自己智略功名，见了唐高祖仍旧表现傲慢的脸色；等到见了李世民，不觉惊讶叹服，私下对殷开山说：“真是位英主，不是他这个人，怎么能够平定祸乱呢？”

下诏任命员外散骑常侍姜謩担任秦州刺史，姜謩用仁恩诚信去抚慰百姓，因而盗贼全数归顺，士民感到安定。

徐世勣占据李密的旧地，没有归附任何人。魏徵随着李密来到长安，于是自己请求招抚山东地区，唐高祖任用他做秘书丞，乘驿站的传车到黎阳，送信给徐世勣，劝他尽早投降唐。徐世勣于是决心向西投唐，对长史阳翟人郭孝恪说：“这些百姓与土地，都是魏公（李密建国，称魏公）所有，我如若上表将它献出，是拿主人的失败当自己的功劳以求富贵，我深以为可耻。而今应当编算郡县户口、士兵以及马匹的数目上启给魏公，由他自己献出。”于是派遣郭孝恪前往长安，又运粮饷供给淮安王李神通。唐高祖听说徐世勣的使者到了，没有上表，只有一封书信给李密，非常奇怪。

郭孝恪将徐世勣的心意详细说明，唐高祖才叹说：“徐世勣不违背道德，不贪求功劳，真是个忠纯的臣子！”于是赐徐世勣姓李。任命郭孝恪担任宋州刺史，让他和李世勣治理虎牢以东所取得的州县，委任他们选补官吏。

癸丑日（十二日），独孤怀恩在蒲坂进攻尧君素。行军总管赵慈景娶了唐高祖的女儿桂阳公主，被尧君素俘虏，在城外斩首，表示没有投降的心意。

癸亥日（二十二日），秦王李世民抵达长安，在市街上处死薛仁果，赏赐常达三百匹帛。追赠刘感平原郡公，谥号忠壮。在宫殿庭院中击杀了仵士政。因为张贵特别淫暴，将他腰斩。唐高祖犒劳将士，趁机对群臣说:“诸公共相辅戴因而成立帝业,如若天下太平,我们可以共同保有富贵。假如让王世充得志,诸位哪会有子孙呢!像薛仁果君臣这些人,难道可以不拿他们当前车之鉴吗!”己巳日(二十八日),唐高祖任用刘文静做户部尚书,兼任陕东道行台左仆射。恢复了殷开山的爵位。

李密过了很长时间的骄贵生活,又自负归附国家的功勋,朝廷对待他不符合他原来的期望,因此郁郁不乐。有一回国宴大典,李密担任光禄卿,依职负责供给膳食,他深深认为耻辱;罢宴之后,将心意告诉左武卫大将军王伯当。王伯当内心也不满足,因而对李密说:“天下事情在您的计划之中罢了。而今东海公在黎阳,襄阳公在罗口,黄河以南的兵马,屈指可数,难道能够长久如此吗?”李密听了非常高兴,于是向唐高祖献策说:“臣空蒙陛下的宠爱,安坐京师,没有一点报效。山东的徒众都是臣旧时的部下,请让我去接收招抚他们。凭借强大的威势,攻取王世充易如俯拾横在地上的草芥!”唐高祖听闻李密旧时的将士大多不依附王世充,也想要派遣李密去招抚他们。群臣大多进谏说:“李密为人狡猾反复无常,如今派遣他前往,就好比投鱼入水,纵虎归山,必定不会回来!”唐高祖说:“帝王自有天命,不是小子能接替的。如果他叛我而去,就像拿无用的蒿箭射往蒿中,不值得珍惜。现在让二贼相斗,我能够坐收他们的困敝。”辛未日(十一月无此日),唐高祖派遣李密前往山东,收抚还未归顺的余众。李密要求和贾闰甫同行,唐高祖答应了,命令李密及贾闰甫同登御榻,赐给膳食,传递同杯酒说:“我们三人共饮一杯酒,表明同心,希望善建功业,不要违逆朕意。丈夫应允人一句话,千金不能改变。有人坚决反对吾弟前往,朕推赤心相待吾弟,不是他人所能离间的。”李密、贾闰甫再拜受命。唐高祖又派遣王伯当担任李密的副使。

有五只大鸟集于乐寿,数万只群鸟跟随着它们,经过一天才离去。窦建德认为这是祥瑞,于是改年号为五凤。宗城有人得到玄圭呈献窦建德,宋正本以及景城丞会稽人孔德绍都说:“这是上天用来奖赏大禹的，请改国号为夏。”窦建德听从他们的意见。任用宋正本做纳言，孔德绍做内史侍郎。

当初，王须拔劫掠幽州，中了流矢而死，他的部将魏刀儿接替他统领部众，占据深泽，在冀、定之间劫掠，徒众多达十万人，自称魏帝。窦建德假装和他连和，魏刀儿松弛守备，窦建德偷袭并且打败他，于是围攻深泽；魏刀儿的徒众抓住魏刀儿前来投降，窦建德将他斩杀，把他的徒众全部并入自己的部队。

易、定等州全部投降，只有冀州刺史麴棱不投降。麴棱的女婿崔履行，是崔暹的孙子，自称有奇术，可让来进攻的人自己失利，麴棱相信他。崔履行让守城的人都坐着，不可以乱打斗，说：“贼人即使登上城墙，你们也不要害怕，我将让贼人自己就缚。”于是崔履行设坛，夜晚登坛作法，然后自己穿着丧服，拄着竹杖登上北楼痛哭；又命妇女爬上屋顶向四面振动裙摆。窦建德进攻得很猛烈，麴棱打算出战，崔履行坚决阻止他。不久城池被攻破，崔履行还是不停地哭。窦建德看见麴棱说：“你真是位忠臣！”厚待他，任用他做内史令。

十二月，壬申日（初二），唐高祖诏命任用秦王李世民做太尉、使持节、陕东道大行台，蒲州、河北诸府的兵马都受他调度指挥。

癸酉日（初三），西突厥曷娑那可汗从宇文化及那前来归降。

隋将尧君素驻守河东，唐高祖派遣吕绍宗、韦义节、独孤怀恩相继进攻他，都攻不下。此时城外围攻紧急，尧君素制作木鹅，将表疏放置在鹅颈，表中详论情势，将木鹅浮在河面。河阳守城的人捞到木鹅，将表送往东都。皇泰主看到疏表后叹气，任用尧君素做金紫光禄大夫。宠玉、皇甫无逸自东都前来投降，唐高祖都派遣他们到城下，对尧君素陈说利害，尧君素不听。唐高祖又赐金券，表示宽恕他的死罪。他的妻子也来到城下，对他说：“隋朝皇室已经灭亡，夫君你何必自讨苦吃！”尧君素说：“君臣之义，非妇人所能知晓！”拉弓射箭，他的妻子应声倒地。尧君素自己也知道城守不住了，但立志以守死节，每次谈到国家社稷，都悲痛哭泣。尧君素对将士说：“我以前在藩邸侍候皇上，依照大义不能不死，但一定要维持隋祚于长远，如若天命转移，自当断头交给诸君，听凭你们拿去换取富贵。而今城池坚固，粮饷储备丰足，胜败还不知晓，不可乱生异心！”尧君素性情严谨明断，精于统御部属，部下不敢背叛。过了很长的时日，仓粮吃尽了，就人吃人；又俘获外人，稍微知晓江都灭亡的消息。丙子日（初六），尧君素的亲信薛宗、李楚客杀了尧君素前来投降，将首级送往长安。先前尧君素派遣朝散大夫解人王行本率领精兵七百驻扎他地，听闻叛变，赶救不及，因而逮捕杀害尧君素的同党几百人，全部诛杀，再守城对抗，独孤怀恩领军围攻。

丁丑日（初七），隋朝襄平太守邓嵩献出柳城、北平二郡前来投降，唐高祖任用邓嵩做营州总管。

辛巳日（十一日），太常卿郑元璹在商州进攻朱粲，将他打败。

当初，宇文化及派遣使者向罗艺招降，罗艺说：“我是隋朝臣子。”罗艺斩杀使者，为隋炀帝举行丧礼，哭丧三日。窦建德、高开道各自派遣使者招降，罗艺说：“窦建德、高开道，全是强盗！我听闻唐公已经平定关中，人们全都希望归顺他。这真是我的主人，我打算依附他，谁敢阻止，我就杀掉他！”恰好遇到张道源安抚山东，罗艺于是上表，率领渔阳、上谷等诸郡前来投降唐。

癸未日（十三日），唐高祖诏命任用罗艺做幽州总管。薛万均，是薛世雄的儿子，和弟弟薛万彻都因为勇敢有谋被罗艺喜爱，唐高祖诏命任用薛万均做上柱国、永安郡公，薛万彻为车骑将军、武安县公。

窦建德已经攻陷冀州，声威更强，率领士众十万人侵犯幽州。罗艺打算迎战，薛万均说：“他们人多我们人少，出战一定败，不如命羸弱的军兵背靠城池面对河水列阵，他们必定渡水进攻我们。我薛万均请求率领精骑百人在城旁埋伏，等候对方渡到河中就进攻，这样没有不获胜的。”罗艺采纳了他的建议。窦建德真的领兵渡水，薛万均中途拦击，大败对方。窦建德终不能返回他的城下，于是分兵劫夺霍堡及雍奴等县；罗艺再加截击，将他打败。一共相拒一百多天，窦建德无法取胜，于是回师乐寿。

罗艺得到隋朝通直谒者温彦博，任用为司马。罗艺献出幽州归附国家，温彦博表示赞成。唐高祖诏命任用温彦博做幽州总管府长史，没过多久，迁调为中书侍郎。他的哥哥温大雅，当时任黄门侍郎，和温彦博对居东西二省，关系密切。当时的人全都称赞他们。

唐高祖加封西突厥曷娑那可汗做归义王。曷娑那献上大珠，唐高祖说："大珠实在是至宝，但朕将大王的忠心当作至宝，用不到宝珠。"最终将珠归还。

乙酉日（十五日），唐高祖到周氏陂，路过故墅。

当初，羌豪旁企地率领部下归附薛举，等到薛仁果失败，企地前来投降唐，留在长安。企地不高兴，带领他的几千名士众反叛，入南山，出汉川，途经的地方都被杀掠。武候大将军宠玉进攻他，被企地击败。企地行到始州，劫夺女子王氏，和她喝醉睡在野外；王氏拔出他的佩刀，砍下他的头颅送往梁州，企地的士众因而溃散。朝廷诏命赐王氏号为崇义夫人。

壬辰日（二十二日），王世充率领士众三万人围攻谷州，刺史任瑰将他打退。

唐高祖令李密将部下分一半留在华州，率领一半军兵出关。长史张宝德在队伍中同行，担心李密逃亡被牵连；呈上密表，说明李密一定反叛。唐高祖的心意才中途改变，又担心李密惊怕，于是下敕书安抚，命李密留下士众慢慢行进，单骑入朝，另受节度。

李密到达稠桑，接到敕书，对贾闰甫说："敕书命我领军前往，无故再召我回朝，陛下之前说'有人坚决反对'，这表示已经听了谮毁之言。今天我如果回去，没有活着的道理，不如攻陷桃林县，俘获士兵粮食，向北进兵渡过黄河。等到消息传到熊州，我已经远去了。如果能够到达黎阳依靠徐世勣，大事必成。你认为怎样？"贾闰甫说："陛下很厚待您；况且国家姓名，著明在图谶上，天下终归要统一。您既然委贽为臣，又生异心，任瑰、史万宝占据熊、谷二州，这儿早晨反叛，他们的军队晚上就会赶到，虽然攻陷桃林，哪里有时间募集兵士，一旦被称作叛逆，又有谁会收容您？为了您着想，不如暂且接受朝命，来表明本来没有异心，自然那些谮言无法得逞，想要开拓山东，还可以慢慢找适当的时机。”李密发怒说：“唐让我和周勃、灌婴同列，怎么能忍受？谶文言明姓李的应当是天子，唐和我同样姓李。今天不杀我，派我东行，足以证明为王的人不会中途死亡。纵使唐能顺利讨平关中，山东最终还是我的。天赐不取，竟然捆缚双手向人投降！你是我的心腹，为什么竟有如此想法？你不和我同心，我就杀掉你而后行动！”贾闰甫哭泣着说：“您虽然说符合谶文，但是最近细察天道人心，稍有改异。而今海内分离，人人都想自专，强者称雄。您逃亡狼狈，像这个样子，谁会听从您收容您！并且自从翟让被杀之后，人们全说您弃恩忘本，今天谁肯再将所有的军兵委托给您呢？他们必定考虑到您会夺取他们的军力，反相抗拒，一朝失势，哪有容身之地呢！假如不是蒙受您特殊恩惠的人，怎肯直言不讳呢？但愿您仔细思虑，只怕大福不再。假如您有安身之处，我又何必怕死！”李密大怒，举刀要杀死他，王伯当等人坚决求情，李密才释放他。贾闰甫逃往熊州。王伯当也劝李密不可妄动；李密不听。王伯当说：“义士的志向，不因存亡而改变。您一定不听规劝，伯当只有和你同生死，只是担心终究是无益的。”

李密因而斩杀使者。庚子日（三十日）早晨，李密蒙骗桃林县官说：“我奉诏命暂且返回京师，请让家人寄居县舍。”于是选拔骁勇士兵几十人，身穿妇人衣服，头戴障面巾，裙下藏刀，假装是李密的妻妾，李密亲自带领他们进入县舍，不久，很快改换服装，趁机占领桃林县城。掠取驱驰徒众，直走南山，越过险要地域向东行进，派人快马向旧部伊州刺史襄城人张善相报告，命张善相派军接应。

右翊卫将军史万宝驻守熊州，对行军总管盛彦师说：“李密是个勇猛的贼寇，又有王伯当相助，而今决计反叛，担心不能抵挡。”盛彦师笑着说："请给我几千士兵截住他，必定砍下他的头。"史万宝说："您用什么计谋能办到呢？"盛彦师说："兵法讲究虚诈，恕我不能奉告。"盛彦师就带领军士翻过熊耳山南，占据险要的路径，命弓箭手守在路两旁的高地，手持刀盾埋伏在溪谷，下令说："等贼人走到一半，同时进攻。"有人询问说："听闻李密要到洛州，而您却进入熊耳山，为什么？"盛彦师说："李密放出风声说前往洛州，其实想要出人意外，逃到襄城，去依靠张善相。假如贼人入了谷口，我军自后方追击，因为山路艰险又狭小，不好用力，有一人殿后抵抗，就无法取胜。现在我先行进入谷口，必定可以擒捕他。"

李密已经通过陕州，以为剩下的路程不必担心，于是与众人慢行，果然越过山南出来。盛彦师的军队两面夹击，李密首尾中断，不能相顾。于是斩杀李密及王伯当，将二人的首级用传车送往长安。盛彦师因为建功赐爵为葛国公，仍旧统治熊州。

李世勣在黎阳，唐高祖派遣使者提着李密的首级给他看，告诉他李密反叛的情形。李世勣面向北方拜伏痛哭，上表请求收葬；唐高祖诏命将李密的尸体交给李世勣处理。李世勣为他着丧服，具备君臣之礼，盛备仪卫，全军都穿着白色丧服，安葬李密在黎阳山南。李密平素深得士心，许多士兵为他哭得吐血。

隋朝右武卫大将军李景驻守北平，高开道围攻他，一年多无法取胜。辽西太守邓暠领兵救他，李景率领他的士众迁往柳城，后来领兵返回幽州，在途中被盗匪所杀。

高开道随即攻取北平，进而攻克渔阳郡，有几千匹马，士众约有万人，自称燕王，改年号为始兴，在渔阳建都。

怀戎沙门高昙晟因为县令设斋，士民大集，高昙晟和五千位僧人领导斋众造反，杀掉县令及镇守的将领，自称大乘皇帝，加封尼姑静宣为邪输皇后，改年号为法轮。高昙晟派使者招诱高开道，立他为齐王。高开道率领五千士众归降他，过了数月高开道暗杀高昙晟，吞并他所有的军队。

有犯法而没有到死罪的人，唐高祖特别下命要将他们杀掉。监察御史李素立进谏说："法律是君王和天下百姓共守的标准，法律一旦动摇，百姓就无从遵循。陛下刚刚创立大业，怎么能抛弃法律？臣主管法司，不敢遵从诏命。"唐高祖听从他的话。李素立从此特别受到恩遇，唐高祖命令执政授给他七品清要官。执政拟授雍州司户，唐高祖说："这个官职重要但不清廉。"又拟授秘书郎，唐高祖说："这个官职清廉但不重要。"于是擢授李素立为侍御史。李素立，是李义深的曾孙。

唐高祖任用善歌舞的胡人安比奴做散骑侍郎。礼部尚书李纲劝谏说："古代乐工不和士人并列，虽然贤良如子野、师襄，后代子孙全都世袭他们的行业。只有齐末封曹妙达为王，安马驹成为开府，后来齐后主因此亡国，统治者用他做殷鉴。而今天下刚刚安定，一同起义的功臣，还没有普遍行赏，有学问有才能的人，仍旧闲置民间，反而先重用善歌舞的胡人为五品官，佩带玉印，出入朝堂，这不是用来垂范后代的做法。"唐高祖不听，说："我已颁授了，不能追回。"

◆陈岳评论说：天子发出号令，应是子孙的榜样；一旦不合理，就成为祸患的原因。而今高祖说"已经颁授，不可追回"，如若颁授的对就好，颁授错了，为什么不可以追回？治理百姓的方法，不能不用"已经授给"当警戒呀！◆

李轨的吏部尚书梁硕，很有智谋，李轨常常倚靠他，将他当作谋主。梁硕看见胡人渐盛，暗中劝说李轨应当加以预防观察，因此和户部尚书安修仁产生嫌隙。李轨的儿子李仲琰曾经去看望梁硕，梁硕待他很不礼貌，于是和安修仁一同向李轨谮毁梁硕，诬告他谋反，李轨毒死了梁硕。有位胡巫对李轨说："上帝将派玉女自天下凡。"李轨听信他，发动百姓建台来等候玉女，用了很多的劳力与费用。河右发生饥荒，人吃人。李轨拿出全部家财去赈济还不够，想要发放仓粟，于是召集群臣商议，曹珍等全说："国以民为根本，难道可以爱惜仓粟而坐视百姓饿死不救！"谢统师等全是隋朝故官，心内始终不服，暗中和群胡结党，排斥李轨的故人，于是谢统师骂曹珍说："百姓喊饿的人都因为身体孱弱，勇壮之士终不会这样。国家的仓粟用来应付紧急情况，怎么可以散发去喂养孱弱的人！仆射一味取悦人心，不为国家打算，不是忠臣。"李轨同意这个说法，因而士民怨恨而背叛。

资治通鉴卷第一百八十七　唐纪三

起己卯（公元619年）正月，止十月，共十个月。

【题解】本卷记录了公元619年正月至十月的史事，共十个月，正当唐高祖武德二年。这一时期，全国割据格局发生巨变：唐高祖李渊平定河西，李轨败亡；王世充乘机称帝，不少部众投降唐王朝，罗士信、秦叔宝、程知节都投降唐朝，成为唐朝大将；窦建德在河北灭了宇文化及，势力达到极盛；江南杜伏威投降唐王室，荆襄萧铣仍是南方最大的割据势力。

高祖神尧大圣光孝皇帝上之下

武德二年（己卯，公元619年）

春季，正月，壬寅日（初二），王世充将隋朝的显官、名士全都纳入太尉府官属，杜淹、戴胄都在其中。戴胄，是安阳人。隋朝将军王隆率领屯卫将军张镇周、都水少监苏世长等人把山南兵开到东都（洛阳）。王世充专揽朝政，无论大小事情，全要向太尉府禀告。台省监署，都清闲无事。王世充在府门外树立了三个牌子：一个寻求有文学才华，能济助时务的人；另一个寻求勇武有智谋，能冲锋陷阵的人；还有一个寻求身有冤情，压抑无法申诉的人。因此每天上书陈情的有几百人，王世充全都一一接见，亲自察看，殷勤地安慰劝说，人人都很高兴，认为王世充言听计从，可是终究全都没有施行。下至士兵伙夫，王世充都以好话取悦他们，但实际上毫无行动表现。

隋朝马军总管独孤武都是王世充的亲信，他的堂弟司隶大夫独孤机和虞部郎杨恭慎、前渤海郡主簿孙师孝、步兵总管刘孝元、李俭、崔孝仁计划招引唐兵，派遣崔孝仁游说独孤武都说："王公只是施些小恩惠去讨好下愚之人，但他为人狭隘卑鄙、贪婪残暴，不眷顾亲戚故旧，哪里能够成就大事业呢？图谶的文字，显示天下应当归属李氏，这大家全都知晓。唐兴起于晋阳，拥有关内全部的土地，军队所至，没有不受到欢迎的，各路英雄纷纷景仰依附。并且唐坦诚待人，奖善求功，不念旧恶，据着胜利的威势来争夺天下，谁能对敌！我们投奔错了地方，只有坐等诛灭。现在任管公的军队靠近新安，又是我的老朋友，如若派遣密使召请他，让他趁夜领兵到城下，我们一同居内接应，开门接纳，事情没有不成功的。”独孤武都听从了。事情不慎泄露，王世充将他们全都斩杀。杨恭慎，是杨达的儿子。

癸卯日（初三），唐高祖李渊命令秦王李世民出镇长春宫。

宇文化及攻击魏州总管元宝藏，打了四十天不能获胜。魏徵前往规劝，丁未日（初七），元宝藏献出魏州来投降唐。

戊午日（十八日），淮安王李神通在魏县攻打宇文化及，宇文化及没有能力抵抗，向东逃奔聊城。李神通攻克魏县，斩杀俘虏二千多人，率军追击宇文化及到达聊城，在城外围攻。

甲子日（二十四日），唐任用陈叔达做纳言。

丙寅日（二十六日），李密任命的伊州刺史张善相前来投降唐。

朱粲拥有士众二十万人，在汉、淮之间剽掠劫夺，迁移不定，每攻破一个州县，没吃完储备的粟粮，又前往其他地方，离开前，放火焚毁余粮，但又不去耕种，因此饿死的百姓堆积如山。后来朱粲没有地方可以再掠取，军中缺少粮食，于是命士兵烹煮妇人、婴儿来吃，说：“没有比人肉再好吃的食物了，只要他国有人，何必担心挨饿？”隋朝著作佐郎陆从典、通事舍人颜愍楚，被贬官任职南阳，朱粲起先请他们做宾客，后来没有东西可吃，将他们全家人都杀来吃。颜愍楚，是颜之推的儿子。又命令各个城堡交纳羸弱的人供给军队食用，各个城堡接连反叛。

淮安的土豪杨士林、田瓒兴兵攻击朱粲，各州全都响应。朱粲在淮源和他交战，朱粲大败，带领余众几千人逃往菊潭。杨士林家族世代是蛮酋，隋朝末年，杨士林担任鹰扬府校尉，杀掉郡官，占据郡地。

既然赶走了朱粲，己巳日（二十九日），杨士林带领汉东四郡，派遣使者向信州总管庐江王李瑗请求投降，朝廷诏命派杨士林做显州道行台。杨士林任用田瓒做长史。

起初，王世充已经杀了元文都、卢楚，担心人心不服，暂且谄事皇泰主，表面上非常谦虚尊敬。王世充又请求做刘太后的义子，尊称她为圣感皇太后。不久渐渐骄纵蛮横，有一次宫中赐给食物吃，王世充返家后大吐，怀疑中了毒，自此不再上朝请谒。皇泰主知晓他终究不甘愿为臣，但是没有力量制服他，只能取出内库各种绫罗锦绢大做佛幡上的装饰花，又拿出各种装饰玩物，让和尚散发给贫穷的人来求福祥。王世充命他的同党张绩、董浚把守章善、显福两处宫门，宫内各种物品，丝毫不能携出。这一个月，王世充派人献上印及剑。又传言黄河水澄清了，想要向大众夸耀是自己的符应祥瑞所致。

唐高祖李渊派遣金紫光禄大夫武功人靳孝谟安抚边郡，被梁师都查获。靳孝谟用极不堪的话辱骂梁师都，梁师都杀了他。二月，唐高祖诏命追赐靳孝谟爵位为武昌县公，谥号是忠。

唐初步制定租、庸、调的税法，每丁每年缴纳粟二石、绢二匹、绵三两。除此以外不可以滥加赋敛。

丙戌日（十六日），唐高祖诏命说：“皇室同族中做官的，官位在同级官员之上，没有做官的免除徭役。每州设置宗师一人作为摄统，另外组成团伍，不和庶民一起。”

张俟德抵达凉州，李轨召请群臣举行廷议说：“唐天子，是我的堂兄，而今已经在京师就位。同姓不可以相争天下，我想取消帝号，接受他的封爵，你们认为可以吗？”曹珍说：“隋朝失其鹿，天下一同追逐，称王称帝的，何止一人？唐在关中称帝，凉在河右称帝，根本不互相妨害。而且您已经是天子，怎么能再自我贬退！必定要以小事大，请按照萧詧事魏的故事（萧詧自称梁帝，而称臣于周。事见一百六十五卷梁元帝承圣三年）。”李轨采纳他的建议。戊戌日（二十八日），李轨派遣他的尚书左丞邓晓入京谒见，上书自称“皇帝堂弟大凉皇帝臣轨"，却没有接受官爵。唐高祖发怒，抓捕邓晓不遣送他回凉，开始商量兴师讨伐李轨。

起初，隋炀帝亲自征讨吐谷浑，吐谷浑可汗伏允率领几千骑逃奔党项。隋炀帝立他做人质的儿子顺做主，让他统率余众，还没有到吐谷浑就折返。恰好遇到中原丧乱，伏允又回师收复他的故地。唐高祖接受禅位，顺自江都回返长安，唐高祖派遣使者给伏允联合，让他攻打李轨，并答应将顺送返吐谷浑。伏允听了很高兴，兴兵攻击李轨，同时多次派遣使者入贡请求将顺遣回，唐高祖将顺遣送给伏允可汗。

闰月，朱粲派遣使者前来要求投降，唐高祖诏命任用朱粲做楚王，听任他设置官署，从而便宜从事。

宇文化及拿珍宝财货引诱海曲的诸贼，贼帅王薄归顺他，和他共同防守聊城。

窦建德对他的僚属说："我是大隋的百姓，隋炀帝是我的君主，而今宇文化及弑君逆上，是我的仇敌，我不可以不讨伐他！"于是窦建德引兵前往聊城。

淮安王李神通进攻聊城，宇文化及粮食已经用尽，请求投降，李神通不应允。安抚副使崔世干劝说李神通答应，李神通说："军兵暴露风雨中已经辛苦很久了，贼匪粮尽计穷，短时间就可以战胜他，我应该攻克他来显示国威，并且散发他的玉帛来慰劳军兵，如果接受他的投降，将用什么去犒赏军队呢？"崔世干说："现在窦建德刚刚来到，如果宇文化及不平定，腹背受敌，我军必败。不进攻而能够让他投降，如此成功非常容易，如何贪得他的玉帛而不接受投降呢？"李神通发怒，将崔世干囚禁在军中。不久宇文士及自济北馈送粮食，宇文化及军队的士气稍振，于是再度抵抗。李神通督导军队进攻宇文化及的军队，贝州刺史赵君德攀墙先行登城，李神通心内嫉妒，收兵不战，赵君德大骂着下城来，因此不能攻克城池。窦建德军队将到，李神通率军后退。

窦建德和宇文化及连续交战，大败宇文化及的军队，宇文化及再度保守聊城。窦建德进兵，四面猛烈进攻，王薄打开城门迎接窦建德。窦建德进入聊城，活捉宇文化及，先谒见隋朝萧皇后，说话都自称臣，穿着白色丧服痛哭隋炀帝，十分悲哀的样子。并收拾隋朝传国印玺以及车驾仪仗等器物，安抚慰问隋朝百官，然后擒拿逆党宇文智及、杨士览、元武达、许弘仁、孟景，将他们在隋朝百官面前处死，砍下首级悬挂在军门之外。用囚车装载宇文化及和他的二子宇文承基、宇文承趾到襄国，处死他们。宇文化及临死时没有说什么，只说："不辜负夏王！"（夏王是窦建德的称号）

窦建德每次战胜攻克城池，得到的资财，全都分给将士，自己丝毫不取。又不吃肉，经常吃蔬菜和糙米饭。妻子曹氏，不穿细绢做的衣物，所用的婢妾，才十几人。等到打败宇文化及，俘得隋朝宫人数以千计，立刻遣散他们。任用隋朝黄门侍郎裴矩做左仆射，掌管选拔的事情，任用兵部侍郎崔君肃做侍中，少府令何稠做工部尚书，右司郎中柳调做左丞，虞世南做黄门侍郎，欧阳询做太常卿。欧阳询，是欧阳纥的儿子。其余的人依照才能授职，委以政事。有不愿意留下要前往关中及东都的人，也听任他自便，而且供给财用粮饷，派军护送他出境。隋朝骁果尚有近一万人，也全都加以遣散，听任他们自己走开。又和王世充结好，派遣使者上表给隋皇泰主，皇泰主加封他为夏王。窦建德自群盗中兴起，虽然建国，却没有礼乐典章条文、法律制度，裴矩替他制定朝仪、律令，窦建德非常高兴，经常向他请教典礼。

甲辰日（初四），唐高祖考核群臣，以李纲、孙伏伽为第一，因而准备美酒宴客，对裴寂等人说："隋氏因君王骄纵，臣下谄媚，才失掉天下，朕即位以来，时常虚心要求大家进言建议，可是只有李纲稍微尽了忠心，孙伏伽可以算是诚直，其余的人仍旧存着旧有的坏风气，只听话不敢劝谏，这难道是朕所希望的？朕视卿等好像爱子，卿等应该视朕如慈父，有意见要讲出来，不必隐瞒！"因而唐高祖下令除去君臣之间的礼敬，尽欢而罢。

唐派遣前御史大夫段确出使前往朱粲的处所。

起初，唐高祖担任隋朝殿内少监，宇文士及担任尚辇奉御，唐高祖和宇文士及关系很好。宇文士及跟从宇文化及到黎阳，唐高祖手谕召请他，宇文士及暗中派遣家僮抄小路前往长安，又通过使者呈献金环，表示要回长安。宇文化及抵达魏县，军势日渐衰微，宇文士及劝说他归顺唐，宇文化及不听，内史令封德彝游说宇文士及在济北征督军粮，静待变化。宇文化及自称皇帝，封宇文士及做蜀王。宇文化及死后，宇文士及和封德彝从济北来投降唐。当时宇文士及的妹妹被封作昭仪，因此授予宇文士及上仪同的官职。唐高祖因为封德彝是隋室旧臣，谄媚阿谀不忠心，大加责备，并罢免他的官职，遣他就舍。封德彝拿秘策进献唐高祖，唐高祖很高兴，不久任命封德彝为内史舍人，没多久封德彝升作侍郎。

甲寅日（十四日），隋朝夷陵郡丞安陆人许绍率领黔安、武陵、澧阳等郡前来投降唐。许绍幼年和唐高祖是同学；唐高祖诏命任用许绍做峡州刺史，赐爵为安陆公。

丙辰日（十六日），唐高祖任用徐世勣做黎州总管。

丁巳日（十七日），骠骑将军张孝珉率领精卒百人在汜水城袭击王世充，攻入外城，击沉米船一百五十艘。

己未日（十九日），王世充侵犯谷州。王世充任用秦叔宝做龙骧大将军，程知节做将军，非常厚待他们。但二人讨厌王世充奸诈，程知节对秦叔宝说："王公器度浅薄而且讲话喜好咒誓，他好像老巫婆，哪里是个平乱的君王！"王世充和唐兵在九曲交战，秦叔宝、程知节都领兵在阵中，带领部下数十骑，向西奔驰百余步，下马叩拜王世充说："我们蒙受您特殊礼遇，很想报效，但您的性情猜忌，喜欢听信谗言，不是我们托身的地方，而今不能仰事您，请允许我们从此辞别。"于是二人跳上马背前来投降唐；王世充不敢逼迫。唐高祖让他们侍奉秦王李世民，李世民素来听闻他们的名声，厚待他们，任用秦叔宝做马军总管，任用程知节做左三统军。此时王世充的骁将中又有骠骑武安人李君羡、征南将军临邑人田留安，也讨厌王世充的为人，率领士众来投降唐。李世民将李君羡留置在身边，任用田留安做右四统军。

王世充将李育德的哥哥李厚德囚禁在获嘉，李厚德和看守他的将领赵君颖驱逐殷州刺史段大师，献出城池来投降唐。唐任用李厚德做殷州刺史。

窦建德攻克邢州，擒拿总管陈君宾。

唐高祖派遣殿内监窦诞、右卫将军宇文歆协助并州总管齐王李元吉防守晋阳。窦诞，是窦抗的儿子，娶了唐高祖的女儿襄阳公主做妻子。李元吉生性骄傲奢侈，奴客婢妾几百人，喜欢让他们披上铠甲玩攻战的游戏，前后死伤的人很多，李元吉也曾经被打伤。他的乳母陈善意苦苦进谏，李元吉喝醉了酒，听了发怒，下令壮士殴杀乳母。李元吉喜欢打猎，装载网罟三十车，曾经说："我宁可三日不吃饭，不能一日不打猎。"李元吉经常和窦诞游猎，蹂践百姓的农作物，又放纵亲信夺取百姓的财物。李元吉还当街射人，观看他们躲箭。夜晚，打开府门，奸淫别人的妻子。百姓都恨他。宇文歆多次劝谏不接纳，于是上表奏明李元吉的罪状。壬戌日（二十二日），李元吉因此被免去官职。

癸亥日（二十三日），陟州刺史李育德攻克王世充的河内堡垒三十一所。乙丑日（二十五日），王世充派遣他哥哥的儿子王君廓侵犯陟州，李育德赶走他，斩首一千余人。李厚德回去探望父母的病，让李育德防守获嘉，王世充会合军队进攻他。丁卯日（二十七日），城破，李育德及弟弟三人全都战死。

己巳日（二十九日），李公逸献出雍丘来投降唐，唐任命公逸做杞州总管，让他的族弟李善行担任杞州刺史。

隋朝吏部侍郎杨恭仁，跟从宇文化及来到河北。宇文化及兵败，魏州总管元宝藏生擒了他，己巳日（二十九日），将他送往长安。唐高祖和杨恭仁有老交情，任用他做黄门侍郎，不久任命他做凉州总管。杨恭仁平素熟悉边疆民俗，了解羌、胡的虚实，百姓对他心悦诚服，自葱岭以东，全都前来朝贡。

突厥始毕可汗带领他的士众渡河来到夏州，梁师都发兵和他会合，分五百骑给刘武周，要从句注进犯太原。恰好遇到始毕可汗逝世，儿子什钵苾年幼，不能继位，于是拥立他的弟弟俟利弗设为处罗可汗。处罗可汗任用什钵苾做尼步设，让他居住在东边，正在幽州的北面。起初，唐高祖派遣右武侯将军高静奉钱币出使突厥，到了丰州，听闻始毕可汗死亡，唐高祖诏命将钱币纳于当地的财库。突厥听闻这个消息，发怒，想要进犯；丰州总管张长逊派遣高静表示携带钱币出塞是朝廷送去助丧的财物，突厥才撤回军队。

三月，庚午日（初一），梁师都进犯灵州，长史杨则将他打跑。

壬申日（初三），王世充进犯穀州，刺史史万宝迎战失利。

庚辰日（十一日），隋朝北海通守郑虔符、文登县令方惠整以及东海、齐郡、东平、任城、平陆、寿张、须昌贼帅王薄等人全都献出他们的辖地来投降唐。

王世充进犯新安，表面上是攻取，实际上是召集依附自己的文武官员商量禅位的事。李世英坚决认为不可以，说："四方奔驰归顺东都的理由，是您能够中兴隋室。而今九州的地方，连一州都没有能够肃清，就忙于正位建号，担心远方的人都想反叛离去了！"王世充说："您的话非常对！"长史韦节、杨续等说："隋氏气数已尽，道理非常明白。非常之事，本来不可和常人商议。"太史令乐德融说："以前岁长星出现，是除旧布新的征兆，而今岁星在角、亢。亢，在郑的分野。如若不急于顺应天道，担心王气会衰亡。"王世充听从。外兵曹参军戴胄对王世充说："君臣好比父子，祸福相关。您不如尽忠报国，那么家国都能平安。"王世充假装说好并送走他。王世充商议接受九锡，戴胄再次坚决劝谏阻止，王世充发怒，调他出去担任郑州长史，让他和自己的侄儿王行本镇守虎牢。于是命令段达等人向皇泰主建议，请求加王世充九锡。皇泰主说：“郑公最近讨平李密，已经任命为太尉，自此以后，没有特殊功勋，等天下稍为安定，再讨论这问题也不迟。”段达说：“那是太尉想得到的。”皇泰主仔细盯着段达说：“随你去做！”辛巳日（十二日），段达等人用皇泰主的诏书任命王世充做相国，假借黄钺，统领百官，晋爵郑王，加九锡，郑国设立丞相以下的官员。

起初，宇文化及任用隋朝大理卿郑善果做民部尚书，跟从来到聊城，为宇文化及督导战事，被流矢射中。窦建德攻陷聊城，王琮俘获郑善果，责怪他说：“您出身名臣世家，是隋室的大臣，怎么为那弑君的逆贼效力，如此苦战而受伤呢？”郑善果非常惭愧，要自杀，宋正本急忙前往阻止并救了他。窦建德不再以礼对他，于是他逃奔相州，淮安王李神通送他前往长安。庚午日，郑善果来到长安，唐高祖优礼相待，任用他做左庶子、检校内史侍郎。

齐王李元吉鼓动并州父老前往宫阙去慰留自己。甲申日（十五日），唐高祖再派李元吉做并州总管。

戊子日（十九日），淮南五州都派遣使者前来投降唐。

辛卯日（二十二日），刘武周进犯并州。

壬辰日（二十三日），营州总管邓暠攻打高开道，击败了高开道。

甲午日（二十五日），王世充派遣他的将领高毗进犯义州。

东都道士桓法嗣呈献《孔子闭房记》给王世充，说相国应该接替隋氏做天子。王世充十分高兴，任用桓法嗣做谏议大夫。王世充又收取杂鸟，以帛写字自称符应天命，将帛系在鸟颈而后放鸟飞走。有俘获鸟来呈献的人，王世充也授给官爵。于是段达以皇泰主的命令，加王世充殊礼，王世充上表再三谦让。百官劝进，设位于都堂。纳言苏威年老，不能入朝拜见，王世充认为苏威是隋朝的重臣，要用他来炫耀士民，每次劝进，必定将苏威的名字列在最前面。等到受殊礼的日子，扶着苏威坐在百官的上位，之后南面正坐接受拜见。

夏季，四月，刘武周率领突厥的士众，在黄蛇岭安营，兵威很盛。齐王李元吉派车骑将军张达率领步兵试着对抗敌寇。张达以兵少不能前往推辞，李元吉强迫他去，最终全军覆没。张达因而愤恨在心。庚子日（初二），张达招引刘武周的军队袭击榆次，攻克了榆次。

散骑常侍段确，嗜好饮酒，奉诏命在菊潭慰劳朱粲。辛丑日（初三），段确趁着酒醉侮辱朱粲说："听闻您喜欢吃人，人肉是什么味道？"朱粲说："吃醉人正好比吃酒糟猪肉。"段确怒骂说："狂贼入朝来，只是一个奴仆头目罢了，还能吃人吗？"朱粲在座中拘捕段确以及随从几十人，通通将他们烹煮，拿来给身边的人吃。于是在菊潭大肆屠杀，而后投奔依附王世充，王世充任命他做龙骧大将军。

王世充让长史韦节、杨续等以及太常博士衡水人孔颖达，制定禅代的仪式，派遣段达、云定兴等十余人入朝奏请皇泰主说："天命无常，而今郑王功德很盛，希望陛下遵奉唐尧、虞舜的做法！"皇泰主将脚弯起，把手据在案上，生气地说："天下，是高祖的天下，假如隋朝国祚未亡，这种话不应该随便讲；如若天命已经改了，何必烦劳禅让？你们中有的是朝廷老臣，有的高居宰辅之位，已然这样说，朕还有什么希望！"皇泰主面色严厉，在朝堂上的官员都紧张得流汗。退朝后皇泰主面对太后哭泣。王世充更派人对他说："而今海内还未平定，必须立年长的君主，等到四方安定统一，必当恢复您的君位，我一定践行去年七月时在宫禁中所发的誓言。"癸卯日（初五），王世充伪造皇泰主的命令，禅位给郑王，命他的哥哥王世恽将皇泰主幽禁在含凉殿，虽然这以前有王世充三次上表辞让以及皇泰主下诏书敦促劝进的事，但皇泰主全都不知情。王世充派遣诸将领军进入清宫城，又派遣有巫术的人用桃汤苇火洗除禁省的邪气。

隋氏的将帅、郡县以及贼帅接连不断前来投降，唐高祖诏令任命王薄担任齐州总管，伏德担任济州总管，郑虔符担任青州总管，綦公顺担任淮州总管，王孝师担任沧州总管。

甲辰日（初六），唐高祖派遣大理卿新乐郎楚之安抚山东，秘书监夏侯端安抚淮水以东各个州县。

乙巳日（初七），王世充备齐天子的车驾进入宫中，就帝位。丙午日（初八），王世充大赦天下，改年号为开明。

丁未日（初九），隋朝御卫将军陈棱献出江都前来投降；唐高祖任用陈棱做扬州总管。

戊申日（初十），王世充立儿子王玄应做太子，封王玄恕做汉王，其余兄弟宗族十九人都封王，封皇泰主为潞国公。王世充任用苏威做太师，段达做司徒，云定兴做太尉，张仅做司空，杨续做纳言，韦节做内史，王隆做左仆射，韦霁做右仆射，任用齐王王世恽做尚书令，杨汪做吏部尚书，杜淹做少吏部，郑颋做御史大夫。王世恽，是王世充的哥哥。王世充又任用国子助教吴人陆德明做汉王的老师，命令王玄恕前往他家行事师礼。陆德明认为王世充的行径可耻，吃了巴豆散，装病卧在床上，王玄恕入房跪在床下，陆德明对着他拉痢，始终不和他说话。陆德明，名朗，人们知晓他的字却不知道他的名。

王世充在阙下以及玄武门等数处设榻，没有固定的住所，亲自接受表章；有时轻骑途经街市，也不清道，只是让百姓避路而已。王世充抑辔慢行，对百姓说："从前天子深居九重的宫中，百姓有事情无法上达给天子知道。而今世充我并非贪恋天子之位，只是为了拯救现实的危难，就如一州的刺史，亲自过问政务，将和官吏百姓共同评议朝政，担心大家被门禁阻挡，如今又在宫门外设立听政的地方，各位都应当将了解的情况尽情表达出来。"王世充又命西朝堂受理冤情，东朝堂接受直言进谏。于是献策上书的一天有几百人，分类非常困难，又难以全部省视，几天以后，王世充不再走出宫门。

窦建德听闻王世充废了皇泰主而自立，于是和他断绝关系，开始设立天子的旗帜，出入都像天子一样清道警戒，发布的公文称诏，追谥隋炀帝为隋闵帝。齐王杨暕逝世时，有个遗腹子叫杨政道，窦建德拥立他做郧公，但仍旧依靠突厥来壮大兵势。隋朝义成公主派遣使者迎接萧皇后以及南阳公主，窦建德派遣千余骑护送她们，又传送宇文化及的首级呈献给义成公主。

丙辰日（十八日），刘武周围攻并州，齐王李元吉将他击退。戊午日（二十日），唐高祖诏命太常卿李仲文领兵救援并州。

王世充的将军丘怀义在门下内省，召集越王王君度、汉王王玄恕、将军郭士衡和妓女婢妾一同饮酒赌博，侍御史张蕴古弹劾他们。王世充非常生气，命令散手仗卫士捉来王君度、王玄恕，打了他们几十个耳光；又命带入东上阁，各打几十大板。但没有追究丘怀义、郭士衡的过错。赏赐给张蕴古帛一百段，升迁为太子舍人。王君度，是王世充哥哥的儿子。

王世充每次听朝，都殷勤训谕，言语重复，千头万绪，令侍卫们疲惫不堪。各部门官吏上朝奏事，听话受命全都感到疲倦。御史大夫苏良进谏说："陛下话太多而没有要领，指出计策应当如何即可，何必讲许多不相干的话！"王世充沉默良久，也不怪罪苏良，但性格如此，始终改变不了。

王世充屡次攻打伊州，唐总管张善相抵抗他。粮食耗尽，援兵不到，癸亥日（二十五日），城被攻破，张善相狠狠地痛骂王世充一直到死。唐高祖听到，感叹说："我对不起张善相，张善相没对不起我！"赐给张善相的儿子襄城郡公的爵位。

五月，王世充攻克义州，再进犯西济州。唐高祖派右骁卫大将军刘弘基领兵救援。

李轨部将安修仁的兄长安兴贵，在长安为官，上表请求游说李轨，用祸福劝解他。唐高祖说："李轨依仗军威，勾结吐谷浑、突厥，我兴兵攻打他，都未必能够取胜，岂是用口舌就可以奏效的？"安兴贵说："臣的家在凉州，世代为豪门望族，各族百姓都来归附。我弟弟安修仁是李轨的亲信，有数十个子弟负责他的机要工作。臣前去游说，李轨能听固然好，如果他不听，我在他身边图谋他很容易！"唐高祖于是派他前去。

安兴贵抵达武威，李轨任用他做左右卫大将军。安兴贵趁机游说李轨说："凉州土地方圆不过千里，土地贫瘠百姓穷困。而今唐兴起于太原，攻下函秦，控制中原，战必胜，攻必取，这是得到天助，并非人力所能及。不如献出河西前去归附，那么窦融的功勋可以再现于今日了！”李轨说：“我据守坚固的山河，唐虽然强大，拿我又能怎么样！你自唐来，要替唐做说客吗？”安兴贵谢罪说：“我听闻富贵不回故乡，好像穿着锦绣衣服在夜晚行走。我全家蒙受陛下的高官厚禄，怎肯归附唐！只是想要呈上我的想法，是对还是错全在陛下决定。”于是退下和安修仁暗中结交诸胡起兵攻打李轨，李轨出战失利，绕城防守。安兴贵对大众说：“大唐派我前来诛杀李轨，胆敢帮助他的人，夷灭三族！”城中百姓争相出来归附安兴贵。李轨智竭计穷，和妻子儿女登上玉女台，准备酒食与妻子儿女道别。庚辰日（十三日），安兴贵捉住李轨并向唐高祖报告，于是河西全都平定。

邓晓在长安听闻李轨被擒，兴奋得手舞足蹈，唐高祖说：“你做他人的使臣，听闻国家灭亡，不感到悲伤反而高兴，向朕表示谄媚，你不忠于李轨，会忠于朕吗？”于是罢免邓晓的官职，终身不任用他。

李轨被送往长安，和他的子弟一起被诛杀。唐高祖任用安兴贵做右武侯大将军、上柱国、凉国公，赏赐帛万段，任用安修仁做左武侯大将军、申国公。

隋朝末年，离石胡（匈奴种）刘龙儿拥有几万军队，自称刘王，封他的儿子刘季真做太子。虎贲郎将梁德击杀刘龙儿。因此刘季真和弟弟刘六儿再举兵作乱，带领刘武周的军兵攻陷石州，杀死刺史王俭。刘季真自称突利可汗，任用刘六儿做拓定王。刘六儿派遣使者请求投降唐，唐高祖诏命任用他做岚州总管。

壬午日（十五日），唐高祖任用秦王李世民做左武侯大将军、使持节、凉甘等九州诸军事、凉州总管，原太尉、尚书令、雍州牧、陕东道行台等官职仍旧兼任。又派遣黄门侍郎杨恭仁安抚河西。

丙戌日（十九日），刘武周攻克平遥。

癸巳日（二十六日），梁州总管、山东道安抚副使陈政被麾下杀掉，部下携带着他的首级投奔了王世充。陈政，是陈茂的儿子。

王世充因为礼部尚书裴仁基、左辅大将军裴行俨很有威望，所以猜忌他们。裴仁基父子得知后，也感到内心不安，于是和尚书左丞宇文儒童、宇文儒童的弟弟尚食直宇文长温、散骑常侍崔德本密谋杀死王世充及其余同党，再次尊立皇泰主。事情泄露，都被诛灭三族。齐王王世恽对王世充说："宇文儒童等人阴谋造反，只是因为皇泰主还在，不如趁早将他除掉。"王世充听从，派遣他哥哥的儿子唐王王仁则以及家奴梁百年请皇泰主饮鸩自杀。皇泰主说："替我回复太尉，按从前他说的话，不应当如此对待我。"梁百年要替他转告，王世恽不允许；皇泰主又请求和皇太后辞别，王世恽也不允许。于是皇泰主就地设席焚香拜佛说："但愿从今而后，不再出生在帝王家中！"皇泰主喝下毒药，没能气绝，王世恽再用帛缢杀他，追谥为恭皇帝。王世充任用他的哥哥楚王王世伟做太保，齐王王世恽做太傅，兼尚书令。

六月，庚子日（初三），窦建德攻克沧州。

起初，易州贼帅宋金刚，拥有一万多的军兵，和魏刀儿勾结。魏刀儿被窦建德消灭，宋金刚救援他，最终战败，宋金刚带领军兵四千人向西投奔刘武周。刘武周听说他善于用兵，得到他，感到特别高兴，称他为宋王，委托他掌管军事，分一半家财送给他。宋金刚内心十分感激，和他的发妻离异，娶了刘武周的妹妹为妻。因而游说刘武周图谋晋阳，向南争夺天下。刘武周任用宋金刚做西南道大行台，命他领军三万进犯并州。丁未日（初十），刘武周进兵逼近介州，和尚道澄用佛幡将他悬坠入城，因而刘武周攻克介州。唐高祖诏命左武卫大将军姜宝谊、行军总管李仲文攻打他。刘武周部将黄子英来往于雀鼠谷，屡次用小部队挑战，两军才一接触，黄子英假装失败逃走，几次三番这样，姜宝谊、李仲文出动全部兵力追逐他，对方伏兵出战，唐军大败，姜宝谊、李仲文都被俘虏，不久全都脱逃返回朝廷，唐高祖再派二人领军攻打刘武周。

己酉日（十二日），突厥使者前来通报始毕可汗的丧讯，唐高祖在长乐门举行哀悼仪式，停止朝会三天，诏命百官前往突厥使者住所吊唁。又派遣内史舍人郑德挺慰问处罗可汗，赠送帛三万段。

唐高祖因为刘武周进犯而担忧，右仆射裴寂请求率兵抵拒。癸亥日（十六日），唐高祖任用裴寂做晋州道行军总管，征讨刘武周，听凭他便宜从事。

秋季，七月，唐初次设置十二军，关内诸府分别隶属于十二军，都取天星为名，由车骑府统辖。每军有将军、副将各一人，挑选平素有威望的人充任，督导耕战事务。从此唐朝兵马精锐强盛，所向无敌。

海岱贼头徐圆朗献出数州土地前来求降，唐高祖任用他做兖州总管，封为鲁国公。

王世充派遣他的将军罗士信进犯谷州，罗士信率领徒众千余人前来投降。起初，罗士信跟随李密攻打王世充，兵败，被王世充俘获，王世充厚礼待他，和他同寝同食。不久王世充得到邴元真等人，像对待罗士信一样厚待他们，罗士信认为这是耻辱。罗士信有匹骏马，王世充哥哥的儿子赵王王道询想要，罗士信不给，王世充夺取该匹骏马赏赐给王道询，罗士信发怒，所以来投降唐。唐高祖听说他来投降，十分高兴，派遣使者迎接慰劳，拿仓廪所储的粟粮供给他的军队，任用罗士信做陕州道行军总管。王世充左龙骧将军临泾人席辩和同列杨虔安、李君义全都带领部下前来投降唐。

丙子日（初十），王世充派遣他的将军郭士衡进犯谷州，刺史任瑰将他打得大败，郭士衡的军队几乎全被斩杀和俘虏。

甲申日（十八日），行军总管刘弘基派遣他的将军种如愿袭击王世充的河阳城，破坏他的河桥而后还师。

乙酉日（十九日），西突厥统叶护可汗、高昌王麹伯雅各自派遣使者前来唐朝纳贡。

起初，西突厥曷娑那可汗来大隋朝贡，隋朝留下了他，西突厥国人拥立他的叔父为可汗，号称射匮可汗。射匮是达头可汗的孙子。他即位之后，拓展疆土东到金山，西到西海，于是和北突厥为敌，在龟兹北面三弥山建立朝廷。射匮可汗逝世，他的儿子统叶护即位。统叶护勇猛有谋略，向北吞并铁勒，拥有几十万射手，占据乌孙原来的地域，又把宫廷迁移到石国北面的千泉。西域诸国全都向他称臣，统叶护分别派遣吐屯去监理各国，督促他们缴纳赋税。

辛卯日（二十五日），宋金刚进犯浩州，十天以后退军。

八月，丁酉日（初一），酅公去世，谥号为隋恭帝；恭帝没有后嗣，将同族的儿子杨行基当作嗣子。

窦建德率领十余万军队赶往洺州，淮安王李神通率领诸军退守相州。己亥日（初三），窦建德的军队抵达洺州城下。

丙午日（初十），唐将军秦武通的军队抵达洛阳，击败了王世充的将军葛彦璋。

丁未日（十一日），窦建德攻克洺州，唐总管袁子幹向他投降。乙卯日（十九日），窦建德领兵赶往相州，淮安王李神通听到消息，带领诸军前往黎阳投奔李世勣。

梁师都和突厥合兵数千骑进犯延州，唐行军总管段德操兵力少不能抵抗，关闭城门不出战。段德操窥知梁师都稍为懈怠，九月，丙寅日（初一），派副总管梁礼领兵攻击。梁师都和梁礼交战正剧烈，段德操用骑兵张设很多旗帜，从后方袭击，梁师都的军队失败。段德操追逐二百里，攻陷他的魏州，俘获男女二千余人。段德操，是段孝先的儿子。

萧铣派遣他的将军杨道生进犯峡州，刺史许绍击败他。萧铣又派遣他的将军陈普环率领水军溯江而上进攻峡州，计划攻取巴蜀。许绍派遣他的儿子许智仁以及录事参军李弘节等追到西陵，大败陈普环的军队，逮捕陈普环。萧铣派军防守安蜀城以及荆门城。

在此之前，唐高祖派遣开府李靖前往夔州经略萧铣。李靖到达峡州，受到萧铣军队的阻挡，久久不能前进。唐高祖恼怒他迟缓稽留，暗中下令许绍斩杀他。许绍爱惜李靖的才能，向唐高祖求情，才得到赦免。

己巳日（初四），窦建德攻克相州，杀死刺史吕珉。

民部尚书鲁公刘文静，自以为才能功勋在裴寂之上，可是官位却比他小，感到十分不平。每次朝廷议政，裴寂认为对的，刘文静一定说不对，数次欺凌侮辱裴寂，因此二人有了嫌隙。刘文静和弟弟通直散骑常侍刘文起饮酒，酒喝到半醉，刘文静发牢骚，拔刀敲着柱子说："我会砍下裴寂的头！"家中多次闹妖怪，刘文起叫来巫师在星夜披发衔刀捉妖。刘文静有个妾不受宠爱，于是让她的哥哥向唐高祖密告刘文静造反。唐高祖将刘文静交给司法官吏，命裴寂、萧瑀侦察审问，刘文静说："起义之初，我愧居司马，算起来和长史的地位大略相同。而今裴寂当上仆射，据有甲等宅第；我的功勋不比众人差，东征西讨，老母留在京师，连遮蔽风雨的地方都没有，内心确实有些不平，因而酒醉才禁不住发出怨言的。"唐高祖对群臣说："听刘文静这话，分明想要造反。"李纲、萧瑀都说他没有造反，秦王李世民为他坚决辩护说："以前在晋阳，是刘文静先定好非常之策，才告知裴寂的，等到攻取京城，却职位待遇悬殊，使刘文静心有怨恨是真的，他不敢谋反。"裴寂对唐高祖说："刘文静的才能谋略在众人之上，性格又粗躁凶险，而今天下尚未平定，留下他必定贻留后患。"唐高祖一向喜欢裴寂，沉默思虑好久，终于采用裴寂的话。辛未日（初六），刘文静以及刘文起被判罪处死，没收他所有登记的家财。

沈法兴已经攻陷毗陵，以为江、淮以南可以指挥平定，自称梁王，在毗陵建都，改年号为延康，设立百官。沈法兴性情残忍，专重威刑，将士有小的过失就处死他们，因而部下怨恨而有叛离的心意。

当时杜伏威占据历阳，陈棱占据江都，李子通占据海陵，都想图取江外。沈法兴的军队多次失败，恰好碰到李子通围攻陈棱于江都，陈棱送人质向沈法兴以及杜伏威求救，沈法兴派遣他的儿子沈纶率领数万兵和杜伏威一同救援陈棱。杜伏威驻军清流，沈纶驻军扬子，相距几十里。李子通的纳言毛文深献计，招募江南人装作沈纶的军兵，夜间袭击杜伏威军营，杜伏威发怒，也派军袭击沈纶。因而二人彼此怀疑，谁也不敢先进兵。李子通于是集中全部精兵进攻江都，攻克江都，陈棱投奔杜伏威。李子通进入江都，于是集中兵力攻打沈纶，大败沈纶，杜伏威也引兵离去。李子通登皇帝位，国号吴，改年号为明政。丹阳贼头乐伯通率领士众一万多人向李子通投降，李子通任用他做左仆射。

杜伏威请求投降。丁丑日（十二日），唐任命杜伏威做淮南安抚大使、和州总管。

裴寂抵达介休，宋金刚据城抵抗。裴寂驻军在度索原，军中饮用山沟水，宋金刚断绝水源，士兵缺水饮用。裴寂要迁移军营靠近水地，宋金刚出兵攻击，裴寂军队溃败，逃走伤亡殆尽。裴寂一天一夜逃到晋州。起初，刘武周因为多次派兵攻打西河，唐浩州刺史刘赡加以抵抗，李仲文领兵赶往浩州，和刘赡一同防守西河。等到裴寂失败，自晋州以北各城镇都被刘武周攻陷，只有西河保全下来。姜宝谊又被宋金刚俘虏，计划逃跑，结果被杀死。裴寂上表谢罪，唐高祖安慰晓谕他，再次派遣他镇守安抚河东。

刘武周进兵逼近并州，齐王李元吉欺骗他的司马刘德威说："您带领老弱残兵守城，我带领强兵出战。"辛巳日（十六日），李元吉夜间出兵，带着他的妻妾放弃城池逃回长安。李元吉刚一离去，刘武周的军队已经到达城下，晋阳土豪薛深将城献给刘武周。唐高祖听到消息，非常生气，对礼部尚书李纲说："元吉幼弱，没学时事，因此派遣窦诞、宇文歆辅助他。晋阳拥有数万强兵，经营十年，是王朝复兴的基础，竟然弃之于一旦。听闻这是宇文歆想出的计策，我应该处死他！"李纲说："齐王年少骄纵逸乐，窦诞不曾劝告阻止，反而又处处维护他，使得军兵百姓愤恨，今天的失利是窦诞的罪过。宇文歆劝谏，齐王不听，他便立即就来上奏朝廷，是个忠臣，哪里可以处死他？"第二天，唐高祖召来李纲，升上御座说："有您，我才不至于滥施刑罚。元吉自己不长进，不是他们二人阻止得了的。"连窦诞也被赦免罪过。卫尉少卿刘政会在太原，被刘武周俘虏了，刘政会暗中派人上表说明刘武周军队的情形。

刘武周据有太原，派遣宋金刚进攻晋州，攻克晋州，俘虏右骁卫大将军刘弘基，刘弘基寻机逃回。宋金刚进军逼近绛州，攻陷龙门。

西突厥曷娑那可汗和北突厥有仇怨。曷娑那居住在长安，北突厥派遣使者来请求杀死他，唐高祖不允许。群臣都说："因为保护一个人却失去一个国家的友谊，一定有后患！"秦王李世民说："人在穷困时前来归顺，我们杀死他是不义的行为。"唐高祖沉思很久，不得已，丙戌日（二十一日），请曷娑那在内殿喝酒，不久送往中书省，任凭北突厥使者命人杀了他。

礼部尚书李纲兼领太子詹事，太子李建成开始十分礼待他。时间久了，太子渐渐宠信小人，讨厌秦王李世民的功劳高，心中颇为猜忌。李纲多次劝谏不听，于是请求退休。唐高祖骂他说："卿当过何潘仁的长史，竟然把当朕的尚书认为可耻吗？况且刚刚派卿辅导太子建成不久，你却坚决请求离去，为什么？"李纲叩头说："何潘仁是个盗贼，每次想要胡乱杀人，臣一劝谏他就停止，做他的长史，可以没有愧疚。陛下是创业的明君，臣不才，说话像在石头上泼水不被采纳，对太子说话也是如此，臣怎么敢久居尚书，玷污天台，侮辱东宫呢？"唐高祖说："我知晓您是个耿直之士，希望您尽力留下辅导我的儿子。"戊子日（二十三日），唐高祖任用李纲做太子少保、尚书，詹事职务照旧。李纲再次上书劝谏太子饮酒没有节制，以及听信谗言，疏远骨肉。太子不高兴，行为仍旧不改。李纲郁郁不得志，这一年，坚决以老病请求辞职，唐高祖诏命解除尚书职务，仍然任职少保。

淮安王李神通派遣慰抚使张道源镇守赵州。庚寅日（二十五日），窦建德攻克赵州，抓捕总管张志昂及张道源。窦建德因为他们二人以及邢州刺史陈君宾不早投降，要处死他们，国子祭酒凌敬进谏说："人臣都效忠他们的主人，他们固守城池不投降，才是忠臣。而今大王杀死他们，怎样去劝勉百姓、部下呢！"窦建德生气地说："我来到城下他还不投降，无力抵抗了才被捉拿，怎么可以放过他？"凌敬说："而今大王派遣大将高士兴在易水抵抗罗艺，假如罗艺一到易水，高士兴就投降，大王以为如何？"窦建德这才醒悟，于是下命令释放他们。

乙未日（三十日），梁师都再次侵犯延州，段德操击败了他，杀了二千多人，梁师都率领百余骑兵逃去。段德操因建功被任命为柱国，赐爵平原郡公。唐鄜州刺史鄜城壮公梁礼战死。

冬季，十月，己亥日（初四），唐高祖升迁凉州总管杨恭仁为纳言；赐幽州总管燕公罗艺姓李，封为燕郡王。

辛丑日（初六），李艺在衡水击败窦建德。

癸卯日（初八），唐高祖任用左武侯大将军庞玉做梁州总管。此时集州獠人造反，庞玉领兵讨伐，獠人依恃险地固守，庞玉的军队不能前进，粮食将要用尽。熟獠和反叛的人都是邻居或者亲族，争相说贼人不可攻打，请求庞玉还军。庞玉声言说："秋谷即将成熟，百姓不可以收割，一切全都供给军用，不平定叛贼我不还师。"听说的人大为害怕地说："大军不离开，我们都将饿死。"其中的壮士于是进入贼营，和亲近的人暗地谋划，杀了他们的大帅前来投降，余党全都溃散逃跑，庞玉追击，全部讨平。

刘武周带领宋金刚攻打浍州，攻克之后，军势壮盛。裴寂生性胆小怯懦，没有将帅谋略，只有派遣使者接连不断上奏，催促虞、泰二州百姓进入城堡，焚毁他们的积蓄。百姓惊乱忧愁因而怨恨，全想去做盗贼。夏县的百姓吕崇茂聚集士众自称魏王，接应刘武周，裴寂讨伐他，被吕崇茂打败。唐高祖诏命永安王李孝基、工部尚书独孤怀恩、陕州总管于筠、内史侍郎唐俭等领军讨伐。

此时王行本尚据有蒲坂，还没有攻下，也和刘武周相呼应，关中人震动害怕。唐高祖出手谕说："贼兵的军势如此，很难和他争胜，应当放弃大河以东，谨慎严守关西。"秦王李世民上表说："太原是王业的基础，国家的根本；河东富庶，是京城的凭借，如果全部放弃，臣私下感到愤恨。希望借我三万精兵，一定消灭刘武周，收复汾、晋。"

唐高祖于是动员所有关中的兵马充实李世民的军力，派他攻击刘武周。乙卯日（二十日），唐高祖来到华阴，到长春宫为李世民送行。

窦建德率军急走卫州。窦建德每次行军，常分三路，辎重、细弱的人排在中间，骑兵、步兵左右夹护，相距约三里。窦建德率领千骑前行，离开黎阳三十里，李世勣派遣骑将丘孝刚带领三百骑随后侦察。丘孝刚骁勇，擅长骑马用长矛，和窦建德相遇，于是挥兵进攻，窦建德失败退走；右方兵过来救援，击杀了丘孝刚。窦建德发怒，还军进攻黎阳，攻陷黎阳，俘获淮安王李神通、李世勣的父亲徐盖、魏徵以及帝妹同安公主。只有李世勣率领数百骑逃走渡过黄河，过了数天，因为父亲的缘故，还兵向窦建德投降。卫州听闻黎阳被攻陷，也投降了。窦建德任用李世勣做左骁卫将军，派他镇守黎阳，常拿李世勣的父亲随从做人质。任用魏徵做起居舍人。滑州刺史王轨的奴仆杀了王轨，拿着王轨的首级向窦建德投降。窦建德说："奴杀主，大逆不道，我怎么能接纳他？"立刻命人斩杀该奴，把王轨的首级送回滑州。因而官民感到高兴，当天请求投降。于是滑州邻近州县以及徐圆朗等人全都相随归附。己未日（二十四日），窦建德返回洺州，修建此处，迁都万春宫。把淮安王李神通安置在下博，依照待客的礼节款待他。

行军总管罗士信率领勇士趁夜间攻入洛阳外城，放火焚毁清化里而后返回。壬戌日（二十七日），罗士信攻取青城堡。

王世充亲自带兵略地到滑台，逼近黎阳。尉氏城主时德睿、汴州刺史王要汉、亳州刺史丁叔则派遣使者向王世充投降。王世充任用时德睿做尉州刺史。王要汉，是王伯当的哥哥。

夏侯端抵达黎阳，李世勣发兵送他，从澶渊渡河，传檄各州县，东边到大海，南面到淮河，二十多州，全都派遣使者来投降。夏侯端行到谯州，遇上汴、亳两州刺史投靠王世充，于是回去的道路被阻断。夏侯端平常深得民心，随从二千人，虽然粮食用尽也不忍弃他而去。夏侯端坐在泽中，杀马给军兵吃，因而感慨地说："你们乡里都已经归顺贼人，但因为共事的情义，不能背弃我。我接奉王命，不能跟从你们。你们有妻子儿女，不应当学我。可以砍下我的头去归顺贼人，必定可以得到富贵。”众人都流着泪说：“公不是唐的亲属，只是为了忠义，一心牺牲。我们虽然鄙贱，同样是人，怎肯害公求利呢？”夏侯端说：“你们不忍心杀我，我当自杀。”众人抱着他，再一起前进，暗中走了五天，饿死以及被贼人击杀冲散的有大半，剩下五十二人一同走，采集野豆生食。夏侯端拿着节不曾离身，多次要遣散相随的人，让他们自求生路，众人又不肯答应。此时河南之地都归属王世充，只有杞州刺史李公逸替唐坚守城池，派军迎接夏侯端，让他居住在客馆，供给食粮。王世充派遣使者招降夏侯端，脱下身上穿的衣服送给夏侯端，又送上委任状，任用夏侯端做淮南郡公、尚书少吏部。夏侯端在来使面前焚毁委任状，毁坏衣服，说：“夏侯端是天子的使者，难道会接受王世充任命的官职吗？你要我去投降，只有取下我的头。”因而解下节旄放入怀中，将刀绑在竹竿上，从山中向西走，不见山路，冒险踩过荆棘，日夜赶路，抵达宜阳，跟随的人坠下山崖溺死水中，被虎狼吞食，又丧失一半。活下来的人鬓发秃落，不像人形。夏侯端到宫阙拜见唐高祖，只是推辞无功，始终不说自己如何艰苦，唐高祖再任命他做秘书监。

郎楚之到山东，也被窦建德俘虏，郎楚之不屈服，最终生还。

王世充派遣他的堂弟王世辩率领徐、亳两州的军队进攻雍丘。李公逸派遣使者求救，唐高祖因为中间隔着贼境，不能出兵救援。李公逸于是留属下李善行固守雍丘，亲自率领轻骑前往朝廷，来到襄城，被王世充的伊州刺史张殷俘获，王世充对他说：“你越过郑而臣服于唐，道理何在？”李公逸说：“我对于天下，只知道有唐，不知道有郑。”王世充发怒，杀死了他。李善行也战死。唐高祖任用李公逸的儿子做襄邑公。

甲子日（二十九日），唐高祖祭祀华山。

资治通鉴卷第一百八十八　唐纪四

起己卯（公元619年）十一月，止辛巳（公元621年）二月，共一年四个月。

【题解】本卷记录了公元619年十一月至六二一年二月的史事，共一年零四个月，正当唐高祖武德二年至四年。这一时期是唐王室秦王李世民建功立业最得意之时，先是消灭了北方劲敌刘武周，沉重打击了梁师都，随后率领大军与王世充在东都激战，唐军大获全胜，河南各郡县大多向唐王朝投降。王世充向窦建德告急，请求援助，王、窦化敌为友，联合兵力对抗唐军。李世勣脱离窦建德，重归唐室怀抱。萧铣政权在唐军打击、内部叛离的情况下日益削弱。李子通割据江东。

高祖神尧大圣光孝皇帝中之上

武德二年（己卯，公元619年）

十一月，己卯日（十四日），刘武周进犯浩州。

秦王李世民趁河面结冰时率领军队从龙门渡过黄河，驻军柏壁，和宋金刚相持。此时，河东州县在劫掠之后，没有粮仓，人心恐惧扰动，大家聚进城堡，大军征敛不到东西，军中缺少粮食。李世民发布命令告知百姓，百姓听说李世民挂帅而来，没有不归附的，从近到远，来的人日益增加，然后征收他们的粮食，军粮因此充实。于是休整兵马，只令副将利用空闲抄掠，大军坚守营垒不出战，所以贼势日渐衰微。

李世民曾经亲自带领轻骑窥察敌情，骑兵向四面散开，李世民独自和一甲士登上丘阜睡觉。不久，贼兵自四方合拢而来，原本没有发觉，恰好有条蛇在追逐老鼠，碰到甲士的脸庞，甲士惊醒，才报告李世民，两人都骑上马，跑了百余步，被贼兵追上，李世民用大羽箭发射，一箭就射杀贼兵骁将，贼骑才退去。

李世勣想要归顺唐，担心灾祸牵连父亲，和郭孝恪商量。郭孝恪说："我刚侍奉窦建德不久，一有行动就会被怀疑，您应当先立功取得信任，然后才可以谋划归唐的事。"李世勣听从。李世勣在获嘉偷袭王世充，攻陷获嘉，俘获非常丰富，全都献给窦建德，窦建德因此亲近信任他。

起初，漳南人刘黑闼，从小骁勇，生性诡诈，和窦建德交好，后来做了盗匪，先后侍奉郝孝德、李密、王世充。王世充任用他做骑将，刘黑闼每次看到王世充的作为，经常嘲笑他。王世充派刘黑闼镇守新乡，李世勣攻打新乡，俘虏刘黑闼，将他献给窦建德。窦建德任用刘黑闼做将军，赐爵汉东公，经常派遣他率领奇兵东西偷袭，有时暗中进入敌人的境地窥探虚实，刘黑闼往往利用时机奋战，获胜后就返回。

十二月，庚申日（二十五日），唐高祖李渊在华山打猎。

于筠劝说永安王李孝基抓紧攻打吕崇茂，独孤怀恩请求先造好攻战的器具，然后进兵，李孝基答应了他。吕崇茂向宋金刚求救，宋金刚派遣将军善阳人尉迟敬德、寻相率兵暗中来到夏县，李孝基内外受敌，于是军队大败，李孝基、独孤怀恩、于筠、唐俭及行军总管刘世让都被俘。尉迟敬德名恭，以字号闻名于世。

唐高祖李渊征召裴寂入朝，责备他战败，交给官吏治罪，不久就释放了他，对他更加礼遇。

尉迟敬德、寻相领兵返回浍州，秦王李世民派遣兵部尚书殷开山、总管秦叔宝等人在美良川截击，大败他们，砍下两千多首级。不久，尉迟敬德、寻相暗中率领精骑在蒲坂支援王行本，李世民亲自带领步骑三千从小路趁夜前往安邑，半路截击他们，大败敌军。尉迟敬德、寻相仅得以保命，李世民俘虏了他们的全部军队，又返回柏壁。

诸将全都请求和宋金刚交战，李世民说："宋金刚孤军深入，精兵猛将，都聚集在此地，刘武周占据太原，倚靠宋金刚为屏障。他们军中并无积蓄，用掳掠所得作为资藉，速战对他有利。我军闭营不战，养精蓄锐，可以挫折他的军威，分兵汾、隰二地，骚扰他的要害之地，敌人粮绝计尽，自然败逃。现在应当等待时机，不宜速战。”

永安壮王李孝基谋划逃归，刘武周杀死了他。

李世勣再次派人游说窦建德说：“曹、戴二州，户口充实，孟海公窃据该地，和郑人（王世充国号郑）貌合神离，如果派遣大军前往，很快便可获胜。得到孟海公后，率军逼近徐、兖，河南不用作战就可以讨平。”窦建德认为正确，要亲自领兵攻占河南，先派遣他的行台曹旦等人领兵五万渡河，李世勣领兵三千和他会合。

武德三年（庚辰，公元620年）

春季，正月，将军秦武通在蒲坂攻打王行本。王行本出战失利，粮草用尽，支援断绝，想要突围逃跑，无人跟从。戊寅日（十四日），王行本打开城门投降。辛巳日（十七日），唐高祖李渊来到蒲州，斩杀王行本。秦王李世民轻骑在蒲州进谒唐高祖。宋金刚围攻绛州。癸巳日（二十九日），唐高祖返回长安。

李世勣计划等窦建德到了河南，偷袭他的军营，杀掉他，再救回自己的父亲，以窦建德的土地归附唐。却遇上窦建德妻子生产，窦建德久久不到河南来。

曹旦，是窦建德妻子的哥哥，在河南大肆侵略骚扰，归附的各路盗贼都怨恨他。贼将魏郡人李文相，号李商胡，聚集五千余人，占据孟津中城。母亲霍氏，也精于骑马射箭，自称霍总管。李世勣和李商胡结拜为兄弟，入拜李商胡的母亲。李商胡的母亲哭着对李世勣说：“窦氏无道，怎么能够侍奉他？”李世勣说：“母亲不必担忧，不过一个月，将他杀了，一同去归附唐！”李世勣辞别后，霍氏对李商胡说：“东海公答应我共同除去此贼，但时间久了担心发生变化，何必等他来，不如迅速解决。”当晚，李商胡召请曹旦的副将二十三人，请他们喝酒，将他们全都杀死。曹旦的别将高雅贤、阮君明尚在河北还没有渡河，李商胡用四艘巨船载运河北兵士三百人渡河，到了中流，将他们全都杀掉。有个兽医能游水得以幸免，游到南岸，禀告曹旦，曹旦严警戒备。李商胡做完事情，才派人告诉李世勣。李世勣和曹旦连营，郭孝恪劝说李世勣袭击曹旦，李世勣还没有决定，听说曹旦已经有了准备，于是和郭孝恪率领数十骑投奔唐。李商胡再次率领两千精兵，向北袭击阮君明，击败阮军。高雅贤召集众人离去，李商胡追击，追不上而后返回。

窦建德的群臣请求杀掉李（徐）盖，窦建德说："李世勣本是唐臣，被我俘获，还不忘记唐，是个忠臣，他的父亲又有什么罪？"于是赦免了他。

甲午日（三十日），李世勣、郭孝恪到达长安。曹旦于是攻下济州，再返回洺州。

二月，庚子日（初六），唐高祖李渊到达华阴。

刘武周派军侵犯潞州，攻克长子、壶关。潞州刺史郭子武不能抵御，唐高祖李渊派遣将军河东王李行敏援助他。李行敏和郭子武不和，有人说郭子武将要反叛，李行敏斩杀郭子武来警示军中。乙巳日（十一日），刘武周再派兵侵犯潞州，李行敏击败他。

壬子日（十八日），开州蛮酋冉肇则攻克通州。

甲寅日（二十日），唐派遣将军桑显和等人在夏县攻打吕崇茂。

起初，工部尚书独孤怀恩进攻蒲坂，很长时间没有攻克，逃走死亡的人非常多，唐高祖李渊多次下敕书责备他，独孤怀恩因此怀恨。唐高祖曾对独孤怀恩开玩笑说："你姑姑的儿子都已经是天子（隋炀帝），依次应当轮到舅舅的儿子吧？"独孤怀恩也颇以此自负，有时扼腕说："我们宗族中难道只有女的富贵吗？"于是和部下元君宝阴谋造反。遇上独孤怀恩、元君宝和唐俭都被尉迟敬德俘获，元君宝对唐俭说："独孤尚书最近密谋大事，如果能够及早决断，哪有这种耻辱呢！"等到秦王李世民在美良川打败尉迟敬德，独孤怀恩逃回，唐高祖再派他领兵攻打蒲坂。元君宝又对唐俭说："独孤尚书顺利脱难返回，又在蒲坂领兵，可说是王者不死！”唐俭担心独孤怀恩顺利完成计谋，于是劝说尉迟敬德，请他派刘世让回师与唐联合，尉迟敬德听从，于是将独孤怀恩造反的情形向上报告。此时王行本已投降，独孤怀恩入据该城，唐高祖李渊刚渡过黄河要到独孤怀恩军营，已经登上船，刘世让刚好到达。唐高祖李渊大惊说：“我能幸免于难，难道不是天助！”于是派人召请独孤怀恩，独孤怀恩不知事情败露，轻舟过来，唐高祖命人将他逮捕交付官吏，分头抓捕同党。甲寅日（二十日），诛杀独孤怀恩及其同党。

窦建德攻击李商胡，杀了他。窦建德到洺州劝勉督导耕种蚕桑，境内没有盗贼，商旅敢在野外过夜。

突厥处罗可汗迎接杨政道，拥立他做隋王。在北方的中原官吏百姓，处罗可汗全部配给杨政道，拥有士众万人。杨政道设立百官，全都依照隋朝制度，居住在定襄郡。

三月，乙丑日（初二），刘武周派遣部将张万岁进犯浩州，李仲文赶走了他，俘虏斩杀几千人。

唐改纳言为侍中，内史令为中书令，给事郎为给事中。

甲戌日（十一日），唐高祖李渊任用内史侍郎封德彝做中书令。

王世充的将帅、州县官吏前来归降的，每季每月络绎不绝。王世充于是加重法律，一人逃亡背叛，全家不分老少全都处死，父子、兄弟、夫妇告密就可以免罪。又让五家互相连保，有全家逃亡的，四邻不察觉，全都连坐受诛。但杀的人越多，逃亡得更加厉害，甚至砍柴采薪的人，出入都有一定的数目。因而公私愁苦困窘，人们没有东西可赖以生活。王世充又把宫城当作大牢狱，心内猜忌的，连其家属一同关进宫中。诸将出征，也把他们的家属留宫中当人质，监禁的经常不少于一万人，每天有几十人饿死。王世充又任命中央台省的官员做司、郑、管、原、伊、殷、梁、凑、嵩、谷、怀、德等十二州营田使，尚书左、右丞以及诸曹郎官能被委派这种职务的，全像升迁一样高兴。

甲申日（二十一日），唐行军副总管张纶在浩州击败刘武周，俘虏斩杀一千多人。

西河公张纶、真乡公李仲文领兵逼近石州，刘季真害怕因而假装投降。乙酉日（二十二日），唐任用刘季真做石州总管，赐姓李，封为彭山郡王。

蛮酋冉肇则进犯信州，赵郡公李孝恭和他交战，战势失利。李靖率兵八百偷袭冉肇则，斩杀了他，俘虏五千余人。己丑日（二十六日），唐收复开、通二州。李孝恭又攻击萧铣手下的东平王萧阇提，斩杀了他。

夏季，四月，丙申日（初三），唐高祖李渊在华山祭祀；壬寅日（初九），唐高祖李渊返回长安。

唐设置益州道行台，将益、利、会、鄘、泾、遂六总管划归益州道行台管辖。

刘武周多次攻打浩州，被李仲文击败。宋金刚军中粮食已经用尽；丁未日（十四日），宋金刚向北逃走，秦王李世民领兵追击他。

罗士信围攻慈涧，王世充派遣太子王玄应前去救援，罗士信刺中王玄应，王玄应从马背坠下，幸而有人接应，才逃脱一死。

壬子日（十九日），唐任用显州道行台杨士林做行台尚书令。

甲寅日（二十一日），唐高祖加派秦王李世民做益州道行台尚书令。

秦王李世民在吕州追上寻相，将他打得大败，李世民乘胜追击，一昼夜行了二百多里，交战几十回合。抵达高壁岭，总管刘弘基拉住马缰绳进谏说："大王击败贼寇，追击逃敌到这里，功勋也够了，继续深入而不收兵，难道不爱惜生命吗？况且士兵饥饿疲倦，应当在此地扎营，等兵马粮草齐备，然后再进攻也不晚。"李世民说："宋金刚无计可施才逃亡，军心涣散；功劳难以建立，失败却很容易，机会难得却容易失去，一定要趁这个时机消灭他。如果长久滞留，让他想出计策，有了戒备，就不能再消灭他了。我为国尽忠，哪里敢顾惜自己的生命呢！"于是策马前进，将士也不敢再说饥饿。在雀鼠谷追到宋金刚，一天打了八仗，都获胜，俘虏斩杀几万人。夜晚，在雀鼠谷西边的平原宿营，李世民两天没吃东西，三天没脱下战甲，军中只有一只羊，李世民和将士分着吃。丙辰日（二十三日），唐陕州总管于筠从宋金刚那儿逃来。李世民领兵急往介休，宋金刚尚有军兵二万人，戊午日（二十五日），宋金刚从西门出兵，背着城布阵，南北长达七里。李世民派总管李世勣和他交战，稍稍退却，宋金刚趁机反扑，李世民率精骑从他背后攻击，宋金刚大败，被斩杀三千人。宋金刚轻骑逃走，李世民追击数十里，抵达张难堡。唐浩州行军总管樊伯通、张德政据堡坚守，李世民脱下头盔示意，堡中军兵见后欢呼雀跃，欢喜得流下眼泪，随从告知秦王几天没吃东西，堡中人献出浊酒、糙米饭。

尉迟敬德收集残兵坚守介休，李世民派遣任城王李道宗、宇文士及前去晓谕他，尉迟敬德和寻相献出介休及永安投降。李世民得到尉迟敬德非常欢喜，任用他做右一府统军，仍旧让他率领八千旧部，和各营相杂在一起。屈突通担心他叛变，很快将顾虑说出来，李世民没有听从。

刘武周听闻宋金刚失败，大为恐惧，放弃并州逃奔突厥。宋金刚收集余众，要再作战，众人不肯听从，也和百余骑逃往突厥。

李世民抵达晋阳，刘武周所任命的仆射杨伏念献城投降。唐俭封锁府库等候李世民，刘武周所得州县都并入唐。

不久，宋金刚计划逃回上谷，突厥追到并俘获他，将他腰斩。岚州总管刘六儿跟随宋金刚在介休，秦王李世民俘虏了他，将他斩杀。他的哥哥刘季真丢弃石州，投奔刘武周的部将马邑人高满政，高满政杀了他。

刘武周向南进犯时，他的内史令苑君璋劝谏说："唐主凭借一州的士众，直攻长安，所向披靡，这是上天的授予，不是靠人力所能做到的。晋阳以南，道路艰险狭隘，没有后援深入敌境的孤军，如果进攻不能取胜，怎样退回！莫如北连突厥，南结唐朝，南面称王，才是长久之策。"刘武周不听，留下苑君璋坚守朔州。后来刘武周失败，对苑君璋哭泣着说："不采用你的意见，才落到如此地步。"过了很久，刘武周计划逃回马邑，事情泄露，突厥杀了他。突厥又任命苑君璋做大行台，统率刘武周的余众，仍旧命令郁射设督导军兵辅助镇守。

庚申日（二十七日），唐怀州总管黄君汉在西济州进攻王世充的太子王玄应，将他打得大败。唐熊州行军总管史万宝在九曲半路截击，又击败了他。

辛酉日（二十八日），王世充攻克邓州。

唐高祖听到并州已经平定，大为高兴。壬戌日（二十九日），唐高祖宴请群臣，赏赐群臣缯帛，让他们进入御府，能拿多少就拿多少。唐高祖恢复唐俭的官爵，仍旧任用他做并州道安抚大使，将登记的独孤怀恩的田宅资产，全部赏赐给他。

李世民留下李仲文镇守并州，刘武周多次派兵入侵，李仲文经常击败他，攻克城堡一百多所。唐高祖诏命李仲文担任检校并州总管。

五月，窦建德派遣高士兴在幽州进攻李艺，没有攻克，退军到笼火城。李艺袭击高士兴，将他打得大败，斩杀五千人。窦建德的大将军王伏宝，勇猛有谋略，为军中之冠，诸将嫉妒他，诬陷他造反，窦建德杀了他，死前王伏宝说："大王怎么听信谗言，自己砍掉自己的左右手呢？"

起初，尉迟敬德领兵协助吕崇茂镇守夏县，唐高祖暗中派遣使者赦免吕崇茂的罪，任命他做夏州刺史，让他图取尉迟敬德，事情泄露，尉迟敬德杀了他。尉迟敬德离去后，吕崇茂的余党再次占据夏县坚守抵抗。秦王李世民领兵自晋州还攻夏县，壬午日（二十日），屠城。

辛卯日（二十九日），秦王李世民回到长安。

这一月，突厥派遣阿史那揭多向王世充进献一千匹马，而且请求和亲，王世充用同宗之女下嫁突厥，并和突厥通商贸易。

六月，壬辰日（初一），唐高祖李渊诏命任用和州总管、东南道行台尚书令楚王杜伏威为使持节、总管江淮以南诸军事、扬州刺史、东南道行台尚书令、淮南道安抚使，晋封为吴王，赐姓李。任命辅公祏做行台左仆射，封为舒国公。

丙午日（十五日），唐立皇子李元景为赵王，李元昌为鲁王，李元亨为酆王。

显州行台尚书令楚公杨士林，虽然接受唐朝的官爵，却向北交结王世充，向南勾结萧铣，唐高祖诏命庐江王李瑗和安抚使李弘敏征讨杨士林。还没有出兵，长史田瓒被杨士林猜忌，甲寅日（二十三日），田瓒杀死杨士林，投降了王世充，王世充任用田瓒做显州总管。

秦王李世民讨伐刘武周的时候，突厥处罗可汗派遣别部首领、他的弟弟步利设率领两千骑兵协助唐朝。刘武周已经失败，这一月，处罗可汗到达晋阳，总管李仲文不能统治处罗，处罗又留下个叫伦特勒的可汗子弟，让他率领数百人，说是协助李仲文镇守，从石岭以北，都留下军兵戍守而后离去。

唐高祖李渊计议攻打王世充，王世充听到消息，选拔各个州镇的骁勇聚集到洛阳，设立四镇将军，招募人手分别驻守洛阳四城。秋季，七月，壬戌日（初一），唐高祖李渊诏命秦王李世民督导诸军攻打王世充。陕东道行台屈突通有两个儿子在洛阳，唐高祖对屈突通说："现在要派遣卿东征，卿如何处置你的两个儿子？"屈突通说："臣以前是阶下囚，理当处死，陛下不但开释，还恩礼对待。当此之时，我就在内心发誓，希望用余年为陛下尽节，只担心死不得其所。如今能够充当先锋，两个儿子不值得顾念！"唐高祖感叹说："真是一位舍生取义之士，竟然这样忠心！"

癸亥日（初二），突厥派遣使者暗通王世充，被潞州总管李袭誉在半路截击，击败突厥，俘获牛羊数以万计。

骠骑大将军可朱浑定远密告："并州总管李仲文和突厥通谋，要等洛阳交战时，引导胡骑直捣长安。"甲戌日（十三日），唐高祖李渊命令皇太子李建成镇守蒲坂来戒备李仲文，又派遣礼部尚书唐俭安抚并州，暂时废除并州总管府，征召李仲文入朝。

壬午日（二十一日），秦王李世民抵达新安。王世充派遣魏王王弘烈驻守襄阳，荆王王行本驻守虎牢，宋王王泰驻守怀州，齐王王世恽检校南城，楚王王世伟镇守宝城，太子王玄应镇守东城，汉王王玄恕镇守含嘉城，鲁王王道徇镇守曜仪城，王世充亲自统率作战部队，左辅大将军杨公卿率领左龙骧二十八府骑兵，右游击大将军郭善才率领内军二十八府步兵，左游击大将军跋野纲率领外军二十八府步兵，总计三万人来防备唐军。王弘烈、王行本，是楚王王世伟的儿子；王泰，是王世充兄长的儿子。

梁师都带领突厥、稽胡兵进犯，行军总管段德操打败了他，斩杀一千多人。

罗士信带领前军围攻慈涧，王世充亲自统兵三万救援。己丑日（二十八日），秦王李世民率领轻骑前去窥察敌情，突然和王世充相遇，敌众我寡不成比例，道路艰险困厄，于是被王世充围攻。李世民策马飞奔并左右开弓，敌人全都应弦而倒，直至俘获了王世充手下的左建威将军燕琪，王世充才退兵。李世民回营，满面尘埃，军兵都不认识，要抵拒他，李世民脱下头盔表明身份，才能够进入军营。次日早晨，李世民率步兵骑兵五万进兵慈涧。王世充取消慈涧的防守，撤回洛阳。李世民派遣行军总管史万宝从宜阳南方进据龙门，将军刘德威自太行东方围攻河内，上谷公王君廓从洛口阻断粮道，怀州总管黄君汉自河阴进攻回洛城，大军驻扎在北邙，连营逼迫。王世充的洧州长史繁水人张公谨和刺史崔枢献出州城前来投降唐。

八月，丁酉日（初七），南宁西爨蛮派遣使者入贡。起初，隋末蛮酋首领爨玩叛乱，被杀，他的儿子被投入官府为奴，丢失领地。唐高祖李渊登基，任用玩的儿子弘达做昆州刺史，命令他收拾父亲的尸首回去埋葬。益州刺史段纶因此派遣使者招谕他的部落，各个部落都来投降。

己亥日（初九），窦建德的共州县令唐纲杀死刺史，献出共州前来投降唐。

邓州豪门大族捉住王世充任命的刺史前来投降唐。

癸卯日（十三日），梁师都的石堡留守张举率领一千余人前来投降唐。

甲辰日（十四日），黄君汉派遣校尉张夜叉率领水军袭击回洛城，攻克回洛城，俘虏了他的将领达奚、善定，割断河阳南桥之后折返，又收复了郑二十多个城堡聚落。王世充派遣太子王玄应率领杨公卿等人攻打回洛，没有攻克，于是在回洛城西方修筑月城，留兵防守。

王世充在青城宫摆开军阵，秦王李世民也布阵抵挡。王世充隔水对李世民说："隋室灭亡，唐帝兴于关中，郑帝兴于河南，王世充不曾向西入侵，大王忽然举兵东来，这是为什么？"李世民派遣宇文士及回应说："普天之下都仰望唐天子，唯独你阻止唐天子的声威和教化，我们为此而来。"王世充说："我们彼此息兵讲和，不是很好吗？"宇文士及又回答他说："我奉诏命攻取东都，没有让我们讲和。"到了傍晚，双方各自领兵回营。

唐高祖李渊派遣使者和窦建德联合，窦建德送同安长公主跟随使者一起返回京师。

乙卯日（二十五日），唐将军刘德威袭击怀州，攻入外城，攻陷外城的堡垒聚落。

九月，庚午日（初十），梁师都部将刘旻献出华池前来投降唐，唐任命他做林州总管。

癸酉日（十三日），王世充的显州总管田瓒献出属下二十五州前来投降唐，从此襄阳的音信和王世充断绝。

史万宝进兵甘泉宫。丁丑日（十七日），秦王李世民派遣右武卫将军王君廓进攻轘辕，攻克轘辕。王世充派遣部将魏隐等人攻打王君廓，王君廓假装败逃，设下埋伏，大败魏隐，于是向东攻占到管城而后回军。在此之前，王世充的部将郭士衡、许罗汉劫掠唐境，王君廓用计击退他们，唐高祖李渊下诏书慰劳他说："卿用十三人击败贼人一万，自古以来以少胜多，还没有这种先例。"

王世充的尉州刺史时德睿率领管辖的杞、夏、陈、随、许、颍、尉等七州来投降唐。秦王李世民便宜行事，命令县官依旧依照王世充所署任的，不做变更，改尉州为南汴州，于是河南郡县相继前来投降唐。

刘武周的降将寻相等人大多反叛离去。诸将猜疑尉迟敬德，将他囚禁军中，行台左仆射屈突通、尚书殷开山对李世民说："尉迟敬德骁勇无比，如今将他囚禁，一定心存怨恨，留下他恐怕会有后患，不如杀掉他。"李世民说："不然，尉迟敬德倘若要反叛，哪会在寻相之后呢？"马上下令释放尉迟敬德，请他进入内室，赏赐金子给他，说："大丈夫以意气相互期勉，不要将小嫌疑放在胸中，我始终不相信谗言来杀害忠良，这您应当知道的。必定要离开的话，就用这些金子来资助您，表示我们有一度同事之情。"辛巳日（二十一日），李世民率领五百骑巡视战地，登上魏宣武陵。王世充步骑万余突然来到，围攻李世民。单雄信持长枪直冲李世民，尉迟敬德跃上马背大声呼喊，横刺单雄信，单雄信从马背坠下，王世充的军队稍稍退却，尉迟敬德翼助李世民突出重围。李世民、尉迟敬德再次率领骑兵回战，出入王世充的行阵，往返无人能够阻碍。屈突通带领大军相继来到，王世充军队大败，王世充只身逃脱。唐军擒拿其冠军大将军陈智略，斩杀一千多人，俘虏执盾执矛的军兵六千人。李世民对尉迟敬德说："怎么这么快就得到了您的回报！"李世民赐给尉迟敬德一小竹箱金银，从此宠遇日益隆盛。

尉迟敬德擅长闪避长矛，每次单骑冲入敌阵中，敌人用密集的长矛刺他，但始终无法伤他，他还能够夺取敌人的长矛而后反刺敌人。齐王李元吉颇以擅长骑马使用长矛自负，听说尉迟敬德的功夫，要求各人去除枪头相互较量胜负，尉迟敬德说："尉迟敬德应当去掉枪头，大王不必去掉枪头。"不久李元吉用长矛刺他，始终无法刺中。

秦王李世民问尉迟敬德说："夺下长矛与躲避长矛，哪一个困难？"尉迟敬德说："夺下长矛难。"李世民于是命尉迟敬德夺下李元吉的长矛。李元吉持长矛跃上马背，一心想刺中尉迟敬德，尉迟敬德须臾间三次夺取李元吉的长矛。李元吉虽然表面称赞，内心却不服。

叛胡攻克岚州。

起初，王世充任用邴元真做滑州行台仆射。濮州刺史杜才干，是李密的老部下，恨邴元真反叛李密，假装率领他的部队投降。邴元真倚仗自己的官势，亲自前去欢迎抚慰，杜才干出来迎接，请邴元真入座，然后命人逮捕他并责备说："你原本是个庸才，魏公任用你做长史，你不仅没有建立丝毫的功勋，竟然还犯了滔天大罪，如今前来送死，那是你命该如此！"于是杀死了他，派人拿他的头到黎阳李密的墓前祭奠。壬午日（二十二日），杜才干献出濮州前来投降唐。

突厥莫贺咄设进犯凉州，总管杨恭仁进攻他，结果被突厥打败，莫贺咄设虏俘男女数千人后离去。

丙戌日（二十六日），唐高祖任用田瓒做显州总管，赐爵蔡国公。

冬季，十月，甲午日（初五），王世充的大将军张镇周来投降唐。

甲辰日（十五日），行军总管罗士信在硖石堡袭击王世充，攻克硖石堡。罗士信又围攻千金堡，堡中的人咒骂他。罗士信趁夜晚派遣百多人抱着数十名婴儿来到堡下，让婴儿啼哭，假装说："我们从东都来投奔罗总管。"不久又互相说："这里是千金堡，我们走错了。"立即离去。堡中误以为罗士信已经离去，来的人是从洛阳逃亡来的，于是出兵追赶。罗士信在道中埋伏军队，一等打开堡门，突然冲入，在千金堡大肆屠杀。

窦建德围攻幽州，李艺向高开道求援，高开道率领两千骑兵救援，窦建德领兵离去，高开道通过李艺派遣使者前来投降唐。戊申日（十九日），唐高祖任用高开道做蔚州总管，赐姓李，封为北平郡王。有箭镞留在高开道的面颊，请医生取出，医生说："箭镞进入很深，不能取出。”高开道发怒，杀了医生。另请一位医生，医生说：“取出恐怕很痛。”又杀掉医生。再请一位医生，医生说：“可以取出。”于是凿开骨头，放楔子在中间，骨头裂开寸余，终于取出箭镞。高开道召来妓女奏歌并且进食不停。

窦建德率领军兵二十万再次攻打幽州，窦建德的兵卒已经爬上城墙，薛万均、薛万彻率领敢死队百人从地道里走出，袭击敌军的背后，窦建德的军队失利逃走，被斩杀一千多人。李艺军队乘胜逼近窦建德的营地，窦建德在营中设阵，填平营外沟堑出兵，奋力猛攻，大败李艺。窦建德追逐败兵，抵达幽州城下，没有攻克，之后回师。

李密失败后，杨庆回归洛阳，恢复杨姓。等到王世充称帝后，杨庆又姓郭氏，王世充任用他做管州总管，将兄长的女儿嫁给他。秦王李世民逼近洛阳，杨庆暗中派人请求投降，李世民派遣总管李世勣领军前往占据杨庆的城池。杨庆要和妻子一同来降唐，他的妻子说：“主上让我侍候你，是要结交君心的。而今君已辜负所托，因利求全，我将怎么对待您呢！如果到了长安，那么我不过是您家里的一个婢女，对您又有什么用！请你将我送回洛阳，我将感激你的恩德。”杨庆没有答应。杨庆外出，他的妻子对侍者说：“假如唐胜郑败，那么我家必定灭亡；如果郑胜而唐败，那么我的丈夫一定要死。人生到这种地步，活着有什么用！”于是自杀。庚戌日（二十一日），杨庆来投降唐，恢复杨姓，唐高祖李渊任命他为上柱国、郇国公。

此时王世充的太子王玄应镇守虎牢，安营在宋、汴之间，听闻杨庆投降的消息，领兵急往管城，李世勣将他打退。让郭孝恪写信劝说荥州刺史魏陆，魏陆暗中请求投降。王玄应派遣大将军张志向魏陆征调兵马，丙辰日（二十七日），魏陆擒拿张志等四位将领，献出荥州来投降唐。阳城令王雄率领诸堡来投降唐，秦王李世民派李世勣领兵接应，任用王雄做嵩州刺史，嵩州南方的道路这才打通。魏陆让张志伪造王玄应的信，下令让王玄应的东路兵马停止前进，命令他的将领张慈宝暂且返回汴州，又秘密通知郑汴州刺史王要汉，让他收拾张慈宝，王要汉斩杀了张慈宝来投降唐。王玄应听到各个州郡全都反叛，大为恐惧，奔回洛阳。唐高祖诏命王要汉做汴州总管，赐爵郧国公。

王弘烈占据襄阳，唐高祖李渊命令金州总管府司马泾阳人李大亮安抚樊、邓来图取襄阳。十一月，庚申日（初一），李大亮攻打樊城镇，攻下城池，斩杀将领国大安，攻克十四个营寨。

萧铣心胸狭窄，对人颇多猜忌。诸将倚仗军功恣意蛮横，又好擅自杀人，萧铣为此担忧，于是宣布解散军队，经营农业，其实是要夺取诸将的兵权。大司马董景珍的弟弟担任将军，心中怨恨，阴谋叛乱，事情泄露，被杀。董景珍当时驻守长沙，萧铣下诏赦免董景珍，召他返回江陵。董景珍害怕，甲子日（初五），献出长沙来投降唐，唐诏命峡州刺史许绍出兵接应。

云州总管郭子和，先和突厥、梁师都互相联合，不久袭击梁师都的宁朔城，攻陷城池。又侦察得知突厥的空隙，派遣使者回去报告唐，被突厥巡逻的骑兵俘获。处罗可汗大为愤怒，拘禁他的弟弟郭子升。郭子和认为自己处境孤立危险，向唐请求率领民众南迁，唐诏命他们迁往延州故城。

张举、刘旻降唐，梁师都大为恐惧，派遣他的尚书陆季览游说突厥处罗可汗说："最近中原动乱，分裂成数国，势均力弱，所以全都北向归顺突厥。而今定杨可汗刘武周已经灭亡，天下将全归唐所有。师都我躲不过覆亡，恐怕也会危及可汗，不如趁时局未定，如魏道武所做的，向南夺取中原，师都愿意做向导。"处罗可汗听从梁师都建议，计划派莫贺咄设从原州进兵，泥步设和梁师都自延州进兵，突利可汗和奚、霫、契丹、靺鞨从幽州进兵，遇到窦建德的军队从滏口西方进兵，在晋、绛会师。莫贺咄设，是处罗可汗的弟弟咄苾。突利可汗，是始毕可汗的儿子什钵苾。

处罗可汗又要攻取并州来安置杨政道，群臣大多谏诤，处罗可汗说："我父亲失国，依赖大隋才能立国，这种恩惠不能忘记。"结果快要出兵时处罗可汗逝世了。义成公主因为儿子奥射设丑陋孱弱，将他废掉，改立莫贺咄设，号称颉利可汗。乙酉日（二十六日），颉利可汗派遣使者报告处罗可汗的丧讯，唐高祖像待始毕可汗的丧礼一样待处罗可汗。

戊子日（二十九日），唐安抚大使李大亮攻克王世充的沮、华二州。

这一月，窦建德渡河进攻孟海公。

起初，王世充侵犯窦建德的黎阳，窦建德攻破殷州来报复。自此两国关系恶化，信使不相往来。到了唐兵迫近洛阳，王世充派遣使者向窦建德求救。窦建德的中书侍郎刘彬游说窦建德说："天下动乱，唐得到关西，郑得到河南，夏得到河北，形成三足鼎立的局面。而今唐举兵攻郑，自秋历冬，唐兵日益增多，郑地逐渐削减，唐强郑弱，情势无法支持，郑亡，那么夏也不能独立了。不如化解仇怨去除愤恨，出兵救援，夏在外面进攻，郑在里面反攻，必定可将唐打败。唐师撤退之后，静观变化，如果郑可以攻取就攻取，合并两国的军队，趁唐师士气衰落，夺取天下不是难事！"窦建德听从了，派遣使者去回复王世充，答应派兵援助。又派遣礼部侍郎李大师等人前往唐，请求撤去洛阳的军队，秦王李世民将他们留下，不作答复。

十二月，辛卯日（初三），王世充所属的许、亳等十一州全都请求投降唐。

壬辰日（初四），燕郡王李艺又在笼火城进攻窦建德，攻克笼火城。

辛丑日（十三日），王世充的随州总管徐毅献出随州来投降唐。

癸卯日（十五日），峡州刺史许绍进攻萧铣的荆门镇，攻克荆门镇。许绍管辖的地方和梁、郑两国邻近，两国俘获许绍的士卒，都杀死他们，而许绍俘获两国的士卒，都给予衣物再将他们送回去。敌人因而惭愧感动，不再侵略劫夺，境内所以安定。

萧铣派遣他的齐王张绣攻打长沙，董景珍对张绣说："'前年剁彭越为肉酱，去年杀死韩信'，你没读过这段历史吗？（引汉高祖杀功臣的故事做警告）为什么要相互攻打！”张绣不加理会，进兵包围长沙，董景珍要突围逃走，被部下杀死，萧铣任用张绣做尚书令。张绣倚仗军功骄慢专横，萧铣又将他杀掉。因而功臣诸将皆有背叛之心，兵势更加衰弱。

王世充派他哥哥的儿子代王王琬、长孙王安世到窦建德处访问，并且请求军队援助。

突厥伦特勒在并州，很成为百姓的祸患，并州总管刘世让设计将他生擒。唐高祖听到消息非常高兴。张道源跟随窦建德在河南，暗中派人来到长安，请求出兵进攻夏国都城，来震动山东地区。丙午日（十八日），唐诏命刘世让做行军总管，派他率兵出土门关，急往夏国都城洺州。

己酉日（二十一日），瓜州刺史贺拔行威捉住骠骑将军达奚暠，举兵反叛。

这一年，李子通渡江进攻沈法兴，攻克京口。沈法兴派他的仆射蒋元超领兵对抗，双方在庱亭交战，蒋元超战败而死，沈法兴放弃毗陵，逃往吴郡。于是丹阳、毗陵等郡全都投降李子通。李子通任用沈法兴的府掾李百药做内史侍郎、国子祭酒。

杜伏威派遣行台左仆射辅公祏率领军兵数千人进攻李子通，任用将军阚稜、王雄诞做副将。辅公祏渡江进攻丹阳，攻克后进兵在溧水安营，李子通率军兵数万抵拒。辅公祏挑选精兵千人，手执长刀做前锋，又命千人跟随在后面，说："有逃跑的人就斩杀他。"辅公祏亲自率军殿后。李子通排方阵进兵，辅公祏的前锋千人拼死作战，辅公祏又派出左右军队攻击，李子通失败逃走，辅公祏追逐，反被击败，收兵回营，关闭营门不出战。王雄诞说："李子通没有营寨壁垒，又满足于小胜，趁他没有防备进攻，可以将他打败。"辅公祏不听从。王雄诞率领他手下数百人趁夜出击，顺风放火，李子通大败，数千军兵投降。李子通粮草耗尽，放弃江都，退守京口，江西之地完全归属杜伏威，杜伏威迁居丹阳。

李子通又向东逃往太湖，聚合逃散的军兵两万人，在吴郡偷袭沈法兴，大败沈法兴。沈法兴率领左右数百人放弃吴郡城逃跑，吴郡贼帅闻人遂安派遣将领叶孝辩迎接他，沈法兴中途后悔，要杀叶孝辩，改逃往会稽。被叶孝辩发觉，沈法兴处境窘迫，投江溺死。李子通军势复振，迁都余杭，尽收沈法兴的辖地，北自太湖，南至五岭，东达会稽，西到宣城，都归李子通所有。

广、新二州贼帅高法澄、沈宝彻杀掉隋朝官员，占据二州，归顺林士弘，汉阳太守冯盎将他们击败。不久沈宝彻的侄儿沈智臣又在新州聚集兵马，冯盎领军攻打沈智臣。贼军刚刚聚合，冯盎脱下头盔大声喊道："你们认识我吗？"贼人大多数放下兵器，脱去上衣行礼，于是贼兵溃散，冯盎生擒沈宝彻、沈智臣等人，岭南地区于是得以安定。

窦建德的行台尚书令恒山人胡大恩请求投降唐。

武德四年（辛巳，公元621年）

春季，正月，癸酉日（十五日），唐任用胡大恩做代州总管，封为定襄郡王，赐姓李。代州石岭以北，自从刘武周起兵，寇盗充斥，李大恩迁徙镇所到雁门，出兵征讨，平定所有贼寇。

稽胡酋帅刘仚成的部落数万人，在边境劫掠。辛巳日（二十三日），唐诏命太子李建成率领诸军征讨稽胡。

王世充的梁州总管程嘉会带领自己统率的军队来投降唐。

杜伏威派遣将领陈正通、徐绍宗率精兵二千，和秦王李世民会师，攻打王世充，甲申日（二十六日），进攻并拿下梁县。

丙戌日（二十八日），黔州刺史田世康进攻萧铣的五个州、四个镇，全都攻克。

秦王李世民挑选精锐千余骑，都穿着黑衣黑甲，分为左右队，让秦叔宝、程知节、尉迟敬德、翟长孙分别统领。每次作战，李世民都披上黑甲率领他们作为前锋，乘机进击，所向披靡，敌人十分畏惧。

行台仆射屈突通、赞皇公窦轨领兵按例巡行营地，突然和王世充遭遇，交战失利。秦王世民带领玄甲兵援救，王世充大败，唐军俘虏王世充的骑将葛彦璋，斩杀俘虏共六千多人。王世充逃跑回城。

李靖向赵郡王李孝恭进献攻取萧铣的十条计策，李孝恭将它上奏给唐高祖李渊。二月，辛卯日（初三），唐改信州为夔州，任用李孝恭做总管，命他大造船舰，操习水战技术。因为李孝恭不懂军事，任用李靖做行军总管，兼任李孝恭的长史，将军事委托给李靖。李靖建议李孝恭召来全部巴、蜀酋长的子弟，量才授职，安置在身边，向外表示引用提拔，其实将他们当作人质。

王世充的太子王玄应领兵数千人，从虎牢运粮进入洛阳，秦王李世民派遣将军李君羡中途截击，大败他们，王玄应脱身而逃。

李世民派宇文士及回朝上奏请求进军东都，唐高祖李渊对宇文士及说："回去告诉你们秦王：这次攻取洛阳，不获全胜决不收兵，攻克东都之日，隋朝皇室乘坐的车驾、所用仪仗器物、地图户籍、礼乐之器、兵用之械，除去各人所必需的，委托你负责收集起来。其余男男女女玉器布帛，都用来赏赐将士。"

辛丑日（十三日），李世民将军营转移到青城宫，还没有建立壁垒，王世充率领军兵两万人自方诸门出兵，凭借旧马坊的墙堑，靠近谷水抗拒唐兵，唐诸将全都惧怕。李世民率领精骑在北邙布阵，自己登上魏宣武陵眺望，对身边人说："贼势已经窘迫，倾巢而出，想侥幸一战而获胜，今日打败他，以后他就不敢再出战了！"他命令屈突通率领步兵五千渡水攻击，李世民告诫屈突通说："兵一交战就施放烟幕。"烟雾升起，李世民率领骑兵南下，身先士卒，和屈突通合军奋力作战。李世民想要知道王世充的阵容虚实，和几十名精锐骑兵冲过行阵，自行阵背后杀出，王世充的军兵都扑倒四散，死伤很多。不久被长堤阻挡，李世民和众骑兵走散，只有将军丘行恭跟从李世民，王世充的几名骑兵追杀而来，李世民的坐骑中了流矢而死。丘行恭掉转马头射击追逐者，箭无虚发，追兵不敢前进。于是他将自己的马让给李世民骑。丘行恭在马前执长刀步行，跳跃着大喊，斩杀数人，冲出敌阵，回到军中。王世充也率领兵众奋力作战，军队几次被打散又聚合，自辰时战到午时，王世充的军队才退去。李世民进兵追逐，直抵城下，俘获斩杀七千人，于是包围了洛阳。骠骑将军段志玄和王世充奋力作战，深入敌阵，马骑跌倒，被王世充的军兵擒住，两骑兵夹持他的发髻，准备渡洛水时，段志玄挺身用力跳起，把两名骑兵都坠下马来，段志玄奔驰回归，数百名骑兵在后面追赶，但不敢逼近。

起初，唐骠骑将军王怀文在军营中负责放哨侦察，被王世充俘虏，王世充想结交他，把他安置在身旁。壬寅日（十四日），王世充出兵右掖门，面临洛水摆开军阵，王怀文突然用长矛刺杀王世充，王世充身内穿着铁甲，长矛折断不能刺入，事发突然，王世充身边的人都惊愕地直瞪着眼睛望着，不知如何是好。王怀文奔往唐军，到了冩口，被追上俘虏，斩杀而死。王世充回到军中，脱下内甲，袒怀示群臣说："王怀文用槊刺我，终不能伤我，难道不是天命吗？"

起初，御史大夫郑颋不愿出任王世充的官职，屡次称病不参与国事，到此时对王世充说："我听闻佛有金刚不坏之身，陛下真是如此。我非常幸运，能够生在佛的世界，但愿除去官职削发为僧，勤勉修持佛法，持善乐道，以助陛下的神武。"王世充说："你是国家大臣，一向有声望、受尊重，一旦皈依佛门，将会惊骇世俗。等到战争结束，当听从你的心愿。"郑颋再三请求，王世充不允许。郑颋回家对妻子说："我幼年为官，立志追慕名节，不幸遭逢乱世，流离到此，身处这互相猜忌的朝廷，立足于危亡的国家，智慧力量浅薄，无能保全自身，但人总会死，只是早晚不同，姑且遂了我的心愿，死也无憾。"于是他削发穿上僧衣。王世充听到，大怒说："你认为我一定失败，想以此逃脱一死吗？不杀你，如何统率众人！"于是在市街处死郑颋。郑颋言笑自如，观看的人赞赏他勇壮。

唐诏命赠王怀文上柱国、朔州刺史。

并州安抚使唐俭密奏："真乡公李仲文和妖僧志觉有谋反的言论，又娶陶氏的女子来附应桃李的谣言。谄媚突厥可汗，深得可汗的欢心，可汗答应他立他做南面可汗，而且李仲文在并州贪赃枉法，声名狼藉。"唐高祖命裴寂、陈叔达、萧瑀一同审讯。乙巳日（十七日），李仲文被处死。

庚戌日（二十二日），王泰放弃河阳逃跑，他的将领赵夐等人献出河阳来投降唐。王世充的副将单雄信、裴孝达和唐总管王君廓在洛口互相抗拒，秦王李世民率领步兵、骑兵五千救援，抵达轘辕，单雄信等人逃去，王君廓追逐击败了他。

壬子日（二十四日），唐延州总管段德操攻打刘仚成，击败他，斩首一千余人。

乙卯日（二七七日），王世充的怀州刺史陆善宗献城投降唐。

秦王李世民包围洛阳宫城，城中守御十分严密，大炮可以发射五十斤重的石头，可掷二百步远，有八个弓的弩，箭杆像车辐，箭镞像巨斧，可以射五百步远。李世民四面围攻，日夜不停，十多天不能攻克。城中先后有十三个人要翻墙投降唐，都没有来得及发动就被处死。唐军将士都疲惫思归，总管刘弘基等人请求班师回朝，李世民说："如今大兵前来，应该一举平定东都，可以一劳永逸。洛阳以东各州已望风归降，只剩洛阳一座孤城，形势不能持久，成功在即，怎么能放弃而回朝呢！"于是下令军中说，"洛阳不破，决不回军，谁敢说班师的话就杀了他！"众人不敢再说班师一事。唐高祖李渊听到战情，也暗中命李世民班师，李世民上表说明洛阳一定可以攻下，又派遣参谋军事封德彝回朝面陈当前形势。封德彝向唐高祖李渊禀奏说："王世充得到土地虽多，大多是略有联系的部属，他的号令，只能管辖洛阳一城，他已经智尽力穷，很快便可攻下。今天如果还师，他的力量就会重新振作起来，再加上各地互相联合，以后便难以图取了！"于是唐高祖李渊听从了李世民建议。李世民送信给王世充，申明祸福，王世充没有回信。

戊午日（三十日），王世充的郑州司兵沈悦派遣使者向左武侯大将军李世勣请求归降。左卫将军王君廓趁夜晚领兵偷袭虎牢，沈悦做内应，于是攻克虎牢，俘虏了郑国荆王王行本以及他的长史戴胄。沈悦，是沈君理的孙子。

窦建德攻克周桥，俘虏了孟海公。

资治通鉴卷第一百八十九　唐纪五

起辛巳（公元621年）三月，止十二月，共十个月。

【题解】本卷记录了公元621年三月至十二月的史事，共十个月，正当唐高祖武德四年。这时期，唐朝秦王李世民盖世功高，他以少击众，击破窦建德和王世充联军，诛灭了窦建德、王世充这两个枭雄，河南、河北全部平定。唐军乘胜扩大战果，江南萧铣兵败降唐，唐将杜伏威平定淮南、江东，唐王室已基本统一了天下。可惜李世民和唐高祖李渊未能宽恕窦建德、萧铣、孟海公的部众，又收捕窦建德的部属过急，以致逼反刘黑闼、徐圆朗，于是战火又在河北、山东重新燃起。

高祖神尧大圣光孝皇帝中之中

武德四年（辛巳，公元621年）

三月，庚申日（初二），唐任用靺鞨渠帅突地稽做燕州总管。

唐太子李建成俘获稽胡千余人，释放酋帅几十人，授予官爵，让他们回去召集余党，刘仚成也投降唐。李建成假装要增设州县，修筑城邑，命投降的年二十岁以上的胡人集合，用军队围杀他们，杀死六千余人，刘仚成察觉事变，出逃投奔梁师都。

唐行军总管刘世让攻击窦建德的黄州，攻陷黄州。洺州戒备森严，刘世让无法前进。遇上突厥将要进犯，唐高祖召还刘世让。

窦建德所任命的普乐令平恩人程名振前来投降唐，唐高祖遥任程名振为永宁令，让他率兵巡视河北。程名振趁夜晚偷袭邺县，俘获男女千余人。离开邺县八十里，检视出怀孕及在哺乳的妇女九十多人，全都释放遣还，邺县百姓感恩，为他设斋祈福。

突厥颉利可汗继承父兄的基业，军队兵马强盛，有恃强欺凌中国的想法。他娶了隋义成公主为妻，公主的堂弟杨善经，在突厥避乱，和王世充的使者王文素一同游说颉利可汗说："以前启民可汗被兄弟逼迫，脱身投奔隋氏，依赖隋文皇帝的大力帮助，才拥有这块疆土，子孙享受。而今唐天子不是隋文皇帝的子孙，可汗应当跟从杨政道对唐加以讨伐，来报答隋文皇帝的恩惠。"颉利可汗同意。唐高祖因为国家还没有安定，对待突厥非常优厚，可是颉利可汗贪婪不满足，言辞骄傲怠慢。甲戌日（十六日），突厥进犯汾阴。

唐兵围攻洛阳，挖掘沟堑修筑墙垒加以防守。城中缺少粮食，绢一匹价值粟三升，布十匹价值盐一升，服饰珍宝，都不再值钱，如同泥土草芥一般。百姓吃完草根树叶后，用水澄土，取漂浮在水面的细泥，掺杂米屑做饼充饥，都患了病，身体浮肿，腿脚软弱无力，死人相互枕藉于道路。皇泰主时迁徙百姓进入宫城，一共有三万家，到此时不足三千家。即使尊贵如公卿，糠核（麦糠中不破者为核）也不充足，尚书郎以下官员，亲自挑载东西，经常饿死。

窦建德派遣将领范愿镇守曹州，动员孟海公、徐圆朗的全部军兵，向西救援洛阳。抵达滑州，王世充的行台仆射韩洪开门迎接。己卯日（二十一日），窦建德在酸枣县驻军。

壬午日（二十四日），突厥侵犯石州，刺史王集将他击退。

窦建德攻克管州，杀掉刺史郭士安，又攻克荥阳、阳翟等县城，水、陆并进，用船只运送军粮，逆河西上。王世充的弟弟徐州行台王世辩，派遣将领郭士衡领兵数千和他相会，一共十余万人，号称三十万，在成皋的东原扎营，在板渚修筑宫室，派遣使者和王世充互通消息。

先前，窦建德送信给秦王李世民，请李世民退守潼关，归还侵占郑的土地，修复旧有的交情。李世民召集诸将商讨，诸将都请求闪避窦建德军队的锋芒，郭孝恪说："王世充处境困窘，很快就要被擒获，窦建德远来援救他，这是上天要灭亡他们两位。应当倚仗武牢的险要抵抗窦建德，等候机会出兵，必定可以将他打败！"记室薛收说："王世充据守东都，府库充盈，统率的军队，全是江、淮的精锐，目前的忧患，只是缺乏粮食罢了。因为这个，才被我军握持住，求战不能，坚守又难以持久。窦建德亲率大军，远来救援，也应该是精锐部队，拼命和我们死战。如果放纵窦建德到此地，两寇联合，转运河北的粮食馈送到洛阳，那么战争才刚开始，想要罢兵就没有时日，统一天下的日子，将遥遥无期。而今应当分兵守住洛阳，将沟堑挖深，将营垒筑高，王世充出兵，不和他作战，大王亲自率领勇锐，先据守成皋，训练士兵，等候窦建德到来，以安逸对待疲劳，一定可以战胜。窦建德已经失败，王世充自然可以攻取，不过二旬，两个贼首就可以被擒了！”李世民称赞这个谋略。薛收，是薛道衡的儿子。萧瑀、屈突通、封德彝全都说：“我们的军队长久疲惫，王世充恃守坚固的城池，不容易马上攻下，窦建德乘胜而来，兵锋锐利气势强盛，我军腹背受敌，如果没有完备的计策，不如退守新安，来等待他们疲弊。”李世民说：“王世充兵败食尽，君臣上下离心，不需并力攻打，可以轻易谋取。窦建德刚打败孟海公，将骄兵惰，我军据守武牢，控制其咽喉要地。他如果冒险争战，我军击败他很容易。倘若犹豫不战，旬月之间，王世充就会崩溃。攻破城池，我军气势自然倍增，一次举兵，两场胜仗，在此一举。如果不快速进兵，等贼兵进入武牢，各个城池都是新近归附的，一定不能久守。两贼军力联合，他们的兵势必然增强，又有什么疲弊可乘！我的计策已然决定了！”屈突通等人又请求解除围兵占据险要之地来静观变化，李世民没有答应。李世民将军队平均分为两部分，派遣屈突通等人做齐王李元吉的副将围守东都，自己带领骁勇三千五百人往东赶往武牢。在正午时出兵，途经北邙，到达河阳，急往巩县而去。王世充登城望见，不知道真实情况，始终不敢出兵。

癸未日（二十五日），李世民进入武牢。甲申日（二十六日），李世民率领勇骑五百，来到武牢东面二十余里，窥察窦建德的军营。沿途分别留置从骑，让李世勣、程知节、秦叔宝分别统领，埋伏道旁，剩下四骑和他一同前进。李世民对尉迟敬德说：“我持弓矢，你持长矛随行，虽百万人能将我们怎么样！”又说，“贼人看到我就还师，才是上策。”距离窦建德军营约三里，窦建德的游兵遇到他们，认为是斥候。李世民大叫说："我就是秦王。"引弓射去，射死一位将领。窦建德的军中大为惊动，派出五六千骑兵追赶。从骑都惊惧面无人色，李世民说："你们只管放心前行，我和尉迟敬德来殿后。"于是执辔慢行，追赶的骑兵追近，李世民就引弓射去，每箭必定射死一人。追逐的骑兵害怕而停止前进，停一下又追上来，如此追追停停反复三次，每次追上来，一定有被射死的，李世民前后射杀数人，尉迟敬德杀了十几人，追击的骑兵不敢再逼近。李世民稍为退却来引诱他们，等追逐的骑兵进入埋伏区，李世勣等人并力攻打，将他们打得大败，斩首三百多人，俘虏他们的骁将殷秋、石瓒回师。于是，李世民写信给窦建德，告诉他："赵、魏之地，很早以前就是我们的，被你侵占了。只因为你礼待淮安王李神通，送回同安公主，所以双方以诚相待解除心结。王世充最近和你修好，但他反复无常，而今他早晚会灭亡，更用花言巧语来引诱你，你竟然率领三军之众，受制于人，将千金之资，浪费在外，实在不是上策。而今只是先头部队相遇，你们很快就失利，你的救援受阻，使命没有达成，能不惭愧？希望你择善而从，停止进兵，如果不听良言相劝，恐怕后悔莫及。"

唐高祖封秦王李世民的儿子李泰为卫王。

夏季，四月，己丑日（初二），丰州总管张长逊入朝。当时议论政事的人大多说，张长逊久居丰州，深受突厥厚待，对国家不是好事。张长逊听到消息，请求入朝，唐高祖答应了他。遇上太子李建成北征稽胡，张长逊率领部下和他会合，因此入朝，唐高祖任命他为右武侯将军。益州行台左仆射窦轨率领巴、蜀的军队来和秦王会师，攻打王世充。唐任命张长逊为检校益州行台右仆射。

己亥日（十二日），突厥颉利可汗进犯雁门，李大恩将他打跑。

壬寅日（十五日），王世充的骑将杨公卿、单雄信率军出战，齐王李元吉攻打他们，战势失利，唐行军总管卢君谔战死。

唐太子李建成返回长安。

王世充的平州刺史周仲隐献出城池来投降唐。

戊申日（二十一日），突厥侵犯并州。起初，处罗可汗和刘武周互相联合，进犯并州，唐高祖派遣太常卿郑元璹前往晓谕祸福，但处罗可汗不听。不久，处罗可汗生病去世，国人怀疑郑元璹下毒，留置他不放他回国。唐高祖又派遣汉阳公李瑰拿金帛贿赂颉利可汗，颉利可汗让李瑰下拜，李瑰不从，也被扣留。后来又留下左骁卫大将军长孙顺德。唐高祖发怒，也留下突厥的使者。李瑰，是李孝恭的弟弟。

甲寅日（二十七日），唐高祖封皇子李元方为周王，李元礼为郑王，李元嘉为宋王，李元则为荆王，李元茂为越王。

窦建德在武牢被阻不能进兵，安营累月，作战多次失利，将士思归。丁巳日（三十日），秦王李世民派遣王君廓率领轻骑千余劫掠他的运粮队，又打败他们，俘虏了窦建德的大将军张青特。

凌敬向窦建德说："大王应率全军渡河，攻克怀州、河阳，派大将防守，之后击鼓树立旌旗，翻越太行山，进入上党，经营汾、晋，进逼蒲津，如此有三利：一是踏入无人之地，可以轻易取胜；二是开拓土地可以招募士众，形势更强；三是关中震动，郑围自然解除。为今之策，只能如此。"窦建德打算听从，可是王世充派遣使者络绎不绝前来求救，王琬、长孙安世早晚不停哭泣，请求救援洛阳，又暗中拿金玉收买窦建德的各位将领，来阻挠他采用凌敬的谋策。诸位将领都说："凌敬是个书生，怎么通晓战事，他的话哪里可以采用！"窦建德于是向凌敬辞谢说："现在众志成城，是上天助我，趁此决战，必定大获胜利，不能采纳你的建议。"凌敬坚持进谏，窦建德发怒，下令扶他出去。窦妻曹氏对窦建德说："祭酒（凌敬为窦建德国子祭酒）的话不可以反对。而今大王自滏口趁着唐国空虚，连营渐进攻取山北，又因为突厥向西劫掠关中，唐军一定回师自救，郑的围困何必担忧它不能解除！假如在此停兵，军队疲弊钱财消耗，要想成功，将在何日？"窦建德说："这不是你们女人能知晓的！我来救援郑，郑今日危急，早晚会灭亡，我竟然放弃它而离去，是害怕敌人而背弃信义，那不可以。"

间谍禀告说："窦建德探知唐军牧草已尽，在河北牧马，计划偷袭武牢。"五月，戊午日（初一），秦王李世民向北渡河，南抵广武，察看敌军形势，因而留下千余匹马，在河中沙洲牧马用来引诱窦建德，夜晚返回武牢。己未日（初二），窦建德果真全军而来，自板渚出牛口摆开军阵，北临黄河，西到汜水，南抵鹊山，绵延二十里，击鼓进军。诸将全都惧怕，李世民率领数骑登上高丘眺望，对诸将说："贼人兴起在山东，不曾遇到大敌，而今渡越险阻反而喧哗，是没有纪律的表现，临近城池布阵，是轻视我们的军力。我军按兵不动，他们的勇气自然衰减，长时间摆阵军兵饥饿，情势上自会撤退，到那时追击，没有不获胜的，我和各位约定，一过中午，就可以击败他们！"窦建德内心轻视唐军，派遣三百骑兵渡过汜水，在距离唐军营一里的地方停止。窦建德派遣使者和李世民对话说："请选拔精锐数百和我们游戏一下。"李世民派遣王君廓率领两百长矛队来对付他们，相互交战，忽进忽退，难分胜败，各自领兵回营。王琬骑着隋炀帝的骢马，铠甲兵器异常鲜丽，远立在阵前来向众军夸耀。李世民说："他所骑的真是一匹良马！"尉迟敬德请求前去夺取那匹马，李世民阻止他说："哪里可以因为一匹马牺牲勇士。"尉迟敬德不听，和高甑生、梁建方三骑直入敌阵，擒获王琬，牵着他的马急驰回营，窦建德的士卒没有敢抵挡的。李世民派人召集河北的马匹，等到马到了才出战。

窦建德排列军阵，从早晨到中午，军兵饥饿疲倦，队伍都坐地上，又争相喝水，想退后不想前进。李世民命宇文士及率领三百骑经过窦建德队伍的西面，急驰南上，警戒宇文士及说："贼人如果没有异动，你要领军归营，一有行动就率军向东进发。"宇文士及到阵前，窦建德的队伍果然有异动，李世民说："可以进攻了！"此时河渚的马也来到，于是下令出战。李世民率领轻骑先行进兵，大军跟着前进，向东涉过汜水，直逼敌阵。窦建德群臣正在朝谒，唐军骑兵突然来到，朝臣跑向窦建德，窦建德召集骑兵抵拒唐兵，骑兵被朝臣挡住不能通过，窦建德指挥朝臣，让他们退却之时，唐兵已然来到，窦建德困窘急迫，退往东陂。窦抗率兵攻打，战事稍稍失利。李世民率领骑兵赶到，所向披靡。淮阳王李道玄挺身攻阵，直冲阵后，再突阵而出，杀入杀出，飞矢射在他身上多如猬毛，但他勇气不衰。他射敌人，敌人都中箭扑倒。李世民给他一匹副马，命他跟随自己。于是诸军大战，尘土满天飞扬。李世民率领史大奈、程知节、秦叔宝、宇文歆等卷着大旗冲入敌阵，冲出阵后，张开唐的旗帜，窦建德的将士看到旗帜，全都溃散；李世民率军追逐三十里，斩杀三千多人。窦建德被长矛刺中后逃窜，藏匿在牛口渚。车骑将军白士让、杨武威追击，窦建德坠下马来，白士让拿长矛要刺他，窦建德说："不要刺我，我是夏王，能让你富贵。"杨武威下马生擒他，载在跟从的马上，来见李世民。李世民责备窦建德说："我讨伐王世充，与你何干，你越界而来，冒犯我军的锋锐！"窦建德两腿发着抖说："今日若不自己前来，担心有劳你远去攻取。"窦建德的将士都溃散离去，俘虏五万人，李世民当天遣散他们，让他们归返乡里。

封德彝前来祝贺战功，李世民笑着说："不采用你的话，才能有今天。聪明人考虑周密，也难免有一次失误吧！"封德彝很觉羞愧。

窦建德的妻子曹氏和左仆射齐善行率领数百骑逃回洺州。

甲子日（初七），王世充的偃师、巩县都投降唐。

乙丑日（初八），唐任用太子左庶子郑善果做山东道抚慰大使。

王世充的将军王德仁丢弃旧洛阳城逃走，副将赵季卿献出城池投降唐。秦王李世民用囚车装载窦建德、王琬、长孙安世、郭士衡等人到洛阳城下，来明示王世充。王世充和窦建德讲话后哭泣，又派长孙安世等入城说明失败的情形。王世充召集诸将商议突围，想向南逃往襄阳，诸将都说："我们依靠夏王，夏王如今已经被擒，虽然能够突围，终究必定不会成功。"丙寅日（初九），王世充穿着素服带领太子、群臣以及两千多人到军门投降。李世民以礼接待，王世充低头趴在地上满身流汗。李世民说："你曾经将我当童子看待，如今看到童子，为什么这样恭敬呢？"王世充叩头谢罪。于是李世民部署诸军，先进入洛阳城，分军把守市街，禁止抢劫，没人敢冒犯禁令。

丁卯日（初十），李世民进入宫城，命令记室房玄龄先进入中书、门下省，接收隋朝的图籍制诏，但已经被王世充毁灭，没有收获。李世民命令萧瑀、窦轨等人查封府库，收拾金帛，赏赐将士。拘捕王世充的同党中罪大恶极的段达、王隆、崔洪丹、薛德音、杨汪、孟孝义、单雄信、杨公卿、郭什柱、郭士衡、董叡、张童儿、王德仁、朱粲、郭善才等十余人在洛水旁处死。起初，李世勣和单雄信友善，发誓同生共死。等到洛阳被平定，李世勣说单雄信骁勇无比，请求捐出自己的官爵替他赎罪，李世民没有答应。李世勣坚决请求没有结果，涕泣而退。单雄信说："我本来知晓你办不成此事。"李世勣说："我不爱惜余生，可以和兄长一同死，但既然以身许国，事情无法两全。况且我死之后，谁来照顾你的妻子儿女呢？"于是割下大腿肉给单雄信吃，说，"如果这块肉能够随兄变为粪土，勉强不辜负以前的誓言吧！"士人百姓痛恨朱粲残忍，争相用瓦砾投击他的尸体，一下子瓦砾堆积如同坟冢。李世民用囚车将韦节、杨续、长孙安世等十余人押往长安。无罪被王世充囚禁的士人百姓，全都释放，也为被王世充杀害的人举行哀祭。

起初，秦王府属杜如晦的叔父杜淹在王世充的手下做事。杜淹一向和杜如晦兄弟不和，谮毁杜如晦的哥哥导致他被杀，又拘禁他的弟弟杜楚客，杜楚客几乎饿死，但杜楚客始终没有怨言。等到洛阳被平定，杜淹应当处死，杜楚客哭泣请求杜如晦救他，杜如晦不答应。杜楚客说："以前叔父已经杀大哥，如今二哥又要杀叔父，一个家族，自相残杀殆尽，难道不悲痛吗？"说完就要自杀，杜如晦这才替叔叔向李世民求情，杜淹才能够免死。

秦王李世民坐在阊阖门，苏威请见，声称年老有病无法叩拜。李世民派人责备他说："你是大隋的宰相，隋室危困不能挽救，使得国君被杀，国家灭亡，见李密、王世充全都叩拜舞蹈。而今既然年老有病，不必劳驾前来见我。"等到了长安，苏威又请见，李世民不答应。

苏威又老又贫，又没有官爵，死在家中，年八十二岁。

秦王李世民观看隋朝的宫殿，感慨地说："放纵奢侈之心，享尽人欲，哪里能够不灭亡呢！"下命拆除端门楼，焚毁乾阳殿，摧毁则天门及阙；废除诸道场，城里的僧尼，各留下有德望的三十人，其余都令他们还俗。

前真定县令周法明，是周法尚的兄弟，隋朝末年结交门客，袭击攻占黄梅，派遣族中晚辈周孝节进攻蕲春，哥哥的儿子周绍则进攻安陆，儿子周绍德进攻沔阳，全都攻克。庚午日（十三日），献出四郡前来投降唐。

壬申日（十五日），齐善行献出洺、相、魏等州来投降唐。此时窦建德的余众逃到洺州，要扶立窦建德的养子为王，征兵来对抗唐；又要劫掠居民，还想到海边做强盗。齐善行独自认为不可行，说："隋末动乱，因而我们相聚草野，只为了苟且偷生。凭夏王的英武，讨平河朔，兵强马壮，一朝被擒，易如反掌，难道不是天命有归，不是人力所能争取的吗？而今如此丧亡失败，固守也不能成功，逃跑也不免死亡，同是亡国，怎么可以再留下祸患给百姓呢！不如违心向唐请命，必定要得到缯帛的人，应当散发府库的财物，不可再残害百姓！"于是齐善行运送府库的帛几十万段，放置在万春宫东街，散发给将士，三日三夜才发完。仍然派兵把守街巷，得到财物的人就令出城，不可以再进入百姓家中。士卒遣散完毕，齐善行和仆射裴矩、行台曹旦，率领百官，呈献窦建德的妻子曹氏以及传国八玺、击败宇文化及时得到的珍宝，向唐请求投降。唐高祖任用齐善行做秦王左二护军，并且赏赐他非常丰厚。

起初，窦建德诛杀宇文化及，隋南阳公主有个儿子名叫禅师，窦建德的虎贲郎将于士澄询问她说："宇文化及大逆不道，兄弟之子都应当跟着连坐，您如若不能舍弃禅师，应当为您留住他的性命。"公主哭泣着说："虎贲既然是隋室贵臣，此事何须询问我。"窦建德终于杀了禅师。不久公主请求做尼姑。等到窦建德失败，公主将要返回长安，和宇文士及在洛阳相遇，宇文士及请求和她相见，公主没有答应。宇文士及站立门外，再次请求结为夫妇。公主说："我和你是仇家，今天不亲手杀死你，是因为叛逆之时，察知你事先并不知情。"公主大声叫他快快离开。宇文士及坚决请求，公主发怒说："必定要想找死，可以见你。"宇文士及知道公主不能屈就，才辞别离去。

乙亥日（十八日），唐任用周法明做黄州总管。

戊寅日（二十一日），王世充的徐州行台杞王王世辩献出徐、宋等三十八州到河南道安抚大使任瑰那儿请求归降，王世充的旧有辖地全都被平定。

窦建德的博州刺史冯士羡再次推荐淮安王李神通做慰抚山东使，收复三十余州，窦建德的辖地全部被平定。

己卯日（二十二日），唐代州总管李大恩进攻苑君璋，将他打败。

突厥进犯边疆，长平靖王李叔良统率五位将军攻打他，李叔良被流矢射中，撤回军队。六月，戊子日（初二），李叔良死在道中。

戊戌日（十二日），孟海公的余党蒋善合献出郓州，孟啖鬼献出曹州来投降唐。孟啖鬼，是孟海公的堂兄。

庚子日（十四日），营州人石世则拘捕总管晋文衍举州叛乱，奉靺鞨突地稽为主。

黄州总管周法明进攻萧铣的安州，攻克安州，俘虏总管马贵迁。

乙巳日（十九日），唐任用右骁卫将军盛彦师做宋州总管，安抚河南。

乙卯日（二十九日），海州贼帅臧君相献出五州来投降唐，唐任命他为海州总管。

秋季，七月，庚申日（初五），王世充的行台王弘烈、王泰、左仆射豆卢行褒、右仆射苏世长献出襄州来投降唐。唐高祖和豆卢行褒、苏世长都有旧交情，先前多次用书信召他们，豆卢行褒往往杀掉使者。他们到了长安后，唐高祖诛杀豆卢行褒并且责备苏世长。苏世长说："隋氏失其鹿，天下人一起逐鹿中原。陛下已经得到鹿，怎么可以再愤恨同时打猎的人，责备他们争肉的罪呢！"唐高祖笑着释放了他，任用他做谏议大夫。苏世长曾经跟从唐高祖在高陵田猎，猎获许多野兽，唐高祖看着群臣说："今日畋猎，非常快乐吧？"苏世长说："陛下游猎，荒废朝政，不到百日，国事就将危险，不足为乐！"唐高祖变了脸色，不久笑着说："狂态又复发了吗？" 苏世长回答说："对于微臣来说是狂乱，对于陛下而言是尽忠。" 苏世长曾经在披香殿陪唐高祖饮宴，酒喝到半醉，对唐高祖说："这个殿是隋炀帝修建的吗？"唐高祖说："你的谏言好像正直，其实包含欺诈，难道你不知道此殿是朕修建的，而说是隋炀帝建造的吗？" 苏世长回答说："我确实不知道，只看见像倾宫、鹿台那样华丽奢侈，不是一个新兴的王朝所应该做的。倘若是陛下修建的，实在不适宜。臣以前在武功侍奉陛下，看见房屋仅能遮蔽风雨，那时也感到满足。如今使用隋朝的宫室，已经太奢侈了，而且又增建宫室，将用什么去矫正隋朝的过错？"唐高祖深表同意他的看法。

甲子日（初九），秦王李世民来到长安。李世民身披黄金甲，齐王李元吉、李世勣等二十五位部将跟从在后，铁骑万匹，前后击鼓吹角，将俘虏的王世充、窦建德以及隋朝皇帝坐的车舆、用的物品呈献到太庙，唐高祖在太庙宴请李世民以及有功的将军。

乙丑日（初十），高句丽王高建武派遣使者入贡。高建武，是高元的弟弟。

唐高祖见了王世充就责备他，王世充说："我的罪本来应该被处死，但秦王答应不让我死。"丙寅日（十一日），唐高祖诏命赦免王世充的死罪，贬为庶人，和兄弟子侄一起被迁居蜀地；在市街上处死窦建德。

丁卯日（十二日），因为天下大略平定，唐大赦天下，免征赋役一年。陕、鼎、函、虢、虞、芮六州，转运辛劳耗费钱财，幽州辖境之内，长久陷于战火，一并免征赋役两年。律、令、格、式，暂时采用开皇旧制。赦令已经颁布，而王世充、窦建德的余党还有被远迁的，治书侍御史孙伏伽上奏说："军队、粮食可以没有，信义不可以失去，陛下已经赦免罪责反而又迁徙他们，是自己违背赦免之意，让大臣百姓无所适从。王世充尚且蒙受宽宥，何况他的余党，应当释放他们。"唐高祖听从了。

王世充因为防监的役夫没有齐备，暂时留置在雍州廨舍。独孤机之子定州刺史独孤修德率领兄弟来到王世充的住所，假称诏命召呼郑王，王世充和兄长王世恽急急出来，独孤修德等人杀了他们。唐高祖诏命免除独孤修德的官爵。其余兄弟子侄等人，也因为谋反被诛杀在道旁。

隋末的钱币恶滥薄小，甚至裁剪皮革糊纸做成钱币，容易毁损，民间使用不便。这时，初次发行开元通宝钱，直径八分，重二铢四参，十枚钱币重一两，轻重大小最适宜，远近都感方便。唐高祖命令给事中欧阳询撰文并书写在钱上，其词回环可读。

唐高祖任用屈突通做陕东道大行台右仆射，驻守洛阳；任用淮阳王李道玄做洛州总管。李世勣的父亲李盖终于无恙而还，唐高祖诏命恢复他的官爵。窦轨返回益州。窦轨领兵征讨，有时一旬或者一月不脱去铠甲。他性情严酷，将佐违犯军纪，无论地位高低立即斩杀；鞭打官吏百姓，常常血流满庭，部下都害怕得不敢喘气。

癸酉日（十八日），唐在洛、并、幽、益等州设立钱监，秦王李世民、齐王李元吉赐给三炉，裴寂赐给一炉，听凭他们铸钱。其余敢私自铸钱的人，判处死罪，家人发配或没入官府为奴。

河北已经平定，唐高祖任用陈君宾做洺州刺史。将军秦武通等人领兵屯驻洺州，想让他们分别镇守东方诸州。又任用郑善果等做慰抚大使，在洺州选补山东的州、县官吏。

窦建德败亡后，他的部将大多盗取藏匿公库之物，居住在乡间，横暴无理，成为百姓的患害，唐官吏依法处置，或者加以捶打，窦建德的旧部都惊慌不安。高雅贤、王小胡老家在洺州，想要暗中携带家眷逃亡，官吏搜捕他们，高雅贤等逃亡到贝州。遇到唐高祖征召窦建德的故将范愿、董康买、曹湛以及高雅贤等人，于是范愿等人商议说："王世充献出洛阳向唐投降，他的将相大臣段达、单雄信等人都被处死，我们到了长安，一定难免同样的下场。我们十年以来，身经百战，早就应该死了，今日何必爱惜余生，不如用它来立事。况且夏王俘获淮安王，用客礼相待，而唐俘获夏王就杀了他。我们都蒙受夏王的厚恩，如今不为他报仇，将无法见天下之士！"于是他们计划作乱，占卜显示，以刘氏为最吉利，因而一起到漳南见窦建德的故将刘雅，将计谋当面告诉他。刘雅说："天下刚刚安定，我打算将余生放在耕田养蚕之上，不愿再起事了！"众人发怒，又担心他泄露消息，于是将他杀了。从前的汉东公刘黑闼，当时摒绝人事定居在漳南，诸将前去造访他，面告计划，刘黑闼欣然听从。刘黑闼当时正在种蔬菜，立刻杀了耕牛和他们一同吃饭并制订计划，募集一百人。甲戌日（十九日），刘黑闼偷袭漳南县，占据该县。这时诸道有事的就设立行台尚书省，无事就罢除。朝廷听闻刘黑闼作乱，于是在洺州设立山东道行台，魏、冀、定、沧各州一并设立总管府。丁丑日（二十二日），唐高祖任用淮安王李神通做山东道行台右仆射。

辛巳日（二十六日），唐褒州道安抚使郭行方攻击萧铣的鄀州，顺利攻克。

孟海公和窦建德同时被诛杀，戴州刺史孟啖鬼心内不安，于是挟持孟海公的儿子孟义率领曹、戴二州造反，将禹城令蒋善合当作心腹。蒋善合和孟啖鬼身边的人一同谋划斩杀了孟啖鬼。

八月，丙戌朔日（初一），发生日食。

丁亥日（初二），唐命令太子安抚北部边疆。

丁酉日（十二日），刘黑闼攻克鄃县，魏州刺史权威、贝州刺史戴元祥和他交战，都战败而死，刘黑闼收编他们的全部余众，没收全部器械。窦建德的旧党有些也出来归附，士众聚集到两千人，在漳南设坛，祭告窦建德，表达举兵之意，自称大将军。唐高祖诏命调集关中步骑三千，派遣将军秦武通、定州总管蓝田人李玄通出兵攻打，又诏命幽州总管李艺领兵合击刘黑闼。

癸卯日（十八日），突厥进犯代州，总管李大恩派遣行军总管王孝基抵抗，全军覆没。甲辰日（十九日），突厥进兵围攻崞县。乙巳日（二十日），王孝基从突厥逃回，李大恩士兵少，据城自守，突厥不敢进逼，过了月余率军离去。

唐高祖因为南方寇盗尚多，丙午日（二十一日），任用左武侯将军张镇周做淮南道行军总管，大将军陈智略做岭南道行军总管，前去坐镇安抚。

丁未日（二十二日），刘黑闼攻克历亭，拘捕屯卫将军王行敏，命他下拜，王行敏不拜，于是将他杀了。

起初，洛阳已经平定，徐圆朗请求归降，唐高祖任命他做兖州总管，封为鲁郡公。刘黑闼叛乱，暗中和徐圆朗通谋。唐高祖派遣葛公盛彦师平定河南，行军抵达任城；辛亥日（二十六日），徐圆朗逮捕盛彦师，起兵造反。刘黑闼任用徐圆朗做大行台元帅，兖、郓、陈、杞、伊、洛、曹、戴等八州豪杰全都响应。徐圆朗用厚礼对待盛彦师，让他写信给他的弟弟，以虞城前来归降。盛彦师写信说："我接受任命没有功勋，被贼人生擒，为臣不能不尽忠，立誓以死表明忠心。你要善待年老的母亲，不必替我操心。"徐圆朗起初发怒变色，可是盛彦师态度自如。徐圆朗才笑着说："盛将军有壮烈的节操，不能杀你。"仍旧善待他。

河南道安抚大使任瑰巡行来到宋州，刚好徐圆朗造反，副使柳濬劝说任瑰退守汴州，任瑰笑着说："柳公担心什么！"徐圆朗又攻克楚丘，率领兵将围攻虞城，任瑰派遣部将崔枢、张公谨从鄢陵率领诸豪强做人质的子弟百余人前来防守虞城。柳濬说："崔枢和张公谨都是王世充的部将，诸州质子的父兄都在造反，恐怕一定会背叛。"

任瑰没有答腔。崔枢来到虞城，分开质子，让他们和土人合成一队一同防守城池。贼人稍微接近，质子有叛乱的，崔枢就处死他们的队帅。于是各队帅全都惧怕，各自杀死该队的质子，崔枢不加阻止，在门外砍下质子的头，派使者禀告任瑰。任瑰假装生气说："我派他们和质子合队的原因，是想招来他们的父兄，质子犯了什么罪，要将他们杀死！"退下来对柳濬说："我本来就知晓崔枢能办这种事。县人已经杀死质子，和贼人结下深仇，我还有什么可担忧的呢！"贼人进攻虞城，果然攻不下而离开。

起初，窦建德任用鄱阳人崔元逊做深州刺史，等到刘黑闼叛乱，崔元逊和同党几十人在野外谋划，在车中埋伏甲兵，将禾草覆盖在上面，装扮成农人，直入听事之堂，甲兵自禾草中呼叫而出，捕杀了刺史裴晞，将他的首级送给刘黑闼。

九月，乙卯日（初一），文登贼帅淳于难请求投降唐。唐因此设置登州，任用淳于难做刺史。

突厥进犯并州，唐派左屯卫大将军窦琮等人攻打他们。戊午日（初四），突厥侵犯原州，唐派行军总管尉迟敬德等人攻打他们。

辛酉日（初七），徐圆朗自封鲁王。

隋朝末年，歙州贼匪汪华占据黟、歙等五州，拥有士众一万人，自封吴王。甲子日（初十），汪华派遣使者来投降唐，唐任命他为歙州总管。

隋朝末年，弋阳卢祖尚募集壮士保卫乡里，处置严密，群盗畏惧。等到隋炀帝被弑，乡人尊他为光州刺史，当时年纪仅十九岁，上表给皇泰主。等到王世充自立，祖尚前来投降唐。丙子日（二十二日），唐任用祖尚做光州总管。

己卯日（二十五日），唐诏命调查统计天下户口。

徐圆朗进犯济州，治中（官名）吴伋论将他打跑。

癸未日（二十九日），唐诏命因为太常乐工都是前代获罪没入官府配充的，子孙承继，经历好多年代，实在可怜，应当免除为庶民，并且命令主管如果这些人仕宦已至流内官九品或者以上的，不再追召他们，让他们继续做乐工。

甲申日（三十日），灵州总管杨师道攻打突厥，击败他们。杨师道，是杨恭仁的弟弟。

唐高祖诏命调动巴、蜀的军队，任命赵郡王李孝恭做荆湘道行军总管，李靖兼任行军长史，统领十二总管，从夔州顺流东下；任命庐江王李瑗做荆郢道行军元帅，从襄州道出兵，命黔州刺史田世康从辰州道出兵，黄州总管周法明从夏口道出兵，来攻击萧铣。当月，李孝恭自夔州出发。这时峡江正值水涨，诸将请求等候水势低落再进军，李靖说："用兵贵在神速。今日我军刚刚集合，萧铣还不知道，如果乘着江水涨高，突然抵达他的城下，掩袭不备，可以擒获他们，机会不可失去！"李孝恭听从了李靖的建议。

淮安王李神通带领关内兵来到冀州，和李艺合兵。又调动邢、洺、相、魏、恒、赵等地军队一共五万余人，和刘黑闼在饶阳城南交战，布阵十余里。刘黑闼士兵少，依堤单行布阵对抗李神通。碰上风云大作，李神通乘着风向进攻，不久风向掉转，李神通大败，兵马军资损失超过三分之二。李艺在西边，攻打高雅贤，击败他，追逐败军数里，听闻大军不利，退守藁城。刘黑闼就近攻打他，李艺也失利，薛万均、薛万彻都被生擒，刘黑闼截断他们头发后驱逐他们。薛万均兄弟逃归，李艺领军返回幽州。刘黑闼兵势大振。

唐高祖因为秦王李世民军功大，前代官阶都不足以称呼他，特别设立天策上将，位在王公之上。冬季，十月，唐高祖任用李世民做天策上将，兼任司徒、陕东道大行台尚书令，增加采邑两万户，开设天策府，设置官吏。唐高祖任用齐王李元吉做（天策府）司空。李世民因为海内逐渐平定，于是在宫城西面开馆，延请四方文学之士，命诸位王子进馆学习，让王府僚属杜如晦、记室房玄龄、虞世南、文学褚亮、姚思廉、主簿李玄道、参军蔡允恭、薛元敬、颜相时、谘议典签苏勖、天策府从事中郎于志宁、军谘祭酒苏世长、记室薛收、仓曹李守素、国子助教陆德明、孔颖达、信都盖文达、宋州总管府户曹许敬宗，一并以本官兼任文学馆学士，分为三班，轮班值宿，供给美食，给予非常礼遇。李世民朝参谒君处理公事之余，就来到馆中，和诸学士讨论文籍，有时直到半夜方才就寝。又命库直阎立本画像，褚亮作赞辞，称他们为“十八学士”。能参与选拔的士大夫，当时的人称作“登瀛洲”。蔡允恭，是蔡大宝弟弟的儿子；薛元敬是薛收的侄儿；颜相时，是颜师古的弟弟；阎立本，是阎毗的儿子。

起初，杜如晦担任秦王府兵曹参军，不久调任为陕州长史。当时府中僚属大多补任外官，李世民为此担忧。房玄龄说：“其他人不可惜，可是杜如晦，是辅佐创建王业的人才，大王要经营四方，没有杜如晦不行。”李世民惊醒地说：“没有你的提醒，差点失去他。”立刻奏请唐高祖请他继续做府属。杜如晦和房玄龄常跟从李世民征讨，在军与中参与谋划，军中许多事情，杜如晦剖析决断得畅快好像流水。李世民每次击败敌军攻克城池，诸将佐争着取拿珠宝货物，房玄龄独自挑选人物，进献到幕府。有勇略的将佐，房玄龄必定和他深相结交，让他为李世民尽死力。李世民每次命房玄龄入朝奏事，唐高祖感慨地说：“房玄龄为我的儿子陈述事情，虽然远隔千里，都有如面谈一样详细明晰。”

李玄道当过李密的记室，李密败亡，官属被王世充俘获，大家怕死，全都彻夜不眠，只有李玄道起居自如，说：“死生有命，不是担忧就可以避免的！”大家钦佩他的胆识。

庚寅日（初六），刘黑闼攻克瀛州，杀死刺史卢士叡。观州人拘捕刺史雷德备，献出城池投降刘黑闼。

辛卯日（初七），萧铣的鄂州刺史雷长颖献出鲁山来投降唐。

赵郡王李孝恭率领战舰两千多艘东下，萧铣因为江水刚刚上涨，丝毫不做戒备，李孝恭等攻陷荆门、宜都两镇，进兵抵达夷陵。萧铣的部将文士弘率领数万精兵驻扎在清江，癸巳日（初九），李孝恭将他打跑，得到战舰三百余艘，杀死以及溺死的人数以万计，追逐败兵到百里洲。文士弘收兵再战，又失利，李孝恭进入北江。萧铣的江州总管盖彦献出五州前来投降唐。

唐毛州刺史赵元恺，性情严厉急躁，部下不堪忍受。丁卯日（十月无此日），州民董灯明等人叛乱，杀了赵元恺来依附刘黑闼。

盛彦师自徐圆朗那儿逃回。王薄因而游说青、莱、密诸州，都攻取了城池。

萧铣罢除军队经营农业时，仅留下宿卫几千人，听说唐兵来到，文士弘失利，大为恐慌，急迫间征调军队，都在江南、岭南之外，路途遥远艰险，不能立刻聚集，于是率全部兵马出战。李孝恭打算攻打他，李靖阻拦他说："他们是救援失败的军队，不是早有计划的，形势上无法持久，不如暂时在马头岸休息，缓他一日，他一定分开兵力，有的留下对抗我军，有的回营驻守，军队分开势力衰减，我军趁他松懈时加以攻击，没有不获胜的。今日如果急速逼迫，他们会拼死作战，楚兵剽悍骁勇，不容易抵挡。"李孝恭不听，留下李靖守营，亲自带领精兵出战，结果果真战败逃走，急奔南岸。萧铣的士兵弃舟收拾掠夺军资，人人背负重物，李靖看见他们的兵众纷乱，出兵奋力进攻，将他们打得大败，乘胜直抵江陵，攻入他们的外城。又攻打并攻克水城，得到很多舟舰，李靖让李孝恭将舟舰散放江中。诸将全都说："打败敌人得到敌舰，应该好好利用，怎么能放弃来资助敌人？"李靖说："萧铣的属地，南达岭南之外，东到洞庭湖。我们孤军深入，如果攻城不下，他们援军从四方聚集，我军腹背受敌，进退不利，虽有舟舰，怎样使用？今日丢弃舟舰，让它充塞江面顺流而下，援兵看到，一定以为江陵已经被攻破，不敢贸然兴兵，往来窥视，要延迟旬月，我军一定可以攻取他们。"萧铣的援兵看到舟舰，果然怀疑不敢进军。交州总管丘和、长史高士廉、司马杜之松将要前往江陵，听说萧铣失败，全都向李孝恭投降。

李孝恭统兵围攻江陵，萧铣内外都被阻隔断绝，向中书侍郎岑文本请教计策，岑文本劝说萧铣投降。萧铣于是对群臣说："天不保佑大梁，无法再支持了。假如一定要等待无力抵抗而后屈服，那么百姓会蒙受灾祸，怎么能因为我一个人陷百姓于困苦呢！”乙巳日（二十一日），萧铣用太牢祭告太庙，下令打开城门投降，防守城池的士兵都哭了。萧铣带领群臣身穿麻衣头裹布巾抵达军门，说：“应当死的人只有我萧铣，百姓没有罪过，希望不要滥杀劫夺。”李孝恭入城，诸将要大大地劫掠，岑文本对李孝恭说：“江南的百姓，从隋末以来，在虐政下痛苦求生，再加上群雄如虎相争，今天还活着的，都是刀箭余生，他们举高足踵伸长脖子盼望真主到来，因此萧氏君臣、江陵父老决心归附唐，希望能够放下重担，得到休养生息。今天如若放纵军队大肆掠夺，让士人百姓失望，恐怕自此以后，没人甘愿归降了！”李孝恭赞同他的意见，很快下令禁止掠夺。诸将又说：“梁的将帅和官军拒战而死的，罪过深重，请没收他们的家财以及家人，用来赏赐将士。”李靖说：“王者之师，应当让义声先传闻到远方。他们替他的主人战死，是忠贞的表现，哪里可以和叛逆者一样没收他们的家财和家人呢！”于是城中安居乐业，秋毫无犯。南方州县听闻这个消息，都希望纳城归附。萧铣投降后数日，援兵来了十余万，听闻江陵失守，全都放下武器投降唐。

李孝恭送萧铣到长安，唐高祖指责他，萧铣说：“隋失其鹿，天下人一同追逐。萧铣没有天命，因而到此地步。假如以此为罪，也无法逃避。”终于在都市把他处死。唐诏命李孝恭为荆州总管；李靖为上柱国，赐爵永康县公，仍旧让他安抚岭南，可承制任命官吏。

先前，萧铣派遣黄门侍郎江陵人刘洎经营岭表，得到五十余城，没有还师而萧铣已然失败，刘洎献出获得的城邑来投降唐，唐任命他为南康州都督府长史。

戊申日（二十四日），徐圆朗的昌州治中刘善行献出须昌来投降唐。

庚戌日（二十六日），唐诏命陕东道大行台尚书省从令、仆至郎中、主事，品级爵秩都和京师相同，只是人员数目较少，山东行台以及总管府、诸州一并隶属其下。其余益州、襄州、山东、淮南、河北等道令、仆以下，品级爵秩都比京师降一等，人员数目也相应减少。行台尚书令可以承制补充署任。秦王、齐王府官之外，各自设置左右六护军府，以及左右亲事帐内府。

闰月，乙卯日（初二），唐高祖到达稷州；己未日（初六），唐高祖到达武功旧别墅；壬戌日（初九）唐高祖在好畤县打猎；乙丑日（十二日），唐高祖在九嵏山打猎；丁卯日（十四日），唐高祖在仲山打猎；戊辰日（十五日），唐高祖在清水谷打猎，顺道抵达三原县；辛未日（十八日），唐高祖到达周氏陂；壬申日（十九日）唐高祖返回长安。

十一月，甲申日（初一），唐高祖在圜丘祭祀昊天上帝。

杜伏威派遣部将王雄诞攻打李子通，李子通率领精兵防守独松岭。王雄诞派遣部将陈当带领千余人，乘地势高险逼迫李子通，张挂许多旗帜，夜晚在树上绑着火炬，遍布山谷。李子通害怕，焚毁营垒逃跑到杭州去坚守，王雄诞追击他，又在杭州城下将他打败。庚寅日（初七），李子通在穷困之下请求归降。杜伏威逮捕李子通以及他的左仆射乐伯通送往长安，唐高祖开释了他们。

先前，汪华据有黟、歙两地，称王十几年，王雄诞调回军队攻打他，汪华在新安洞口抵抗，甲兵非常猛锐。王雄诞在山谷中埋伏精兵，自己带领瘦弱的兵士数千人攻阵，刚一交战，就假装失败，逃回营地，汪华进兵追击，不能获胜，恰好太阳西下，汪华引兵还营，此时伏兵已经占据洞口，汪华无法进入，在窘迫之下请求归降。

闻人遂安占据昆山，无所归属，杜伏威派遣王雄诞攻打他，王雄诞因为昆山艰险狭隘，难以用武力取胜，于是单骑来到他的城下，陈述唐国的威势，晓谕祸福的道理。闻人遂安感动心悦，带领诸将出城投降。

于是杜伏威拥有淮南、江东所有土地，南面到达五岭，东面到达大海。王雄诞因为军功被任命为歙州总管，赐爵宜春郡公。

壬辰日（初九），林州总管刘旻攻打刘仚成，大败他。刘仚成仅能脱身而逃，部落全都投降。

李靖翻过五岭，派遣使者分道招降安抚诸州，所到的地方全都投降。萧铣的桂州总管李袭志献出统辖的诸州来投降唐，赵郡王李孝恭立即任命李袭志做桂州总管，明年进入朝廷。任用李靖做岭南抚慰大使，摄理桂州总管，领兵攻克九十六州，得到六十余万户。

壬寅日（十九日），刘黑闼攻克定州，拘捕总管李玄通，刘黑闼爱惜他的才干，想要任用他做大将，李玄通不答应。有故吏拿酒肉来送给他，李玄通说："诸君可怜我被囚受辱，真幸运有你们拿酒肉来开导抚慰我，我应该为诸君酒醉一次。"酒喝到半醉，李玄通对防守的人说，"我会表演剑舞，希望借我一把刀。"防守者拿刀给他，李玄通舞剑完毕叹气说，"大丈夫蒙受国家的重恩，驻守安抚一方，而今不能保全防守的土地，有何面目活在世间呢！"李玄通就剖腹自杀了。唐高祖听说他的死讯，为他流泪，任用他的儿子李伏护做大将。

庚戌日（二十七日），杞州人周文举杀掉刺史王文矩，占据杞州城响应徐圆朗。

幽州发生大饥荒，高开道答应拿粟赈灾。李艺差遣老弱前往高开道那里就食，高开道都厚遇他们。李艺高兴，于是调动百姓三千人，车数百辆，驴马千余匹前往接受赈济，高开道将他们全部留下，派人告诉李艺和他绝交，再次自称燕王，北面勾结突厥，南面和刘黑闼结交，领兵攻打易州，没有攻克，大肆劫掠而后离去。又派遣部将谢棱诈降李艺，请求援兵接应，李艺出兵接应，将要到达怀戎，谢棱偷袭将他打败。高开道和突厥连兵数次入侵，恒、定、幽、易各州全都受到侵扰。

十二月，乙卯日（初三），刘黑闼攻克冀州，杀死刺史麹棱。刘黑闼击败淮安王李神通之后，送信给赵、魏，窦建德的旧将卒争相杀死唐官吏来响应刘黑闼。庚申日（初八），唐高祖派遣右屯卫大将军义安王李孝常领兵征讨刘黑闼。刘黑闼率领数万军队逼近宗城，黎州总管李世勣原先驻兵宗城，放弃城池逃到洺州防守。甲子日（十二日），刘黑闼追击李世勣等人，将他们打败，杀了他五千多步兵，李世勣仅能脱身而逃。丙寅日（十四日），洺州的土豪翻城来响应刘黑闼，刘黑闼在城东南筑坛祭告上天以及窦建德后入城。十日后，刘黑闼率兵攻克相州，擒住刺史房晃，右武卫将军张士贵突围逃走。刘黑闼向南攻取黎、卫二州，半年之间，完全收复窦建德的旧地。又派遣使者北连突厥，颉利可汗派遣俟斤宋邪那率领胡骑跟从。右武卫将军秦武通、洺州刺史陈君宾、永宁令程名振都自河北逃回长安。

丁卯日（十五日），唐高祖命令秦王李世民、齐王李元吉讨伐刘黑闼。

昆弥派遣使者前来归附。昆弥，就是汉时的昆明。巂州治中吉驻纬出使南宁，到他们国中游说，于是来投降唐。

己巳日（十七日），刘黑闼攻克邢州、赵州；庚午日（十八日），刘黑闼攻陷魏州，杀死总管潘道毅；辛未日（十九日），刘黑闼攻克莘州。

壬申日（二十日），唐迁宋王李元嘉为徐王。

资治通鉴卷第一百九十　唐纪六

起壬午（公元622年）正月，止甲申（公元624年）五月，共两年五个月。

【题解】本卷记录了公元622年至624年五月的史事，共两年又五个月，正当唐高祖武德五年至七年。此时期最大的历史事件是刘黑闼在河北起兵造反，影响广泛，引起全国动荡。当时窦建德败亡，王世充投降，南方杜伏威归服，萧铣被灭，全国基本平定。由于唐王室未处理好对窦建德、王世充部属的归降问题，逼之过急，刘黑闼于是在河北起兵造反，窦建德旧境全线响应，接着徐圆朗造反，杜伏威旧部辅公祏反叛，岭南各地响应，北方突厥侵扰，西北吐谷浑也推波助澜，于是全国又处在大战乱之中。主战场在河北，秦王李世民、太子李建成与齐王李元吉相继征讨，唐朝用了两年多时间，才又重新讨平叛乱。唐武德七年颁布律法，制定官吏制度和租庸调法，政治开始步入正轨。

高祖神尧大圣光孝皇帝中之下

武德五年（壬午，公元622年）

春季，正月，刘黑闼自封汉东王，改年号为天造，定都洺州。任用范愿做左仆射；董康买做兵部尚书；高雅贤做右领军；征召王琮做中书令；刘斌做中书侍郎；窦建德时的文武官员全都恢复本位。其立法行政，全都学习窦建德，而攻战的勇敢坚决超过窦建德。

丙戌日（初四），同安贼帅殷恭邃献出舒州来投降唐。

丁亥日（初五），济州别驾刘伯通拘捕刺史窦务本，献出济州归降徐圆朗。

庚寅日（初八），东盐州治中王才艺杀死刺史田华，以城池响应刘黑闼。

秦王李世民的军队到达获嘉，刘黑闼放弃相州，退守洺州。丙申日（十四日），李世民再次攻取相州，进军肥乡，在洺水附近安营来进逼刘黑闼。

萧铣败亡后，散亡的兵卒多数归属林士弘，林士弘军势因而复振。

己酉日（二十七日），岭南俚帅杨世略献出循、潮二州来投降唐。

唐朝使者王义童夺取泉、睦、建三州。

幽州总管李艺带领部下数万兵马与秦王李世民会师讨伐刘黑闼，刘黑闼听到消息，留下军兵一万人，让范愿防守洺州，亲自领军抵抗李艺。夜晚，在沙河县安营，程名振装载六十面鼓，在离城西二里的堤上快速敲击，城中地面都能感到震动。范愿惊惧，急告刘黑闼，刘黑闼立即迅速回师，派遣他的弟弟刘十善和行台张君立带领一万军队在鼓城攻打李艺。壬子日（三十日），双方在徐河交战，刘十善、张君立大败，损失八千人。

洺水人李去惑献出城池来投降唐，秦王李世民派遣彭公王君廓率领一千五百骑兵前往，入城一同防守。二月，刘黑闼领军还攻洺水，癸亥日（十一日），刘黑闼行军到列人，秦王李世民派遣秦叔宝截击，击败刘黑闼。

豫章贼帅张善安献出虔、吉等五州来投降唐，被任用为洪州总管。

戊辰日（十六日），金乡人阳孝诚背叛徐圆朗，献出城池来投降唐。

己巳日（十七日），秦王李世民再次攻取邢州。辛未日（十九日），并州人冯伯让献出城池来投降唐。

丙子日（二十四日），李艺攻取刘黑闼的定、栾、廉、赵四州，俘获刘黑闼的尚书刘希道，领军和秦王李世民在洺州会合。

刘黑闼进攻洺水非常猛烈。城的四边都有护城河，宽五十余步，刘黑闼在城的东北修筑两条甬道来方便进攻。李世民三次率兵救援，刘黑闼抵抗，不能进兵。李世民担心王君廓不能固守，召集诸将商讨，李世勣说：“假如甬道直达城下，城池一定防守不住。”行军总管郯勇公罗士信请求接替王君廓防守。李世民于是登上城南的高坟，用旗子招王君廓，王君廓率领部下并力作战，突围出城；罗士信率领亲信两百人乘机入城，接替王君廓坚守。刘黑闼昼夜猛攻，遇上大雪，救兵无法前往，共坚守了八天，丁丑日（二十五日），城池被攻陷。刘黑闼一向听说罗士信英勇，想要给他一条生路，但罗士信言语脸色毫不屈服，才杀死他，死时罗士信仅二十岁。

戊寅日（二十六日），唐汴州总管王要汉攻击徐圆朗，攻陷杞州，俘虏他的部将周文举。

庚辰日（二十八日），唐延州道行军总管段德操，攻打梁师都的石堡城，梁师都亲自率兵救援；段德操和他交战，将他打得大败，梁师都率领十六骑逃遁而去。唐高祖增派兵马，命段德操乘胜进攻夏州，攻取东城，梁师都率领数百人保护西城。遇上突厥救兵到达，唐高祖诏命段德操领军返回。

辛巳日（二十九日），秦王李世民攻克洺水。三月，李世民和李艺在洺水之南安营，分兵驻扎在洺水之北。刘黑闼多次挑战，李世民坚守营壁不予理睬，另外派出奇兵隔断刘黑闼的粮道。壬辰日（十一日），刘黑闼任用高雅贤做左仆射，军中举行大宴会。李世勣领军逼近刘黑闼的军营，高雅贤乘醉单骑追逐，李世勣的部将潘毛将他刺坠马下，高雅贤的亲兵赶到，将他扶归，没回到营地就死去。甲午日（十三日），诸将再次前往挑战，潘毛被王小胡捉住。刘黑闼在冀、贝、沧、瀛诸州调运军粮，水陆并进，程名振率领千余人截击，击沉运粮船，焚毁运粮车。

宋州总管盛彦师率领齐州总管王薄进攻须昌，在潭州征收军粮。刺史李义满和王薄有过节，封闭粮仓不给军粮。等到须昌投降，盛彦师收押李义满，关进齐州的牢狱，唐高祖诏命释放他。使者没有抵达，李义满忧愤交加死在狱中。王薄回来，途经潭州，戊戌日（十七日）夜里，李义满兄长的儿子李武意拘捕王薄，将他杀死。盛彦师也因此被判死罪。

唐高祖派遣使者贿赂突厥颉利可汗，并且答应联姻。颉利可汗于是遣送汉阳公李瑰、郑元璹、长孙顺德等人回唐。庚子日（十九日），颉利可汗又派遣使者来建立良好关系，唐高祖也遣回突厥的使者特勒热寒、阿史那德等人。并州总管刘世让在雁门安营，颉利可汗和高开道、苑君璋合军攻打，进攻了一个多月，才退兵。

甲辰日（二十三日），唐高祖任用隋交趾太守丘和做交州总管，丘和派遣司马高士廉上表请求入朝，唐高祖诏命允许，派遣他的儿子丘师利去迎接他。

秦王李世民和刘黑闼相持六十多日。刘黑闼暗中派军偷袭李世勣的军营，李世民领兵掩袭其后来援救李世勣，被刘黑闼包围，尉迟敬德率领壮士冲围而入，李世民和略阳公李道宗乘机逃出包围。李道宗，是唐高祖的侄儿。李世民忖度刘黑闼的军粮将要用尽，一定来决一死战，于是派人在洺水上流筑堰堵塞水流，对守吏说："等我和贼交战，才可以决堤。"丁未日（二十六日），刘黑闼率领步骑两万向南渡过洺水，紧挨唐营布阵，李世民亲自率领精骑进攻刘黑闼的骑兵，击败他们，乘胜攻击刘黑闼的步兵。刘黑闼率领士兵拼命作战，从中午直到黄昏，多次交战，刘黑闼军力不能支持。王小胡对刘黑闼说："智力已尽，应当趁早逃离。"于是和刘黑闼先行逃走，余众不知实情，仍在战斗。守吏挖开堤堰，洺水涌至，水深一丈多，刘黑闼的兵卒大多溃散，斩首万余人，溺水几千人，刘黑闼和范愿等二百骑逃往突厥，山东全部被平定。

高开道进入易州，杀死刺史慕容孝干。

夏季，四月，己未日（初八），隋鸿胪卿宁长真献出宁越、郁林之地请求投降李靖，交、爱二州的道路才开始畅通，唐任用宁长真做钦州总管。

唐高祖任用夔州总管赵郡王李孝恭做荆州总管。

徐圆朗听闻刘黑闼失败，大为恐惧，不知所措。河间人刘复礼游说徐圆朗说："有个叫刘世彻的人，才能出奇，名闻山东河北一带，并且有非常的相貌，真有帝王的器宇。将军如果自立，恐怕终不会成功；倘若迎接刘世彻尊奉他，天下指挥之间即可平定。"徐圆朗同意，派遣刘复礼到浚仪迎接刘世彻。有人游说徐圆朗说："将军被人迷惑，想要迎接刘世彻并且尊奉他，刘世彻如果得志，将军哪有安全的地方呢！我不敢远引古代的故事，将军独不见翟让和李密的故事吗？"（李密、翟让事始一百八十三卷隋大业十二年，终一百八十四卷义宁元年）徐圆朗也赞同这种看法。刘世彻到达，已拥有士兵几千人，停驻在城外，等待徐圆朗出来迎接，徐圆朗不出来，只派人召请他。刘世彻心知事情有变化，想要逃走，又担心性命难保，于是入城谒见。徐圆朗夺取他全部的军队，任用他做司马，派他攻取谯、杞州，山东人一向风闻他的名声，刘世彻所到之处，无不归附，徐圆朗于是杀了他。

秦王李世民从河北率军将要攻击徐圆朗，遇到唐高祖宣召他，命他乘传车急驰入朝，于是将他的军队交给齐王李元吉统领。庚申日（初九），李世民到达长安，唐高祖在长乐坂迎接。李世民详细禀告攻取徐圆朗的形势，唐高祖再次派遣他前往黎阳，会合大军急往济阴。

丁卯日（十六日），唐废除山东行台。

壬申日（二十一日），唐代州总管定襄王李大恩被突厥杀死。先前，李大恩上奏禀告突厥闹饥荒，马邑可以攻取，唐高祖诏命殿内少监独孤晟率军和李大恩一同攻击苑君璋，约定二月在马邑会师。独孤晟失约不到，李大恩不能独自进兵，于是屯兵新城。颉利可汗派遣数万骑兵和刘黑闼一同围攻李大恩，唐高祖派遣右骁卫大将军李高迁救援李大恩。援兵没有到达，李大恩粮食已经用尽，趁夜晚逃跑，突厥截击他，兵众溃散最终战死，唐高祖异常惋惜。独孤晟因此被判死罪，减刑发配边疆。

丙子日（二十五日），唐行台民部尚书史万宝进攻徐圆朗，攻克了陈州。

戊寅日（二十七日），广州贼帅邓文进、隋朝合浦太守宁宣、日南太守李晙都来投降唐。

五月，庚寅日（初九），瓜州土豪王干斩杀贺拔行威前来投降唐，瓜州因此平定。

突厥侵犯忻州，李高迁击败他们。

六月，辛亥日（初一），刘黑闼引导突厥进犯山东，唐高祖诏命燕郡王李艺出兵攻打刘黑闼。

癸丑日（初三），吐谷浑进犯洮、旭、叠三州，岷州总管李长卿将他们打败。

乙卯日（初五），唐高祖派遣淮安王李神通攻打徐圆朗。

丁卯日（十七日），刘黑闼引领突厥进犯定州。

秋季，七月，甲申日（初五），唐为秦王李世民营建弘义宫，让他居住。李世民进攻徐圆朗，攻克十多座城池，声威震动淮、泗等地方，杜伏威恐惧，请求入朝。李世民因为淮、济之间稍稍安定，派遣淮安王李神通、行军总管任瑰、李世勣进攻徐圆朗。乙酉日（初六），李世民调回军队。

丁亥日（初八），杜伏威入朝，唐高祖接见他，让他坐在龙床上，任命他为太子太保，仍然兼任行台尚书令，居留长安，官位在齐王李元吉之上，以示优宠他。任用阚棱做左领军将军。

李子通对乐伯通说："杜伏威已然投降，江东还没有稳定，我前去收拾旧兵，可以立下大功。"于是一起逃往蓝田关，被守吏俘获，二人伏罪被杀。

刘黑闼到达定州，他的旧部将曹湛、董康买亡命逃到鲜虞，此时再次聚集军队响应他。甲午日（十五日），唐高祖任用淮阳王李道玄做河北道行军总管来讨伐刘黑闼。

丙申日（十七日），迁州人邓士政抓捕刺史李敬昂而后反叛。

丁酉日（十八日），隋朝汉阳太守冯盎接奉李靖的檄文，带领部下前来投降，唐将他的属地分为高、罗、春、白、崖、儋、林、振八州，任用冯盎做高州总管，封为耿国公。先前，有人游说冯盎说："唐刚刚平定中原，军力不能抵达远方，你统领二十州土地比赵佗还要广大，应当自称南越王。"冯盎说："我的家族居住此地有五代了，担任州牧、方伯的人无不出自我的家门，我已经够富贵了，时常担心不能承担，让祖先蒙羞，怎么敢效法赵佗自立为王拥有一方呢！"于是前来投降唐。岭南由此全部被平定。

八月，辛亥日（初二），唐在洛、荆、交、并、幽五州设立大总管府。

唐将隋炀帝改葬到扬州雷塘。

甲戌日（二十五日），吐谷浑进犯岷州，打败唐总管李长卿。唐高祖诏命益州行台右仆射窦轨、渭州刺史且洛生前去救援。

乙卯日（初六），突厥颉利可汗进犯边地，唐高祖派遣左武卫将军段德操、云州总管李子和领军抵拒。李子和本姓郭，因为征讨刘黑闼有军功，赐姓李。丙辰日（初七），颉利可汗率领十五万骑兵进入雁门，己未日（初十），侵犯并州，另外派军进犯原州。庚申日（十一日），唐高祖命令太子出幽州道，秦王李世民出秦州道抵御。李子和急往云中，袭击颉利可汗，段德操急往夏州，截断颉利可汗的归路。

辛酉日（十二日），唐高祖对群臣说："突厥进犯而又求和，和谈和作战哪样有利？"太常卿郑元璹说："打仗结怨更深，不如和谈有利。"中书令封德彝说："突厥倚仗犬羊众多，轻视中国，如果不作战而和他们谈判，显示我们力弱，明年他将会再来进犯。我认为不如攻打他，等打胜之后与他和谈，那就可以恩威并施了！"唐高祖听从了。

己巳日（二十日），唐并州大总管襄邑王李神符在汾东击败突厥；汾州刺史萧顗击败突厥，斩首五千余人。

吐谷浑攻克洮州，唐派遣武州刺史贺拔亮抵御他们。

丙子日（二十七日），突厥进犯廉州；戊寅日（二十九日），突厥攻克大震关。唐高祖派遣郑元璹前去拜见颉利可汗。此时，突厥精骑几十万，从介休到晋州，几百里之间，充满山谷。郑元璹见了颉利可汗，责备他背弃约定，和他相互辨别诘问，颉利可汗颇有惭意。郑元璹因而游说颉利可汗说："唐和突厥，风俗不同，突厥虽然攻取唐国土地，但不能久居。而今掳掠得到之物，都归属国人，可汗得到了什么？不如退兵，再修好关系相互结亲，可免除跋涉之苦，不费力气接受金币，又都纳入可汗的府库，这比放弃兄弟累世的欢好，而结下子孙无穷的仇恨好多了！"颉利可汗认同，率军返回。郑元璹从义宁以来，五次出使突厥，好几次濒临死亡的边缘。

九月，癸巳日（十五日），唐交州刺史权士通、弘州总管宇文歆、灵州总管杨师道在三观山攻打突厥，击败突厥。乙未日（十七日），唐太子调回军队。丙申日（十八日），宇文歆在崇岗镇截击突厥，将突厥打得大败，斩首一千余人。壬寅日（二十四日），定州总管双士洛在恒山的南面攻打突厥；丙午日（二十八日），领军将军安兴贵在甘州攻打突厥，都击败了突厥。

刘黑闼攻克瀛州，杀死刺史马匡武。盐州人马君德背叛献城归附刘黑闼。高开道进犯蠡州。

冬季，十月，己酉日（初一），唐高祖诏命齐王李元吉在山东讨伐刘黑闼。壬子日（初四），唐高祖任用李元吉做领军大将军、并州大总管。癸丑日（初五），唐贝州刺史许善护和刘黑闼的弟弟刘十善在鄃县交战，许善护全军覆没。甲寅日（初六），唐右武侯将军桑显和在晏城攻打刘黑闼，击败刘黑闼。观州刺史刘会背叛，献城归附刘黑闼。

契丹进犯北平。

甲子日（十六日），唐高祖命秦王李世民兼任左、右十二卫大将军。

乙丑日（十七日），唐行军总管淮阳壮王李道玄和刘黑闼在下博交战，作战失利，被刘黑闼杀死。当时李道玄领兵三万，和副将史万宝不和。李道玄率领轻骑先出兵冲阵，派遣史万宝率领大军跟进。史万宝据兵不进，对亲近的人说："我奉陛下手谕说，淮阳王年轻，军事全都委托老夫。而今王爷轻躁佻脱，轻率进兵，如果和他同进，一定同时败亡，不如用王爷引诱贼人，王爷若失败，贼人一定争相进攻，我坚固阵容，必定击败他们。"因此李道玄独自进军而败亡。史万宝统率兵卒打算作战，但士卒都没有斗志，于是军队大败，史万宝逃回。李道玄多次跟随秦王李世民征伐，死时仅十九岁，李世民很替他惋惜，对人说："李道玄经常跟从我征伐，看到我深入贼阵，内心很想效法，才会有这个下场。"所以为他流泪。李世民自起兵以来，前后数十战，经常担任士卒的先锋，轻骑深入，虽然多次遇险但不曾被矢刃所伤。

林士弘派遣他的弟弟鄱阳王林药师进攻循州，刺史杨略和他作战，斩杀了他，他的将领王戎献出南昌州投降唐。林士弘惧怕，己巳日（二十一日），请求投降唐。不久林士弘再逃往安成山洞坚守，袁州的百姓互相聚集响应他。洪州总管若干则派军击败他。遇上林士弘去世，他的部众因而溃散。

淮阳王李道玄失利后，山东震动惊惧，唐洺州总管庐江王李瑗丢弃城池向西逃跑，州县都背叛归附刘黑闼，十日之内，刘黑闼完全收复故地，乙亥日（二十七日），刘黑闼进兵占据洺州。十一月，庚辰日（初三），唐沧州刺史程大买被刘黑闼所迫，弃城逃跑。齐王李元吉害怕刘黑闼兵势强盛，不敢进军。

唐高祖在晋阳起兵时，全是秦王李世民的计划，唐高祖对李世民说："如果事情成功，那么我拥有天下都因你的功劳，应该让你做太子。"李世民拜辞。等到李渊做了唐王，将佐也请求唐高祖让李世民做世子，唐高祖打算立李世民为太子，李世民坚辞才作罢。太子李建成，性情宽宏简易，爱好酒色、游猎；齐王李元吉，有很多过失，都得不到唐高祖的宠爱。李世民功名日渐增高，唐高祖常常有意让他代替李建成，李建成内心不安，于是和李元吉合谋，要一同倾覆李世民，各自招人组织朋党。

唐高祖晚年多宠爱宫人，小王子将近二十人，他们的母亲争相结交各位年长皇子来巩固自己的地位。李建成和李元吉委曲心意侍奉诸位妃嫔，阿谀谄媚贿赂，无处不到，请求她们向唐高祖献媚。有人说他们和张婕妤、尹德妃通奸，宫禁森严，无法求证。此时，东宫、诸位王公、妃主之家以及后宫亲戚在长安横行，夺取百姓的田地房宅，肆意违法，司法官吏不敢诘问。李世民住在承乾殿，李元吉住在武德殿后院，和上台、东宫日夜通行，没有阻隔限制。太子、二王出入上台，都乘马、携带弓刀杂物，相遇时依照家人之礼相待。太子的命令与秦王、齐王的命令和诏敕同行，官吏不知道听从哪一边，只能根据收到命令的先后为准绳。只有李世民不侍奉诸位妃嫔，诸位妃嫔争相夸赞李建成、李元吉而批评李世民。

李世民讨平洛阳，唐高祖派遣贵妃等数人前往洛阳去检视挑选隋朝宫人以及收入府库的珍玩宝物。贵妃等私下向李世民求取宝货以及替亲属谋求官职，李世民说："宝货全都已经登记，也已经上奏，官职应该颁给贤才有功的人。"全都没有答应，因而贵妃们更加怨恨他。李世民因为淮安王李神通有功劳，颁给田地几十顷。张婕妤的父亲通过张婕妤向唐高祖请求，唐高祖亲手书写诏敕将田地赐给他，李神通因为秦王颁授在先，不肯退让。张婕妤向唐高祖禀告说："陛下赏赐妾父的田地，秦王却将田地颁给李神通。"唐高祖于是发怒，责问李世民说："我的手敕比不上你的命令有效吗？"他日，唐高祖对左仆射裴寂说："这个孩子长久在外掌兵，听了书生的教诲，不再像从前那个样子。"尹德妃的父亲阿鼠骄纵横行，秦王府属杜如晦路过他的家门，阿鼠的几位家童将杜如晦拉拽下马，殴打杜如晦，还折断他一根手指，说："你是什么人！竟敢途经我家门口而不下马？"阿鼠担心李世民向唐高祖禀告，先让尹德妃上奏说："秦王的手下欺凌侵犯妾家。"唐高祖再次发怒，责骂李世民说："我妃嫔的家人尚且被你的手下凌辱，何况普通百姓呢！”李世民极力为自己分辩，唐高祖始终不相信。

李世民每次侍宴宫中，对着诸位妃嫔，思念太穆皇后早逝，不能亲见唐高祖统有天下，有时叹息流泪，唐高祖看他这个样子心中不快。诸位妃嫔因而暗中一同向唐高祖谗诬李世民说：“幸好天下无事，陛下年事已高，应当互相娱乐，然而秦王每次独自流泪哭泣，正是憎恶痛恨妾妃等人，陛下百年之后，秦王一定容不下妾妃母子的，那时就没有孑然见遗的人了！”所以相互哭泣，并且说，“皇太子为人仁孝，陛下将妾妃母子托付他，必定能够保全性命。”唐高祖替她们悲伤。因而没有了更换太子的心意，对待李世民日益疏淡，而对李建成、李元吉就日渐亲近了。

太子中允王珪、洗马魏徵规劝太子说：“秦王功劳冠绝天下，中外拥戴；殿下只因年长位列东宫，没有大功来镇压人心让海内归服。而今刘黑闼逃亡后的余众，兵马不满一万，资粮缺少，用大军逼迫他们，势如摧枯拉朽，殿下应当亲自攻打他们来获取功名，趁机结交山东的豪杰，庶可稳固自己的位子。”太子于是向唐高祖请求出兵，唐高祖答应了他。王珪，是王頍兄长的儿子。甲申日（初七），唐高祖诏命太子李建成领军征讨刘黑闼，唐陕东道大行台以及山东道行军元帅、河南、河北诸州一并接受李建成的节制，可以依据事情的便利适宜，先行处置，然后再上奏。

乙酉日（初八），唐高祖封宗室略阳公李道宗等十八人为郡王。李道宗，是李道玄的堂弟，担任灵州总管，梁师都派遣弟弟梁洛儿率领数万突厥兵马围攻他，李道宗乘机出兵进攻，将他打得大败。突厥和梁师都相结交，派遣其郁射设入驻旧五原县，李道宗将他驱逐出境，开拓土地一千余里。唐高祖因为李道宗英武能干好像魏朝任城王曹彰，于是封他为任城郡王。

丙申日（十九日），唐高祖临幸宜州。

己亥日（二十二日），齐王李元吉派兵在魏州攻打刘十善，击败了他。

癸卯日（二十六日），唐高祖在富平县校兵田猎。

刘黑闼领兵南下，从相州以北的州县都依附他，只有魏州总管田留安领军抗拒坚守。刘黑闼攻打他，没有攻克，领兵向南攻克元城再还军进攻魏州。

十二月，庚戌日（初三），唐高祖封宗室李孝友等八人做郡王。李孝友，是李神通的儿子。

丙辰日（初九），唐高祖在华池校兵田猎。

戊午日（十一日），刘黑闼攻克恒州，杀死刺史王公政。

庚申日（十三日），唐高祖的车驾抵达长安。

癸亥日（十六日），唐幽州大总管李艺收复廉、定二州。

甲子日（十七日），田留安攻打刘黑闼，击败他，俘虏他的莘州刺史孟柱，投降的将军士兵有六千人。当时，山东豪杰多杀死长吏来响应刘黑闼，上下猜疑，人们更有离析怨恨的心思。田留安对待官吏百姓特别坦诚毫无疑心，来禀告事情的人不论亲疏，全听任他直接进入卧室。经常对官吏百姓说："我和你们一同为国抵御贼人，本来应当同心协力，必定要放弃正道跟随叛逆的人，只管斩下我的头离开。"官吏百姓都互相劝诫说："田公以至诚待人，我们应该共同尽死力报答，一定不可以背弃他。"有一位叫苑竹林的人，本是刘黑闼的同党，怀有异心。田留安知道，没有举发他，请他来安置在自己身边，将管钥委托他，苑竹林感动，于是改变心意，诚心归附，最终获得重用。因功劳大晋封为道国公。

乙丑日（十八日），并州刺史成仁重进攻范愿，击败范愿。

刘黑闼久攻魏州不下，太子李建成、齐王李元吉的大军抵达昌乐，刘黑闼领兵抵拒，两次布阵，都不交战而罢兵。魏徵对太子说："从前打败刘黑闼，他的将帅都被悬挂示众，处以死刑，妻子儿女被系缚囚虏；因此齐王到来，虽有诏书赦免刘黑闼同党的罪行，却无法取信他们。今日应当全部释放囚俘，抚慰晓谕之后遣归他们，就可以坐视刘黑闼党羽的离散了！”太子听从了。刘黑闼粮食用尽，士卒大多逃亡，有的缚系他们的魁帅前来投降。刘黑闼担心城中军队出城和大军内外夹击他，于是趁夜逃跑。到了馆陶，永济桥没有造成，无法渡河。壬申日（二十五日），太子、齐王的大军来到，刘黑闼派遣王小胡背水布阵，亲自监视建桥完成，就过桥到桥西，军兵因而大溃散，放弃兵仗前来投降。大军渡桥追杀刘黑闼，才渡过千余骑，桥就断了，所以刘黑闼能和数百骑逃走。

唐高祖因隋末战士多死在高丽，这一年，赐书给高丽王建武，命他遣还所有活着的人，也让州县搜查住在中土的高丽人，遣返归国。建武接到诏书，遣还中国百姓前后有好几万人。

武德六年（癸未，公元623年）

春季，正月，已卯日（初三），刘黑闼的部署饶州刺史诸葛德威绑缚刘黑闼，献城投降。当时太子派遣骑将刘弘基追杀刘黑闼，刘黑闼被官军追逼，奔走无法休息，逃到饶阳，跟从者才剩下一百余人，十分饥饿疲倦。诸葛德威出城迎接，请刘黑闼入城，刘黑闼不肯，诸葛德威哭泣着坚决请求，刘黑闼才听从他。来到城旁的市中休息，诸葛德威送他食物，还没有吃完，诸葛德威领兵拘捕他，送去给太子，结果刘黑闼跟他弟弟刘十善被斩杀在洺州。刘黑闼临刑时感慨地说：“我原本在家乡好好地种菜，被高雅贤这些人误了才走到这个地步！”

壬午日（初六），嶲州人王摩沙起兵，自封元帅，改年号为进通。唐派遣骠骑将军卫彦讨伐他。

庚子日（二十四日），唐高祖任用吴王杜伏威做太保。

二月，庚戌日（初四），唐高祖临幸骊山温泉；甲寅日（初八），唐高祖返回皇宫。

平阳昭公主去世。戊午日（十二日），埋葬公主，唐高祖诏命增加出殡队伍以及前后乐队，持剑成列的虎贲甲卒四十人。太常奏说：“按照葬礼，妇人不能用鼓吹。”唐高祖说：“鼓吹，是军乐。公主亲持金鼓，发动义兵来辅成建国大业，难道能够和平常的妇女相比吗？”

丙寅日（二十日），徐圆朗急迫困窘，和数骑放弃城池逃跑，被野人所杀，其他地方全部平定。

林邑王梵志派遣使者入贡。起初，隋人击败林邑，分割他们的土地为三郡。等到中原动乱，林邑复国，到此时方才入贡。

唐幽州总管李艺请求入朝。庚午日（二十四日），唐高祖任用李艺做左翊卫大将军。

唐废除参旗等十二军。

三月，癸未日（初七），高开道劫掠文安、鲁城，唐骠骑将军平善政出兵截击，击败高开道。

庚子日（二十四日），梁师都的部将贺遂、索同献出辖下十二州前来投降唐。

乙巳日（二十九日），前洪州总管张善安叛乱，唐派遣舒州总管张镇周等人攻击他。

夏季，四月，吐谷浑进犯芳州，刺史房当树逃往松州。

张善安攻克孙州，抓捕总管王戎离去。

乙丑日（二十日），唐鄜州道行军总管段德操攻打梁师都，到达夏州，俘获他的百姓牲畜而后回师。

丙寅日（二十一日），吐谷浑进犯洮、岷二州。

丁卯日（二十二日），南州刺史庞孝恭、南越州民宁道明、高州首领冯暄全都反叛，攻克南越州，进攻姜州；唐合州史宁纯率领军兵前来救援。

壬申日（二十七日），唐高祖封皇子李元轨为蜀王、李凤为豳王、李元庆为汉王。

癸酉日（二十八日），唐高祖任用裴寂做左仆射，萧瑀做右仆射，杨恭仁做吏部尚书兼中书令，封德彝做中书令。

五月，庚辰日（初五），唐派遣岐州刺史柴绍援救岷州。

庚寅日（十五日），吐谷浑以及党项进犯河州，刺史卢士良将他们打败。

丙申日（二十一日），梁师都的部将辛獠儿引导突厥侵犯林州。

戊戌日（二十三日），苑君彰的部将高满政进犯代州，骠骑将军林宝言将他打跑。

癸卯日（二十八日），高开道带领奚骑进犯幽州，长史王诜击败他。刘黑闼叛乱时，突地稽领兵帮助唐朝，将部落迁到幽州昌平城。高开道引导突厥进犯幽州，突地稽领兵截击，将他打败。

六月，戊午日（十四日），高满政献出马邑来投降唐。先前，前并州总管刘世让被任命为广州总管，将要上任，唐高祖询问他防备边疆的政策，刘世让回答说："突厥近来多次入侵，那是因为有马邑可以作为他们中途停驻休息之地。请派遣勇将戍守崞城，多储蓄布帛金银，招募投降的人就丰厚地赏赐他们，并且多次派出骑兵掠夺马邑城的周围，蹂躏他们的农作物，败坏他们的产业，不需超过一年，敌方没有粮食，必定投降。"唐高祖赞同他的计划，说："不是你，有谁是勇将！"立即命令刘世让戍守崞城，马邑人将他当作忧患。当时，马邑人大多不愿意归属突厥，唐高祖再派人招诱晓谕苑君璋。高满政规劝苑君璋杀尽突厥守兵向唐投降，苑君璋没有听从。高满政因为有众人的支持，趁夜袭击苑君璋，苑君璋发觉，逃奔突厥，高满政杀了苑君璋的儿子以及二百个突厥的守兵而后投降唐。

壬戌日（十八日），梁师都率领突厥兵进犯匡州。

丁卯日（二十三日），苑君璋和突厥吐屯设进犯马邑，高满政和他交战，将他打败。唐高祖任用高满政做朔州总管，封荣国公。

唐瓜州总管贺若怀广巡视州中来到沙州，恰好遇上州人张护、李通造反，贺若怀广率领数百人保护内城。唐凉州总管杨恭仁派兵救援，被张护等人击败。

癸酉日（二十九日），柴绍和吐谷浑作战，被敌军围攻，敌人凭高射箭，箭矢好像雨点般落下。柴绍命人弹奏胡琵琶，两个女子对舞。

敌人觉得奇怪，停止射箭相互聚集观看，柴绍察知敌人没有防备，暗中派遣精骑突出敌人阵后进攻，敌军大败，向四面逃散。

秋季，七月，丙子日（初二），苑君璋率领突厥兵进犯马邑，唐右武侯大将军李高迁以及高满政领军抵抗，在腊河谷交战，击败突厥兵。

张护、李通杀死贺若怀广，拥立汝州别驾窦伏明为首领，进逼瓜州，被瓜州长史赵孝伦击退。

高开道劫掠赤岸镇以及灵寿、九门、行唐三县而后离去。

丁丑日（初三），岗州刺史冯士翙占据新会反叛，唐广州总管刘感讨伐他，冯士翙投降，刘感恢复了他原有的官位。

辛巳日（初七），高开道率管辖的弘阳、统汉二镇前来投降唐。

癸未日（初九），突厥进犯原州；乙酉日（十一日），突厥进犯朔州。李高迁被敌人击败，唐行军总管尉迟敬德率领军队救援他。己亥日（二十五日），唐高祖派遣太子领兵屯驻北边，秦王李世民屯驻并州，来防备突厥。八月，甲辰日（初一），突厥进犯真州，又进犯马邑。

壬子日（初九），唐淮南道行台仆射辅公祏反叛。起初，杜伏威和辅公祏相互友善，辅公祏年纪较大，杜伏威待他如兄长，军中称辅公祏为伯父，像敬重杜伏威一般敬畏他。杜伏威日渐猜忌他，于是安排他的养子阚稜做左将军，王雄诞做右将军，暗中夺取辅公祏的兵权。辅公祏了解后，内心怏怏不乐，和他的故友左游仙假装学习道术、不食谷粒来掩饰自己。等到杜伏威入朝，留下辅公祏防守丹杨，命令王雄诞掌管兵权做他的副将，暗中对王雄诞说："我到了长安，假如没有失去职位，就不要让辅公祏叛乱。"杜伏威走了以后，左游仙游说辅公祏造反，但是王雄诞掌握兵权，辅公祏无法动手。于是欺骗王雄诞说接到杜伏威的信，信中怀疑王雄诞有二心，王雄诞听了不高兴，称病不到衙门办事，辅公祏趁机夺取他的兵权，派遣他的同党西门君仪告诉王雄诞造反的计划。王雄诞才醒悟并感到后悔，说："现在天下刚刚平定，吴王（杜伏威封吴王）又在京师长安，大唐军队的威力，所向披靡，怎么可以无缘无故自取灭族的灾祸呢！我王雄诞只有死，不敢听从命令。如今跟随你造反，不过延长百日的性命罢了，大丈夫怎能吝惜短暂的生命而自陷于不义呢！”辅公祏知道不能让他屈服，于是将他吊死。王雄诞善于安抚士兵，士兵为他拼死效力，且纪律严明，每次攻克城邑，秋毫无犯，他死的那一天，江南士兵以及百姓都为他流泪。辅公祏又欺骗说杜伏威不能返回江南，寄信来命他起兵，大量修治铠甲兵器，运送储备粮食、军备。不久在丹杨称帝，国号宋，修复陈国旧有的宫室居住，设立百官，任用左游仙做兵部尚书、东南道大使、越州总管，和张善安联合，任用张善安做西南道大行台。

己未日（十六日），突厥进犯原州。

乙丑日（二十二日），唐高祖诏命襄州道行台仆射赵郡王李孝恭率领水军急往江州，岭南道大使李靖率领交、广、泉、桂的军兵急往宣州，怀州总管黄君汉取道谯、亳两地出兵，齐州总管李世勣取道淮、泗出兵来征讨辅公祏。李孝恭将要出发，和诸将举行宴会，命人取水来，水突然变成血，在座的人都惊慌失色，李孝恭举止自如，说：“这乃是辅公祏献出首级的征兆！”一口喝下去，众人都心悦诚服。

丙寅日（二十三日），吐谷浑前来归降。

辛未日（二十八日），突厥攻克原州的善和镇；癸酉日（三十日），又进犯渭州。

高开道率领奚兵侵略幽州，州兵将他打退。

九月，丙子日（初三），唐太子调回军队。

戊子日（十五日），辅公祏派遣他的将领徐绍宗进犯海州，陈政通进犯寿阳。

邛州獠造反，唐高祖派遣沛公郑元璹讨伐他。

庚寅日（十七日），突厥进犯幽州。

壬辰日（十九日），唐高祖诏命任用秦王李世民做江州道行军元帅。

乙未日（二十二日），窦伏明献出沙州投降唐。

高昌王麹伯雅去世，他的儿子文泰继位为王。

丙申日（二十三日），渝州人张大智造反，刺史薛敬仁弃城逃跑。

壬寅日（二十九日），高开道率领突厥两万骑进犯幽州。

突厥痛恨弘农公刘世让成为自己的患害，派遣臣下曹般陁来唐，说刘世让和突厥可汗通谋，想要叛乱，唐高祖相信了。冬季，十月，丙午日（初四），杀死刘世让，没收他的家产。

秦王李世民还在并州，己未日（十七日），唐高祖诏命李世民领军返回京师。

唐高祖临幸华阴。

张大智进犯涪州，刺史田世康等人出兵讨伐，张大智率众投降。

起初，唐高祖派遣右武侯大将军李高迁协助朔州总管高满政防守马邑，苑君璋率领突厥万余骑攻到城下，高满政将他们击败。颉利可汗发怒，调动大军进攻马邑。李高迁害怕，率领部下两千人斩开城门趁夜逃跑，突厥人截击他，散失逃跑的兵卒有一半。颉利可汗亲自率领士兵攻城，高满政出兵抵御，有时一天交战十几回合。唐高祖命令行军总管刘世让派兵救援，到达松子岭，不敢进兵，调回军队防守崞城。遇上颉利可汗派遣使者求婚，唐高祖说："解除马邑的包围，才可商议婚事。"颉利可汗要撤走围兵，义成公主坚决请求攻城。颉利可汗因为高开道精于制作攻城武器，召来高开道，和他一起猛烈攻打马邑。颉利可汗招诱高满政投降，高满政大骂颉利。马邑城中军粮将要用尽，救兵还没有到达，高满政想要突围逃往朔州，右虞候杜士远因为敌军强盛，担心难免失败被杀，壬戌日（二十日），杜士远杀死高满政投降突厥，苑君璋又杀死城中豪杰和与高满政同谋的三十多人。唐高祖任用高满政的儿子高玄积做上柱国，承袭父亲的爵位。丁卯日（二十五日），突厥再次请求和谈结亲，将马邑归返唐国，唐高祖任用将军秦武通做朔州总管。

突厥多次侵略边境，唐并州大总管府长史窦静上表请求在太原驻扎军队从事垦殖，来节省转运费用，参议的人认为太过麻烦，没有答应。窦静极力地陈述此事，唐高祖诏敕征召窦静入朝，让他和裴寂、萧瑀、封德彝在自己面前辩论诘难，裴寂等人的说法不能让人信服，于是采纳窦静的意见，每年收获谷数千斛，唐高祖非常赞赏他，任命他为检校并州大总管。窦静，是窦抗的儿子。十一月，辛巳日（初九），秦王李世民再次请求在并州境内增设屯田军队，唐高祖答应了。

唐黄州总管周法明领军攻打辅公祏，张善安占据夏口，出兵抵拒。周法明屯兵在荆口镇，壬午日（初十），周法明登上战船饮酒，张善安派遣几名刺客假装渔民乘渔船而来，看到的人毫不在意，最终杀了周法明而后离去。

甲申日（十二日），唐舒州总管张镇周等在猷州的黄沙进攻辅公祏的部将陈当世，将他打得大败。

丁亥日（十五日），唐高祖在华阴围猎。己丑日（十七日），唐高祖在忠武顿迎接慰劳秦王李世民。

十二月，癸卯日（初二），唐安抚使李大亮诱骗张善安，将他逮捕。李大亮在洪州攻打张善安，和张善安隔水布阵，遥相对话。李大亮拿祸福规劝他，张善安说："我当初没有反叛的心意，是被将士所逼迫的，想要投降又担心免不了死罪。"李大亮说："张总管有投降的心意，就和我是一家人了。"李大亮因而单骑渡水进入张善安的阵地，和张善安握手谈话，表示没有猜疑。张善安大为高兴，于是答应投降。不久张善安带领数十骑前往李大亮军营，李大亮阻止从骑进入营门，请张善安入营，和他说话。过了很久，张善安辞别，李大亮命令武士拘捕他，从骑全都逃走。张善安的军中听到这个消息，非常生气，出动全军而来，将要攻打李大亮。李大亮派人告诉他们说："我没有留住总管。总管诚心归顺，他对我说：'假如返回军营，担心将士有不同的意见，会被他们牵制。’因而自愿留下不回去的，你们为什么对我生气？”张善安的同党又大骂说：“张总管出卖我们来讨好别人。”于是军兵全都溃散离去。李大亮派军追击，俘获很多。解送张善安到长安，张善安说没有和辅公祏来往，唐高祖赦免他的罪，善待他，等到辅公祏失败，查到他和辅公祏往来的书信，才将他杀死。

甲寅日（十三日），唐高祖车驾到达长安。

己巳日（二十八日），突厥进犯定州，州兵赶走他们。

庚申日（十九日），白简、白狗羌同时派遣使节入贡。

武德七年（甲申，公元624年）

春季，正月，唐按照周、齐旧有制度，每州设立大中正一人，掌管了解州中的人物，品评衡量家族的门第等级，由本州门第声望最高的人担任，没有品级俸禄。

壬午日（十一日），唐赵郡王李孝恭在枞阳进攻辅公祏的副将，击败他。

庚寅日（十九日），邹州人邓同颖杀死刺史李士衡造反。

丙申日（二十五日），唐在白狗等羌族地区设置维、恭二州。

二月，辛丑日（初一），辅公祏派军围攻猷州，刺史左难当绕城池坚守。唐安抚使李大亮率军攻击辅公祏，击败辅公祏。赵郡王李孝恭进攻辅公祏的鹊头镇，攻克了鹊头镇。

丁未日（初七），高丽王建武派遣使者来请求颁赐历法。唐派遣使者册封建武做辽东郡王、高丽王。册封百济王夫馀璋做带方郡王，新罗王金真平做乐浪郡王。

始州獠造反，唐派遣行台仆射窦轨讨伐。

己酉日（初九），唐颁布诏令：“各州有通晓一种以上经书而没有出仕的人，都将其姓名上报奏闻。州县及乡都设置学校。”

壬子日（十二日），唐行军副总管权文诞在猷州击败辅公祏的同党，攻陷枚洄等四镇。

丁巳日（十七日），唐高祖驾临国子监，举行释奠之礼。唐高祖诏命诸位王公子弟各依年龄分别入学。

戊午日（十八日），唐改大总管为大都督府。

己未日（十九日），高开道的部将张金树杀了高开道前来投降唐。高开道看到天下都已经平定，想要投降，但是因为从前投降而又反叛，不敢来降，而且倚仗突厥兵马众多，才打消了投降的念头。他的部将军兵都是山东人，思念故乡，都有背离的心思。高开道选拔勇敢的兵卒数百人，认他们做义子，他们经常在阁内值班宿卫，任用张金树做统领。原来刘黑闼的部将张君立逃亡到高开道的住所，和张金树秘密计划杀掉高开道。张金树派遣同党数人进入阁中，和高开道的义子们游戏，傍晚时，暗中割断义子们的弓弦，将他们的刀枪藏匿在床下，等到夜深，抱着刀枪快速离去，张金树率领同党大声喧噪，攻打高开道的阁房，义子们将要抵御，看到弓弦皆断，刀枪已经失去，争相出来投降。张君立也举火在外面和他相呼应，内外慌乱。高开道知道无法脱身，于是身披铠甲手持兵器坐在堂上，和妻妾奏乐痛快喝酒，士卒害怕他的英勇，不敢靠近。天快明时，高开道自己用绳绞死妻妾以及儿子，然后自杀。张金树摆下兵阵，拘捕斩杀高开道所有的义子，也杀了张君立，死的一共有五百多人。张金树派遣使节来投降唐，唐诏命在原地设立妫州。壬戌日（二十二日），唐任用张金树做北燕州都督。

戊辰日（二十八日），洋、集二州獠造反，攻陷隆州晋城。

当月，太保吴王杜伏威去世。辅公祏造反的时候，诈称杜伏威的命令来欺骗士卒。等到平定辅公祏，赵郡王李孝恭不知辅公祏的欺诈，上奏向唐高祖报告，唐高祖诏命追除杜伏威的爵名，没收他的妻子儿女，作为官府奴婢。等到太宗即位，知道杜伏威被冤屈，赦免他的罪，恢复了他的官爵。

三月，唐初次定令，以太尉、司徒、司空为三公，其次是尚书、门下、中书、秘书、殿中、内侍六个省，其次是御史台，其次是太常至太府九寺，其次是将作监，其次是国子学，其次是天策上将府，其次是左、右卫至左、右领卫等十四卫。东宫设置三师、三少、詹事以及两坊、三寺、十率府。王、公设置府佐、国官。公主设置邑司，以上部门官员均为京城职事官。州、县、镇、戍的官员为京外职事官。从开府仪同三司至将仕郎，共二十八阶，为文散官。骠骑大将军至陪戎副尉共三十一阶，为武散官。上柱国至武骑尉共十二等，为勋官。

丙戌日（十六日），赵郡王李孝恭在芜湖击败辅公祏，攻陷梁山等三镇。辛卯日（二十一日），唐安抚使任瑰攻克扬子城，广陵城城主龙龛投降唐。

丁酉日（二十七日），突厥进犯原州。

戊戌日（二十八日），赵郡王李孝恭攻陷丹杨。

起初，辅公祏派遣部将冯慧亮、陈当世带领三万水军驻扎博望山，陈正通、徐绍宗带领步骑两万驻扎青林山，并在梁山连接铁锁来断绝江路，修筑却月城，绵延周长十几里，又在长江西面联结堡垒来抗拒唐军。李孝恭和李靖统率水军驻扎在舒州，李世勣率领步兵一万渡过淮水，攻克寿阳，驻扎在硖石。冯慧亮等坚守营壁不出战，李孝恭派遣奇兵断绝他们的粮道，冯慧亮等军队缺少粮食，趁着夜晚，派军迫近李孝恭的军营，李孝恭固守不出兵。李孝恭召集诸将商讨军事，都说："冯慧亮等人拥有强兵，据守水陆的险要之地，进攻他无法很快攻下，不如进兵直取丹杨，掩袭他们的巢穴，丹杨一被攻破，冯慧亮等人自然投降！"李孝恭将要听从他们的建议，李靖说："辅公祏的精兵虽然在这水、陆二军，但他亲自统领的也不少，如今博望的各个营垒尚且不能攻取，辅公祏据守石头，难道是容易攻取的吗？进攻丹杨，一旬乃至一月攻不下，冯慧亮追踪掩袭我军后方，我军腹背受敌，这是一条危险的道路。冯慧亮、陈正通都是身经百战的贼寇，他们并非不想出战，只是因为辅公祏的计划中让他们不要轻举妄动，想要以此疲劳我们的军队罢了。我们现在攻城并且向他们挑战，一举可以攻破！"李孝恭认同李靖的看法，派遣羸弱的兵卒先进攻贼营，而自己则指挥精兵布好阵势等待贼军。进攻营垒的人无法取胜逃回，贼人出兵追赶，前行几里，遇上唐朝大军，唐军和他们交战，大败贼军。阚棱摘下头盔对贼众说："你们不认识我吗？凭什么敢来和我作战！"贼人多数是阚棱的旧部下，大家没有斗志，有的人立即叩拜，因此贼军失败。李孝恭、李靖乘胜追赶败兵，辗转交战百余里，博山、青林两地的防守全都崩溃，冯慧亮、陈正通等人逃回，被杀伤以及溺死的士卒有一万多人。李靖的军队先到丹杨，辅公祏大为恐惧，领兵数万，弃城向东逃跑，想要前往会稽归附左游仙，李世勣追逐他。辅公祏逃到句容县，跟随的兵卒能够作战的才五百人，当夜，辅公祏住宿在常州，部将吴骚等人计划要拘捕他。被辅公祏发觉，抛弃妻子儿女，独自带领心腹数十人，砍开城门逃走。逃到武康，遭到农民攻击，西门君仪战死，辅公祏被生擒，送往丹杨砍头，唐军分别拘捕余党，全部处死，江南全部平定。

己亥日（二十九日），唐高祖任用李孝恭做东南道行台右仆射，李靖做兵部尚书。不久，唐废除行台，唐高祖任用李孝恭做扬州大都督，李靖做府长史。唐高祖大大地赞美李靖的功劳，说道："李靖是萧铣、辅公祏的克星。"

阚棱功劳大，很有骄傲的表现。辅公祏诬陷阚棱和自己私通谋反。恰好遇上赵郡王李孝恭没收贼党的房宅田产，阚棱以及杜伏威、王雄诞在贼境的田宅，李孝恭也一并没收。阚棱自己申诉说明，违逆了李孝恭，李孝恭发怒，用谋反的罪名将他处死。

夏季，四月，庚子朔日（初一），唐高祖大赦天下。当天颁布新的律令，比隋朝开皇旧制增加新律令五十三条。

唐初次制定均田租、庸、调的办法：每位丁男、中男，给一顷田，有严重疾病的减去十分之六，寡妇减去十分之七，所有授田都以十分之二作为永世的田产，十分之八收入官家，再分给别人。每丁每年缴纳官家的田租为粟米二石。调按照乡村的物产情况，分别缴纳绫、绢、絁各二丈，布加五分之一，缴纳绫、绢、絁的，兼调绵三两，输布的加麻三斤。每位男丁每年要服役二十天，不服役的就收取佣值，每日纳绢三尺；有事而增加劳役的，服役十五日，免除应交的调；服役三十天的，租、调都免除。如果遇到水旱虫霜灾害，十分损失四分以上的免除租，损失六分以上的免除调，损失七分以上的租调以及劳役，全都蠲免。百姓的资业分为上中下，各有三等，一共九等。一百户为一里，五里为一乡，四家为一邻，四邻为一保。在城邑的居住区为坊，在田野的居住区为村。官吏之家，有国家俸禄，不能和百姓争利；工商杂类人等，不能加入士人阶层。刚出生的男孩为黄口，四岁以上为小口，十六岁以上为中口，二十岁以上为男丁，六十岁以上为老年。每年编造关于人口田赋数目情况的簿册，三年编造一次户籍。

丁未日（初八），党项进犯松州。

庚申日（二十一日），通事舍人李凤起进攻万州造反的獠人，最终平定万州。

五月，辛未日（初二），突厥进犯朔州。

甲戌日（初五），羌和吐谷浑一同侵犯松州，唐高祖派遣益州行台左仆射窦轨从翼州道，扶州刺史蒋善合从芳州道出兵攻打他们。

丙戌日（十七日），唐在宜君修建仁智宫。

丁亥日（十八日），窦轨在方山击败造反的獠人，俘获两万余人。

资治通鉴卷第一百九十一　唐纪七

起甲申（公元624年）六月，止丙戌（公元626年）八月，共两年两个月。

【题解】本卷记录了公元624年六月至626年八月的史事，共两年又两个月，正当唐高祖武德七年至九年。此时期，唐王朝已统一全国，只有北方突厥不断侵扰边疆，连续两次大规模入侵，秦王李世民大智大勇，与颉利可汗结盟立约，使突厥退兵。群雄已灭，唐统治阶层争权矛盾日益激化，太子李建成与齐王李元吉合谋陷害秦王李世民，由于李世民功高震主，唐高祖李渊倒向太子一边，形势逼迫李世民于唐高祖武德九年（公元626年），六月四日发动玄武门之变，诛杀太子李建成和齐王李元吉，武力夺权。李世民先是进位为太子，之后逼迫唐高祖退位为太上皇，李世民自己即皇帝位，完成了政变夺权，史称唐太宗。

高祖神尧大圣光孝皇帝下之上

武德七年（甲申，公元624年）

六月，辛丑日（初三），唐高祖驾临仁智宫避暑。

辛亥日（二十三日），泷州、扶州的獠人叛乱，唐高祖派遣南尹州都督李光度等人去进攻并且平定他们。

丙辰日（十八日），吐谷浑进犯扶州，刺史蒋善合将他们赶走。

壬戌日（二十四日），庆州都督杨文干反叛朝廷。

起初，齐王李元吉规劝太子李建成除掉秦王李世民，说："我应该替哥哥亲自杀掉他！"李世民跟随唐高祖来到李元吉的住宅，李元吉将侍卫宇文宝埋伏在卧室之内，想要刺杀李世民，但李建成性情非常仁厚，很快阻止李元吉。李元吉生气地说："那只是替哥哥打算，对我有什么好处！”

李建成擅自募集长安以及四方骁勇两千多人担任东宫卫士，分别屯驻在左、右长林，号称长林兵。李建成又暗中命右虞候率可达志，从燕王李艺那里调来幽州能够冲锋陷阵的精锐骑兵三百人，布置于东宫的各个街坊，想要用他们来补充东宫长值宿卫。后来被人检举，唐高祖召来李建成责备一番，将可达志流放到巂州。

杨文干曾经在东宫担任警卫，李建成和他关系亲厚，私下让他招募壮士送往长安。唐高祖驾临仁智宫，命令李建成居住防守，李世民、李元吉都随从。李建成让李元吉就便图谋李世民，说："安危之计，决定在今年。"李建成又派遣郎将尔朱焕、校尉桥公山将铠甲送给杨文干。二人来到豳州，上报发生变故，告发太子命杨文干举兵，让他与自己内外相应。又有宁州人杜凤举也到宫中申明谋反的情状。唐高祖发怒，假托其他事情，手诏召请李建成，命令他来到行宫。李建成害怕，不敢前去。太子舍人徐师謩劝说他据城举兵；詹事主簿赵弘智劝说他贬抑减损车服，摒除跟从的人，到唐高祖那儿谢罪，李建成于是前往仁智宫。还没有走到六十里，将官属全部留在毛鸿宾堡，率领十余骑前往谒见唐高祖，见了唐高祖，叩头谢罪，把身子猛然用力撞了出去，差一点气绝。唐高祖怒气未消，当晚将李建成安置在幕下，拿麦饭给他吃，命殿中监陈福看守，派司农卿宇文颖急召杨文干。宇文颖到达庆州，将实情告诉杨文干，杨文干于是兴兵造反。唐高祖派左武卫将军钱九陇和灵州都督杨师道攻打他。

甲子日（二十六日），唐高祖召请秦王李世民谋划商议，李世民说："杨文干这小子，竟敢叛逆，用州府官吏已经足以擒获杀戮他，若不然，正应当派一个将领去讨伐他。"唐高祖说："不然。杨文干的事情牵连到李建成，恐怕响应的人众多。你应当亲自去征讨，返京后，立你为太子。我不能仿效隋文帝诛杀儿子，我当封李建成为蜀王。蜀兵脆弱，将来如果能顺从你，你应当保全他；不服从你，你攻取他也容易！"

唐高祖因为仁智宫在山中，担心盗匪突然发动，夜晚，率领宿卫南出山外，行军几十里，东宫官属将卒相继赶到，唐高祖命令他们三十人为一队，分派兵卒围守着他们。第二天再次返回仁智宫。

李世民已经出发，李元吉和妃嫔们轮流为李建成请命，封德彝再替他们在外面游说，唐高祖心意才转变，再次派李建成返京师居住防守。不过责怪他兄弟不和睦，归罪给太子中允王珪、左卫率韦挺、天策兵曹参军杜淹，将他们一齐流放到巂州。韦挺是韦冲的儿子。起初，洛阳已经平定，杜淹长久不能升迁，请求侍奉李建成。房玄龄认为杜淹为人诡诈，担心他教唆李建成，越发对李世民不利，于是告诉李世民，将他引入天策府。

突厥进犯代州的武周城，州兵击败他们。

秋季，七月，己巳日（初一），苑君璋率领突厥兵进犯朔州，总管秦武通击退他们。

杨文干攻克宁州，驱赶劫掠官吏百姓出城，占据百家堡。秦王李世民的军队到达宁州，杨文干同党全都溃亡。癸酉日（初五），杨文干被部下杀死，将首级用传车送到京师。俘获宇文颖，将他诛杀。

丁丑日（初九），梁师都的行台白伏愿前来投降唐。

戊寅日（初十），突厥进犯原州，唐高祖派遣宁州刺史鹿大师出兵救援，又派遣杨师道前往大木根山截断他们的归路。庚辰日（十二日），突厥进犯陇州，唐高祖派遣护军尉迟敬德攻击他们。

吐谷浑进犯岷州。辛巳日（十三日），吐谷浑、党项进犯松州。

癸未日（十五日），突厥进犯阴盘。

甲申日（十六日），唐扶州刺史蒋善合在松州赤磨镇进攻吐谷浑，将他们击败。

己丑日（二十一日），突厥吐利设和苑君璋进犯并州。

甲子日（七月无此日），唐高祖的车驾返回京师。

有人游说唐高祖说："突厥多次侵犯关中的原因，是子女玉帛都在长安。如果焚毁长安而不在这里设都，那么胡寇自然平息。"唐高祖认为很对，派遣中书侍郎宇文士及翻过南山到樊、邓，巡视可以建都的地方，打算迁都到那儿。太子李建成、齐王李元吉、裴寂都赞成这个政策，萧瑀等人虽然知晓这个政策不行却不敢谏言。秦王世民进谏说："戎狄成为祸患，自古已有。陛下凭借圣明英武，创建新的王朝，统辖着中原的领土，拥有百万精兵，到处讨伐并无敌手，怎么能够因为胡寇扰乱边地，就轻易迁都来躲避他，这样做将使天下人瞧不起，被后世的人讥笑！那霍去病只不过是汉朝一个将军，尚且立志消灭匈奴；何况臣忝为藩屏，希望给我几年时间，让我系着颉利的脖颈，牵着他来到阙下。假如无效，再迁都也不晚。"唐高祖说："很好。"李建成说："以前樊哙想率领十万大军横行匈奴国中，秦王的话和他的讲法不是很像吗？"李世民说："形势各异，用兵不同，樊哙那个小子，不值得谈论！不超过十年，必定可以平定漠北，我不敢讲空话！"唐高祖于是停止大家的讨论，不再迁都。李建成和妃嫔因而一同谮毁李世民说："突厥虽然多次侵犯边境，但得到贿款就会退兵。秦王表面上假托抵御胡寇的名义，实际上想要总揽兵权，实现他篡夺王位的计谋罢了！"

唐高祖在城南围猎，太子、秦王、齐王全都跟从，唐高祖命令三个儿子骑快马射靶比较胜负。李建成有匹胡马，肥壮并且喜好尥蹶子，牵来给李世民说："这匹马很雄壮，能够跳越数丈宽的沟涧，弟弟非常善于骑术，可以试着骑乘它。"李世民乘着这匹马去追逐鹿，马跌倒，李世民跳跃而起立在数步之外，等到马站起，再骑上马背，如此这样前后有三次，回头对宇文士及说："他要用这匹马杀死我，但是死生有命，难道能够伤害我吗？"李建成听到这话，因而命令妃嫔对唐高祖进谮言说："秦王自己说自己有天命，应当成为天下主，岂有滥死的道理！"唐高祖大怒，先召李建成、李元吉，然后召李世民进入，责备他说："天子自有天命，非智力能够求得。你为什么这么急呢！"李世民脱冠叩头，请求交给法司调查。唐高祖怒气未消，遇上有司报告突厥进犯，唐高祖于是改变怒容慰劳勉励李世民，命令他戴冠系带，和他谋划攻取突厥的事情。闰月，己未日（二十一日），唐高祖诏命李世民、李元吉带兵出豳州抵御突厥，唐高祖在兰池为他们设宴饯行。每次国内有盗寇，唐高祖就命令李世民带兵去讨伐，但是军事平定之后，猜忌更深。

起初，隋末京兆韦仁寿担任蜀郡司法书佐，囚犯被判死刑押到市街接受斩决，还面向西方为韦仁寿祈福然后接受处斩。唐朝兴起，爨弘达率领西南夷归顺唐，朝廷派遣使者安抚他们，使者大都贪婪横暴，边境百姓厌恶他们，时常有反叛的人。韦仁寿当时担任嶲州都督长史，唐高祖听到他的威名，任命他摄代南宁州都督，治所寄置在越嶲，让他每年一次前往该地安抚慰问。韦仁寿性情宽厚，有见识器度，接受命令后，领兵五百人到西洱河，四处巡视数千里，蛮夷豪右渠帅全都望风归顺，前来谒见韦仁寿。韦仁寿承袭旧制设置七个州、十五个县，各自委派其豪右渠帅担任刺史、县令，法令清明严肃，蛮、夷都心悦诚服。将要返回京师时，豪帅们都说："天子委派您都督南宁，为什么急于离去？"韦仁寿拿城池没有建立作为说辞。蛮、夷立即相率为韦仁寿修筑城池，建造署廨的屋舍，十日就完工。韦仁寿于是说："我受诏命只是负责巡视抚慰，不敢擅自久留。"蛮、夷哭泣着送别他，各自派遣子弟入贡。壬戌日（二十四日），韦仁寿返回朝廷，唐高祖大为高兴，将韦仁寿调迁镇守南宁，率兵戍守该地区。

苑君璋引导突厥军队进犯朔州。

八月，戊辰日（初一），突厥进犯原州。

己巳日（初二），吐谷浑进犯鄯州。

壬申日（初五），突厥进犯忻州，丙子日（初九），突厥进犯并州，京师长安实施戒严。戊寅日（十一日），突厥进犯绥州，刺史刘大俱将他们打退。

当时，颉利、突利二位可汗调动全国军队进犯，连营南下，秦王李世民领兵抵拒。碰上关中长久下雨，粮食运输阻隔断绝，士兵疲于征战徭役，器械钝破，朝廷以及军中都将此当作忧虑。李世民和敌人在豳州遭遇，整兵再战。己卯日（十二日），可汗率领万余骑突至城西，在五陇阪摆开军阵，将士震动害怕。李世民对李元吉说：“今日敌骑倚仗山陵，我军不可表现出怯懦，应该和他做一次决战，你能和我并肩作战吗？”李元吉害怕说：“敌人拥有如此有利的形势，怎么可以轻易出兵，万一失利，后悔还来得及吗？”李世民说：“你不敢出兵，我当独自前去，你留在这里观战。”李世民于是率领骑兵急往敌阵，告诉他们说：“国家已与可汗和亲，为什么背约，侵犯我国土地？我是秦王，可汗能战斗的，单独出来与我战斗，如果派众军前来，我也只凭此百骑抵挡。”颉利可汗无法猜测李世民的用意，微笑而不回应。李世民又进前，派遣骑兵告诉突利可汗说：“你从前和我是同盟，有急事相互救援。而今竟然领兵讨伐我，为什么没有香火之情呢？”突利可汗也不回应。李世民又进前，将要渡过沟水，颉利可汗看李世民轻骑而出，又听到香火之言，疑心突利可汗和李世民有过计谋，于是派人阻止李世民说：“秦王不必渡水过来，我没有别的意思，只是和秦王重申坚固盟约罢了。”于是率领军队稍为退却。此后雨下得更大，李世民对各位将领说：“敌人倚仗的是弓箭，而今下雨多时，弓弦胶液全都融解松弛，弓箭已经不能用，他们好像飞鸟断了翅膀，而我们住在房屋里，吃着熟食，刀矛仍旧犀利，用轻松来对抗疲劳，如果不趁此良机，还要更待何时！”于是趁着夜晚出兵，冒雨进攻，突厥大吃一惊。李世民又派人游说突利，晓以利害，突利可汗心中高兴，愿意听从命令。颉利可汗要出战，突利可汗不赞同，于是派遣突利可汗和他的夹毕特勒（突厥的重官）阿史那思摩来谒见李世民，请求和亲，李世民应允。思摩，是颉利可汗的叔叔。突利可汗因而自愿归顺李世民，请求结为兄弟，李世民也用恩意安抚他，突利可汗和李世民结盟而后离去。

庚寅日（二十三日），唐岐州刺史柴绍在杜阳谷击败突厥。

壬申日（初五），突厥阿史那思摩入朝谒见唐高祖，唐高祖请他登上天子坐的床，慰劳他。思摩相貌像胡人，不像突厥人，因而处罗可汗怀疑他不是阿史那种，所以他虽历经处罗、颉利两朝，一直担任夹毕特勒，却始终不能掌握兵权。思摩来到朝廷，唐高祖赐爵和顺王。

丁酉日（三十日），唐高祖派遣左仆射裴寂出使突厥。

九月，癸卯日（初六），日南人姜子路叛乱，唐交州都督王志远将他打败。

癸卯日（初六），突厥进犯绥州，都督刘大俱击败他们，俘虏三位特勒。

冬，十月，己巳日（初三），突厥进犯甘州。

辛未日（初五），唐高祖在鄠县南山围猎；辛酉日（初七），唐高祖驾临终南。

吐谷浑及羌人进犯叠州，攻克合川。

丙子日（初十），唐高祖临幸楼观，谒见老子祠。癸未日（十七日），唐高祖用太牢祭祀隋文帝的陵墓。十一月，丁卯日（十一月无此日），唐高祖驾临龙跃宫；庚午日（十一月无此日），唐高祖返回皇宫。

太子詹事裴矩暂时代理侍中。

武德八年（乙酉，公元625年）

春季，正月，丙辰日（二十一日），唐高祖任用寿州都督张镇周做舒州都督。张镇周因为舒州原是他的故乡，回到舒州，就在故居买了许多酒菜，宴请亲戚和老朋友，与他们畅饮，散发箕坐，一点没有官僚气，就像平民一样，前后一共十天。不久分别赠送他们黄金布帛，哭着和他们道别，说："今日张镇周尚能和老朋友欢饮，明日之后，就以舒州都督的身份治理你们，官民之间的礼数不同，不能再像朋友一般交往。"从此亲戚和老朋友犯法也毫不纵容，舒州境内都特别恭敬他。

丁巳日（二十二日），唐高祖派遣右武卫将军段德操伺机攻取夏州地区。

吐谷浑进犯叠州。

这一月，突厥、吐谷浑各自请求和唐互通贸易，唐高祖诏命全部应允。先前，中国动乱，百姓缺乏耕牛，到这时购买戎狄的牛马，各种牲畜遍布郊野。

夏季，四月，乙亥日（十二日），党项进犯渭州。

甲申日（二十一日），唐高祖驾临鄠县，在甘谷围猎，在终南山修建太和宫。丙戌日（二十三日），唐高祖返回皇宫。

西突厥统叶护可汗（突厥大臣叫叶护，西突厥可汗从叶护成为可汗，因号统叶护可汗）派遣使者请求联姻，唐高祖对裴矩说："西突厥距离中原很远，一有急事不能相互帮助，今日来求婚，怎么办才好？"裴矩回答说："而今北狄正强盛，为国家今日的情势考虑，应该远交而近攻，我认为应当答应他们结亲的请求，用来威吓颉利。等几年之后，中国充实，足以抵抗北夷，然后再徐徐考虑应对的办法。"唐高祖听从。派遣高平王李道立到西突厥国境，统叶护可汗大喜。李道立，是唐高祖的侄儿。

起初，唐高祖因为天下大抵已经平定，解散十二军。不久突厥进犯不止，辛亥日（四月无此日），唐高祖再恢复设置十二军，任用太常卿窦诞等做将军，选拔操练兵马，商议出动大军进攻突厥。

甲寅日（四月无此日），凉州胡睦伽陀引导突厥进攻都督府，攻入内城，长史刘君杰将他们击败。

六月，甲子日（初二），唐高祖驾临太和宫。

丙子日（十四日），唐高祖派遣燕郡王李艺驻兵在华亭县及弹筝硖，水部郎中姜行本断绝石岭道来防备突厥。

丙戌日（二十四日），颉利可汗进犯灵州。丁亥日（二十五日），唐高祖任用右卫大将军张瑾做行军总管来抵御突厥，任用中书侍郎温彦博做长史。先前，唐高祖和突厥的书信用两国平等之礼，秋季，七月，甲辰日（十二日），唐高祖对侍臣说："突厥贪婪成性，朕打算派兵讨伐，自今以后不再用书信，都使用诏敕。"

丙午日（十四日），唐高祖车驾返回皇宫。

己酉日（十七日），突厥颉利可汗带兵进犯相州。

睦伽陀攻打武兴。

丙辰日（二十四日），唐代州都督蔺謩和突厥在新城作战，战事失利；唐高祖再命令行军总管张瑾驻军石岭，李高迁急往大谷来抵御突厥。丁巳日（二十五日），唐高祖命令秦王出兵驻扎蒲州来防备突厥。

八月，壬戌日（初一），突厥翻越石岭，进犯并州；癸亥日（初二），突厥进犯灵州；丁卯日（初六），突厥进犯潞、沁、韩三州。

唐左武侯大将军安修仁在且渠川攻打睦伽陀，将其击败。

唐高祖诏命安州大都督李靖出兵潞州道，行军总管任瑰屯兵太行，来抵御突厥。颉利可汗带领十余万大军劫掠朔州。壬申日（十一日），唐并州道行军总管张瑾和突厥在太谷交战，全军覆没，张瑾脱身投奔李靖。行军长史温彦博被突厥人捕获，突厥因温彦博位居中书侍郎是掌管机要的官员，向他询问唐朝兵粮的虚实，温彦博不回答，突厥将他押到阴山。庚辰日（十九日），突厥侵犯灵州。甲申日（二十三日），唐灵州都督任城王李道宗击败突厥。丙戌日（二十五），突厥侵犯绥州。丁亥日（二十六日），颉利可汗派遣使者请求和谈而后退兵。

九月，癸巳日（初二），突厥没贺咄设攻克并州一县，丙申日（初五），唐代州都督蔺謩击败他们。

癸卯日（十二日），唐初次命令太府检核校量各州度量衡轻重大小。

丙午日（十五日），唐右领军将军王君廓在幽州击败突厥，俘虏斩杀两千多人。

突厥进犯蔺州。

冬季，十月，壬申日（十一日），吐谷浑进犯叠州，唐高祖派扶州刺史蒋善合出兵救援。

戊寅日（十七日），突厥进犯鄯州，唐高祖派遣霍公柴绍出兵救援。

十一月，辛卯朔日（初一），唐高祖驾临宜州。

暂时代理侍中的裴矩兼任黄门侍郎。

戊戌日（初八），突厥进犯彭州。

庚子日（初十），唐高祖命天策司马宇文士及暂时代理侍中。

辛丑日（十一日），唐高祖升迁蜀王李元轨做吴王，汉王李元庆做陈王。

癸卯日（十三日），唐高祖增加中书令的官职给秦王李世民，增加侍郎的官职给齐王李元吉。

丙午日（十六日），吐谷浑进犯岷州。

戊申日（十八日），眉州山獠反叛。

十二月，辛酉日（初一），唐高祖返驾至京师。

庚辰日（二十日），唐高祖在鸣犊泉围猎；辛巳日（二十一日），唐高祖返回皇宫。

唐高祖命襄邑王李神符摄代扬州大都督。开始从丹杨迁徙州府以及居民到长江以北。

武德九年（丙戌，公元626年）

春季，正月，己亥日（初十），唐高祖诏命太常少卿祖孝孙等改定雅乐。

甲寅日（二十五日），唐高祖任用左仆射裴寂做司空，每天派遣一名员外郎在他的住宅轮值侍奉。

二月，庚申日（初一），唐高祖任用齐王李元吉做司徒。

丙子日（十七日），唐初次下令州县祭祀社稷，又命令士民里闾相率建立社神之庙，各自表达祈求和报答之情（春夏祈而秋冬报）来融洽乡党的情谊。戊寅日（十九日），唐高祖祭祀社稷。

丁亥日（二十八日），突厥进犯原州，唐高祖派遣折威将军杨毛出兵攻打突厥。

三月，庚寅日（初二），唐高祖临幸昆明池；壬辰日（初四），唐高祖返回皇宫。

癸巳日(初五),吐谷浑、党项进犯岷州。

戊戌日(初十),唐益州道行台尚书郭行方攻打眉州的叛獠,击败叛獠。

壬寅日(十四日),梁师都进犯边境,攻克静难镇。

丙午日(十八日),唐高祖驾临周氏陂。

辛亥日(二十三日),突厥进犯灵州。

乙卯日(二十七日),唐高祖车驾返宫。

癸丑日(二十五日),唐南海公欧阳胤奉命出使突厥,率领他的部属五十人计划偷袭可汗建牙旗的大帐(突厥的王庭)。事情败露,突厥拘捕欧阳胤。

丁巳日(二十九日),突厥进犯凉州,唐都督长乐王李幼良将他们打跑。

戊午日(三十日),郭行方在洪、雅二州攻打叛獠,大败叛獠,俘获男女五千人。

夏季,四月,丁卯日(初九),突厥进犯朔州;庚午日(十二日),突厥进犯原州;癸酉日(十五日),突厥进犯泾州。戊寅日(二十日),唐安州大都督李靖和突厥颉利可汗在灵州的硖石交战,从天刚亮一直打到下午申时,突厥才退走。

太史令傅奕上疏,请求废除佛法,他说:“佛在西方盛行,言论怪异,路途遥远,汉人翻译胡书,任意附会。使不忠不孝的人剃除头发躲避惩罚,对君王、双亲仅作揖而不下拜,游手好闲,游食四方而不从事生产,改易服装来逃避田赋租税。欺骗百姓说有火涂(地狱道猛火所烧之处)、血涂(畜生道相互啖食之处)、刀涂(饿鬼道被刀剑等逼迫之处),人们作恶一定堕此三涂,荒谬地设立天道、人道、阿修罗道、畜生道、饿鬼道、地狱道等众生轮回的六个道途,来恐吓愚蠢的百姓,欺诈平常的人。于是追悔以往的罪过,妄求未来的幸福。施舍一万钱,却希望得到一万倍的回报;茹素一天,却希望得到百日的粮食。因此使得愚蠢迷惑的人，妄求功德，不惧法律，轻易触犯法律；有些作恶多端的人，身触法网后，才在狱中念佛，希望免除罪过。况且人的生死，寿命的长短，由于自然；施行赏罚，权在人主；贫富贵贱，因为功德，但是愚僧假托欺诈，都说由佛来决定。盗取人主的权力，专擅天地的神威，他们妨害政事，实在可悲！从伏羲、神农以来，直到汉朝，都没有佛法，君主贤明，臣子效忠，国祚久长。汉明帝开始奉立胡神，西域僧众自传其法。西晋以上，国家有严格的法令，不允许中国人随意断发。等到苻坚、石勒，羌人、胡族乱华，主上昏聩，臣下奸佞，施政暴虐，国祚短暂，梁武帝饿死在台城，齐文襄被膳奴弑杀，已经足够当作鉴戒。而今天下的和尚、尼姑，人数超过十万人，裁剪丝绸，装饰佛像，竟相为厌咒魅术，迷惑百姓。请下令僧尼结婚，就可以成立十万多户，生儿育女，十年养育，十二年教训，兵源就可以足够。天下免除被敌人蚕食之祸，百姓知晓赏罚所在，那么妖言惑众的风气自然革除，淳厚质朴的教化能够复兴。我看到北齐章仇子佗的表说：'和尚尼姑人数众多，靡费损耗国家的粮米，寺塔修建奢侈，浪费国家的金钱。'因为和尚们攀附宰相，对朝廷恣意诋毁，尼姑们依附妃嫔、公主，暗中进行诽谤，子佗竟被囚禁，斩杀于都市。北周武帝讨平北齐，下诏封土修饰他的坟墓。我虽然不才，内心却非常仰慕他的作为。"

唐高祖诏命百官商讨此事，只有太仆卿张道源称赞傅奕的说法有道理。萧瑀说："佛是圣人，但傅奕却非议他；非议圣人是目无法纪，应当治他的罪。"傅奕说："人的大伦，莫如君父。佛是长子却背叛父亲，是普通人却对抗天子。萧瑀没有生活在荒野之中，竟然遵从无父的教化。《孝经》中说，抨击孝道就是无父，萧瑀正是此种人。"萧瑀无法回答，只是拍手说："设置地狱，正为这种人。"

唐高祖也讨厌和尚、道士假借佛道逃避赋税徭役，不遵守法律，这些都和傅奕所说的一样。又寺观邻近市场邸舍，混杂在屠肆酒店。辛巳日（二十三日），唐高祖下诏说："命令主管官员挑选天下僧、尼、道士、女冠中精勤修行的，迁往大寺观，供给衣食，不让他们空阙困乏。凡是猥琐粗俗污秽的，全部令他们停止修道，勒令返回乡里。京师留下寺三所、观二所，各州寺、观各留一所，其余全部罢除。”

傅奕性情谨慎周密，主管占验候望，和人断绝交游，所上奏灾异情形，全部稿件，全都焚毁，没人知晓内容。

癸未日（二十五日），突厥进犯西会州。

五月，戊子日（初一），庆州胡成郎等人杀掉长史，反叛依附梁师都。都督刘旻追杀他们。

壬辰日（初五），党项进犯廓州。

戊戌日（十一日），突厥进犯秦州。

壬寅日（十五日），越州人卢南造反，杀死刺史宁道明。

丙午日（十九日），吐谷浑、党项进犯河州。

突厥进犯兰州。

丙辰日（二十九日），唐高祖派遣平道将军柴绍领兵攻打胡人。

六月，丁巳日（初一），太白星经天运行。

秦王李世民已经和太子李建成、齐王李元吉有隔阂，因为洛阳是形胜之地，担心一旦发生变故，要出兵驻守该地，于是命行台工部尚书温大雅镇守洛阳，派遣秦府车骑将军荥阳人张亮带领左右王保等千余人前往洛阳，暗中结交山东豪杰来等待变故发生，取出许多金帛，任凭他们花用。李元吉上奏张亮阴谋不法，唐高祖将他下狱拷打审问，张亮始终不说，唐高祖才释放了他，让他返回洛阳。

李建成夜晚召请李世民来饮酒，暗中下毒，李世民忽然心痛，吐血数升，淮安王李神通扶着他返回西宫。唐高祖来到西宫，探视李世民的疾病，敕令李建成说：“秦王一向不能饮酒，自今以后不能再夜间饮酒。”因而对李世民说，“当初建立大计，之后平定海内，都是你的功劳。我想要立你为继承人，你坚决推辞；再说建成年纪大，做继承人的时日久了，我不忍心削夺他的地位。看到你们兄弟之间好似无法相容，同时住在京城，一定有纠纷争执，当派你前往陕东道大行台，驻守洛阳，自陕以东都由你管辖。仍旧命你建立天子的旌旗，如同汉梁孝王的做法（事见《汉景帝纪》）。”李世民痛哭，以不愿远离膝下推辞，唐高祖说：“天下是一家，东、西两个都城，相距很近，我想念你就去看你，不必伤心。”李世民将要出发，李建成、李元吉相互商量说：“秦王如果到了洛阳，拥有土地甲兵，无法再控制他，不如留他住在长安，他势单力孤，那只是一个匹夫罢了，要算计他就容易了。”于是暗中命数人密奏唐高祖，言“秦王的亲信听到前往洛阳，没有不欢喜跳跃的，看他们的志向，恐怕不再返回”。又派遣亲近宠幸的臣子用利害游说唐高祖，唐高祖心意才改变，再次打消了派李世民到洛阳的打算。

李建成、李元吉和后宫（尹德妃与张婕妤等）日夜向唐高祖谮毁李世民，唐高祖听信他们的话，打算加罪给李世民。陈叔达谏言说：“秦王对国家有大功，不能罢黜他。况且他生性刚强暴烈，如果一再对他挫折压抑，担心他不能忍受忧伤愤恨，或许会因重病而死，陛下悔之晚矣！”唐高祖才停止加罪李世民。李元吉暗中请求杀死秦王，唐高祖说：“他有平定天下的功勋，罪状不明显，要用什么做借口？”李元吉说：“秦王当初平定东都，迁延观望不返回长安，散布钱财来树立私恩，又违反敕令，不是反叛是什么？应当赶快杀他，何必担心找不到借口！”唐高祖没有答应。

秦府的僚属全都忧虑恐惧不知如何是好。行台考功郎中房玄龄对比部郎中长孙无忌说：“而今嫌疑衅隙已成，一旦祸端暗中发生，岂止是秦王府血流满地，实在是国家的忧患，不如规劝秦王效仿周公诛管、蔡之事，来安定社稷。存亡的机运，异常紧急，决定正在今日！”长孙无忌说：“我心里早有此意，只是不敢说出。如今你说的，正合我意，我应该好好地和秦王谈一谈。”于是进府告诉李世民。李世民召来房玄龄商量，房玄龄说：“大王的功勋盖过天地，应该继承帝业。今天的危局，是上天给你的机会，希望大王不要犹豫。”于是与府属杜如晦一同规劝李世民诛杀李建成、李元吉。

李建成、李元吉因秦府有许多骁勇的部将，想要以利来招诱他们为自己效力，暗中将一车金银器赠送左二副护军尉迟敬德，并写书信招诱他说："希望能得到您的屈驾眷顾，以便加深我们的贫贱之交。"尉迟敬德推辞说："敬德，原本是用蓬荜做户牖，用瓮嵌墙间做窗牖的贫民，遇到隋末战乱不息，长久侍奉刘武周，罪大恶极，死有余辜。秦王赐给我再生的恩典，现在我又在秦府做事，应该以死效命报答。我对殿下无功可言，不敢凭空接受殿下重赏。倘若我私下结交殿下，就是对秦王怀有二心，贪利忘忠，这样的人，殿下要他有什么用！"李建成大怒，于是和他绝交。尉迟敬德将这件事报告李世民，李世民说："您的忠心像山岳一般牢固，即使他赠送给您的金子堆积得顶住了北斗星，我知道您也不会动移。他赠送你东西，你就接受，有什么值得猜疑！况且又能够知晓他的阴谋，难道不是一个良策！否则，灾祸将会降临到您身上。"不久李元吉派遣壮士趁夜刺杀尉迟敬德，尉迟敬德知道，打开府中各道门，安卧不动，刺客多次来到他的庭前，始终不敢进入。李元吉于是向唐高祖谮毁尉迟敬德，下诏审讯，将要诛杀他，李世民坚决为他求情，终获免罪。李元吉又谮毁左一马军总管程知节，唐高祖派程知节出去做康州刺史。程知节对李世民说："大王的得力部下已经走光了，生命怎能长久保全！知节冒死不离去，希望趁早定下大计。"李建成又用金帛引诱右二护军段志玄，段志玄不听从。李建成对李元吉说："秦府中有智慧谋略的，可怕的只有房玄龄、杜如晦罢了。"李建成两人向唐高祖谮毁他们，终于将他们驱逐出去。

李世民的心腹只有长孙无忌还在府中，和他的舅父雍州治中高士廉、左侯车骑将军三水人侯君集以及尉迟敬德等人，日夜游说李世民诛杀李建成、李元吉。李世民迟疑不决，向灵州大都督李靖请教，李靖推辞，又向行军总管李世勣请教，李世勣也推辞，李世民因此尊重他们两人。

恰逢突厥郁射设带领数万骑屯兵在黄河以南，入塞，围攻乌城，李建成推荐李元吉接替李世民统率诸军北征，唐高祖听从他的建议，命令李元吉督导右武卫大将军李艺、天纪将军张瑾等人救援乌城。李元吉请尉迟敬德、程知节、段志玄以及秦府右三统军秦叔宝等和他同行，挑选秦王帐下精锐的士兵来增强自己的军力。率更丞王晊暗中告诉李世民说："太子告诉齐王说：'而今你得到秦王的勇将精兵，拥有数万部属，我和秦王在昆明池替你饯行，派壮士将秦王杀死在幕下，上奏说是突然暴毙，皇上应当会不相信。我当派人进宫游说，要皇上将国事交给我。尉迟敬德等人既然归属你统领，应当全部坑杀他们，谁敢不服从！'"李世民把王晊的话告诉长孙无忌等人，长孙无忌等人劝李世民当在事发之前图谋他们。李世民说："兄弟互相残杀，是古今的大恶。我知晓灾祸早晚会发生，想要等待他们发动，然后以道义为理由讨伐他们，不也可以吗？"尉迟敬德说："谁人不爱惜性命！而今众人为秦王效死，是上天授给的成功的机会。祸患将要发生，但是大王还安坐府中不以为忧虑，大王纵然看轻自己的性命，对宗庙社稷怎么交代！大王不听敬德的话，敬德将亡命江湖，不会留在大王的身边，坐等被缚接受杀戮！"长孙无忌说："不听敬德的话，事情将会失败。敬德等人一定不被大王使用，无忌也当随他而去，不能再侍奉大王您了！"李世民说："我的话也不可完全抛弃，您再考虑一下。"尉迟敬德说："大王现在处理事情迟疑不决，是不聪明；面临危难而不加解决，是不勇敢。况且大王平素蓄养勇士八百多人，在外的人如今已经进入宫中，穿盔甲执兵器，情势已经形成，大王怎么能停止呢！"

李世民向府僚请教，都说："齐王为人凶狠暴虐，始终不肯忠心侍奉您。近日听闻护军薛实曾对齐王说：'大王之名，合在一起是一个"唐"字，大王终会主持唐的国祭。'齐王高兴地说：'只要除掉秦王，攻取东宫如反掌一样容易。'他和太子谋乱尚未成功，已经有取代太子之心。乱心不足，有什么不敢为！如果让李建成、李元吉二人得志，担心天下不再属于唐所有。凭大王的贤能，攻取他二人有如拾取地上的草芥一样容易，怎么可以追求匹夫的节操，忘了社稷的安危呢！”李世民迟疑不决，众人说：“大王认为舜是什么样的人？”秦王说：“圣人。”众人说：“假使舜浚井被掩埋而不想法出来，就会成为井中的泥土；涂刷廪仓时被火焚烧，而不想法下来，就会成为廪上的灰尘，怎么能将恩泽普施天下，法则行于后世呢！之所以小杖就接受，大杖就逃走，是因为所图谋的是大事呀。”李世民命人占卜，适逢幕僚张公谨从外地来拜见他，拿起龟壳投掷在地上，说：“占卜是用来解决疑惑的，而今事情没有疑问，还占卜什么！占卜结果如果不吉利，难道能停止吗？”于是决定了计策。

李世民命令长孙无忌暗中召请房玄龄等人，他们说：“不听敕旨再次侍奉秦王。如今若私下谒见，必定坐罪而死，不敢听从命令！”李世民生气，对尉迟敬德说：“房玄龄、杜如晦难道背叛我吗？”取下佩刀授给尉迟敬德说：“您前去看一看，他们如果不肯来，可以将他们的头砍来。”尉迟敬德前往，和长孙无忌一同告诉他们说：“秦王已经决定大计，你们应当急速入府共同商议。我们四个人，不可以同行在道路当中。”于是教房玄龄、杜如晦穿着道士服，和长孙无忌一同进入秦府，尉迟敬德也从别的道路来到秦府。

己未日（初三），太白星再次划过天空。傅奕密奏说：“太白星出现在秦封地的分野，秦王应当拥有天下。”唐高祖将情形告知李世民。于是李世民密奏李建成、李元吉淫乱后宫，并且说：“我对于兄弟并没有亏欠，而今要杀死我，好像要为王世充、窦建德报仇。臣今日冤枉而死，永远离开君亲，魂归地府，实在耻见这些贼人！”唐高祖看完奏章，表情惊愕，批复说：“明日鞫问，你应当早来朝参。”

庚申日（初四），李世民带领长孙无忌等人入朝，在玄武门埋伏军队。张婕妤暗中得知李世民奏表的内容，急速告诉李建成。李建成召李元吉商议，李元吉说：“应当率领东宫、齐王府的军兵，托病不上朝，来观看情势。”李建成说：“兵防已经具备，应当和你入朝参拜，亲自询问消息。”于是一同入朝，急往玄武门。唐高祖这时已召来裴寂、萧瑀、陈叔达等人，要询问考核李建成他们做的事。

李建成、李元吉到了临湖殿，察觉事情有变化，立刻掉回马头向东急驰返归宫府。李世民在后面呼叫他们，李元吉开弓要射杀李世民，一而再，再而三，没有将弓拉开，李世民发箭射杀了李建成。尉迟敬德带领七十骑赶到，身边近侍骑射李元吉，李元吉坠下马来。李世民坐骑受惊奔入树林，被树枝挂住，坠倒不能站起。李元吉很快跑到，夺取了弓想要用力扼杀李世民，尉迟敬德跃马而来大声叱喝。李元吉想要逃往武德殿，尉迟敬德追射，杀了李元吉。翊卫车骑将军冯翊、冯立听到李建成死了，感叹说："哪有活着时受人恩惠，人死了却逃跑避难呢！"于是和副护军薛万彻、屈咥直府左车骑万年人谢叔方带领东宫、齐府精兵两千驰往玄武门。张公谨力大，独自闭关来抗拒，军队无法进入。云麾将军敬君弘执掌宿卫兵，驻兵玄武门，挺身出战，亲近的人阻止他说："事情还未见分晓，暂且静观变化，等军兵会集，布好军阵而后再战也不晚。"敬君弘不听，和中郎将吕世衡大声呼叫向前猛冲，两人都被杀死。敬君弘，是敬显俊的曾孙。守门的军兵和薛万彻等力战很久，薛万彻击鼓喧嚣要进攻秦府，将士大为惊惧。尉迟敬德拿李建成、李元吉的首级出示，东宫、齐府军兵于是溃散。薛万彻和数十骑逃入终南山。冯立已经杀了敬君弘，对他的部属说："这也足以稍微报答太子了！"于是解散军队，逃往郊野。

唐高祖正乘船浮游海池，李世民派遣尉迟敬德进入宿卫，尉迟敬德披甲持矛，直到唐高祖的面前。唐高祖大惊，责问说："今天谁在作乱，你来这里干什么？"尉迟敬德回答说："秦王因为太子、齐王叛乱，率兵诛杀他们，担心惊动陛下，派臣来宿卫。"唐高祖对裴寂等人说："没料到今日竟然发生这样的事，应该如何处置？"萧瑀、陈叔达说："李建成、李元吉本来没有参加起义的谋划，又对国家没有功劳，忌妒秦王功高望重，一同计划作奸。如今秦王已经讨伐诛杀他们，秦王功盖宇宙，天下归心，陛下如果封他为太子，将国事委托他，就不会再有事了！"唐高祖说："很好！这是我很早就有的想法。"当时宿卫以及秦府军兵和二宫的近卫作战还没有停止，尉迟敬德请求颁下手敕，命令诸军全都接受秦王的节制，唐高祖听从了他。天策府司马宇文士及从东上阁门出来宣读手敕，于是徒众安定下来。唐高祖又派黄门侍郎裴矩来到东宫晓谕诸将卒，将卒全都溃散。唐高祖于是召来李世民，安抚他说："近日以来，差点被谗言所误。"李世民跪着伏在唐高祖胸前，大哭了很久。

李建成的儿子安陆王李承道、河东王李承德、武安王李承训、汝南王李承明、巨鹿王李承义，李元吉的儿子梁郡王李承业、渔阳王李承鸾、普安王李承奖、江夏王李承裕、义阳王李承度都牵连被杀，还在宗室的名册上除去他们的名字。

起初，李建成许诺李元吉在登位之后，立他做太弟，因此李元吉为他效死力。诸将要杀尽李建成、李元吉的近侍百余人，没收他们的家财，尉迟敬德坚持争辩说："罪在两个元凶，他们既然已经被杀而死，如果波及余党，不是谋求安定的做法！"于是才停止追究。当天，唐高祖下诏说："赦免天下凶逆的罪，罪过只是李建成、李元吉干的，其余参与的人，全不追问。其他僧、尼、道士、女冠全都依照原先颁布的诏令处置。国家众事，都由秦王处理。"

辛酉日（初五），冯立、谢叔方都自动投案。薛万彻逃亡躲藏，李世民多次派人晓谕劝解他，才出来投案。李世民说："这些人都忠于他们的主人，是义士。"于是免除他们的罪。

癸亥日（初七），唐高祖立李世民做皇太子。又诏命："从今以后，军国众事，无论大小全都委托太子处理决定，然后上奏。"

◆臣司马光说：将嫡长子立为太子，是礼制的正常法则。然而唐高祖能拥有天下，都是唐太宗的功劳；隐太子庸碌鄙劣位居上位，所处地位易生猜嫌，所拥有的权力相互威胁，兄弟二人必然不能相容。假如唐高祖有周文王的远见，隐太子有泰伯让国的贤达，唐太宗有子臧辞国的节操，那么内乱怎会发生！既然不能如此，唐太宗这才要等李建成、李元吉首先发难，然后对付他们，如此，唐太宗也是出于不得已，尚且算是做得比较好了。不久唐太宗被各位下属逼迫，以致在宫门杀人流血，手刃同胞，贻笑千古，真是太可惜了！一般说来，创立大业，传给后世的君主，是子孙后代学习的典范，后来中宗、肃宗之季，玄宗、代宗的帝位传承，都要事先动兵清除内难，难道不是有榜样可以效仿作为借口吗？◆

戊辰日（十二日），朝廷任命宇文士及担任太子詹事，长孙无忌、杜如晦担任左庶子，高士廉、房玄龄担任右庶子，尉迟敬德担任左卫率，程知节担任右卫率，虞世南担任中舍人，褚亮担任舍人，姚思廉担任洗马。还将齐王国司所藏的金帛什器全部赏给尉迟敬德。

起初，洗马魏徵经常劝说太子李建成趁早除掉秦王，等到李建成失败，李世民召魏徵询问说："你为什么挑拨我们兄弟关系呢？"众人替他担惊害怕，魏徵举止自若，回答说："先太子早听我魏徵的话，一定没有今日的灾祸。"李世民平日看重他的才能，便改变了态度，对他以礼相待，请他担任詹事主簿。李世民还将王珪、韦挺从巂州召回，让他们担任谏议大夫。

李世民下令将禁苑的鹰犬放生，取消四方进贡的规定，广泛听取百官各自陈述治理国家的意见，行政措施和法令简易严肃，朝廷内外大为欢悦。

朝廷任命屈突通担任陕东道行台左仆射，镇守洛阳。

益州行台仆射窦轨和行台尚书韦云起、郭行方不和。韦云起的弟弟韦庆俭以及宗族大多侍奉太子李建成，李建成死后，窦轨诬陷韦云起和李建成一同造反，将他收押斩杀。郭行方害怕，逃往京师，窦轨追他，结果没追上。

吐谷浑进犯岷州。

突厥进犯陇州；辛未日（十五日），进犯渭州。朝廷派遣右卫大将军柴绍攻击他们。

朝廷废除益州大行台，设置益州大都督府。

壬申日（十六日），唐高祖将亲笔诏书赐给裴寂等人说："朕应该加尊号为太上皇。"

辛巳日（二十五日），幽州大都督庐江王李瑗反叛朝廷，右领军将军王君廓杀了他，将首级送往京师。

起初，唐高祖因李瑗懦怯不是将帅之才，派遣王君廓辅佐他。王君廓过去是盗寇，勇猛奸诈，李瑗推心置腹地仰仗他，结为儿女亲家。太子李建成想谋害秦王，暗中和李瑗交结。李建成死后，诏命通事舍人崔敦礼乘着驿站的车马前去征召李瑗。李瑗内心恐慌，和王君廓商量。王君廓打算捉拿李瑗，借此建立功勋，于是说："大王如果入朝，肯定没有保全的道理。如今您拥兵数万，怎么能够因为一个使者的召唤，就去自投罗网呢！"因而和他一同哭泣。李瑗说："我今日将生命托付给您，决定举事了。"于是劫持崔敦礼，询问他京师的机密要事，崔敦礼不屈从，李瑗囚禁他。李瑗通过驿站传书调集兵力，并且召请燕州刺史王诜前往蓟州，和他商计大事。兵曹参军王利涉规劝李瑗说："王君廓反复无常，不可让他执掌兵权，应当及早除去他，让王诜来接替。"李瑗没能做出决定。王君廓知晓此事，去见王诜，王诜正在洗头发，手握着头发就出来，王君廓亲手斩杀他，拿着他的头颅告诉众人说："李瑗和王诜共同造反，囚禁皇帝的使者，擅自征调兵马。现在王诜已经被我杀了，只剩一个李瑗，不能有所作为。你们是宁愿追随李瑗灭族呢，还是要追随我取得富贵呢？"众人都说："愿意跟随你讨伐叛贼。"王君廓于是率领部下千余人，翻越西城进入城内，李瑗没发觉。王君廓进入监狱放出崔敦礼，李瑗才知晓，急率亲信数百人披上战甲出来，在门外遇到王君廓。王君廓对李瑗的部属说："李瑗叛逆朝廷，你们为什么跟随他赴汤蹈火呢？"李瑗的部属都放弃兵器溃散。只剩下李瑗，骂王君廓说："你这个小人出卖我，将会遭到报应的！"于是王君廓拘捕李瑗，缢死了他。壬午日（二十六日），朝廷任命王君廓担任左领军大将军兼幽州都督，将李瑗全家人口赐给王君廓。崔敦礼，是崔仲方的孙子。

乙酉日（二十九日），朝廷撤除天策府。

秋季，七月，己丑日（初三），柴绍在秦州击败突厥，斩杀特勒一人，士卒一千余人。

朝廷任命秦府护军秦叔宝担任左卫大将军，又任命程知节担任右武卫大将军，尉迟敬德担任右武侯大将军。

壬辰日（初六），朝廷任命高士廉担任侍中，房玄龄担任中书令，萧瑀担任左仆射，长孙无忌担任吏部尚书，杜如晦担任兵部尚书。癸巳日（初七），朝廷任命宇文士及担任中书令，封德彝担任右仆射；又任命前天策府兵曹参军杜淹担任御史大夫，中书舍人颜师古、刘林甫担任中书侍郎，左卫副率侯君集担任左卫将军，左虞候段志玄担任骁卫将军，副护军薛万彻担任右领军将军，右内副率张公谨担任右武侯将军，右监门率长孙安业担任右监门将军，右内副率李客师担任领左右军将军。长孙安业，是长孙无忌的哥哥；李客师，是李靖的弟弟。

太子李建成、齐王李元吉的党羽流亡逃散到民间，虽然有宽赦的命令，仍然感到内心不安，怕获利的人争相告发捕拿他们，以此邀功请赏。谏议大夫王珪将此事启告太子李世民。丙子日（七月无此日），太子李世民下令说："六月四日以前牵连东宫以及齐王事情的人，十七日以前牵连李瑗事情的人，都不能相互告发，违反的人以诬告罪受罚。"

丁酉日（十一日），朝廷派遣谏议大夫魏徵安抚山东，允许他见机行事。魏徵来到磁州，遇到州县用槛车押送加上刑具的前太子千牛李志安、齐王护军李师行前往京城，魏徵说："我奉命出使的时候，对原来东宫、齐府的属官全都赦免不予追究。如今再押送李师行等人，那么有谁不生疑心！虽然派遣使者，有谁相信！我不可以只顾及自己会受到猜疑，不替国家考虑。况且我既然蒙受国士的礼遇，怎敢不拿国士的行为来报答太子呢！"于是全都释放了他们。太子李世民听到消息，十分高兴。

右卫率府铠曹参军唐临被外放为万泉丞，县内有在押的囚犯十多人，适逢春雨降临，唐临便将他们放走，让他们归家从事耕种，他们全都按规定日期返回狱中。唐临，是唐令则弟弟的儿子。

八月，丙辰日（初一），突厥派遣使者请求和解。

壬戌日（初七），吐谷浑派遣使者请求和解。

癸亥日（初八），唐高祖依制传位给太子李世民，太子李世民坚决推辞，唐高祖不答应。甲子日（初九），唐太宗在东宫显德殿登上皇帝位，大赦天下。关内地区以及蒲州、芮州、虞州、泰州、陕州、鼎州六州免征两年租调，其他各州免除赋役一年。

癸未日（二十八日），唐太宗诏命“宫女众多，长久身处深宫，实在可怜，应当经过挑选，外放出宫，让她们各自回到父母身边，听凭她们嫁人”。

起初，稽胡酋长刘仚成率领部属投降梁师都，梁师都听信谗言，杀了他，因此部下猜疑畏惧，很多人来投降唐。梁师都日益衰弱，于是向突厥称臣，为突厥谋划，劝突厥进犯中原。于是颉利、突利两位可汗合兵十余万进犯泾州，进兵来到武功，京城下令戒严。

丙子日（二十一日），唐太宗立妃子长孙氏做皇后。皇后年少时喜欢读书，就是在仓促间也必定遵循礼法，唐太宗做秦王时，和太子李建成、齐王李元吉有嫌隙，皇后侍奉唐高祖，顺从唐高祖的妃嫔，弥补秦王的过失，给秦王带来很大帮助。等到长孙氏被立为皇后，事事务求节俭，车马衣服等物品只求够用罢了。唐太宗很尊重她，曾经和她商议赏罚的事情，长孙皇后推辞说：“‘母鸡司晨，导致家道衰尽’，我是一个妇人，怎么敢参与政事！”唐太宗坚持问她，长孙皇后始终没有回答。

己卯日（二十四日），突厥出兵侵犯高陵。辛巳日（二十六日），泾州道行军总管尉迟敬德和突厥在泾阳交战，大败突厥，俘获突厥俟斤（官名）阿史德乌没啜，斩杀一千多人。

癸未日（二十八日），颉利可汗进兵来到渭水便桥北面，派遣他的心腹执失思力入朝谒见，来窥伺虚实。执失思力大肆鼓吹说：“颉利与突利两位可汗率兵百万，今天要抵达京师了。”唐太宗指责他说：“我和你们可汗当面约定讲和通好，赠送黄金布帛之多，前后无法计算。你们可汗自己违背盟约，率军深入中原，对我们不觉得惭愧吗？你虽是戎狄，也有一颗人心，怎么能够完全忘记大恩，自夸兵马强盛？我今天先杀了你！” 执失思力害怕请求饶命。萧瑀、封德彝请求按照礼节将他遣回。唐太宗说，“我今天将他遣还，敌人认为我害怕他们，就会更加肆意欺凌了。”于是将执失思力囚禁在门下省。

唐太宗亲出玄武门，和高士廉、房玄龄等六骑直奔渭水旁，和颉利可汗隔水对话，责备他违反盟约。突厥大惊，都下马罗列而拜。不久诸军相继开到，旌旗盔甲遮蔽原野，颉利可汗眼见执失思力没有返回，而唐太宗挺身轻易出马，军容强盛，不禁面有惧色。太宗用旗指挥诸军退却而布好军阵，独自留下和颉利可汗讲话。萧瑀因为唐太宗轻敌，拦住马头坚决谏止，唐太宗说：“我早就周密地谋划好了，你不知道我的用意。突厥敢出动全国军队前来，直达京城郊外的原因，是认为我们国家内部有内乱，我又刚刚即位，以为我军不能抵抗他们。我如果向他们示弱，关闭城门抵抗防守，敌一定放纵兵卒大肆劫掠，让我们难以遏制。所以我轻骑独出，显示轻视他们，又向他们大肆炫耀军队的阵容，让他们知道必有一战，出敌不意，使他们失望。敌人进入我们领地很深，必有戒心，因此和他们作战就会胜利，和他们和谈就稳固。要制服突厥，在此一举。你只需观看就是。”当天，颉利可汗来请求和解，唐太宗下诏允答应了他。唐太宗当天返回皇宫。乙酉日（三十日），唐太宗又临幸城西，斩杀白马，和颉利可汗在便桥之上结盟。突厥领兵退去。

萧瑀请教唐太宗说：“突厥没有讲和之时，诸将争相求战，陛下不答应，我们也非常疑惑，不久敌人自动退去，其中奥妙何在？”唐太宗说：“我观察突厥的军兵虽多但没有纪律，君臣都想要得到财物，当他们求和时，可汗独自在渭水西面，突厥的大官都来谒见我，我如果灌醉他们而加以系缚，趁机袭击他们的兵众，形势上有如摧枯拉朽一般容易。“又命令长孙无忌、李靖在幽州埋伏军队等待他们，敌人如果逃归，伏兵截击在前，大军追击在后，消灭敌人像反掌一般容易。不和敌人交战的理由，是我即位不久，国家还没有安定，百姓还没有富足，目前应该休养生息来安抚他们。一旦和敌人作战，损失很多。和突厥结怨很深，他们畏惧而有所准备，那我们就不能如意行事了。因此隐藏武力，以金帛诱惑他们，他们得到所要的，理当自己退兵，意志骄纵怠惰，不再预设防备，然后我们储养武力，一举可以消灭他们。《老子》说：'打算对他有所索取，一定先给予他。'就是这个道理。你知晓了吧！"萧瑀再拜说："这不是我能预先知晓的。"

资治通鉴卷第一百九十二　唐纪八

起丙戌（公元626年）九月，止戊子（公元628年）七月，共一年十个月。

【题解】本卷记录了公元626年九月至628年七月的史事，共两年，正当武德九年至贞观二年，是唐太宗即位的前两年。唐太宗李世民刚刚即位就励精图治，贞观时期的治国方略，具体包括五个要点：第一，知人善任。魏徵、张玄素、张蕴古、傅奕等，都不是秦王府的旧人，但唐太宗都委以重任。第二，纳谏改过。如采纳戴胄的谏言，不枉法杀人；采纳长孙无忌、魏徵的谏言，不轻启干戈，避免了北征突厥、南伐岭南的战争，结果突厥、冯氏都归附唐朝。第三，慎狱刑，重民生。唐太宗鼓励大臣执法宽平，以流放代替肉刑，判决死刑要大臣审察，天下无冤狱。又减轻赋税，赈济灾荒，反对奢侈浪费等。第四，宽待大臣，却不护短皇亲。特别是宽容直言进谏的大臣，往往破格提升。第五，右文讲武，居安思危。通过这一系列措施，贞观政治很快步入正轨。

高祖神尧大圣光孝皇帝下之下

武德九年（丙戌，公元626年）

九月，突厥颉利可汗进献马三千匹，羊一万头。唐太宗没有接受，只是诏命放回所掳掠的中国的百姓，征召温彦博返回朝廷。

丁未日（二十二日），唐太宗带领诸卫将卒在显德殿庭院练习射术，告诉他们说："自古以来就有周边的戎狄等族的侵扰，值得忧虑的是边境稍为安定，君主就淫逸游乐而忘记战事，因而一旦贼寇来犯不能抵抗。现在我不让你们凿池塘筑宫苑，而专门练习射箭技术，闲居无事时，我就当你们的老师，一旦突厥入侵，我就做你们的将领，这样差不多中原的百姓可以稍为安定吧！”于是每天带领数百人在宫殿庭院里教他们射箭，唐太宗亲临验试，射中多的士兵赏赐给弓、刀、布、帛，他们的将帅考核成绩时列为上等。许多群臣劝谏说：“依照大唐律令，携带兵器到皇帝住处要处以绞刑。现在您让这些卑微的人张弓挟矢在殿宇之侧，陛下身处其中，万一有一个狂夫恣意妄为，就会出现意外事故，这不是重视社稷的做法。”韩州刺史封同人假称有事，乘驿马入朝苦苦进谏。唐太宗均听不进去，他说：“真正的君主视四海如一家，大唐辖境之内，都是朕的忠实臣民，朕一一推心置腹对待他们，为什么对宿卫之士还要加以猜忌呢！”从此每人自我勉励，几年之间，全都成为精锐之士。

唐太宗说：“我自年少时南征北战，东征西讨，颇知用兵的要点，每次观察敌人的军阵，就知道它的强弱，常常用我的弱旅抵挡他们的强兵，用强兵攻打他们的弱旅。敌军追逐我方弱旅，不过数十百步，我军攻其弱旅，必定突至其阵后加以反击，如此敌军无不溃败奔逃，取胜的原因，大多在此。”

己酉日（二十四日），唐太宗和群臣当面议定勋臣长孙无忌等人的爵位封邑，命令陈叔达在宫殿下高呼其名宣布，唐太宗说：“我评定各位的勋赏有不当的，可以各自讲出来。”于是各位将领纷纷争功，议论不止。淮安王李神通说：“臣在关西举兵，首先响应义旗，现在房玄龄、杜如晦等人不过是刀笔吏，功劳在我之上，臣私下很不服气。”唐太宗说：“义旗初举之时，叔父虽然首先倡导起兵，大概也是自求免祸。等到窦建德吞并山东，叔父全军覆没。刘黑闼再聚合剩余的兵卒，叔父望风而逃。房玄龄等运筹于帷幄之中，坐而能让社稷安定，论功行赏，本来应当在叔父之前。叔父是我的至亲，朕实在不是吝惜奖赏，但不可以将私恩等同于功臣罢了！”各位将领于是都说：“陛下最公正，虽是淮安王尚且不徇私情，我们凭什么敢不安分。”于是大家都心悦诚服。房玄龄曾经说：“秦府的旧人没有升官的，都嗟叹怨恨说：‘我们伺候服侍陛下，多少年了，今日授予官职，反而位子在前东宫、齐府人的后面。'"唐太宗说:"王者公正无私,因而能让天下人心服口服。我和你们每天的衣食,都取自百姓,所以要设官分职,就是为了百姓,应该选用贤才,哪里能依照新旧关系的先后来安排呢!如果新人贤能,故旧不才,怎么可以舍新而取旧呢!现在你们不论其贤与不肖而直说嗟叹怨恨,难道是为政之道吗?"

唐太宗诏命:"民间不可私自设立妖祠。除非正当的卜筮术,其余杂滥占卜,全都禁止断绝。"

唐太宗聚集经、史、子、集四部书共二十余万卷藏在弘文殿,并在殿旁设置弘文馆,遴选天下文学之士虞世南、褚亮、姚思廉、欧阳询、蔡允恭、萧德言等人,以原职兼任弘文馆学士,让他们隔日入宿值班,唐太宗听朝的余暇,将他们请入内殿,讲论先哲言行,商量当朝大政,有时到半夜时分才停止。又选取三品以上官员的子孙充任弘文馆的学生。

冬季,十月,丙辰朔日(初一),出现日食。

唐太宗下诏追封故太子李建成为息王,谥号为隐。齐王李元吉为海陵王,谥号为刺,以皇家葬礼重新安葬。埋葬那天,唐太宗在宜秋门痛哭,十分哀伤。魏徵、王珪上表请求陪送灵车到墓地,唐太宗答应了,命令东宫、齐王府的旧僚属都参加送葬。

癸亥日(初八),唐太宗立皇子中山王李承乾做太子,当时年仅八岁。

庚辰日(二十五日),唐朝初次制定功臣食邑封户的等级差别。

起初,萧瑀向唐高祖推荐封德彝,唐高祖任命他做中书令。等到唐太宗登位,萧瑀做左仆射,封德彝做右仆射。两人商议之事已经决定,但封德彝多次在唐太宗面前改变讲好的议定内容,因此二人产生嫌隙。当时房玄龄、杜如晦新上任,都疏远萧瑀而亲近封德彝,萧瑀心中怨愤不平,于是上密封的奏章理论,辞意枯涩不畅,因此触犯圣意。适逢萧瑀和陈叔达在唐太宗面前含怒争辩,庚辰日(二十五日)，萧瑀、陈叔达都因不敬获罪，被免去官职。

甲申日(二十九日)，民部尚书裴矩上奏："遭到突厥残暴蹂践的百姓，请求每户给绢一匹。"唐太宗说："我用诚信治理百姓，不要虚有存问抚恤百姓的名声而没有实在的东西，每户中人数多少不同，怎么能够给予相同的赏赐呢！"于是按口数计算赏赐的数量。

起初，唐高祖要加强皇室宗族的力量来镇守天下，所以和皇帝同曾祖、同高祖的远房堂兄弟，以及他们的儿子，即使年在童孺也都封作王，封宗室为郡王的有数十人。为此，唐太宗从容问群臣说："遍封皇族子弟为王，对天下有利吗？"封德彝回答说："前世只有皇帝的儿子及兄弟才封做王，其余如果没有大功，没有封作王的。太上皇亲善厚待皇亲国戚，大肆分封宗室，从东，西两汉以来没有像今天这般多。封给爵位既高，又多供给劳力仆役，恐怕不是向天下人显示大公无私的做法！"唐太宗说："对。我做天子，就是为了养护百姓的，怎么可以劳动百姓来养护自己的宗族呢？"十一月，庚寅日(初五)，将宗室郡王降格为县公，只有功勋卓著的几个人没有降级。

丙午日(二十一日)，唐太宗和群臣讨论防止盗贼。有人请求用重法来禁止，唐太宗微笑说："百姓当盗贼，是由于赋役繁重，官吏贪婪，饥寒切身，所以没时间去顾及廉耻了。朕当除去奢侈，省俭费用，轻徭役，薄赋税，选用廉洁的官吏，让百姓衣食有余，那么百姓自然不做盗贼，何须用重法呢！"自此几年之后，海内治平，百姓在道路上不拾遗失之物，夜间不需关门闭户，商贾行旅敢在野外过夜。

唐太宗又曾对侍臣说："君主依靠国家，国家依靠百姓。刻薄百姓来侍奉君王，好像割肉来填腹，腹饱然而身体死掉，君王富足但国家灭亡。因此人君的祸患，不从外面来，常由自身发生。凡事要铺张那么费用就多，费用多赋敛就加重，赋敛加重百姓就忧愁，百姓忧愁国家就危险，国家危险君王就丧亡。朕经常这样反省，所以不敢放纵欲望。"

十二月，己巳日(十五日)，益州大都督窦轨奏称獠人反叛，请求调动军队征讨。唐太宗说："獠人凭依山林，将它作为险阻，时常如老鼠一样出来偷窃，这是他们的习俗。州牧郡守如果能够用恩信安抚，自然相继归顺，怎么可以轻动干戈，捕捉他们的百姓，好像捕捉禽兽，这哪里是为民父母的做法呢！"始终不允许出兵。

唐太宗对裴寂说："最近许多上书论事的奏章，朕都粘在屋内壁上，可以出入省视观览，每每思考为政的道理，有时到深夜方才入睡，你们也应当恪尽职守，符合朕的心意。"

唐太宗振起精神谋求治理，多次请魏徵进入内室，询问朝政得失；魏徵知无不言，唐太宗都高兴地嘉勉采纳。唐太宗派遣使者点召兵卒，封德彝上奏说："中男虽未满十八岁，但其身体壮大的，也可一并点召。"唐太宗采纳他的建议，诏令发出，魏徵坚持认为不可实行，不肯连署敕令，前后四次。唐太宗发怒，召他来责备说："中男身体壮大的，现在已经不止十六岁，大多在十七八岁，不过是奸民瞒报岁数，来逃避征役罢了，点召他们有什么妨害，可是你却如此固执己见！"魏徵回答说："军队在运用得法，不在人数众多。陛下点召壮健，依道使用，足可天下无敌，何必多招细弱来增添虚数呢！况且陛下常说：'我用诚信统御天下，要使臣民都没有欺诈。'现在即位不久，已经多次失信于民了！"唐太宗惊愕着说："朕什么事情失信？"魏徵回答说："陛下起初即位，下诏说：'久欠官家之物，全部令其免除。'主管官吏认为拖欠秦府国司的，不属于官家之物，仍旧征收索取。陛下由秦王升为天子，秦府国司的财物，不是官家之物又是什么？又说，'关中地区免除两年租调，关外地区免赋役一年。'不久又有敕令说，'已服役已纳税的人，以下一年开始免除。'如果已经退还纳税物之后而又重新征回，这样百姓不能没有责怪之意。现在既征收租调，又点召兵丁，还谈什么从下一年开始免除呢！另外和陛下共治天下的人都是地方官，日常公务，都委托他们办理；至于点召兵卒，特别怀疑他们使诈，难道这就是你说的以诚信为治国之道吗？"唐太宗高兴地说："从前朕认为你固执己见，怀疑你不通达政务，现在听你谈论国家大事，真能讲清其中的精要。朝廷政令不讲信用，则百姓不知所从，天下如何治理呢！朕的过失很深啊！”于是不点召中男，赏赐魏徵一瓮黄金。

唐太宗听说景州录事参军张玄素的名声，召见他，询问他为政之道，张玄素回答说：“隋朝皇帝喜好亲自处理各种政务，不信用群臣。群臣内心恐惧，只知道接受诏令奉命行事罢了，不敢违抗。凭一人的智慧决定天下的事务，即使得失各半，乖谬已然很多了，何况处在下位的臣子谄谀，处在上位的君王被蒙蔽，只有灭亡一途！陛下如果真能慎选群臣而分别委任事务，自己高居拱手，肃穆清静，而考核群臣的得失成败，施行赏罚，何必担忧政治不好！还有，臣看隋末动乱分离，其中想要夺取天下的不过十余人，其余都是护卫乡里、保护妻儿，等待有道人君而后依附。由此知道百姓喜好作乱的人很少，只是人主不能安抚他们罢了。”唐太宗称赞他的言论，擢升他担任侍御史。

前幽州记室直中书省张蕴古献上《大宝箴》，其中大略说：“圣人蒙受天命，来拯救黎民于水火，解救时世的危难，因此以一人来治理天下，不以天下专奉一人。”又说，“在内庭建筑壮丽的宫室，但实际居住的不过容膝之地；那昏昧无知的君王，用瑶玉砌室，拿琼玉筑室。宴席上罗列八珍，其实吃的不过是合乎胃口的食物。他们却不加思考，曲糟堆成丘山而酒浆充盈池沼。”又说，“不要无声无息、糊里糊涂，也不要苛察小事，自以为精明，应当虽在冠前加旒来遮眼，却能看出事情的先机，虽以如丸的黄绵悬垂在冠的两边，来充塞两耳，却能听到没说出的声音。”唐太宗嘉勉他，赏赐他束帛，任命他担任大理丞。

唐太宗召见傅奕，赏赐他宴食，对他说：“你从前的奏章，差一点害我遭殃。不过今后凡有天变，你应当都一如既往，言无不尽，不要心有余悸，总记着过去的事。”唐太宗曾对傅奕说：“佛的教理，道理玄妙可以师法，你为什么独不通晓其中道理？” 傅奕回答说：“佛是胡族中狡诈的人，在他们的国境欺诳炫耀。中国一些邪异的人，选取老、庄玄谈理论，将妖异诡幻的言语加以文饰，用来欺骗愚昧的民众，这既对百姓无益，更对国家有害，我并不是不晓悟，是看它鄙陋不想学。”唐太宗很赞同他的话。

唐太宗忧虑很多官吏枉法受贿，暗中派亲信试着贿赂他们。有司门令史接受一匹绢，唐太宗要杀他，民部尚书裴矩进谏说：“为吏收受贿赂，犯罪真该处斩，但陛下派人送他而后他才接受的，乃是陷害人犯法，恐怕不是孔子说的‘用道德去引导，用礼去治理’的古训。”唐太宗很高兴，召文武五品以上的官员，告诉他们说：“裴矩能为官力争，不在朕面前事事依从，假如每件事都如此，还忧虑国家治理不好吗？”

◆臣司马光说：古人说过，君主贤明则臣下敢于直言。裴矩在隋朝是位佞臣，在唐朝却是忠臣，不是他的品性有变化。君主讨厌听到自身的过错，那么大臣的忠诚就变成谄佞；君主喜欢听到直言，那么谄佞又变成忠诚。由此可知君主如同测时的仪表，大臣好像日影，仪表移动那么日影跟随移动。◆

这一年，唐太宗晋封皇子长沙郡王李恪为汉王、宜阳郡王李祐为楚王。

新罗、百济、高丽三国有旧仇，相互攻击。唐太宗派遣国子助教朱子奢前往晓谕天子的意旨，三国都上表谢罪。

太宗文武大圣大广孝皇帝上之上

贞观元年（丁亥，公元627年）

春季，正月，乙酉日（初一），唐太宗改年号为贞观。

丁亥日（初三），唐太宗宴请群臣，演奏《秦王破陈乐》，唐太宗说：“朕从前受命征伐，民间才有此曲，虽然不具备文德之乐的温文尔雅，然而建国的功业由此而成就，所以始终不敢忘本。”封德彝说：“陛下凭神武平定海内，岂是文德能比。”唐太宗说：“平乱建国凭借武力，治理国家却依赖文才，文武的妙用，各随时势的变化而有不同。你说文不如武，这话错了！”封德彝叩头谢罪。

己亥日（十五日），唐太宗下令："自今日开始，中书、门下以及三品以上官员入阁商议政事，都命令谏官跟进，有过失就进谏。"

唐太宗命令吏部尚书长孙无忌等人和学士、法官重新商议制定法律条文，宽减绞刑五十条为斩断右趾，唐太宗尚嫌其惨苦，说："肉刑废弃已经很久，应当用别的办法来代替。"蜀王法曹参军裴弘献奏请改作加服劳役的流放，流徙三千里，在流徙处劳作三年，唐太宗下诏采纳了他的意见。

唐太宗因兵部郎中戴胄为人尽忠清廉公正，擢升他为大理少卿。唐太宗因为许多候选官员大多诈伪冒充资历门荫，敕令他们自首，不自首的人处以死刑。不久，有人因诈伪冒充的事被发觉，唐太宗要杀掉他。戴胄奏说："依法应当处流徙。"唐高祖发怒说："你要遵守法令而让朕失信天下吗？"戴胄回答说："敕令出于君主一时的喜怒，法律是国家用来布信于天下的。陛下气愤候选官员大多诈伪，所以要杀掉他们，但是现在已经知道这样做不合适，再按照法律裁断，这是忍一时小忿而保全大的信用的做法。"唐太宗说："你能如此执法，朕还有何忧虑！"戴胄前后多次冒犯君上而执行法律，奏对时滔滔不绝，唐太宗都听从他的意见，国内再没有冤狱。

唐太宗命令封德彝举荐贤才，很长时间没有推举人才。唐太宗诘问他，封德彝回答说："我并不是不用心，只是目前没有奇才罢了！"唐太宗说："君子用人如用器具，各取他们的长处，古代平治天下的君主，难道是从别的时代借用人才吗？正应当怪自己不能识别人才，怎么可以诬罔一世全无人才！"封德彝惭愧而退去。

御史大夫杜淹上奏说："各部门的文书案卷恐怕有稽迟违失，请求命令御史到各部门检核考校。"唐太宗征求封德彝的意见，封德彝回答说："设官定职，各有分工。如果真有错失，御史自己应当纠举弹劾；若一一检校各位官吏，寻找毛病，太过烦扰琐碎。"杜淹沉默不语。唐太宗问杜淹："为什么不再论辩坚持？"杜淹回答说："天下的事务，应该做到公正，美就听从，封德彝说的，真得大体，臣确实心服，不敢批评。”唐太宗高兴地说：“你们都能合理行事，我又有什么忧虑！”

右骁卫大将军长孙顺德收受别人赠送的绢帛，事情被发觉，唐太宗说：“长孙顺德真能有益国家，朕和他共用府库的财物，为什么做出贪冒的事呢！”唐太宗怜惜他有功，不责怪他犯罪，特意在殿庭赏赐他数十匹绢。大理少卿胡演说：“长孙顺德犯法收受财贿，其罪不可赦，为什么再赏赐他绢呢？”唐太宗说：“他有人性的话，得到绢的羞辱，超过受刑；如果不知羞愧，只是一只禽兽罢了，杀了他有什么助益！”

辛丑日（十七日），天节将军燕郡王李艺占据泾州造反。

李艺当初入朝，恃功骄纵，秦王的亲信到他的营地，李艺无故殴打他们。唐高祖发怒，将李艺收押到监狱，不久释放他。唐太宗即位，李艺心内不安。曹州妖巫李五戒对李艺说：“大王富贵的颜色已经显现！”劝他造反。李艺于是假说奉密敕，领兵进入朝廷。李艺带兵到豳州。豳州治中赵慈皓驰马出城拜见他，李艺入据豳州。唐太宗诏命吏部尚书长孙无忌等担任行军总管进行征讨。赵慈皓听说官军将要来到，暗中和统军杨岌图谋李艺，事情泄露，李艺囚禁赵慈皓。杨岌在城外发觉事情有变，率军攻打，李艺的部属溃败，抛弃妻儿，想要投奔突厥。跑到乌氏，身边的人斩杀他，用传车将首级送到长安。他的弟弟李寿，担任利州都督，也受牵连被诛杀。

当初隋朝末年天下大乱，豪杰并起，统率部属，称雄一方。唐兴起以后，相继来归顺，唐高祖为他们分别设置州县来作为他们的食邑，因而州县的数目，大大超过隋朝开皇、大业之时。唐太宗因为百姓少官吏多，很想革除这个弊端。二月，唐太宗命令大加并合减省州县，依照山川的形势，将全国分作十道：一关内，二河南，三河东，四河北，五山南，六陇右，七淮南，八江南，九剑南，十岭南。

三月，癸巳日（初十），皇后率领后宫妃嫔以及宫外命妇亲自养蚕。

闰月，癸丑朔日（初一），出现日食。

壬申日（二十日），唐太宗对太子少师萧瑀说："朕年少喜好弓矢，得到十几张良弓，自以为没有再好的弓，近日将它拿来给弓匠看，他竟然说：'都不是良弓。'朕询问他理由，弓匠说：'木心不直，就脉理歪邪，弓虽强劲但是发箭不直。'朕才察觉从前辨识不精。朕用良弓平定四方，认识还无法详尽，何况天下的事务，怎么能够样样精通呢！"于是命令任职京师的五品以上的官员，轮流住宿中书内省，唐太宗多次延引召见他们，询问民间的疾苦和政事的得失。

凉州都督长乐王李幼良，性情粗暴，身边一百多人，都是无赖子弟，欺凌暴虐百姓；又和羌、胡相互贸易。有人告发李幼良怀有异心，唐太宗派遣中书令宇文士及乘驿车前去接替他，并考按他的罪状。李幼良身边的人恐惧，计划劫持李幼良进入突厥，又要杀死宇文士及，占据河西。又有人告发他们的阴谋，夏季，四月，癸巳日（十二日），朝廷赐李幼良自尽。

五月，苑君璋率领部属前来投降。起初，苑君璋引领突厥攻陷马邑，杀死高满政，退守恒安。他的部属都是中原人，大多背弃苑君璋前来投降。苑君璋惧怕，也投降，请求捍卫北部边疆用来赎罪，唐高祖答应了他。苑君璋请求订立契约，唐高祖派雁门人元普赐给他金券。颉利可汗再次派人招诱他，苑君璋犹豫不决，恒安人郭子威规劝苑君璋："恒安地方险要，城池坚固，突厥正强盛，应当倚靠他们来观伺变化，不可束手听命于人。"苑君璋于是拘捕元普送到突厥，再次和突厥会师，多次和突厥进犯中原。到此时，眼见颉利可汗朝政混乱，知道他不足以依恃，于是率领部属前来投降。唐太宗任苑君璋为隰州都督、芮国公。

有人上书请求除去佞臣，唐太宗问："谁是佞臣？"回答说："臣居住在草野，不能明确知道其人，希望陛下和群臣谈论，有时假装发怒试探他们，据理力争的人，是忠臣；畏威顺旨的人，是佞臣。"唐太宗说："君主，是泉源；臣子，是水流。弄浊了泉源反而要求水流清澈，是不可能的。君王自己弄虚作假，怎么能够要求臣下正直呢！朕正以至诚治理天下，看到前世帝王喜爱用权变谲诈的小技巧对待臣下，我常私自认为他们可耻。卿的计策虽好，朕不能采用。”

六月，辛巳日（初一），唐右仆射密明公封德彝去世。

壬辰日（十二日），唐太宗再次任用太子少师萧瑀为左仆射。

戊申日（二十八日），唐太宗和侍臣谈论周、秦的长短，萧瑀回答说：“纣行为不道，武王讨伐他。周以及六国无罪，秦始皇灭亡他们。得到天下的结果虽然相同，人心的归向却不同。”唐太宗说：“你只知其一，不知其二。周得到天下，更加修行仁义；秦得到天下，更讲究诈伪残暴，这是他们长短的分别所在。大概夺取天下有时可以逆仁义用诈力得到，保有天下则不可以不顺从仁义的缘故。”萧瑀谢罪，自认识见不及唐太宗。

山东发生大旱灾，唐太宗诏命所在官吏赈济抚恤，百姓不必缴纳今年的租赋。

秋季，七月，壬子日（初二），唐太宗任用吏部尚书长孙无忌担任右仆射。长孙无忌和唐太宗是贫贱之交，又是皇后的兄长，有辅佐诛杀李建成、李元吉的功劳，唐太宗视他为心腹，他所受到的礼遇，群臣都比不上，多次要任用他做宰相。文德皇后坚决请求说：“妾位居椒房，家人极受恩宠，诚心不愿兄弟再执掌朝政。汉代的吕、霍、上官，可做刻骨铭心的鉴戒，希望陛下矜怜明察！”唐太宗没有听从，最终任用长孙无忌做宰相。

起初，突厥人性情敦厚纯朴，政治法令质朴简约。颉利可汗得到中原人赵德言，任用他。赵德言专权，作威作福，变更很多旧有习俗，政令烦琐刻薄，国人才不高兴。颉利可汗又喜欢信任诸胡而疏远突厥人，胡人大多贪心冒险，反复无常，战争年年兴起。遇上下大雪，雪深数尺，各种牲畜大多死亡，连年出现饥荒，百姓都挨冻受饿。颉利可汗用度不能供给，对各部落加重赋敛，因而内外携离怨恨，各个部落很多背叛，国力渐弱。唐朝商议政事的人大多请求出兵进攻突厥，唐太宗询问萧瑀、长孙无忌说："颉利可汗君臣昏庸暴虐，必定灭亡。现在攻击他，而后和他们结盟；不出兵，担心失去机会。怎么办才好？"萧瑀请求出兵攻打。长孙无忌却回答说："敌人不进犯边塞，我们反而背弃信约、烦劳士民，不是王者之师。"唐太宗才停止出兵。

唐太宗询问公卿怎样能享国久长的政策，萧瑀说："夏、商、周分封诸侯因而享国久长；秦不分封诸侯因而迅速灭亡。"唐太宗认为说得对，于是才有分封诸侯的动议。

黄门侍郎王珪有密奏上报，交给侍中高士廉转呈，高士廉搁置起来而没有上奏。唐太宗听说此事，八月，戊戌日（十九日），调派高士廉出去做安州大都督。

九月，庚戌朔日（初一），出现日食。

辛酉日（十二日），中书令宇文士及解除旧职，被任命为殿中监。御史大夫杜淹参与朝政。宰相以外官员参与政事从此开始。

杜淹举荐刑部员外郎邸怀道，唐太宗询问他的品行能力，杜淹回答说："隋炀帝将临幸江都，召来百官询问行留之计，邸怀道担任吏部主事，独说不可以。这事是臣亲眼看到的。"唐太宗说："你称赞邸怀道做得对，为什么自己不直谏呢？" 杜淹回答说："臣当时没有担任要职，又知晓进谏也不听从，白白牺牲并无益处。"唐太宗说："你知道隋炀帝不可以劝谏，为什么在他的朝廷做事？既然已经在他的朝廷任职，怎么能够不谏言呢？你在隋为官，或许可以说地位低；后来归顺王世充，地位非常尊崇，为什么也不谏言？" 杜淹回答说："臣对于王世充并非没有进谏，只是他不听罢了。"唐太宗说："王世充如若贤能而采纳你的谏言，不应当亡国；如若暴虐而拒绝你的谏言，你凭什么能够免去灾祸？"杜淹无法回答。唐太宗说："今日给你的爵位非常尊崇了，可以谏言了吧？" 杜淹回答说："愿意效死。"唐太宗微笑。

辛未日（二十二日），唐幽州都督王君廓阴谋反叛，死在道中。

王君廓在州中，骄横放纵，多行不法，被征召进入朝廷。长史李玄道，是房玄龄的外甥，托王君廓带信。王君廓私自打开信封，因为不认识草书，怀疑他告发自己的罪状，走到渭南县，杀死驿吏之后逃亡，打算投奔突厥，被当地百姓杀死。

岭南酋长冯盎、谈殿等人相互攻击，很长时间没有入朝参拜，各州上奏说冯盎造反，前后几十次；唐太宗命令将军蔺謩等人调动江、岭数十州军队讨伐他。魏徵进谏说："中原刚刚平定，岭南之地多瘴疠，危险而且遥远，不可以屯驻大军。况且冯盎造反的情状还不清楚，不应该发动兵众。"唐太宗说："告发的人络绎不绝，为什么说造反的情状还不清楚？"魏徵回答说："冯盎如果造反，必然分兵占据险要之地，攻打劫掠州县。现在告发他已有数年，但是他的军队没有离开属地，这就是没有造反的情状。各州已怀疑他造反，陛下又不派遣使者前往镇守安抚，他怕死，因此不敢入朝来。倘若派使臣表示至诚治天下，他高兴免除灾祸，可以不需劳动军队而让他顺服。"唐太宗于是罢兵。冬季，十月，乙酉日（初六），唐太宗派员外散骑侍郎李公掩持旌节前往抚慰晓谕，冯盎派遣他的儿子冯智戴跟随使者入朝。唐太宗说："魏徵要我派出一个使者，于是岭表安定，真胜过十万大军，不可不赏。"赏赐魏徵五百匹绢。

十二月，壬午日（初四），左仆射萧瑀因事获罪，被免除官职。

戊申日（三十日），利州都督义安王李孝常等人阴谋反叛，受诛杀而死。李孝常因事入朝，留在京师，和右武卫将军刘德裕以及他的外甥统军元弘善、监门将军长孙安业相互谈说符篆命数，商量带领宿卫兵作乱。长孙安业，是皇后异母的哥哥，好酒，品行不端。父亲长孙晟死后，弟弟长孙无忌以及皇后年纪尚幼小，长孙安业斥逐他们迁居到舅舅家中。等到唐太宗就帝位，皇后不计旧怨，十分礼遇他。等到造反事被发觉，皇后哭着为他坚决求情说："长孙安业犯罪真当万死，然而他待妾不好，天下人都知晓；现在处以极刑，人们一定说是妾做的，恐怕也是圣朝的疵累。"因此长孙安业得以免除死刑，流放巂州。

有人检举右丞魏徵偏私他的亲戚，唐太宗派遣御史大夫温彦博查办，并没有这件事。温彦博对唐太宗说：“魏徵不留存行迹，来避免嫌疑，虽然没有私心，也有可责备的地方。”唐太宗要温彦博责备魏徵，而且说：“从今以后应当留存形迹。”他日，魏徵入朝，对唐太宗说：“我听说君臣是同体，应当相互至诚相待，如果上下都留存形迹，那么国家的兴亡就难以明了了。我不敢遵从诏命。”唐太宗惊骇地说：“我对这事已经后悔。”魏徵再拜说：“我有幸能够侍奉陛下，但愿让我做个良臣，不做忠臣。”唐太宗说：“忠臣与良臣有差别吗？”魏徵回答说：“稷、契、皋陶，他们君臣一心，共享荣华富贵，是我说的良臣；龙逄、比干，当面指责君主的不是，结果被诛杀，接着国家也灭亡，是我说的忠臣。”唐太宗高兴，赏赐他绢五百匹。

唐太宗的精神风采英俊刚毅，进见的群臣，都因为害怕而举措失常。唐太宗也明白，每次见人奏事，一定表现出温和的脸色，希望得到大臣的规劝谏诤。唐太宗曾对公卿说：“人要看清自己的形态，一定要借助明镜；君王要知晓自己的过失，一定要借助忠臣。倘若君王任性不听取谏言，自以为是，臣子就会阿谀逢迎，最终君王失国，臣子难道能独自保全性命！像虞世基等人以谄谀侍奉隋炀帝而保有富贵，隋炀帝被弑，虞世基等人同样被诛杀。你们应以此作为警戒，事情有得失，不要吝惜，要能够畅所欲言！”

有人对唐太宗说秦府的旧兵，应当全部任命做武官，追加升级调入皇宫宿卫。唐太宗对他说：“朕以天下为家，唯才是举，难道除旧兵之外都没有可相信的人吗？你这个意思，不能将朕的恩德扩大到天下。”

唐太宗对公卿说：“以前夏禹开山治水而百姓没有谤毁痛怨，那是与百姓利益相同的缘故。秦始皇营建宫室而百姓怨恨反叛，那是损害百姓来为自己谋利的缘故。华靡美丽珍贵奇异的物品，本是人们想要的，如若放纵不止，那么危亡立即到来。朕想要修造一座宫殿，材料费用已经齐备，看到秦的灭亡就停止不再建造。王公以下，应当体会朕的心意。”因此二十年间，风俗俭朴，不穿锦绣的衣服，公私富裕充足。

唐太宗对黄门侍郎王珪说：“国家本来设置中书、门下两省，用来相互检核考察，中书省起草诏敕如果有差失，那么门下省应当驳议纠正。人的见解，各有不同，如果往来辩论，必求其准确恰当，舍弃己见，从善如流，又有什么不好呢！近来有人袒护自己的短处，于是造成仇怨嫌隙，有人为了避免私怨，知道别人做错了也不加驳正，顺从顾及那个人的颜色情面，而造成万民的大患，这正是亡国的政治。隋炀帝的时代，内外众官，一团和气，那个时候，大家都认为自己聪明，灾祸不会殃及自身。等到天下大乱，家与国一起灭亡，虽然其间有幸免的人，也要被时论针砭，恶名永远不能磨灭。卿辈应该顺公忘私，不要犯同样的错误。”

唐太宗对侍臣说：“我听闻西域有个胡贾得到美珠，剖开肌肉来藏那美珠，有这件事吗？”侍臣说：“有。”唐太宗说：“人们都知道去笑那人爱珠却不爱惜身体，官吏受贿犯法和帝王因为奢侈纵欲而亡国的，与那胡贾的可笑有什么分别！”魏徵说：“以前鲁哀公对孔子说：‘有个健忘的人，搬家时却忘了带走妻子。’孔子说：‘有比这更严重的，桀、纣竟然连自己都给忘了。’也是如此。”唐太宗说：“对。朕和你们应当努力互相辅助，才可以免除被人讥笑。”

青州有人阴谋造反，州县逮捕他的同党，被关押的人挤满监狱，唐太宗诏命殿中侍御史安喜人崔仁师再审讯他们。崔仁师到了青州，全部解除他们的刑械，供给饮水以及热水沐浴，宽慰他们，只把罪魁十余人判罪，其余全都释放。将审理结果回报朝廷，唐太宗派人前去斩决罪犯。大理少卿孙伏伽对崔仁师说：“你平反了很多人，谁人不求生，担心这些首犯眼见同伙能够免罪，不肯心甘情愿，我很为你忧虑。”崔仁师说：“审理刑案应当以公平仁恕为原则，难道可以自图免罪，知道有人受冤而不替他伸冤吗？万一判断不准，错放人犯，用一命换十个囚犯的生命，我也愿意。”孙伏伽感到惭愧而退去。等到唐太宗的敕使到了，再行讯问各个囚犯，都说："崔公公平仁恕，断案没有冤枉，请求赶快处死我们。"没有一个人有不同的说法。

唐太宗喜好骑马射箭，孙伏伽进谏，认为："天子居住要有九重门，出行则要警戒开道，阻止行人通行，这不是为了表示自己的尊严，而是为社稷苍生打算的。陛下喜好跑马射箭以便让亲近的臣子高兴，这是年轻时当亲王的作为，不是今天当天子应当做的事。既不能用来安养皇上的身体，又不能做后代的典范，臣私自认为陛下不应当如此。"唐太宗十分高兴。不久，任用孙伏伽做谏议大夫。

隋代选拔官员，每年十一月候选者聚集到京师，到次年春天结束，人们苦于期限过短。这时候，吏部侍郎观城人刘林甫上奏请求四季都可选官，根据空缺随时补充，人们都认为方便。

唐朝初年，士大夫经过丧乱流离之后，不愿意做官，官员人数不足。尚书省下令，命各州派人应选，州府以及皇帝的特使多用赤色文牒直接委任官吏。到这时全部废止，勒令他们赴尚书省考选，聚集有七千多人，刘林甫量才录用，各得其所，当时人都称赞他。唐太宗下诏因为关中米价昂贵，分一部分人到洛阳参加考选。

唐太宗对房玄龄说："用官在得到人才，不在人多。"命令房玄龄并合裁省人数，留任文武官员一共六百四十三人。

隋朝秘书监晋陵人刘子翼，有学识德行，性情刚强正直，朋友有过错，经常当面指责。李百药常常称赞他："刘四（子翼排行第四，唐人多以第行相呼）虽然总是骂人，被骂的人却始终不怀恨。"这一年，有诏令征召他入朝，刘子翼以母亲年老辞谢，没有到任。

鄃县县令裴仁轨动用官家役夫做私事，唐太宗发怒，要处死他。殿中侍御史长安人李乾祐进谏说："法律，是陛下和天下人共同的标准，不是陛下独有的。现在裴仁轨犯了轻罪却用极刑，臣担心百姓不知如何行事。"唐太宗十分高兴，免去裴仁轨死罪，任用李乾祐做侍御史。

唐太宗曾谈到关中以及山东人，心里偏爱山东人而轻视关中人。殿中侍御史义丰人张行成下跪上奏说："天子以四海为家，不应当有东西方的差别，担心这样会给人心胸狭隘的印象。"唐太宗赞赏他的话称善，重赏他。从此每有重大的政事，常命他参与商议。

起初，突厥势力强盛，敕勒各个部落分散，有薛延陀、回纥、都播、骨利干、多滥葛、同罗、仆固、拔野古、思结、浑、斛薛、结、阿跌、契苾、白霫十五部，都居住在沙漠的北面，风俗习惯大抵和突厥相同。薛延陀在各个部落之中最为强盛。

西突厥曷萨那可汗正强盛，敕勒各个部落都向他称臣。曷萨那可汗征敛没有节制，各个部落全都抱怨。曷萨那可汗诛杀各部的酋帅一百余人，敕勒各部相继反叛，一同推举契苾哥楞做易勿真莫贺可汗，居住在贪于山的北面。又推举薛延陀乙失钵做也咥小可汗，居住在燕末山的北面。等到射匮可汗的军力重新兴盛起来，薛延陀、契苾二部都除掉可汗的尊号向他称臣。

回纥等六部聚居在郁督军山的，向东隶属于突厥始毕可汗。西突厥统叶护可汗势力衰微，乙失钵的孙子夷男率部落七万余家，依附颉利可汗。颉利可汗政治混乱，薛延陀和回纥、拔野古等相继反叛他。颉利可汗派遣侄儿欲谷设率领十万骑兵讨伐他们，回纥酋长菩萨率领五千骑，在马鬣山和突厥交战，大败欲谷设。欲谷设仓皇逃走，菩萨追逐到天山，欲谷设的部众大多被俘虏，回纥因此大为振兴。薛延陀又攻破突厥四部帅的典兵，颉利可汗无法阻止。

颉利可汗日益衰微，国人纷纷离散。恰逢天下大雪，平地积雪有数尺之厚，羊马大多冻死，百姓饥饿，颉利可汗害怕唐朝乘其困弊进兵，率领兵马进入朔州境内，表面说是要大家会猎，事实上是在预先防备唐朝。鸿胪卿郑元璹出使突厥返回京师，对唐太宗说："戎狄的兴衰，专以他们的牛马之多少作为征候。现在突厥百姓饥饿、牲畜瘦弱，这是将要灭亡的征兆，为时不会超过三年了。"唐太宗认为他的话很对，群臣大多劝唐太宗乘机偷击突厥，唐太宗说："刚与人结盟却违反盟约，这是不守信义；乘人灾祸而取利，这是不仁道；乘人危机而战胜他，不算英武。纵使其他部落全都叛变，六畜没有余留，朕最后还是不准备攻打，必须等到他们有罪，再去讨伐。”

西突厥统叶护可汗派遣真珠统俟斤和高平王李道立来朝，进贡万钉宝钿金带，五千匹马，来迎娶唐公主。颉利可汗不希望唐朝和西突厥和亲，多次派兵入侵，又派人对统叶护可汗说：“你迎娶唐公主，必须经过我的领土。”统叶护可汗为此忧虑，最终没有联姻。

贞观二年（戊子，公元628年）

春季，正月，辛亥日（初三），右仆射长孙无忌被罢除官职。当时有人秘密上表声称长孙无忌权位宠幸太过，唐太宗拿这话告诉长孙无忌说：“朕对于卿很了解并无疑心，若各人怀藏听到的话而不加以说明，那么君臣的心意就不能相通了。”又召来百官对他们说，“朕的儿子全都幼小，我将长孙无忌视如儿子，我们的关系不是别人能够离间的。”长孙无忌自己害怕位高权重，坚持要求让贤，皇后又极力替他请求，唐太宗才准许他的请求，任命他为开府仪同三司。

唐朝设置六司侍郎，副六尚书，并设置左、右司郎中各一人。

癸丑日（初五），吐谷浑进犯岷州，都督李道彦赶跑他们。

丁巳日（初九），唐太宗改封汉王李恪为蜀王，卫王李泰为越王，楚王李祐为燕王。

唐太宗问魏徵说：“人主怎样做才能明察，怎样做才是昏暗？”魏徵回答说：“兼听多人的言论则能明察，偏听一人的言论则昏暗。从前尧虚心询问百姓，所以能够知晓有苗的恶行；舜目明能远视四方，耳聪能远听四方，所以共工、鲧、兜不能隐匿罪恶。秦二世偏信赵高，因而有望夷宫的灾祸；梁武帝偏信朱异，因而有台城的羞辱；隋炀帝偏信虞世基，因而形成彭城阁的变故。所以人君能兼听广纳众人的言论，那么贵臣不能阻塞言路，而下情才能上达。”唐太宗说：“很好！”

唐太宗对黄门侍郎王珪说：“隋朝开皇十四年发生大旱灾，隋文帝不允许赈济百姓，反而要百姓自己到山东地区谋食，等到隋文帝末年，天下储存积蓄的粮食可供给五十年食用。隋炀帝倚仗粮食丰富，奢侈无度，终于灭亡天下。只要仓廪的积粮足够预备凶年食用，其余再多有何用呢！”

二月，唐太宗对侍臣说：“人们都说天子最为尊贵，无所畏惧，朕就不如此想，我对上害怕皇天的莅临监视，对下害怕群臣的注视，谨慎小心，尚且担心不合天意，不符合人们的希望。”魏徵说：“这真是达到治世的要领，但愿陛下谨慎为怀，善始善终，那就很好了。”

唐太宗对房玄龄等人说：“处理朝政没有比公正更重要。从前诸葛亮将廖立、李严流放到南夷，诸葛亮死了，但廖立、李严都悲伤流泪，也有人因悲伤致死（事见七十二卷魏明帝青龙二年），要不是公正无私能有这样的结果吗？还有高颎做隋朝宰相，公正无私，深得治国的要领，隋朝的兴亡，与高颎的存亡休戚相关。朕既然仰慕前世的明君，卿等不可不效法前代的贤相！”

三月，戊寅朔日（初一），出现日食。

壬子日（初五），大理少卿胡演上奏每月登载囚徒姓名的账簿。唐太宗命令从今以后死刑犯都令中书、门下省四品以上官员及尚书省审议，力求最大限度免除冤狱。不久牵引囚徒走过，中有岐州刺史郑善果，唐太宗对胡演说：“郑善果虽然有罪，毕竟官的品秩不低，岂可让他与一般囚犯在一起。从今以后三品以上官员犯罪，不需牵引过来，可让他们在朝堂听候处分的命令。”

关内发生旱灾饥荒，许多百姓卖子女来接济衣食。己巳日（二十二日），唐太宗诏命拨出御府的金帛替这些子女赎身，归还给他们的父母。庚午日（二十三日），诏令说因为上一年有连绵大雨，今年有旱灾、蝗害，所以大赦天下。诏书大意是说：“如果能够年谷丰收，天下治平无事，即使将灾祸移到朕的身上来保全百姓，也心甘情愿，没有遗憾。”恰好干旱的地方下了雨，百姓大为欢心。

夏季，四月，己卯日（初三），唐太宗下诏说：“隋朝末年天下大乱，又因有大饥荒，造成尸骨遍野，使人触目伤心，应令当地主管官员收尸掩埋。”

起初，突厥突利可汗将牙旗（突厥的王庭所在，立幕上建牙旗）建立在幽州的北面，主要管理东部边疆的部落，奚、霫等数十部大多背叛突厥前来投降唐朝，颉利可汗因他失掉人众而指责他。等到薛延陀、回纥等击败欲谷设，颉利可汗派突利可汗征讨他们，突利可汗的军队又战败，单骑逃回。颉利可汗发怒，拘禁他十余日并且鞭打他，突利可汗因此怀恨，暗中要背叛颉利可汗。颉利可汗多次向突利可汗征兵，突利可汗不给，上表请求归附唐朝。唐太宗对侍臣说："从前突厥正强盛时，拥有百万射手，凭借威势侵凌华夏，因此骄纵放恣才失去民众。现在自己请求归附，不是困窘急迫，肯这样做吗？朕听闻他请求归附的消息，又高兴又害怕。为什么？突厥势力衰微那么边境就平安，所以高兴。然而或许我有失君道，他日也将像突厥的下场，能够不害怕吗？你们应当直言苦谏，来辅助朕弥补过失。”

颉利可汗调动军队攻打突利可汗，丁亥日（十一日），突利可汗派遣使者前来请求救兵，唐太宗向大臣问计说："朕和突利结为兄弟，他有急事不能不救援。但和颉利也有同盟，怎么办才好？"兵部尚书杜如晦说："戎狄不讲信义，终究会违反盟约，今日不乘其变乱攻取他，将来追悔莫及。谋取混乱者，攻取将亡者，这是自古就有的道理。”

丙申日（二十日），契丹酋长率领部落前来投降。颉利可汗派遣使者请求用梁师都交换契丹酋长以及部落，唐太宗对来使说："契丹和突厥是不同种族，现在契丹归附大唐，为什么来索求！梁师都是中原人，他盗取我国土地，暴虐我国百姓，突厥接纳他并加以庇护，我发兵讨伐梁师都，你们总是救援他，他像鱼游在釜中，早晚会被我擒拿！纵使不能捉到他，也终究不会用归附的契丹百姓去交换的。”

先前，唐太宗知道突厥内部争斗，政治混乱，不能庇护梁师都，用书信晓谕招降他，梁师都不听从。唐太宗派遣夏州都督长史刘旻、司马刘兰成图取他，刘旻等多次派遣轻骑践踏梁师都管辖地区的农作物，多次使用反间计，离散他们君臣的关系，他的国力逐渐虚弱，投降的人接连不断。梁师都手下的名将李正宝等人商议拘捕梁师都，事情败露，奔来投降大唐，因此上下更加猜忌。刘旻等认为时机成熟，上表请求出兵。唐太宗派遣右卫大将军柴绍、殿中少监薛万均攻打梁师都，又派遣刘旻等人占据朔方东城来逼迫他。梁师都率领突厥兵来到城下，刘兰成偃旗息鼓按兵不动。梁师都趁夜遁去，刘兰成追击，击败他。突厥调动大军援救梁师都，柴绍等人未到朔方数十里处，遇上突厥，奋力进攻，大败突厥，于是围攻朔方。突厥不敢救援，城中粮食用尽。壬寅日（二十六日），梁师都的堂叔梁洛仁杀了梁师都，献城投降，唐朝在该地设置夏州。

太常少卿祖孝孙，认为梁、陈的音乐多带有吴、楚方音，周、齐的音乐多带有胡、夷方音，于是斟酌南北方的音乐，考核古代声乐，制作《唐雅乐》，一共八十四调、三十一曲、十二和。唐太宗诏命协律郎张文收和祖孝孙共同修定。六月，乙酉日（十一日），祖孝孙等演奏新乐。唐太宗说："礼乐，是圣人根据人的情感来施行教化的，政治的隆盛衰替，哪是因为礼乐？"御史大夫杜淹说："齐将要灭亡时，出现《伴侣曲》，陈将要灭亡时，出现《玉树后庭花》，其声悲切，行路之人听到歌声都感伤而流泪，怎么能说政治的隆盛衰替不在音乐呢！"唐太宗说："不是这样。音乐能够感动人，所以快乐的人听了就高兴；忧思的人听了就哀伤；悲喜在于人心，不在音乐。行将灭亡的王朝，百姓生活必然愁苦，因此听到音乐感到悲伤。现今二首曲子都存在，朕为你演奏这两首曲子，你听了难道会悲伤吗？"右丞魏徵说："古人说：'礼啊礼啊，难道是指玉帛这些礼品吗？乐啊乐啊，难道是指钟鼓这些乐器吗？'音乐的意义在于使人心和睦，不在于声音本身。"

◆臣司马光说：我听说古代巧匠垂能够用眼睛测方圆，用内心量曲直，但不能将自己的技术教给别人，他能够传授给别人的，必定是圆规曲尺罢了。圣人不费力就合乎正道，不思索便获得治国之道，但不能传授给别人，他所能传授的，一定是礼乐。礼，是圣人表现的行为；乐，是圣人喜爱的声音。圣人遵从正道喜爱和谐，又想和天下共同实行，百代相传，于是便制作礼乐。所以工匠手拿垂所传授的圆规曲尺去制作器物，这是垂的功劳；君主用五帝、三王的礼乐来治理国家，这是五帝、三王的政治。五帝、三王，他们离世已经很久，后代的人看见他们的礼便知道他们的行为，听到他们的音乐便知晓他们的喜好，昭然有如尚且生存在世上一般，这不是礼乐的功劳吗？

礼乐有内在的本质，有外表的形式：中正平和，是礼乐之本；仪容、声音，是礼乐之末，二者不可偏废。先代贤明的君主守住礼乐的根本，不曾片刻离心；笃行礼乐的外在形式，不曾片刻离身。兴起于居室之内，彰显于朝廷，分散在乡野近邻，通达于诸侯之间，流传在四海之内，从祭祀战争一直到饮食起居，没有不在礼乐的范围之中的。长此以往数十年以至一百年，然后政治教化普遍深入，天下太平。如果没有礼乐之本而只有礼乐之末，一日施行礼乐而百日舍弃礼乐，想要用礼乐移风易俗，实在太难了。所以汉武帝设置协律都尉，歌唱天降的祥瑞，不能说不美，可是仍不能免除颁下哀痛之诏（哀悼戾太子）；王莽设立天官，考定律吕之音，并不是不精确，但仍不能拯救渐台之祸（事见《汉淮阳王纪》）；晋武帝制定笛尺，调和金石之声，并不是不详尽，但仍不能消弭怀、愍二帝蒙尘的平阳之灾；梁武帝设立四器（事见一百四十五卷天监元年）、调理八音，并不是不分明，但仍不能免除台城之辱（见一百六十二卷太清三年）。这样看来，《韶》（舜乐）、《夏》（禹乐）、《濩》（汤乐）、《武》（周武王乐）之音，即使都留存于当世，假如他们的德行不能相称，并不能感化一个匹夫，何况感化天下人呢！这如同持着垂的圆规曲尺而没有其他工具，却要坐待器具的制成，最终一无所得一样。何况齐、陈淫乱昏庸的君主，亡国之音，暂奏于朝廷，又怎么能改变一世的哀乐呢！然而太宗急着说政治的兴隆衰替不在于乐，为何这样讲话轻率，非议圣人又如此果断呢！◆

礼的真义并不在威容仪式，但没有威容仪式那么礼不可能施行，乐的真义并不在声音，但没有声音那么乐就难以表现。譬如一座山，取它一块土一个石头却不能说这就是山，但如果没有土石，山又在哪里呢？所以说："礼没有根本不能成立，乐没有文采不能施行。"怎么能因为齐、陈的音乐不合于今世，就说乐对于治乱没有助益，这和看到小石就轻视泰山有什么分别呢！一定要如太宗的说法，那么称赞五帝、三王的作乐均是妄言。"君子对于他不知道的事，就阙而不言。"可惜啊！这点唐太宗没有做到。

戊子日（十三日），唐太宗对侍臣说："朕观看《隋炀帝集》，文辞深奥广博，也知道称赞尧、舜而非议桀、纣，然而他的行事为何与他的文章相反？"魏徵回答说："人君虽然圣明，也应该谦虚自己来采纳别人的意见，所以智者贡献他的谋划，勇者竭尽他的力量。隋炀帝依恃本身的俊才，骄傲自负，所以口中说的是尧、舜的言语，而身体做的却是桀、纣的行为，是没有自知之明以至于灭亡。"唐太宗说："以前发生的事情不远，当成为我们的老师！"

京畿地区出现了蝗虫。辛卯日（十六日），唐太宗进入禁苑，看到蝗虫，拾取数只，祝祷说："百姓用粮谷维持生命，你却吃了谷物，不如吃我的肺肠。"举手要将它吞下，身边的人进谏说："吃了恶物容易生疾病。"唐太宗说："朕要替百姓受灾，还躲避什么疾病！"于是将蝗虫吞下。这一年，蝗虫没有成为灾害。

唐太宗说："朕每次临朝，想要说一句话，未尝不三思而后言，担心说了有害于百姓，所以不多说。"给事中兼起居事杜正伦说："臣的职责是记录天子之言，陛下的过失，臣一定书写下来，陛下有过错岂独有害今日，也恐怕会让后人讥笑。"唐太宗十分高兴，赏赐帛二百段给他。

唐太宗说："梁武帝君臣只谈论佛教的苦行空寂，侯景之乱，百官不能骑马。梁元帝被北周军队包围，还讲论《老子》，百官穿着军服听讲。这种事很能成为我们的警戒。朕喜欢的，只有尧、舜、周公、孔子之道，我认为君王能守住他们的道，就像鸟有翼，就像鱼有水，失去此道就会死亡，不可一时没有它们。"

唐太宗因辰州史裴虔通是隋炀帝的故人，特别蒙受信任宠爱，最终却杀了隋炀帝，虽然斗转星移，世事变迁，多次经历颁布赦免命令，裴虔通也侥幸免去灭族的罪刑，但不可以让他再治理百姓，于是下诏将他除名，流放驩州。裴虔通常说“我亲自除掉隋室来开启大唐的国运”，自以为有功劳，颇有怨恨失望的神色。等到开罪了朝廷，怨愤而死。

秋季，七月，唐太宗诏命将宇文化及的党羽莱州刺史牛方裕、绛州刺史薛世良、广州都督长史唐奉义、隋武牙郎将元礼一并除名，流徙边地。

唐太宗对侍臣说：“古语曾说：‘赦免天下是小人的幸事，君子的不幸。’‘一年两次大赦，使善良的人喑哑不能言。’养稂莠（恶草）就害了嘉谷，赦免罪人，就害了良民，所以朕即位以来，不想多次发布赦令，是担心小人有恃无恐动辄触犯法令！”

资治通鉴卷第一百九十三　唐纪九

起戊子（公元628年）九月，止辛卯（公元631年），共三年四个月。

【题解】本卷记录了公元628年九月至631年的史事，共三年又四个月，正当贞观二年至五年，是唐太宗李世民贞观之治的开创时期。政治欣欣向荣，君臣励精图治，经常和谐议政，魏徵等众多大臣都能直言进谏，房玄龄、杜如晦两位贤相尽心辅政。此时期，唐朝军队大败东突厥，杀死隋朝和亲的义成公主，漠北各部落、西域各国、东西突厥、岭南蛮夷都归附唐朝，边患消除，边境安定，内政稳定。几年间，贞观之治，已见成效。

太宗文武大圣大广孝皇帝上之中

贞观二年（戊子，公元628年）

九月，丙午日（初三），初次下令年老退休的文武官员，参朝的班秩，应在本品现任官之上。

唐太宗说："最近看到群臣多次上表祝贺祥瑞，百姓富足即使没有祥瑞，不妨害其为尧、舜；百姓愁怨，祥瑞再多，不妨害其为桀、纣。后魏的时代，官吏焚烧连理木，烹煮白雉鸡来吃，难道连理木、白雉鸡是太平盛世的代表吗？"丁未日（初四），唐太宗下诏书说："从今以后，有大的祥瑞准许以表奏闻，其他各种祥瑞的征兆，申报给有关部门即可。"曾有白鹊在内殿的槐树上筑巢，两个巢相连好像腰鼓，左右齐声称贺。唐太宗说："我常笑隋炀帝喜好祥瑞。祥瑞应在于得到贤才，像这种事有什么可贺！"下令毁掉鸟巢，将鹊放生野外。

天干旱少雨，中书舍人李百药上奏说："往年虽然遣归宫人，我私下听说太上皇宫以及后妃宫中，尚有很多无用的宫人，岂止是白白浪费衣食，而且阴气郁积，也足以造成旱灾。”唐太宗说：“妇人幽禁深宫，实在值得同情。除了做洒扫工作，没其他作用，应当全部遣出，听凭她们寻求配偶。”于是派遣尚书左丞戴胄、给事中洹水人杜正伦在后妃宫的西门选择遣出宫女，前后出宫的妇人有三千余人。

己未日（十六日），突厥进犯边地。朝臣中有人请求修复古长城，调动百姓登堡障据守，唐太宗说：“突厥接连发生灾害，颉利并不因此恐惧而积善修德，更加暴虐臣民，骨肉互相攻伐，灭亡就在旦夕之间。朕当为你扫清大漠，何用劳动百姓远道整修长城呢？”

壬申日（二十九日），唐太宗任用前司农卿窦静做夏州都督。窦静在司农任内，少卿赵元楷热衷搜刮民财，窦静鄙视他，对下属们大声说：“隋炀帝奢侈重敛，司农之职，非有你这样的人不可，现在天子节俭爱民，你聚敛又有什么用呢！”赵元楷大感惭愧。

唐太宗问王珪说：“近世的治民者远远赶不上往古的人，这是为什么？”王珪回答说：“汉代崇尚儒术，宰相多是经术之士，因此风俗淳厚；近代重文轻儒，参用法律，这是政治教化更加衰微的原因。”唐太宗认为他说得很对。

冬季，十月，庚辰日（初七），御史大夫参领朝政安吉襄公杜淹去世。

交州都督遂安公李寿因为贪污犯罪，唐太宗因为瀛州刺史卢祖尚文武兼备，廉洁平易而且公正，征召他入朝，命令道“交趾很久不得贤人去治理，必须卿前去镇守安抚”。卢祖尚拜谢出来，不久又后悔，以旧疾复发推辞。唐太宗派遣杜如晦等人将君上的意旨晓谕他说：“匹夫尚能践行诺言，如何已经答应朕而又后悔！”卢祖尚坚决辞谢。戊子日（十五日），唐太宗再次引见，当面晓告他，卢祖尚固执不答应。唐太宗大怒说：“我不能对人发号施令，又如何治理国家！”命令在朝堂之上将他斩杀，不久感到后悔。过了几日，和侍臣讨论：“齐文宣帝为人如何？”魏徵回答说：“文宣帝为人狂暴，但别人和他争论，自己理屈就听从别人。有前青州长史魏恺出使梁后返回，任命为光州长史，他不肯赴任，杨遵彦上奏。文宣帝生气，召他来指责。魏恺说：'臣先前任职大州的长史，出使归来，有功劳没有过失，竟然改任职小州的长史，所以臣不肯赴任。'文宣帝眼看着杨遵彦说：'他说得有道理，你赦免他吧。'这就是他的长处。"唐太宗说："对，先前卢祖尚虽然有失人臣之义，朕杀他也做得太过分，从这一点说，我不如文宣帝！"于是下令恢复卢祖尚的官位来庇荫他的子孙。

魏徵的形状面貌平平，但很有胆量谋略，善于回转人主的心意，常常冒犯皇帝苦苦谏诤。有时遇到唐太宗很生气，魏徵却神色不变，唐太宗威怒也为之消退。魏徵曾经去祭扫先人的坟墓，回来，对唐太宗说："有人说陛下要到南山，跟从的人都准备完毕，而最终没有成行，为什么？"唐太宗笑着说："起初确实有此心意，害怕卿的盛气，所以中途取消。"唐太宗曾得到佳鹞，用手臂架鹞，远远看到魏徵走来，立即将它藏在怀中。魏徵奏事故意拖长时间，结果鹞死在唐太宗怀中。

十一月，辛酉日（十九日），唐太宗在天坛祭祀昊天。

十二月，壬午日（二十日），唐太宗任用黄门侍郎王珪做守侍中。唐太宗曾闲居，和王珪谈话，有美人在旁侍候，唐太宗指着美人对王珪说："这是庐江王李瑗的小妾，李瑗杀了她的丈夫而收纳她。"王珪起身离座说："陛下认为庐江王收纳她是对还是不对？"唐太宗说："杀人而夺取人妻，是非十分分明，何必再问对错！"王珪回答说："从前齐桓公知道郭公灭亡的原因，是因为喜欢善人却不能任用，然而齐桓公本人舍弃进良言的人，管仲认为这和郭公并没有什么两样。现在这个美人还在陛下身边，臣以为陛下心中认为李瑗做得对。"唐太宗大为高兴，立即遣出美人，让她回到亲族家中。

唐太宗派遣太常少卿祖孝孙教导宫人音乐，不称旨意，唐太宗谴责他。温彦博、王珪进谏说："祖孝孙是个典雅之士，现在竟然让他教导宫人，又谴责他，臣私下认为不可如此。"唐太宗发怒说："朕将你们视为心腹，应该竭尽忠直来侍奉我，竟然附和下面，欺罔君上，难道是替祖孝孙说情吗？”温彦博拜伏谢罪。王珪不下拜，说：“陛下责备臣要竭尽忠直，今日臣所说的难道有私情吗？这是陛下辜负臣意，不是臣辜负陛下的厚爱！”唐太宗沉默良久才作罢。第二天，唐太宗对房玄龄说：“自古以来帝王接纳谏言的确很困难，朕昨天指责温彦博、王珪，到现在还感到后悔。你们不要因此不畅所欲言。”

唐太宗说：“替朕管理百姓的，只有都督、刺史，朕常常将他们的名字书写在屏风上，坐卧都留心观看，得到他们为官好坏的事迹，都注明在他们的姓名之下，以准备黜贬陟升。县令尤其亲近百姓，不可不慎重选择。”于是命令朝廷内外五品以上官员，各自推举能胜任县令的人，将姓名向上呈报。

唐太宗说：“最近有奴仆告发主人谋反的，这是弊端。谋反不能独自行动，必定和人共谋，哪用担心不被举发，何必让奴仆控告主人呢！从今以后有奴仆告发主人的事，都不受理，而且还要斩杀他。”

西突厥统叶护可汗被他的伯父杀死，他的伯父自立为首领，是为莫贺咄侯屈利俟毗可汗。国人不服他，弩失毕部推举泥孰莫贺设做可汗，泥孰不答应。统叶护的儿子咥力特勒逃避莫贺咄的祸乱，逃到了康居，泥孰迎立他，这就是乙毗钵罗肆叶护可汗，和莫贺咄相互攻击，接连争斗不息，他们都派遣使者来唐朝请求通婚。唐太宗没有答应，说：“你们国家内部混乱，君臣尚未确定，怎么能谈通婚的事！”而且晓谕他们各守自己的部落以及自己的疆域，不要再相互攻伐。于是西域诸国以及敕勒等先前依附西突厥的都背叛它。

突厥北边的各部族大多背叛颉利可汗归附薛延陀，一同推举俟斤夷男做可汗，夷男不敢担任。唐太宗正要图取颉利可汗，派遣游击将军乔师望抄僻径持册书封夷男做真珠毗伽可汗，赏赐他鼓纛。夷男大为高兴，派遣使者入贡，在大漠的郁督军山下建立牙旗，东到靺鞨，西至西突厥，南到沙漠，北至俱伦水；回纥、拔野古、阿跌、同罗、仆骨、霫等各个部落全都归附他。

贞观三年（己丑，公元629年）

春季，正月，戊午日（十六日），唐太宗祭祀太庙。癸亥日（二十一日），唐太宗在东郊举行耕田礼。

和尚法雅因为妖言获罪被处死。司空裴寂听过他的言论，辛未日（二十九日），裴寂因此获罪被免官，遣返乡里。裴寂请求留在京师，唐太宗指责他说："核计你的功勋，怎么能达到此地位！还不是因为高祖皇帝的恩泽才使你位居群臣第一。武德年间，贿赂公然施行，法纪紊乱，都与你有关，只因为你是个旧人，不忍依法处理。能够回归乡里看守祖先坟墓，已经很幸运了！"裴寂于是返回蒲州。不久，有一个狂人信行说裴寂有天命，裴寂没有报告朝廷，依法应当处死；唐太宗将他流放静州。碰上山羌作乱，有人说山羌劫持裴寂做他们的首领。唐太宗说："裴寂依罪当死，我保住他的性命，他一定不会这样做。"不久听说裴寂率领家丁僮仆打败贼人。唐太宗想到他有辅佐王命的功勋，征召他入朝，适逢裴寂去世。

二月，戊寅日（初六），唐太宗任用房玄龄做左仆射，杜如晦做右仆射，任用尚书右丞魏徵守秘书监，参与朝政。

三月，己酉日（初八），唐太宗考察、记录囚犯的罪过。有个囚犯刘恭，颈上有文理酷似"胜"字，自称"当取胜于天下"，因此获罪入狱。唐太宗说："如果上天将要振兴他，朕无法除灭他；如果没有天命，有'胜'字又有什么用！"于是释放了他。

丁巳日（十六日），唐太宗对房玄龄、杜如晦说："你们担任仆射，应该广求贤人，随才授任，这是宰相的职责。最近听闻你们听受狱讼，时间不足用，这怎能帮助朕选求贤才呢！"因而下令"尚书省琐碎事务交给尚书左、右丞管理，只有大事应当上奏的，才报告仆射"。

房玄龄通晓明白政事，又有文学修养，昼夜操劳，唯恐人才不被任用；他用法宽和公平，听说某人有善，像自己有善一般，不对人求全责备，不以自己的长处要求别人。他和杜如晦选拔士人，不遗余力。至于尚书省的一切规制模划，都由二人制定。唐太宗和房玄龄商议事情，房玄龄一定说："非杜如晦不能决定。"等到杜如晦来到，最终还是采用房玄龄的计策。这是因为房玄龄善于谋划，杜如晦能做决断。二人相互欣赏而合作，同心为国，所以唐朝时称贤相的，要首推房、杜二人。房玄龄虽蒙受唐太宗宠爱，有时因某事被谴责，就一连几日到朝堂，叩头请罪，恐惧得好像无地容身。

房玄龄监修本朝国史，唐太宗告诉他说："最近看见《汉书》载有《子虚赋》《上林赋》，均华而不实。凡有臣上书论事，词理恳切忠直的，朕听与不听，都应登载。"

夏季，四月，乙亥日（初四），唐高祖迁居弘义宫，改名为大安宫。唐太宗才开始使用太极殿，对群臣说："中书省、门下省，是机要的单位，诏敕有不便的，都应当驳论坚持己见，近日只看到顺从，听不到违拒以及异议。如果只是奉行文书，那么谁不能做，何必选择贤才！"房玄龄等人都顿首谢罪。

旧制：凡军国大事，那么中书舍人各持己见，一同签署姓名，称作五花判事。中书侍郎、中书令省视审核，给事中、黄门侍郎驳议纠正。唐太宗开始申明旧制，因此很少有错误。

茌平人马周，游历来到长安，住宿在中郎将常何家里。六月，壬午日（十三日），因为发生旱灾，唐太宗诏命文武官员畅言政治得失。常何是个武夫，没有学识，不知道说什么好，马周代他陈说容易实行的建议二十余条。唐太宗对他的能力感到奇怪，就问常何，常何回答说："这不是我的能力，是我的客人马周替臣起草的。"唐太宗立即召见马周，没有来，派遣使者再三催促。等到马周前来谒见，唐太宗和他谈话，十分高兴，令他在门下省当差，不久，又任命他为监察御史，奉命出使，很合旨意。唐太宗认为常何能知人，赏赐他绢三百匹。

秋季，八月，己巳朔日（初一），出现日食。

丙子日（初八），薛延陀毗伽可汗派遣他的弟弟统特勒入贡，唐太宗赐他宝刀以及宝鞭，对他说："你统治下有大罪的人用这把宝刀斩杀他，小罪的人用这根宝鞭鞭打他。"夷男十分高兴。突厥颉利可汗大为惊惧，开始派遣使者来称臣，请求迎娶大唐公主，克尽婿礼。

代州都督张公谨上奏说突厥可以攻取的情状，他认为："第一，颉利可汗纵欲暴虐，诛杀忠良，亲近奸邪谄佞。第二，薛延陀等各个部落全都反叛。第三，突利、拓设、欲谷设都得罪颉利可汗，无地容身。第四，塞北地区经历霜冻干旱，粮食缺乏断绝。第五，颉利可汗和他的同族疏远，亲近诸胡，胡人反复无常，大军一到，必生内变。第六，汉人进入北方，人口众多，最近听说他们在所在之地呼啸聚合，占据山谷险阻之地，有一天大军出塞，他们自然响应。"唐太宗因为颉利可汗请求和亲后，又救援梁师都，丁亥日（十九日），命令兵部尚书李靖担任行军总管讨伐他，任用张公谨为副将。

九月，丙午日（初九），突厥俟斤九人率领三千骑前来投降唐朝。戊午日（二十一日），拔野古、仆骨、同罗、奚等酋长都率领部属来投降唐朝。

冬季，十一月，辛丑日（初四），突厥进犯河西，肃州刺史公孙武达、甘州刺史成仁重和突厥交战，击败突厥，俘虏一千余人。

唐太宗派遣使者到凉州，都督李大亮有一只很好的鹰，使者暗示李大亮让他献给唐太宗，李大亮秘密上表说："陛下很久没有进行田猎，而使者却为您求鹰。假如是陛下的意思，那么深深违背过去的主张；如果是使者自作主张，这位使者就不是合适的人选。"癸卯日（初六），唐太宗对侍臣说："李大亮可说是个忠直的人。"手诏褒奖赞美他，赏赐他胡瓶以及荀悦的《汉纪》。

庚申日（二十三日），唐太宗任用兼任并州都督的李世勣为通汉道行军总管，兵部尚书李靖为定襄道行军总管，华州刺史柴绍为金河道行军总管，灵州大都督薛万彻为畅武道行军总管，总共十余万人，都接受李靖调度指挥，分路出兵攻打突厥。

乙丑日（二十八日），唐任城王李道宗在灵州攻打突厥，击败突厥。

十二日，戊辰日（初二），突利可汗归顺大唐，唐太宗对侍臣说：

“从前太上皇因为百姓，向突厥称臣，朕常常为此痛心。现在单于来叩头，差不多可以洗刷从前的耻辱。”

壬午日（十六日），靺鞨派遣使者入贡，唐太宗说：“靺鞨远地而来，是因为突厥已经归服。前人说抵御戎狄没有上策，朕今日使中原安定，而四夷自然臣服，难道不是上策吗？”

癸未日（十七日），右仆射杜如晦因疾病让位，唐太宗答应了他。

乙酉日（十九日），唐太宗询问给事中孔颖达说：“《论语》说：‘以能问于不能，以多问于寡，有若无，实若虚。’说的是什么意思？”孔颖达将详细的释义回复唐太宗，并且说：“不仅匹夫应当如此，帝王也一样。帝王内藏神明，外示沉默，因此《易经》说‘以蒙昧隐默自养正道，能成大功；君子临众须用韬晦，政治才能大明’。如果处在最高位的人君，夸耀聪明，以才气凌人，文过饰非，拒绝别人的谏言，下情就不能上达，那是自取灭亡的做法。”唐太宗十分称赞他的看法。

庚寅日（二十四日），突厥郁射设率领部下前来投降大唐。

闰月，丁未日（十一日），东谢酋长谢元深、南谢酋长谢强前来归顺大唐。诸谢部族均是南蛮的一支，分布在黔州的西部。唐朝诏命将东谢所在地改作应州，南谢所在地改作庄州，隶属于黔州都督。

此时远方诸国前来朝贡的人很多，服装奇异，中书侍郎颜师古请求命专人画人物衣饰来留传后世，可称作《王会图》，唐太宗听从了。

乙丑日（二十九日），牂牁酋长谢能羽以及充州蛮归顺，唐朝廷诏命将牂牁改作牂州。党项酋长细封步赖来投降大唐，唐将他的属地改作轨州；各自委派他们的酋长做刺史。党项的属地有三千里，依姓氏做部落，互不统属，细封氏、费听氏、往利氏、颇超氏、野辞氏、旁当氏、米擒氏、拓跋氏，均是大姓。步赖既已受到唐朝礼遇，其余各部相继前来投降，唐在党项的属地设立崌、奉、岩、远等四州。

这一年，户部上奏说：中原人从塞外回来以及四夷前后投降归附的，男女一共有一百二十多万人。

房玄龄、王珪负责内外官的考选，治书侍御史万年人权万纪上奏说他们不公平，唐太宗命侯君集调查。魏徵进谏说："房玄龄、王珪都是朝廷的旧臣，一向因为忠直被陛下委任，他们考选的人很多，其间怎能没有一二人不合适！体察其实情，绝不是徇私。假如推得真有这样的事，那就都不可相信，怎么能够再当重任！而且权万纪近来常在考堂，并没有任何驳议纠正，等到自己没有好的考核结果，才来陈述意见，这正表示他想激怒陛下，并不是竭诚为国。假如查出实情，对朝廷没有助益；假如本来就是虚词，空失陛下委任大臣的一片心意，我关心的是政治大体，不敢苟且偏袒房、王两位大臣。"唐太宗这才不追问。

濮州刺史庞相寿因为贪污罪被撤职，自己陈情曾在秦王幕府做事。唐太宗怜悯他，想让他恢复旧职。魏徵进谏说："秦王的亲信，在朝廷内外任职的有很多，担心人人都依恃恩亲，那就会让行为端正的人畏惧。"唐太宗高兴地采纳了这个意见，对庞相寿说："我从前做秦王，是一府的主人；现在身居皇位，是天下的主人，不能单独偏袒秦王府的旧人。大臣们坚持公正，朕怎敢违背！"赏赐他绢帛而后遣回。庞相寿流着泪离去。

贞观四年（庚寅，公元630年）

春季，正月，李靖率领骁骑三千从马邑进驻恶阳岭，夜间，偷袭攻破定襄。突厥颉利可汗没料到李靖突然攻到，大惊说："唐如果没有倾全国兵力北来，李靖怎敢孤军来到这里！"他的部属一日数次受惊，于是将王廷迁到大碛口。李靖又派遣间谍挑拨他的心腹，颉利可汗亲近的康苏密带领隋朝萧后以及隋炀帝的孙子杨政道来投降。乙亥日（初九），萧后等人来到京师。先前，有归降的胡人说"中原有人暗中写信向萧后传递消息"。到这时，中书舍人杨文瓘请求鞫讯，唐太宗说："天下没有安定，突厥正强盛，愚民无知，也许有这种事。现在天下已经安定，从前的罪过，何须再追问呢！"

李世勣出兵云中，和突厥在白道交战，大败突厥。

二月，己亥日（初三），唐太宗临幸骊山温泉。

甲辰日（初八），李靖在阴山击败突厥颉利可汗。

在此之前，颉利可汗失败，逃往铁山，剩余的部属尚有数万人。派遣执失思力入朝谒见唐太宗谢罪，请求率领全国归附，亲自入朝。唐太宗派遣鸿胪卿唐俭等安抚他，又诏命李靖率领军队迎接颉利可汗。颉利可汗表面言语谦卑，内心却在犹豫，想要等候草青马肥，逃往漠北。李靖领兵和李世勣在白道会合，相互商量说："颉利可汗虽然失败，其部属仍然众多，如果跑到漠北，保守依靠九姓部落，道路险阻遥远，追击他很难。现在诏命派遣使者到他那儿，他们的警觉自然松懈，如果挑选精骑一万，准备二十日的粮草前往袭击他，不必作战就可以擒住他。"两人将他们的计划告诉张公谨，张公谨说："诏书已经答应他投降，使者在他那儿，如何发动攻击！"李靖说："这是韩信击败齐国的做法（汉派郦食其说齐，韩信乘其无备偷袭攻破齐国）。唐俭这些人不值得爱惜！"于是李靖率领军队趁夜出发，李世勣殿后，军队到达阴山，遇到突厥的一千多个营帐，俘虏他们，让他们追随在军队后面。颉利可汗看见使者大为高兴，内心安定。李靖派遣武邑人苏定方率领二百骑做先锋，趁着浓雾的天气行军，距离牙帐七里，敌人才发觉。颉利可汗乘千里马先逃跑；李靖军队一到，敌众立即溃散。唐俭脱身逃回京师。李靖斩杀一万余人，俘虏男女十余万人，获得各种牲畜几十万头，杀死隋朝义成公主，拘捕她的儿子叠罗施。颉利可汗率领一万多人要渡越沙漠，李世勣驻军在大碛口，颉利可汗到了，不能横渡，其中的大酋长都率领部属投降，李世勣俘虏五万多人而后返回，开拓领地南自阴山北到大漠，用没有泥封的文书向朝廷报告消息。

丙午日（初十），唐太宗返回皇宫。

甲寅日（十八日），唐太宗因战胜突厥大赦天下。

唐太宗任用御史大夫温彦博做中书令，守侍中王珪做侍中；守户部尚书戴胄做户部尚书，参与朝政；任用太常少卿萧瑀做御史大夫，和宰相一起参议朝政。

三月，戊辰日（初三），唐太宗任用突厥夹毕特勒阿史那思摩做右武侯大将军。

四夷君长来到朝堂恭请唐太宗做天可汗，唐太宗说：“我是大唐天子，又要做天可汗吗？”群臣以及四夷首领都称万岁。此后给西北各族首领的玺书中，都称天可汗。

庚午日（初五），突厥思结俟斤率领部属四万来投降唐朝。

丙子日（十一日），唐太宗任用突利可汗做右卫大将军、北平郡王。

起初，始毕可汗任用舅父苏尼失做沙钵罗设，统辖部落五万户，营幕设在灵州西北。等到颉利可汗政局混乱，只有苏尼失统率的部落没有背离。突利可汗来归附后，颉利可汗立苏尼失做小可汗。等到颉利可汗失败逃走，前去依靠他，打算逃往吐谷浑。大同道行军总管任城王李道宗率领军队逼迫苏尼失，让他拘捕颉利可汗。颉利可汗率领数骑趁夜逃走，躲藏在荒幽的山谷。苏尼失害怕，追捕到颉利可汗。庚辰日（十五日），行军副总管张宝相率领部属立即赶到沙钵罗营，俘虏颉利可汗送往京师，苏尼失率领部属投降唐朝，于是漠南地方再没有突厥人。

蔡成公杜如晦病重，唐太宗派遣太子去看望，又亲自去探视他。甲申日（十九日），杜如晦去世。唐太宗每次获得佳物，就想到杜如晦，派遣使者赏赐他的家人。过了很久，谈到杜如晦，还一定会流泪，对房玄龄说：“你和杜如晦同时辅助朕，现在只看到你，看不见杜如晦了！”

突厥颉利可汗来到长安。夏季，四月，戊戌日（初三），唐太宗驾幸顺天楼，在那里摆设很多文物，召见颉利可汗，责备他说：“你凭借父兄的基业，放纵荒淫暴虐，自取灭亡，是第一项罪。多次和我结盟却又违背盟约，是第二项罪。凭恃强大喜好战争，造成白骨遍野，是第三项罪。践踏我国的农作物，掠夺我国的子民，是第四项罪。我宽宥你的罪行，保存你的社稷，却拖延时日不来归附，是第五项罪。但从渭水便桥我们盟誓以后，不再大举入侵，因这一点才让你不死。”颉利可汗哭着谢罪而退。诏命让他居住在太仆寺，赐给丰厚的食物。

唐高祖听说拘捕到颉利可汗，感叹地说：“汉高祖被困白登，不能报仇。现在我的儿子能消灭突厥，我将皇位托付给适当的人，又有何忧虑呢！”唐高祖召见唐太宗和十余位大臣以及诸王、妃嫔、公主，在凌烟阁设酒，酒半醉时，唐高祖亲自弹奏琵琶，唐太宗起身跳舞，公卿们连续起身敬酒祝贺，到夜晚才罢宴。

突厥已经灭亡，他的部落有的向北归顺薛延陀，有的向西逃往西域，投降唐朝的还有十万人，唐太宗诏命群臣商议处置的适宜方法。朝臣大多说：“北狄自古是中原的外患，现在有幸将他们打败消灭，应当全部迁往河南兖、豫之间，分开各个种族部落，让他们散居在州县，教导他们耕织，将他们转化为农民，让塞北之地永远没有突厥人。”中书侍郎颜师古认为：“突厥、铁勒都是自古以来很难臣服的，陛下既能臣服他们，请将他们都安置在河北。分别选立酋长，统率其部落，就永远没有后患了。”礼部侍郎李百药认为：“突厥虽说是一国，但他们的部落，各自有自己的首领。现在应当趁其离散，在各个部落选立首领，让他们不互相臣属；纵使要立阿史那氏为首领，也只可领导他本族。国分了势力就弱，而且容易控制，势均力敌就很难相互并吞消灭，各自力图自我保全，必然不能和中原抗衡。请求仍然在定襄设置都护府，统管节制他们，这是安定边疆的长久计策。”夏州都督窦静认为：“戎狄的性格，好比禽兽，不能用刑法震慑，不能用仁义教导，何况他们思乡之情，不易忘记。将他们安置在中原，有害无益，恐怕一旦发生事变，威胁大唐的安定。不如趁他们败亡的时候，施给他们冀望之外的恩德，封给王侯的尊号，将宗室之女下嫁他们，划分他们的土地，析分他们的部落，使他们权力微弱，势力分开，容易羁勒管理，可使他们永做藩臣，永远保守边疆的要塞。”温彦博认为："迁到兖、豫之间，就违背人性，不是存养他们的做法。请依照汉建武时的旧例，在塞下安置投降的突厥人，保全他们的部落，顺从他们本土风俗，来填实空虚的土地，使之作为中原的屏障，这才是好的政策。"魏徵认为："突厥代代入侵劫夺，是百姓的敌人；今日有幸击败灭亡他们，陛下因他们投降归顺，不忍心杀尽他们，应当放了他们，让他们返回故土，不可留他们在中原。那些戎狄人面兽心，国力衰弱就请求归附，国力强盛就反叛作乱，这本是他们的常性。今日投降的部众接近十万，几年之后翻生一倍多，必定成为心腹之患，后悔不及。晋初诸胡和百姓混杂居住在中原，郭钦、江统都劝晋武帝将他们驱逐到塞外来断绝乱源，晋武帝没有听从。此后二十余年，伊、洛之间遂成为戎狄的领地，这是前事的明鉴！"温彦博说："王者对于万物，天覆地载，没有遗落。今天突厥穷困来归附我国，怎么能舍弃他们不予接受呢！孔子曰：'有教无类。'如果从死亡中拯救他们，传授他们谋生的本领，教导他们礼义，几年之后，全部成为我国百姓。选拔他们的酋长，让他们入朝宿卫，畏惧威势，怀念德泽，还有什么后患呢！"唐太宗最后采用温彦博的计策，处置突厥投降的民众，东自幽州，西到灵州；划分突利可汗原来统辖的土地，设立顺、祐、化、长四州都督府；又划分颉利可汗的土地做六州，左边设立定襄都督府，右边设立云中都督府，来统治突厥的百姓。

五月，辛未日（初七），唐太宗任用突利可汗做顺州都督，让他统率各部落。唐太宗告诫说："你的祖父启民毅然投奔大隋，隋朝立他做大可汗，统有北荒之地，你的父亲始毕反而成为隋氏外患。天道不容，所以使你今日如此乱亡。我之所以不立你做可汗，是以从前启民的事作为教训。今天任命你做都督，你应当好好遵守中原的法律，不要相互侵略掠夺，这不但是要大唐长久安定，也是为了使你的宗族永远保全。"

壬申日（初八），唐太宗任用阿史那苏尼失做怀德郡王，阿史那思摩做怀化郡王。颉利可汗灭亡的时候，各个部落的酋长都背弃颉利可汗前来投降，只有阿史那思摩跟随他，最后和颉利可汗同时被捕，唐太宗嘉许阿史那思摩的忠心，任命他做右武侯大将军，不久又任命他做北开州都督，让他统领颉利可汗的旧有民众。

丁丑日（十三日），唐太宗任用右武卫大将军史大奈做丰州都督，其余来到长安的酋长，都任命做将军中郎将，跻身朝官行列，他们之中五品以上的有一百多人，大抵和唐朝原先的官员各占半数，因此新迁入长安的有接近一万家。

辛巳日（十七日），唐太宗下诏书："从今以后，诉讼案件经过尚书省判决仍有不服的，听任其向东宫上笺启，交由太子裁决。如果仍有不服的，可以奏给朕听闻。"

丁亥日（二十三日），御史大夫萧瑀弹劾李靖击破颉利可汗的牙帐（王廷），统御军队没有法度，突厥的珍宝重物，都被掳掠，请交付法官勘问审理。唐太宗特别下诏不要弹劾李靖。等到李靖入见，唐太宗大大加以指责，李靖叩头谢罪。经过很长的一段时间，唐太宗才说："隋朝史万岁击败达头可汗，有功没有赏赐，因有罪遭致杀戮。朕不这样做，要记录你的军功，赦免你的罪刑。"于是加封李靖为左光禄大夫，赏赐绢布一千匹，增加真实户口的封邑，连从前的总共五百户。不久，唐太宗对李靖说："从前有人说你的坏话，现在朕已了解原委，你不要介意。"再赏赐李靖绢布两千匹。

林邑贡献火珠，主管官吏因为他们的奏表词句不恭敬，请求出兵讨伐他们，唐太宗说："好战的自取灭亡，隋炀帝、颉利可汗都是大家亲耳听到、亲眼看到的。战胜小国并不威武，何况未必能战胜呢！奏表言语的差错，何必介意！"

六月，丁酉日（初四），唐太宗任命阿史那苏尼失做北宁州都督，任用中郎将史善应做北抚州都督。壬寅日（初九），唐太宗任用右骁卫将军康苏密做北安州都督。

乙卯日（二十二日），唐太宗调动兵卒修建洛阳宫来准备巡幸之用，给事中张玄素上书谏言，认为："还没有定下巡幸洛阳的日期却预先修建宫室，这不是今日的急事。从前汉高祖采纳娄敬的建议，从洛阳迁都长安，难道不是因为洛阳不及关中的形势佳胜吗？汉景帝采用晁错的话，因而造成七国作乱，陛下现在将突厥安置在中原，突厥和朝廷的亲密，如何比得上七国？怎能不先忧虑此事，反而急着兴建宫室，轻移大驾呢！我知道隋氏初建宫室时，附近山中没有大木，都从远地运来，两千人拉一根柱子，用横木做车轮，就摩擦发火，于是铸铁做车毂，行一两里路，铁毂就破裂，另派数百人持着铁毂随后更新，一日不过行二三十里，计算运一根柱子的费用，已经耗费几十万劳力，其余的也就可想而知了。陛下当初平定洛阳，凡是宏壮侈靡的隋朝宫室都下令拆毁，现在不到十年的时间，又加以修建完善，为什么以前憎恶现在又效法呢？况且以今日的财力，又怎么比得上隋朝呢？陛下役使疲惫的百姓，因袭亡隋的弊病，祸乱恐怕比隋炀帝更严重！”唐太宗对张玄素说：“你说我不如隋炀帝，比桀、纣怎么样呢？”张玄素回答说：“倘若这件工役不停止，恐怕一样导致变乱！”唐太宗感叹地说：“我考虑不够周详，才会如此！”看着房玄龄说，“朕认为洛阳位居大唐的中间，各地来朝贡的距离平均，想要便利百姓，所以令人营建。如今张玄素说得真有道理，应当立即停止工役。以后有事到洛阳，即使露天而居也无害处。”因此赏赐二百匹彩帛给张玄素。

秋，七月，甲子朔日（初一），出现日食。

乙丑日（初二），唐太宗询问房玄龄、萧瑀说：“隋文帝是怎样的君主？”回答说：“隋文帝勤敏为政，每次临朝办公，有时要到日落西山，五品以上的官员，接引他们入座论事，卫士不能下班，传送食物就地食用。虽然本性不仁厚，也是个励精图治的君主。”唐太宗说：“你们只知其一，不知其二。隋文帝不精明又喜欢苛察；不精明就了解不通达，喜欢苛察就对人多疑，凡事都亲自决断，不信任群臣。天下事情烦多，一日要处理万种机务，虽然再用心竭力，哪能一一合理！群臣既然了解君主的心意，只有采用君主的决定无条件服从，虽有愆失，不敢诤谏，这就是两代隋朝就灭亡的原因。朕就不是这样。我选拔天下的贤能才士，授予百官之位，让他们思考天下事，呈报给宰相，深思熟虑，认为方便安稳，然后上奏到朕这里。有功就赏，有罪就罚，谁敢不竭尽心力而恪尽职守，何必忧虑天下不能平治呢！”因而下令百官，“从今以后，下发的诏敕有不方便的地方，都应当拿来上奏，不可一味顺从，不充分发表自己意见。”

癸酉日（初十），唐太宗任用前太子少保李纲做太子少师，任用兼御史大夫萧瑀做太子少傅。

李纲有脚病，唐太宗赐他步挽舆，使他乘坐前往东宫，又多次将他请入禁中，询问政事。他每次来到东宫，太子亲自叩拜他。太子每次处置事情，唐太宗命令李纲、房玄龄侍坐在旁边。

在这之前，唐太宗命萧瑀和宰相一起参议朝政，萧瑀气盛而善辩，房玄龄等人都无法和他抗辩，唐太宗大多不采用他的话。房玄龄、魏徵、温彦博曾经有小过，萧瑀弹劾他们，唐太宗竟然不问。萧瑀因而内心失意不满，于是唐太宗免去他的御史大夫之职，改任太子少傅，不再参与朝政。

西突厥的部族散居在大漠外的伊吾县，唐太宗下诏任命凉州都督李大亮做西北道安抚大使，在伊吾东碛口贮储粮食，来归附的人就赈给他食粮，派使者前来的，就招抚并慰劳他，于是前来的使者络绎不绝。李大亮上奏说：“想要怀柔远方之人必先安抚附近的人，大唐像树木的根本，四夷像枝叶，疲惫大唐来供奉四夷，犹如拔取根本来养活枝叶一般。我远考秦、汉，近观隋室，向外侍奉戎狄，均招致自身疲弊。现在招来西突厥，只见到劳心费财，没看到利益。何况河西一带州县萧条，突厥衰弱以后，才开始耕种收获，今日又供此使役，百姓将不胜其任，不如暂且罢止招抚慰问。伊吾之地，大都是沙漠，他们有的自立为首领，要求称臣归附的，不妨和他联系，加以接受，使他们居住在塞外，作为大唐的藩篱屏蔽，这是施给虚惠而坐收实利的办法。”唐太宗听从了他的意见。

八月，丙午日（十四日），唐太宗下诏说："官员日常服饰没有等级差别，自今以后三品以上官员穿紫色衣服，四品、五品官员穿赤色衣服，六品、七品官员穿绿色的衣服，八品官员穿青色衣服；官员的夫人跟丈夫穿相同颜色的衣服。"

甲寅日（二十二日），唐太宗下诏任命兵部尚书李靖做右仆射。李靖性情深沉稳重，每次和当时宰相参议论事，谦恭拘谨得说不出话来。

突厥已经灭亡，营州都督薛万淑派遣契丹酋长贪没折劝说晓谕东北诸夷，奚、霫、室韦等十余部落都来归附唐朝。薛万淑，是薛万均的哥哥。

戊午日（二十六日），突厥欲谷设来投降唐朝。欲谷设，是突利可汗的弟弟。颉利可汗失败，欲谷设逃往高昌，听说大唐礼遇突利可汗，于是前来归降。

九月，戊辰日（初六），伊吾城城主来到唐朝。隋朝末年，伊吾归附，隋设置伊吾郡；隋乱时，伊吾郡郡主向突厥称臣。颉利可汗的政权已经灭亡，伊吾郡郡主率领其辖下七城前来投降唐朝，于是唐在伊吾城的属地设置西伊州。

思结部落饥贫，朔州刺史新丰人张俭招募他们，其中有不来的人，仍然居住在漠北，亲属之间私下相互往来，张俭也不加禁止。等到张俭升迁为胜州都督，州官上奏说思结将会造反，唐太宗诏命张俭前往调查。张俭单骑进入思结部落劝说晓谕，让他们迁往代州，朝廷即任命张俭为检校代州都督，思结最终没有人反叛。张俭借机鼓励他们种田，年底丰收。张俭担心他们积粮多了，有异心，上奏请求由官府出钱购买他们的米粮，用来充实边防储备。思结部落大为高兴，耕种更加用心，因此边境的储备更加充实。

丙子日（十四日），唐朝开拓南蛮土地设置费州、夷州。

己卯日（十七日），唐太宗临幸陇州。

冬季，十一月，壬辰日（十一月无此日），唐太宗任用右卫大将军侯君集做兵部尚书，参与议论朝政。

甲子日（初三），唐太宗返回京师。

唐太宗读《明堂针灸书》，书中说："人五脏的系统，都附着在背部。"戊寅日（十七日），唐太宗诏命自今以后不可笞打囚犯的背部。

十二月，甲辰日（十四日），唐太宗在鹿苑打猎。乙巳日（十五日）唐太宗返回皇宫。

甲寅日（二十四日），高昌王麴文泰来到朝中。西域各国都要因循麴文泰之例派遣使者入贡，唐太宗派遣麴文泰的臣子厌怛纥干前往迎接。魏徵进谏说："从前汉光武帝不允许西域遣送儿子入朝侍奉天子和设置都护府，认为不可因为蛮夷来劳动中原。现在天下刚平定，前些日子，麴文泰的来朝，经过之处，耗费很多；今日假使有十国入贡，其随从部属不下一千人，边疆百姓花费太大，将难以承担。如果允许商人来往，和边境百姓互市，这还可以，如果用宾客的礼节招待他们，对我大唐没有好处。"当时厌怛纥干已经出发，唐太宗急忙命人阻止。

各位宰相和唐太宗一同宴饮，唐太宗对王珪说："你精通鉴别人才，又善于谈论，房玄龄以下的朝臣，你应当全部加以品评藻鉴，而且你自己认为和他们相比如何？" 王珪回答说："勤勤恳恳地侍奉天子，知道的无不努力去做，我比不上房玄龄；兼有文武才能，出则为将，统兵讨伐，入则为相，处理国事，我不如李靖；议事详尽周到，传达诏令，反映群臣意见，都公允恰当，我不如温彦博；处理繁难之事，治理紧急要务，能同时办理众多事务，我不如戴胄；唯恐君王不及尧、舜，把谏诤作为自己分内之事，我不如魏徵；说到汰去污浊的人，扬举清高之辈，嫉恨坏人，喜欢好人，我比起他们，也有些长处。"唐太宗很同意他的说法，众人也钦佩他的高论。

唐太宗初登帝位，曾和群臣谈及教化，唐太宗说："如今刚经过一场大劫难，我担心百姓不容易接受感化。"魏徵回答说："不像陛下说的那样。长久安定下的百姓骄奢淫逸，骄奢淫逸就难以教化；经历变乱的百姓忧愁困苦，忧愁困苦就容易教化。譬如饥饿的人什么东西都觉得好吃，口渴的人什么水都觉得好喝。”唐太宗深深地赞同。封德彝批评魏徵说：“三代以来，人的性情逐渐轻薄诡诈，所以秦专用法律，汉采用王道同时掺杂霸道的内容，这是因为想要教化而不能实现，哪有能够教化而不想推行的呢！魏徵是一个不通世务的书生，不知时务，如果相信他空洞的理论，必定会败坏国家。”魏徵说：“五帝、三王不改易百姓却能施教化，从前黄帝讨伐蚩尤，颛顼诛灭九黎，商汤放逐夏桀，周武王讨伐纣王，均能在自己生前达到太平盛世，难道不是承继大动乱之后的缘故吗？如果说古人淳厚朴实，后世逐渐变坏以致轻薄诡诈，那么到了今天，应该全部变成鬼怪了，君主怎能治理他们呢！”唐太宗最终采用了魏徵的意见。

贞观元年，关中地区发生饥荒，米一斗值绢布一匹；贞观二年，天下发生蝗灾；贞观三年，发生大水灾。唐太宗勤勉听政，安抚百姓，百姓虽然东西奔波讨食，不曾有怨言。这一年，全国大丰收，流散的人都返回乡里，一斗米不过三四钱，全年被判死刑的才二十九人。东到大海，南到五岭，都是夜不闭户，行人旅客不需携带粮食，在道路沿途都有旅舍可以取食。唐太宗对长孙无忌说：“贞观初年，大臣们上书的都说：‘君王应当独自行使威权，不可委任臣下。’又说，‘应当夸耀武威，征讨四夷。’只有魏徵劝朕‘偃息武力勤修文教，中原安定之后，四夷自然臣服’。朕采用他的话。现在颉利被擒，其他部族首领轮值宿卫，各部落都受到中原礼教的熏染，这是魏徵的功劳，只可惜不能让封德彝亲眼看到！”魏徵再次叩拜辞谢说：“击败灭亡突厥，海内安定，都是陛下的威望恩德，臣有什么功劳呢！”唐太宗说：“朕能够重用你，你能够十分称职，那么功劳岂止是朕一个人的呢？”

房玄龄上奏说：“检阅库中的铠甲兵器，远远超过隋朝。”唐太宗说：“铠甲兵器等武器装备，确实不可缺少，但隋炀帝的甲兵难道不够吗？最终还是亡了天下，如果你们尽力为国，让百姓安定，这才是朕真正的甲兵。”

唐太宗对秘书监萧璟说："你在隋朝时经常看见萧皇后吗？"萧璟回答说："她的儿女尚且不能经常看见，臣是何许人，怎能看见她呢！"魏徵说："臣听闻隋炀帝不相信齐王，经常暗中派人考察他，听说他摆宴饮酒，就说：'他做成了什么事情那么高兴！'听说他忧愁憔悴，就说'他有异心所以如此'。他们父子之间尚且如此，何况其他人呢！"唐太宗笑着说："朕现在对待杨政道，远超过当年隋炀帝对待齐王。"萧璟，是萧瑀的哥哥。

西突厥肆叶护可汗是先可汗的儿子，被众人所拥戴，莫贺咄可汗属下部落的酋长大多归附他。肆叶护率兵攻打莫贺咄，莫贺咄的军队战败，逃到金山，被泥孰设杀死，各部落一同推举肆叶护做大可汗。

贞观五年（辛卯，公元631年）

春季，正月，唐太宗诏命和尚、尼姑、道士都要叩拜父母。

癸酉日（十三日），唐太宗在昆明池大举畋猎，四夷的君长都随从前往。甲戌日（十四日），唐太宗设宴款待高昌王麹文泰以及群臣。丙子日（十六日），唐太宗返回皇宫，亲自向大安宫（太上皇所居）进献猎物。

癸未日（二十三日），朝集使赵郡王李孝恭等人上表，认为四夷都已经归顺，请求唐太宗举行封禅大礼；唐太宗亲下诏命不许举办。

有官吏向唐太宗上奏说应当为皇太子举行加冠礼，采用二月吉日，请求追赐兵备仪仗。唐太宗说："二月春耕正开始，应当改用十月。"太子少傅萧瑀上奏说："根据阴阳历书，十月不如二月吉利。"唐太宗说："吉凶祸福在于人为。倘若所有行动依照阴阳，不顾礼义，可得到吉祥吗？遵循正道而行，自然会得到吉祥，农耕时最忙，不可失去时机。"

二月，甲辰日（十四日），唐太宗诏命："各州有京观处（封战死者骸骨，以为大坟，名曰京观），不论新旧，应当全部削去地上部分，添加泥土做成坟墓，来掩蔽枯朽尸骨，不可使尸骨暴露在外。"

己酉日（十九日），唐太宗封自己的弟弟李元裕做郐王，李元名做谯王，李灵夔做魏王，李元祥做许王，李元晓做密王。庚戌日（二十日），唐太宗封自己的儿子李愔做梁王，李恽做郯王，李贞做汉王，李治做晋王，李慎做申王，李嚣做江王，李简做代王。

夏季，四月，壬辰日（初三），代王李简去世。

壬寅日（十三日），灵州斛薛造反，任城王李道宗率军追击，击败斛薛。

隋朝末年，中原汉人很多被突厥掳去，等到突厥投降，唐太宗派遣使者用金帛赎回他们。五月，乙丑日（初七），主管官员上奏，一共赎得男女八万人。

六月，甲寅日（二十六日），太子少师新昌贞公李纲去世。起初，北周齐王宇文宪的女儿，寡居没有子女，李纲对她赡养抚恤很多。李纲去世，齐王的女儿用父礼居丧。

秋季，八月，甲辰日（十七日），唐太宗派遣使者前往高丽，收拾隋朝战亡将士的骸骨，加以埋葬祭祀。

河内人李好德得了病，胡言乱语，唐太宗诏命侦办此事。大理丞张蕴古上奏说："李好德生病有证据，依法不应当治罪。"治书侍御史权万纪劾奏说："张蕴古籍贯在相州，李好德的哥哥李厚德是相州刺史，有徇私纵容的情形，侦查不符合实情。"唐太宗发怒，下令将张蕴古斩杀在市中，不久后悔，因而下诏说："自今以后有死罪，虽下令立即处斩，仍须三复奏才能行刑。"

权万纪和御史李仁发，都因密告攻讦别人隐私受到唐太宗宠爱，因此各位大臣多次被谴责怒骂。魏徵进谏说："权万纪等小人，不知大体，将攻讦当作真言，把谗毁当作忠心。陛下并非不知道他们让人无法忍受，只是由于他们讲话没有避讳禁忌，要用来鞭策警醒罢了。但权万纪等人挟持君恩，倚仗权势，让其阴谋得逞，凡所弹劾，均非真有罪。陛下即使不能举用善良来砥砺世俗，怎么能亲昵奸邪的人来自毁形象呢！"唐太宗沉默不语，赏赐魏徵五百匹绢。过了很长一段时间，权万纪等人奸诈的情状自我败露，都遭到惩罚。

九月，唐太宗修整仁寿宫，改名为九成宫，又计划整修洛阳宫。民部尚书戴胄上表劝谏说："动乱刚结束不久，百姓凋敝穷困，财库空虚，如过于无休止地营造，官民辛劳耗费，恐怕难以承受！"唐太宗嘉勉他说："戴胄和我不是亲戚，只是以忠诚正直治理国家，知无不言，所以用官爵酬报他。"过了很久，唐太宗还是命令将作大匠窦琎整修洛阳宫。窦琎开凿池塘，修建假山，雕刻装饰华靡，唐太宗发怒，急命毁弃华靡的雕饰，免除了窦琎的官位。

冬季，十月，丙午日（二十日），唐太宗在皇宫后苑追逐兔子，左领军将军执失思力进谏说："上天让陛下做华、夷的父母，怎能自轻性命呢！"唐太宗又想要追猎鹿，思力脱巾解带，用谢罪方式，下跪坚持谏诤，唐太宗因他而停止。

起初，唐太宗命令群臣议论分封诸王的事情，魏徵认为："如果分封诸王建立诸侯国，那么卿大夫都要给予俸禄，必须加重赋敛用来供养他们。另外京畿一带征收的赋税不多，要依赖京畿以外的州县，如果把国邑尽封给王公，国家经费立即短缺。再说，燕、秦、赵、代诸国都管辖有夷族，如果出现紧急情况，到内地征调军队，路途遥远，很难及时赶赴。"礼部侍郎李百药认为："朝廷运祚的长短，决定于天命，尧、舜是大圣人，守定国祚却不能长久；汉、魏虽出身低贱，上天让他国运长久也推却不掉。现在使皇亲国戚的子子孙孙都拥有百姓土地，几代以后，将会骄奢荒淫，任意恣肆，相互攻战残杀，对百姓危害更深，不如保持现状，不断地更换郡守县令。"中书侍郎颜师古以为："不如分封亲王宗子，不使他们过于强大，以州、县相间隔，交错为界，互相维系牵制，使他们各守境内，同心戮力，足够扶助皇室。并且为他们设置官僚，都由尚书省的官吏负责选拔任用，除皇朝法令以外，不得擅自施行刑罚，朝贡礼仪，都定有条例格式。这一制度一旦确定，万世无忧。"十一月，丙辰日（初一），唐太宗诏命："皇家宗属以及有功勋贤能的大臣，应当让他们担任地方长官，遗传子孙，没有大的变故，不能随意罢黜免官，主管官吏明定条例，定出不同等级向上奏闻。”

丁巳日（初二），林邑进献五色鹦鹉；丁卯日（十二日），新罗进献美女二人；魏徵都认为不应该接受。唐太宗高兴地说：“林邑的鹦鹉尚能诉说天气寒冷，想返回故地，何况两个女子远远离别亲人呢！”将二人及鹦鹉，分别交付使者带回本国。

倭国派遣使者入贡，唐太宗派遣新州刺史高表仁持节旄前往安抚；高表仁和他们的国王争执礼节，没有宣读诏命而返回朝中。

丙子日（二十一日），唐太宗在天坛祭祀。

十二月，太仆寺丞李世南开拓党项的土地，共计十六州、四十七县。

唐太宗对侍臣说：“朕认为死刑至关重大，所以下令三次反复奏闻，就是要负责的官吏深思熟虑以减少差误的缘故。而有关部门却在片刻之间完成三次复议。另外古时处人死刑，君王常为此去除奏乐，减少膳食。朕廷中没有常设的音乐，但常常为此不吃酒肉，只是没有注明在法令之中。还有，百官判案，只是依据法律条文，即使有可哀怜的情形，也不敢违反法令，其间难道能够完全没有冤枉吗？”丁亥日（初二），唐太宗立下制度：“处决死囚，两天之内中央部门五次复议，行文到各州的也要三次复议；行刑当日，殿中监属下的尚食局不进奉酒食，内教坊以及太常寺不奏乐。上述规定都由门下省监督。有依法应当处死刑但情状可怜悯的，记下情状向上奏闻。”于是因此保全生命的很多。五次复议的，在处决前一两日进行，到当天又要三次复议。只有犯了忤逆的罪一次复议即可处决。

己亥日（十四日），朝集使、利州都督武士彟等人又上表请求举行封禅大典，没有获得允许。

壬寅日（十七日），唐太宗临幸骊山温泉；戊申日（二十三日）唐太宗返回皇宫。

唐太宗对执政说：“朕时常担心因喜怒乱行赏罚，所以命你们极力谏言。你们也应当接受别人的谏言，不可因为别人违背你的意旨而不接受别人的谏言，假如自己不能接受谏言，怎么能诤谏别人呢？”

康国请求归附朝廷。唐太宗说：“前代的帝王，喜好招抚地处遥远的国家，以求怀柔远国的美名，毫无益处反而靡费困弊百姓。今日康国请求归附，如果他们有危急困难，道义上不能不救。军兵行军万里，岂有不疲劳的道理！劳动百姓来获取虚名，朕是不做的。”于是不接受康国的请求。

唐太宗对侍臣说：“治理国家如同治病，病虽然痊愈，仍要调养一段，倘若随便自我放任，等病复发，就无法救治了。如今中原有幸能安治，四夷都归服，实在是自古以来少有的，然而朕日益谨慎，唯恐不能持久，所以想多次听到你们的谏诤。”魏徵说：“国家内外政治安定，臣并不觉得高兴，只高兴陛下处于安定之境能想到可能发生的危机。”

唐太宗曾和侍臣讨论狱政，魏徵说：“隋炀帝时曾发生盗窃案，隋炀帝命令于士澄缉捕，稍有疑点，都用拷打逼讯取供，总共两千多人，隋炀帝下令全部处死。大理丞张元济奇怪罪犯这么多试着查考其情状，其中有五人做过盗匪，其余都是平民；张元济最终也不敢将实情上奏，于是这些人全部被斩杀。”唐太宗说：“这岂止是隋炀帝无道，大臣也没有尽忠。君臣如此，哪能不亡国！你们应当以此为戒！”

这一年，高州总管冯盎来到朝中。不久，罗窦各洞的獠人造反，唐太宗命冯盎率领本部落两万人马，做大军的前锋。獠人数万人，据守险阻要塞，各路军队不能前进。冯盎持弓弩对身边人说：“射完我这些箭，就可知晓胜负了。”连发七箭，射中了七人。獠人全都逃跑，因而乘势进兵追赶，斩首一千余人。唐太宗称赞他的功劳，前后赏赐，不可胜数。冯盎管辖的地方纵横两千里，奴婢一万多人，珍珠宝物很多，然而治事勤劳明睿，部下都十分爱戴他。

新罗王真平去世，没有儿子继嗣，国人拥立他的女儿善德做王。

资治通鉴卷第一百九十四　唐纪十

起壬辰（公元632年），止丁酉（公元637年）四月，共五年四个月。

【题解】本卷记录了公元632年至637年四月的史事，共五年又四个月，正当贞观六年至十一年。此时期贞观之治大见成效，唐太宗李世民君臣和谐，亲如一体。唐太宗以隋炀帝杨广亡国为借鉴，鼓励大臣广泛进言，他自己虚心纳谏，魏徵等大臣直言进谏。此时期，天下太平，吐谷浑被征服，外无强敌，内无寇警，政治欣欣向荣，唐太宗完成了一系列制度的建设，完善了官僚建制系统，建立了府兵制，制定了刑律和礼仪。

太宗文武大圣大广孝皇帝上之下

贞观六年（壬辰，公元632年）

春季，正月，乙卯朔日（初一），出现日食。

癸酉日（十九日），静州的獠人反叛，将军李子和征讨平定他们。

文武百官再次请求封禅，唐太宗说："你们都以为封禅是帝王的盛事，朕不认为如此。如果天下太平，家家能自给，人人富足，虽然不封禅，又有何伤呢！以前秦始皇封禅，而汉文帝不封禅，后人难道认为汉文帝的贤能不及秦始皇吗？再说侍奉上天扫地而祭祀，何必登上泰山之顶，堆积几尺高的泥土，然后可以陈示内心的诚敬呢！"群臣仍旧不停地提出请求，唐太宗也有意听从，魏徵独自认为不可以。唐太宗说："你不让朕封禅，因为朕的功劳不够高吗？"魏徵答说："很高了。"唐太宗问："道德不深厚吗？"魏徵答说："很深厚了。"唐太宗问：“中原还没有安定吗？”魏徵答：“安定了。”唐太宗问：“四夷还没有归服吗？”魏徵答：“归服了。”唐太宗问：“年谷还没有丰收吗？”魏徵答：“丰收了。”唐太宗问：“符命祥瑞还不到吗？”魏徵答：“到了。”唐太宗问：“既然如此为何不可以封禅？”魏徵回答说：“陛下虽然拥有这六项条件，但承继隋末大乱之后，户口没有恢复，仓廪的粮储尚且空虚，而车驾向东巡行，有千乘万骑随从，供给顿止的劳力费用，不容易负担。况且陛下封禅，那么万国都来聚集，远夷的君长，都应当随从天子的车驾；现在从伊、洛以东到海、岱人烟尚且稀少，灌木丛生，莽草深茂，一片荒野，这是引导戎狄进入腹心之中，显示虚弱的地方。何况赏赐无限，未必能够满足远人的希望；连年蠲免赋役，不能报偿百姓的辛劳。崇尚空名而受到实害，陛下打算拿什么去补救呢！”恰好遇上黄河南北数州发生大水灾，封禅的事情就此停止。

唐太宗打算临幸九成宫，通直散骑常侍姚思廉谏止。唐太宗说：“朕有气喘病，天气一热就突然加剧，只是去避暑罢了。”赏赐姚思廉五十匹绢。

监察御史马周上疏，认为：“东宫在宫城之中，而大安宫在宫城西边（因大安宫在西，才说皇上所居为东宫），制度比起天子的住所，还是低小，对于四方的观听，不够完美。应当大大加以增建，来让中外观瞻。另外，太上皇年事已高，陛下应当早晚侍候膳食。九成宫离京师三百余里，太上皇有时想念陛下，陛下如何赶来？还有，陛下此行，要前往避暑；太上皇尚在暑热之中，而陛下独住凉爽之地，为人子的礼节，冬日温之御其寒，夏日清之至其凉，臣私下感到不安。现在出行的计划已成，不可再停止，希望快速指示返宫日期，来开解众人的疑惑。还有王长通、白明达都是乐师，韦槃提、斛斯正只能调习马匹，即使技能超众，只可赐予金帛，怎么能够超授官爵，鸣玉佩，曳文履，一副达官装扮，和士人君子并肩而立，同坐而食，臣私下引以为耻！”唐太宗深深采纳他的谏言。

唐太宗因为新法令没有太师、太傅、太保三师官，二月，丙戌日（初二），诏命特别设置三师官。

三月，戊辰日（十五日），唐太宗临幸九成宫。

庚午日（十七日），吐谷浑进犯兰州，州兵赶跑他们。

长乐公主将要出嫁，唐太宗因公主是皇后生的，特别宠爱，下令官吏资给馈送数倍于永嘉长公主（唐高祖的女儿。唐制：皇姑为大长公主，姐为长公主，女为公主）。魏徵进谏说："以前汉明帝欲封皇子，说：'我的儿子哪能和先帝的儿子相比！'下令依楚王、淮阳王封地的一半分封自己的皇子。现在资给馈送给公主，比长公主多一倍，难道不是与汉明帝的意思相差太远吗？"唐太宗赞同他的话，进入内宫告诉皇后。皇后感叹地说："妾多次听到陛下称赞器重魏徵，不知晓什么缘故，今日看他引用礼义来抑制人主的私情，才知他真是社稷之臣！妾和陛下结发做夫妻，曲承恩惠礼遇，每次说话必先候望陛下的脸色，不敢轻犯您的威严。他以人臣疏远的关系，竟能这样直言，陛下不可不听从。"因而请派遣中使持钱四百缗、绢四百匹去赏赐魏徵，并且告诉他说："听说你为人正直，竟在今天看到，所以赏赐你。你应当时常秉持此一忠心，不要改变。"唐太宗曾罢朝下来，发怒地说："我会杀掉这个田舍汉！"皇后问是谁，唐太宗说："魏徵每次在朝廷折辱我。"皇后退去，穿好朝服站在宫廷，唐太宗吃惊地问她什么缘故。皇后说："妾听闻主明然后臣直，现在魏徵正直，是因为陛下贤明。妾岂敢不向陛下恭贺呢！"唐太宗这才高兴起来。

夏季，四月，辛卯日（初八），襄州都督邹襄公张公谨去世。第二天，唐太宗到丧所哀悼。官员上奏说，辰日忌哭泣。唐太宗说："君对于臣，有如父对于子，感情出自内心，怎能避讳辰日！"于是哭悼张公谨。

六月，己亥日（十七日），金州刺史酆悼王李元亨去世。辛亥日（二十九日），江王李嚣去世。

秋季，七月，丙辰日（初四），焉耆王突骑支派遣使者入贡。起初，焉耆由沙漠道路进入中原，隋朝末年此路闭塞，改从高昌进入。突骑支请求再次打开沙漠道路以便往来，唐太宗答应。因此高昌王怀恨在心，派军偷袭焉耆，大加掠夺而后离去。

辛未日（十九日），在丹霄殿宴请三品以上的文武官员。唐太宗从容地说："中外太平，都是公卿们的力量。然而隋炀帝的威势加在夷、夏之上，颉利可汗雄跨北方荒漠之地，统叶护可汗雄踞西域，现在都已覆灭，这是朕和公等亲眼看到的，不可矜夸强盛自以为满足！"

西突厥肆叶护可汗调动军队攻打薛延陀，被薛延陀击败。

肆叶护可汗性情猜忌狠戾，听信谗言：有个乙利可汗，功勋最多，肆叶护可汗认为他不是同族的人，将他诛杀灭亡，因此各个部落全都感到不能自保。肆叶护可汗又猜忌莫贺设的儿子泥孰，暗中要除掉他，泥孰逃往焉耆。设卑达官和弩失毕两个部落攻打肆叶护，肆叶护可汗轻骑逃往康居，不久死了。国人从焉耆迎回泥孰并且拥立他，这就是咄陆可汗，他派遣使者来归附大唐。丁酉日（七月无此日），唐太宗派遣鸿胪少卿刘善因封咄陆为奚利邲咄陆可汗。

闰月，乙卯日（初四），唐太宗在丹霄殿宴请近臣，长孙无忌说："王珪、魏徵，以前是仇敌，没想到今日能在此一同宴饮。"唐太宗说："魏徵、王珪尽心职事，所以我任用他们。然而魏徵每次谏言，我不听从，我和他谈话，他常常不应答，为什么？"魏徵回答说："臣认为事情不可以，因而诤谏；如果陛下不听从而臣答话，那么事情于是付诸施行，因此不敢应答。"唐太宗说："姑且答应而后再谏，又有什么伤害呢？"魏徵回答说："以前舜告诫群臣：'你们不可以当面顺从，退下去背后有非议之言。'臣心知其非而口答应陛下，就是口是心非，难道是稷、契侍奉舜的心意吗？"唐太宗大笑说："人家说魏徵行为疏简怠慢，我看他更觉得妩媚，正是这种情形！"魏徵起立，拜谢说："陛下开导让臣讲话，因此臣能够尽言；如果陛下拒绝而不接受，臣怎敢多次冒犯颜色呢！"

戊辰日（十七日），秘书少监虞世南进献《圣德论》，唐太宗赐他手诏，说：“你的论调太高。朕怎么敢比拟上古君王，只是比近代的君王好一些罢了。但卿刚看到开始，不知终了如何。如果朕能慎终如同开始一般，那么此论可以传世；如果不能做到，恐怕空使后代讥笑你了！”

九月，己酉日（二十九日），唐太宗临幸庆善宫，这是他出生的旧屋，因而和显贵宴饮，赋诗。起居郎清平人吕才，依诗谱成乐章，并且用管弦演奏，命名为《功成庆善乐》，用童子六十四人排成《九功之舞》，大宴会时，和《破陈舞》在朝堂合奏。同州刺史尉迟敬德参加宴会，有人班列在其上，尉迟敬德发怒说：“你有什么功劳，坐在我上面！”任城王李道宗位置在他之下，晓谕劝解他，尉迟敬德出拳殴打李道宗，几乎将他眼睛给打瞎了。唐太宗不高兴而罢宴，对尉迟敬德说：“朕看汉高祖诛杀族灭功臣，心中常常斥责他，所以要和卿等共保富贵，让子孙不断绝。但你为官多次犯法，我才知道韩信、彭越被剁成肉酱，是咎由自取，不是汉高祖的罪过。国家的纲纪，只有靠赏罚来维持，非分的恩宠，不可能常有，希望你好自修治整饬，不要留下后悔！”尉迟敬德因此开始惧怕而自我收敛。

冬季，十月，乙卯日（初五），唐太宗车驾返回京师。唐太宗在大安宫侍候唐高祖宴饮，唐太宗和皇后更献出饮料膳食以及服饰御用的物品，到夜深才罢席。唐太宗要亲为唐高祖扶舆到殿门，唐高祖没有答应，教太子代劳。

突厥颉利可汗郁郁不得志，多次和家人相对悲泣，容貌羸弱疲倦。唐太宗看在眼里而怜悯他，因为虢州地方有很多麋鹿，可以游览狩猎，于是任用颉利可汗做虢州刺史。颉利可汗辞谢，不愿前往。癸未日（十一月初四），唐太宗再次任命他做右卫大将军。

十一月，辛巳日（初二），契苾酋长何力率领部落六千余家到沙州投降大唐，唐太宗诏命在甘、凉之间安置他们，任用何力做左领将军。

庚寅日（十一日），唐太宗任用左光禄大夫陈叔达做礼部尚书。唐太宗对陈叔达说："你在武德年间有直言，所以用这官爵来酬报你。"陈叔达回答说："我看到隋室父子相互残害，自取灭亡，当时我讲话不是为了陛下，而是为社稷打算。"

十二月，癸丑日（初四），唐太宗和侍臣讨论政治安危的根本。中书令温彦博说："希望陛下经常维持像贞观初年的作风，那就很好了。"唐太宗说："朕近来对为政懈怠吗？"魏徵说："贞观初年，陛下用心在节俭，不停地在要求谏言。近来营造修缮很多，把谏者的言语当作忤旨，这就是不同的地方！"唐太宗击掌大笑说："的确有这样的事。"

辛未日（二十二日），唐太宗亲自录问囚犯，看到应当处死刑的人，怜悯他们，释放他们回家，限来年的秋天前来接受死刑。于是下令天下死囚，都释放他们回家，让他们到约定时间前来受刑。

这一年，党项羌前后归附大唐的有三十万人。

请求封禅的公卿以下官员，前后不绝，唐太宗谕告以"旧有气喘病，担心登高更加厉害，公等不要再说此事"。

唐太宗对侍臣说："朕近来断事有时不能都依照律令，公辈认为事小，不再谏言。要知道事情无不是由小而变大，这是危险灭亡的开端。以前关龙逄忠谏而死，朕每每为他哀痛。隋炀帝骄纵暴虐而灭亡，是大家亲眼见到的。公等应常常为朕想到隋炀帝的灭亡，朕常常为公等想到关龙逄的死，这样还会担忧君臣不能相保吗？"

唐太宗对魏徵说："选择为官的人员，不可急遽苟且，任用一个君子，那么君子都会到来；任用一个小人，那么小人们就会竞相进来了。"魏徵回答说："对。天下没有平定，那么选拔官员专采用其才干，不考虑他的品行；丧乱已经平定，那么不是才能品德兼备不可任用。"

贞观七年（癸巳，公元633年）

春季，正月，《破陈乐》更名为《七德舞》。癸巳日（十五日），唐太宗在玄武门宴请三品以上官员以及州牧、蛮夷酋长，演奏《七德》《九功》之舞助兴。太常卿萧瑀上奏进言说："《七德舞》形容圣功，有不尽的地方，请画刘武周、薛仁果、窦建德、王世充等人被擒获的情形。"唐太宗说："他们都是一时的英雄，现在朝廷之臣有些是他们的臣下，如果目睹旧主人屈辱的情形，能不伤他们的心吗？"萧瑀谢罪说："这一点我倒没有想到。"魏徵要唐太宗息武修文，每次侍宴，看见《七德舞》就低头不看，看到《九功舞》就注意欣赏。

三月，戊子日（十一日），侍中王珪泄露禁中谈话内容被治罪，贬为同州刺史。庚寅日（十三日），唐太宗任用秘书监魏徵做侍中。

直太史雍人李淳风上奏说灵台候望的仪器制度过于粗略，只能够测出赤道，没有黄道，请重新制造浑天黄道仪，唐太宗允许。癸巳日（十六日），李淳风做成浑天黄道仪，向唐太宗奏闻。

夏季，五月，癸未日（初七），唐太宗临幸九成宫。

雅州道行军总管张士贵攻打反叛的獠人，将他们打败。

秋季，八月，乙丑日（二十日），左屯卫大将军谯敬公周范去世。唐太宗出行，常令周范和房玄龄居中留守。周范为人忠厚严谨而且正直，病重时，不肯离开宫省回家，最终死在台省，死前和房玄龄相抱诀别说："遗憾不能再侍奉陛下！"

辛未日（二十六日），唐太宗任用张士贵做龚州道行军总管，让他攻打造反的獠人。

九月，山东、河南四十余州发生水灾，唐太宗派遣使者前往赈灾。

去年天下一共放回死囚三百九十人，没人督促率领，全都遵照约定时间自动来朝堂报到，没有一个人逃亡。唐太宗全部赦免他们的死罪。

冬季，十月，庚申日（十六日），唐太宗返回京师。

十一月，壬辰日（十八日），唐太宗任用开府仪同三司长孙无忌做司空，长孙无忌坚决辞谢，说："臣忝预外戚之列，担心天下人说陛下徇私。”唐太宗没有答应他的辞谢，说：“我为官择人，只用人才。假如不是人才，虽是亲人也不任用，像襄邑王李神符便是这样；假如真是人才，虽是仇敌也要任用，像魏徵便是这样。今天我举用你，不是你是私亲的缘故。”

十二月，甲寅日（十一日），唐太宗临幸芙蓉园。丙辰日（十三日），唐太宗在少陵原阅兵打猎。戊午日（十五日），唐太宗返回皇宫，随从唐高祖在故汉未央宫摆设酒宴。唐高祖命突厥颉利可汗起舞，又命南蛮酋长冯智戴诵诗，不久笑着说：“胡、越成为一家人，是自古以来未有的！”唐太宗捧酒杯起来敬酒说：“现在四夷入朝为臣，都是由陛下的教诲所致，不是臣的智力能够办到的。以前汉高祖也随从太上皇在此宫摆设酒宴，妄自夸大，（汉高祖十年，在未央宫置酒，奉玉卮为太上皇寿，曰：“始大人常认为臣是无赖，不能治产业，不如弟弟刘仲力。今某之业所就，和弟弟相比，谁多？”）他的行为，臣不愿效仿。”唐高祖大为高兴。殿上群臣都高呼万岁。

唐太宗对左庶子于志宁、右庶子杜正伦说：“朕十八岁时，尚在民间，百姓的疾苦真假，没有不知道的。等到登上大位，区分处理世务，尚有差失。何况太子生长在深宫之中，百姓的艰难，没有看到，没能听到，怎能不骄傲纵肆呢！卿等不可不尽力谏诤！”太子喜欢嬉戏，不遵守礼法，于志宁和右庶子孔颖达多次直谏，唐太宗听到消息称赞他们，各赏赐黄金一斤，帛五百匹。

工部尚书段纶上奏请求征召巧工杨思齐，唐太宗令试验他的才能。段纶让他先做傀儡。唐太宗说：“得到巧工是希望供国家兴建之用的，你让他先做戏具，难道是百工相戒不作淫巧，以荡上心的用意吗？”于是削减段纶的官阶。

嘉州、陵州的獠人反叛，唐太宗命邗江府统军牛进达出兵讨伐，将他们打败。

唐太宗问魏徵说：“群臣上书多有可取之处，等到召来廷对时大多语无伦次，那是为什么？” 魏徵回答说：“臣观看百官奏事，常常思虑好几天，等到了陛下的面前，三分的话说不到一分。何况谏诤是违逆上意，动触忌讳，陛下不假以辞令颜色，怎敢尽其心意呢！”唐太宗因此接见群臣时辞令颜色更加温和，曾说：“隋炀帝多猜疑忌妒，临朝对待群臣大多不讲话。朕就不如此，和群臣相互亲近有如父子兄弟一般。”

贞观八年（甲午，公元634年）

春季，正月，癸未日（初十），突厥颉利可汗去世，唐太宗命国人顺从其风俗，焚化尸体而后埋葬。

辛丑日（二十八日），行军总管张士贵讨伐东、西王洞反叛的獠人，将他们平定。

唐太宗要分派大臣做诸道黜贬陟升的大使，没有合适人选。李靖举荐魏徵。唐太宗说：“魏徵规谏针砭朕的过失，不可一日离开朕的身边。”于是命令李靖和太常卿萧瑀等一共十三人分道巡行天下，“考察州县官吏的贤能和不贤，访察民间的疾苦，礼遇老年，救济穷困，褒扬善良，拔举在仕途淹留停滞的人，务使使者所到，有如朕亲眼看到”。

三月，庚辰日（初八），唐太宗临幸九成宫。

夏季，五月，辛未朔日（初一），出现日食。

起初，吐谷浑可汗伏允派遣使者入贡，没有返回他的国土，大举掠夺鄯州而后离去。唐太宗派遣使者去责怪他们，征召伏允可汗入朝，他称病不来，为他的儿子尊王请求婚姻。唐太宗答应他，令尊王亲自迎亲，尊王又没有来到，于是断绝婚姻，伏允可汗又派军队进犯兰、廓二州。伏允可汗年老，听信他的臣子天柱王的谋略，多次侵犯边境，又拘禁唐的使者赵德楷。唐太宗派遣使者劝告晓谕他，前后十次，又引导他的使者，来到朝廷轩槛之处，唐太宗亲自谕告以祸福利害，伏允可汗始终没有悛改之心。六月，唐太宗派遣左骁卫大将军段志玄做西海道行军总管，左骁卫将军樊兴做赤水道行军总管，率领边境军队以及契苾、党项的民众讨伐伏允。

秋季，七月，山东、河南、淮、海地区发生大水灾。

唐太宗多次请求唐高祖到九成宫避暑，唐高祖因为隋文帝死在那里，讨厌那个地方。冬季，十月，修建大明宫，作为唐高祖避暑的场所，还没有落成，唐高祖就卧病在床，不能去居住。

辛丑日（初二），段志玄征讨吐谷浑，击败吐谷浑，追逐逃亡八百多里，距离青海三十多里，吐谷浑驱赶牧马逃跑。

甲子日（二十五日），唐太宗返回京师。

右仆射李靖因病让位，唐太宗允许。十一月，辛未日（初三），唐太宗任用李靖做特进，封爵依照旧有的等级，禄赐、吏卒全都依旧供给，等其病稍愈，每两三日到门下省、中书省平决政事。

甲申日（十六日），吐蕃赞普弃宗弄赞派遣使者入贡，因而请求婚姻。吐蕃在吐谷浑的西南方，近世逐渐强盛，蚕食其他国家的领土，疆域广大，有数十万精兵，然而不曾和大唐往来。他们的国王称赞普，风俗不言姓，王族都称论，官族都称尚。弃宗弄赞有勇略，四方邻国害怕他。唐太宗派遣使者冯德遐前往安抚他。

丁亥日（十九日），吐谷浑进犯凉州。己丑日（二十一日），唐太宗下诏书大举出兵讨伐吐谷浑。唐太宗想要用李靖做将领，因为他年老，难以劳动他率军征讨。李靖听到消息，请求领军出征，唐太宗大为高兴。十二月，辛丑日（初三），唐太宗任用李靖做西海道行军大总管，调度指挥各路军队。任用兵部尚书侯君集做积石道行军总管、刑部尚书任城王李道宗做鄯善道行军总管、凉州都督李大亮做且末道行军总管、岷州都督李道彦做赤水道行军总管、利州刺史高甑生做盐泽道行军总管，合并突厥、契苾的兵众讨伐吐谷浑。

唐太宗礼聘隋朝通事舍人郑仁基的女儿做充华（唐六宫之职无此官，旧有之），诏书已经发布，册封使者将要出发，魏徵听说她曾经答应嫁给士人陆爽，急速上表谏诤。唐太宗闻表，大感惊讶，手诏深深地自我克制责备，命令停止册封。房玄龄等人上奏说：“说她允嫁陆氏，并无显著的证据，册命已经进行，不可中止。”陆爽也上表说明没有婚姻的约定。唐太宗对魏徵说："群臣也许是迎合旨意，陆爽也自动陈述，这是什么原因呢？" 魏徵回答说："他认为陛下表面上虽然已经放弃了，或许暗中会加以怪罪，所以不得不如此。"唐太宗笑着说："别人的心意或许应该如此，我的话竟然如此地不能让人相信呀！"

中牟丞皇甫德参上奏说："营建洛阳宫，要劳动百姓；征收地租，加重数额；民间风俗喜好高髻，是由宫中装束所渐染的。"唐太宗发怒，对房玄龄等人说："皇甫德参要国家不徭役一个人，不收斗租，宫人都不留发，他才满意吗？"想要以毁谤罪处治他。魏徵进谏说："贾谊在汉文帝时上奏疏，说：'可为痛哭者一，可为流涕者二。'（见十四卷汉文帝六年）自古上书不激烈切直，不能打动君主的心意，古人说狂夫之言，圣人也会选择听用，希望陛下裁断详察！"唐太宗说："朕加罪这个人，哪里还有谁敢再进言！"于是赏赐魏徵二十匹绢。他日，魏徵上奏说："陛下近来不喜欢直言，虽然勉强包容隐忍，却不像从前开阔宽宏。"唐太宗于是更加重赏，任用魏徵做监察御史。

中书舍人高季辅上奏说："品秩低卑的京外官员，还没有领得俸禄，本人饥寒交迫，很难保持清白。现在仓廪日渐充实，应当斟酌从优给予，然后可以要求他们不贪污，并严设法令，加重刑罚。还有密王李元晓等人都是陛下的弟弟，最近看到皇帝的儿子拜各位叔叔，各位叔叔都回拜，这是颠倒行辈，应当以礼节加以教导。"唐太宗看了奏疏很赞赏。

西突厥咄陆可汗去世，他的弟弟同娥设继立，这就是沙钵罗咥利失可汗。

贞观九年（乙未，公元635年）

春季，正月，先前向朝廷归附的党项都反叛归附吐谷浑。三月，庚辰日（十四日），洮州羌反叛归附吐谷浑，杀死刺史孔长秀。

壬辰日（二十六日），唐太宗大赦天下。

乙酉日（十九日），盐泽道行军总管高甑生进攻叛羌，将他们打败。

庚寅日（二十四日），唐太宗下诏书认为百姓依资产分为三等，不够详细，应当分作九等。

唐太宗对魏徵说："北齐后主、北周天元帝都对百姓征敛很重，自己生活十分优裕奢侈，最终国力衰竭而灭亡。譬如贪馋的人自己吃自己的肉，肉吃完了也就毙命，是多么愚蠢！但这两个君主哪个好一些？哪个差一些？" 魏徵回答说："北齐后主懦弱，政权不统一，由很多人掌管；北周天元帝骄傲暴虐，自己作威作福。虽是同样亡国，北齐后主较低劣。"

夏季，闰四月，癸酉日（初八），任城王李道宗在库山击败吐谷浑。吐谷浑可汗伏允放火烧尽山中野草，轻骑逃入大漠。诸将认为"马没草吃，将士疲倦瘦弱，不可以深入"。侯君集说："不然。以前段志玄军队返回，才到鄯州，敌人已经到他的城下。那是敌军仍较强大，部属听他使用的缘故。现在吐谷浑失败，就像老鼠逃窜，鸟众飞散，打听情报的也断绝了，君臣离心，父子失散，现在取之好像拾起草芥一般容易，这时候不把握时机，就会后悔莫及。"李靖听从他的建议，把军队平分作两道：李靖和薛万均、李大亮由北道，侯君集和任城王李道宗由南道。戊子日（二十三日），李靖部将薛孤儿在曼头山击败吐谷浑，斩杀他著名的首领，俘获很多杂畜，用来充实军食。癸巳日（二十八日），李靖等人在牛心堆击败吐谷浑，又在赤水原击败他们。侯君集、任城王李道宗率领军队在无人之境行军两千多里，盛夏降霜，途经破逻真谷，该地没有水，人吃冰，马吃雪。五月，在乌海追到伏允可汗，大败敌军，俘虏了吐谷浑的著名首领。薛万均、薛万彻又在赤海击败天柱王。

唐高祖自从去年秋天得了中风病，庚子日（初六），病逝在垂拱殿。甲辰日（初十），群臣请唐太宗依照遗诰省视军国大事，唐太宗没有答应。乙巳日（十一日），唐太宗诏命太子李承乾在东宫平决各种政事。

赤水之战，薛万均、薛万彻轻骑先行进攻，被吐谷浑包围，兄弟都中了枪，丢失马匹，徒步战斗，跟随的骑兵死亡的有十分之六七，左领军将军契苾何力率领数百骑救援他们，尽力奋战，所向披靡，薛万均、薛万彻因此幸免于难。李大亮在蜀浑山击败吐谷浑，俘获他的著名首领二十人。将军执失思力在居茹川击败吐谷浑。李靖督导各军渡过积石山河源，到达且末，一直到最西边。听说伏允可汗在突伦川，将逃奔于阗，契苾何力要追击他，薛万均以前次的失利为戒，坚持不赞同。契苾何力说："敌人没有城郭，随着水草迁徙，如果不趁其聚居时攻破他们，一旦如云般分散，怎么能够再倾覆他的巢穴呢！" 契苾何力自己挑选骁勇的骑兵一千多人，直往突伦川，薛万均于是领兵跟从。沙漠中缺水，将士们刺取马血饮用。攻破伏允可汗的牙帐，斩杀几千人，俘获杂畜二十多万头，伏允可汗脱身逃跑，俘虏了他的妻子儿女。侯君集等人领兵渡过星宿川，抵达柏海，之后返回和李靖的军队会合。

大宁王慕容顺，是隋氏的外甥、伏允可汗的嫡子，在隋朝担任侍中，长久不能归返故国，伏允可汗立他的儿子做太子，等到慕容顺归来，心里常怏怏不满。遇上李靖击败他的国家，国人穷迫，怨恨天柱王。慕容顺因循众人的心意，斩杀天柱王，献国请求投降。伏允可汗率领千余骑逃到沙漠中，十多天，部属逃散将尽，被身边的人杀死。国人拥立慕容顺做可汗。壬子日（十八日），李靖奏明已经平定吐谷浑。乙卯日（二十一日），唐太宗诏命恢复其国，任用慕容顺做西平郡王、趉故吕乌甘豆可汗。唐太宗考虑慕容顺不能压服他的民众，因而命令李大亮率领精兵数千人作为他的声援。

六月，己丑日（二十五日），群臣再次请求听断政务，唐太宗答应，其细务仍委托给太子，太子颇能听事决断。自此以后，唐太宗每次出行，常命令太子留守京师，处理国政。

秋季，七月，庚子日（初七），盐泽道行军副总管刘德敏进攻反叛的羌人，将他们打败。

丁巳日（二十四日），唐太宗诏命："太上皇的山陵要依照汉长陵的旧制，务必从其高隆。"期限非常紧迫，无法按期完成。秘书监虞世南上疏，认为："圣人薄葬其亲，并不是不孝，深思远虑，认为厚葬正足以成为亲人的拖累，因此不这样做。以前张释之说过：'倘若其中有可欲之物，虽锢藏在南山之中，犹有可以取物的空隙。'刘向说：'死者死后的日子，没有穷尽，而国家将会不免灭亡，张释之的话，是为无尽的时间谋划的。'其深远切实，的确合乎至理。我想陛下的圣德超过唐、虞，而厚葬父亲竟然将秦、汉当作榜样，臣私下认为陛下不该这样。虽不曾埋藏金玉，后代看见坟墓这样高大，怎么知晓其中没埋藏金玉呢！而且现在陛下服丧依照汉文帝的旧例，但坟墓之制，独依照长陵，恐怕不合适。希望依照《白虎通》做三仞的坟墓，器物制度，一概从俭，仍刻石牌竖立陵旁，别书一卷，藏在宗庙，作为后代子孙永久的法则。"奏疏呈上以后，唐太宗没有答应。虞世南再次上疏，认为："汉天子即位就开始修建山陵，时间长到五十多年。现在用数月的时间，要完成几十年的成果，担心人力有不及的地方。"唐太宗才将虞世南的奏疏交给主管官员，命令详加研究，妥善处置。房玄龄等人商议，认为："汉长陵高九丈，原陵（汉光武陵）高六丈，今日九丈就太高，三仞就太低，请求依照原陵的制度。"唐太宗听从了他们的建议。

辛亥日（十八日），唐太宗颁布诏书："国家刚刚创立，宗庙的制度还不完备，现在打算迁祔，应当令礼官详加研议。"谏议大夫朱子奢请求立三昭三穆并且预留太祖的神位。于是增修太庙，祔弘农府君以及唐高祖和旧神主四室为六室。房玄龄等人商议将凉武昭王作为始祖。左庶子于志宁提议认为王业不是从武昭王开始承继，不可作为始祖。唐太宗听从了他的意见。

党项进犯叠州。

李靖讨伐吐谷浑时，厚贿党项人，使他们作为向导。党项酋长拓跋赤辞来到军中，对各位将领说："隋人不守信约，劫掠我们。今日诸军如果没有异心，我请求供给你们物资粮食；如果不是这样，我将依据险要来堵塞诸军的道路。”诸将和他订下盟约而后送他回去。赤水道行军总管李道彦行军到达阔水，看到拓跋赤辞没有防备，出兵偷袭，俘获牛羊几千头。于是各部羌人怨怒，屯兵野狐峡，李道彦不能进兵；拓跋赤辞攻击他，李道彦大败，战死的士兵有数万人，只好退守松州。左骁卫将军樊兴迟留不进，耽误了军期，士卒死亡逃跑的很多。乙卯日（二十二日），李道彦、樊兴都因此被判罪，免除死刑，流放边地。

唐太宗派遣使者在大斗拔谷慰劳各位将领，薛万均排斥诋毁契苾何力，夸耀自己的功劳。契苾何力忍不住愤怒，拔刀起立，要斩杀薛万均，诸将劝止他。唐太宗听到消息，责备契苾何力，契苾何力详细说明赤水之战时，帮助薛万均兄弟解围，以及被排斥诋毁的情状，唐太宗发怒，要免除薛万均的官职转授给契苾何力，契苾何力坚决辞谢，说：“陛下因为臣解除薛万均的官位，群胡不知实情，认为陛下重胡轻汉，转相虚诈传告，钻营奔走的人必然很多。而且使胡人说诸将都如薛万均，将有轻视汉人之心。”唐太宗认为他说得有道理，停止罢免薛万钧的官职。不久命契苾何力宿卫北门，检校屯营之事，将宗女临洮县主下嫁给契苾何力。

岷州都督、盐泽道行军总管高甑生延误军期，李靖审查他。高甑生怀恨李靖，诬告李靖谋反，侦查结果没有谋反情状。八月，庚辰日（十七日），高甑生坐罪减死一等流放边地。有人说：“高甑生是秦府的功臣，应当宽恕他的罪过。”唐太宗说：“高甑生违抗李靖的指挥，又诬告他造反，这个罪过如果可以宽恕，法律怎样施行！而且国家自从晋阳起义，功臣很多，像高甑生这样得以免罪，那么人人犯法，怎么可以禁止呢！我对于旧勋，不曾忘记，但不敢赦免高甑生，以免他们干犯科禁。”李靖从此闭门谢绝宾客，虽亲戚也不能轻易见到。

唐太宗要独自到献陵，群臣因唐太宗悲哀损身，羸瘠异常，坚决谏止他。

冬季，十月，乙亥日（十二日），处月初次派遣使者入贡。处月、处密，都是西突厥的分支。

庚寅日（二十七日），唐太宗将太武皇帝埋葬在献陵，庙号高祖；以穆皇后祔葬，加号太穆皇后。

十一月，庚戌日（十八日），唐太宗拟在太原设立高祖庙。秘书监颜师古提议，认为："寝庙应当设在京师，汉世在郡国立庙，是不符合礼制的。"唐太宗才停止在太原立庙。

戊午日（二十六日），唐太宗任用光禄大夫萧瑀做特进，又命令他参与政事。唐太宗说："武德六年以后，高祖有废立太子之心但没有决定，我不被兄弟所容纳，实在有功高不赏的忧虑。萧瑀这人不能以利诱惑，不能用死要挟，真是社稷之臣！"因而赐萧瑀诗说，"疾风知劲草，板荡识诚臣。"又对萧瑀说，"卿的忠心耿直，古人无法超过，但善恶太过分明，有时不免过分。"萧瑀再拜谢罪。魏徵说："萧瑀违众孤立，只有陛下知晓他的忠心尽力，从前若是没遇到圣明之主，欲求免祸那太难了！"

特进李靖上书，请唐太宗依照遗诰，穿着通常的吉服，临正殿听政。唐太宗没有答应。

吐谷浑甘豆可汗长久在大唐做人质，国人不归附他，终于被部下杀死。他的儿子燕王诺曷钵继位。诺曷钵年幼，大臣争权，国内大乱。十二月，唐太宗诏命兵部尚书侯君集等人率兵救助。先派遣使者晓谕劝解，有不奉诏命的，视情形方便加以讨伐。

贞观十年（丙申，公元636年）

春季，正月，甲午日（初三），唐太宗开始亲自听政。

辛丑日（初十），唐太宗任用突厥拓设阿史那社尔做左骁卫大将军。阿史那社尔，是处罗可汗的儿子，十一岁时，凭智谋勇略闻名。可汗任用他做拓设，在漠北建立牙帐，和欲谷设分别统治敕勒各个部落。他居官十年，不曾向百姓收赋税。各位拓设有人轻视他，认为他不知寻求富贵，社尔说："部落如果富裕，我就满足了。"各位拓设惭愧而佩服。等到薛延陀反叛，击败欲谷设，社尔军队也失利，率领剩余的部属保守西边疆土。颉利可汗已经去世，西突厥也发生内乱，咄陆可汗兄弟争国。社尔假装前往投降，领兵偷袭击败西突厥，夺取他们的大半土地，拥有兵众十多万人，自称答布可汗。社尔于是对各个部落说："首先趁乱打败我国的，是薛延陀，我应该为先可汗报仇消灭他。"各个部落都谏阻说："刚得到西方疆土，就应暂且留下镇压安抚。今日急着舍弃此地远去，西突厥必定来夺回他们原来的土地。"社尔没有听从，在漠北攻打薛延陀，连续作战一百余日。遇上咥利失可汗登位，社尔的军众苦于长久作战，很多背叛社尔逃归。薛延陀出兵进攻，社尔大败，逃往高昌自保，其旧兵跟随的才一万多家，又害怕西突厥的逼迫，于是率领军众来投降大唐。唐太宗敕命在灵州之北安置他的部落，留社尔居住在长安，将皇妹南阳长公主下嫁给他，在皇苑内典领屯兵。

癸丑日（二十二日），唐太宗改封赵王李元景为荆王，鲁王李元昌为汉王，郑王李元礼为徐王，徐王李元嘉为韩王，荆王李元则为彭王，滕王李元懿为郑王，吴王李元轨为霍王，豳王李元凤为虢王，陈王李元庆为道王，魏王李灵夔为燕王，蜀王李恪为吴王，越王李泰为魏王，燕王李祐为齐王，梁王李愔为蜀王，郯王李恽为蒋王，汉王李贞为越王，申王李慎为纪王。

二月，乙丑日（初四），唐太宗任用李元景做荆州都督，李元昌做梁州都督，李元礼做徐州都督，李元嘉做潞州都督，李元则做遂州都督，李灵夔做幽州都督，李恪做潭州都督，李泰做相州都督，李祐做齐州都督，李愔做益州都督，李恽做安州都督，李贞做扬州都督。李泰没有到官上任，任用金紫光禄大夫张亮做长史，兼办都督的职事。唐太宗因为李泰喜好文学，礼遇士大夫，特命在府中另外设置文学馆，听任他自己招引学士。

三月，丁酉日（初七），吐谷浑王诺曷钵派遣使者来请求颁赐唐所行的历法以及年号，派遣子弟入朝侍候，唐太宗一并听从照办。丁未日（十七日），唐太宗任用诺曷钵做河源郡王、乌地也拔勤豆可汗。

癸丑日（二十三日），诸王前往藩地，唐太宗和他们辞别说："兄弟的情谊，难道不想要时常共居一起吗？只是因为天下托付的重任，不能不这样。没了儿子尚可再有，兄弟不可复得。"因而流泪呜咽无法停止。

夏季，六月，壬申日（十四日），唐太宗任用温彦博做右仆射，太常卿杨师道做侍中。

侍中魏徵多次因眼病请求做散官，唐太宗不得已，任用魏徵做特进，仍旧主持门下事，举凡朝章国典，均命他参与议论得失，迁徙流放以上的罪刑，由他审察上报。他的俸禄、赏赐、吏卒与职事官相同。

长孙皇后性情仁孝节俭朴素，喜好读书，时常和唐太宗从容商讨古代事情，因而颇有贡献，有废弃的，有兴替的，裨补增益很多。唐太宗有时怒责本来没有过错的宫人，皇后也假装生气，请求亲自侦查，因而命令下狱，等唐太宗怒气消解，再徐徐申述审理，因而宫闱之中，没有枉法滥刑。豫章公主早年失去母亲，皇后收养她，对她的慈爱胜过亲生女儿。妃嫔以下的宫女生病，皇后亲自抚慰探视，停止自己的药物膳食来资助她们，宫女没有不爱戴皇后的。教训诸子，常拿谦虚节俭当作第一要务。太子的乳母遂安夫人曾经告诉皇后，认为东宫使用的器物缺乏，请求奏闻唐太宗增加器物。皇后没有答应，说："做太子，担忧的是品德不建立，声名不显扬，何必担忧没有使用的器物呢？"

唐太宗得了疾病，经年没有痊愈，皇后在旁侍奉，日夜不离开身旁。时常在衣带上系着毒药，说："陛下如有不测，我将守义（与皇上同死），不独自存活。"皇后素来患有气喘病，前年跟随唐太宗临幸九成宫，柴绍等人半夜报告有叛变，唐太宗身穿甲胄出阁询问叛变的情形，皇后扶病跟随，身边的人阻拦她，皇后说："陛下既受震惊，我如何能够独自安心！"因此病更加深重。太子对皇后说："医药已尽而疾病无法痊愈，请求奏闻陛下，赦免罪人，并且度人皈依道释，也许可以获得阴福。”皇后说：“生死有命，不是人的力量智慧可以改变的。如果做善事可以得福，那么我没有为恶；如果不是这样，妄求有何裨益？大赦是国家的大事，不可多次施行。道、释是异端的教义，害国害民，都是陛下素来不为的，如何因我一个妇人而使陛下做他不愿做的事？一定要依照你的话去做，我不如快死！”太子不敢上奏，暗中告诉房玄龄，房玄龄报告唐太宗，唐太宗哀怜她，要为她举行大赦，皇后坚决制止。

等到皇后病重，和唐太宗诀别。当时房玄龄因受谴责归返宅第。皇后对唐太宗说：“房玄龄侍奉陛下很久，谨慎周密，奇谋密计，不曾泄露，假如没有大罪戾，希望不要遗弃他。妾的本宗，因为沾亲带故而取得俸禄爵位，既然不是因为有德行而被任用，容易走上颠覆倾危的境地，为了保全后代的子孙，请不要将他们安置在权势机要的地位，只要凭外戚身份，随百官在朔望进入朝廷参谒就够了。妾在生时，对别人没有益处，不可因为死亡有害别人，希望不要拿坟墓劳动浪费天下，只要借山做坟，陪葬的器具，用瓦木做的就可以。还希望陛下亲近君子，远离小人，接纳忠心谏诤，摒除奸邪之言，少做工程，废止游猎，妾虽深埋九泉，也没有遗憾。儿女辈不必让他们来，看到他们悲伤，空乱人心。”因而取出衣中所藏毒药给唐太宗看，并说，“妾在陛下有病之时，立誓以死随从乘舆到地下，不能使自己处于吕后那样的地位。”己卯日（二十一日），皇后在立政殿去世。

皇后曾经收集自古以来妇人得失的事迹，撰成《女则》三十卷；又曾经撰文驳斥汉明德马后，因为她不能抑退外亲，使其当政贵盛，而只就他们车马的奢华提出警告，是开启其祸败的根源，而防堵其末流枝叶。等到皇后去世，宫中官吏将此著论及《女则》上奏呈给唐太宗，唐太宗看了之后很悲痛，拿来展示近臣说：“皇后这本书，足以垂示典范百世，朕并不是不知天命有定，而做无益的悲伤，只是入宫不再听到规谏的话，失去一个贤良的辅助，因此不能忘怀罢了！”于是征召房玄龄，让他恢复旧职。

秋季，八月，丙子日（十九日），唐太宗对群臣说："朕开直言之路，正是为了有利国家，然而近来上密封奏章的人大多攻讦别人琐细的事情，自今以后再做这种事的，朕将以毁谤的罪刑处罚。"

冬季，十一月，庚午日（十一月无此日），将文德皇后埋葬在昭陵。将军段志玄、宇文士及分别率领部属出肃章门护送灵车。唐太宗夜间派遣使者二人前往他们的处所，宇文士及打开营门接纳使者；段志玄闭门不接纳，说："军门不可在夜间打开。"使者说："这里有陛下的手敕。"段志玄说："晚上无法分辨真伪。"留置使者一直到天明。唐太宗听到消息而感叹说："真是个将军！"

唐太宗为皇后书写碑文，碑文说："皇后节俭，遗言要用薄葬，认为'盗贼之心，只求珍宝财货，既然没有珍宝财货，还有什么要求'。朕的本意，也是这样。王者以天下为家，何必将物品放在陵中，才是自己所有。今日借九嵕山做陵墓，凿石工人才一百多人，数十天就完工。不埋藏金玉，人马、器皿，都用土木做成，具备形式罢了，这将使奸盗死心，生死无累，应当让百世子孙奉做榜样。"

唐太宗怀念皇后不能休止，在禁苑中建造多层高观，用来眺望昭陵，曾引导魏徵同登高观，让他眺视昭陵。魏徵仔细看了之后说："臣眼睛昏暗，看不到。"唐太宗为他指示方向，魏徵说："臣认为陛下眺望献陵（高祖陵），能像眺望昭陵，那么臣就能看到了。"唐太宗听了为之感泣，因此毁弃高观。

十二月，戊寅日（二十二日），朱俱波、甘棠派遣使者入贡。朱俱波在葱岭的北方，距离瓜州两千八百里。甘棠在大海的南方。唐太宗说："中原已经安定，四夷自然归服。但朕不能不畏惧，以前秦始皇威震胡、越，传二代而后灭亡，希望诸公匡正我不及的地方。"

魏王李泰深受唐太宗的宠爱。有人说三品以上官员十分轻视魏王，唐太宗发怒，召来三品以上的官员，满脸怒气谴责他们说："隋文帝时，一品以下的官员都被诸王困顿折磨，难道魏王不是天子的儿子吗？朕独不听任各位皇子妄为，听说三品以上官员都轻视魏王李泰，我若是放纵他，难道他不能折磨侮辱公辈吗？”房玄龄等人都惶恐流汗下拜谢罪。只有魏徵脸色严肃地说：“臣私下推测当今群臣，必无人敢轻视魏王。依礼而言，大臣和皇子是一样的。《春秋》说，周王的人即使卑微，秩序仍在诸侯之上。三品以上官员都是公卿之位，是陛下尊重礼遇的人。假如纲纪败坏，固然不必再说；今日陛下圣明，魏王必无困顿折辱群臣的道理。隋文帝放纵他的各位皇子，使他们多做无礼之事，最终都被诛杀灭亡，这值得效法吗？”唐太宗高兴地说：“有理的话，不能不听从。朕因为私爱忘了公义，刚才的生气，自以为有理，等听了魏徵的话，才知晓理屈。人主说话怎能随便呢？”

唐太宗说：“法令不可多次变更，多次变更就烦苛，官吏无法完全记住；又因为前后违逆不同，官吏就能作奸犯科。自今以后改变法令，都应当详细审核，谨慎从事。”

治书侍御史权万纪上奏说：“宣、饶二州有大量银矿可以开采，加以开采，每年可以得到数百万缗。”唐太宗说：“朕贵为天子，缺少的不是财产，只遗憾没有嘉言可以让百姓获得好处罢了。与其多得数百万缗，哪如得到一位贤能才士！你不曾举荐过一位贤人，斥退一个不肖之人，反而专说敛收采银税之利。从前尧、舜在山中碎玉，在川谷投珠，汉代的桓、灵二帝竟聚集金钱作为私藏，你要拿桓、灵二帝比我吗？”当天罢黜权万纪，命他返回家乡。

这一年，唐太宗改统军为折冲都尉，副将改作果毅都尉。全国设立十道，六百三十四府，其中关内有二百六十一府，都隶属诸卫以及东宫六率之下。凡上府有兵一千二百人，中府有兵一千人，下府有兵八百人。三百人为团，团有校尉；五十人为队，队有正；十人为火，火有长。每人兵甲粮装各有定数，均自己筹备，平常放在库中，有征战时就发给他们。百姓年满二十岁当兵，六十岁免役。善于骑射的人做越骑，其余当步兵。每年十二月，折冲都尉率领其部属教导作战技术，应当供给马匹的，由官方出钱自己购买。凡是应当宿卫的轮次上班，兵部根据距离远近排班，远的轮值次数少，近的轮值次数多，均一个月一轮换。

贞观十一年（丁酉，公元637年）

春季，正月，唐太宗改封郐王李元裕做邓王，谯王李元名做舒王。

辛卯日（初五），唐太宗任用吴王李恪为安州都督，晋王李治为并州都督，纪王李慎为秦州都督。他们将前往赴任，唐太宗赐书告诫说："我想要送给你们珍宝玩物，却担心让你们更加骄傲奢侈，不如送你们这一番赠言。"

唐太宗营建飞山宫。庚子日（十四日），特进魏徵上奏疏，认为："隋炀帝依恃富强，不考虑日后的祸患，极尽奢侈放纵欲望，让百姓困穷，以致身死人手，社稷变成废墟。陛下除去祸乱，使天下归于正道，应当思考隋室失去政权，大唐获得政权的原因，拆除高大的殿宇，安居低矮的宫室；假如在旧址上加以扩建，因袭旧殿而加以华丽的装饰，这种做法就是以乱易乱，灾祸必然到来，江山难得而易失，能够不好好深思吗？"

房玄龄等人先前接受诏命制定律令，认为："旧法，'兄弟分居，不相庇护，但是谋反却牵连坐罪，都判处死刑；祖孙有庇荫，却只流放到远方。'依礼论情，深以为不合适。现在制定法律，'祖孙和兄弟因牵连坐罪的，一样判处流放远地戍边'。"唐太宗听从了。从此比古时规定的死刑，减去大半，天下百姓称赞叫好。房玄龄等人制定法律五百条，设立刑名二十等，比隋朝的法令减大辟（死刑）九十二条，减除流放迁徙者七十一条，其中除烦去害，变重刑为轻刑的，不可胜数。又制定律令一千五百九十多条。武德时的旧制，在太学释奠，用周公做先圣，孔子配享；房玄龄等人建议停止祭祀周公，用孔子做先圣，颜回配飨。又删除武德年间以来诏敕的格式，保留和重新制定的共七百条，到此时公布施行。又制定枷、杻、钳、锁、杖、笞等刑具，都有长短宽狭的格式。

自从张蕴古被处死刑（见一百九十三卷，五年），法官拿重罪轻判作为警戒；常常有无罪而获刑或者罪轻而重判的，又不加以论罪。唐太宗曾问大理卿刘德威说："近来刑法稍严，为什么会这样？"刘德威回答说："这全在君王，不在大臣，人主喜欢刑宽则宽，喜欢刑严则严。法律规定：误抓误判的减官三等，错放的就减官五等。现在错判了人无事，错放了人却要获大罪，因而官吏为了各自免责，争相判重刑，不是有人教导的，而是害怕获罪的缘故。假如陛下完全依据法律判刑，那么严刑的风气会立即改变。"唐太宗高兴地听从了。从此法官判案公平允当。

唐太宗因为汉代预先营作山陵，为避免子孙仓促间劳动百姓浪费国库，又有意节葬，担心子孙随从风俗追求奢靡。二月，丁巳日（初二），唐太宗自做临终的仪制，借山做陵，地宫里能容纳棺木就可以了。

甲子日（初九），唐太宗行幸洛阳宫。

唐太宗来到显仁宫，官吏因为缺少储存物品，有的被谴责。魏徵进谏说："陛下因储存缺乏谴责官吏，臣恐怕承袭风气相互影响，他日百姓不能安然生活，这大概不是陛下出巡的本意。从前隋炀帝讽劝郡县进献食物，依其丰富节俭作为赏罚的标准，因此海内反叛。这是陛下亲眼见到的，为什么要去效法他呢？"唐太宗惊讶地说："没有您，我听不到这种话。"因而对长孙无忌等人说："朕以前经过此地，买饭来吃，租房来住；现在供给吃住如此，怎么就能嫌弃做得不够呢？"

三月，丙戌朔日（初一），出现日食。

庚子日（十五日），唐太宗在洛阳宫西苑摆设酒宴，泛舟积翠池，面对侍臣说："隋炀帝营造这一宫苑，和百姓结怨，今日全部归属我所有，这正是因为宇文述、虞世基、裴蕴之辈，在宫内谄谀，在宫外堵塞圣听，可以不警戒吗？"

房玄龄、魏徵上奏他们制定的《新礼》一百三十八篇。丙午日

（二十一日），唐太宗诏命施行。

唐太宗派礼部尚书王珪做魏王李泰的老师，唐太宗对李泰说："你侍奉王珪应该像侍奉我一样。"李泰见了王珪，总是先下拜；王珪也以师礼自处。王珪的儿子王敬直娶了南平公主。在这以前，公主下嫁，都不以媳妇的礼节侍奉舅姑，王珪说："今日君主圣明，行动依据礼法，我接受公主的谒见，不是为了我个人的荣耀，而是为了成就国家美好的礼俗罢了。"于是和他的妻子就席坐定，命公主持笲（竹器）盛枣栗拜公婆，再用盘水洗手行馈送特豚之礼。此后公主行侍奉公婆的礼节，这是从王珪开始的。

群臣再次请求封禅，唐太宗命秘书监颜师古等人研究封禅的礼仪，房玄龄加以剪裁修定。

夏季，四月，己卯日（二十五日），魏徵上疏，认为："君主有好的开始的很多，能好到最终的却很少，这难道是夺取天下容易而守住天下困难吗？大概因为忧患深重的时候，一定尽诚心来对待部下，安逸的时候，就骄傲任性而轻慢待人。诚意对待部下，那么北胡南越同一条心；轻慢待人，那么六亲骨肉没有恩德，虽然可以用威势发怒来胁迫他们，也都是表面顺从而内心不服的。人主要做到看见自己想要的东西时，就想到知足；打算兴建工程时，就想到适可而止；顾念自己居高位有危险时，就想到谦卑对人；遇到骄傲自满时，就要想到自我收敛克制；喜欢游乐时，就要想到有所节制；在安逸享乐的时候，就要想到日后的灾患；防止耳目被蒙蔽，就要想到采纳臣民的意见；讨厌身边有说坏话、做邪事的人，就要想到端正自己的品德；封爵赏赐时，就要想到不因一时高兴而过分；实施刑罚时，就要想到不因一时发怒而滥刑。综合以上这十个方面，而选拔任用有才能的人，一定可以无为而治，又何必劳苦自己的精神、体力，去替代百官的职责呢？"

资治通鉴卷第一百九十五 唐纪十一

起丁酉（公元637年）五月，止庚子（公元640年），共三年八个月。

【题解】本卷记录了公元637年五月至640年的史事，共三年又八个月，正当唐太宗贞观十一年到十四年，是贞观之治的中后期，唐朝太平景象达到极盛。唐灭高昌，设置西州，西域纳入唐朝版图，唐代疆域东极于海，西至焉耆，南尽林邑，北抵大漠，东西九千五百一十里，南北一万九百一十里。这一时期，政治稳定，君臣和谐。同时，唐太宗李世民令高士廉等人修订《氏族志》，压制旧士族势力，抬高皇室地位。还倡导儒学，主持编修《五经正义》，广泛征集天下名儒担任学官，高丽、百济、新罗、高昌、吐蕃等国士子到长安求学，唐朝太学成为世界著名大学。但唐太宗开始有些骄傲自负，纳谏不如贞观初年，魏徵等大臣时时敲警钟。

太宗文武大圣大广孝皇帝中之上

贞观十一年（丁酉，公元637年）

五月，壬申日（五月无此日），魏徵上奏疏，他认为："陛下想要行善的心，已经不如从前；而且闻过必改的事，也比往昔稍微减少。谴责惩罚，已经逐渐增多；发威愤怒，也逐渐厉害。由此可知古人所说：'尊贵的人，自然就会渐渐显出骄傲；富有的人，自然就会渐渐形成奢靡。'这的确不是虚妄的话。况且隋朝的府库、仓廪、户口、兵器那么众多，看看我们今日的一切，哪里比得上隋朝呢？然而隋朝虽然富强，时常动乱就会危险，而我们虽然寡弱，安然不动就可以平安。安危的道理，明显地可以看出来。以前隋朝还没有动乱的时候，自己认为必定不会有动乱；还没有灭亡的时候，自己认为必定不会有灭亡，因而赋税徭役繁多，征伐不停，甚至祸乱降临身上，还不知觉悟。要鉴别形貌的美恶，不如用平静的止水去鉴照；要审察失败的道理，不如从灭亡的朝代去察看。我虔诚盼望陛下将隋朝作为殷鉴，摈弃奢侈，崇尚俭朴，亲近忠臣，远离小人。倘若在现在安定无事的时候，还能做到从前的恭敬俭约，那么一切的事情都能够做到至善至美，既然做到了这种境地，也就做到无以复加了。一般说来，攻取天下实在困难，固守天下十分容易，陛下现在既然能够得到天下，难道就不能保有天下吗？”

六月，右仆射虞恭公温彦博去世。温彦博长久掌管机要的事务，凡是熟知的事，无不尽力去做。唐太宗对侍臣说：“温彦博因为操劳国事，精神耗损殆尽，我见到他的精神不如以前已经两年了。我不能让他过安逸的日子，竟然使他就这样病死，实在感到后悔。”

丁巳日（初四），唐太宗到了明德宫。

己未日（初六），唐太宗颁布诏书：荆州都督荆王李元景等二十一王所担任的刺史，都让他们的子孙世代承袭。戊辰日（十五日），唐太宗又任用功臣长孙无忌等十四人担任刺史，也命令他们的子孙世代承袭；没有重大的事故，不得罢官免职。

己巳日（十六日），许王李元祥被改封为江王。

秋季，七月，癸未日（初一），天下大雨，谷水和洛水涨满流入洛阳宫，冲毁了宫殿、寺观和百姓的房屋，淹死了六千多人。

魏徵上了奏疏，他认为：“《文子》说：‘相同的言语，假如是可信的，在没有说以前，已经具有真实；相同的法令，假如是可行的，在法令以外，一定含有诚意。’自从陛下即位以来，政治清明，虽然已经有十多年了，但是道德教化之所以不能达到融洽，那是由于陛下对待臣民的心不能尽到诚信罢了。现在要想建立一个太平盛世，一定要将政事委托君子，倘若国事有了差错，或许再来探问小人。陛下现在对待君子，虽然恭敬但太疏远；对待小人，虽然轻慢却很亲近。亲近就可以无话不谈，疏远就会让内情无法上达。一般中等智慧的人，哪里会没有小聪明？只是他的才华无法治国，他的思虑不能致远，虽然他们竭尽心力和诚信，可是仍然难以避免失败；何况那些心怀奸诈的小人，他们所造成的祸乱，难道不是更多吗？大抵一位君子，虽然不能没有小的过错，假如对于正道不会有什么损害，那也不必去苛责他了。既然说他是一位君子，倘若再去怀疑而不信任他，这样和树立一根直的木头而又怀疑它的影子会变成弯曲的又有什么不同呢？陛下只要真能慎择君子，用礼数诚信来任用他们，天下哪里还用担心治理不好呢？否则，就不能保证永远不会遭到危险和败亡。”唐太宗看到魏徵的这份奏疏，就赐给他一份亲手所写的诏书，并且褒奖夸赞他说：“以前晋武帝平定吴国以后，心意骄慢怠惰，何曾的官位高到宰相，可是他不肯直接进谏忠言，而只是告诉他的子孙，来夸耀自己的聪明才智，这是最大的不忠。我看到你的谏言，已经知晓自己的过失。我会把你的谏言放在我的桌子上，用它来针砭我的过失。”

乙未日（十三日），唐太宗自明德宫回到洛阳宫。在诏书上说：“洛阳宫被水所冲毁的，稍加修整以后，即令迁入居住。其他的许多材料，分给城里被水冲毁房屋的人。同时命令官吏们各自上奏疏，尽量说出我的过失。”壬寅日（二十日），唐太宗废弃了明德宫和飞山宫的玄圃院，让给遭受水灾的百姓居住。

八月，甲子日（十二日），唐太宗对侍臣们说：“上奏疏的人都说我游猎太多。现在天下太平无事，但仍旧不可忘记武备，我时常和左右侍从在苑圃里游猎，并没有一件事情是打扰百姓的，这样又有什么关系呢？”魏徵听了这些话，就对唐太宗说：“古代的帝王唯恐不能听到自己的过失，陛下既然要臣子们上奏疏，那就只能让臣子们随意说话。倘若他们所说的有可取的话，固然对国家有所裨益；倘若他们所说的一无可取，对国家也没有什么损害呀！”唐太宗又说：“你说得对极了。”侍臣们都得到慰劳，并且遣送他们回家去。

侍御史马周呈上奏疏，他认为：“夏朝、商朝、周朝和汉朝，所经历的年代多的到了八百年，少的也不少于四百年。这些朝代的年代之所以这么久长，都是由于君王的恩泽固结人心，百姓不能忘怀天子恩泽。不过自汉朝以后，历朝的年代，多的不过六十年，少的只有二十多年。这都是由于君主对百姓没有恩泽，国家的根本不能坚固罢了。陛下应当兴盛夏禹、商汤、文王、武王的功业，为子孙开创万代的基业，哪里可以只想到自己活着的这个年代呢？现在的户口比不上隋朝的十分之一，可是供给徭役的人，哥哥离家以后，弟弟才能返回，所以，道路上服役的人，接连不断。陛下虽然颁布施加恩泽的诏书，让官吏们减少徭役，但是营建修缮的事仍旧不停，百姓哪里还可以休息呢？所以空有官府文书的来往，但没有实际的功效。从前汉朝的文帝和景帝，教养百姓恭敬节俭，汉武帝承继他们丰富的资产，所以能够过着极端奢靡的生活，放纵他无穷的欲望，但还不至于掀起动乱。倘若汉高祖以后就传给汉武帝，汉朝哪里还能够长久存在呢？还有京师和四方制造的天子所用的用品器具，以及许多王侯、妃嫔、公主的服装饰物，评议的人都认为不合乎俭朴。古人所说的：早起勤奋便可获得伟大的荣耀，但后世的人却还是懈怠。陛下年轻时住在民间，最能了解百姓的痛苦，生活尚且还是这样的奢靡，何况皇太子成长在皇宫中，没有在宫外做事的经验，陛下一旦去世以后的事情，是陛下最应该忧虑的！我看自古以来，百姓怨恨愁苦，聚集成为盗匪，这样国家没有不灭亡的，国君虽然想要追悔改过，那时已经不能恢复安全。因此在国家可以治理的时候，就应当去治理，不可在已经失败之后再来悔恨。大抵周幽王和周厉王笑过夏桀和商纣的灭亡，隋炀帝也笑过周朝和齐国的败亡，但千万不可让后代的人来笑我们现在的唐朝，正如我们现在笑隋炀帝啊！贞观的初年，天下发生饥荒，一斗米就值一匹绢，但是百姓毫无怨言，是因为知道陛下从来就没有忘怀他们。现在连年丰收，一匹绢就可以换得十多斛的粟，百姓之所以散发怨言，那是知道陛下不再思念他们，只是做许多不急之事的缘故。自古以来，国家的兴亡，不是取决于贮藏粮食的多少，而是取决于百姓生活的苦乐。而且就拿近代的事情来做证明，隋朝所贮藏粮食的洛口仓，反而被李密所利用；东都所储存的布帛，反而被王世充所利用。西京的府库虽然作为国家之用，可是直到现在还没有用尽。这样看来，国家固然不可不贮存粮食布帛，但最重要的是百姓有了余力，然后才来征收，但千万不能强迫征收，这样反而资助了敌寇。大概节俭可以安定人心，陛下已经在贞观的初年，亲自去做过了。倘若要在今天也来这样做，应该不是一件困难的事情。陛下想要做长久的打算，不必采用古代的做法，只要做到像贞观初年，那天下的百姓就有福了。陛下宠爱许多王侯，有的过于优厚，但不能不想想陛下百年以后会发生什么事情！从前魏武帝曹操宠爱陈思王曹植，但等到魏文帝曹丕即位，拘禁了许多王侯，只是不用绳索捆绑罢了。那么魏武帝对曹植的宠爱，正好使他受苦。还有百姓之所以能够这样安分平静，都是因为刺史县令任用得人，假如选用刺史县令得人，那么陛下可以端坐拱手而不必做事。如今朝廷只是重视京畿官吏的选拔，但对于州县官吏的选拔却非常轻率。刺史大多任用武人，有时京畿的官吏不能称职，才派遣到京外去，边远的地方，任用官吏更是轻率，所以百姓不能安定，大概都是这个缘故。”唐太宗见到了奏疏称赞不已，同时对侍臣说：“刺史我应该亲自来选派，县令就应当命令五品以上的官吏每人举荐一人。”

冬季，十月，癸丑日（初二），唐太宗命令功臣亲戚死亡后，都陪葬在皇帝的坟墓旁。

唐太宗在洛阳的苑囿里游猎，有许多猪突然从树林中冲出来，唐太宗拉弓射了四支箭，射死了四只猪。有一只猪突然冲向唐太宗骑马的马镫，民部尚书唐俭从马上跳下来用手搏打它，唐太宗也拔出剑来斩杀这只猪，看着唐俭露出微笑说：“天策长史，没看到上将正要进攻敌人吗？为什么要这样恐惧？”唐俭回答唐太宗说：“我只听说汉高祖从马上得到天下，但不从马上治理天下。陛下凭聪明威武来平定天下，哪里还用对一只禽兽来表现您的雄心呢？”唐太宗非常高兴，因此停止了游猎，不久，加封唐俭为光禄大夫。

安州都督吴王李恪经常出去畋猎，对于百姓有极大的损害，侍御史柳范上奏疏弹劾他。丁丑日（二十六日），吴王李恪被定罪免除官职，削夺食邑三百户。唐太宗又说："长史权万纪侍奉我的儿子，不能匡正过失，我应该判他死罪。"柳范对唐太宗说："房玄龄侍奉陛下，还是无法阻止您的畋猎，哪里可以单独惩罚权万纪呢？"唐太宗大怒，衣袖一甩进去。很久以后，单独召见柳范并且对他说："你为什么当面折辱我呢？"柳范对唐太宗说："陛下仁慈贤明，我不敢不表示我的愚诚忠直。"唐太宗听了非常高兴。

十一月，辛卯日（十一日），唐太宗到了怀州。丙午日（二十六日），唐太宗又回到洛阳宫。

前荆州都督武士彟，他的女儿才十四岁，唐太宗听说她非常美丽，就召入后宫为才人。

贞观十二年（戊戌，公元638年）

春季，正月，乙未日（十五日），礼部尚书王珪上奏疏说："三品以上的官员在路上遇到亲王，都要从车上下来，来表示尊敬，这是不合乎礼节的。"唐太宗说："你们只是自求尊贵，但是却轻视了我的几个儿子。"特进魏徵说："亲王的品位都列在三公后面，现在九卿、八座都位列三品，看见亲王就要下车致敬，实在不适宜。"唐太宗说："人的寿命长短难以预料，万一太子死了，哪里知道这许多亲王日后就不能成为你们的君主呢？哪里能够轻视他们？"魏徵对唐太宗说："自从周朝以来，王位都是由子孙来承继的，不是兄弟相传，这样就是要断绝庶子的非分之想，堵塞祸乱的根源，这是治理国家的人应当深自警戒的。"唐太宗听了魏徵的话，就采纳了王珪奏疏的请求。

吏部尚书高士廉、黄门侍郎韦挺、礼部侍郎令狐德棻、中书侍郎岑文本一起撰写的《氏族志》已经完成，于是将书呈献唐太宗。这以前，山东崔、卢、李、郑四个家族的人士，总是喜欢标榜自己的门第，虽然几代后已经衰微，假如其他的家族想和他们结为姻亲，他们必定要求很多的财物货币。导致当时有人丢弃原来的籍贯而冒称名门士族，有的兄弟二人族望相等便以妻族背景相互比斗。唐太宗厌恶他们，所以命令高士廉等人遍求天下的谱牒，并用一些史籍来匡正，以稽考它的真伪，并且辨别他们的行辈，区别甲乙的品第。褒扬进用忠贤的人，贬谪退免奸佞的人，书中一共分成九等。高士廉等人将黄门侍郎崔民干列为第一。唐太宗说："汉高祖和萧何、曹参、樊哙、灌婴都是从乡里的平民崛起，公卿到如今还是推重敬慕他们，认为他们是英雄贤士，他们哪里是世世代代做官的呢？北齐僻处山东，梁、陈偏安江南，虽然有不少的英雄，但是哪里有值得谈说的呢？何况他们的子孙才能德行又极其衰微薄弱，官爵也逐渐衰落，但他们还是昂然自得以门第为傲，虽然职位低贱，但依托富贵，丢弃廉耻，真不知晓世上的人为什么还要这样尊崇他们？如今三品以上的公卿，有的是有完美的操守，有的是有显赫的功勋，有的是有文学才华，因而才获得了显贵的爵位。那些衰落的古老门第，还有什么值得钦羡？而且要求和他们结为姻亲，虽然多送一些金帛，但婚期还是被他们拖延，我想知道你们对此有什么看法？现在想要纠正这种错误，必须舍去虚名撷取真实，但你们所编撰的《氏族志》还将崔民干列为第一，这是轻视我们的官爵，而遵从一般的风俗！"于是唐太宗再次颁布命令审定《氏族志》，专以如今朝廷的品秩为准区分高低。首先将皇族列为第一，其次是外戚，崔民干降到第三。一共收有二百九十三姓，一千六百五十一家。唐太宗下令公布天下。

二月，乙卯日（初五），唐太宗从洛阳回到长安。癸亥日（十三日），唐太宗又到了河北，观览砥柱山。

甲子日（十四日），巫州獠造反，夔州都督齐善行击败了他们，俘获男人妇女三千多人。

乙丑日（十五日），唐太宗祭祀禹庙。丁卯日（十七日），唐太宗又到了柳谷，参观了盐池。庚午日（二十日），唐太宗又到了蒲州。刺史赵元楷命父老穿着黄纱的单衣欢迎唐太宗，同时又大大装饰廨署的楼台亭观，又饲养一百多头羊、几百条鱼，用来馈赠权贵和唐太宗的亲戚。唐太宗责备他说："我巡视洛河一带时，凡是我需要用的财物，都是从官库里取用的，你所做的，是隋朝腐败的作风。"甲戌日（二十四日），唐太宗到了长春宫。

戊寅日（二十八日），唐太宗颁布诏书说："隋朝去世的鹰击郎将尧君素，虽然他为主尽忠，不分仁暴，违背倒戈投降的心意，可是他那种崇高的节操，确实显示出他坚贞的心怀，可以追赠他为蒲州刺史，并且探访他的子孙来让我听闻。"

闰二月，庚辰朔日（初一），出现日食。

丁未日（二十八日），唐太宗回到京师。

三月，辛亥日（初二），著作佐郎邓世隆上表请求结集唐太宗的文章，唐太宗说："我的文辞对于百姓有裨益的，史书上均有记载，已经可以不朽；假如是无所裨益的，结集起来又有什么用呢？梁武帝父子、陈后主、隋炀帝都有文集刊行于世，但对于败亡又有什么补救？做国君的最害怕没有德政，刊行文集又有什么用呢？"最终没有答应他的请求。

丙子日（二十七日），因为皇孙诞辰，在东宫宴请了五品以上的官吏，唐太宗对他们说："贞观以前，跟随我经营天下的，房玄龄的功劳最多；贞观以来，纠正过失，魏徵的功劳最大。"唐太宗将佩刀送给他们。唐太宗问魏徵说："我的政事和过去相比怎么样？"魏徵回答他说："威德加于四方则远超过贞观初年；人心悦服则不如从前。"唐太宗说："远方所以前来归顺，是畏威慕德的缘故，假如我的威德不如从前，怎样能使我这样呢？"魏徵又对唐太宗说："陛下过去总是担忧天下不能治好，因而不断修治仁义道德；现在总是安于天下已经治好，所以不如从前积极修治仁义道德。"唐太宗说："现在我所做的，和往年一样，有什么不同的呢？"魏徵对唐太宗说："陛下在贞观初年，唯恐人不提出谏言，经常引导人来说话，假如谏言中肯正确，陛下就喜欢听从他的谏言。可现在就不是这样，陛下对于谏言，虽然勉强同意，但脸上还是有为难的表情，这就是和以前的不同。”唐太宗又说：“哪件事是这样的，你可以说给我听听吗？”魏徵对唐太宗说：“陛下从前想要杀死元律师，但孙伏伽却谏言在法律上不应该判他为死罪，陛下就赐给孙伏伽兰陵公主的园地，这个园地价值百万，有的人说这个赏赐过于优厚，陛下却说：‘我即位以来，还没有人向我提出谏言，因此我要重赏他。’这就是引导人说话呀！司户柳雄假冒隋朝所授的官资，陛下想要惩罚他，后来采用戴胄的谏言因而停止，这就是陛下喜欢而听从的事。最近皇甫德参上奏疏谏止修理洛阳宫的事，陛下特别生气，后来虽然经过我的解说而停止，这就是勉强听从的事。”唐太宗说：“不是你不能剖析得如此精当，人最怕的是不知晓自己的过错。”

夏季，五月，壬申日（二十五日），弘文馆学士永兴人文懿公虞世南去世，唐太宗悲伤地痛哭。虞世南的外表温柔和蔼，但他的内心却忠诚正直，唐太宗曾经称赞虞世南有五件事是别人所不能做到的：一是德行，二是忠直，三是博学，四是文章，五是书法。

秋季，七月，癸酉日（二十七日），唐太宗任用吏部尚书高士廉为右仆射。

乙亥日（二十九日），吐蕃入侵弘（胡三省曰：“弘恐当作松。”）州。

八月，霸州山獠造反，烧毁以及屠杀刺史向邵陵和官吏百姓一百多家。

最初，唐太宗派遣使者冯德遐安抚慰问吐蕃，吐蕃听闻突厥和吐谷浑都想娶公主，于是派遣使者跟随冯德遐到朝廷去，赠送许多金宝，上奏求婚，唐太宗没有允许。使者回到吐蕃，对他的君长弃宗弄赞说：“我最初到了大唐，唐人对待我十分优厚，应允公主的婚事，碰巧吐谷浑王也到了朝廷，因为他的从中挑拨，唐朝对我的礼遇也就逐渐衰薄，而且也不再答应公主的婚事。”弃宗弄赞听了使者的话，因此就派军进攻吐谷浑，吐谷浑无法支持，逃到青海的北面，部属家畜大多被吐蕃所掠夺。

吐蕃攻破党项和白兰一带的羌族，然后又带领二十多万的军队驻守在松州的西面，派遣使者进贡金宝绢帛，并且说他们是来迎娶公主的。不久又攻打松州，击败了都督韩威。羌族的酋长阎州（按《旧唐书·地理志》：“剑南道、松州，贞观二年督阔诺等二十五羁縻州。”阎疑阔之讹）刺史别丛卧施和诺州刺史把利步利率领全州叛变归服吐蕃。连年兵乱不停，他的大臣进谏不听而上吊自杀的，一共有八人。壬寅日（二十七日），唐太宗任用吏部尚书侯君集为当弥道行军大总管。甲辰日（二十九日），又任用右领军大将军执失思力为白兰道行军总管、左武卫将军牛进达为阔水道行军总管、左领军将军刘简（按《新旧唐书·吐蕃传》，刘简皆作刘兰，当从改之）为洮河道行军总管，督率步骑兵五万人攻打吐蕃。

吐蕃进攻松州城十多日，牛进达担任唐军的先锋，九月，辛亥日（初六），趁吐蕃没有防备的时候，突然进行攻击，在松州城下击败了吐蕃，斩杀了一千多人的首级。弃宗弄赞恐惧，带领军队退回，派遣使者前来道歉，并且又请求迎娶公主，唐太宗就答应了他。

甲寅日（初九），唐太宗问侍臣说：“创业和守成哪一件事比较困难？”房玄龄说：“在还没有建国的时候，和许多英雄一同角逐争斗，然后让他们俯首称臣，因此创业困难。”魏徵却说：“自古以来的帝王，没有不是从艰难困苦中得到天下，从安逸享乐中失去天下的，因此守成困难。”唐太宗说：“房玄龄和我共同夺取天下，经历百死一生，因而了解创业的困难；魏徵和我一同安定天下，常常担心因为富贵而生出骄傲奢靡，因为轻忽而引起灾祸动乱，所以深知守成的困难。不过，创业的困难已经过去了；守成的困难，正是我要和你们一同慎重去做的。”房玄龄等人拱手向唐太宗说：“陛下能说出这些话，真是天下百姓的福气。”

起先，突厥的颉利可汗已经去世，北方防守空虚，薛延陀真珠可汗率领他的部落在都尉犍山的北面、独逻水的南面建立牙帐，有二十万的军队，让他的两个儿子拔酌和颉利苾，分别统领南部和北部。唐太宗认为他们强盛，担心后来难以控制，癸亥日（十八日），唐太宗就封他的两个儿子为小可汗，每人都赠送鼓和旗，表面上是表示特别的尊崇，其实是分化他们的势力。

冬季，十月，乙亥日（初一），巴州獠造反。

己卯日（初五），唐太宗在始平畋猎。乙未日（二十一日），唐太宗返回京师。

这时钧州獠造反。唐太宗派遣桂州都督张宝德前去征讨，并且平定了他们的叛乱。

十一月，丁未日（初三），最先在玄武门设置左、右屯营飞骑，任命一些将军来统领。又精心挑选飞骑中才力骁勇矫健、善于骑术射箭的人，号称百骑，穿着五色的袍衣，骑着颜色斑驳的马（按《新唐书·兵志》："乘六闲驳马。"驳谓颜色斑驳，正和衣五色袍相映配，故骏当作驳），用虎皮做马鞍的垫褥，凡是唐太宗游猎临幸的时候，就跟随保护。

己巳日（二十五日），明州獠造反，唐太宗派遣交州都督李道彦前去讨伐，并且讨平了他们的叛乱。

十二月，辛巳日（初七），左武侯将军上官怀仁在壁州攻打叛乱的獠族，冲破他们的防守，俘获他们的男女一万多人。

这一年，唐太宗任命给事中马周为中书舍人。马周有机变辩论的才华，中书侍郎岑文本经常称赞他说："马周评论事情，经常引用同类的事，举用古今的话来作为证明，而且能够把握要点，删除烦琐，一切的评论全都恰到好处，不可以增一字，也不可以减一字，听的人都感觉顺耳，让人忘掉疲倦。"

霍王李元轨爱好读书，为人恭谨，洁身自好，举动措施，丝毫不乱，担任徐州刺史，和处士刘玄平结为布衣之交。有人询问刘玄平霍王的长处，刘玄平说："霍王没有什么长处。"问话的人觉得奇怪。刘玄平说："一个人有了短处，才能看到他的长处，至于霍王，他没有短处，因而我怎么能够说出他的长处呢？”

起先，西突厥咥利失可汗将他的国土分为十部，每一部设有酋长一人，而且各自赐给一支箭，称之为十箭。又分左、右两边，左边称为五咄陆，设置五大啜，居住在碎叶以东；右边称为五弩失毕，设置五大俟斤，居住在碎叶以西，总称为十姓。咥利失可汗丧失群众的拥护，遭受他的臣子统吐屯攻打。咥利失可汗打了败仗，和他的弟弟步利设逃奔焉耆。统吐屯等将要拥立欲谷设为大可汗，恰好统吐屯被人所杀，欲谷设的军队失败，咥利失可汗收复了旧地。到了这个时候，西部于是拥立欲谷设为乙毗咄陆可汗。乙毗咄陆即位以后，和咥利失可汗大战，杀死和打伤的人很多，因此就平分他的土地，自伊列水以西的土地属于乙毗咄陆，以东的土地就属于咥利失。

处月、处密和高昌联合进攻焉耆，拔取五个城，掠夺男女一千五百人，焚毁他们的房舍然后离开。

贞观十三年（己亥，公元639年）

春季，正月，乙巳日（初一），唐太宗谒拜献陵。丁未日（初三），唐太宗返回宫中。

戊午日（十四日），唐太宗加封左仆射房玄龄为太子少师。房玄龄自认为担任尚书省的长官十五年，儿子房遗爱娶了唐太宗的女儿高阳公主，女儿又成为韩王李元嘉的妃子，深怕蒙受太多恩惠会招来祸患，所以上表请求解除自己重要的职务，可是唐太宗没有允许。房玄龄不停请辞，唐太宗诏告不再接受他的奏表，于是房玄龄才就职。太子想拜见房玄龄，设立仪队侍卫来等候他，房玄龄不敢去谒见太子转身回家，当时的人都称赞他有谦让的美德。房玄龄认为度支郎中关系天下的利害，曾经这个官位出现空缺，但不能找到适当的人选，因此房玄龄就自己来兼任。

礼部尚书、永宁懿公王珪去世。王珪性情宽厚，自己的奉养却十分微薄。在唐代的制度上，三品以上的官员都可以立家庙。王珪显贵日久，却在自己寝屋祭祀，被官吏弹劾，唐太宗不加查问，就命令官吏为他立庙让他感到羞愧。

二月，庚辰日（初七），唐太宗任命光禄大夫尉迟敬德为鄜州都督。

唐太宗曾经对尉迟敬德说：“有人说你谋反，那是为什么呢？”尉迟敬德回答唐太宗说：“我的造反是事实吗？我跟从陛下到处征伐，亲身经历几百次的战斗，现在我所存在的身体，都是锋刃箭镞所剩余的。天下已经安定了，您竟然又怀疑我谋反了吗？”尉迟敬德因此脱下衣服丢在地上，露出刀刃的创伤，唐太宗见了感动地流泪说：“你快穿起衣服来，我不疑心你，所以才告诉你，何必恼怒呢？”

唐太宗又曾经对尉迟敬德说：“我想将女儿嫁给你，怎么样呢？”尉迟敬德叩头谢罪说：“我的妻子虽然卑贱，一同过着贫贱的日子，已经很久了。我虽然没有学问，但我曾经听说古人富贵的时候绝不更换妻子；娶您的女儿，不是我的愿望。”唐太宗于是打消了这种想法。

戊戌日（二十五日），尚书上奏疏说：“近代掖庭女官的人选，有的出身微贱，没有学习过礼仪家训；有的出身犯罪家庭，她们累积了怨恨。请求从现在以后，后宫和东宫内的职位出现空缺，都选择良家有才能品德的女子来充任，用礼节币帛聘用。凡是撤销官职和平常微贱的人，都不得补充任用。”唐太宗采纳了他的话。

唐太宗已经下了诏书，颁布宗室和群臣袭封刺史的制度。左庶子于志宁认为这种决定与古代不同，担心不是长治久安的道理，上奏疏争论。侍御史马周也上了奏疏，他认为：“尧、舜那样圣明的父亲，还是有丹朱、商均那样愚劣的儿子。如果有孩童承继官职，万一骄纵愚昧，百姓就要遭殃，国家就要败亡。如果想取消他的袭职，则其先人功劳尚在；如欲保留袭封之事，则他的罪恶已昭彰于世。由此看来，与其让活着的百姓遭受毒害，不如让死去的臣子失去恩宠，这个道理是十分明显的。这样看来一向称之为爱护他们的做法，其实正是害他们。我认为封给他官职，送给他食邑，一定要有才能品德，随着他的才识授给他官职，这样才能让他真正得到大的恩惠，他的子孙也才能长久地享受富贵。”

恰巧司空、赵州刺史长孙无忌等人都不愿意赴任，上奏表坚决辞让，并且说：“自从蒙受皇恩以来，孤独无依，如踩踏春冰，十分害怕；家人忧虑，如置身汤火，万分悲伤。遥想夏、商、周分封诸侯国的时代，大致由于力量无法限制，因此，就顺其势力采用袭封，其实，那些礼乐制度，大多不是他们自己所订立的。两汉废弃诸侯国而设置郡守，摒除从前的弊病，非常合乎理想。现在因为我们，又恢复群臣袭封的制度，这样恐怕乱了朝廷的纲纪，而且后世愚昧不明的子孙，或许触犯朝廷的法律，自取灭亡，更因为延及后代子孙的奖赏，而造成家族灭绝的惨祸，这更是令人哀痛！希望陛下收回诏令，赐给他们保全子孙性命的恩惠。”长孙无忌又借助他的媳妇长乐公主坚决请求陛下，因此又说：“在开创事业的时候，我艰苦侍奉陛下，现在天下安定统一，为什么将我弃置在外州，这样和贬谪又有什么不同呢？”唐太宗说：“割让土地来分封功臣，这是古今相同的，我希望你的后代，辅助我的子孙，永久地相传下去，可是你们却说出埋怨的话，我难道要勉强你而给你封爵吗？”庚子日（二十七日），唐太宗下诏书停止世封刺史。

高昌王麹文泰屡次阻止西域朝拜进贡，伊吾最初向西突厥称臣，不久又背叛归附大唐，麹文泰和西突厥一同攻打他。唐太宗下诏书严厉斥责，并且征召他的大臣阿史那矩，要和他商议，麹文泰没有答应，只是派遣他的长史麹雍前来道歉。颉利可汗死了以后，在突厥的中原人，有的逃奔到高昌，唐太宗诏告麹文泰归还，麹文泰隐藏而不予遣还。又和西突厥一同攻破焉耆，焉耆上诉唐太宗。唐太宗于是派遣虞部郎中李道裕前去探问情况，并且对他的使者说：“高昌几年以来，朝拜进贡已经疏略了，没有遵守藩臣的礼节，所设立的官吏名号，都和大唐一样，建筑城墙挖掘壕沟，正在准备征战攻伐。我派了使者到了他那里，麹文泰却告诉我的使者说：‘鹰鸟飞翔在天空，雉鸡隐伏在蓬蒿，小猫嬉游在厅堂，老鼠啮物在洞穴，各自得到它们的处所，难道不能各自生存吗？’又派遣使者对薛延陀说，‘既然是可汗，那么和天子地位平等，为什么又要谒拜他的使者呢？’对待别人无礼，又挑拨邻近的国家去干坏事，假如不加以惩罚，怎么还能够劝人为善呢？明年我应当调动军队来讨伐你们。”三月，薛延陀可汗派遣使者向唐太宗说：“我们蒙受恩惠想来报答，请您调派您的部属来作为我们军队的向导，以便讨伐高昌。”唐太宗派遣民部尚书唐俭和右领军大将军执失思力赠送缯帛给薛延陀，同时和他商量进攻夺取的谋略。

夏季，四月，戊寅日（初五），唐太宗到了九成宫。

起初，突厥突利可汗的弟弟结社率跟随突利来到大唐，历任中郎将，但他在家中品行恶劣，怨恨突利可汗斥责他，于是诬告他的哥哥谋反，唐太宗因此轻视他，长久不给他加官晋爵。结社率就暗中勾结旧的部落，一共有四十多人，计划在晋王李治四更出宫的时候，避开卫戍的仪队，冲入宫门，直接到天子的御帐，这样就可以建立大功。甲申日（十一日），众人推举突利的儿子贺逻鹘为首领，夜晚一起在宫外埋伏。这一个晚上恰好刮大风，晋王没有出宫，结社率担心这一件事被人知晓，于是就攻打行宫，越过四层的帐幕，乱射弓箭，射死卫士数十人。折冲都尉孙武开等人率领许多士兵奋力抵抗，过了很久以后，结社率退走，逃到天子的马厩，盗取二十多匹马，向北逃走，渡过渭水，想要逃回本部落，结果被追兵俘获，并且杀了他。唐太宗宽恕了贺逻鹘，将他放逐到岭表。

庚寅日（十七日），唐太宗派遣武侯将军上官怀仁讨伐巴、壁、洋、集四州造反的獠族，平定了这一次的叛乱，俘获男人妇女六千多人。

五月，发生旱灾。甲寅日（十二日），唐太宗诏告五品以上的官吏都要上奏疏。魏徵上的奏疏认为：“陛下的志趣功业，比起贞观初年，渐渐不如从前的，一共有十条。”其中有一条认为：“近年以来，随意使用民力，却居然说百姓没有事就要骄纵怠惰，有了劳役才易于驱使。自古没有因为百姓怠惰而失败，劳苦而安定的。这恐怕不是复兴国家最好的话。”唐太宗对于魏徵所说的话大加赞美，并且说：“他所说的话已经写到屏风上，让我可以早晚观览，并且抄录下来交给史官了。”于是赏赐给魏徵黄金十斤，天子马棚里的马两匹。

六月，渝州人侯弘仁自牂牁开辟道路，途经西赵，出邕州，并且到了交州和桂州，俚蛮投降的一共有两万八千多户。

丙申日（二十五日），唐太宗册封弟弟李元婴为滕王。

自从结社率造反以后，谈论国事的人大多认为突厥留在河南有许多不便。秋季，七月，庚戌日（初九），唐太宗任命右武侯大将军、化州都督、怀化郡王李思摩为乙弥泥孰俟利苾可汗，并赏赐给他鼓和旗。并命令安置在各州的突厥和胡人渡河，回到他们以前的部落，让他们世世代代作为藩篱屏障，长久护卫边塞。突厥都害怕薛延陀，不肯走出边塞。唐太宗派遣司农卿郭嗣本递送玺书给薛延陀，玺书上说：“颉利可汗已经失败，他的部落都已经前来归从王化，我宽恕他以前的过失，嘉奖他后来的善行；对待他的达官都像我的百官，对待他部落里的人也都像我的百姓一样。大唐向来崇尚礼义，不会灭亡他人的国家。从前攻取突厥，只是因为颉利可汗一人而使百姓遭受祸害。我不但不贪图他的土地，也不掠夺他的百姓畜牧。我经常想再新立可汗，所以将他部落投降的百姓，安置在河南，听凭他们畜牧。现在居户人口繁殖增多，我的内心感到万分欢喜。既然应允他们新立可汗，就不应当有所失信。秋季之间，将遣派突厥渡河，恢复他们的故国。但是薛延陀受命册封在前，突厥受命册封在后；册封在前的是大国，册封在后的是小国。你的土地在碛北，突厥的土地在碛南。各自驻守你们的疆土，保护你们部落的百姓。倘若超越本分抢劫掠夺，我就要调动军兵，追究你们各自的罪过。”薛延陀接到诏书后，就遣李思摩带领他的部属驻扎在河北。唐太宗亲自到齐政殿设宴饯行。李思摩流着眼泪，举杯向唐太宗祝贺说：“我们在破败之余，本应化为灰土，幸蒙陛下保存我们的躯体，再册封为可汗，我愿意万世的子孙，都能时常来侍奉陛下。”唐太宗又遣派礼部尚书、赵郡王李孝恭等致送册书，根据他们的种族部落，在黄河的岸边筑坛，立下疆界。唐太宗对侍臣说：“大唐，好像树木的根干；四边的夷狄，好像树木的枝叶。倘若分割根干来奉养枝叶，树木又哪里能够滋长繁茂？我不采用魏徵的话，几次要遭受败亡。”唐太宗又任命左屯卫将军阿史那忠为左贤王，左武卫将军阿史那泥孰为右贤王。阿史那忠，是苏尼失的儿子。唐太宗对待他极为优厚，将宗室的女子嫁给他，等到他出塞以后，他怀念仰慕大唐，见到使者就一定流着眼泪请求入朝侍奉唐太宗。唐太宗下诏书允许了他。

八月，辛未朔日（初一），出现日食。

唐太宗颁布诏书说：“身体、头发和肌肤，不可以随意毁伤。近年来互相诉讼的人，有的自己毁伤耳朵、眼睛；现在倘若还有人做出这种毁伤的事，先要鞭打四十下，然后再根据法律来处断他诉讼的事。”

冬季，十月，甲申日（十五日），唐太宗自九成宫回到京师。

十一月，辛亥日（十三日），唐太宗任命侍中杨师道为中书令。

戊辰日（三十日），唐太宗又任命尚书左丞刘洎为黄门侍郎，参知政事。

唐太宗还希望高昌王麴文泰能够悔过，因此又下了玺书，申明祸福利害，征召他到朝廷来，但是麴文泰竟然假称有病不来。十二月，壬申日（初四），唐太宗又遣派交河行军大总管、吏部尚书侯君集和副总管兼左屯卫大将军薛万均等统率军队讨伐他。

乙亥日（初七），唐太宗封皇子李福为赵王。

己丑日（二十一日），吐谷浑王诺曷钵来大唐朝拜，唐太宗册封宗室的女子为弘化公主，嫁给了他。

壬辰日（二十四日），唐太宗在咸阳畋猎；癸巳日（二十五日），唐太宗返回宫中。

太子李承乾经常因为畋猎而荒废学业，右庶子张玄素多次劝谏，可是太子却不愿听从。

这一年，天下共分为三百五十八州府，一千五百一十一县。

太史令傅奕精心研究阴阳五行的书籍，最终还是不相信这些，生病的时候，不喜欢看病吃药。有一个从西域来的和尚，有咒人的法术，能够咒人立即死亡，又能够念咒让人复活。唐太宗挑选骑兵中身体强壮者来试验，结果都应验他的话。后来唐太宗就把这一件事告诉傅奕，傅奕说："这只是一种邪术。我听说邪不压正，请他来咒我，必定就不灵验了。"唐太宗命令和尚咒傅奕。傅奕最初没有什么感觉，不久，和尚突然僵卧地上，好像被物体击打，再也没有苏醒。又有一个婆罗门的和尚，说他得到一个佛齿，能够击碎任何坚硬的物体。长安的男男女女像赶集一样围绕着观看。傅奕此时正卧病在家，他对他的儿子说："我听说有一种金刚石，它的性质十分坚硬，任何的物体都不能伤损它，只有羚羊的角可以击破它，你去试试看。"他的儿子就去找那个和尚，见到佛齿就用羚羊的角去击打它，果然应手而碎，围观的人于是就散开了。傅奕临死时，告诫他儿子不要学习佛书，那时他已经八十五岁。他又将魏、晋以来反驳佛教的人，编成了十卷的《高识传》，刊行于世。

西突厥咥利失可汗的臣子俟利发和乙毗咄陆可汗一同谋划叛乱，咥利失可汗的境况困难，逃到钹汗就死了。弩失毕的部落迎回他弟弟的儿子薄布特勒，并且拥立为可汗，这就是乙毗沙钵罗叶护可汗。沙钵罗叶护被立为可汗以后，就在虽合水的北面建立王庭，叫作南庭。龟兹、鄯善、且末、吐火罗、焉耆、石、史、何、穆、康等，都是他的附属国家。咄陆可汗驻扎在镞曷山的西部，叫作北庭。厥越失、拔悉弥、驳马、结骨、火、触水昆等，都是他的附属的国家。他们均以伊列水作为边界。

贞观十四年（庚子，公元640年）

春季，正月，甲寅日（十六日），唐太宗来到魏王李泰的府第，赦免雍州长安死刑以下的罪犯，同时，免除延康里今年的田租赋税；对于李泰府的部属和他同里的老人，都有不同的赏赐。

二月，丁丑日（初十），唐太宗来到国子监，观看祭拜的仪式。命令祭酒孔颖达讲说《孝经》，对祭酒以下到诸生中等第高者，都有不同的奖赏。这时候，唐太宗大量征召天下名儒来担任学官，常常到国子监，命他们讲论经学，学生中能够明晓一种大经以上的，便可以补署官职。增修校舍一千二百间，增加学生两千二百六十人。屯营飞骑，也都授给博士。凡是能够通晓一种经书的，便可被推荐官职。因此四方的学者都集中到京师，于是高丽、百济、新罗、高昌、吐蕃酋长也派遣子弟请求进入国学，前来听讲的多达八千多人。唐太宗认为讲师所讲授的经书多种，章句又繁多芜杂，因此命令孔颖达和许多名儒一同编撰《五经》的疏解，叫作《正义》，命令学者学习他们所编撰的书籍。

壬午日（十五日），唐太宗到了骊山温泉；辛卯日（二十四日），唐太宗返回宫中。

乙未日（二十八日），唐太宗下诏书寻求近世名儒梁朝的皇甫侃、褚仲都，北周的熊安生、沈重，陈朝的沈文阿、周弘正、张讥，隋朝的何妥、刘炫的后代子孙，要求上报朝廷，加以重用。

三月，窦州道行军总管党仁弘攻打罗、窦二州叛乱的獠族，击败了他们，俘虏七千多人。

辛丑日（初四），流鬼国派遣使者入朝进贡。流鬼国距离京师一万五千里，靠近北海，南邻靺鞨，过去不曾和大唐来往，经过三次的翻译才来到这里。唐太宗就封流鬼国的使者余志为骑都尉。

丙辰日（十九日），唐太宗又设置安定朔方的大使，来监督突厥。

夏季，五月，壬寅日（初六），唐太宗又改封燕王李灵夔为鲁王。

唐太宗将要到洛阳，就命令将作大匠阎立德先来寻找清凉消暑的地方。秋季，八月，庚午日（初五），在汝州的西山修筑襄城宫。阎立德，是阎立本的哥哥。

高昌王麴文泰听说唐朝派军来攻打，就对他的国人说："唐朝距离我们的边境七千里，这其中沙漠竟然占了两千里，地上水草不生，冬天寒风刺骨如刀，夏天热风炎热如烧，在这样的土地上，哪里可以派遣大部队呢？从前我到了唐朝，秦州、陇州的北面，城市都邑都非常冷清荒凉，不能和隋朝相比。现在他们来进攻我们，假如调派的军队多，那么粮运困难，粮食不足；假如只有三万以下的军队，我们的兵力足以制伏他们。现在我们应该以逸待劳，便可以看到他们的败亡。倘若他们屯兵城下，不超过二十天，粮食耗尽了就要走，然后我们接着就能够俘虏了他们。他们的攻打，又哪里值得我们担忧呢？"但是等到唐朝的大军已经抵达沙漠的边境，麴文泰却害怕得不知如何来对付，于是病发而亡。他的儿子智盛就继位为高昌王。

唐朝的军队到达柳谷，侦察的士兵回来说已经选定日子要安葬麴文泰，他们全国的人都会集合在那里，因此许多的将军都请求趁机来攻打他们，可是侯君集却说："不可以这样做，陛下就是因为高昌王无礼，所以才派遣我来征讨他们，现在我们却在麴文泰安葬的墓地上来袭击他们，这不是兴师问罪的正义之师。"于是就敲着鼓前进，抵达田城，派人晓谕他们，高昌人没有听从，翌日的早晨侯君集领兵攻打，到了中午才攻破田城，俘获男女七千多人。侯君集又任命中郎将辛獠儿担任前锋，夜晚就赶到了都城，高昌的守军迎战失利。唐朝的大军，接着就来到了都城的城下。

智盛于是就写信给侯君集说："得罪您的天子的，是我的先王。上天加以惩罚，他早已死了。我承袭王位不久，希望您能怜悯体谅我们！"侯君集接到他的来信，就回答他说："假如你能悔改过失，就应该在营门前束手就擒。"可是智盛始终不肯出来，侯君集因此就命令填满护城河而后进攻，飞石如雨点落下，城中的人都躲避在室中不敢出来。后来又搬来了巢车，高十丈，俯视城中。有许多行人都被飞石击中，同时，又大声恫吓他们，使他们不敢再到室外来。原先麴文泰和西突厥可汗曾经互相结盟，盟约上说有急难要互相帮助。西突厥可汗就派遣他的叶护驻守可汗浮图城，来救助麴文泰。但是等到侯君集来到了都城，西突厥可汗却害怕得向西逃走一千多里，而叶护可汗竟然开城投降。智盛的处境困难，癸酉日（初八），也打开城门出来投降。侯君集于是派兵攻城略地，占领了二十二个城池，八千四十六户，俘获一万七千七百人。所攻占的土地，东西八百里，南北五百里。

唐太宗想要在高昌设置州县，可是魏徵却进谏阻止说："陛下即位之初，麴文泰夫妇就首先来朝道贺，后来他稍为骄纵倨傲，因此陛下就派兵加以惩罚。其实惩罚麴文泰一人就可以了；应当安抚他的百姓，保存他的社稷，再拥立他的儿子，那么陛下的威德就可以远播到蛮荒之地，四境的夷狄也都会心悦诚服了。现在假如掠夺他的土地设置州县，那么经常需要一千多人在那里镇守，几年一轮换，来往死亡的人占了十分之三四。既要供给衣食，又要远离亲属，十年以后，陇右就要空虚了。陛下始终得不到高昌一点的好处来帮助大唐，这就是一般人所说，耗散有用之物来做无用之事，我实在看不出能够这样做的道理。"但是唐太宗没有听从魏徵的劝告，九月，就在高昌设置西州，在可汗浮图城设置庭州，同时各自设置一些属县。乙卯日（二十一日），唐太宗又在交河城设置安西都护府，留下军队来镇守。

侯君集俘虏高昌王智盛以及他的群臣返回京师，因此唐朝的疆土，东边到了大海，西边到达焉耆，南边抵达林邑，北边直到大沙漠，全都设置州县；东西的宽度一共九千五百一十里，南北的长度一共一万九百一十八里。

侯君集征讨高昌的时候，曾经派遣使者邀约焉耆和他合兵围攻高昌。焉耆特别高兴，就听从他的命令。等到高昌城破兵败，焉耆王到了营门来谒见侯君集，并且说明焉耆有三个城市被高昌掠夺，因此，侯君集就奏请唐太宗允许将高昌掠夺焉耆的城市和百姓，全都归还焉耆。

冬季，十月，甲戌日（初十），荆王李元景等又上表请求唐太宗封禅，祭祀天地，唐太宗没有答应。

起初，陈仓的折冲都尉鲁宁犯罪坐牢，但他自恃官位高，谩骂陈仓的县尉尉氏人刘仁轨，刘仁轨就用木棒打死了他。州郡的官吏知道了，就将这一件事呈报朝廷。唐太宗十分生气，就下令处刘仁轨以死刑。但唐太宗的愤怒却依然没有减少，于是说："是哪一个县尉，竟敢杀死我的折冲？"命令即刻赶到长安，当面去责问他。刘仁轨说："鲁宁对着我的百姓如此凌辱我，我实在太过愤怒，因而杀了他。"当他说这些话的时候，语气脸色都非常自然。魏徵侍候在唐太宗的身边，对唐太宗说："陛下知道隋朝是怎么样败亡的吗？"唐太宗说："是怎么样的呢？"魏徵对唐太宗说："隋朝的末年，百姓的势力强大而凌辱官吏，就像鲁宁这一类的人。"唐太宗听了这些话，心里十分高兴，就擢升刘仁轨为栎阳县的县丞。

唐太宗将到同州去打猎，刘仁轨上书说："今年的秋天一定会大丰收，不过农民的收成现在只有十分之一二，假如驱使他们来为陛下打猎做准备，修整道路和修葺桥梁，往往要耗费一两万工，实在妨害农民收获庄稼。希望陛下的车驾再停留十天，等到他们的农事做完，之后再去打猎，那么公私的事都可以做到两全其美。"唐太宗赐给刘仁轨玺书，并且采纳他的谏言。不久擢升刘仁轨为新安县的县令。闰十月，乙未日（初二），唐太宗就到了同州；庚戌日（十七日），唐太宗回到宫中。

丙辰日（二十三日），吐蕃的赞普派遣他的丞相禄东赞献给唐太宗黄金五千两和珍奇古玩几百件，请求结为婚姻。唐太宗答应将文成公主嫁给他。

十一月，甲子朔日（初一），又是冬至，唐太宗在南方郊外祭祀。可是《戊寅历》却以癸亥为初一。宣义郎李淳风上奏表说："古代的历法，白日从子时的一半算起，今年甲子初一是冬至；可是已故的太史令傅仁均却减得稍多，将子时之初当作初一，所以相差三刻的时间，违背真实的历法，请求另外加以考定。"大家都认为傅仁均所定朔日有些差错，李淳风所推定的比较精密，都请求遵照李淳风的建议，唐太宗也听从众人的意见。

丁卯日（初四），礼官上奏请求将为高祖父母服齐衰的仪制增为五个月，为嫡子媳妇服丧一年，为嫂、叔、弟妻、夫兄、舅服丧五个月。唐太宗采纳了礼官的意见。

丙子日（十三日），百官又上表请求唐太宗封禅，唐太宗下诏书答应了他们的请求。同时，又命令一些儒者详细议定仪式，并且委派太常卿韦挺等为封禅使。

司门员外郎韦元方发给宦官通过关津的证明稽延迟缓，于是宦官上书唐太宗，唐太宗发怒，贬谪韦元方为华阴县的县令。魏徵上书唐太宗说："帝王是不可以随意发怒的，前次陛下为了宦官，竟然在夜里发出敕书，事情好像军机要务那样紧急，谁不惊惶恐惧？何况宦官自古以来难以教养，假如随意发言吩咐，容易发生祸害；假如让他独行远方，那更不合适；不可任其渐渐滋长，这是应当非常慎重的。"唐太宗采纳了他的谏言。

尚书左丞韦悰考核司农的木橦，价格比民间贵，因此上书说他贪污公款。唐太宗便召请大理卿孙伏伽草拟司农的罪过。但是孙伏伽却说："司农没有罪过。"唐太宗觉得非常奇怪，便询问他是什么缘故，孙伏伽对唐太宗说："因为官橦贵，所以私橦才会廉贱。假如官橦廉价，那私橦便无法廉贱了。由此可见司农能够认识事物的大体，我不知晓他有什么罪过！"唐太宗领悟了这个道理，不断称赞他，并且回头对韦悰说："你的见识不及孙伏伽太多了。"

十二月，丁酉日（初五），侯君集在观德殿献上俘虏。唐太宗举行大宴会，饮酒三天。不久，唐太宗任命智盛为左武卫将军、金城郡公。唐太宗将所得到的高昌乐工，全都交给太常寺，从而使本来九部的乐伎，增加了高昌伎，最终成为十部。

侯君集当日打败高昌的时候，私自夺取他们的珍宝，一些将士知道后，都争着来抢夺窃取，可是侯君集却无法禁止，因而被官吏弹劾，唐太宗才将侯君集等下狱。中书侍郎岑文本上奏疏，他认为：“高昌王昏聩无礼，所以陛下任命侯君集等去征讨而获得了胜利；不超过十天，就将其交给大理寺。虽然侯君集等自己触犯刑法，可是天下的人恐怕会怀疑陛下只是惦记他们的罪过，而忘记他们的功劳！我听说任命将帅出征打仗，最重要的是战胜敌人。假如能够战胜敌人，虽然贪求还是可以奖赏；假如打了败仗，虽然廉洁也一定要诛杀。因此汉朝的李广利、陈汤，晋朝的王浚，隋朝的韩擒虎，虽然他们都犯了罪过，遭受谴责，可是国君却认为他们有功于国家，都得到封爵赏赐。从这样来看，将帅等武臣，能够做到廉洁谨慎的很少，而贪得妄求的却很多，所以黄石公在《军势》上说：‘将帅的用人，必须选用聪明的，也要选用勇敢的；必须选用贪求的，也要选用愚昧的；因为聪明的会乐于立功，勇敢的会爱好逞勇，贪求的会急于求利，愚昧的会不计较生死。’我希望陛下能记录他微小的功劳，遗忘他重大的过失，使侯君集能够重新到朝廷里来，再为陛下奔驰。虽然他不是一个清廉贞洁的臣子，但还算是一个贪求愚昧的将帅。陛下这样做虽然违背法律，可是恩德更加显著；侯君集等虽然蒙受宽恕，但他们的过失也更加明显了。”唐太宗采纳了岑文本的谏言，于是下令释放了他们。

同时，又有人检举薛万均和高昌的妇女通奸，薛万均不服，后来唐太宗就将高昌的妇女交给大理寺，和薛万均对质辩论。魏徵上奏疏说：“我听说‘国君要用礼来对待臣子，臣子要用忠来侍奉国君’。现在竟然命大将军和亡国的妇女对质辩论，其实，帘帷内的男女私事，假如真实的话，那检举人的功劳也很小；假如是虚假的话，那受害人的损失却很大。以前秦穆公赐给盗马的人美酒，楚庄王宽恕调戏宫女的臣子的罪过，况且陛下的恩德高于尧舜，难道会不如这两位圣君吗？”唐太宗立即下令释放了薛万均。

侯君集的马生病，前额长了虫，行军总管赵元楷亲自用手指沾了马的脓，用鼻子来嗅，御史上奏疏弹劾他谄媚，将他贬谪为括州刺史。

高昌平定以后，一些将军都就地取物，来充当赏赐，行军总管阿史那社尔认为没有唐太宗的圣旨，独自不肯这样做；等到另外的圣旨下达，他才同其他的将军一样做，不过，他所取的只是老弱的人和破旧之物罢了。唐太宗赞美他的廉洁，并且将高昌所得到的宝刀和杂彩一千匹奖赏给他。

癸卯日（十一日），唐太宗在樊川打猎；乙巳日（十三日），唐太宗返回宫中。

魏徵上奏疏认为："在朝廷中的群臣，都担当中枢机密的重任，虽然职务重要，但没能受到十分信任，因而臣子多所怀疑，心存苟且敷衍。陛下对于大事都很宽厚处理，而对于小罪却十分严厉惩罚；临时愤怒谴责，难免表现爱憎。一般来说，将大事委托大臣，将小事托付小臣，这是治国的要道。现在既然委任他职务，却只是重视大臣却轻视小臣；至于有事的时候，却只是信任小臣却怀疑大臣。所应轻视的反而对他信任，所应重视的反而对他怀疑，这样想要治理国家，哪里能够做得到呢？假如任命他做大官，而只是责求他细小的过错，那么记事的史官，顺从圣意已经成了风气，只要舞弄法律，就可以歪曲地构成他的罪过。假如自己出来陈说，那陛下又会认为他不服所处的罪；假如自己缄默不说，那陛下又会认为他真的犯了罪过，这样真是进退两难，无法自己来申明；因此一些臣子只求苟且避祸，矫托虚伪成了习俗。"唐太宗采纳了魏徵的谏言。

唐太宗对侍臣们说："我虽然平定了天下，但是要想固守天下还是非常困难的。"魏徵对唐太宗说："我听说战胜敌人容易，但是能够坚守战胜的成果却很难。陛下能够说出这些话，实在是祖宗国家的大幸。"

唐太宗听说右庶子张玄素在东宫经常争辩进谏，所以擢升他担任银青光禄大夫，仍旧做左庶子的事。太子曾经在宫中击鼓，张玄素就叩开阁门进谏；太子拿出他的鼓，对着张玄素将它击坏。太子很长时间不出来见东宫的官吏，张玄素又向太子进谏说："朝廷选拔俊秀贤能的人来辅助您，现在您却很长时间不肯接见宫中的臣子，又怎么能够对您有一点辅助的裨益呢？并且宫中只有妇人，不知道是否有人能像樊姬那样？”太子不肯听从张玄素的谏言。

张玄素以前做刑部令史时，唐太宗曾经对着朝廷中的臣子询问他说：“你在隋朝的时候担任过什么官呢？”张玄素对唐太宗说：“县尉。”唐太宗又问：“在没有担任县尉以前做过什么官呢？”张玄素又对唐太宗说：“九品之外未入流。”唐太宗又问：“是哪一曹的小吏？”张玄素自己认为官职卑贱，感到羞耻，离开宫阁时几乎无法走路，脸带死灰的颜色。谏议大夫褚遂良上奏疏，他认为：“国君能够礼遇他的臣子，臣子才能竭尽他的忠心。张玄素虽然出身微贱贫寒，但是陛下器重他的才华，擢升他担任三品官，辅佐太子，哪里还可以对着群臣来穷究他的出身呢？抛弃以前的恩德，造成今日的耻辱，让他忧闷在心，又哪里可以责求他做到为节义而死呢？”唐太宗说：“我也懊悔这个问话，你的奏疏深合我的心意。”褚遂良，是褚亮的儿子。孙伏伽和张玄素在隋朝都是令史，孙伏伽有时候在众人面前述说往事，一点没有隐瞒。

戴州刺史贾崇的部属有触犯十恶的人，所以御史弹劾贾崇。唐太宗说：“以前唐尧、虞舜时代的大圣人，虽然贵为天子，但还是无法感化他的儿子；何况贾崇只是担任刺史，又哪里能够让每家的百姓都行善呢？倘若犯了这种罪过就贬谪他，那么州县的官吏就会相互掩护蒙蔽，放舍罪人。从现在开始，各州如果有犯十恶的人，不能弹劾刺史；只要命令加以纠察，依法惩处，这样就可期望肃清奸恶！”

唐太宗亲自校阅军队，因为部队行阵排列不整齐，于是命大将军张士贵杖打中郎将等人；唐太宗憎怨他杖责太轻，所以将张士贵交给法吏去审问。魏徵向唐太宗进谏说：“将军的职责，只是为国奔驰效劳，假如命他鞭打罪人，实在不足垂法后世，何况因杖轻而又交付法官审问，那更是不应当呀！”唐太宗采纳了魏徵的谏言，即刻释放了张士贵。

一些上书言事的人，大多希望唐太宗能够亲自阅览奏疏，来防止壅遏蒙蔽。唐太宗拿这件事询问魏徵，魏徵对唐太宗说：“这些人不识大体，假如一定要陛下一一亲自处理，岂是朝中的事，州县的事也当亲自处理了。”

资治通鉴卷第一百九十六　唐纪十二

起辛丑（公元641年），止癸卯（公元643年）三月，共两年三个月。

【题解】本卷记录了公元641年至643年三月的史事，共两年又三个月，正当唐太宗贞观十五年至十七年。此时期，唐太宗对外奉行怀柔政策，尽力避免战争，但不回避战争。薛延陀侵犯边境，唐太宗先打击，而后和亲。唐太宗命太常博士吕才刊正阴阳书，批驳禄命禁忌，表现唐初文化建设欣欣向荣。谏臣魏徵死时，唐太宗已步入晚年，不再喜欢听谏言。由于太子李承乾不成才，唐太宗偏爱魏王李泰，宠冠诸王，开启了李泰的夺嫡野心。太子李承乾忌惮同样深得父亲宠爱且怀有谋嫡之心的胞弟李泰，策谋政变，打算起兵逼宫。

太宗文武大圣大广孝皇帝中之中

贞观十五年（辛丑，公元641年）

春季，正月，甲戌日（十二日），唐太宗任命吐蕃禄东赞为右卫大将军。唐太宗赞美禄东赞善于对答，要将琅琊公主的外孙女段氏嫁给他，但禄东赞却推辞说："我在吐蕃已经有了妻子，那是父母为我所娶的，不可以随便抛弃。况且赞普还没有能够娶得公主，我哪里敢先娶公主呢？"唐太宗听了他的话，更加喜爱他了。虽然想用赏赐来厚待他，但他却不肯顺从唐太宗的心意。

丁丑日（十五日），唐太宗命礼部尚书江夏王李道宗持符节送文成公主出嫁到吐蕃。吐蕃的赞普十分高兴，用女婿的礼节来拜见李道宗。他爱慕大唐的衣服、仪仗的华美，因此他又为公主另外再修筑宫室来让公主居住，自己穿着绫绢的衣服来见公主。吐蕃的百姓都用红色涂在脸上，公主非常厌恶，赞普就下令禁止；同时也逐渐改变他猜忌暴戾的个性，遣送他的子弟到国子监来读书，接受大唐《诗》《书》的教育。

乙亥日（十三日），突厥俟利苾可汗开始带领部落渡过黄河，就在原来的定襄城建立牙帐，人口有三万户，可以执干戈的士兵有四万人，马有九万匹，因此就上奏疏说："我蒙受分外的恩惠，做了部落的酋长，我愿意我的子子孙孙像大唐的一只狗，在北面的关隘，竭尽守吠的职责。假如薛延陀来侵扰，请求准许我随家属一起到长城里来！"唐太宗下诏书答应了他的请求。

唐太宗要到洛阳去的时候，就命令太子处理国事，并且还留下右仆射高士廉来辅助他。辛巳日（十九日），唐太宗到了骊山温泉，卫士崔卿、刁文懿害怕这一次出行的辛苦，希望太宗因惊吓而停止巡行，因此他们在夜晚射箭到唐太宗的行宫，箭有五支落到寝室的庭院，最终他们都以大逆论罪。

三月，戊辰日（初七），唐太宗到了襄城宫，此地天气燥热，又有很多毒蛇。庚午日（初九），唐太宗将襄城宫的土地分别赐给百姓，同时，罢免阎立德的官职。

夏季，四月，辛卯朔日（初一），唐太宗诏告次年二月在泰山举行封禅礼。

唐太宗认为近年来阴阳的杂书，错误很多，因此命令太常博士吕才和一些术士共同来校勘修订值得流传的书籍，共有四十七卷。己酉日（十九日），校勘订正的杂书已经完成，因此上奏疏报告唐太宗。吕才为这些书籍都作了序言，并且用经史之书来刊正。他作《宅经》的序言认为："近世的男觋女巫，胡乱用五音来分开姓氏；如张姓和王姓属于商，武姓和庾姓属于羽，这似乎是用谐音来区分，至于柳姓属于宫，赵姓属于角，那区分的办法又不再是谐韵。有的同出一姓，却分属于宫或分属于商；有的复姓有几个字，又无法分辨是属于徵或属于羽。这种事由于没有稽考古籍，因而所说的事理就是乖谬的呀！”他作《禄命》的序言认为：“在禄命的书籍中，所说的也有一些言中的，有一些人因而就非常相信。但是长平之战，死者四十五万人，从来没有听说他们全是犯了三刑；汉代光武中兴，南阳的人士都尊贵，他们哪里全是同于六合？现在也有年岁相同禄命相同却贵贱不同，共命运同胞兄弟却寿命长短有异；鲁庄公按照禄命书的算法，应当贫穷卑贱，羸弱短小，但反而身长并且高寿；秦始皇按照禄命书的算法，没有为官的命运，纵然得到爵禄，但奴婢很少，做人无始有终；汉武帝、后魏孝文帝按照禄命书的算法，都是没有当官的命运；宋武帝爵禄和寿命都是空乏全无，不过应当有长子，虽然有次子，应当会早死。这些都是禄命书不灵验的明证呀！”他作《葬》书的序言认为：“《孝经》上说：‘要选择阴宅和茔域来安置。’因为人死了葬入墓穴，希望能够永远保存骸骨，但是市井的变迁、泉水的侵蚀，不能预先知晓，因而用龟甲蓍草来占卜。近年以来，有的挑选埋葬的年月，有的勘察埋葬的处所。一般人都认为一件事情的处理不当，死亡的灾祸就会降临。依据《礼》书上的记载：‘天子、诸侯和大夫的安葬，都有一定的月数。’由此看来，古人的埋葬是不挑选年月的。《春秋》上的记载：‘九月丁巳日，埋葬定公的时候，因为天下雨，所以就无法埋葬；到了戊午的下午，才埋葬。’由此来看，古人的埋葬是不挑选日期的。郑国埋葬郑简公的时候，司墓的庐舍阻挡了埋葬的道路，假如拆毁那么早晨便可下棺埋葬，假如不拆毁那么要到中午才能下棺埋葬。子产没有拆毁司墓的庐舍，这是不挑选时间的证明。古代死者都是在国都的北面埋葬，墓地有固定的地方，这是不挑选地方的证明。现在葬书上认为子孙的富贵、贫贱、寿夭，都是受了选择埋葬的时、地的影响。以前子文做令尹三次遭到停职，柳下惠做士师三次遭到贬斥，但是察看他们祖先的坟墓，未曾有所改变移动。可是山野世俗的人没有见识，听了巫觋胡乱的谎言，因此在捶胸顿足之际，挑选埋葬的墓地，希望能获得官爵；在悲伤痛苦之时，挑选埋葬的时辰，希望能取得财利。有的说辰日不能悲哭流泪，所以微笑着对待祭吊的宾客；有的说与死者生肖相同的不可到墓穴，所以穿着吉服不送葬他的亲人。如此毁伤教化，败坏礼俗，没有比这样更严重的了！”方术之士，虽然都厌恶他的言论，但有见识的人士，都认为他的这些话是确切的理论。

丁巳日（二十七日），果毅都尉席君买带领一百二十个精锐的骑兵袭击吐谷浑的丞相宣王，攻陷他的城郭，斩杀他的三个兄弟。起初，丞相宣王独揽政权，暗中想袭击弘化公主，抢劫国王诺曷钵逃奔吐蕃。诺曷钵听闻这个消息，带领轻骑奔走到鄯善城，他的臣子威信王领兵迎接他，因此，席君买为他征讨诛杀宣王。可是全国的百姓还是大受惊恐，所以唐太宗派遣户部尚书唐俭等去慰问安抚他们。

五月，壬申日（十二日），并州的父老到宫殿来请求唐太宗封祭泰山以后，再到晋阳临幸，唐太宗答应了他们的请求。

丙子日（十六日），百济派人来说他们的国王扶馀璋去世，因此，唐太宗派遣使者册封他的儿子义慈为国王。

己酉日（五月无此日），有彗星出现在太微，太史令薛颐上奏疏说，不可以东封泰山。辛亥日（五月无此日），起居郎褚遂良也上书这样说。丙辰日（五月无此日），唐太宗诏告停止封禅的事。

太子詹事于志宁的母亲去世，丁忧去职，不久又恢复官职。太子修建宫室，妨害农事，又喜好郑、卫淫靡的音乐。于志宁向太子进谏，太子却不采纳他的谏言。而且又宠幸亲近宦官，他们时常陪伴在太子的身边。于志宁上书认为：“自从易牙以来，宦官灭亡国家的不止一人。现在殿下宠幸亲近这些人，让他们欺凌轻视士大夫这一类的人，这种风气实在不可任它增长。” 太子又私自役使皇厩驾驭手，半年不许他们轮流值班，又私自带引突厥达哥友进入宫中。于志宁上书急迫进谏，太子大怒，派遣刺客张思政、纥干承基去刺杀他。这两个人进入于志宁的住宅，看到他寝苫枕块，终于不忍心杀害他而离开了。

西突厥沙钵罗叶护可汗经常派遣使者入朝进贡。秋季，七月，甲戌日（十五日），唐太宗命左领军将军张大师执着符节就他的称号立他为可汗，并且赏赐给他鼓和旗。唐太宗又命使者多携带金帛，在途经各国时购买良马。魏徵上奏疏进谏说：“可汗的名位还没有确定就先购买良马，他一定会认为陛下志在买马，立可汗只是一个借口罢了。立了可汗，威德很少；如果没有立可汗，怨恨更深。各国知道了，也会轻视大唐。买马也许买不成，就是买成也不是最好的。倘若能够使他们安定，那么各国的良马，不必去寻求自然会送来的。”唐太宗听了魏徵的谏言，很高兴地就停止了这一件事。

乙毗咄陆可汗和沙钵罗叶护相互攻打，乙毗咄陆逐渐强大，西域各国大多服从他。不久，乙毗咄陆派遣石国吐屯攻打沙钵罗叶护，将他抓回来，杀了他。

丙子日（十七日），唐太宗指着宫殿的屋子对侍臣说：“治理天下就像建造这一栋房屋，经营建筑好了，不可经常更改移动；倘若更换一根屋椽，更正一块瓦，甚至加以踩踏动摇，必定会有所损害。假如只是爱慕特别的功勋，随意变更法令制度，不能经常坚守美德，那么劳神骚扰的事一定很多。”

唐太宗派遣职方郎中陈大德出使高丽。八月，己亥日（初十），陈大德从高丽回来。陈大德初到高丽时，想了解当地的山川风俗，所到的城邑，都将绫罗送给当地的守城者，并且说：“我很喜好山水，此处有佳胜之地，我想来游览。”守城者十分高兴，就引导他前去游览，无论什么地方都游览过，经常遇见中原人，他们都这么说：“我的家原本在某郡，隋朝末年因为从军，所以沦落在高丽，而且高丽的女子又嫁我为妻，我们同高丽的人错杂而居，人数将近一半。”因此他们向陈大德探问亲戚的生死，陈大德蒙骗他们说：“都很好！”他们都流着眼泪相互转告，几天以后，隋朝人见到他而啼哭的，几乎遍布整个郊野。陈大德回来对唐太宗说：“高丽的百姓听说高昌被灭亡，心里十分恐惧，所以在客馆侍候的殷勤，多于平常的礼数。”唐太宗说：“高丽原本是汉朝四个州郡的土地，假如我调动几万军队来攻打辽东，他一定倾尽全国的兵力来救援，我们另外派遣海军离开东莱，从海路直到平壤，水、陆两路联合进攻，攻取并不困难。不过，山东州县的凋敝疲病还没有能够恢复，我不想骚扰百姓罢了！”

乙巳日（十六日），唐太宗对侍臣们说：“我有两件高兴的事，一件恐惧的事：连年稻米丰收，长安一斗粟只值三四钱，是我第一件高兴的事；北方的胡人归顺很久，边境安定无忧，是我第二件高兴的事。长治久安就容易养成骄奢淫逸，骄奢淫逸就会立即促使危亡到来，这是我一件恐惧的事。”

冬季，十月，辛卯日（初三），唐太宗在伊阙打猎；壬辰日（初四），唐太宗又到嵩阳；辛丑日（初十），唐太宗回到宫中。

并州大都督长史李世勣在州中十六年，所发布的命令，都能推行；所禁止的事情，都能停止，百姓都能怀恩归服。唐太宗说：“隋炀帝劳苦百姓，修筑长城来防备突厥的侵扰，结果并没有收获好处。我只留置李世勣在晋阳，而边境竟能相安无事，他就好像一座长城，如何不伟大！”十一月，庚申日（初三），唐太宗任命李世勣为兵部尚书。

壬申日（十五日），唐太宗向西回到长安。

薛延陀真珠可汗听说唐太宗将东封泰山，对他的部下说：“天子东封泰山，兵马都会跟随东去，边境必定空虚，我在此时攻打占取思摩，好像摧枯拉朽一样地容易。”因此命他的儿子大度设调动同罗、仆骨、回纥、靺鞨、霫等的军队，一共二十万人，渡过漠南，驻兵在白道川，占据善阳岭并且进攻突厥。俟利苾可汗无法抵御，带领部落进入长城，保卫朔州，派遣使者向唐太宗请求援助。

癸酉日（十六日），唐太宗任命营州都督张俭统领所属骑兵以及奚、霫、契丹的军队进逼薛延陀的东部边境，又任用兵部尚书李世勣为朔州道行军总管，率领军队六万人，骑兵一千二百人，屯驻在羽方；任用右卫大将军李大亮为灵州道行军总管，率领军队四万人，骑兵五千人，屯驻灵武；派遣右屯卫大将军张士贵率领军队一万七千人，担任庆州道行军总管，从云中出兵；任用凉州都督李袭誉为凉州道行军总管，从凉州西边出兵。

各位将军向唐太宗辞行的时候，唐太宗警告他们说："薛延陀自恃他的强盛，来到沙漠的南边，要走几千里的路，马已经疲惫瘦弱。一般来说，用兵的方法，是见到有利就立即前进，见到不利就立即后退。薛延陀不能乘思摩不备而偷袭，只是急遽地进攻，思摩带领部落进入长城，薛延陀也不立即退回。我已经命令思摩烧毁铲除秋草，他们粮草日渐吃尽，野外又不能取得。不久，侦察的人回来，说他们的马匹吃树皮都快要吃完了。你们应该和思摩一同牵制他们，不需要立刻和他们交战，等到他们将要撤退的时候，突然奋力攻击，一定可以击败他们。"

十二月，戊子日（初一），唐太宗回到京师。

己亥日（十二日），薛延陀派遣使者入见唐太宗，请求与突厥和亲。甲辰日（十七日），李世勣在诺真水击败薛延陀。起初，薛延陀攻打西突厥沙钵罗以及阿史那社尔，都用步战取得胜利；等到要进犯突厥，就大大教导步战的方法，将五人编成一伍，一人牵着马，四人在前面作战，打胜仗就让他骑上马去追击。因此，大度设带领三万骑兵到了长城，想攻打突厥，但是思摩已经逃走，知道不能抓获思摩，就派人到城上去辱骂他。恰好李世勣率领唐朝军队来到这里，灰尘满天，大度设害怕，率领他的部属从赤柯泺的北面逃走。李世勣挑选他的部下和突厥的精锐骑兵六千人，从直路去截击他们。大军越过白道川，追到了青山。大度设奔逃数日，抵达诺真水，率领军队回头迎战，阵地绵亘十里路。突厥的军队先和他们作战，没有战胜，回头逃走，大度设乘着胜势追击他们，却遇到大唐的军队，薛延陀的军队纷纷发箭射杀，唐朝的马匹大多被射死。李世勣命令士兵们都下马，拿着长矛，一直向前冲杀。薛延陀的军队溃败，副总管薛万彻率领几千个骑兵抓获他们牵马的人，薛延陀的军队失去了马，不知道应当如何作战，唐朝的军队猛烈进攻，杀了三千多人，俘虏了五万多人。大度设脱身逃走，薛万彻追赶不及。薛延陀的部众逃到了沙漠的北边，又遇到下大雪，人马冻死十分之八九。

李世勣回到定襄的时候，住在五台的突厥思结部叛变逃走，州中的军队追击他们，恰好李世勣的军队回来，两面夹攻，将他们全部杀了。

丙子日（十二月无此日），薛延陀的使者辞别归国的时候，唐太宗对他说："我约好你和突厥，将大沙漠作为边界，假如有人侵略，我就讨伐他。可是你自恃国家强盛，越过沙漠来攻打突厥。李世勣所统率的军队只不过几千骑兵罢了，你们已经困窘到这种地步！回去告诉你的国君，一切的举止利害，应当好好地选择。"

唐太宗问魏徵："近来朝臣为什么不肯上书谈论国事？"魏徵回答唐太宗说："陛下假如能够虚心采纳朝臣的谏言，一定会有进献谏言的法子。朝臣能够殉国的少，爱惜身家的多。他们都害怕触犯罪刑，所以不肯向陛下说罢了。"唐太宗说："是的！臣子所说的话假如违忤皇上的旨意，往往就会遭到杀戮，这样和上刀山，下火海又有什么不同呢？所以夏禹尊敬直谏的人，就是这个缘故吧！"

房玄龄和高士廉有一次在路上遇到少府少监窦德素，问道："北门近来在营造缮补什么？"窦德素向唐太宗报告了这件事，唐太宗听了特别生气，并且责备房玄龄等说："你只管掌理南衙的政事，北门的小小营造缮补，与你有什么相干？"房玄龄等拜而谢罪。魏徵进谏说："我不知道陛下为什么要责备房玄龄等人，而且房玄龄等人又有什么事情要谢罪！房玄龄等人是陛下身边辅助的人，对于宫内宫外的事情，哪里有不应当知道的！倘若所营造缮补的是对的，他们应该帮助陛下来完成；倘若是错的，那他们也应该请求陛下停止去做。他们询问负责的官员，在道理上是应当的。不知道他们有什么罪过而要来谴责他们，也不知道他们有什么罪过而要来向陛下谢罪！"唐太宗听了，感到十分惭愧。

唐太宗曾经在朝廷对侍臣们说："我虽然做国君，但经常兼做将军宰相的事。"给事中张行成退朝后上奏疏，他认为："夏禹不夸耀自己的功劳，因此天下的人不和他竞争功劳。陛下治理乱世，安定社会，群臣实在是比不上陛下的伟大，但陛下也不必在朝堂上夸耀自己的功劳。凭国君的尊荣，来和群臣争功比能，我认为陛下不应当这样。”唐太宗非常赞赏他的话。

贞观十六年（壬寅，公元642年）

春季，正月，乙丑日（初九），魏王李泰献上新编撰的《括地志》。李泰喜好读书，司马苏勖勉励他编著书籍，因为古代的贤王都招揽学者著书立说，所以李泰上书请求准予自己编撰《括地志》。因此就开设馆舍，广聘当时的俊彦，人才济济，门庭若市。李泰每月所领的俸禄超过太子，谏议大夫褚遂良因此上奏疏，他认为：“圣人制定的礼节，尊贵嫡子卑贱庶子，世子所用的服物，不应当和王者相同。虽然疼爱庶子，但也不可超越嫡子，这样就是要阻止嫌隙的形成，摒除祸乱的根源。倘若应当亲近的人反而疏远，应当尊贵的人反而卑贱，那么谄佞取巧的奸人，就会乘机兴起。以前汉朝窦太后宠爱梁孝王，最终使他忧郁而死；汉宣帝宠爱淮阳宪王，也几乎让他遭到失败。现在魏王刚出阁任职，应当要用礼节法则来指导他，用谦虚节俭来训勉他，这才是最好的办法，这正是古人所说的‘圣人的教导，不用严肃就可达成教育的功效’！”唐太宗采纳了他的谏言。

唐太宗又命令李泰住在武德殿里。魏徵上奏疏，他认为：“陛下疼爱魏王，要常常使他安全。应当时常抑制他的骄纵奢侈，不要使他处于嫌疑的境地。现在搬来住在这个宫殿，就在东宫的西面，海陵刺王以前曾经住在这个殿里，当时的人就认为不可以；虽然时间人事不同，但也担心魏王的心里不会安宁。”唐太宗说：“我几乎又做了这种错误的事。”立即命李泰返回原来的府第。

辛未日（十五日），唐太宗命令将犯死罪的人迁移到西州，来充实西州的户口；又将犯流徙的罪人充当屯戍，各以犯罪的轻重来决定充当屯戍年限的长短。

唐太宗又诏命搜求飘浮游荡没有籍贯的人，并且限定来年岁末要将附籍手续办理完毕。

唐太宗又任用兼中书侍郎（按《新唐书》作中书舍人）岑文本为中书侍郎，专门掌管机密的事务。

夏季，四月，壬子日（二十七日），唐太宗对谏议大夫褚遂良说："你还兼掌记录君王行止的事，你所记录的可以让我看一看吗？"褚遂良对唐太宗说："史官记载人君的言语行止，善恶全都记载，这样就是希望君王不敢去做坏事，从来没有听说君王自己要取来观看的呀！"唐太宗说："我倘若做了不好的事，你也记载下来吗？"褚遂良对唐太宗说："我的职责就是记载陛下的言行，不敢不根据实情来记载。"黄门侍郎刘洎说："假如褚遂良隐瞒不记载，天下的人也会依照实情记载的。"唐太宗说："真的是如此。"

六月，庚寅日（初六），唐太宗诏命息隐王李建成可以追封恢复皇太子称号，海陵剌王李元吉追封为巢王，谥号都照旧。

甲辰日（二十日），唐太宗诏命自今以后，皇太子支领库中物品，管理的官吏不要加以限制。因此太子支用库中的物品奢侈无度，左庶子张玄素上奏疏，他认为："周武帝讨平山东，隋文帝一统江南，他们都能做到勤俭爱民，都是好的君王；可是他们的儿子不贤，最终灭亡祖宗的奉祀。陛下和太子在亲属上说是具有父子之亲，在做事上说是处理国家之事，因此陛下认为太子所用的物品不必节制，可是陛下诏告的恩旨还没有超过六十天，而所用的物品已经超过七万，骄奢已经达到了极点，谁能超过这种骄奢呢？况且宫中的官吏和正直的人士，又没能在太子身旁；许多奸邪巧诈的人，却能亲近太子。在宫外的人看来，已经有这种过失，但其中的隐秘，又哪里能够计算呢？不过苦口的药，有利于治病；逆耳的话，有利于行事，希望陛下能够居安思危，一天比一天谨慎。"太子厌恶他所上的奏疏，因此命令守门的奴仆趁张玄素上朝时，秘密地用大的马鞭来抽打他，几乎要将张玄素打死。

秋季，七月，戊子日（七月无此日），唐太宗任用长孙无忌为司徒，房玄龄为司空。

庚申日（初七），唐太宗下命令："从今以后，假如有自己弄成伤残的人，依据法律要加重处罚，仍旧要负担赋税徭役。"隋朝末年因为赋税徭役繁重，百姓往往自己折伤肢体，当时的人称之为"福手""福足"；到了现在这种风气依然存在，所以唐太宗下令禁止。

特进魏徵生病，唐太宗亲自写了诏告询问他说："没有看到你已经好几天，我的过失很多。今天我本想去探视你，担心更加劳苦你。假如有什么意见，可以用密封送进来。"魏徵上书说："近来弟子冒犯师长，奴婢轻慢主人，部下轻视长官，都是有原因的，这种风气实在不可让它滋长。"又说，"陛下上朝时，经常用大公无私勉励臣子，但是退朝以后所做的，却未免过于偏私。也许是害怕别人知道，因而妄加威吓愤怒，其实想掩盖却更明显，究竟有什么益处呢？"魏徵的住宅没有厅堂，唐太宗命令停止建筑小宫殿，将材料搬来建造厅堂，五天就完工，而且还送给他素色的屏风、素色的被褥、茶几以及手杖等物，来表示他的崇敬。魏徵上奏表致谢，唐太宗亲手下诏书说："我如此对待你，那是为了百姓和国家，不只是为了你一个人，这又有什么好致谢的呢？"

八月，丁酉日（十四日），唐太宗说："现在国家最急的是什么事？"谏议大夫褚遂良说："现在天下安定，最急的事，只有太子以及各王的名分应当确定。"唐太宗说："你这话很对。"那时太子李承乾品德恶劣，魏王李泰最受宠爱，群臣每天都在猜疑议论，唐太宗听了这些话十分厌恶，对侍臣们说："现在朝廷中的群臣，没有比魏徵更忠直的，我派遣他去辅佐太子，来断绝天下人的猜疑。"九月，丁巳日（初四），唐太宗任命魏徵担任太子太师。魏徵的病稍微好些，就来到朝廷上表辞谢。唐太宗亲手写了告谕的话："周幽王和晋献公废弃嫡子而立了庶子，最终毁了国亡了家。汉高祖几乎废弃太子，幸好有了商山四皓的辅翼，才没有废弃。我现在派遣你去辅翼太子，就是这个道理。我知晓你正在生病，可以卧在病床上养护你的身体。"魏徵于是接受了唐太宗的诏命。

癸亥日（初十），薛延陀真珠可汗派遣他的叔父沙钵罗泥孰俟斤来朝廷请求联姻，进贡三千匹马，三万八千件貂皮，一个玛瑙镜。

癸酉日（二十日），唐太宗又命令凉州都督郭孝恪代行安西都护和西州刺史的事。高昌旧有的百姓、镇守的兵卒和死罪囚徒一同住在西州，郭孝恪诚心来安抚他们，得到他们欢欣的拥护。

西突厥乙毗咄陆可汗杀死沙钵罗叶护，接收他的部众，又攻打吐火罗，并且将它灭亡。因此自恃国力强大，逐渐骄矜倨傲，拘留大唐的使者，侵略西域，派遣军队攻打伊州；郭孝恪带领两千轻骑自乌骨追击，并且将他们击败。乙毗咄陆又派遣处月和处密两个部落的军队围困天山，郭孝恪又将他们赶走，乘胜占领处月俟斤所居住的城市，追击他们到遏索山，又迫使处密的部属投降，然后才领兵返回。

起初，平定高昌以后，每一年要派遣一千多人戍守在那里。褚遂良曾经上奏疏，他认为："陛下治理天下，应当先治理华夏而后治理夷狄。陛下派兵攻取高昌，数个郡县都萧条冷落，几年不能恢复；每年调派一千多人在高昌戍守，他们远离家乡，穷人为了行装常常破产；还有流放的罪人，都是无赖的子弟，这样徒然骚扰边境，对于排兵布阵有什么益处？同时派遣戍守的士兵大多逃亡，徒增缉捕的烦劳。加上途经的道路，又是千里的沙漠，冬天的寒风如刀刺骨，夏天的热风如火焚烧，行人在这里来往，碰到这种天气大多死亡。倘若在张掖和酒泉一旦有战事发生，陛下又哪里能够得到高昌一个士兵和一斗粮食的救助？还是要运送陇州以东各州的士兵和粮食去接济的。由此来看，那么河西是大唐的心腹之地，而高昌只是他人的手足罢了。为什么要糜烂困弊根本来从事经营无用的土地呢？而且陛下得到突厥和吐谷浑，都不占有他们的领土，只是替他们确立君长而来安抚他们，难道高昌不能和他们相比吗？叛乱就逮捕，归顺就封赏，这样刑罚不是更威严，恩德不是更深厚吗？希望再选择可以定为君长的高昌子弟，让他来领导自己的邦国，那么他们的子子孙孙，都蒙受陛下的大恩，永远做大唐的藩屏辅佐，国内安定边境也安宁，这样不是最稳妥的办法吗？”唐太宗不肯听从遂良的谏言。等到西突厥来进犯时，唐太宗才懊悔地说：“魏徵和褚遂良规劝我再立高昌的国君，可是我不肯采纳他们的谏言，现在我才自吃苦果！”

乙毗咄陆向西进攻康居，借道经过米国，攻破城池以后，掳掠很多，但没有分给他的部下。他的部将泥孰啜经常出来抢夺，乙毗咄陆十分生气，就将泥孰啜斩杀在他的家里，泥孰啜的部属都十分愤怒。泥孰啜的部将胡禄屋就起来攻打乙毗咄陆，乙毗咄陆的部属分散逃走，只保住白水胡城。因此弩失毕的各部落和乙毗咄陆所统属的部落屋利啜等都派遣使者到大唐宫廷，请求废弃乙毗咄陆，另外再立可汗。唐太宗派遣使者送给他们玺书，立莫贺咄的儿子为可汗，称为乙毗射匮可汗。乙毗射匮立为可汗后，就将乙毗咄陆扣留的唐朝使者，全部加以遣回，并且带领他所统属的部落，在白水胡城攻打乙毗咄陆。乙毗咄陆率军反击，乙毗射匮被击败。乙毗咄陆派遣他的使者召回他的旧部落的人，旧部落的人都说：“纵使我们一千人战死，只有一个人可以生存，我们也不再归顺跟随你！”乙毗咄陆知道自己不被部众所拥护依附，因此就向西逃往吐火罗。

冬季，十月，丙申日（十四日），殿中监郢纵公宇文士及去世。唐太宗曾经在一棵树下休息，十分喜欢这棵树，宇文士及跟着就赞誉不止，唐太宗露出严肃的脸色说：“魏徵经常劝告我要远离佞人，我不知道佞人是谁，但我猜想是你，从今天来看，果然不错！”宇文士及听了叩头谢罪。

唐太宗对侍臣们说：“薛延陀在漠北最为强盛，现在控御他只有两个策略，倘若不调动军队去消灭他们，那么只好和他们联姻来安抚他们。这两个策略，我究竟该选择哪一个呢？”房玄龄对唐太宗说：“大唐新近才安定，战争太凶恶危险，我认为和亲是最好的策略。”唐太宗说：“你说得很对。我是百姓的父母，倘若这样做对百姓有利的话，我哪里会吝惜一个女儿呢？”

左领军将军契苾何力的母亲姑臧夫人和他的弟弟贺兰州都督

沙门都在凉州，因此，唐太宗派遣契苾何力回去省视，并且安抚他部落的百姓。这个时候，薛延陀的势力最强，契苾部落的百姓都要依附他，契苾何力十分惊恐地说：“陛下对我们这样深厚的恩惠，为什么突然间就背叛？”他部落中的群众说：“你的母亲和弟弟，都已经去了那里，为什么你不去呢？” 契苾何力说：“沙门孝顺母亲，我忠于国君，必定不会听从你们。”他的部众拘捕他去见薛延陀，将他安置在真珠营帐的前面。契苾何力伸足而坐，拔出佩刀向东方大声呼叫：“哪里有大唐烈士在虏庭蒙受羞辱！但愿天地日月，知晓我的这片忠心。”因而割下左耳来发誓。真珠可汗想要杀死他，因为他妻子的进谏而停止。

唐太宗听说契苾何力叛变，说：“一定不是契苾何力的意思。”身边的人说：“戎狄的气质和种类相近，契苾何力进入薛延陀，就如同鱼趋赴水一样。”唐太宗说：“不是如此。契苾何力的忠心如铁石，必定不会背叛我。”恰巧有使者从薛延陀回来，报告契苾何力遭遇的情状，唐太宗为他落泪哭泣，同时对身边的人说，“契苾何力果然忠诚，怎么样？”立刻命令兵部侍郎崔敦礼执着符节去晓谕薛延陀，唐太宗愿意将新兴公主嫁给他，来赎回契苾何力。契苾何力因为这个才能够回来，唐太宗封他为右骁卫大将军。

十一月，丙辰日（初四），唐太宗在武功打猎。

丁巳日（初五），营州都督张俭奏报唐太宗，高丽东部大人泉盖苏文弑杀他们的高丽国王武。盖苏文凶狠暴虐，又不守法纪，他的国王和大臣商议要杀死他。盖苏文暗中知晓，因此集合所有的部属，好像在校阅军队，并且在城南十分丰盛地陈设酒菜，召请大臣一起来观看，盖苏文率领军队将他们全都杀害，死的有一百多人。盖苏文又奔驰到宫中，亲自杀了高丽国王，尸体分为几段，丢弃在河沟之中，盖苏文立国王弟弟的儿子藏为国王；封自己为莫离支，这个官职就好像唐朝吏部兼兵部的尚书。因此又通告远近的百姓，独自掌理国事。盖苏文的身材高大魁梧，个性豪放犷逸，身上佩着五把刀，身边的人都不敢抬头看他。他每次上下马时经常教贵人和武将爬伏在地上，然后踩踏在他们的身上来上下；出外行走时，一定整齐队伍，前面开道引导的人马在高呼，所有的人都要奔跑散开，不避坑谷地逃避，路上行人断绝，国人都为了他而感到万分的痛苦。

壬戌日（初十），唐太宗在岐阳打猎，因此到了庆善宫，宴请赏赐武功的故旧耆老，使他们都十分欢喜而后离开。庚午日（十八日），唐太宗才回到京师。

壬申日（三十日），唐太宗说："我是万民的主人，要让他们都能够富贵。假如用礼义教导他们，必能让他们年少的尊敬年老的，妻子尊敬丈夫，那么他们人人都能够变得尊贵；假如能轻徭役薄赋税，让他们各自能够治理自己的生产事业，那么他们人人都能够富有。假如每一家的人都能够满足需要，我虽然不听管弦之乐，但心中也会感觉快乐。"

亳州刺史裴行庄奏请唐太宗征伐高丽，唐太宗说："高丽的国王武进贡不停，当他被贼臣所杀时，我十分哀痛，当然是不会忘记的。但我们假如乘着他的丧亡就攻打他，虽然占领了他们的国土，也是不光彩的。同时，山东地方民生凋敝，我实在不忍心再谈论用兵的事！"

唐高祖入关的时候，隋朝武勇郎将冯翊人党仁弘率领兵队两千多人在蒲坂投降唐高祖，又随从唐高祖平定京城，不久拜为陕州总管，当大军东征王世充时，党仁弘转运粮饷从不乏绝，历任南宁、戎州和广州的都督。党仁弘具有才能智谋，他所到的地方都有很好的政绩和声望，唐太宗十分器重他。然而他禀性贪婪，使广州的百姓贫困，因而被人告讼，赃款有一百多万，党仁弘犯的罪应该处死。唐太宗对侍臣们说："我昨天看到大理寺五次奏请诛杀党仁弘，可怜他年老被杀，所以当吃午饭时，就下令撤销这件案子，但为他寻找活命的理由，始终不能获得，现在我想歪曲法律而来救他的性命。"十二月，壬午朔日（初一），唐太宗又将五品以上的官吏召集到太极殿前，并且对他们说，"法律，是国君受命于天而制定的，不可以因为偏私而失信。

现在我想偏袒党仁弘而宽恕他的罪，这样既乱了法，又辜负了上天。我想前往南郊，睡在草席上，一天只吃一顿的粗饭，用三天的时间，来向上天表示谢罪。”房玄龄等大臣都向唐太宗说：“生死的大权，是人主掌握的特权，陛下为什么要这样谴责自己！”唐太宗没有答应，群臣在朝堂上坚决地请求，自早上直到午后，唐太宗因此亲自写了诏书，说：“我有三条罪过：第一是认识人不清楚，第二是因偏私而乱法，第三是最好的没有奖赏，最坏的不加诛杀。因为各位大臣坚决进谏，姑且听从各位的请求。”因此贬黜党仁弘为平民，流放到钦州。

癸卯日（二十二日），唐太宗来到骊山温泉；甲辰日（二十三日），唐太宗在骊山打猎。唐太宗上山时，看到围场有间断的地方，因此回头对身边的侍从说：“我看到围场不整而不加惩罚，那将要毁坏军法；假如加以惩罚，那又是我居高临下来寻求他人的过失。”于是唐太宗托辞道路险峻，引马入谷，避开而行。乙巳日（二十四日），唐太宗返回宫中。

刑部认为：“反叛连坐的法律，兄弟只是罢免官职实在太轻，因此请求改为判处死刑。”唐太宗命令交给仆射、尚书等去研讨商议，参加研讨会商的人都认为：“秦朝、汉朝、魏朝和晋朝的法律，反叛者都是诛灭三族，现在应当批准刑部的请求才对。”可是给事中崔仁师却反驳说：“古时父子和兄弟，犯罪并不牵连，为什么用秦代的严刑峻法，来变更周朝的法典，并且诛杀他的父子，已经足以系累他的心，让他不敢叛逆，假如这样他还不有所顾虑，那么他又怎么会爱惜他的兄弟呢？”唐太宗听从了崔仁师的谏言。

唐太宗问侍臣们说：“自古以来，有时国君迷乱而臣子贤明，有时国君贤明而臣子愚昧，这两种情况哪一种好呢？”魏徵对唐太宗说：“国君贤明，那么赏善罚恶才能恰当，臣子又哪里能够起来造反呢？假如国君迷乱不能处理国事，那么纵欲迷乱任性而行，同时又不采纳谏言，虽然有良臣，又怎能施展他的才能呢？”唐太宗说：“齐文宣得到杨遵彦治理国家，这不是国君迷乱而臣子贤明治国的事例吗？”魏徵对唐太宗说：“他只能挽救国家的危亡罢了，哪里称得上是贤臣治理国家呢？”

贞观十七年（癸卯，公元643年）

春季，正月，丙寅日（十五日），唐太宗对群臣说：“我听说外面的人士，因为太子李承乾患有脚病，魏王李泰又聪明，同时又常跟随我出游，因此突然间生出猜测，一些侥幸之徒，已经开始盲目附会。太子虽然患有脚病，但还能够走路，并且在《礼》上说，嫡子死了，就立嫡孙，太子的长子已经五岁，我永远不会用庶子来代替嫡子，遗留非分而窃取帝位的祸端。”

郑文贞公魏徵卧病在床，唐太宗派遣使者探问他的病情，并且赠送他药材，探问的人接连不断。唐太宗又派遣中郎将李安俨住在他的家里，他的一举一动都向自己奏报。唐太宗又和太子一起到魏徵的家里，并且表明要将衡山公主嫁给他的儿子魏叔玉。戊辰日（十七日），魏徵病死，唐太宗命令九品以上的官吏都要参加葬礼，并且赠送葆幢鼓吹，陪葬在昭陵。魏徵的妻子裴氏说：“魏徵一生的生活都十分节俭朴素，现在用一品官的羽葆仪仗来埋葬，这不是死者的心愿。”全都辞谢不肯接受，用布车载着棺柩前去埋葬。唐太宗登上禁苑的西楼，悲哭远望着，心里感到十分的哀痛。唐太宗又亲自撰写了碑文，并且为他写在碑石上。唐太宗思念魏徵不已，对侍臣们说：“人用铜做镜子，可以让衣冠端正；用古代的朝代做镜子，可以看出自己国家的兴盛或衰败；用别人做镜子，可以知晓自己的成败得失。魏徵死了，我失去一面镜子。”

鄠尉游文芝奏告代州都督刘兰成策划谋反，戊申日（正月无此日），刘兰成被腰斩，右武侯将军丘行恭就挖出刘兰成的心肝来吃，唐太宗听到以后就责备他说：“刘兰成策划反叛，国家自然有一定的刑法，为什么要这样？假如这样做是表示你的忠孝的话，那么太子和诸王要先吃他的心肝，哪里会轮到你呢！”丘行恭听了唐太宗的话，十分惭愧地谢罪。

二月，壬午日（初二），唐太宗问谏议大夫褚遂良说："虞舜制造漆器，进谏的人有十多人，这是件小事，又为什么要进谏禁止呢？"褚遂良对唐太宗说："奢华是危亡的根源，假如不停地制造漆器，那么就要将所有的金玉拿去制造漆器了。忠臣爱护国君，一定要防止祸源逐渐地滋长；假如祸乱已成，就无法再进谏了。"唐太宗说："对，我假如有过失，你也应该在祸乱还未滋长时就来进谏。我看前代的帝王拒绝进谏的人，大多都说：'我已经在做了。'或者说：'我已经允许了。'始终都不肯改过。这样，想要不遇到危亡，哪里能够做得到呢？"

这时候，唐太宗的儿子担任都督和刺史的，年纪大都很小，褚遂良因此上奏疏，他认为："汉宣帝曾说：'同我一同治理天下的人，是这些称职的郡守呀！'现在皇子幼小，不知晓从政的道理，不如暂且留在京师，用经术来教导他们，等到长大后再派遣他们。"唐太宗认为褚遂良的话很对。

壬辰日（十二日），唐太宗任用太子詹事张亮为洛州都督，侯君集却认为自己有功却被拿到职司衙门，因此怨恨而怀有异心。当张亮出任洛州都督时，侯君集激他说："什么人排斥你呢？"张亮说："不是你还有谁？"侯君集说："我刚平定一国归来，却遭到很多的愤怨，哪里会来排斥你呢？"侯君集因此拂袖愤怒地说："我苦闷得无法生活，假如你能造反，我就同你一起造反。"张亮将侯君集的这些话秘密地奏告唐太宗。唐太宗说："你和侯君集都是功臣，在谈话的时候，旁边没有其他的人，假如将侯君集交给法吏，侯君集心里一定不服，这样，将来的事就很难猜测，你姑且不要再说。"唐太宗对待侯君集像从前一样。

鄜州都督尉迟敬德上表乞求退休回乡，乙巳日（二十五日），唐太宗任用尉迟敬德为开府仪同三司，准许五天来朝见一次。

丁未日（二十七日），唐太宗说："君主只有一颗心，可是攻心的人很多，有的凭勇力，有的用口才，有的凭谄媚，有的用奸诈，有的凭嗜欲，围绕着攻击它，各自施展他们的法术，来获取恩宠爵禄，假如君主稍有松懈，而接受其中的一种攻击，那么危亡就会跟随而来，这就是君主所以难做的道理。”

戊申日（二十八日），唐太宗命令画功臣赵公长孙无忌、赵郡元王李孝恭、莱成公杜如晦、郑文贞公魏徵、梁公房玄龄、申公高士廉、鄂公尉迟敬德、卫公李靖、宋公萧瑀、褒忠壮公段志玄、夔公刘弘基、蒋忠公屈突通、郧节公殷开山、谯襄公柴绍（胡三省“柴绍当作许银”）、邳襄公长孙顺德、郧公张亮、陈公侯君集、郯襄公张公谨、卢公程知节、永兴文懿公虞世南、渝襄公刘政会、莒公唐俭、英公李世勣、胡壮公秦叔宝等人的图像悬挂在凌烟阁。

齐州都督齐王李祐秉性轻浮急躁，他的舅舅尚乘局直长阴弘智告诉他说：“您的兄弟有那么多，陛下死了以后，应当招募壮士来保卫自己。”李祐认为阴弘智的话很对。阴弘智因此就推荐妻子的哥哥燕弘信，李祐十分喜爱他，就赏赐给他很多的金玉，命他暗中招募敢死之士。

唐太宗挑选刚直的人士担任长史、司马，来辅佐各位亲王，假如各位亲王有过失就奏告唐太宗。李祐亲近许多小人，喜好畋猎，因此长史权万纪多次进谏，李祐都不听。壮士昝君谟、梁猛彪是李祐最宠爱的人，权万纪都弹劾驱逐他们。可是李祐却暗地召请他们回来，更加宠爱他们。唐太宗常常用诏书责备李祐，权万纪害怕一同获罪，因此对李祐说：“假如您的确能改过自新，权万纪请求进朝廷奏报陛下。”因此权万纪分条列举李祐的过失，迫使他表陈自首，李祐害怕而听从。权万纪到了京师，说李祐必定能够悔改。唐太宗十分高兴，一面勉励权万纪，一面细数李祐从前的过失，同时用诏书告诫他。李祐听到了以后，愤怒地说：“长史出卖了我，他劝我自首，自认为有匡辅之功，我一定要杀死他。”唐太宗认为校尉京兆人韦文振这个人谨慎耿直，因此任用他为李祐王府的典军。韦文振经常向李祐进谏，所以李祐也讨厌他。

权万纪的性情褊隘，专以刻薄对待李祐，在城门外经常释放李祐所豢养的鹰犬，让李祐不敢任意外出，并且使昝君谟、梁猛彪无法见到李祐。碰巧权万纪的住宅中夜晚落下一块土块，权万纪认为这是昝君蕃、梁猛彪谋杀自己的东西，因此将他们关押在狱中，传递奏疏报告唐太宗，并且弹劾和李祐同党者几十人。唐太宗派遣刑部尚书刘德威前去查验，事情又十分可信。因此诏令李祐和权万纪都来朝廷。李祐已经积恨在心，因此和燕弘信的哥哥燕弘亮等谋杀权万纪。权万纪得到诏书就先走，李祐派遣燕弘亮等二十多人骑马追随，在路上射杀了权万纪。李祐的同党又一同逼迫韦文振和他们同谋，韦文振不听从，走了几里路，也被他们追上而杀害。他的部属恐惧得腿股战栗，叩头伏地，不敢仰视。李祐因而私自设立上柱国、开府等官，开启府库之物来奖赏将士，驱赶百姓进城，修理战甲兵器，修缮楼观城墙，设立拓东王、拓西王等官。官吏和百姓抛弃妻子儿女夜里从城上吊下绳索而出逃的，络绎不绝，李祐都无法禁止。三月，丙辰日（初六），唐太宗诏令兵部尚书李世勣等调动怀州、洛州、汴州、宋州、潞州、滑州、济州、郓州、海州等九州的军队讨伐他。唐太宗赐给李祐手书说："我经常告诫你不要亲近小人，正是为了今日的这种事故。"

李祐召集燕弘亮等五个人住在卧室里，其他的余党分别带领士兵，各自巡逻守城。但李祐却每夜和燕弘亮等人与妃妾宴会饮酒，自认为称心得意。在嬉笑之间，谈到朝廷的军队，燕弘亮等人说："大王不必担忧！弘亮等人右手拿着酒杯，左手就可为您挥动刀剑攻打他们。"李祐十分高兴，认为真的是如此。因此就檄告各县，各县都不肯服从。此时李世勣的军队还没有到达，可是青州、淄州等数州的军队已经集结在李祐属地的边境。齐府兵曹杜行敏等人，暗中谋划要抓捕李祐，李祐的亲随和官吏百姓不是与李祐同谋的，没有不响应的。庚申日（初十）的夜晚，四面击鼓叫喊，响声几十里之外都可以听到。李祐的同党有住在外面的，众人一齐挥动刀剑来斩杀他们。李祐问这是什么声音，身边的人骗他说："李世勣所带领的飞骑已经登城了。"

杜行敏命令士兵凿墙而入，李祐和燕弘亮等披着战甲、拿着兵器进入室内，关着门户抵抗，杜行敏等一千多人围困着他们，从早晨直到中午，都攻打不下。杜行敏对李祐说："您从前是皇帝之子，现在已经成为国贼，假如不快投降，立即就要成为灰烬了。"因此命令堆积柴木要焚烧他们。李祐从窗口对杜行敏说："我立刻开门，只担心燕弘亮兄弟会被你们杀死罢了。"杜行敏对他说："必定会保全你们。"李祐等于是开门出来。有人挖出燕弘亮的眼睛，将他的眼睛丢在地上。其余的人就打断他的腿并且杀了他。抓捕李祐押到营门前，展示在官吏百姓的面前，后来又将他押回锁在东厢里。齐州的叛乱都平定了。乙丑日（十五日），唐太宗命令李世勣等停止用兵。李祐来到了京师，唐太宗赐他在内侍省自杀。同党被杀的有四十四人，其余的人都不加追问。

李祐当初叛乱的时候，齐州人罗石头当面数说他的罪过，拿着枪向前冲，要刺杀李祐，最终被燕弘亮所杀。李祐率领骑兵攻打高村，村里的人高君状远远地斥责李祐说："君主提着三尺长的刀剑夺取天下，亿万的百姓都蒙受他的恩德，像天一样地敬仰他。你忽然驱逐城中几百人想要造反而违逆自己的君父，这样就好比要用一只手来摇撼泰山，为什么这样自不量力呀？"李祐纵马追击，俘虏了他，心里十分惭愧不愿杀他。唐太宗因此命令追赠罗石头为亳州刺史，并且任命高君状为榆社县的县令，任用杜行敏为巴州刺史，封为南阳郡公；和他一同捕获李祐的也有不同的奖赏。

唐太宗检查李祐家中的文书笺疏，得到记室郏城人孙处约的谏书，唐太宗非常叹赏，多次升迁孙处约直到中书舍人。庚午日（二十日），唐太宗追赠权万纪为齐州都督，赐给他武都郡公的爵位，谥号叫作敬；又追赠韦文振为左武卫将军，赐给他襄阳县公的爵位。

当初太子李承乾喜好声色和畋猎，所做的十分奢侈，害怕唐太宗知道，因此他对着宫臣经常谈论忠孝之事，甚至感动流泪，但是他回到宫中，却又和一些小人亵玩。宫臣中有想进谏的，太子早就猜出他的意思，经常迎迓拜谢，敛容正坐，自认有罪谴责自己，说话机变狡诈，宫臣拜谢对答不暇。宫中的秘密，外人无法得知，所以当时的舆论最初都称赞太子贤能。

太子铸造八尺的铜炉，六隔的大鼎，募集逃亡的官奴盗取民间的牛马，亲自参与烹煮，和这些人一同分食。同时又喜欢突厥的语言和他们的服饰，选择随从面貌像突厥的五个人为一部落，头上扎着辫子，身上穿着羊裘牧羊，旗上画着五个狼头，架设毡帐，太子自己住在里面，烹煮羊肉，抽出佩刀割羊肉来吃。太子又曾经对身边人说："我假装做可汗死了，你们效法他们的礼仪办理丧事。"太子因而僵卧在地上，众人都号啕痛哭，跨上马环绕着奔跑，临近死者的身旁，用刀割面而哭。很久以后，太子突然起来，说："一旦有了天下，我一定带领数万的骑兵在金城（胡三省曰："金城恐当作金河"）西边打猎，然后散开头发，归附思摩做一个突厥的百姓，假如能够担任一个典掌兵马的官，不会甘居人后。"

左庶子于志宁和右庶子孔颖达经常进谏太子，唐太宗奖励他们，赐给他们两个人金帛，希望他们讽示劝勉太子，仍旧任命于志宁为詹事。于志宁和左庶子张玄素经常上书严厉进谏，太子暗中派人刺杀他们，但没有成功。

汉王李元昌所做的事大多不合法，唐太宗时常谴责他，因此心怀怨恨。太子和他亲近和善，早晚一起游戏。他们分左右为两队，太子和李元昌各自率领一队，披着毡毛的战甲，拿着竹子的兵器，布设战阵大声呼叫交战，击打刺杀流血，以此当作娱乐。假如有不听从命令的，便被张开四肢吊在树上抽打，甚至有搏打死亡的。太子还说："倘若我今天做了天子，明天在苑中设置万人的军营，和汉王分别率领，观看他们战斗，这不是一件快乐的事情吗？"又说，"我做了天子，就要尽情享乐，假如有人敢来劝谏，我就杀掉他，只要杀掉几百人，大家自然就会停止劝谏。"

魏王李泰有很多的才艺能力，被唐太宗所宠爱，看到太子患了脚病，暗中怀有篡夺嫡长子的心意，礼遇士人来求取声望名誉。唐太宗任命黄门侍郎韦挺掌管李泰府的事情，后来又任命工部尚书杜楚客代理韦挺的职务，这两个人都为李泰联络结交朝中人士。杜楚客有时用黄金去贿赂朝中的权贵，因而这些权贵向唐太宗游说魏王聪明，应当做皇上的嫡嗣；文武百官，有的归附太子，有的拥护魏王，暗中结为党派。太子担心魏王的声势逼人，派遣人诈称是李泰府典签所上的奏疏，其中都说李泰作恶的事，唐太宗命令逮捕典签，可是捕获不到。

太子私下喜欢太常乐童称心，同他一起生活。道士秦英和韦灵符利用他们的邪道，得到太子的宠爱。唐太宗知道了这件事，大怒，因此收押童称心杀掉，连坐而死的有几个人，同时十分严厉地斥责太子。太子猜想是李泰所告发，因此更加怨恨；可是对于童称心却思念不已，因此在宫中造一个宫室，立起他的像，早晚祭拜，徘徊流泪，同时在苑中又做一个坟墓，私自赠给童称心官爵，为他树立墓碑。

唐太宗内心渐渐不喜欢太子，太子也知道，称病不朝见唐太宗，往往好几个月，暗中收养刺客纥干承基等人和壮士一百多人，计划谋害魏王李泰。

吏部尚书侯君集的女婿贺兰楚石担任东宫千牛，太子了解侯君集的怨恨，常常命令贺兰楚石引召侯君集来东宫，询问他自保的方术。侯君集认为太子昏暗庸劣，想乘着他们父子彼此有衅隙利用他，因此就劝说太子起来叛乱，举起手来对太子说："这是一双好手，当为殿下使用它们。"又说，"魏王被陛下所宠爱，担心殿下有隋文帝之子的灾祸，假如有陛下敕令宣召进宫，应当暗中多做准备。"太子认为说得很对。太子重重贿赂侯君集和左屯卫中郎将顿丘人李安俨，让他们侦察唐太宗的心意，一有动静就来告诉他。李安俨最先侍奉隐太子，隐太子失利时，李安俨为他尽力而战，唐太宗认为他是一个忠臣，所以亲自任命他的职务，让他掌管宿卫之事。李安俨却投靠了太子。

汉王李元昌也劝说太子谋反，并且对太子说："近来见到陛下身旁有一位美人，善弹琵琶，事成以后，请将她赐给我。"太子答应了他。洋州刺史、开化公赵节，是赵慈景的儿子，母亲是长广公主；驸马都尉杜荷，是杜如晦的儿子，娶了城阳公主，他们都是太子亲近的人，参与他的谋反。凡是一同谋反的人，全都割破手臂用绢帛擦血，然后烧成灰同酒一同喝下，发誓同生共死，又暗中谋划搬运兵器到西宫。杜荷对太子说："天象有了变化，应该迅速发动谋反来响应，殿下只要假装突然患了重病，陛下一定会亲自前来探视，就这样便可以得手。"太子听说齐王李祐在齐州谋反时，便对纥干承基等人说："我的东宫西边的宫墙距离大内只有二十步罢了，同你们来做谋反的事，哪里会像齐王那样距离远而难以成功呢？"恰好朝廷惩办李祐谋反的事，连累了纥干承基；纥干承基犯罪被关在大理寺狱中，应该判处死罪。

资治通鉴卷第一百九十七　唐纪十三

起癸卯（公元643年）四月，止乙巳（公元645年）五月，共两年两个月。

【题解】本卷记录了公元643年四月至645年五月的史事，共两年又两个月，正当贞观十七年至十九年。此时期最大的事件有两个：一是废立太子。继唐太宗李世民第五子李祐谋反之后，太子李承乾图谋造反而被废，争太子位的魏王李泰被贬黜。唐太宗晚年易怒，虽仍有纳谏意识，但行动上却已讨厌听谏言了，以致听信谗言猜疑已故的魏徵。二是唐太宗不听众人劝说兵伐高丽。唐太宗忧心太子李治懦弱，想在有生之年平定四夷，这也是兵伐高丽的一个原因。

太宗文武大圣大广孝皇帝中之下

贞观十七年（癸卯，公元643年）

夏季，四月，庚辰朔日（初一），纥干承基上书告发太子谋划造反。唐太宗命令长孙无忌、房玄龄、萧瑀、李世勣和大理寺、中书省、门下省一同参加审问，发现太子造反的情形已经非常明显。唐太宗对侍臣们说："要如何来惩处李承乾呢？"群臣全都不敢回答，通事舍人来济进谏说："陛下不能不说是一位慈父，假如能不杀戮太子，那是最好！"唐太宗听从他的谏言。来济，是来护儿的儿子。

乙酉日（初六），唐太宗命令将太子李承乾废为平民，幽禁在右领军府。唐太宗想要赦免汉王李元昌的死罪，群臣坚决反对，因此赐他在家中自尽，但赦免他的母亲、妻子、子女的罪。侯君集、李安俨、赵节和杜荷等人都被处死。左庶子张玄素、右庶子赵弘智和令狐德棻等人都因为不能进谏规劝，被连坐贬为平民。其他应当连坐的人，都赦免了他们的罪。詹事于志宁因为经常进谏劝告，独蒙唐太宗慰劳勉励。唐太宗任用纥干承基为祐川府折冲都尉，爵位封为平棘县公。

当侯君集被收押的时候，贺兰楚石又到宫中来检举他谋反的事，唐太宗引出侯君集对他说："我不想让狱官凌辱你，所以我自己来审问你。"侯君集最初不承认，后来引出贺兰楚石说出他参与谋反的经过，又将他给李承乾的笺启给他看，侯君集没有话好说，因此只好承认。唐太宗对侍臣们说："侯君集对朝廷有功劳，我想赦免他的死罪，可以吗？"群臣都认为不可以赦免侯君集的死罪。唐太宗因此对侯君集说："我和你永别了。"并且因此流下眼泪；侯君集也扑倒在地。后来就将侯君集斩杀在东市。侯君集临死的时候，对监刑将军说："我竟然失误到这种地步，不过，当年在秦王府时即侍奉陛下，又有攻取吐谷浑、高昌二国的功绩，我请求保全一个儿子来奉祭祀。"唐太宗因而赦免他的妻子和子女，命令将他们迁到岭南。没收他的家产，得到两个美人，她们从小就吃人的奶水而不吃其他的食物。

当初唐太宗命李靖教导侯君集兵法的时候，侯君集对唐太宗说："李靖将要造反了。"唐太宗问李靖造反的缘故，侯君集对唐太宗说："李靖只教导我粗浅的兵法，而他却隐藏精良的兵法，由此可以知晓他将来会造反。"唐太宗就拿这件事问李靖，李靖对唐太宗说："这就是侯君集要造反的证明。现在华夏已经平定，我所教的兵法，足以抵御四方的夷狄，可是侯君集却坚决请求我将所有的兵术教给他，不是用来造反，那又是用来做什么呢？"江夏王李道宗曾经从容地对唐太宗说："侯君集的志向大而智慧小，自以为自己有一点小功，在房玄龄和李靖之下是一件耻辱的事，虽然他做了吏部尚书，但他的心中却不满足。在我看来，他一定会起来造反。"唐太宗说："侯君集的才能，哪一个职位都可胜任！我又哪里珍惜那个重位，只是还没有轮到他罢了，他哪里可以随便猜测，乱生猜忌疑惑呢？"等到侯君集造反被杀，唐太宗因此对李道宗致谢说："侯君集真的像你所说的一样。"

李安俨的父亲，已经九十多岁，唐太宗怜悯他，赐给他奴婢来奉养他。

太子李承乾已经获罪，魏王李泰每天到宫中侍奉唐太宗，唐太宗当面允许封他为太子，岑文本和刘洎也都劝说唐太宗立魏王李泰为太子，只有长孙无忌坚持请求立晋王李治为太子。唐太宗对侍臣们说："昨天李泰靠在我的怀里对我说：'我今天才真正成为陛下的儿子，今天是我再生的日子。我有一个儿子，我死的那一天，我一定为陛下杀掉他，传位给晋王。'哪一个人不爱他的儿子，我看到他这个样子，十分怜悯他。"谏议大夫褚遂良说："陛下的话大错，希望审慎想想不要再做错！哪里会有陛下万岁以后，魏王据有天下，肯杀死他的爱子，传位给晋王的事呢？陛下从前已经立李承乾为太子，可是又宠爱魏王，礼数又超过李承乾，因此造成今日的祸乱。过去的事不太遥远，可以作为借鉴。陛下现在立魏王，希望先安置晋王，才能安全无事。"唐太宗流着泪说："我不能这样做。"唐太宗因此起身到宫中去。魏王李泰担心唐太宗立晋王李治为太子，因此对李治说："你和李元昌友善，李元昌现在已经失败，你难道不会感到忧伤吗？"李治因此露出忧愁的面色，唐太宗觉得十分奇怪，几次探问他缘故，李治才将情形告诉唐太宗，唐太宗感到怅然，才懊悔立李泰为太子的话。唐太宗曾亲自责备李承乾，李承乾说："我是太子，还有什么希求！只因为李泰有所图谋，所以经常和朝臣谋求自保的方术，不法的人因而教导我做一些不轨的事罢了。现在假如立李泰为太子，那正好落入他的谋算。"

李承乾已经被废为平民，唐太宗到了两仪殿，群臣都走了，只留下长孙无忌、房玄龄、李世勣和褚遂良，唐太宗对他们说："我的三个儿子和一个弟弟如此作为，我的心里真是苦闷，百无聊赖。"唐太宗因此投身撞倒在床上，长孙无忌等大臣争着向前去扶抱唐太宗，唐太宗又抽出身上的佩刀想要自杀，褚遂良夺取佩刀送给晋王李治。长孙无忌等臣子请求唐太宗说出他的意愿，唐太宗说："我想立晋王为太子。”长孙无忌说：“我恭敬奉守陛下的诏命，假如有异议的人，我请求陛下杀掉他。”唐太宗对李治说：“你的舅舅赞成立你为太子，你应当拜谢他。”李治因此拜谢长孙无忌。唐太宗对长孙无忌等臣子说：“你们已经赞同我的心意，不知道外边人的意见如何？”群臣对唐太宗说：“晋王为人仁爱孝顺，天下的人归心已久，请陛下召问百官，假如有不同意见的人，臣等辜负陛下，罪当万死。”唐太宗因此驾临太极殿，召集六品以上的文武百官，对他们说：“李承乾叛逆，李泰也为人险恶，都不可以立为太子，我想选择其他的儿子来继承，哪一个可以呢？你们明白地说出来。”群臣都大呼说：“晋王最为仁爱孝顺，应该由他来继承。”唐太宗十分喜悦。这一天，李泰率领一百多个骑兵来到永安门，唐太宗命令门司教他的骑兵都躲避到远处，引导李泰进入肃章门，将他幽禁在北苑。

丙戌日（初七），唐太宗下诏书立晋王李治为皇太子，来到承天门楼，大赦天下，痛饮三天。唐太宗对侍臣们说：“假如我立李泰为太子，那么太子这一个位子就是可以通过营求得到。自现在开始，太子失德和藩王窥视这两件事，已经全部过去了。这些事留传给后世的子孙，永远可以作为处事的法则。而且立李泰为太子，李承乾和李治都不能保全；立李治为太子，那么李承乾和李泰都能够安然无忧。”

◆臣司马光说：唐太宗不将天子的王位传给他所喜爱的魏王李泰，这样堵塞了祸乱的根源，可以说他是一位有远大谋略的天子。◆

丁亥日（初八），唐太宗任命中书令杨师道为吏部尚书。长广公主原来嫁给赵慈景，生了赵节，赵慈景死了以后，长广公主再嫁给杨师道，杨师道和长孙无忌等人一同来审问李承乾的罪，暗中为赵节铺路，因此遭到谴责。唐太宗到了公主的住所，公主用头撞地，流着眼泪替儿子求情，唐太宗也流着眼泪回拜说：“奖赏不避开仇人，惩罚不偏袒亲戚，这是上天公正的道理，我不敢违逆，因此我只好辜负姐姐。”

己丑日（初十），唐太宗任命长孙无忌为太子太师，房玄龄为太傅，萧瑀为太保，李世勣为詹事，萧瑀和李世勣都是同中书门下三品，同中书门下为三品官是从这个时候开始的。唐太宗又任命左卫大将军李大亮领右卫率，前詹事于志宁和中书侍郎马周为左庶子，吏部侍郎苏勖和中书舍人高季辅为右庶子，刑部侍郎张行成为少詹事，谏议大夫褚遂良为宾客。

李世勣曾经患了急病，药方说："须灰可以治疗。"唐太宗自己剪了胡须为他调和药饵，李世勣流着眼泪向唐太宗叩头出血拜谢。唐太宗说："这是为了国家，不单只为了你，有什么好拜谢的呢？"李世勣曾经陪侍唐太宗宴会，唐太宗从容地说："我寻求可以托付幼孤的大臣，没有人能胜过你，你过去既能不辜负李密，那又怎会辜负我呢？" 李世勣流着眼泪拜谢唐太宗，同时咬破指头流着血来发誓。后来因为饮酒沉醉，唐太宗解下衣服覆盖在他的身上。

癸巳日（十四日），唐太宗下诏书解除魏王李泰雍州牧、相州都督、左武侯大将军的职务，并且将他的爵位降为东莱郡王。李泰府中的部属，凡是李泰所亲近的，都贬谪到岭表。因为杜楚客的哥哥杜如晦有功劳，赦免死罪，废为平民。给事中崔仁师曾经暗中奏请唐太宗立魏王李泰为太子，所以将他贬谪为鸿胪少卿。

庚子日（二十一日），朝廷制定太子拜见三师的礼节：在东宫的殿门外迎接三师，太子先揖拜，三师也回礼揖拜；经过殿门的时候，太子让三师先走。三师坐下，太子才能坐下。太子写给三师的书信，前后都自称名字并加"惶恐"二字。

五月，癸酉日（二十五日），太子上奏表，因为"李承乾和李泰只不过一套随身的衣物，饭菜也不合胃口，他们的愁苦，实在值得同情，请求陛下命令掌管的官吏，要优厚地供给他们衣物和饮食"。唐太宗答应了太子的请求。

黄门侍郎刘洎向唐太宗进谏言，他认为："太子应当勤治学问，亲近师友。可是现在太子在宫廷里陪侍陛下，经常不是超过十天就是一个月，从师保以下的人，都很少接近太子，希望陛下抑止普通的恩爱，弘扬远大的法则，那全天下的人都能够得到幸福。”唐太宗因此任命刘洎、岑文本、褚遂良和马周轮流前往东宫，和太子一起出游宴饮，以及讲论学问。

六月，己卯朔日（初一），出现日食。

丁亥日（初九），太常丞邓素出使高丽回来，请求在怀远镇增加戍守的军队来威逼高丽。唐太宗说：“孔子曾经说：‘远方的人不归顺，那应当修治文教美德使他们来归附。’我从来没有听说只有一二百个戍守的军兵就能够威吓远方的呀！”

丁酉日（十九日），右仆射高士廉要让位，唐太宗答应了，他的开府仪同三司、勋爵封邑都和从前相同，又保留同门下中书三品，掌理政事。

闰月，辛亥日（初四），唐太宗对侍臣说：“朕自从立太子以后，遇到事情就教导他，看到他在吃饭，就对他说：‘你知晓耕稼的艰苦，就能常有饭吃。’看到他乘坐马车，就说：‘你知晓马的劳逸情形，不过分用尽马力，就能常有马车可以乘坐。’看到他乘坐舟船，就说，‘水可以载运舟船，也可以让舟船倾覆，百姓就像水，国君就像舟船。’看见他在树下休息，就说，‘木材接受绳墨的规正就能正直，国君采纳谏言才能圣明。’”

丁巳日（初十），唐太宗下诏令由太子掌理左、右屯营兵马的事情，大将军以下都接受太子节制。

薛延陀真珠可汗派遣他的侄子突利设前来贡献钱币以及五万匹马、牛、橐驼一万头和十万只羊。庚申日（十三日），突利设献上食物，唐太宗前往相思殿接受献食，大宴群臣，增设十部音乐。突利设再三下拜祝唐太宗万寿无疆，唐太宗给他的赏赐十分优厚。

契苾何力向唐太宗说：“不可以和薛延陀通婚。”唐太宗说：“我已经答应了，身为天子怎么可以背信食言呢？” 契苾何力回答说：“臣不是要陛下立即回绝他，而是希望暂时拖延一下这件事。臣听闻古代有亲自迎娶的礼节，假如下令给夷男，要他亲自迎娶，那么即使他不到京师，也应当到灵州，但看样子他一定不敢前来，我们回绝他就有借口了。夷男个性刚强乖戾，婚事既不成，下属又离心背叛，不到一两年必定会病死，两个儿子就抢着要继立为可汗，那时候就可以不动干戈而控制他们了！”唐太宗接受契苾何力建议，就征召薛延陀真珠可汗要他亲自前来迎娶，又下诏令准备前往灵州和薛延陀真珠可汗会面。薛延陀真珠十分高兴，要前往灵州，大臣规劝他说：“假如被对方拘留，那就懊悔也来不及了！”薛延陀真珠可汗说：“我听闻唐天子有圣明的美德，我能够前去和他见面，死了也不遗憾。而且漠北必定会有主人。不必为我操心，我已经决定行程，不必再多说！”唐太宗派出三路使者，接受真珠可汗所进献的各种牲畜。薛延陀原先就没有蓄积财物的仓库、马厩，真珠可汗向各部落调集征敛，来回的路程有一万里，路上还要路过沙漠，没有水草，使得消耗、死亡的牲畜将近一半，因而误了和唐太宗会面的日期。有人认为聘礼不完备就和对方结婚，会让戎狄轻视大唐；唐太宗就下诏令和真珠可汗断绝婚约，停止前去灵州，又命三路使者返回。

褚遂良上疏给唐太宗，认为：“薛延陀本来是一个俟斤，陛下扫平沙漠地带，万里呈现一片萧条，剩下的敌寇四处奔走逃窜，必须要有酋长接受玺书鼓纛（都是立可汗必备之物），来立为可汗，才能控制局面。最近陛下又大赐恩私，允许与薛延陀通婚，并且已经告诉了西方的吐蕃和北方的思摩，大唐境内的孩童，也没有不知道的。陛下又亲到北门，接受他们派人进献的宴食，群臣和四方夷狄，整天都在宴饮游乐。大家都认为陛下为了安抚百姓，不爱惜一个女儿，所以百姓们谁不怀念陛下恩德呢？现在一下子就产生后退的念头，有懊悔的心意，改变诺言，臣替国家惋惜声誉从此受损；所保全的利益不多，而所丢失的却太多了。两方的嫌隙一旦发生，一定会造成边境的忧患。对方蓄积了被欺瞒的怒气，而我方百姓又抱着悔约的惭愧心理，这种情形恐怕不是让远人顺服、教训战士的方法。陛下统治天下有十七年，以仁义来交结庶民百姓，用信义安抚四方夷狄，使得百姓夷狄没有不欣然愉悦的，亏负对方没有好处，为什么要爱惜一个女儿，而不让恩德有始有终呢？况且龙沙以北，有无数的部落，大唐想加以消灭，还是消灭不完，应该用恩德怀柔他们，让作恶的是戎夷不是大唐，失信的是对方不是本朝，那么尧、舜、禹、汤和陛下相比就差得远了！”唐太宗没有听从。

那时候，群臣们都这样说：“国家既然应允通婚，接受聘礼财物，就不可对戎狄失信，而再产生边境的忧患。”唐太宗说：“你们各位只知道古代情况而不晓得现在的情势。从前汉朝初年匈奴强大，中原弱小，所以拿盛妆的女子，赐金帛来诱引匈奴，这样做很对。现在中原强大，戎狄弱小，我只要出动步兵一千人，就可攻打胡人好几万骑兵。薛延陀所以跪伏叩头，随我所愿，不敢骄纵怠慢的原因，是刚刚做了君长，其他各姓和他种族不同，想要借大唐的声势让各部落畏服罢了。同罗、仆骨、回纥等十几个部落，兵力各自有几万人，合力进攻的话，马上就可将薛延陀消灭，他们之所以不敢发动进攻，是害怕薛延陀是大唐所立的君长。现在将女儿嫁他，他自恃是大国天子的女婿，其他各姓部落谁敢不服！戎狄是人面兽心的，一旦有点不得意时，必定会反咬一口而造成战患。现在我断绝和他通婚，拒绝接受他的聘礼，各姓部落知晓我背弃他，不用多久，就要瓜分薛延陀了，你们只要记着就是！”

◆臣司马光说：孔子说可以丢弃食物、丢弃军备，但不可丢弃信义。唐太宗确实知道不可以将女儿嫁给薛延陀，那么当初不要答应他通婚就可以；既然应允了他，又自恃强大而背信抛弃了他，就是将薛延陀消灭了，也是可耻的事。身为一国之君，发号施令能不慎重小心吗？◆

唐太宗说：“盖苏文杀死国君而独揽朝政，实在令人无法接受，以我们现在的兵力，攻取他并不困难，但是我不愿劳苦百姓，我想暂时派遣契丹、靺鞨出兵骚扰盖苏文，怎么样？”长孙无忌说：“盖苏文自己知道罪过重大，担心大国的讨伐，必定会严厉地防备着，陛下稍稍忍耐一下，让对方能够心安，一定会更加骄纵怠惰，更加扩大他的罪恶，那时候再征讨，也还不晚啊！”唐太宗说：“好！”戊辰日（二十一日），唐太宗下诏令任命高丽王藏为上柱国、辽东郡王、高丽王，派遣使者拿着符节前去册封任命。

丙子日（二十九日），唐太宗将东莱王李泰改封为顺阳王。

起初，太子李承乾德行不好，唐太宗暗中对中书侍郎兼左庶子杜正伦说：“我儿子的脚病并不重，但他疏远贤正善良的人，却亲近小人，是需要你好好观察的。假如确实不能教导，你应该来告诉我。”杜正伦多次劝谏太子，太子不听，就将唐太宗的话告诉了太子。太子就上表向唐太宗报告，唐太宗责备杜正伦泄露他的话，杜正伦回答说：“臣是要借陛下的话恐吓太子，希望他能够迁善改过罢了。”唐太宗十分生气，就将杜正伦外放为谷州刺史。后来李承乾反叛失败，秋天，七月，辛卯日（十四日），唐太宗又将杜正伦贬为交州都督。起初，魏徵曾经推荐杜正伦和侯君集，说他们具有宰相的才能，请求任命侯君集担任仆射，并且说：“国家在安定时不要忘记危机，也不可以没有大将，各卫兵马应当托给侯君集掌管。”唐太宗因为侯君集喜欢夸大，就没有任用他。后来杜正伦因罪贬官，侯君集谋反被杀，唐太宗才怀疑魏徵结党营私。又有人说魏徵自己记录下前后对国君的谏辞，来交给起居郎褚遂良，唐太宗更加不高兴，就打消魏徵儿子魏叔玉娶衡山公主的计划，又推倒亲自撰写碑文的魏徵墓碑。

起初，唐太宗对监修国史的房玄龄说：“前代史官所记的内容，都不让君主看，为什么？”房玄龄回答说：“史官不随意赞美，也不隐匿恶行，假如国君看了，一定会生气，所以不敢呈给君主看。”唐太宗说：“朕的用心，和前代君主不同。帝王要亲自观看国史，来了解从前所犯的过错，作为后来的警戒，你可以编撰好向我禀告，再让我看看。”谏议大夫朱子奢向唐太宗进言：“陛下本身德行圣美，所作所为都没有过失，史官所记述的，内容都非常完善优美。陛下只要看看《起居》，就没有什么关系，假如坚持要看国史，这例一开，传给子孙，担心陛下曾孙、玄孙的后代，倘若有不是上智的人才，文过饰非，祖护缺失，史官一定免不了遭受刑法甚至被杀。这么一来，史官就没有不望风顺应君王旨意，为保全自身性命而远离灾祸的，那么千载历史，还有什么可相信的呢？前代君王不看国史，就因为这个。”唐太宗没有听从。房玄龄就和给事中许敬宗等人删减国史，编纂成《高祖》《今上实录》；癸巳日（十六日），书写成了，呈给唐太宗。唐太宗看到书里六月四日玄武门兵变的事情，所用语句有许多隐晦不明，就对房玄龄说：“周公杀死管叔、蔡叔而安定了周朝，季友毒死叔牙而保存鲁国，朕的所作所为，也像这样，史官何必忌讳呢？”就命令删除虚浮的言辞，直接记录这件事。

八月，庚戌日（初三），唐太宗任命洛州都督张亮为刑部尚书，参与处理朝廷政事；任命左卫大将军、太子右卫率李大亮为工部尚书。李大亮本人担任三个职务，守卫两宫。他为人恭敬、节俭、忠诚、谨慎，每次当值宿卫，一定不解衣睡觉，一直守卫到天亮。房玄龄十分器重他，经常称赞李大亮具有王陵、周勃的节操，可以担任大的职位。

起初，李大亮是庞玉的兵曹（掌兵事的官吏，公府的属官）时，被李密抓获，同辈的都死了，贼帅张弼看见李大亮就释放了他，两人就结为朋友。后来李大亮显贵之后，就寻找张弼，要报答他救命的恩德，张弼那时是将作丞，隐藏自己不说出。李大亮在路上遇到张弼，并认出来，李大亮抱着张弼哭泣，拿出很多家财给张弼，但张弼拒绝不肯接受。李大亮向唐太宗禀告，请求将自己所有的官爵赐给张弼，唐太宗因此擢升张弼为中郎将，当时人都赞美李大亮不辜负别人的恩德，也称赞张弼不夸耀自己的功劳。

九月，庚辰日（初四），新罗派遣使者说百济攻取他们国家四十几个城市，又和高丽联结部队，准备断绝新罗入京进贡的路线，要求派兵加以救援。唐太宗命令司农丞相里玄奖带着印玺书信前往高丽，信中对高丽王说：“新罗在大唐朝廷派有人质，对朝廷的进贡也不缺乏，你和百济都应当停止出兵攻打新罗，再进攻的话，明年就调动士兵攻打你们两个国家！”

癸未日（初七），唐太宗将李承乾迁到黔州。甲午日（十八日），唐太宗将顺阳王李泰迁徙到均州。唐太宗说："父子之间的亲情，是出自天性自然的。朕现在和李泰离别，心里也非常难受！可朕是天下的主人，只要能够让百姓过上安定宁静的生活，私情也可以割舍。"又将李泰所上奏的章表拿给近臣看，说，"李泰确实是个俊才，朕心里非常想念他，这是你们诸位所知晓的，但为了社稷江山，不能不以义割舍私情，派他到朝廷外做官，也是为了两方都安好罢了。"

早先，各州长官或高级幕僚，每年岁首亲自携带进贡财物来到京师，称之为朝集使，又称为考使（考铨本州官吏政绩好坏）；京师没有馆舍，大都和商贾一同租房子住在一起。唐太宗这时才下令有司建造馆舍。

冬季，十一月，己卯日（初三），唐太宗在圜丘祭祀昊天上帝。

起初，唐太宗和隐太子、巢剌王有仇隙时，密明公赠司空（密明公为谥号，司空为赠官）封德彝暗中怀着两方讨好的心理。杨文干叛乱时，唐高祖要废掉隐太子而立秦王，封德彝再三劝告才停止。这件事十分隐秘，唐太宗也不知道，直到唐高祖去世后才知晓。壬辰日（十六日），治书侍御史唐临才追究调查这件事，请求贬黜封德彝官位，除去爵级。唐太宗下令百官讨论，尚书唐俭等人建议说："封德彝的罪在死后被发现，但他的恩德在世时就已经结下，所以他做过的官衔不能够追夺。请求贬降他的赠官，更改他的谥号。"唐太宗诏令贬黜封德彝的赠官，改他的谥号为缪，削夺他所封的食邑。

唐太宗下令挑选良家女子入东宫服侍；癸巳日（十七日），太子李治派遣左庶子于志宁加以辞谢。唐太宗说："我不过是不想让子孙们有家门微贱的母亲罢了。现在既然上言辞谢，应该顺从他的心意。"唐太宗怀疑太子仁慈懦弱，暗中对长孙无忌说："你劝我立雉奴（太子小字），但雉奴懦弱，担心无法守住社稷，怎么办？吴王李恪英明果决，非常像我，我要立他为太子，怎么样？"长孙无忌再三进谏，认为不可以这样做。唐太宗说："你认为李恪不是你自己的外甥才反对吗？”长孙无忌说：“太子仁爱厚道，是真正守规矩守法度的好国君；太子的地位是最重要的，怎么可以数次改变呢？希望陛下认真加以考虑。”唐太宗才打消了这个念头。十二月，壬子日（初六），唐太宗对吴王李恪说：“父子虽然是最亲近的亲人，但有罪时，也当依照天下人所应遵守的法令行事，不可以有私心。汉朝立了昭帝之后，燕王刘旦不服从，暗中有图谋不法的行为，最终霍光用文书通告天下加以杀戮。为人大臣和儿女的人，不可以不引以为戒啊！”

庚申日（十四日），唐太宗车驾到达骊山温泉；庚午日（二十四日），唐太宗返回宫廷。

贞观十八年（甲辰，公元644年）

春季，正月，乙未日（二十日），唐太宗车驾到了钟官城；庚子日（二十五日），唐太宗到达鄠县；壬寅日（二十七日），唐太宗到达骊山温泉。

相里玄奖到达平壤，莫离支已经率领军队攻打新罗，攻克新罗两个城市，高丽王派遣使者宣召莫离支，莫离支才撤兵回去。相里玄奖晓示使者不要攻打新罗，莫离支说：“从前隋朝入侵我国，新罗趁机占领我国五百里土地，假如不送还我国土地，恐怕战事不会停止。” 相里玄奖说：“从前的事，怎么可以再追论呢？至于辽东各城，本来就是大唐的郡县，大唐尚且不说话，高丽何必一定要收复旧地呢？”莫离支最后还是不肯接受。

二月，乙巳朔日（初一），相里玄奖回朝，详细禀告事情经过。唐太宗说：“盖苏文杀死国君，残害大臣，残杀虐待百姓，现在又违抗我的命令，侵凌邻近国家，不能不讨伐。”谏议大夫褚遂良说：“陛下手指一动，中原就清静安定，顾盼之间四方夷狄就折服，声威德望可说相当大了。如今要渡过海洋，远征小小夷狄，假如在一定时间内可以获胜，这还可以；万一不幸失利，伤损到陛下的声威德望，而且还引来了敌人愤怒的军队，那么结局是安全还是危险，就很难说了。”李世勣说：“前几年薛延陀进入我国骚扰，陛下要调动部队讨伐到底，因为魏徵劝告而停止，才使得到现在成为灾患。假如从前能用陛下的策略，那么北方的边境早就安宁了。”唐太宗说：“是啊！这确实是魏徵的错误；朕不久就后悔了，但没有说出来，因为朕怕一说出，以后就没有人敢再献好计策了。”

唐太宗要亲自出征高丽，褚遂良上奏疏说：“天下就好像一个身体，两京就像腹心；州县就像人的四肢手足，而四方夷狄，是陛下本身分外的事物。高丽罪过非常大，若是真需要加以征讨，只要命令两三位猛将统领四五万的部队，依靠陛下的声威神灵，攻取他们是很容易的。现在太子刚刚册立，年龄还很幼小，其余屏卫国家的藩属，他们的情形陛下知晓得很清楚，因而一旦陛下带兵亲征，离开了固若金汤的京城，越过险困的辽海，凭天下君主的身份，轻易行动到远方去，这些都是我们这些臣子所特别感到担忧的事。”唐太宗没有听从。当时群臣中有很多人劝止征讨高丽，唐太宗说：“八个尧、九个舜，冬天也无法耕种，乡下人、小孩子春天播种却能长出谷类，这是因为得到天时。天有一定的时令，人依照时令去做，就会有事功。盖苏文欺夺长上虐待属下，百姓们都拉长颈子企盼等待援救，这正是高丽会灭亡的良机，议论的人很多，但都没有看到这一点。”

己酉日（初五），唐太宗到达灵口。乙卯日（十一日），唐太宗返回皇宫。

三月，辛卯日（十七日），唐太宗任命左卫将军薛万彻为守右卫大将军。唐太宗曾经对侍臣说：“现在朝廷中的名将，只剩下李世勣、李道宗、薛万彻三人罢了。李世勣、李道宗打仗不会获得大胜利，但也不会大败，而薛万彻却是不大胜就大败。”

夏季，四月，唐太宗到了两仪殿，皇太子侍候着。唐太宗对群臣说：“太子的品行性格，外人也知道吗？”司徒长孙无忌说：“太子虽然没有离开过宫廷大门，但天下人没有不敬仰钦佩他的仁圣美德的。”唐太宗说：“我像太子李治一样的年纪时，特别不能够按照法度行事。但李治从小就宽和敦厚，俗语说：‘虽生下像狼一般勇猛的儿子，仍旧要担心以后变成像羊一样温顺。’希望太子成年后，个性能够和现在有所不同。”长孙无忌回答说：“陛下神勇威武，是扭转乱世的天才，而太子仁孝宽恕，的确具有守住先王之道的美德；您父子二人的个性趋向虽然不同，但各自适合自己的本分，这是上天为了维护大唐国运和为苍生造福所安排的。”

辛亥日（初八），唐太宗到了九成宫。壬子日（初九），唐太宗到了太平宫，对侍臣说：“为人臣子的大多顺应君主的心意，敢冒犯君主威颜而进谏的人很少，现在朕要听听自己的过错，请各位正直坦白地说出，不要有所隐瞒。”长孙无忌等人都说：“陛下没有过错。”刘洎说：“最近有人上书陛下，不合陛下心意的，陛下都当面追问到底，使那些上书的人没有不惭愧恐惧而后退的，这样做恐怕不是扩大进言途径的做法。”马周说：“陛下最近的奖赏刑罚，稍微有凭个人喜怒作为高低上下的嫌疑，除了这点外，看不出有什么其他过失。”唐太宗对这些建议都采纳了。

唐太宗喜好文学而且辩才敏捷，面对谈论政事的群臣，唐太宗引用古今事例折服他们，使他们大多回答不出。刘洎上书劝谏说：“帝王和凡人平民，圣哲和庸人愚夫，彼此相差很远，是无法放在一起比较形容的，可见拿至愚和至圣，至卑和至尊相比，前者就是想自我勉励，也不无法达到后者的境界。陛下对臣下降赐恩泽圣旨，以仁慈的圣颜，倾听臣下的进谏，虚心地接纳臣下的建议，臣下恐怕还不敢应答；何况陛下动用您神妙的机智，展现您天生的辩才，用优美文辞使臣下理屈词穷，引用古道来排斥臣下的建议，要让凡人平民凭借什么回答陛下呢？况且记忆太多会损害心思，说话太多会损伤到声气，心思和声气遭到内在的损害，使得形体和精神都受到外在的劳累，开始虽然没有感觉，到后来必定会有病累发生，陛下必须替社稷着想而爱惜自己，怎么可以为了表现个性而伤害自身呢？至于像秦始皇喜欢强词夺理和人辩论，最终因为自夸而失去民心；魏文帝有宏大的才华，最终因为虚浮的言论而降低了在众人中的声望。这些都是有才、能辩所带来的后果，是很清楚地可以知晓的。”唐太宗用飞白字体写信回答刘洎，说：“不详细思索就不能治理天下，不用言语就无法表达思虑，常常谈论的话，会使得问题烦琐增多，高傲轻视别人的心理，可能就是这样产生的，但一个人的形、神、心、气，并不是因为这样而疲惫的。现在听了你坦白正直的话，我愿意虚心地加以改正。”己未日（十六日），唐太宗到了显仁宫。

唐太宗要前往讨伐高丽，秋季，七月，辛卯日（二十日），下敕令将作大监（官名，掌宗庙、宫室等修建的土木之事）阎立德等人前往洪、饶、江三州，建造四百艘船只，用来运载军粮。甲午日（二十三日），唐太宗下诏令派遣营州都督张俭等人率领幽、营二都督的部队和契丹、奚、靺鞨一起先攻打辽东，用以观察形势。同时任命太常卿韦挺为馈运使，任用民部侍郎崔仁师为副使，河北各州都接受韦挺调度，让他可以便宜行事。唐太宗又命令太仆少卿萧锐运载河南各州的粮食进入大海。萧锐是萧瑀的儿子。

八月，壬子日（十一日），唐太宗对司徒长孙无忌等人说：“人都以不知晓自己的过错为苦，你可以坦白地说出我的过错。”长孙无忌回答说：“陛下的武功、文德，臣等顺应都来不及，又有什么过错呢？”唐太宗说：“朕问你们有关朕的过错，而你们却尽力地在阿谀奉承我，朕要当面指出你们各位的得失，作为劝诫而加以改正，怎么样？”群臣都拜谢了唐太宗。唐太宗说：“长孙无忌善于避开嫌疑，应付事物迅速敏捷，判断事情的是非曲直，古人都比不过，但统领大兵作战，就不是他的专长。高士廉涉猎古今典籍，心术光明通达，遇到灾祸不会改变节操，做官不结党营私；他所缺乏的是耿直进谏的勇气罢了。唐俭说话富有辩才并且才思敏捷，善于调解人的纠纷；他侍奉朕三十年，却没有一点献进废替的建议。杨师道个性品行纯良温和，自然没有过失差错，但他内心实在胆小懦弱，在急切需要时是得不到他的帮助的。岑文本个性、本质都非常敦厚，所作的文章文辞华美，内容充实，而他的立论也常能固守长远之道，自然不会违背事理。刘洎个性最坚定、忠贞，讲究利人；可是他内心注重承诺，容易对朋友有所偏爱。马周对事情的了解迅速敏捷，个性十分忠贞端正，评论衡量人物，都很正直并合于道理，朕每次任用使唤他，大多能够称心如意。褚遂良的学问比别人稍微好一些，个性也端正坚强，经常向朕表达忠诚，亲近归附朕，就如同飞鸟依靠人一样，人自然就会疼爱他。”

甲子日（二十三日），唐太宗返回京师。

丁卯日（二十六日），唐太宗任命散骑常侍刘洎为侍中，行中书侍郎岑文本为中书令，太子左庶子中书侍郎马周为守中书令。

岑文本拜为中书令后，回到家，表情很忧虑。母亲询问他原因，岑文本说：“不是凭借功勋，也不是陛下故交旧友，却蒙受宠爱，获得荣耀，地位升高，责任加重，所以内心感到担忧恐惧。”亲戚宾友中有前来恭贺的，岑文本说：“现在接受哀吊，不接受恭贺。”

岑文本弟弟岑文昭是校书郎，喜好结交宾客。唐太宗听了非常不高兴，曾经从容对岑文本说：“你的弟弟结交宾客超过你，担心会给你带来连累；朕想将他调出担任外官，怎么样？”岑文本哭泣说：“臣的弟弟岑文昭从小就失去父亲，老母亲对他特别疼爱，从没有一两天离开过老母亲身边，现在假如出任外官，母亲必定会忧伤憔悴，没有这个弟弟，也就没有老母亲了。”说着，就悲伤地痛哭起来，唐太宗哀怜岑文本的心意而停止调岑文昭为外官。只召见岑文昭加以严厉训诫，最后岑文昭也没犯什么过错。

九月，唐太宗任命谏议大夫褚遂良为黄门侍郎，参与决定朝廷大事。

焉耆国同时臣服于西突厥，西突厥大臣屈利啜为自己的弟弟娶焉耆王的女儿为妻，从此常常不再向大唐进贡。安西都护郭孝恪请求加以讨伐。唐太宗下诏令任命郭孝恪为西州道行军总管，统领步兵骑兵三千人，从银山道出发加以征讨。正好焉耆王的弟弟颉鼻兄弟三个人到了西州，郭孝恪让颉鼻弟弟栗婆准做向导。焉耆城四面都是河水，依恃险要没有加以防备，郭孝恪昼夜兼程，到夜晚时，抵达焉耆城下，命令将士游水渡过，近破晓时分，爬上城墙，抓住焉耆王突骑支，斩杀敌人七千多，留下栗婆准代理国政，而带兵返回。郭孝恪离开焉耆城三天，屈利啜领兵援救焉耆，但已经来不及，就捉住栗婆准，率领强劲的五千骑兵，追赶郭孝恪一直到银山，郭孝恪回兵攻击，将屈利啜打败，追逐了几十里远。

辛卯日（二十一日），唐太宗对侍臣说："郭孝恪最近奏报说在八月十一日前往攻打焉耆，二十日应当会到焉耆城，一定会在二十二日那天将焉耆打败，朕计算他的道路里程，报告消息的使者今天会到！"话还没有说完，传达消息的驿骑就到了。

西突厥处那啜让他的吐屯代理焉耆政事，派遣使者入朝进贡。唐太宗责备他说："我调动部队攻击，得到焉耆，你是什么人，胆敢占据焉耆？"吐屯心中害怕，返回自己国家。焉耆立栗婆准的堂兄薛婆阿那支为王，仍然依附于西突厥处那啜。

乙未日（二十五日），鸿胪寺的官吏奏报说："高丽莫离支进贡白金。"褚遂良说："莫离支杀死国君，这是九夷都不能容忍的，现在要讨伐他却接受他进贡的白金，这就像春秋鲁桓公在宋取郜大鼎一样，是非礼的行为，臣以为不可以接受。"唐太宗采纳了褚遂良的建议。唐太宗对高丽使者说："你们各位都侍奉高武，有官位爵禄。莫离支造反杀死你们国君，你们不能替他报仇，现在又替莫离支游说来欺骗我们大国，你们的罪是多么大啊！"将他们全部交给大理寺处理。

冬季，十月，辛丑朔日（初一），出现日食。

甲寅日（十四日），唐太宗车驾巡行洛阳，命令房玄龄留守京师，右卫大将军、工部尚书李大亮担任副留守。

郭孝恪将焉耆王突骑支和他的妻子子女锁住，送到唐太宗巡幸的所在，唐太宗下令宽免突骑支的罪过。丁巳日（十七日），唐太宗对太子说："焉耆王不寻求贤明的大臣，不采用忠臣的计谋，自己招致灭亡，以至于手颈被绑，离开国家，漂泊万里；人们因这件事而想到畏惧，也就懂得什么是畏惧了。”

己巳日（二十九日），唐太宗在渑池的天池打猎。十一月，壬申日（初二），唐太宗到达洛阳。

前任宜州刺史郑元璹已经告老退休，唐太宗因为他曾经追随隋炀帝征讨高丽，宣召他来到巡幸的所在，询问他高丽的情形，郑元璹回答说：“辽东路途遥远，粮食的转运艰难困阻；东夷善于防守城市，很难很快攻下。”唐太宗说：“今天的情势已经和隋朝不同，你就等着听好消息吧！”

张俭等人遇到辽水高涨，等了很久都无法渡过，唐太宗认为他害怕胆怯，将张俭召回到洛阳。张俭来到洛阳，将山川的险易、水草的好坏都详细地向唐太宗报告，唐太宗十分高兴。

唐太宗听说洺州刺史程名振善于用兵，召他见面询问他用兵的方法谋略，很欣赏他才华敏捷，慰劳劝勉他，说：“你有大将、宰相的才智，朕正准备任用你。”程名振一时失礼忘记下拜道谢，唐太宗假装生气责备他，要看他的所作所为，说：“你不过是山东一个粗鄙的人，得到刺史的职位，就以为是达到富贵的顶点了吗？你居然敢在天子身边，说些粗鄙无礼的话，又不下拜答谢！”程名振谢罪说：“臣鄙陋粗野，从来没有接受过陛下的问话，刚刚正在思考如何应答，因而忘记拜谢的礼节。”举止容貌自然，对答也更加清楚明白，唐太宗就感叹说：“房玄龄在朕身边二十几年，每次看到朕斥责其他的人，就惊慌失色。程名振平生从没有见过朕的面，朕突然责备他，居然不害怕恐惧，言辞有条有理，真是天下奇才啊！”当天就任命他为右骁卫将军。

甲午日（二十四日），唐太宗任命刑部尚书张亮为平壤道行军大总管，带领江、淮、岭、硖四州的四万部队，另在长安、洛阳招募三千士兵，五百艘战舰，从莱州渡过大海前往平壤；又任命太子詹事、左卫率李世勣为辽东道行军大总管，统率步兵骑兵六万人，和兰、河两州投降的胡人前往辽东，两方的部队会合后一同前进。庚子日（三十日），各路军队在幽州大量集合，唐太宗派遣行军总管姜行本、少府少监丘行淹先行督导所有工匠在安萝山制造云梯和冲车。当时远近的勇士响应招募和进献攻城器械的人，多到数也数不清，唐太宗都亲自挑选，选取那便利简易的留下。唐太宗又亲自下诏令布告天下人说："高丽盖苏文杀死君主虐待百姓，这情形让人忍无可忍！现在朕要前往幽、蓟巡视，到辽、碣问罪，所经过的地方提供安顿，不可烦劳耗费。"又说："从前隋炀帝残杀暴虐部下，而高丽王仁慈爱民，凭那些想叛乱的部队去攻打安静和洽的部众，因而才不能打胜仗，现在大略谈谈这一次出征，必定会胜利的原因有五点：一是以大国攻打小国，二是以和顺征讨叛逆，三是以整治讨伐混乱，四是以轻松对抗疲劳，五是以部属心悦诚服攻击部属仇怨的部队，有了这五种有利情势，何必担心敌不过敌人呢？现在向众人布告，不要怀疑畏惧！"于是凡是安顿宿营所需要花费的费用，大多都减少了。

十二月，辛丑日（初一），武阳懿公李大亮在长安去世，遗留的奏表请求停止讨伐高丽。李大亮死的时候，家里仅剩下六十斗米，三十匹布。亲戚当中，有些幼小时就死了父亲而由李大亮收养，这时以父亲的礼节为李大亮守丧的，一共有十五人。

壬寅日（初二），前任太子李承乾在黔州去世，唐太宗为此停止早朝，用国公的礼节安葬他。

甲寅日（十四日），唐太宗下诏令各路军队和新罗、百济、奚、契丹的士兵，分为几路攻打高丽。

起初，唐太宗派遣突厥俟利苾可汗向北渡过黄河，薛延陀真珠可汗担心部落反复无常而归顺俟利苾可汗，所以心里十分不喜欢，就预备好轻快的骑兵在沙漠北方，要攻打俟利苾可汗。唐太宗派遣使者下敕令告诫他们不可互相攻击。薛延陀真珠可汗回答说："天子有命，怎么敢不听从！可是突厥反复不定，难以期待他们一定不会反抗，当他们还没被打败时，每年都进犯中原，杀害的人多到以千万计算。臣认为天子既然击败他们，就应当加以剪除，作为奴婢，赐给中原人，但天子没有这样做，反而像儿女一样养育他们，对待他们的恩德可说已经是最深的了，可是结社率毕竟还是背叛了。这些人都具有禽兽的心，怎么能用正常人的道理来对待？臣蒙受天子深厚的恩德，请求替天子杀了他们。”从此多次相互攻伐。

俟利苾向北渡过黄河时，有部众十万人，精锐士兵四万人，俟利苾不知如何安抚控御，使得部众并不心悦臣服。戊午日（十八日），部众全部背弃俟利苾向南渡过黄河，请求住在胜州、夏州之间，唐太宗答应了。群臣都认为：“陛下正要远征辽东，却将突厥安置在黄河南方，距离京师很近，怎么不会带来后顾之忧呢？希望陛下留守在洛阳，调遣部将东征就可以了。”唐太宗说：“夷狄也是人，他们的内心和中原人没有什么不同，为人君主忧虑的是恩泽没加到百姓身上，不必因对方是不同种族就猜疑不信任。因为恩泽充足于人心，那么四方夷狄也能够变成像一家人；假如太多猜忌不信任，就是骨肉之情也免不了成为仇敌。隋炀帝无道，失去人心已经很久了，辽东的战役，百姓们都自己折断手足来躲避隋炀帝的征召，后来杨玄感才率领运送粮饷的士卒在黎阳反叛，这并不是戎狄带来的祸患。朕现在讨伐高丽，都收取那些自愿从军的人，招募十个人却得一百个人，招募一百人却得到一千个人，那些不能从军的人，全都愤怒叹息，郁郁难受，又怎是隋炀帝专做怨民的事能够相比的呢？突厥贫穷孤弱，我收养他们，料想他们感激我的恩惠，一定是相当深刻的，怎么会再成为祸患呢？并且他们和薛延陀风俗大略一样，他们不向北投奔薛延陀，却向南归附了我，他们的真心实意是可以看清楚的了。”唐太宗回头对褚遂良说，“你掌管起居注，替我记下，从现在起十五年，保证不会有突厥的祸患。”俟利苾失去部属之后，率领轻便的骑兵入朝见唐太宗，唐太宗任命他为右武卫将军。

贞观十九年（乙巳，公元645年）

春季，正月，韦挺因为不事先视察运粮的通道，就运送六百多艘船米粮到了卢思台边，结果渠道太浅，船被阻塞无法前进，被加上刑械押送到洛阳；丁酉日（二十八日），被除掉官名，由将作少监李道裕接替。崔仁师也因此被免掉官职。

沧州刺史席辩因为贪污，二月，庚子日（初二），唐太宗下诏令所有朝集使（上计吏，郡每年派往朝廷报告郡政和岁计的官吏）前往观看然后才杀掉席辩。

庚戌日（十二日），唐太宗自己统率各路军队前往洛阳，任命特进萧瑀担任洛阳宫留守。乙卯日（十七日），唐太宗下诏令："朕从定州出发后，应当让太子监国。"开府仪同三司致仕尉迟敬德向唐太宗说："陛下亲自讨伐辽东，太子在定州，长安、洛阳等心腹地带防守空虚，担心会有类似隋炀帝时杨玄感反叛的事件发生。况且高丽不过是边境的一个小夷狄，不必劳累万乘天子，希望陛下派遣偏将前往讨伐，指日就可消灭对方。"唐太宗没有接受。反而任命尉迟敬德为左一马军总管，命令他一起随行。

丁巳日（十九日），唐太宗下诏追赠殷太师比干谥号为忠烈，由官司封修比干的坟墓，春秋时以少牢（羊、豕二牲）祭祀，而且拨附近五户人家，来供洒扫坟墓之用。

唐太宗从京师出发时，命令房玄龄可以便宜行事，不必再奏报请求。有人前往留守尚书台说有密谋，房玄龄问告密人密谋的所在，回答说："就是你啊！"房玄龄就用驿马将告密人送往唐太宗临时所在。唐太宗听说留守的房玄龄有表送来告密的人，十分生气，派人拿着长刀在前面，然后才和告密人见面，询问告密人有密谋的是谁，告密人回答说："房玄龄。"唐太宗说："果然不出所料。"就喝令将告密人腰斩。并且写信责备房玄龄不信任自己的委付，说："假如再有那样的事发生，可以独自裁决。"

癸亥日（二十五日），唐太宗到了邺城，自己写祭文祭祀魏太祖，说："临到危险而制定应变策略，揣度敌人而设计制胜奇谋，担任一位将领智谋有余，作为万乘天子的能力却不够。"

这一月，李世勣军队抵达幽州。

三月，丁丑日（初九），唐太宗车驾到了定州。丁亥日（十九日），唐太宗对侍臣说："辽东本来是中原王朝土地，隋氏四次出动军队讨伐却没有攻克；朕现在征讨东方，是为中原被杀的子弟报仇，也替高丽洗刷君主被杀、臣子无力报仇的耻辱。而且四方大抵安定，只有这地方没有平定，所以趁朕还没有衰老的时候，利用士大夫的力量加以攻取。朕从洛阳出发后，只吃肉和饭，就是春天出产的菜疏也不进食，是担心太烦扰百姓的缘故。"唐太宗看到生病的士兵，就召他们来到床榻前存问抚慰，交给州县治疗，士兵没有不感动愉悦的。有不列入东征名册的人，也自愿携带私人的装备从军，数目以千计算，他们都说："不希望天子封爵加赏，只希望为朝廷战死在辽东。"但唐太宗没有允许。

唐太宗要出发时，太子悲伤哭泣了好几天，唐太宗说："现在留下你镇守朝廷，有才俊贤人辅助你，是要让天下人认识你的风采。治理天下最重要的，就在于进用贤人，斥退小人，奖赏善人惩处恶人，处事公正没有私心，你应该努力做这些事，为什么要悲泣呢？"唐太宗命令开府仪同三司高士廉代理太子太傅，和刘洎、马周、少詹事张行成、右庶子高季辅一同执掌枢机事务，来辅佐太子。长孙无忌、岑文本和吏部尚书杨师道随从唐太宗出征。壬辰日（二十四日），唐太宗车驾从定州出发，并且亲自佩带弓矢，亲手将雨衣捆缚在马鞍后面。命令长孙无忌代理侍中，杨师道代理中书令。

李世勣军队从柳城出发，大张声势，让敌人感觉好像是从怀远镇出师的，而暗中带领军队向北甬道前进，让高丽料想不到。夏季，四月，戊戌朔日（初一），李世勣从通定渡过辽水，抵达玄菟。高丽十分惊骇，城邑都关紧城门防守。壬寅日（初五），辽东道副大总管江夏王李道宗带领军队几千人到达新城，折冲都尉曹三良率领十几个骑兵一直追攻到城门，城里受到惊扰，没有人敢出城应战。营州都督张俭统率胡人部队做前锋，前进渡过辽水，一直攻向建安城，打败了高丽军队，斩杀了好几千人。

太子要接引高士廉同榻一同处理政事，又命令另外替高士廉设下几案，高士廉再三辞谢不受。

丁未日（初十），唐太宗车驾从幽州出发。唐太宗将军中的物资粮食、器用械具、簿册文书等全都交给岑文本处理，岑文本早晚勤勉奋力，亲自料理调配，手边不离筹（算盘）、笔，精神耗尽，使得讲话和一举一动，和平日十分不同。唐太宗看了十分替他担忧，对身边的侍臣说："岑文本和我一同出征，恐怕不能和我一同返回朝廷。"就在当天，岑文本遭遇到突发的疾病而病死了。晚上，唐太宗听到疾打的鼓声，说："岑文本死了，这鼓声我不忍心听，下令将鼓声撤除掉。"当时右庶子许敬宗在定州，和高士廉一同掌管枢机要务，岑文本死后，唐太宗召见许敬宗，让他以原有官职担任检校中书侍郎。

壬子日（十五日），李世勣、江夏王李道宗攻打高丽盖牟城。丁巳日（二十日），唐太宗车驾到达北平。癸亥日（二十六日），李世勣等人攻下盖牟城，俘虏两万多人，粮食十几万石。

张亮率领水上部队从东莱渡过大海，袭击卑沙城，卑沙城四面陡峭，只有西面城门可以上去。程名振带兵在夜晚抵达，副总管王文度首先登城，五月，己巳日（初二）唐军攻下卑沙城，俘虏男女共八千人。然后分道派遣总管丘孝忠等人在鸭绿江夸耀军容（阅兵）。

李世勣进兵到了辽东城下，庚午日（初三），唐太宗车驾到了辽泽，路面泥泞，连绵两百多里，人和马都无法通行，将作大匠（官名，掌修建土木之政令）阎立德铺布泥土架起桥梁，军队不停留地走过去。壬申日（初五），大军渡过辽泽东面。乙亥日（初八），高丽派遣四万步兵、骑兵救援辽东，江夏王李道宗率领四千骑兵迎击，军队里都认为双方军队数目相差太远，不如挖深沟渠架设高营垒防御，来等待唐太宗车驾来到。李道宗说："敌人仰仗军队人数众多，有轻视我们的心理，况且他们军队长途行军，疲惫困顿，一定会战败。何况我们是前锋部队，应该将道上敌人清除，来等待陛下车驾前来，怎么可以将敌人留给君主呢？"李世勣认为很对。果毅都尉马文举说："不碰到强劲的敌人，怎么能够显现出壮士本色呢？”鞭策着马攻向敌人，所攻向的敌人都望风披靡，部众心理才稍微安定下来。双方交战后，行军总管张君乂败退，唐兵战况不好，李道宗收聚溃散的士卒，爬到高处瞭望，看到高丽的战阵已经混乱，就和几十个骁勇的骑兵冲向敌人，在敌人左方、右方来回冲杀；李世勣领兵加以援助，高丽就大败了，斩杀敌人一千多人。

丁丑日（初十），唐太宗车驾渡过辽水，撤除桥梁，使士兵更能决心向前而不回顾。扎营在马首山，慰劳赏赐江夏王李道宗，越级提升马文举为中郎将，斩杀张君乂。唐太宗亲自带领几百个骑兵到达辽东城门下，看到士兵背负着泥土填沟堑（护城河），唐太宗就将背负最重的泥土割一些下来，放在马上带着，追随在身边的官吏一看到这种情形，也抢着背负泥土到城下。李世勣攻打辽东城，白天夜晚都不停止，过了十二天，唐太宗带领精锐部队会合，将辽东城围了好几百层，击鼓喊叫的声音震动天地。甲申日（十七日），南风吹得很急，唐太宗派遣精锐的士兵爬上冲竿的末端，烧毁辽东城西南边的城楼，火势蔓延烧到城里，唐太宗就指挥将士爬上城墙，高丽竭力作战还是无法抵抗，唐军攻下辽东城，所杀的敌人有一万多，得到投降的士卒一万多人，男女四万多人，将辽东城设为辽州。

乙未日（二十八日），军队前进到白岩城。丙申日（二十九日），右卫大将军李思摩被弓弩箭矢射中，唐太宗亲自替他吸吮脓血；将士听闻后，没有不感动的。乌骨城派兵一万多人救援白岩城，将军契苾何力率领强劲的骑兵八百人进击，契苾何力挺身冲锋，被槊击中腰部，尚辇奉御薛万备单人只马前往救助，在万人之中将契苾何力救出返回。契苾何力精神更加激愤，包裹创伤再战，跟随的骑兵奋发起来向前攻击，于是击败高丽军队，追逐了好几十里，斩杀一千多人，遇到夜色昏暗，只好收兵。薛万备是薛万彻的弟弟。

资治通鉴卷第一百九十八　唐纪十四

起乙巳（公元645年）六月，止戊申（公元648年）三月，共两年十个月。

【题解】本卷记录了公元645年六月至648年三月的史事，共两年又十个月，正当唐太宗贞观十九年至二十二年。此时期唐太宗李世民步入晚年，四夷归服，贞观之治达到鼎盛。贞观二十年（公元六四六年），唐军大败薛延陀，唐太宗亲临灵州接受突厥一部的投降。但让唐太宗心有不甘的是亲征高丽，无功而返，一直到驾崩，也未能实现第二次亲征，高丽始终未能臣服。唐太宗晚年猜忌心重，因小过而贬黜萧瑀、房玄龄，因刘洎失言而被赐死，因有人告密刑部尚书张亮谋反而诛杀张亮。

太宗文武大圣大广孝皇帝下之上

贞观十九年（乙巳，公元645年）

六月，丁酉日（初一），李世勣进攻白岩城西南，唐太宗到达白岩城西北方。城主孙代音暗中派遣心腹前来请求归降，抵达城前，把投置刀斧作为信号，而且说："奴愿意归降，但城里有人不愿投降。"唐太宗将唐朝旗帜给了孙代音的使者，说："假如一定要投降，就将旗帜插在城上。"孙代音插好旗帜，城里的人以为唐军已经登城了，就都跟着投降了。

唐太宗攻下辽东时，白岩城城主请求归降，没多久又懊悔。唐太宗对城主的反复无常十分生气，命令军中士卒说："攻下城时就将男女和财物全部赏赐给战士。"李世勣看到唐太宗要接受孙代音的投降，就带领几十个甲士请求说："士卒之所以冒矢石的危险抢着进攻，而不顾生死的原因，就为了贪求俘虏和财物罢了；现在城池已经快攻下，为什么再接受敌人投降，而辜负战士们的心愿呢？”唐太宗下马谢罪说：“将军说得对。可是放纵军兵杀人而俘虏他们的妻子子女，朕内心不忍，将军部下有功劳的，朕拿府库里的财物奖赏他们，希望能够因为将军而赎回这一个城的生命。” 李世勣只好退下。最终得到城中男男女女共有一万多人，唐太宗临近河边设帷幄接受投降，仍旧赐食物给百姓，八十岁以上的老人所赐的布帛有所差别。留在白岩的其他城的士兵，全部得到安慰劝导，而且供给粮食器仗，听任他们去留。

起初，辽东城长史被部下杀死，省事（吏职名称）带着妻子儿女逃往白岩。唐太宗怜悯他有道义，赐他布帛五匹；并且替长史建造灵车，归葬平壤。将白岩城改为岩州，任命孙代音担任刺史。

契苾何力疮肿十分严重，唐太宗亲自替他涂药，审讯结果找到刺杀契苾何力的凶手高突勃，将凶手交给契苾何力，让契苾何力自己将凶手杀了。契苾何力奏报唐太宗说：“他替主人冒着白刃的危险而刺杀臣，是个忠勇的壮士，臣和他当初并不相识，没有怨仇。”就将对方放了。

当初，莫离支派遣加尸城的七百军兵驻守在盖牟城，李世勣全部加以俘虏，这些人就请求从军报效唐朝，唐太宗说：“你们的家都在加尸城，假如你们为我作战，莫离支一定会杀了你们的妻子儿女，得到一人的帮助，却毁掉他的一家人，这种事我不忍心做。”戊戌日（初二），唐太宗将库粮赐给他们，遣送他们回去。

己亥日（初三），唐太宗将盖牟城改为盖州。

丁未日（十一日），唐太宗车驾前往辽东。丙辰日（二十日），唐太宗到达安市城，进兵攻击。丁巳日（二十一日），高丽北部耨萨（高丽官名）延寿、惠真带领高丽、靺鞨士兵十五万人救援安市。唐太宗对侍臣说：“现在延寿有三条策略：领兵一直前进，和安市城联结为营垒，据守高山险要，以城中的粮食为食，放纵靺鞨劫夺我方的牛马，我们进攻时，无法很快攻下，想要撤军却被泥泞水潦所阻挠，就这样困扰我方军队，这是最上等的计策；将城中的部众，在夜晚一起带离逃走，这是中等的计策；不考虑自己的智慧能力，前来和我交战，这是最下等的计策。你们各位看着，他一定会采用最下等的计策，很快地就会在我眼皮底下被捉！”

高丽有个对卢（高丽官名），年纪老了，熟悉各种事物，对延寿说：“秦王将国内群雄消灭，在国外又让戎狄畏服，自己立为皇帝，是个闻名于世的人才，现在率领四海之内的部众前来，我们是不可能正面抗拒的。依我的计谋，不如屯驻部队不作战，时日一久，再分派奇兵将对方运粮的道路切断，对方粮食一用尽，想作战不可能，想退走的话又没有退路，这样做才可能取得胜利。”延寿没有采纳，率领军队一直前进，距离安市城有四十里安营。唐太宗还担心他犹豫不决，不来进攻，命令左卫大将军阿史那社尔带领突厥一千骑兵诱使他前进，两方一交战，阿史那社尔就退走。高丽人互相说：“很容易将对方打败！”利用机会抢着前进，到安市城东南方八里，靠着山摆开军阵。

唐太宗将所有将领都召来询问计策，长孙无忌回答说：“臣听说临近和敌人作战时，一定要先看看士卒的心情。臣刚刚经过各营地，看见士卒听闻高丽兵到，都拿着刀，结着旗尾，喜悦显现在脸上，这是一定打胜仗的部队啊！陛下还没到弱冠之年，自己亲自督导战阵，凡是一切获胜的奇谋，都秉承陛下的计策，各位将领不过是奉行已经制定的计策罢了。今天的战事，乞求陛下指示！”唐太宗笑说：“各位这样子谦让，朕只好为各位谋划。”就与长孙无忌等人，带着几百个骑兵，到高处瞭望，观察山川地理形势中可以埋伏军队和出入的处所。高丽、靺鞨会合部队，形成战阵，前后有四十里长。江夏王李道宗说：“高丽倾动全国兵力，来抵抗王者之师，平壤的防守一定较为虚弱，希望能借给臣精锐士卒五千人，可以攻克高丽的根本要地平壤，那么几十万的部众可以不必作战就投降了。”唐太宗没有答应。派遣使者欺骗延寿说：“我为了你们国家的强臣杀死国君，所以才来询问情况；至于双方兵戎相见，不是我原有的本意。进入你们国境之后，粮草已经不够用，所以才攻取你们几个城市，等到你们国家修好臣礼，那么你们所失去的一定可以收回。”延寿相信了，就不再加以防备。

唐太宗夜里召见文武各官商量战事，命令李世勣带领步骑兵共一万五千人，在西岭布阵；长孙无忌带领精锐士兵一万一千人作为奇兵，从山的北面，穿过狭谷，冲向敌军之后；唐太宗自己带领四千步兵骑兵，挟带着鼓角（《新唐书·高丽传》中“挟”作“潜”），收起旗帜，爬到北山上；下敕令各军听到鼓声、号角声就一齐奋勇出战。下令有司在朝堂（行营里也设有朝堂）旁边设置受降的帐幕。戊午日（二十二日），延寿等人只看到李世勣在布设战阵，就率军要和李世勣作战。唐太宗看到长孙无忌的军队尘埃飞起，命令击鼓吹响号角，举起旗帜，各路军马击鼓叫喊着一起进攻，延寿等人十分害怕，要分派军兵进攻，但队伍已经溃乱。恰好有雷电出现，龙门人薛仁贵穿着奇特的服饰，大喊着攻陷敌阵，所攻向的地方敌人都无法抵御。高丽兵溃散，唐的大军乘胜进攻，高丽兵因而大败，被斩杀两万多人。唐太宗看见薛仁贵，召见他拜他为游击将军。薛仁贵是薛安都的六代孙，名叫礼，以字行于世。

延寿等人带领剩余的部众，靠山安营以求稳固阵脚，唐太宗命令各路军马加以包围，长孙无忌将桥梁全部撤走，切断了延寿部队的退路。己未日（二十四日），延寿、惠真带领部众三万六千八百人请求归降，进入军门，爬着向前，下拜请求饶他性命。唐太宗告诉他说：“你们不过是东夷的少年，在海边嚣张罢了，至于要摧坚垒、决胜负，当然赶不上老年人了。从现在起还敢和天子打仗吗？”大家全都跪伏在地，不敢起身。唐太宗挑出耨萨以下酋长一共三千五百人，授给他们武官，迁往内地居住，剩下的全都放走，让他们返回平壤。他们全都高举双手，将额头碰触地面，欢叫的声音十里外都可以听到。将靺鞨的士兵三千三百人全部活埋，缴获五万匹马，五万头牛，一万件铁甲，其他的器械数目也一样。高丽全国大为惊惧，后黄城、银城都自己拔营离开，数百里之内再也没有人居住。

唐太宗用驿马传书，向太子报告，仍旧向高士廉等人写信说："朕做大将的表现是这样子，你们认为怎么样？"唐太宗将他所驻扎的山改名为驻跸山。

秋季，七月，辛未日（初五），唐太宗改在安市城东面山岭驻扎。己卯日（十三日），唐太宗下诏令在战死的人尸体上做标记，等到军队返回时，将尸体一起带回。戊子日（二十二日），唐太宗任命高延寿为鸿胪卿，高惠真为司农卿。

张亮的军队经过建安城下，营垒沟渠还没修筑好，就有许多士卒出去砍柴放牧，高丽的士兵突然攻到，军队都受到惊骇扰乱。张亮一向胆小，坐在胡床上，眼睛直视着说不出话，将士看到了，反而以为他勇敢。总管张金树等人击打着鼓，带领士兵进攻高丽，将高丽击败。

八月，甲辰日（初八），侦察的骑士俘虏了莫离支的间谍高竹离，将他两手绑着带到军门。唐太宗召见他，解开他的捆绑问他说："为什么这样瘦呢？" 高竹离回答说："偷偷地从小路走，已经有几天没有吃饭了。"唐太宗命令赐给他食物，对他说："你身为间谍，应当赶快回去复命。替我告诉莫离支：要了解我方军队里的消息，可以派人直接来到我的所在，何必从小路走那么辛苦呢！"高竹离赤着脚，唐太宗赐给他草鞋，遣送他回去。

丙午日（初十），唐太宗将军营迁到安市城南面。唐太宗在辽东之外，凡是设置军营，只明令派出岗哨，不设沟渠堡垒，虽然逼近高丽的城市，高丽始终不敢出城骚扰，军中士兵单人行走、野外住宿，好像在中原一样。

唐太宗要讨伐高丽时，薛延陀派遣使者入贡，唐太宗对使者说："告诉你们可汗，现在我们父子向东讨伐高丽，你们假如自认有能力进犯大唐，就快点派兵来。"真珠可汗十分害怕，派遣使者表达谢罪之意，并且请求调动士兵帮助唐军，唐太宗没有答应。后来高丽在驻跸山失利，莫离支派靺鞨游说真珠可汗，用厚利引诱真珠可汗，但真珠可汗畏惧大唐的声威，不敢出兵援助。九月，壬申日（初七），真珠可汗去世，唐太宗为他举行哀悼。

起初，真珠可汗请求任命他的庶长子曳莽为突利失可汗，住在东方，统辖各部族；嫡子拔灼为肆叶护可汗，住在西方，统领薛延陀。唐太宗下诏令答应真珠可汗的请求，都依照礼节加以册封。曳莽个性暴躁不稳重，用兵打仗轻率，和拔灼不友好。真珠可汗死时，两兄弟一起前来办理丧葬之事。葬礼过后，曳莽担心拔灼图谋害己，就先返回所属部落，拔灼在后面追击并杀害了曳莽，自己立为颉利俱利薛沙多弥可汗。

唐太宗攻下白岩时，对李世勣说："我听闻安市城形势险要并且士卒精锐，城主有才能又勇敢，莫离支叛乱时，城主守住城池，没有屈服，莫离支攻打安市城但没有攻克，只好将城送给城主。建安城的兵力虚弱并且粮食少，假如在对方不注意时出兵攻打，一定可以攻克。你可以先攻建安城，建安城攻克后，那么安市城就成我们囊中之物了，这就是兵法所说'城有所不攻'的道理。"李世勣回答说："建安城在南面，安市城在北面，我们军中的粮食全在辽东；现在越过安市城而进攻建安城，假如贼人切断了我们运粮的道路，要怎么办？不如先进攻安市城，安市城攻克之后，就可以击鼓前进，攻向建安城了。"唐太宗说："任命你为大将，怎么可以不采用你的计谋？不要再耽搁我的大事！"李世勣就进攻安市城。

安市人看到唐太宗旗帜车盖，就爬上城墙击鼓呼叫，唐太宗十分生气，李世勣请求在攻克城后，将城中男女全都活埋，安市的百姓听了之后，更加坚固防守，李世勣进攻了很久却无法攻克。高延寿、高惠真向唐太宗请求说："奴既然托身大国，不敢不献出诚心，让大唐天子早日成就大功，奴也可以与妻子儿女相见。安市人顾念爱惜他们的家，每个人独自作战，不容易很快攻克。现在奴拥有十万多的高丽部队，却对着天子旗帜败退溃逃，全国人都吓破胆子，因此乌骨城耨萨老人一定也不能够坚守，假如移动部队加以攻打，早上到晚上就可攻克。其他挡住道路的小城，必定会面对大军而奔逃溃败。然后再收聚物资粮谷，击鼓进兵，平壤一定是守卫不住的。”群臣也都说：“张亮的部队在沙城，召他来两三天就可以来到，乘高丽人大为恐惧的时候，合力攻下乌骨城，渡过鸭绿江，一直攻向平壤，攻取平壤，就在这次的行动了。”唐太宗准备接受，只有长孙无忌认为：“天子亲自出征，和各位将领出征不一样，不可以用兵涉险，以求侥幸。现在建安、新城的敌人部众还有十万人，假如攻向乌骨，这些人都会跟踪在后面偷袭，不如先攻下安市，夺取建安，然后长驱直入，向前推进，这才是最安全的良策。”唐太宗就停止了攻击乌骨城的计划。

各路军马急攻安市城，唐太宗听到城里鸡、猪的叫声，对李世勣说：“围攻的时间已经很久，城里的烟火渐渐少了，现在鸡、猪的叫声十分喧吵，这一定是他们正在宴飨士卒，要趁夜晚偷袭我们，我们应当严加戒备。”当日夜晚，高丽好几百人用绳索悬束，从城上下来。唐太宗听到后，自己亲临城下，召来士兵急急地攻击，斩杀敌人好几十人，高丽兵只好退走。

江夏王李道宗督导部众，在城的东南角落堆积土山，慢慢逼近安市城，但城里也增高城墙加以防御。士卒轮番交替作战，每天六七回合，冲锋车、炮石等将城楼、短墙等破坏了，城里随即又竖起木栅，添补缺口。李道宗脚受了伤，唐太宗亲自为他针灸。昼夜不停地修筑土山，一共用了六十天，用掉五十万工数，山顶距离城有几丈远，向下可以俯视城里，李道宗派果毅傅伏爱率领士兵屯驻在山顶，来防备敌人。土山颓倒，压到城墙，城墙崩坏，恰好傅伏爱私自离开所属部队，高丽好几百人就从城墙缺口出战，抢夺攻占了土山，挖沟渠加以防守。唐太宗十分生气，将傅伏爱斩杀示众，命令各位将领进攻，攻了三天仍旧攻不下。李道宗赤脚前往天子旗下请罪，唐太宗说：“你的罪应该处死，但是朕与其采用汉武帝杀王恢的方式，不如采取秦穆公再用孟明的做法，而且你有攻克盖牟、辽东的功劳，所以特别宽宥你罢了。”

唐太宗因为辽东寒冬较早来临，草木枯死河水冰冻，士卒马匹难以长久停留，而且粮食也要用尽了，就在癸未日（十八日），下令班师回朝。先将辽、盖两州的百姓渡过辽水，在安市城下夸耀兵威，然后返回，城中人都敛迹不敢出城。城主登城向唐太宗拜辞，唐太宗赞美他的坚固防守，赐给他丝缯一百匹，来奖励他事君的节操。唐太宗命令李世勣、江夏王李道宗带领步兵骑兵四万人殿后。

乙酉日（二十日），唐太宗回到辽东。丙戌日（二十一日），唐太宗渡过辽水。辽泽泥泞难走，车马都走不动，命令长孙无忌带领一万人剪除草木，来填塞道路，水深的地方用车子做桥梁，唐太宗亲自将木柴系在马鞍头，来帮助工作。冬季，十月，丙申朔日（初一），唐太宗到了蒲沟停下马，督导填塞道路的各军渡过渤错水，又遇上暴风大雪，衣物沾湿的士兵有很多人死亡，唐太宗下令在路上燃火来等待他们。

这次讨伐高丽，总共攻下了玄菟、横山、盖牟、磨米、辽东、白岩、卑沙、麦谷、银山、后黄十个城市，迁徙辽、盖、岩三州的人口入住中原，总共有七万人。新城、建安、驻跸三次大的战斗，斩杀敌人首级四万多，战士战死的差不多有两千人，战马死亡的有十分之七八。唐太宗因为不能成功，十分懊悔，叹息说：“魏徵假如还在，是不会让我有这次行动的！”命令用驿马飞驰前往，用少牢祭祀魏徵，又再度树立所制作的碑石，宣召魏徵的妻子子女前往天子临时住处，唐太宗亲自加以慰劳赏赐。

丙午日（十一日），唐太宗到了营州。下诏令将辽东阵亡的士卒骸骨，一起集中在柳城东南面，下令有司设置太牢，唐太宗自己写祭文祭祀，哭得非常哀伤。阵亡士卒的父母听到后，说：“我儿子死了而天子痛哭，死了又有什么遗憾？”唐太宗对薛仁贵说：“朕的将领都老了，想得到新进勇敢善战的人任命为大将，但没有人比得上你；朕得到辽东并不高兴，却高兴得到你。”

丙辰日（二十一日），唐太宗听到太子就要前来迎接，就率领三千飞骑，飞驰进入临渝关，路上遇到太子。唐太宗在定州出发时，指着所穿粗布做的袍衣对太子说："等到见了你，再换掉这件袍衣。"到辽东时，虽然是盛暑流着汗，也不换掉。到了秋天，袍衣穿坏了，身边的大臣请唐太宗换掉，唐太宗说："军兵衣服大多破烂了，只有我穿着新衣，怎么可以呢？"直到见了太子，太子进献新衣，唐太宗才改穿新衣。

各军所俘虏的高丽民众有一万四千多人，先集中在幽州，准备犒赏军士，唐太宗怜悯他们父子夫妇分离拆散，下令有司公平地估计价值，全部用金钱、布帛赎卖而免罪，成为百姓，使得欢呼的声音三天不绝。十一月，辛未日（初七），唐太宗车驾抵达幽州，高丽民众在城东迎接，在地上下拜舞蹈，呼喊万岁，使得尘埃扬起，到处都可以看到。

庚辰日（十六日），唐太宗经过易州边境，司马陈元璹命令百姓在地下室准备火种，种植蔬菜进献唐太宗。唐太宗讨厌他的谄媚行为，免掉陈元璹的官职。

丙戌日（二十二日），唐太宗车驾到达定州。

丁亥日（二十三日），吏部尚书杨师道因为所任用的官吏大多不是真正有才能的人，所以被贬降为工部尚书。

壬辰日（二十八日），唐太宗车驾从定州出发。十二月，辛丑日（初七），唐太宗因为有痈疽的疾病，乘坐用人力抬的辇轿行走。戊申日（十四日），唐太宗到了并州，太子为唐太宗吸吮痈疽，扶着辇轿，步行跟随了好几天。辛亥日（十七日），唐太宗疾病好了，百官都来道贺。

唐太宗讨伐高丽时，命令右领军大将军执失思力带领突厥兵屯驻在夏州北方，来防备薛延陀。薛延陀多弥可汗即位之后，因为唐太宗出征高丽还没有返回，就带兵侵犯黄河以南，唐太宗派遣左武侯中郎将长安人田仁会和执失思力部队会合一起攻击。执失思力向敌方显示羸弱不堪一击，假装败退，引诱敌人深入，到达夏州边境，整顿战阵等待。薛延陀大败，执失思力等追逐逃跑的敌人六百多里，在沙漠北方耀武扬威一番才返回。多弥可汗又调动士兵侵扰夏州，己未日（二十五日），唐太宗下敕令礼部尚书江夏王李道宗，调动朔、并、汾、箕、岚、代、忻、蔚、云九州的士兵镇守朔州；右卫大将军代州都督薛万彻，左骁卫大将军阿史那社尔调动胜、夏、银、绥、丹、延、鄜、坊、石、隰十州的士兵镇守胜州；胜州都督宋君明，左武侯将军薛孤吴，调动灵、原、宁、盐、庆五州的士兵镇守灵州；又命令执失思力调动灵、胜二州的突厥兵，和李道宗等人相呼应。薛延陀到达长城边上，知道有防备，不敢前进。

起初，唐太宗留下侍中刘洎在定州辅佐皇太子，仍然兼任左庶子、检校民部尚书，总管吏、礼、户三部的事务。唐太宗将要出发时，对刘洎说："我现在到远方征讨，你辅佐太子，是国家安危所寄托，应当深深了解我的心意。"刘洎回答说："希望陛下不要担心，大臣如果有罪过，臣会小心地执行诛戮。"唐太宗认为他随便乱说话，十分奇怪，就警诫他说："你的性格粗疏而太过刚强，必定会因此而失败，应当小心才是！"后来唐太宗有病，刘洎从内宫出来，颜色十分悲伤恐惧，对同列的官吏说："陛下的病况这么严重，身体很值得忧虑！"有人向唐太宗毁谤他说："刘洎说国家大事不值得忧虑，只要辅佐幼主，采用伊尹、霍光废立的故事，将其他有心意的大臣杀掉，一切自然可以安定。"唐太宗相信进谗的人所说的话，庚申日（二十六日），下诏令说："刘洎和人私下讨论，窥伺等待万一发生不幸的事情时，计划执掌朝政，自己可以以伊尹、霍光自居，猜忌大臣，对大臣都要加以诛戮。应当赐他自杀，免除他妻子儿女的罪过。"

中书令马周代理吏部尚书，认为四季都选拔人才太过于烦劳，请求恢复在十一月选拔人才，到三月时结束；唐太宗接受了。

这一年，右亲卫中郎将裴行方征讨茂州背叛的羌人黄郎弄，大败了对方，追击黄郎弄的剩余党徒，向西攻到乞习山，临近弱水才返回。

贞观二十年（丙午，公元646年）

春季，正月，辛未日（初八），夏州都督乔师望、右领军大将军执失思力等人攻打薛延陀，大败对方，俘获了两千多人。多弥可汗轻骑逃走，部落里因此骚乱不停。

丁丑日（十四日），唐太宗派遣大理寺卿孙伏伽等二十二人，依照汉时六条（汉武帝用六条考察两千石官吏：一、强豪田宅逾制，凌弱暴寡。二、侵凌百姓，聚敛为奸。三、不恤疑狱，刑赏任性。四、苟阿所爱，蔽贤宠顽。五、子弟恃势，请托所监。六、通行货赂、割损政令）巡察四方，对刺史、县令以下官吏，多所贬斥黜退，这些官吏到宫里喊冤的，前后络绎不绝。唐太宗命令褚遂良分类集合，再做报告，他亲自前往判决，因为才能高而擢升的有二十人，因为有罪而被判死刑的有七人，流放以下而免官的有几百上千人。

二月，乙未日（初二），唐太宗出发前往并州。三月，己巳日（初七），唐太宗车驾回返京师。唐太宗对李靖说："我凭天子身份拥有天下的部众，却被小夷高丽所困，为什么？"李靖说："这点李道宗了解。"唐太宗回头问江夏王李道宗，李道宗详细地陈述在驻跸时，要求趁敌人势力虚弱，来攻取平壤的建议。唐太宗惆怅地说："当时情势十分匆忙，我已经记不起来了。"

唐太宗的疾病没有全好，想要专心保养，庚午日（初八），下诏令军政机密事务都委托皇太子处理。于是太子隔日在东宫听政，听完政事之后再入殿侍候唐太宗饮药吃饭，不离开唐太宗左右。唐太宗命令太子暂时出去游玩，太子推辞不愿出去；唐太宗就在寝殿旁设置别院，让太子居住。褚遂良请求让太子十天回东宫一次，和太师、太傅们讲论道义，唐太宗接受了。

唐太宗有一次到未央宫，警卫已经过去了，突然间在草中看到一个人带着横刀，唐太宗询问他是谁，那人说："听说陛下警卫到了，害怕得不敢出现。警卫过去后，就一直躲藏在草里不敢动弹。"唐太宗很快引车回返，对太子说："这件事查办起来，有几个人会判死刑，你在后面快快地将那人放走。"又有一次乘坐腰舆（舆床，役夫放在腰部抬举），有三个卫士不小心触摸了唐太宗的衣服，这些人十分害怕，脸色都变了。唐太宗说："这里没有御史，我不办你们的罪。"

陕人常德玄控告刑部尚书张亮蓄养五百个假子（干儿子），和术士公孙常谈话，说："我的名字是符合图录谶纬的征兆的。"又询问术士程公颖说，"我的手臂生了龙鳞，想要兴起大事（喻反叛），可以吗？"唐太宗命令马周等人查办这件事，张亮拒绝、不承认。唐太宗说："张亮有假子五百人，养这些人干什么？不过是想谋反罢了！"命令百官讨论他的案情，百官都说张亮想要谋反，应该诛杀。只有将作少匠李道裕说："张亮的反叛情形没有具备，他的罪不应该被处死。"唐太宗派遣长孙无忌、房玄龄到监狱和张亮诀别说："法令是天下最公正的，是我们和你所应该共同遵守的。你自己不小心，和坏人往来，以至于犯了法，现在要怎么办？你好好地离去吧。"己丑日（二十七日），张亮和程公颖一同在西市被斩，并抄没他的全家。

有一年多刑部侍郎的职位一直空缺，唐太宗命令执政宰相仔细选拔适当人选，拟订几个人都不合唐太宗心意，不久唐太宗说："朕找到适当人选了。从前李道裕提到张亮的案情说'反叛的情形没有具备'，这话说得合理，朕虽然没有接受，但现在十分懊悔。"就任命李道裕担任刑部侍郎。

闰月，癸巳朔日（初一），出现日食。

戊戌日（初六），唐太宗罢废辽州都督府和岩州。

夏季，四月，甲子日（初三），太子太保萧瑀被解除太保职位，仍为同中书门下三品。

五月，甲寅日（二十三日），高丽王藏和莫离支盖金派遣使者向唐太宗谢罪，并且献上两个美女，唐太宗退还了。盖金就是盖苏文。

六月，丁卯日（初七），西突厥乙毗射匮可汗派遣使者入朝进贡，并且请求通婚。唐太宗答应了，并且要求割让龟兹、于阗、疏勒、朱俱波、葱岭五国给唐朝，作为聘礼。

薛延陀多弥可汗个性急躁，为人猜忌寡恩，罢免了父亲时候宠贵的大臣，专门任用自己所亲近溺爱的人，国人不归附他。多弥可汗对不服的人大多加以诛杀，国人内心都不安稳。回纥酋长吐迷度和仆骨、同罗联合攻打他，多弥可汗被打败。乙亥日（十五日），唐太宗下诏令任命江夏王李道宗、左卫大将军阿史那社尔担任瀚海安抚大使；又派遣右领卫大将军执失思力带领突厥兵、右骁卫大将军契苾何力带领凉州和胡人的士兵，代州都督薛万彻、营州都督张俭各自带领所属部众，分路一起进攻薛延陀。

唐太宗派遣校尉宇文法前往乌罗护、靺鞨，在东方边境碰到薛延陀阿波设的军队，宇文法率领靺鞨击败了对方。薛延陀国内惊惧不安，说："唐兵到了！"各部落大为混乱。多弥可汗率领几千骑兵逃奔到阿史德时健部落，回纥进攻，将多弥可汗杀死，把多弥宗族几乎都吞并光了，就占领了薛延陀土地。俟斤们互相攻打，抢着派遣使者来唐朝归附。

薛延陀剩余的部众向西逃走，还剩七万多人，大家一同立真珠可汗侄子咄摩支为伊特勿失可汗，返回他们原有的土地。不久又除掉可汗的称号，派遣使者拿着降表，请求住到郁督军山的北面。朝廷派兵部尚书崔敦礼就地安置他们住下来。敕勒九姓酋长，因为他们的部落一向臣服于薛延陀种族，听说咄摩支前来，都十分害怕，朝廷讨论结果担心咄摩支变成沙漠北方的祸患，就又派遣李世勣和九姓敕勒一同谋划。唐太宗告诫李世勣说："投降就安抚，反叛的话就加以征讨。"己丑日（二十九日），唐太宗亲自下诏令，认为"薛延陀破败灭亡，敕勒各个部落，有的前来投降归附，有的还没归顺降服，现在不乘机加以征讨，恐怕会带来以后的懊悔，因此朕要亲自前往灵州招抚他们。去年征讨辽东的士兵，现在都不调动征发"。

当时太子应该随唐太宗出行，少詹事张行成上疏，认为："让皇太子陪从陛下到灵州，不如让他监守朝政，来接见或回答百官的请示，让太子能明白、熟悉各种政事，这样既可以成为京师重要镇抚的人，也可以向四方展示太子的美德。所以应当割弃私爱，让太子办理公家之事。"唐太宗认为张行成十分忠心，将他升为银青光禄大夫。

李世勣抵达郁督军山，酋长梯真达官率领部众前来投降。薛延陀咄摩支向南逃跑到荒谷里，李世勣派遣通事舍人萧嗣业前往招抚慰问，咄摩支向萧嗣业投降。他的部落仍旧犹豫不决，李世勣放纵士兵加以追击，前后斩杀五千多人，俘虏男女三万多人。秋季，七月，咄摩支抵达京师，被任命为右武卫大将军。

八月，甲子日（初五），唐太宗立皇孙李忠为陈王。

己巳日（初十），唐太宗前往灵州。

江夏王李道宗的士兵渡过沙漠后，遇到薛延陀阿波达官的几万部众抵抗，李道宗将对方打败，斩杀敌人一千多人，追逐逃奔的敌人二百里。李道宗和薛万彻各自派遣使者招抚晓谕敕勒各个部落，酋长们都十分高兴，叩首请求入朝臣服。庚午日（十一日），唐太宗车驾到达浮阳。回纥、拔野古、同罗、仆骨、多滥葛、思结、阿跌、契苾、跌结、浑、斛薛等十一姓部落各自派遣使者入朝进贡，说：“薛延陀不侍奉大国，暴虐无道，没有资格做我们的主人，自己招致失败灭亡，部落也像飞鸟一样分散，不知道何去何从。我们每个部落都有自己管辖的土地，不愿追随薛延陀逃亡，愿意归附顺从天子。希望天子赐给我们哀怜之心，为我们设立官府，养育我们。”唐太宗十分高兴。辛未日（十二日），唐太宗下诏令宴请回纥等的使者，颁赐币帛封拜官爵，赐给他们酋长玉玺册书，派遣右领军中郎将安永寿为使者，传达圣意。

壬申日（十三日），唐太宗到了汉时旧甘泉宫，下诏令说：“戎、狄从有天地以来就存在，和上古帝王并列称雄，所流布的灾殃和所构结的灾祸，从本朝开国初期就开始了。朕不过是命令偏将出击，就擒获了颉利；才开始执行弘大宗庙的计略，就消灭了薛延陀。铁勒一百多万户散居在沙漠北方，遥远地派遣使者前来，请求托身归附，一起成为大唐编户的百姓，并且请求设置州郡。这种情况是天地开辟以来，从没有听说过的事情，所以应当备好礼仪，以告于神庙，并且颁示给普天之下的百姓知晓。”

庚辰日（二十一日），唐太宗到达泾州。丙戌日（二十七日），唐太宗越过陇山，到达西瓦亭，观赏官府所牧养的马匹。九月，唐太宗到达灵州，敕勒各部落的俟斤派遣使者，相继前去拜谒天子的有好几千人，大家都说："希望能够得到天至尊做我们的天可汗，子子孙孙常做天至尊的奴仆，死了也没有遗憾。"甲辰日（十五日），唐太宗写诗叙述这件事说："雪耻酬百王，除凶报千古。"公卿请求刻在灵州的石头上，唐太宗接受了。

特进同中书门下三品宋公萧瑀，个性耿介，和同僚大多心意不合，曾经对唐太宗说："房玄龄和中书门下的大臣们，结党营私，不忠于国君，把持权柄，固执己见，陛下不能清楚知道详情，只不过还没有反叛罢了。"唐太宗说："你说得未免太过分了！国君选拔贤人作为股肱、心腹、膂臂，就应该用诚心信任对方。对人不可以求全责备，一定要舍弃他的缺点，采用他的长处。朕虽然不能算是聪明，但怎么可能对好坏糊涂到这种地步？"萧瑀内心很不得意，好几次忤逆圣旨，唐太宗也恼恨他，但因为他大多很忠心正直，所以一直不忍心罢黜他的官职。

唐太宗曾经对张亮说："你既然侍奉佛，为什么不出家呢？"萧瑀因此请求做和尚。唐太宗说："朕也知道你一向喜欢佛法，现在不好违逆你的心意。"萧瑀没多久又晋见唐太宗说："臣刚刚想过，不可以出家做和尚。"唐太宗认为萧瑀对群臣讲的话翻来覆去，心里十分不满意；恰好萧瑀又借口脚病不朝见唐太宗，有时到了朝见的厅堂又不入见唐太宗。唐太宗因此知道萧瑀心里始终不愉快。冬季，十月，唐太宗亲手下诏令数说他的罪行说："朕对于佛教，心里并不太信服。寻求佛理的人并没有在未来得到福祉，修养佛道的人反而在生前受苦受难。至于梁武帝将心力穷尽在释迦牟尼上，简文帝专心研究佛法，倾尽了公家的财物来供应、祭祀和尚神祇，竭尽人力来修筑佛塔庙宇。等到三淮五岭变动，四处烽烟沸腾，只好像战国时楚成王和赵武灵王一样活活饿死，子孙也很快覆亡，社稷不久就变成丘墟，信佛所获报应的征兆，是多么谬误啊！萧瑀重蹈覆辙（信佛），承继亡国的作为。抛弃公事来迁就私情，不明白为官和为民的分野；身事俗务而口说佛法，不辨清楚邪正不同的心理，做了太多导致灾祸的事，却祈求一身的福运，对上违背、忤逆了国君，对下煽动、宣扬了浮华的习气。自己请求出家，不久却又反悔。一回转一昏惑，都在转瞬之间；自我肯定或否定，都在朝堂议政的所在。像这种作为，丢弃了身为国家栋梁的体面，怎么能够再具有担任宰相的才量呢？朕忍耐到现在，萧瑀一直没有悔悟。可贬为商州刺史，免除他的封爵。"

唐太宗从高丽回来之后，盖苏文更加骄傲恣纵，虽然派遣使者呈上奏表，但表内所说的大都诡异荒诞；又对待唐的使者十分傲慢，经常在边境窥伺。唐太宗多次下敕令不要攻击新罗，但是他仍旧不停地侵凌。壬申日（十四日），唐太宗下诏令不接受他的朝拜进贡，再度讨论加以讨伐。

丙戌日（二十八日），唐太宗车驾返回京师。

冬季，十月，己丑日（十月无此日），唐太宗因为往还灵州，冒着寒冷，身体疲劳困顿，想在年底前专心保养身体。十一月，乙丑日（初一），唐太宗下诏令凡一切祭祀、章表奏疏、胡客（四夷朝贡的客人）、兵马、宿卫、符信、木契、驿传补给、任命五品以上官员、罢免官吏、处决死囚等都要报告外，其他的事情都由皇太子裁决。

十二月，己丑日（十二月无此日），群臣好几次请求封禅，唐太宗接受了。下诏令建造羽葆（仪仗之一，以鸟羽注于柄头）卫仗，送往洛阳宫。

戊寅日（十一日），回纥俟利发（俟利发，回纥各种族君主的称呼）吐迷度、仆骨俟利发歌滥拔延、多滥葛俟斤末、拔野古俟利发屈利失、同罗俟利发时健啜、思结酋长乌碎和浑、斛薛、奚结、阿跌、契苾、白霫酋长，都来朝见唐太宗。庚辰日（十三日），唐太宗在芳兰殿赐宴款待，命令有司优厚地供给接待，每五天举行一次宴会。

癸未日（十六日），唐太宗对长孙无忌等人说："今天是我的生日，世俗人在这一天都来欢乐庆贺，对朕来说，反而是伤感的一天。

现在我统治天下，拥有四海的财富，但承欢父母膝下，却永远做不到了。这就是子路在显达时，有不能再为父母背米的遗憾。《诗经》说：‘可怜的父母啊，生我时是那么辛苦。’为什么要将父母生我的劳苦日子变成欢宴享乐的日子呢？”因此流下好几行眼泪，身边的大臣听了都感到悲伤。

房玄龄因为细微的罪过被贬回自家宅第反省，褚遂良上疏给唐太宗，认为：“房玄龄从举义旗起事开始，一直辅佐圣上功业，武德末年冒着生命危险参与决策，贞观初年选拔任用贤人，立下不凡的政绩。人臣的勤苦，以房玄龄为最大。像这样的人，不是犯了不可赦免的罪过，而使得缙绅们都埋怨的话，就不可以将他抛弃在远处。陛下假如因为他衰老，也应该暗示他让他纳还官职，依照礼节让他退休；不可以因为些微的罪过，就抛弃有数十年功勋的老臣。”唐太宗听了，很快召房玄龄出仕。没过多久，房玄龄又避让官位返回家门。过一段时间，唐太宗前往芙蓉园，房玄龄命令子弟洒扫门户庭园，说：“天子马上就到！”没过多久，唐太宗果然到了他家，顺便将房玄龄载回宫廷。

贞观二十一年（丁未，公元647年）

春季，正月，开府仪同三司申文献公高士廉病得十分严重。辛卯日（初四），唐太宗前往他的宅第，流泪和他诀别。壬辰日（初五），高士廉去世。唐太宗要前往哭丧，房玄龄认为唐太宗病刚好，再三劝谏不要去，唐太宗说：“高公和我不仅是君臣关系，还加上是故交旧人和姻戚亲属，怎么可以听到他死亡的消息而不去哭丧呢？你不要再说了！”唐太宗率领随从从兴安门出去，长孙无忌在高士廉丧礼所在，听说唐太宗马上就到，就停止哀哭，在唐太宗马头前迎接并且劝告说：“陛下生病吃药，就药方说是不可以参加丧礼的，陛下为什么不为祖先宗庙和黎民百姓着想，自我保重呢？况且臣的舅舅临死时有遗言，非常不愿意因为自己的死亡，而委屈天子銮驾前来。”唐太宗不听。长孙无忌在路上跪伏躺卧，流泪再三劝告，唐太宗只好返回东苑，面向南痛哭，泪如雨下。后来灵柩抬出横桥时，唐太宗登上长安故城的西北楼，面对着横桥大声痛哭。

丙申日（初九），唐太宗下诏令将回纥部设为瀚海府，仆骨为金微府，多滥葛为燕然府，拔野古为幽陵府，同罗为龟林府，思结为卢山府，浑为皋兰州，斛薛为高阙州，奚结为鸡鹿州，阿跌为鸡田州，契苾为榆溪州，思结别部为蹛林州，白霫为寘颜州。分别将他们的酋长任命为都督、刺史，每个酋长都获赐金银、缯帛和锦袍。敕勒十分高兴，拿着礼物穿戴锦袍，大声欢呼，就在地上旋转拜舞起来。后来在他们返回时，唐太宗在天成殿设宴款待，准备十部的音乐为他们饯行。酋长们上奏唐太宗说："臣等人既然已经成为大唐百姓，来往天至尊的处所，就如同拜见父母一样，请求在回纥南面、突厥北部开辟一条道路，就叫作参天可汗道，设立六十八个驿站，每站都有马和酒肉来供给往来使者，每年臣等进贡貂皮，作为租赋，再聘请能写文章的文人，命令他们写章表奏疏，向陛下报安。"唐太宗都允许了。于是北方荒凉之地全都平定，可是回纥吐迷度已经私下自封为可汗，官位名号和突厥从前一样。

丁酉日（初十），唐太宗下诏令明年仲春时在泰山将有祭事，在社首举行禅祭。其他的都按照贞观十五年时的建议行事。

二月，丁丑日（二十日），皇太子前往国学（国子监，古之太学）举行释奠典礼。

唐太宗准备要讨伐高丽，朝臣建议认为："高丽依山建造城市，正面进攻不容易迅速攻克。上次天子大驾亲自出征，使得高丽国人无法耕种，所攻下的城市，将粮谷全部没收了，接着高丽又发生旱灾，因此高丽百姓大多缺乏粮食。现在假如多次派遣偏将前去，更换轮流地侵犯骚扰他们的边境，让他们疲于奔命，放下耒耜进入城堡守卫，那么几年之间，自然弄得四处萧条，人心就会叛离，那么鸭绿江北面的土地，可以不必作战就得到了。"唐太宗接受了。三月，唐太宗任命左武卫大将军牛进达担任青丘道行军大总管，右武侯将军李海岸担任副大总管，调动士兵一万多人，乘坐楼船自莱州渡海而进入高丽境内。又任命太子詹事李世勣担任辽东道行军大总管，右武卫将军孙贰朗等人担任副大总管，率领三千士兵，在营州都督府兵帮助下从新城道进兵。两路军队都挑选一些熟悉水势、善于作战的人搭配。

辛卯日（初五），唐太宗说："朕对于戎、狄，所以能够得到古人得不到的利益，臣服古人无法臣服的部族，原因都是朕能够顺应众人的需求去做。古时候禹带领九州的百姓，凿山砍木，疏通百川，让百川流注到大海，可说相当劳苦，但百姓没有怨言，原因就是顺从百姓的心愿，随从地理形势和百姓共享利益。"

这月，唐太宗患了头风的疾病，苦于京师酷暑炎热，夏季，四月，乙丑日（初九），唐太宗命令将终南山废弃的太和宫重新修造，改为翠微宫。

丙寅日（初十），唐太宗设置燕然都护府，统辖瀚海等六个都督和皋兰等七个州，任命扬州都督府司马李素立担任都护。李素立用恩信安抚众人，夷狄各部落都十分想念他，一起带来马、牛献给李素立。李素立只接受他们一杯酒，剩下的全部退回。

五月，戊子日（初三），唐太宗前往翠微宫。冀州进士张昌龄呈献《翠微宫颂》，唐太宗十分喜欢他的文章，命令他在通事舍人里面供奉（资格浅不能任正官，所以以供奉为名）。

起初，张昌龄和进士王公治都善于写文章，声名震动京师，考功员外郎王师旦掌管贡举的事，将他们两人黜退不用，举朝的官吏没有人知晓原因。到了奏报唐太宗科第时，唐太宗奇怪没有这两人的名字，就质问王师旦，王师旦回答说："他们二人虽然有文辞才华，可是内容轻浮，最后还是不能成为好人才。假如将他们放在高的等第里，担心年轻人效法，而损害了陛下的雅正之道。"唐太宗十分赞同他的话。

壬辰日（初七），唐太宗下诏令百官仍旧将政事启奏皇太子，由皇太子最后裁决。

庚辰日（五月无此日），唐太宗前往翠微殿，问侍候的大臣说：

“从古以来帝王虽然平定中原，却无法臣服戎、狄。朕的才能比不上古人，但成就的功业却超越古人，自己也不晓得其中缘故，各位都随意真心地说说吧！”群臣都说：“陛下的功业德行仿佛天地一样浩大，万物都无法加以形容。”唐太宗说：“不是这样。朕之所以能够达到这种地步，只靠五件事罢了。自古以来的帝王大多不喜欢胜过自己的人，而朕看到别人的优点，就如同自己拥有一样；一个人不可能全知全能，朕常常舍弃人家的缺点，而采用人家的长处；一般国君经常看到贤人时就想放在怀抱里（喻甚亲近），黜退不肖的小人时，又要将对方推到沟壑里（喻欲其死），而朕看到贤人就非常敬重，看到不肖的小人就施以怜悯，让贤、不肖都能各得其所；一般国君都不喜欢耿直的人，对于耿直的人加以暗杀或者明杀，这是没有一个朝代不发生的，但朕自从登基以来，耿直的士人，并列在朝廷，从来就没有黜退或责罚一个人；从古以来一般国君都重视中华，看不起夷、狄，但朕却爱护夷、狄和爱护中华一样，因此夷、狄的种族、部落都归附朕，如同儿女归依父母一样。这五件，就是朕所以能够成就今天的功业的原因。”回头对褚遂良说：“你担任过史官，朕所说的这些话，你认为是不是实情？”褚遂良回答说：“陛下的美德记载不完，只将这五件作为自己的长处，是陛下谦虚罢了。”

李世勣的军队渡过辽水之后，路过南苏等好几个城市，高丽都据守城池抵抗，李世勣击败了他们的部队，将他们的外城焚毁了才回来。

六月，癸亥日（初八），唐太宗任命司徒长孙无忌统领扬州都督，实际上长孙无忌并没有上任。

丁丑日（二十二日），唐太宗下诏令说：“隋朝末年的战乱败亡，有许多边境百姓被戎、狄所掠夺，现在铁勒归附了，应当派遣使者前往燕然等州，和都督相知会，来探访寻求沦亡的百姓，用财物赎回，给予粮食，让他们返回本籍。其他室韦、乌罗护、靺鞨三个部落的百姓被薛延陀所掠夺的，也命令用财物赎回，再送返本籍。”

癸未日（二十八日），唐太宗任命司农卿李纬担任户部尚书。当时房玄龄在京师留守，有人从京师来，唐太宗问说：“房玄龄说什么话？”回答说：“房玄龄听说李纬拜为尚书，只说李纬的胡须非常美。”唐太宗马上就改任李纬为洛州刺史。

秋季，七月，牛进达、李海岸进入高丽境内，一共打了一百多次仗，没有不打胜的。进攻石城，将城攻下来。进兵到达积利城下，高丽军队一万多人出城应战，李海岸击败了他们，斩杀两千人。

唐太宗因为翠微宫险阻狭隘，无法容纳百官，庚子日（十六日），下诏令在宜春的凤凰谷再修建玉华宫。庚戌日（二十六日），唐太宗的车驾回宫。

八月，壬戌日（初八），唐太宗下诏令：“因为薛延陀刚刚降服，又多次兴建宫室，再加上河北地区发生水灾，停止明年泰山的封禅祭祀。”

辛未日（十七日），骨利干派遣使者入朝进贡；丙戌日（八月无此日），唐太宗将骨利干改为玄阙州，任命他们的俟斤担任刺史。骨利在铁勒各部落中距离大唐最远，白天长夜晚短，太阳落山后，天色暗下来，煮羊胛刚熟时太阳又出现了。

己丑日（十一日），齐州人段志冲上密封奏章，请求唐太宗将政事交给皇太子。太子听到后，颜色忧虑，讲话时流下眼泪。长孙无忌等人请求将段志冲杀了。唐太宗亲手写诏令说：“五岳超越霄汉，四海连亘地面，山海藏污纳垢，并没有损害到天地的高深。段志冲要以匹夫的身份让天子除去帝位，朕假如有罪，这样做正表示他的正直；假如没有罪，正表明他的狂傲。就像一尺大的雾就想遮蔽上天，对天不会有什么亏减；一寸大的云就想遮住太阳，对于太阳的光明又有什么影响呢？”

丁酉日（八月无此日），唐太宗封皇子李明为曹王。李明的母亲杨氏是巢剌王李元吉的妃子，被唐太宗所尊宠。文德皇后死后，唐太宗要立杨氏为皇后，魏徵劝谏唐太宗说：“陛下正和尧、舜的德行相比，为什么要被像春秋时候秦嬴（秦嬴，秦穆公纳重耳的宗室女，曾侍奉二君）一样的女人拖累呢？”唐太宗就停止立杨氏为后，不久就让李明继承李元吉后嗣。

戊戌日（八月无此日），唐太宗下敕令命宋州刺史王波利等人调动江南十二州的工人，修造几百艘大船，准备讨伐高丽。

冬季，十月，庚辰日（二十七日），奴剌啜匐俟友带领部众一万多人归附大唐。

十一月，突厥车鼻可汗派遣使者入朝进贡。车鼻名叫斛勃，本来和突厥是同一种族，世世为小可汗。颉利可汗失败时，突厥剩余部众要敬奉他为大可汗，当时薛延陀正强大，车鼻不敢承担可汗大位，带领部众归顺薛延陀。有人游说薛延陀说：“车鼻是贵族血统，勇武有谋略，为众人所归附，恐怕会留下后患，不如将他杀掉。”车鼻可汗知道后，就逃走。薛延陀派遣几千骑兵追赶，车鼻领导士兵和薛延陀作战，大败薛延陀，就在金山北方建立牙帐，自称为乙注车鼻可汗，突厥剩余的部众渐渐归附他，几年之间士兵增加到三万人，经常出兵抄掠薛延陀。后来薛延陀战败，车鼻可汗势力更加扩张，派遣他的儿子沙钵罗特勒入朝见唐太宗，又请求自己入朝晋见。唐太宗下诏令派遣将军郭广敬迎接。车鼻可汗不过是讲好听的话，当初就没有要来的意思，最后还是没来。

癸卯日（二十一日），唐太宗将顺阳王李泰改封为濮王。

壬子日（三十日），唐太宗病好了，三日到朝听政一次。

十二月，壬申日（二十日），西赵酋长赵磨带领一万多户归附大唐，唐在当地设置明州。

龟兹王伐叠去世，弟弟诃黎布失毕被立为王，对大唐慢慢失去了臣礼，还侵扰邻近国家。唐太宗十分生气，戊寅日（二十六日），下诏令派遣持节昆丘道行军大总管左骁卫大将军阿史那社尔、副大总管右骁卫大将军契苾何力、安西都护郭孝恪等人率兵攻打，仍然命令铁勒十三州、突厥、吐蕃、吐谷浑联结军队一同进攻讨伐。

高丽王派他的儿子莫离支任武入朝向唐太宗谢罪，唐太宗允许了。

贞观二十二年（戊申，公元648年）

春季，正月，己丑日（初八），唐太宗撰写《帝范》十二篇来赐给太子，篇名是：《君体》《建亲》《求贤》《审官》《纳谏》《去谗》《戒盈》《崇俭》《赏罚》《务农》《阅武》《崇文》；唐太宗还说："修身和治国的道理，都在这十二篇里面。一旦我死去，再没有别的什么要说了。"又说，"你更要寻求古代的圣贤明王作为老师，像我，则不值得你效法。跟上等的人学习，只能学到中等；跟中等的人学习，免不了要学到下等了。我自从即位以来，有很多的过错，锦绣珠玉等珍贵器物在眼前没有断绝，宫室台榭经常兴建，犬马鹰隼等玩物不管产地如何远一定要得到，到四方巡行，使供给食物的百姓烦苦劳累，这些都是我的大过，你不要认为是正确的而加以效仿。但我救济百姓，给百姓带来许多利益；创造华夏，功业也大。好处多坏处少，所以别人对我的行为并没有怨言；我的功业大过错小，因此王业稳固。可是和尽善尽美相比，就有很多惭愧的地方了。你没有我的功劳却继承我的富贵，竭尽全力做善事的话，国家还只能获得安定罢了；假如骄傲、怠惰、奢侈、放纵，那么就会连自己都保不住了。而且成功缓慢失败却迅速，指的就是有关国家的政事；失去容易得到却困难的东西，就是皇位。怎能不加以珍惜呢！怎能不小心谨慎呢！"

中书令兼右庶子马周生病，唐太宗亲自为他调配药物，又命令太子前去慰问。庚寅日（初九），马周去世。

戊戌（十七日）日，唐太宗前往骊山温泉。

己亥日（十八日），唐太宗任命中书舍人崔仁师担任中书侍郎，参与掌理机密事务。

新罗王金善德去世，唐太宗任命金善德妹妹金真德担任柱国，封为乐浪郡王，派遣使者前去册封任命。

丙午日（二十五日），唐太宗下诏令任命右武卫大将军薛万彻担任青丘道行军大总管，右卫将军裴行方担任副大总管，率领士兵三万多人和楼船战舰，从莱州出发，渡过大海去攻打高丽。

长孙无忌代理中书令，掌理尚书、门下省的事务。

戊申日（二十七日），唐太宗回宫。

结骨从古以来就没有和中原交往，听说铁勒各部落都归附大唐了，二月，结骨的俟利发失钵屈阿栈入朝晋见唐太宗。他们的百姓身材都十分高大，红头发绿眼睛，有长黑发的人，他们就认为不吉祥。唐太宗在天成殿宴请他们，对侍臣说："从前武德九年我在渭桥斩杀三个突厥首领，就自认为功劳很多，现在在宴席上有这些归顺的人，岂不是更了不起吗？"失钵屈阿栈请求任命他一个官职，说："拿着做官用的笏回国，实在是百代以来最幸福的事。"戊午日（初七），在结骨所在地设置坚昆都督府，任命失钵屈阿栈担任右屯卫大将军、坚昆都督，隶属于燕然都护。又在阿史德时健俟斤部落所在地设置祁连州，隶属于营州都督。

那时候四夷大大小小的君长抢着派遣使者入朝进贡朝见，走在路上的络绎不绝，每年元旦上朝恭贺的，经常有几百上千人。辛酉日（初十），唐太宗接见各胡族的使者，对侍臣说："汉武帝穷兵黩武三十多年，弄得中原疲敝不堪，但所收获的却没有多少。怎么比得上现在用仁德安抚四夷，却使得穷发北方（喻不毛之地）的土地全部编入大唐的户口呢？"

唐太宗营造玉华宫，命令一定要节俭，只有所住的宫室屋顶用瓦覆盖，其余的房间都用茅草作为屋顶；然而太子宫、百官衙署要设置齐全，漫山遍野的建筑，花费已经要用亿来计算。乙亥日（二十四日），唐太宗前往玉华宫；己卯日（二十八日），唐太宗到华原打猎。

中书侍郎崔仁师因为有人跪伏在阁署前上诉，他却没有上奏，因此被罢免官职，流放到连州。

三月，己丑日（初九），唐太宗将瀚海都督俱罗勃部落分割出来，设置为烛龙州。

甲午日（十四日），唐太宗对侍臣说："朕年少时在战火中成长，特别能够料度敌人；这一次的昆丘的军事行动，因为处月、处密两个部落和龟兹的执政者羯猎颠、那利常有首鼠两端的毛病，必定会被先被杀，其次是弩失毕。"

庚子日（二十日），隋朝萧后死了，唐太宗下诏令恢复她的地位封号，谥号是愍；命令三品官护送安葬，准备好卤簿（仪仗、旌旗之类）、护卫，送到江都，和隋炀帝合葬在一起。

充容（官名，九嫔之一）长城徐惠因为唐太宗征讨东方高丽，讨伐西方龟兹，翠微、玉华两宫相继建造修缮，加上衣服、玩器都十分华丽奢靡，就上疏劝谏唐太宗，内容大略是："陛下以有限的农业收成，去填充无穷尽的欲望；图谋那些还未归附的他国部众，却损失已具规模的大唐军队。这样做就像从前秦始皇并吞了六国，反而加速动摇其已危亡的根基，晋武帝拥有三方（原来的三国魏、蜀、吴到晋时统一），反而导致他后来的失败覆亡；这些难道不是自夸有功、自恃武力强大、抛弃道德、轻视邻邦、图谋小利、忘记危险、放纵情欲等所导致的吗？所以我知道土地广大不是长治久安的方法，让百姓劳困却是国家容易混乱的根源。"又说，"虽然用茅草盖顶来显示俭约，却仍旧是大兴土木，让百姓疲惫，名义是合理雇用，实际上是用低工资勉强人，这样做不能说没有烦扰百姓的弊病。"又说，"珍奇玩器、奇技淫巧等，是让国家灭亡的武器；珍珠宝玉、锦衣绣服，实在是迷人心胸的毒药。"又说，"制定法令，以俭为基础，还担心有奢侈的毛病；制定法令，以奢侈为基础，怎能作为后人的典范呢？"唐太宗十分赞美她的话，非常礼待尊重她。